EEN GESCHIEDENIS VAN GOD

Karen Armstrong

EEN GESCHIEDENIS VAN

GOD

*Vierduizend jaar
jodendom, christendom en islam*

Vertaald door Ronald Cohen

Anthos

Eerste druk, februari 1995
Tweede druk, maart 1995
Derde druk, april 1995
Vierde druk, juli 1995
Vijfde druk, september 1995
Zesde druk, oktober 1995
Zevende druk, februari 1996
Achtste druk, april 1996
Negende druk, september 1996
Tiende druk, januari 1997
Elfde druk, februari 1997
Twaalfde druk, juli 1997

ISBN 90 6074 901 4
© 1993 by Karen Armstrong
Voor de Nederlandse editie:
© 1995 by Uitgeverij Anthos, Baarn/Ronald Cohen, Amsterdam
Oorspronkelijke titel: *A History of God, From Abraham to the Present: the 4000 Year Quest for God*
Oorspronkelijke uitgever: William Heinemann Ltd, Londen
Foto's voorplat: Robin Cracknell
Typografie omslag: Studio Jan de Boer
Foto auteur: Jerry Bauer

Verspreiding voor België:
Uitgeverij Westland nv, Schoten

Alle rechten voorbehouden
All rights reserved

Inhoud

	Toelichting bij de Nederlandse vertaling	7
	Inleiding	9
1.	In den beginne...	17
2.	Eén God	57
3.	Een licht voor de heidenen	99
4.	Drieëenheid: de christelijke God	129
5.	Eenheid: de God van de islam	156
6.	De God van de filosofen	195
7.	De God van de mystici	237
8.	Een God voor reformisten	288
9.	Verlichting	326
10.	De dood van God?	384
11.	Heeft God toekomst?	417
	Kaarten	443
	Woordenlijst	453
	Noten	460
	Aanbevolen literatuur	479
	Register	489

Toelichting bij de Nederlandse vertaling

Karen Armstrong heeft voor haar bijbelcitaten gebruik gemaakt van de zogenaamde (rooms-katholieke) *Jerusalem Bible*, de in 1966 voltooide Engelse versie van de *Bible de Jérusalem* uit 1956. Afgezien van de normale verschillen in de vertaling wijkt de *Jerusalem Bible* in die zin van de gangbare *New English Bible* of de *King James' Bible* af dat de apocriefe boeken erin zijn opgenomen en dat de Godsnaam (het tetragram) voluit, dat wil zeggen met vocalen, is weergegeven, en niet met het gebruikelijke 'the LORD God'. Deze, voor de schrijfster belangrijke punten van onderscheid waren reden om ook de Nederlandse citaten in deze vertaling te ontlenen aan een katholieke bijbelvertaling (i.c. de Willibrord), aangezien ze in bovengenoemde opzichten aansluit bij de *Jerusalem Bible*. Met nadruk wordt evenwel gewezen op de 'Wenken aan de lezer' die aan de Willibrordvertaling voorafgaan en waarin over het daarin voluit geschreven tetragram wordt gezegd: 'Bij gebruik van deze tekst in de liturgie is het in overeenstemming met een oud kerkelijk gebruik gewenst, in plaats van "Jahwe" te lezen: "(de) Heer".'*

De Nederlandse korancitaten zijn afkomstig uit de koranvertaling van de arabist prof.dr. J.H. Kramers, in de bewerking van drs. Asad Jaber en dr. Johannes J.G. Jansen, Agon Amsterdam, 1992[15].

Voor de schrijfwijze van eigennamen, religieuze begrippen, godsdienstige stromingen e.d. werden onder meer de volgende werken geraadpleegd: dr. L.A. Snijders, *Bijbels woordenboek*, Thieme Zutphen, 1984, en *Encyclopedie*

---

* De geïnteresseerde lezer wordt geattendeerd op een publikatie van de Katholieke Bijbelstichting waarin wordt stilgestaan bij de problematiek van het uitspreken en uitschrijven van de vierletterige Godsnaam (*Naar mijn daden word ik genoemd. Over de betekenis en het gebruik van de Godsnaam*, KBS/Tabor Boxtel, 1989), in het bijzonder de 'Inleiding' van H. van de Sant en de bijdrage 'Eerbied voor de naam van God in de bijbel' van H. Bloemendal.

van het Christendom, Elsevier Amsterdam, 1956, 2 delen (voor het christendom); drs. R.C. Musaph-Andriesse, *Wat na de Tora kwam*, Ten Have Baarn, 1992⁴, en dr. J. Soetendorp, *Ontmoetingen in ballingschap*, De Haan Zeist/ Van Loghum Slaterus Arnhem, 1963, 2 delen, en *Woordenlijst van het Jodendom*, Callenbach Nijkerk, 1988 (voor het jodendom); Jacques Waardenburg (red.), *Islam. Norm, ideaal en werkelijkheid*, Wereldvenster Weesp, 1984 (voor de islam); *Ganesha, kleine woordentolk der geesteswetenschappen*, Uitg. Theosofische Vereniging Utrecht, 1977, en Śrī Śrīmad A.C. Bhaktivedanta Swami Prabhupāda, *Śrī Īśopaniṣad*, The Bhaktivedanta Book Trust Amsterdam, 1985³ (voor het hindoeïsme en boeddhisme).

De translitteratie van vreemde woorden is altijd een hachelijke zaak wanneer men een middenkoers wenst te varen tussen het strikt wetenschappelijke systeem en de gangbaardere maar vaak op de Engelse spelling gebaseerde methode. Om klippen te omzeilen en uniformiteit te verzekeren (want in dit geval betrof het meer dan één vreemde taal) diende daarom als uitgangspunt van de in deze vertaling gehanteerde translitteratie het vereenvoudigde wetenschappelijke systeem zoals vermeld in Waardenburg, *Islam* (p. 26). Op grond hiervan werd het vreemde woord volgens de Nederlandse uitspraakregels en schrijfwijze omgezet, opdat de uiteindelijke lettertekens niet alleen leesbaar en herkenbaar zouden zijn, maar ook (en vooral) uit te spreken. In twijfelgevallen werd dankbaar gebruik gemaakt van de aanvullende adviezen van prof.dr.mr. J. Brugman en drs. F.J. Hoogewoud voor resp. het Arabisch en het Hebreeuws.

Elke regel kent echter zijn uitzondering. In dit geval werd een klinker in een gesloten lettergreep die lang moet worden uitgesproken, niet overeenkomstig de Nederlandse regel verdubbeld (*aatma*), maar voorzien van een bovengeplaatst verlengstreepje (*ātma*), tenzij het desbetreffende woord zo in het Nederlands is ingeburgerd, dat dit diacritische teken afbreuk zou doen aan de herkenbaarheid (*koran* in plaats van *korān*; *imaam* in plaats van *imām*). Het verlengstreepje werd bovendien gebruikt voor lange Arabische eindklinkers.

Deze vertaling zou niet mogelijk zijn geweest zonder de royale hulp en aanwijzingen van derden. Ze zijn het alleszins waard hier te worden genoemd: dr. A.A.R. Bastiaensen (vroegste en vroege Kerk, Neolatijnse en -griekse teksten); prof.dr.mr. J. Brugman (islam); drs. D. Cohen (voor zijn vertaling van Blake en Hardy); drs. A. C. Geljon (voor zijn vertaling van Philo); drs. F.J. Hoogewoud (jodendom); prof.dr. S.L. Radt (voor zijn vertaling van Pindarus en Aristoteles); prof.dr. N. J. Tromp (Oude Testament).

Inleiding

Als kind geloofde ik onvoorwaardelijk in een aantal geloofspunten, maar mijn geloof in God was niet erg groot. Er is een groot verschil tussen 'geloven in een aantal leerstellingen' en 'ons geloof erin', dat wil zeggen dat we bereid zijn er ons vertrouwen in te stellen. Ik geloofde onvoorwaardelijk in het bestaan van God; ik geloofde ook in de waarachtige tegenwoordigheid van Christus in de eucharistie, in de werkdadigheid van de sacramenten, het vooruitzicht van eeuwige verdoemenis en de objectieve werkelijkheid van het vagevuur. Ik kan echter niet zeggen dat ik door mijn geloof in al die religieuze opvattingen over de natuur van de *ultimate reality* of 'uiterste werkelijkheid', zoals Tillich God noemt, er veel vertrouwen in had dat het leven hier op aarde dan ook goed of weldadig was. Het katholicisme van mijn jeugd was een vrij angstig geloof. Het beeld dat James Joyce in zijn boek *A Portrait of the Artist as a Young Man* schildert klopt precies: ook ik heb mijn portie hel-en-verdoemenispreken gehad. Eigenlijk was de hel voor mij als werkelijkheid veel overtuigender dan God, want daarvan kon ik me tenminste een voorstelling maken. God daarentegen was een enigszins vage figuur die eerder in intellectuele abstracties dan in beelden werd beschreven. Toen ik een jaar of acht was moest ik het antwoord op de bekende vraag uit de katechismus: 'Wat is God?' uit het hoofd kennen: 'God is een oneindig volmaakte geest, Schepper, Heer en Bestuurder van hemel en aarde, van wie alle goeds voortkomt.' Het zal niemand verbazen dat het me weinig zei en ik moet zeggen dat het me nog steeds koud laat. Ik heb het altijd een gortdroge, hoogdravende en aanmatigende definitie gevonden en sinds ik aan dit boek ben begonnen, ben ik ook nog tot de overtuiging gekomen dat ze niet klopt.

Toen ik ouder werd begon ik te beseffen dat godsdienst meer inhield dan alleen angst. Ik las de heiligenlevens, de metafysische dichters, T.S. Eliot en enkele eenvoudige werken van de mystici. Ik begon ontroerd te raken door de schoonheid van de liturgie en voelde, hoewel God ver weg bleef, dat het mogelijk was tot Hem door te dringen en dat zo'n visioen de hele geschapen werkelijkheid zou transformeren. Om die reden trad ik tot een religieuze orde toe, en als novice en jonge non kwam ik nog veel meer over het geloof te weten. Ik verdiepte me in de apologeten, de Schrift, theologie en kerkgeschiedenis. Ik groef in de geschiedenis van het kloosterleven en ging een omstandige discussie aan over de Regel van mijn orde, die we uit het hoofd moesten kennen. Vreemd genoeg speelde God bij dat alles een heel ondergeschikte rol. Alle aandacht leek zich op bijzaken en de meer perifere kanten van het geloof te richten. Tijdens het gebed worstelde ik met mezelf en probeerde ik mijn geest te dwingen God te ontmoeten, maar Hij bleef een strenge Opziener die elke overtreding van de kloosterregel opmerkte, of die tantaliserend afwezig bleef. Hoe meer ik over de extases van de heiligen las, des te meer voelde ik me mislukt. Tot mijn verdriet besefte ik dat het beetje religieuze beleving dat ik ervoer, door mezelf was opgeroepen op de momenten dat ik mijn gevoelens en verbeelding tot grotere activiteit aanmaande. Soms was een tinteling van devotie de esthetische reactie op de schoonheid van het Gregoriaans en de liturgie. Maar niets was me echt vanuit een bron buiten mezelf *overkomen*. Ik zag nooit een glimp van de God die de profeten en mystici hadden beschreven. Jezus Christus, over wie we veel vaker spraken dan over 'God', leek een puur historische figuur die onveranderlijk in de late oudheid ingebed bleef. Bovendien begon ik ernstig aan enkele kerkelijke dogma's te twijfelen. Hoe kon iemand zeker weten dat de mens Jezus de vleesgeworden God was en wat hield dat geloofspunt in? Werd het minutieus uitgewerkte – en uiterst tegenstrijdige – leerstuk van de Drieëenheid echt wel in het Nieuwe Testament onderwezen, of was het, net als zoveel andere artikelen van het geloof, een fabricatie van theologen, eeuwen nadat Christus in Jeruzalem was gestorven?

Ten slotte keerde ik, met spijt, het religieuze leven de rug toe, en zodra ik niet meer gebukt ging onder de last van mislukking en tekortkoming voelde ik mijn geloof in God langzaam wegebben. Hij had mijn leven nooit echt beïnvloed, al had ik mijn best gedaan Hem er de mogelijkheid toe te geven. Nu Hij geen schuldgevoelens en angst meer bij me opwekte, kwam Hij te ver van me af te staan om nog een werkelijkheid te zijn. Maar mijn belangstelling voor godsdienst bleef en ik maakte een aantal televisieprogramma's over de geschiedenis van het vroege christendom en de aard van de religieuze ervaring. Hoe meer ik me in godsdienstgeschiedenis verdiepte, des te meer rechtvaardiging vond ik voor mijn eerdere twijfels. De leerstukken die ik als kind klakkeloos had aangenomen waren inderdaad door mensen gemaakt, waren in de loop van vele eeuwen gefabriceerd. De wetenschap leek korte metten te hebben gemaakt met God als Schepper en bijbelgeleerden hadden bewezen dat Jezus nooit had beweerd dat Hij goddelijk was. Als epileptica had ik wel eens visionaire flitsen gehad, maar nu wist ik dat ze louter tot een neurologisch defect waren terug te voeren. Waren de visioenen en extases van de heiligen ook louter een gril van de geest geweest? God leek meer en meer een aberratie, iets wat het menselijke ras was ontgroeid.

Ook al ben ik jarenlang non geweest, de manier waarop ik God ervoer is, geloof ik, niet zo uitzonderlijk. Mijn ideeën over God hadden in mijn jeugd vorm gekregen, maar ze hadden geen gelijke tred gehouden met mijn groeiende kennis op andere terreinen. Ik had simplistische kindergedachten over Sinterklaas en de Kerstman gecorrigeerd; ik had meer inzicht gekregen in de complexiteit van het menselijk lot, een inzicht dat rijper was dan ik op de kleuterschool had kunnen hebben. Maar mijn oorspronkelijke, verwarde ideeën over God had ik nooit bijgesteld of verder ontwikkeld. Ook mensen zonder mijn specifieke religieuze achtergrond merken misschien dat ze hun godsbeeld in hun kindertijd hebben gevormd. Maar sindsdien hebben we kinderlijkheden afgelegd en hebben we de God van onze jeugd losgelaten.

Toch is me uit de bestudering van de godsdienstgeschiedenis duidelijk geworden dat de mens een spiritueel dier is. Inderdaad is er alle reden om te stellen dat de *Homo sapiens* óók een *Homo religiosus* is. Mannen en vrouwen begonnen goden te aanbidden zodra ze herkenbaar menselijk waren geworden; ze schiepen religies op hetzelfde moment als waarop ze kunstwerken schiepen. Ze deden het niet simpelweg omdat ze machtige krachten gunstig wilden stemmen, maar omdat ze in die eerste religies uitdrukking wilden geven aan de verwondering en het mysterie die altijd essentiële componenten van de menselijke beleving van deze wondermooie maar angstige wereld geweest schijnen te zijn. Net als kunst is religie een poging geweest om in dit leven zin en betekenis te ontdekken, ondanks het lijden dat het vlees als erfdeel toebedeeld krijgt. Net als alle andere menselijke activiteiten kan ook religie worden misbruikt, maar toch schijnt ze iets te zijn geweest wat we altijd een plaats in ons leven hebben gegeven. Religie was geen geesteshouding die manipulerende vorsten en priesters aan een van oorsprong seculiere menselijke natuur hebben geplakt, maar is de mens ingeschapen. Sterker nog, de secularisatie die we momenteel meemaken is een volstrekt nieuw probeersel en nooit eerder in de geschiedenis van de mens voorgekomen. We moeten dus nog afwachten hoe het zal uitpakken. Maar aan de andere kant is het ook waar dat het liberale humanisme dat we in het Westen kennen, ons niet is aangeboren; net als waardering voor kunst of poëzie moet het worden ontwikkeld. Op zichzelf is ook humanisme een religie, maar dan zonder God – niet alle religies zijn immers theïstisch. Ons seculiere ethische ideaal heeft zijn eigen methoden om de geest en het hart te verheffen en biedt mensen de mogelijkheid om daarin het geloof in een hogere zin van het leven te vinden, een geloof dat eens door de conventionele religies werd aangereikt.

Toen ik me begon te verdiepen in de geschiedenis van het godsbegrip en de godservaring in de drie verwante geloven van joden, christenen en moslims, verwachtte ik dat ik zou ontdekken dat God gewoon een projectie van menselijke behoeften en verlangens was geweest. Ik dacht dat 'Hij' een afspiegeling zou zijn van de angsten en hunkeringen die een samenleving in elke fase van haar ontwikkeling kent. Helemaal onjuist bleken mijn voorspellingen niet te zijn, maar toch hebben enkele bevindingen me bijzonder verrast en ik vind het jammer dat ik dat allemaal niet dertig jaar geleden heb ontdekt toen ik tot het religieuze leven toetrad. Het zou me veel angsten hebben bespaard als ik toen had gehoord – uit de mond van vooraanstaande monotheïsten van alle drie geloven – dat ik, in plaats van te wachten tot God uit den hoge zou neerdalen, bewust voor mezelf een eigen godsbesef moest creëren. Andere rabbijnen, priesters en soefi's zouden me flink de les hebben gelezen om mijn aanname dat God – in elk opzicht – een werkelijkheid 'ergens daarginds' was; ze zouden me hebben gewaarschuwd dat ik niet moest verwachten dat ik Hem zou ervaren als een objectief feit dat langs de weg van het normale, rationele denken kon worden ontdekt. Ze zouden me hebben gezegd dat God in belangrijke mate het product van de creatieve verbeelding was, net als de poëzie en muziek die ik zo inspirerend vond. En een paar zeer gerespecteerde monotheïsten zouden me kalm maar resoluut hebben verteld dat God niet echt bestond – maar dat 'Hij' desalniettemin de belangrijkste werkelijkheid op aarde was.

Dit boek wil geen geschiedschrijving van de onzegbare werkelijkheid van God zelf zijn (die ligt buiten tijd en verandering), maar een geschiedschrijving van de manier waarop mannen en vrouwen vanaf Abraham tot aan onze tijd tegen Hem hebben aangekeken. Het godsbegrip van de mens heeft zijn eigen geschiedenis, aangezien het voor elke groep mensen, die het elk op een ander tijdstip heeft gehanteerd, altijd net iets anders heeft betekend. Het godsbegrip dat in de ene generatie door een bepaalde groep mensen werd gevormd, kon in de andere heel goed geen inhoud meer hebben. Sterker nog, de verklaring 'Ik geloof in God' betekent, in objectieve zin, als zodanig niets, maar betekent net als elke andere verklaring alleen maar iets in een bepaalde context, betekent alleen maar iets wanneer ze door een bepaalde samenleving wordt verkondigd. Het gevolg is dan ook dat het woord 'God' niet één onveranderlijke idee dekt, maar dat het een breed spectrum van betekenissen heeft, waarvan sommige elkaar tegenspreken of zelfs uitsluiten. Als het godsbeeld deze flexibiliteit niet had gehad, zou het nooit hebben standgehouden en een van de belangrijkste menselijke denkbeelden zijn geworden. Wanneer één bepaalde godsvoorstelling op een zeker moment geen betekenis meer had of niet meer relevant was, werd ze rustig terzijde geschoven en door een nieuwe theologie vervangen. Een fundamentalist zou dat ontkennen, aangezien het fundamentalisme antihistorisch is: het gelooft dat Abraham, Mozes en de latere profeten hun God allemaal op precies dezelfde manier ervoeren als de mensen van nu. Maar als we naar onze drie godsdiensten kijken, wordt het duidelijk dat er geen objectieve visie op 'God' bestaat: elke generatie moet het godsbeeld scheppen dat voor haar werkt. Hetzelfde geldt voor het atheïsme. De verklaring 'Ik geloof niet in God' heeft in elke periode van de geschiedenis altijd net iets anders betekend. De mensen die in de loop van de tijd voor atheïst zijn uitgemaakt, zijn altijd de mensen geweest die een bepaalde godsvoorstelling niet mochten hanteren. Is de 'God' die tegenwoordig door de atheïst wordt verworpen, de God van de aartsvaders, de God van de profeten, de God van de filosofen, de God van de mystici of de God van de achttiende-eeuwse deïsten? Al deze goden zijn door joden, christenen en moslims op verschillende momenten in hun geschiedenis als de God van de Bijbel en de Koran aanbeden. We zullen zien dat ze hemelsbreed van elkaar verschillen. Atheïsme is vaak een overgangsfase geweest: zo werden joden, christenen en moslims door hun heidense tijdgenoten vaak voor 'atheïsten' uitgemaakt, omdat ze er een revolutionaire opvatting over de godheid en transcendentie op na hielden. Is het moderne atheïsme een soortgelijke ontkenning van een 'God' die niet meer aansluit bij de problemen van deze tijd?

Ondanks haar transcendente oriëntering is religie uiterst pragmatisch. We zullen zien dat het voor een bepaalde godsidee veel belangrijker was dat ze *aansprak* dan dat ze met de logica of de wetenschap rijmde. Zodra ze niet meer effectief is zal ze worden veranderd – soms in iets radicaal anders. Dat stoorde de meeste monotheïsten vóór onze tijd niet, want ze lieten er geen twijfel over bestaan dat hun ideeën over God niet sacrosanct waren, maar alleen provisorisch konden zijn. Die ideeën waren helemaal door mensen gemaakt – en dat kon ook niet anders – en stonden geheel los van de onbeschrijfbare werkelijkheid die erin werd gesymboliseerd. Sommige monotheïsten ontwikkelden vrij gedurfde manieren om dit wezenlijke onderscheid te onderstrepen. Zo ging een bepaalde middeleeuwse mysticus zo ver dat hij zei dat die uiterste werkelijkheid – waaraan per abuis de naam 'God' werd gegeven – zelfs niet in de Bijbel werd genoemd. Door de hele geschiedenis heen hebben mannen en vrouwen een spirituele dimensie ervaren die de alledaagse wereld overstijgt. Het is inderdaad een verrassend kenmerk van de menselijke geest dat hij in staat is om concepten te schéppen die zijn eigen grenzen overschrijden. Hoe we zulke transcendente ervaringen ook wensen te interpreteren, ze hebben altijd tot de realiteit van het leven behoord. Niet iedereen zal ze echter als goddelijk aanmerken; we zullen later zien dat boeddhisten ontkennen dat hun visioenen en inzichten van bovennatuurlijke oorsprong zijn; zij beschouwen ze als belevingen die de mens zijn ingeschapen. Maar alle drie wereldreligies zouden het met elkaar eens zijn dat het onmogelijk is deze transcendentie in normale, conceptuele taal te beschrijven. Monotheïsten hebben deze transcendentie 'God' genoemd, maar ze hebben er een haag van belangrijke beperkingen omheen gelegd. Zo mogen joden de heilige Godsnaam niet uitspreken en moeten moslims zich van visuele afbeeldingen van God onthouden. Deze regels moeten ons eraan herinneren dat de werkelijkheid die we 'God' noemen, zich aan elke menselijke uitdrukkingswijze onttrekt.

Dit boek zal geen geschiedschrijving in de gebruikelijke zin van het woord zijn, aangezien het godsbegrip niet vanuit één punt is geëvolueerd en zich vervolgens lineair in de richting van een definitief concept heeft ontwikkeld. Zo gaat het met wetenschappelijke noties, maar niet met de ideeën in de kunst en religie. Zoals de liefdespoëzie maar een vast aantal thema's kent, zo blijft ook de mens telkens weer dezelfde dingen over God zeggen. Inderdaad zullen we in de joodse, christelijke en islamitische godsbegrippen een verrassende gelijkvormigheid aantreffen. Zo hebben zowel joden als moslims hun eigen versie van het controversiële leerstuk van de Drieëenheid en Menswording ontwikkeld, ook al vinden ze de desbetreffende christelijke dogma's bijna godslasterlijk. Elke uitdrukking van deze universele thema's verschilt echter licht van de andere en toont aan hoe vernuftig en inventief de menselijke verbeelding is bij haar worsteling om haar besef van 'God' onder woorden te brengen.

Omdat het hier om een veelomvattend onderwerp gaat heb ik me met opzet beperkt tot de Ene God die door joden, christenen en moslims wordt aanbeden, al heb ik nu en dan ook heidense, hindoeïstische en boeddhistische concepten van de uiterste werkelijkheid in mijn beschouwing betrokken om een monotheïstisch standpunt te verduidelijken. Het blijkt dat de monotheïstische godsidee opvallend dicht bij ideeën in andere religies komt die zich er volkomen onafhankelijk van hebben ontwikkeld. Welke conclusies we ook trekken over de werkelijkheid van God, de geschiedenis van deze idee moet ons iets belangrijks kunnen vertellen over de menselijke geest en de doelen die we nastreven. Ondanks de seculiere grondtoon van de meeste westerse maatschappijen, blijft de godsidee het leven van miljoenen mensen beïnvloeden. Uit recente onderzoeken blijkt dat negenennegentig procent van de Amerikanen zegt in God te geloven; er worden echter een heleboel goden aangeboden en de vraag is dus op welke 'God' ze hebben ingetekend.

Theologie lijkt vaak saai en zweverig, maar de geschiedenis van God heeft altijd vol hartstochten en emoties gezeten. Anders dan enkele andere opvattingen over de uiterste werkelijkheid ging ze aanvankelijk gepaard met de vreselijkste worstelingen en spanningen. De profeten van Israël ervoeren hun God als een pijn die door hun ledematen sneed en hen met heilig vuur en vervoering vervulde. De werkelijkheid die monotheïsten God noemden, ervoeren ze vaak onder extreme omstandigheden; zo zullen we lezen over bergtoppen, duisternis, woestijnen, kruisiging en doodsangst. Voor de westerse christenen was het contact met God vooral een traumatiserende ervaring. Hoe kunnen we die inherente spanning verklaren? Andere monotheïsten spraken van licht en transfiguratie. Ze bedienden zich van heel gedurfde beelden om de complexe werkelijkheid die ze ervoeren tot uitdrukking te brengen en waagden zich daarmee ver buiten de gebaande paden van de orthodoxe theologie. De laatste jaren kunnen we een herleefde belangstelling voor mythologie constateren, wat misschien wijst op een algemeen verlangen naar een meer imaginatieve vorm waarin de religieuze waarheid kan worden uitgedrukt. Het werk van de overleden Amerikaanse geleerde Joseph Campbell geniet weer grote populariteit; hij heeft studie gemaakt van het permanente mythologische corpus van de mens en een relatie gelegd tussen de mythen uit de oudheid en die welke nog steeds in traditionele gemeenschappen in omloop zijn. Men heeft vaak aangenomen dat de drie theïstische religies gespeend zijn van mythologie en poëtische symboliek. Maar hoewel monotheïsten in het begin de mythen van hun heidense buren afwezen, zijn deze toch vaak op een later tijdstip het geloof binnengeslopen. Zo hebben mystici gezien dat God in een vrouw mens werd. Anderen spreken eerbiedig over Gods seksualiteit en hebben in het goddelijke een vrouwelijk element ingevoerd.

Dit brengt me bij een netelig punt. Omdat deze God als een specifiek mannelijke godheid is begonnen, hebben monotheïsten er gewoonlijk met 'Hij' naar verwezen. De laatste jaren hebben feministen hier begrijpelijkerwijs bezwaar tegen gemaakt. Aangezien ik hier de gedachten en voorstellingen van mensen weergeef die God 'Hij' noemden, heb ik me bediend van de conventionele mannelijke terminologie. Toch moet ik er misschien op wijzen dat niet alle talen dat probleem van die mannelijke teneur in hun verhandelingen over God kennen. In het Hebreeuws, Arabisch, Frans en verschillende andere talen krijgt het theologische betoog door het grammaticale geslachtsonderscheid een soort seksuele contrapunt en dialectiek, en deze zorgen voor het evenwicht dat in talen als het Engels vaak ontbreekt. Zo is in het Arabisch het woord Allah (de hoogste naam voor God) grammaticaal mannelijk, maar het woord voor de goddelijke en ondoorgrondelijke wezenheid van God – al-Dhāt – vrouwelijk.

Aan elk woord dat over God wordt gesproken, kleven onnoemelijke problemen. Toch zijn de monotheïsten, op hetzelfde moment als waarop ze ontkennen dat taal in staat is de transcendente werkelijkheid tot uitdrukking te brengen, allemaal zeer positief over taal geweest. De God van joden, christenen en moslims is een God die in zekere zin spreekt. Zijn Woord is in alle drie geloven cruciaal. Het Woord Gods heeft de geschiedenis van onze cultuur bepaald. We moeten nu beslissen of het woord 'God' ons vandaag de dag nog iets zegt.

Tot slot het volgende: aangezien ik de geschiedenis van God vanuit een joodse, christelijke en islamitische invalshoek bekijk, zijn de termen 'vóór Christus' en 'na Christus' die normaliter in het Westen worden gebruikt niet geschikt. Ik heb daarom mijn toevlucht genomen tot de alternatieven 'v.d.g.j.' (voor de gewone jaartelling) en 'n.d.g.j.' (na de gewone jaartelling).

I

In den beginne...

In den beginne schiepen de mensen een god die de Eerste Oorzaak van alle dingen en de Heer van hemel en aarde was. Hij werd niet door beelden voorgesteld en had geen tempels of priesters die hem dienden. Hij was veel te verheven voor een ontoereikende menselijke cultus. Geleidelijk verdween hij uit de gedachten van zijn volk. Hij was zo'n verre godheid geworden dat de mensen hem niet meer wilden hebben. Ten slotte zou hij gewoon van het toneel zijn verdwenen.

Dat is althans één theorie, gepopulariseerd door pater Wilhelm Schmidt in zijn boek *Der Ursprung des Gottesidee* dat in 1912 voor het eerst werd gepubliceerd. Schmidt opperde hierin de gedachte dat er, voordat mannen en vrouwen een veelheid aan goden begonnen te aanbidden, een primitief monotheïsme had bestaan. Aanvankelijk hadden ze maar één Opperwezen erkend dat de wereld had geschapen en het menselijk reilen en zeilen van een afstand bestuurde. Het geloof in zo'n oppergod (soms de hemelgod genoemd, omdat hij met de hemel in verband wordt gebracht) vormt nog steeds een belangrijk element in het religieuze leven van veel inheemse Afrikaanse stammen. Ze richten hun gebeden tot deze God en geloven dat Hij over hen waakt en hen voor hun wandaden zal straffen. Maar in hun dagelijks leven komt Hij merkwaardig genoeg niet voor; Hij heeft geen speciale cultus en wordt nooit afgebeeld. De stamleden zeggen dat Hij niet kan worden beschreven en niet door de wereld van de mens mag worden bezoedeld. Sommigen zeggen dat Hij is 'weggegaan'. Antropologen suggereren dat deze God zo'n ver en hoogverheven wezen is geworden dat Hij in feite door lagere geesten en meer toegankelijke goden is vervangen. Op dezelfde manier, aldus de theorie van Schmidt, werd ook in de oudheid de oppergod vervangen door goden uit het heidense pantheon die meer aantrekkingskracht hadden. Maar aanvankelijk was er één God. Als dat waar is, was het monotheïsme dus een van de eerste denkbeelden die de mens ontwikkelde om het mysterie en de tragiek van het leven te verklaren. Schmidts theorie stipt bovendien enkele problemen aan waar zo'n godheid mee te maken zou kunnen krijgen.

We kunnen onmogelijk bewijzen of die theorie klopt of niet. Er zijn over het ontstaan van religies talloze theorieën geweest. Toch ziet het ernaar uit dat het creëren van goden een van de dingen is die mensen altijd hebben gedaan. Wanneer een bepaalde religieuze idee niet meer werkte, werd ze simpelweg door een andere vervangen. Net als de hemelgod zelf verdwenen die ideeën geruisloos van het toneel, zonder dat er veel ophef van werd gemaakt. In onze tijd zouden veel mensen zeggen dat de God die eeuwenlang door joden, christenen en moslims is aanbeden, net zo ver van de mens is komen af te staan als de hemelgod. Sommigen hebben zelfs verklaard dat Hij dood is. In elk geval is het zeker dat Hij, vooral in West-Europa, uit het leven van een toenemend aantal mensen verdwijnt. Ze spreken over een 'God-vormig gat' in hun denken, op de plaats die Hij vroeger bezette omdat Hij, hoe irrelevant Hij misschien op bepaalde gebieden ook leek te zijn, toch een cruciale rol in onze geschiedenis heeft gespeeld en een van de belangrijkste menselijke denkbeelden aller tijden is geweest. Om te begrijpen wat we kwijtraken – aangenomen althans dat Hij inderdaad aan het verdwijnen is – moeten we kijken naar wat mensen deden toen ze deze God begonnen te aanbidden, naar wat Hij voor hen betekende en hoe Hij werd geconcipieerd. Daartoe moeten we teruggaan naar de antieke wereld van het Midden-Oosten waar het idee van onze God zo'n veertienduizend jaar geleden geleidelijk opkwam.

Een van de redenen waarom religie tegenwoordig niet meer relevant lijkt, is dat velen niet langer het gevoel hebben dat ze worden omringd door het onzichtbare. Onze wetenschappelijk ingestelde cultuur heeft ons getraind onze aandacht te richten op de fysieke en stoffelijke wereld die zich aan ons vertoont. Door op deze manier naar de wereld te kijken hebben we geweldige resultaten bereikt. Maar een van de consequenties is dat we als het ware ons gevoel voor het 'spirituele' of het 'heilige' zijn kwijtgeraakt, het gevoel waar het leven van mensen in traditionelere gemeenschappen op alle niveaus mee is doordrenkt en dat eens een essentieel onderdeel van onze menselijke beleving van de wereld was. Op de eilanden in de Stille Oceaan wordt die mysterieuze kracht *mana* genoemd; anderen ervaren haar als een aanwezigheid of een geest; soms werd ze als een onpersoonlijke kracht gevoeld, een soort radioactiviteit of elektriciteit. Men geloofde dat ze in het stamhoofd, in planten, stenen of dieren huisde. De Romeinen voelden in heilige grotten de aanwezigheid van *numina* (geesten); Arabieren meenden dat het land werd bevolkt door *djinn*. Uiteraard wilden de mensen in contact komen met deze werkelijkheid en haar ten eigen bate aanwenden, maar ze wilden haar ook gewoon bewonderen. Toen ze de onzichtbare krachten personifieerden en er goden van maakten, hen vereenzelvigden met de wind, de zon, de zee en de sterren maar dan met menselijke eigenschappen, brachten ze hiermee hun verbondenheid met het onzichtbare en met de wereld om hen heen tot uitdrukking.

Rudolph Otto, de Duitse godsdiensthistoricus wiens belangrijke boek *Das Heilige* in 1917 verscheen, meende dat dit besef van het 'numineuze' aan religie ten grondslag ligt. Het ging vooraf aan elk verlangen om het ontstaan van de wereld te verklaren of een basis voor moreel gedrag te vinden. De numineuze kracht werd door de mensen op verschillende manieren gevoeld – soms wekte ze wilde, bacchantische opwinding op; soms diepe rust; soms voelden mensen vrees, ontzag en deemoed bij hun contact met die geheimzinnige kracht die zo innig met elk aspect van het leven was verbonden. Toen de mensen hun mythen begonnen te maken en hun goden begonnen te aanbidden, ging het hun er niet om hierin een letterlijke verklaring voor natuurverschijnselen te vinden. De symbolische verhalen, rotstekeningen en beeldhouwwerken waren een poging hun verwondering tot uitdrukking te brengen en dat alomtegenwoordige mysterie te verbinden met hun eigen leven; ook tegenwoordig worden dichters, kunstenaars en musici door een soortgelijk verlangen gedreven. In het Paleolithicum bijvoorbeeld, toen de landbouw tot ontwikkeling kwam, werd in de cultus van de moedergodin het besef tot uitdrukking gebracht dat de vruchtbaarheid die het menselijk leven transformeerde, in feite iets heiligs was. Beelden van deze godin, voorgesteld als een naakte, zwangere vrouw, zijn door archeologen in heel Europa, het Midden-Oosten en India gevonden. We kunnen ons gemakkelijk voorstellen dat die 'grote moeder' eeuwenlang belangrijk is gebleven. Net als de vroegere hemelgod ging ze op in latere pantheons en nam ze haar plaats tussen de oudere godheden in. Ze was gewoonlijk een van de machtigste goden, in elk geval machtiger dan de hemelgod, die een vrij vage figuur bleef. Ze werd in het oude Soemerië Inanna genoemd, in Babylonië Isjtar, in Kanaän Anat, in Egypte Isis en in Griekenland Aphrodite, en in al die culturen ontstonden opmerkelijk gelijksoortige verhalen waarin haar rol in het spirituele leven van de mens tot uitdrukking werd gebracht. Deze mythen moesten niet letterlijk worden opgevat, maar waren een poging om in metaforen een werkelijkheid te beschrijven die te complex en vluchtig was om op een andere manier tot uitdrukking te worden gebracht. Deze dramatische en levensechte verhalen over goden en godinnen hielpen de mensen om hun besef van de machtige maar onzichtbare krachten die hen omringden te verwoorden.

Inderdaad heeft het er alle schijn van dat de mensen in de antieke wereld geloofden dat ze hun menszijn alleen maar konden verwerkelijken wanneer ze deel hadden aan dat goddelijke leven. Het leven op aarde was duidelijk broos en werd door sterfelijkheid overschaduwd, maar als mannen en vrouwen het gedrag van de goden navolgden zouden ze tot op zekere hoogte in hun grotere macht en krachtdadigheid delen. Zo werd verteld dat de goden de mens hadden getoond hoe hij zijn steden en tempels moest bouwen, als directe kopieën van hun eigen woningen in het goddelijke rijk. De heilige wereld van de goden – zo verhaalden de mythen – was niet gewoon een ideaal waar mannen en vrouwen naar moesten streven, maar was het prototype van het menselijk bestaan; het was het oerbeeld of archetype waar ons leven hier op aarde naar was gemodelleerd. Men geloofde dus dat alles op aarde een replica was van iets in de goddelijke wereld, en deze visie was de inspiratie voor de mythologie en de rituele en sociale organisatie van de meeste culturen van de oudheid, en heeft nog steeds invloed op de traditionele gemeenschappen in onze eigen tijd.[1] In het oude Iran bijvoorbeeld meende men dat elk mens of voorwerp op de aardse wereld (*getīg*) zijn tegenvoeter had in de archetypische wereld van de heilige werkelijkheid (*menōk*). Het is een opvatting waarin wij ons, in deze moderne tijd, moeilijk kunnen vinden, aangezien autonomie en onafhankelijkheid in onze ogen de allerhoogste menselijke waarden zijn. Toch drukt de beroemde, veelgehoorde uitspraak *post coitum omne animal triste est* nog steeds een beleving uit die wij met hen gemeen hebben: na een intens en vurig verwacht moment hebben we vaak het gevoel dat er iets verhevener moet zijn wat we net niet hebben bereikt. De navolging van een god neemt in de geloofsbeleving nog steeds een belangrijke plaats in: de zondagsrust, of de voetwassing op Witte Donderdag – handelingen die, op zichzelf beschouwd, niets zeggen – zijn nu veelbetekenende en heilige rituelen, omdat mensen geloven dat ze eens door God werden verricht.

Een soortgelijke spiritualiteit was ook het kenmerk van de antieke wereld van Mesopotamië. Het dal van de Eufraat en de Tigris, het gebied dat nu Irak is, werd al in 4000 v.d.g.j. bewoond door de Soemeriërs, een volk dat een van de eerste, grote culturen van de *Oikoumenè* (de geciviliseerde wereld) had gesticht. In hun steden Ur, Erek en Kisj bedachten de Soemeriërs het spijkerschrift, bouwden de uitzonderlijke tempeltorens of zikkoerats en ontwikkelden een indrukwekkende wetgeving, literatuur en mythologie. Niet lang daarna drongen de semitische Akkadiërs het gebied binnen en namen de taal en de cultuur van Soemerië over. Weer later, omstreeks 2000 v.d.g.j., veroverden de Amorieten deze Soemerisch-Akkadische beschaving en maakten ze Babylon tot hun hoofdstad. Zo'n vijfhonderd jaar later vestigden de Assyriërs zich in het nabijgelegen Assoer en ten slotte veroverden ze in de achtste eeuw v.d.g.j. Babylon zelf. Deze Babylonische traditie had ook invloed op de mythologie en religie van Kanaän, het gebied dat later het Beloofde Land van de oude Israëlieten zou worden. Net als alle volkeren in de antieke wereld schreven de Babyloniërs hun culturele verworvenheden toe aan de goden die op hun beurt hun manier van leven aan hun mythische, Babylonische voorouders hadden geopenbaard. Zo werd aangenomen dat Babylon zelf een kopie van de hemel was en elke Babylonische tempel een replica van een hemels paleis. Deze band met de goddelijke wereld werd elk jaar tijdens het grootscheepse nieuwjaarsfeest gevierd en opnieuw aangehaald, en tegen de zevende eeuw v.d.g.j. waren deze festiviteiten niet meer uit het leven van de Babyloniërs weg te denken. Tijdens het feest, dat in de maand nisan – ongeveer onze maand april – in de heilige stad Babylon werd gevierd, werd de koning plechtig gekroond en werd zijn heerschappij voor een nieuw jaar bevestigd. Toch kon deze politieke stabiliteit alleen maar worden gewaarborgd als ze deel uitmaakte van het stabielere en effectievere bestuur van de goden die orde in de oerchaos hadden gebracht toen ze de wereld schiepen. Tijdens de elf heilige dagen van het feest werden de deelnemers daarom door middel van rituele handelingen weggevoerd uit de profane tijd en overgebracht naar de heilige en eeuwige wereld van de goden. Er werd een zondebok geslacht om het oude, stervende jaar af te sluiten; de publieke vernedering van de koning en de troonsbestijging van een carnavalsvorst in zijn plaats waren een heropvoering van de oorspronkelijke chaos; in een spiegelgevecht werd de strijd tussen de goden en de krachten van het kwaad uitgebeeld.

Deze symbolische handelingen hadden dus een sacramentele waarde; ze boden het volk van Babylon de gelegenheid om geheel op te gaan in de heilige macht of het mana waarvan hun eigen roemruchte beschaving afhankelijk was. Men zag cultuur als een broze verworvenheid die altijd ten prooi kon vallen aan de krachten van wanorde en desintegratie. Op de vierde dag van de festiviteiten begaven priesters en koristen zich 's middags naar het heilige der heiligen om het *Enoema Elisj* te reciteren, het epische gedicht waarin de overwinning van de goden over de chaos werd bezongen. Het verhaal was geen feitelijk verslag van het fysieke ontstaan van het leven op aarde, maar een opzettelijk symbolische poging om een groot mysterie te duiden en er de heilige krachten van los te maken. Een letterlijk verslag van de schepping was onmogelijk, aangezien niemand bij die onvoorstelbare gebeurtenissen aanwezig was geweest; mythe en symbool waren dus de enige adequate middelen om ze te beschrijven. We zullen kort bij het *Enoema Elisj* stilstaan, omdat dit epos ons enig inzicht verschaft in de spiritualiteit die, eeuwen later, de kiem zou zijn van ons eigen idee van God als schepper. Hoewel de bijbelse en koranische beschrijvingen van de schepping uiteindelijk een heel andere vorm zouden krijgen, zijn deze vreemde mythen nooit helemaal verdwenen, maar zouden ze op een later tijdstip, getooid in monotheïstisch idioom, weer in de geschiedenis van God opduiken.

Het verhaal begint met de schepping van de goden zelf – een thema dat, zoals we later zullen zien, in de joodse en islamitische mystiek uiterst belangrijk zou zijn. In het begin, aldus het *Enoema Elisj*, verrezen de goden twee aan twee uit een vormloze, waterige brij – een substantie die zelf goddelijk was. Net zo min als de Bijbel later kende de Babylonische mythologie een schepping uit niets; dat was een opvatting die de antieke wereld vreemd was. Deze heilige, ruwe materie had vóór het bestaan van zowel de goden als de mensen van alle eeuwigheid af bestaan. Wanneer de Babyloniërs zich deze goddelijke oersubstantie trachtten voor te stellen, dachten ze dat ze hetzelfde moest zijn geweest als de braakliggende moerassen van Mesopotamië waar overstromingen voortdurend het broze werk van mensenhanden dreigden weg te vagen. In het *Enoema Elisj* is chaos dus geen vurige, ziedende massa, maar een natte modderpoel waar alles onbegrensd, vormeloos en onpersoonlijk is.

> Toen daarboven een hemel nog niet was genoemd,
> en vasteland beneden geen naam had,
> toen Apsu, de oeroude afgrond, de oorsprong der goden,
> en Tiamat, de zee, die hen allen baarde,
> hun wateren nog niet hadden dooreengemengd,
> geen rietveld aaneengegroeid was en geen polder te zien,
> toen geen der goden in het aanzijn was geroepen,
> of zijn naam had ontvangen en geen lot was bepaald –
> toen vormden zich de goden in die diepte.[2]

Drie goden rezen uit de braakliggende oermassa op: Apsoe (die wordt vereenzelvigd met het zoete water van de rivieren), zijn vrouw Tiamat (de zoute zee) en Moemmoe, de baarmoeder van de chaos. Toch waren deze goden bij wijze van spreken nog een inferieur eerste model dat verbetering behoefde. De namen 'Apsoe' en 'Tiamat' kunnen worden vertaald met 'peilloze diepte', 'leegte' of 'bodemloze afgrond'. Ze delen met de oorspronkelijke vormloosheid de ongevormde inertie en hebben nog geen duidelijke, eigen identiteit.

Daarom rees uit deze goden een reeks andere op, in een proces dat emanatie wordt genoemd en dat in de geschiedenis van onze eigen God een zeer belangrijke rol zou spelen. De nieuwe goden rezen twee aan twee uit elkaar op en elke nieuwe god was, met het voortschrijden van de goddelijke evolutie, duidelijker bepaald dan de voorafgaande. Eerst kwamen Lachmoe en Lachama (hun namen betekenen 'slik'; water en aarde zijn nog steeds met elkaar vermengd). Toen kwamen Ansjer en Kisjar, goden die respectievelijk werden vereenzelvigd met de horizonten van hemel en zee. Ten slotte kwamen Anoe (de hemel) en Ea (de aarde), en daarmee leek het proces voltooid te zijn. De godenwereld had een hemel, rivieren en een aarde die duidelijk verschillend en van elkaar gescheiden waren. Maar de schepping was nog maar net begonnen; de krachten van chaos en desintegratie konden slechts door moeizame en onophoudelijke strijd op een afstand worden gehouden. De jonge, dynamische goden stonden tegen hun ouders op, maar al lukte het Ea om Apsoe en Moemmoe te overmeesteren, hij was niet opgewassen tegen Tiamat, omdat deze een heel broedsel van misvormde monsters voortbracht die namens haar vochten. Gelukkig had Ea zelf een prachtig kind, Mardoek de zonnegod, het volmaaktste wezen van de godenwereld. Tijdens een zitting van de grote vergadering der goden beloofde Mardoek de strijd tegen Tiamat aan te binden, op voorwaarde dat hij daarna hun heerser zou worden. Toch kostte het hem nog de grootste moeite Tiamat na een lange en gevaarlijke strijd te doden. In deze mythe wordt scheppingskracht voorgesteld als een strijd waarin met grote inspanning en ondanks geweldige tegenslagen de overwinning wordt behaald.

Maar uiteindelijk stond Mardoek schrijlings boven het reusachtige lichaam van Tiamat en besloot hij een nieuwe wereld te scheppen: hij kliefde haar lichaam in tweeën en maakte er de hemelboog en de mensenwereld van; vervolgens maakte hij de wetten die alle dingen op de hun toegewezen plaats moesten houden. Er moest orde worden geschapen. Maar toch was het geen bestendige overwinning. Ze moest elk jaar weer met een speciale liturgie worden bevestigd. Daarom kwamen de goden in Babylon bijeen, de stad die het middelpunt van de wereld was, en bouwden ze er een tempel waar de hemelse riten konden plaatsvinden. Het werd de grote zikkoerat ter ere van Mardoek, 'de aardse tempel, symbool van de oneindige hemel'. Toen de tempel klaar was, nam Mardoek plaats op zijn zetel op de top en riepen de goden uit: 'Dit is Babylon, dierbare stad der goden, uw geliefde woning!' Vervolgens vierden ze de liturgie 'waaruit het heelal zijn structuur ontvangt, de verborgen wereld zichtbaar wordt gemaakt en de goden hun plaats in het heelal krijgen toegewezen'.[3] Deze wetten en rituelen zijn voor iedereen bindend; zelfs de goden moeten zich eraan houden om het voortbestaan van de schepping veilig te stellen. In de mythe wordt tot uitdrukking gebracht wat in de ogen van de Babyloniërs de diepere zin van beschaving was. Uiteraard wisten ze dat de zikkoerats door hun eigen voorouders waren gebouwd, maar het verhaal van het *Enoema Elisj* verwoordde hun overtuiging dat hun creatieve onderneming alleen maar een lang leven kon zijn beschoren als deze in de krachten van de goddelijkheid deelde. De liturgie die ze aan het begin van het nieuwe jaar vierden, was bedacht voordat de mens op de aarde was verschenen; ze stond neergeschreven in het diepste wezen van de dingen en zelfs de goden waren eraan onderworpen. De mythe gaf ook uitdrukking aan hun overtuiging dat Babylon een heilige stad was, het middelpunt van de wereld en het huis van de goden – een gedachte die in vrijwel alle religieuze systemen van de oudheid een cruciale rol speelde. De notie dat er een heilige stad was waar mannen en vrouwen voelden dat ze in nauw contact stonden met de goddelijke kracht, de oorsprong van al het zijn en alle doelmatigheid, zou in alle drie monotheïstische religies van onze eigen God een belangrijke plaats krijgen.

Ten slotte, bijna als een soort à propos, schiep Mardoek de mens. Hij overmeesterde Kingoe (de onnozele gemaal van Tiamat die zij na de dood van Apsoe had geschapen), doodde hem en kneedde de eerste mens door het goddelijke bloed te vermengen met de aarde. De goden keken verbijsterd en bewonderend toe. Er zit echter een humoristische kant aan dit mythische relaas over de oorsprong van de mens: de mens is ontegenzeglijk het hoogtepunt van de hele schepping, maar hij is voortgekomen uit een van de domste en minst machtige goden van het hele pantheon. Maar in het verhaal wordt nog een ander belangrijk punt aangestipt. De eerste mens werd geschapen uit de materie van een god; hij deelde daarom in diens goddelijke natuur, al was het nog zo weinig. Mensen en goden worden niet door een kloof van elkaar gescheiden. De levende wereld, de mannen en vrouwen en de goden zelf deelden allemaal dezelfde natuur en waren voortgekomen uit dezelfde goddelijke materie. De heidense visie was holistisch. De goden zaten niet in een aparte, ontologische hemelsfeer weggesloten, ver van het mensenras; het godendom was niet essentieel anders dan het mensdom. Er bestond dus geen enkele noodzaak om met een speciale, goddelijke openbaring te komen, of uit de hemel een goddelijke wet te laten neerdalen. De goden en mensen deelden hetzelfde lot, met als enig verschil dat de goden machtiger en onsterfelijk waren.

Deze holistische visie beperkte zich niet tot het Midden-Oosten, maar kwam in de hele antieke wereld voor. In de vijfde eeuw v.d.g.j. bracht Pindarus de Griekse versie van dit geloof onder woorden in een van zijn oden waarin een overwinnaar in de Nemeïsche spelen wordt bezongen:

> Eén is het geslacht van mensen en van goden;
> uit één moeder ademen wij beiden.
> Maar gescheiden worden wij door onze geheel verschillende macht:
> het ene immers is niets, de bronzen hemel daarentegen
> blijft als een altijd onwankelbare zetel bestaan.
> Maar toch gelijken wij enigszins
> óf door grote geest, óf door gestalte op de Onsterfelijken.[4]

In plaats van zijn atleten te zien als afzonderlijke individuen die elk hun beste beentje voorzetten, plaatst Pindarus hen tegenover de goden wier verrichtingen model staan voor al het menselijk streven. De mens imiteerde niet slaafs de hopeloos ver verwijderde goden, maar optimaliseerde de mogelijkheden die zijn eigen, in wezen goddelijke natuur hem bood.

De mythe van Mardoek en Tiamat heeft kennelijk ook invloed gehad op het volk van Kanaän, want daar wordt een soortgelijk verhaal verteld over

Baäl-Hadad, de god van de storm en de vruchtbaarheid over wie de Bijbel zich vaak in zeer misprijzende bewoordingen uitlaat. Het verhaal van Baäls strijd tegen Jam-Nahar, de god van de zeeën en de rivieren, komen we tegen op kleitabletten die uit de veertiende eeuw v.d.g.j. dateren. Baäl en Jam woonden beiden bij Eel, de oppergod van de Kanaänieten. Tijdens de raadsvergadering van Eel eist Jam dat Baäl aan hem wordt overgeleverd. Met twee toverwapens weet Baäl Jam te verslaan, maar wanneer hij op het punt staat hem te doden komt Asjera tussenbeide; ze is de vrouw van Eel en de moeder van de goden en ze voert aan dat het oneervol is een gevangene om te brengen. Beschaamd spaart Baäl Jams leven; Jam staat voor de vijandige krachten van de zeeën en rivieren die de aarde voortdurend met overstromingen bedreigen, terwijl Baäl, de stormgod, de aarde vruchtbaar maakt. In een andere versie van de mythe doodt Baäl de zevenkoppige draak Lotan, een dier dat in het Hebreeuws Leviathan heet. In bijna alle culturen is de draak het symbool van het latente, het vormloze en het ongedifferentieerde. Baäl heeft dus door een waarachtig scheppende daad verhinderd dat alles terugglijdt in de vormloosheid van de oermassa en hij wordt beloond met een prachtig paleis dat de goden te zijner ere bouwen. In de vroegste godsdiensten wordt scheppende creativiteit dus als een goddelijke daad beschouwd; en wij bedienen ons nog steeds van religieuze taal wanneer we spreken van de creatieve 'inspiratie' die de werkelijkheid opnieuw vormt en de wereld nieuwe inhoud geeft.

Maar Baäls lot neemt een ongunstige wending; hij sterft en moet afdalen naar de wereld van Mot, de god van de dood en de onvruchtbaarheid. Wanneer de oppergod Eel verneemt welk lot zijn zoon heeft getroffen, komt hij van zijn troon af, trekt een rouwkleed aan en kerft zijn wangen, maar hij kan zijn zoon niet terugwinnen. Anat, Baäls minnares en zuster, verlaat echter het godenrijk en gaat op zoek naar haar tweelingziel, 'naar hem verlangend als een koe naar haar kalf, of als een ooi naar haar lam'.[5] Wanneer ze zijn lichaam vindt, richt ze te zijner ere een begrafenisdienst aan, overmeestert Mot, doorklieft hem met haar zwaard, en want, brandt en maalt hem als koren waarna ze hem in het veld uitzaait. Soortgelijke verhalen worden ook verteld over de andere belangrijke godinnen – Inanna, Isjtar en Isis; ook zij gaan op zoek naar een dode god en brengen de aarde weer tot leven. De overwinning van Anat moet echter elk jaar tijdens een ritueel feest opnieuw worden bevestigd. Later – we weten niet hoe, omdat onze bronnen niet volledig zijn – wordt Baäl weer tot leven gewekt en bij Anat teruggebracht. Deze apotheose van eenheid en harmonie, gesymboliseerd in de vereniging van de seksen, werd in het oude Kanaän met rituele seksuele feesten gevierd. Door de goden op deze manier na te volgen zouden mannen en vrouwen deel hebben aan hun strijd tegen onvruchtbaarheid en zouden ze de creativiteit en vruchtbaarheid van de wereld veilig stellen. De dood van een god, de zoektocht van de godin en de triomfantelijke terugkeer naar de goddelijke hemelsfeer waren in veel culturen vaste religieuze thema's en zouden zich opnieuw aandienen in de zeer afwijkende religie van de Ene God die door joden, christenen en moslims werd aanbeden.

In de Bijbel wordt die religie toegeschreven aan Abraham, een man die ergens in de twintigste of negentiende eeuw v.d.g.j. Ur verliet en zich uiteindelijk in Kanaän vestigde. We beschikken niet over contemporaine verslagen van Abrahams wederwaardigheden, maar geleerden denken dat hij wellicht een van de rondtrekkende stamhoofden was die hun volk aan het eind van het derde millennium v.d.g.j. van Mesopotamië naar het Middellandse-Zeegebied leidden. Die rondtrekkende stammen, waarvan sommige in Mesopotamische en Egyptische bronnen Abiroe, Apiroe of Chabiroe worden genoemd, spraken Westsemitische talen waarvan het Hebreeuws er een is. Het waren geen reguliere woestijnnomaden zoals de bedoeïenen die volgens de wisseling der seizoenen met hun kudde rondtrokken, maar ze waren veel moeilijker te classificeren en daarom voortdurend in conflict met de conservatieve autoriteiten. In cultureel opzicht stonden ze gewoonlijk op een hoger niveau dan de woestijnbewoners. Sommigen dienden als huurling, anderen werden ambtenaar, weer anderen waren koopman, dienstknecht of ketellapper. Sommigen werden rijk en kochten dan misschien een stuk grond waarop ze zich vestigden. De verhalen die in het boek Genesis over Abraham staan, vertellen dat hij de koning van Sodom als huurling diende en beschrijven zijn veelvuldige conflicten met de autoriteiten van Kanaän en omstreken. Toen zijn vrouw Sara stierf, kocht Abraham ten slotte een stuk grond in Hebron, een plaats in het gebied dat nu de Westelijke Jordaanoever is.

Uit het Genesisverhaal van Abraham en zijn directe nakomelingen kan worden opgemaakt dat de vestiging van vroege Hebreeën in Kanaän, het huidige Israël, wellicht in drie belangrijke golven heeft plaatsgevonden. De eerste wordt met Abraham en Hebron in verband gebracht en vond omstreeks 1850 v.d.g.j. plaats. Bij de tweede migratiegolf wordt Abrahams kleinzoon Jakob genoemd, wiens naam later werd veranderd in Israël ('Hij strijdt met God'); hij vestigde zich in Sichem, het huidige Arabische Nabloes op de Westelijke Jordaanoever. De Bijbel vertelt ons dat Jakobs zonen, die de voorvaders van de twaalf stammen van Israël werden, tijdens een periode van ernstige hongersnood van Kanaän naar Egypte migreerden. De derde Hebreeuwse vestigingsgolf vond omstreeks 1200 v.d.g.j. plaats toen stammen, die verklaarden nakomelingen van Abraham te zijn, vanuit Egypte in Kanaän aankwamen. Ze zeiden dat ze als slaaf in Egypte hadden geleefd, maar dat ze waren bevrijd door een god die Jahweh heette en de god van hun leider Mozes was. Nadat ze zich met geweld toegang tot Kanaän hadden verschaft, sloten ze een bondgenootschap met de aldaar levende

Hebreeën en kregen de naam 'het volk van Israël'. De Bijbel geeft duidelijk aan dat de mensen die we als de oude Israëlieten kennen, een confederatie van diverse etnische clans waren wier onderlinge verbondenheid voornamelijk stoelde op hun loyaliteit aan Jahweh, de God van Mozes. Het bijbelverhaal werd echter pas eeuwen later opgetekend, omstreeks de achtste eeuw v.d.g.j., al putte het ongetwijfeld uit mondelinge bronnen die van oudere datum waren. In de negentiende eeuw ontwikkelden enkele Duitse bijbelgeleerden een kritische methode met behulp waarvan ze in de eerste vijf boeken van de Bijbel vier verschillende bronnen konden aanwijzen. Deze bijbelboeken (Genesis, Exodus, Leviticus, Numeri en Deuteronomium) werden later, in de vijfde eeuw v.d.g.j., samengevoegd tot de definitieve tekst van wat we nu als de Pentateuch kennen. Op deze historische bronnenanalyse is felle kritiek geleverd, maar tot dusver heeft niemand bevredigender kunnen verklaren waarom bepaalde bijbelse sleutelgebeurtenissen, zoals de schepping en de zondvloed, twee totaal verschillende versies kennen en waarom de Bijbel zich soms tegenspreekt. De twee eerste bijbelauteurs wier werk in Genesis en Exodus is aangetroffen, schreven hun verhaal mogelijk in de achtste eeuw v.d.g.j., al neigen enkelen ertoe hen in een vroegere periode te plaatsen. De ene staat bekend als 'J', omdat hij zijn God 'Jahweh' noemt, de andere als 'E', omdat hij de voorkeur geeft aan de formelere godstitel 'Elohiem'. Tegen de achtste eeuw v.d.g.j. hadden de Israëlieten het land Kanaän verdeeld in twee aparte koninkrijken. J schreef in het zuidelijke koninkrijk Juda, terwijl E uit het noordelijke koninkrijk Israël kwam (zie kaart pagina 444). We zullen de twee andere bronnen van de Pentateuch – het deuteronomistische verslag (D) en het priesterverslag (P) van de oude geschiedenis van Israël – in hoofdstuk 2 behandelen.

We zullen zien dat J en E in veel opzichten dezelfde religieuze standpunten hadden als hun Middenoosterse buren, hoewel uit beide verhalen blijkt dat de Israëlieten tegen de achtste eeuw v.d.g.j. al een duidelijk eigen visie begonnen te ontwikkelen. Zo begint J zijn geschiedenis van God met een verslag van de schepping van de aarde die, vergeleken met het *Enoema Elisj*, verrassend plichtmatig klinkt:

> Toen Jahweh God de aarde en de hemel maakte, waren er op aarde nog geen wilde planten en groeide er geen enkel veldgewas, want Jahweh God had nog geen regen op de aarde laten vallen en er was nog geen mens om de grond te bebouwen, om het water uit de grond omhoog te halen en de aardbodem te bevloeien. Toen boetseerde Jahweh God de mens [*adām*] uit stof, van de aarde [*adamah*] genomen, en Hij blies hem de levensadem in de neus; zo werd de mens een levend wezen.[6]

Dit was een volkomen nieuw uitgangspunt. In plaats van zich, zoals zijn heidense tijdgenoten in Mesopotamië en Kanaän, te concentreren op de schepping van de aarde en op de prehistorische periode, is J meer geïnteresseerd in het tijdvak dat door de normale geschiedenis wordt bestreken. In Israël begon men zich pas wezenlijk voor de schepping te interesseren in de zesde eeuw v.d.g.j. toen de schrijver die we 'P' noemen zijn magistrale verhaal schreef in wat nu het eerste hoofdstuk van Genesis is. J verklaart nergens met zoveel woorden dat Jahweh de enige schepper van hemel en aarde is. Het opvallendst is evenwel zijn opvatting dat er een zeker onderscheid bestaat tussen de mens en de godheid. In plaats van vervaardigd te zijn uit dezelfde goddelijke materie als zijn god, behoort de mens (adām), zoals uit de woordspeling blijkt, aan de aarde (adamah) toe.

Anders dan zijn heidense naburen beschouwt J de aardse geschiedenis niet als profaan, oninteressant en nietszeggend vergeleken met de heilige oertijd van de goden. Hij haast zich door de prehistorische gebeurtenissen heen totdat hij bij het einde van de mythische periode is gekomen, waartoe onder andere de verhalen over de zondvloed en de toren van Babel behoren, en staat dan aan de vooravond van de geschiedenis van het volk Israël. Daar begint hij abrupt in hoofdstuk 12 mee wanneer de man Abram, die later de nieuwe naam Abraham ('Vader van vele volken') zou krijgen, van Jahweh opdracht krijgt zijn verwanten in Haran, in het huidige Oost-Turkije, te verlaten en naar het land Kanaän aan de Middellandse Zee te trekken. We hebben dan al vernomen dat zijn vader Terach, een heiden, met zijn familie vanuit Ur naar het westen was getrokken. Nu zegt Jahweh tegen Abraham dat hem een speciale toekomst wacht: hij zal de vader van een machtig volk worden dat eens talrijker zal zijn dan de sterren aan de hemel, en zijn nakomelingen zullen op een dag het land Kanaän in bezit hebben. J's verhaal over de roep van Abraham zet de toon voor de toekomstige geschiedenis van deze God. In het oude Midden-Oosten werd het goddelijke mana ervaren in rite en mythologie. Niemand verwachtte van Mardoek, Baäl en Anat dat ze zich zouden inlaten met het laag-bij-de-grondse, profane leven van hun aanbidders; hun bemoeienis met de wereld had in de heilige voortijd plaatsgevonden. De God van Israël daarentegen wendde zijn kracht aan bij actuele gebeurtenissen in de echte wereld. Hij werd ervaren als een imperatief in het hier en nu. Toen Hij zich voor het eerst openbaarde, gebeurde dat in de vorm van een bevel: Abraham moest zijn volk verlaten en naar het land Kanaän trekken.

Maar wie is Jahweh? Aanbad Abraham dezelfde God als Mozes, of kende hij Hem onder een andere naam? Deze vraag zou voor ons, in deze tijd, een zaak van het grootste gewicht zijn, maar de Bijbel is er merkwaardig vaag over en geeft tegenstrijdige antwoorden. J zegt dat de mensen Jahweh sinds de dagen van Adams kleinzoon hadden aanbeden, maar in de zesde eeuw lijkt P te suggereren dat de Israëlieten pas van Jahweh hadden gehoord toen

Hij in de brandende braamstruik aan Mozes verscheen. P laat Jahweh uitleggen dat Hij inderdaad dezelfde God is als de God van Abraham, als was er sprake van een misverstand; Hij zegt tegen Mozes dat Abraham hem 'Eel Sjaddai' had genoemd en de goddelijke naam Jahweh niet kende.[7] Deze discrepantie schijnt noch de bijbelauteurs, noch hun redacteuren erg te deren. J blijft zijn God van begin tot eind 'Jahweh' noemen en tegen de tijd dat hij begon te schrijven, wás Jahweh ook de God van Israël en alleen dat telde. De Israëlitische religie was pragmatisch en brak zich minder het hoofd over het soort speculatieve details waar wij ons druk over zouden maken. We mogen evenwel niet van de veronderstelling uitgaan dat hetzij Abraham, hetzij Mozes op dezelfde manier in hun God geloofde als wij tegenwoordig. We zijn zo vertrouwd geraakt met het bijbelverhaal en de daaropvolgende geschiedenis van Israël, dat we geneigd zijn onze kennis van de latere joodse godsdienst te projecteren op die historische figuren van vroeger. Bijgevolg nemen we aan dat de drie aartsvaders van Israël – Abraham, zijn zoon Isaak en zijn kleinzoon Jakob – monotheïst waren en alleen in één God geloofden. Dat schijnt niet het geval te zijn geweest. Sterker nog, het is misschien juister om die eerste Hebreeën heidenen te noemen die veel religieuze opvattingen met hun Kanaänitische naburen deelden. Ze zullen zeker hebben geloofd dat goden als Mardoek, Baäl en Anat bestonden. En misschien hebben ze niet eens allemaal dezelfde god aanbeden; het is heel goed mogelijk dat de God van Abraham en de 'Gevreesde' van Isaak en de 'Machtige' van Jakob drie verschillende goden waren.[8]

We kunnen nog een stapje verder gaan. Er is grote kans dat de God van Abraham de Kanaänitische oppergod Eel was. De godheid diende zich bij Abraham aan als Eel Sjaddai (Eel van de hoogte), wat een van Eels traditionele titels was.[9] Elders wordt hij Eel Eljon ('De Allerhoogste') of Eel Betel genoemd. De naam van de Kanaänitische oppergod treffen we nog steeds aan in Hebreeuwse woorden als Isra-Eel of Isma-Eel. De manier waarop de Israëlieten Hem ervoeren zou de heidenen van het Midden-Oosten niet onbekend zijn geweest. We zullen zien dat de Israëlieten eeuwen later door enorme angst werden bevangen wanneer ze met het mana of de 'heiligheid' van Jahweh werden geconfronteerd. Zo ging zijn verschijning aan Mozes op de berg Sinaï gepaard met een ontzagwekkende vulkaanuitbarsting en moesten de Israëlieten zich op een afstand houden. Vergeleken met deze God was Abrahams Eel heel zachtmoedig. Hij verschijnt aan Abraham als een vriend en neemt soms zelfs de gestalte van een mens aan. Zulke goddelijke verschijningen of epifanieën kwamen in de heidense oudheid vrij algemeen voor. Weliswaar werd doorgaans niet van de goden verwacht dat ze rechtstreeks ingrepen in het leven van sterfelijke mannen en vrouwen, maar in mythische tijden hadden bepaalde bevoorrechte individuen hun goden nu en dan toch persoonlijk ontmoet. In de *Ilias* wemelt het van zulke epifanieën. De goden en godinnen verschijnen zowel aan Grieken als aan Trojanen in hun dromen wanneer, zoals men geloofde, de grens tussen de wereld van de mensen en die van de goden vervaagde. Tegen het einde van de *Ilias* wordt Priamus naar de Griekse schepen gebracht door een aantrekkelijke jongeman die ten slotte onthult dat hij Hermes is.[10] Wanneer de Grieken terugkeken op de gouden eeuw van hun helden, waren ze van mening dat deze mannen in nauw contact hadden gestaan met de goden die per slot van rekening dezelfde natuur hadden als mensen. Deze verhalen over epifanieën gaven de holistische visie van de heidenen weer: wanneer de godheid niet wezenlijk van de natuur of van de mens verschilde, kon hij worden ervaren zonder dat er al te veel ophef van gemaakt hoefde te worden. De wereld wemelde van de goden en men kon hen op elk tijdstip, om de hoek van elke straat of in de persoon van elke onbekende voorbijganger tegenkomen. Zelfs het gewone volk meende wellicht dat zulke goddelijke ontmoetingen ook voor hen waren weggelegd; dat verklaart misschien dat merkwaardige verhaal in de Handelingen der Apostelen toen zelfs nog in de eerste eeuw van onze jaartelling de apostel Paulus en zijn discipel Barnabas door de bewoners van Lystra, een plaatsje dat nu in Turkije ligt, voor Zeus en Hermes werden aangezien.[11]

Voor de Israëlieten gold vrijwel hetzelfde; als zij op hun gouden eeuw terugkeken, zagen ze dat ook Abraham, Isaak en Jakob vertrouwelijk met hun God omgingen. Eel geeft hun vriendschappelijke raad, zoals elke sjeik of elk stamhoofd; Hij leidt hen bij hun omzwervingen, vertelt hun met wie ze moeten trouwen en spreekt hen in hun dromen toe. Nu en dan schijnen ze Hem zelfs in mensengestalte te zien – een gedachte die later voor de Israëlieten een anathema zou zijn. In Genesis 18 vertelt J ons dat God aan Abraham verscheen bij de eik van Mamre, een bos in de buurt van Hebron. Abraham had, toen hij opkeek, gezien dat drie onbekenden op het heetst van de dag zijn tent naderden. Met typisch Middenoosterse wellevendheid stond hij erop dat ze bij hem uitrustten en ondertussen haastte hij zich om iets te eten voor hen te maken. In de loop van het gesprek kwam heel natuurlijk aan het licht dat een van de mannen niemand minder dan zijn God was, degene die J altijd 'Jahweh' noemt. De andere mannen blijken engelen te zijn. De onthulling scheen niemand bijzonder te verrassen. Maar tegen de tijd dat J in de achtste eeuw v.d.g.j. zijn verhaal op schrift stelde, zou geen enkele Israëliet hebben verwacht dat hij God op deze manier zou kunnen 'zien'; de meesten zouden het een schokkende gedachte hebben gevonden. E, J's tijdgenoot, vindt de oude verhalen over de intieme omgang van de aartsvaders met God ongepast; wanneer E over Abrahams of Jakobs contacten met God vertelt, bouwt hij liever meer afstand in en maakt hij de oude overleveringen minder antropomorf. Zo zal hij zeggen dat God bijvoorbeeld via een engel tot Abraham spreekt. Maar J deelt zijn overgevoeligheid niet en blijft zijn verhaal met die primitieve epifanieën kruiden.

Ook Jakob kreeg een aantal epifanieën. Op een keer had hij besloten terug te keren naar Haran om onder zijn verwanten een vrouw te zoeken. Op de heenweg sliep hij bij Luz, in de buurt van de Jordaanvallei, met als hoofdkussen een steen. Die nacht droomde hij van een ladder die van de aarde tot de hemel reikte; engelen verplaatsten zich tussen het rijk van God en het rijk van de mens op en neer. Onwillekeurig moeten we daarbij aan Mardoeks zikkoerat denken: boven op de top, als het ware tussen hemel en aarde zwevend, kon een mens zijn goden ontmoeten. Jakob droomde dat hij Eel boven aan zijn ladder zag staan; Eel zegende hem en herhaalde de beloften die Hij aan Abraham had gedaan: Jakobs nakomelingen zouden een machtig volk worden en het land Kanaän bezitten. Hij deed ook een belofte die, zoals we zullen zien, bijzondere indruk op Jakob maakte. De heidense religies waren vaak plaatsgebonden: de jurisdictie van een god beperkte zich uitsluitend tot een bepaald gebied en daarom was het altijd verstandig de plaatselijke goden te aanbidden wanneer men in een ander land was. Maar Eel beloofde Jakob dat Hij hem zou beschermen wanneer hij Kanaän verliet en door een vreemd land trok: 'Ik ben met u; Ik zal u behoeden waar gij ook gaat.'[12] Uit het verhaal van deze eerste epifanie valt op te maken dat de oppergod van Kanaän een universelere implicatie begon te krijgen.

Toen hij wakker werd besefte Jakob dat hij, zonder het te weten, de nacht had doorgebracht op een heilige plaats waar mensen zich met hun goden konden verstaan. 'Waarlijk, Jahweh is op deze plaats en ik wist het niet,' laat J hem zeggen. Hij werd vervuld van het ontzag dat ook heidenen vaak beving wanneer ze te maken hadden met de heilige macht van de godheid: 'Ontzagwekkend is deze plaats! Dit kan niet anders zijn dan het huis van God [bet-Eel] en de poort van de hemel.'[13] Onwillekeurig had hij zich uitgedrukt in de religieuze taal van zijn tijd en cultuur: Babylon zelf, de woonplaats van de goden, heette de 'Poort der goden' (Bab-ili). Jakob besloot deze heilige grond te wijden op de traditionele, heidense manier van het land. Hij nam de steen die hij als hoofdkussen had gebruikt, zette hem overeind en heiligde hem met een plengoffer van olie. Vanaf die tijd zou de plaats niet meer Luz heten, maar Bet-Eel, het Huis van Eel. Een opgerichte steen was het gebruikelijke teken van de Kanaänitische vruchtbaarheidsculten die, zoals we later zullen zien, tot in de achtste eeuw v.d.g.j. in Bet-Eel welig zouden tieren. Hoewel de Israëlieten dit soort religieuze praktijken later streng veroordeelden, werd de heilige plaats Bet-Eel in vroege overleveringen vereenzelvigd met Jakob en zijn God.

Voordat hij uit Bet-Eel vertrok besloot Jakob de god die hij had ontmoet, tot zijn *elohiem* te maken; dat was een formele term waarmee alles werd aangegeven wat de goden voor mannen en vrouwen konden betekenen.

Jakob was tot de slotsom gekomen dat als Eel (of Jahweh, zoals J Hem noemt) inderdaad in Haran op hem kon letten, Hij wel een bijzonder machtige god moest zijn. Hij sloot een overeenkomst met Hem: in ruil voor Eels speciale bescherming zou Jakob Hem tot zijn elohiem maken, tot de enige God die telde. Het Israëlitische geloof in God was bijzonder pragmatisch. Zowel Abraham als Jakob besloot Eel als zijn God te vereren, omdat Hij iets voor hen kon betekenen; geen van beiden ging omstandig zitten bewijzen dat Hij echt bestond; Eel was geen filosofische abstractie. In de antieke wereld was mana een concreet feit dat onomstotelijk vaststond en een god bewees zijn waarde als hij die kracht effectief kon aanwenden. Dit pragmatisme zou in de geschiedenis van God een belangrijke rol blijven spelen. De mens zou een bepaald concept van het goddelijke aanhangen, omdat het een functie voor hem had, en niet omdat het wetenschappelijk of filosofisch klopte.

Jaren later keerde Jakob met zijn vrouwen en familie naar Haran terug. Toen hij opnieuw het land van Kanaän binnentrok, maakte hij weer een vreemde epifanie mee. Bij de doorwaadbare plaats van de Jabbok, op de westelijke Jordaanoever, liep hij een onbekende tegen het lijf en worstelde de hele nacht met hem. Bij het aanbreken van de dag moest zijn tegenstander, zoals de meeste spirituele wezens, weer vertrekken, maar Jakob liet hem niet los; hij wilde hem pas laten gaan nadat hij zijn naam had genoemd. Als men in de antieke wereld wist hoe iemand heette, kreeg men een zekere macht over hem, dus de onbekende had niet veel zin hem die informatie te geven. Maar hoe langer de vreemde ontmoeting duurde, des te duidelijk werd het Jakob dat zijn tegenstander niemand minder dan Eel zelf was:

> Nu vroeg Jakob: 'Maak mij uw naam bekend.' Maar hij zei: 'Waarom vraagt ge naar mijn naam?' Toen gaf hij hem ter plaatse zijn zegen. Jakob noemde die plaats Peni-Eel [Eels Aangezicht], 'want – zo zei hij – ik heb God gezien van aangezicht tot aangezicht, en ik ben toch in leven gebleven.'[14]

Deze epifanie staat in de geest dichter bij de *Ilias* dan bij het latere joods monotheïsme toen een dergelijk intiem contact met het goddelijke een blasfemie zou zijn geweest.

Hoewel uit deze vroege verhalen blijkt dat de aartsvaders hun God vrijwel op dezelfde manier ontmoetten als hun heidense tijdgenoten, werd er ook een vorm van godservaring in geïntroduceerd die nieuw was. Door de hele Bijbel heen wordt Abraham een man van het 'geloof' genoemd. Tegenwoordig zijn we geneigd 'geloof' te definiëren als een intellectuele instemming met een bepaalde religieuze overtuiging, maar we hebben gezien dat in de ogen van de bijbelauteurs het geloof in God geen abstracte of metafysische geesteshouding was. Wanneer zij het 'geloof' van Abraham prijzen, roemen ze niet zijn orthodoxie (de aanvaarding van een correcte, theologische opvatting over God), maar zijn vertrouwen, op dezelfde manier als waarop wij zouden zeggen dat we geloof hechten *aan* een persoon of een ideaal. In de Bijbel is Abraham een man van het geloof, omdat hij erop vertrouwde dat God zijn beloften zou nakomen, ook al leken ze nog zo absurd. Hoe kon Abraham immers de vader van een 'menigte volkeren' worden als zijn vrouw Sara onvruchtbaar was? Alleen al het idee dat ze een kind zou krijgen was zo belachelijk – per slot van rekening was Sara al ver voorbij haar menopauze –, dat zowel Sara als Abraham in lachen uitbarstte toen ze deze belofte hoorden. Wanneer hun zoon, tegen alle verwachting in, toch wordt geboren noemen ze hem Isaak, wat als 'hij lacht' kan worden geïnterpreteerd. Het lachen verging Abraham echter snel toen God met een verschrikkelijke opdracht kwam: hij moest zijn enige zoon aan Hem offeren.

Mensenoffers waren in de heidense wereld vrij normaal. Het was wreed, maar er zat een bepaalde logica achter. Vaak meende men dat het eerste kind de nakomeling van een god was die krachtens een *droit du seigneur* de moeder zwanger had gemaakt. Door het kind te verwekken was de god een deel van zijn energie kwijtgeraakt, dus om deze aan te vullen en de circulatie van al het beschikbare mana veilig te stellen, werd het eerstgeboren kind aan zijn goddelijke ouder teruggeven. In het geval van Isaak lag de zaak echter anders. Isaak was een geschenk van God geweest, maar niet zijn natuurlijke zoon. Er was geen reden voor het offer, geen reden om de goddelijke energie aan te vullen. Sterker nog, het offer zou Abrahams leven volkomen zinloos maken, want dat was immers gegrondvest op de belofte dat hij de vader van een groot volk zou worden. Men begon dus al anders tegen deze God aan te kijken dan tegen de meeste andere goden van de antieke wereld. Deze God deelde het hachelijke bestaan van de mensen niet; Hij verlangde van mannen en vrouwen geen aanvulling van zijn energie. Hij behoorde tot een andere orde en kon alle eisen stellen die Hij wilde. Abraham besloot zijn God te vertrouwen. Isaak en hij vertrokken voor een driedaagse reis naar de berg Moria, de plaats waar volgens een latere traditie de tempel van Jeruzalem zou komen. Isaak, die niets van het goddelijke bevel afwist, moest zelfs het hout voor zijn eigen brandoffer dragen. Pas op het allerlaatste moment, toen Abraham al met het mes in de hand stond, kwam God op zijn bevel terug en zei Hij dat Hij hem alleen op de proef had willen stellen. Abraham had bewezen dat hij het waard was de vader van een machtig volk te worden, een volk zo talrijk als de sterren aan de hemel of het zand aan de oever van de zee.

Toch klinkt dit verhaal ons in deze tijd afschuwelijk in de oren. God komt er als een despotische en wispelturige sadist in naar voren en het zal niemand verbazen dat tegenwoordig veel mensen die dit verhaal in hun jeugd hebben gehoord, zo'n godheid afwijzen. Ook de mythe van de uittocht uit Egypte, toen God Mozes en de kinderen van Israël naar de vrijheid leidde, druist tegen al onze opvattingen in. Het verhaal is genoegzaam bekend. De farao voelde er weinig voor het volk Israël te laten gaan, dus om hem te dwingen zond God tien afschrikwekkende plagen over het volk van Egypte. De Nijl veranderde in bloed; het land werd door sprinkhanen en kikkers kaalgevreten; het hele gebied werd in een ondoordringbare duisternis gehuld. Ten slotte liet God de verschrikkelijkste plaag over het volk komen: Hij zond de engel des doods die de eerstgeboren zoon van alle Egyptenaren moest doden, maar de zonen van de Hebreeuwse slaven moest sparen. Geen wonder dat de farao ten slotte besloot de Israëlieten te laten gaan: maar hij kwam er later op terug en achtervolgde hen met zijn leger. Hij haalde hen bij de Schelfzee in, maar God kwam de Israëlieten te hulp door de zee te scheiden, zodat ze met droge voeten konden oversteken. Toen de Egyptenaren in hun spoor volgden, sloot Hij het water en verdronk Hij de farao en zijn leger.

Deze God is een hardvochtige, partijdige en moorddadige god; een oorlogsgod die Jahweh Sebaot zou worden genoemd, de God der Heerscharen. Hij is een vurig partizaan, heeft het alleen te doen met zijn eigen favorieten en is niet meer dan een stamgod. Als Jahweh zo'n wrede godheid was gebleven, zou het voor iedereen beter zijn geweest als Hij, hoe eerder hoe liever, het veld had geruimd. De definitieve versie van de uittochtmythe zoals die in de Bijbel tot ons is gekomen, is duidelijk niet bedoeld als een letterlijke weergave van de gebeurtenissen. Maar voor de mensen van het oude Midden-Oosten, die eraan gewend waren dat goden zeeën spleten, zou de boodschap duidelijk genoeg zijn geweest. Van Jahweh werd echter verteld, anders dan van Mardoek en Baäl, dat Hij een echte zee in de profane wereld van de historische tijd had gescheiden. Er wordt nauwelijks geprobeerd de werkelijkheid recht te doen. Wanneer de Israëlieten het verhaal van de uittocht vertelden, maakten ze zich minder druk over historische nauwkeurigheid dan wij tegenwoordig. Het ging hun meer om de significantie van het oorspronkelijke voorval, onverschillig hoe het precies in zijn werk was gegaan. Sommige moderne geleerden menen dat het Exodusverhaal de mythologisering is van een geslaagde boerenopstand tegen de suzereiniteit van Egypte en zijn bondgenoten in Kanaän.[15] Dat zou voor die tijd een grote zeldzaamheid zijn geweest en zou een onuitwisbare indruk op alle betrokkenen hebben gemaakt. Het zou voor de onderdrukten een onvergetelijke ervaring zijn geweest toen ze de macht grepen en tegen de machthebbers en heersers in opstand kwamen.

Hoewel de mythe van de uittocht in alle drie monotheïstische religies een belangrijke plaats heeft gekregen, is Jahweh, zoals we zullen zien, niet die wrede en gewelddadige God gebleven. Hoe verrassend het ook mag klinken, de Israëlieten zouden Hem onherkenbaar veranderen en Hem tot een symbool van transcendentie en barmhartigheid maken. Toch zou het bloeddorstige verhaal van de uittocht constant de inspiratiebron van gevaarlijke godsvoorstellingen en een wraakzuchtige theologie blijven. Zoals we later zullen zien gebruikte de deuteronomistische auteur (D) in de zevende eeuw v.d.g.j. de oude mythe om er de afschuwelijke leer van de uitverkiezing mee aan te tonen die op diverse tijdstippen zo'n fatale rol in de geschiedenis van de drie religies heeft gespeeld. Zoals elk menselijk idee kan ook de notie van God worden geëxploiteerd en misbruikt. Vanaf de dagen van de Deuteronomist tot aan de tijd waarin wij leven en waar, helaas, het joodse, christelijke en islamitische fundamentalisme steeds verder om zich heen grijpt, is de mythe van een uitverkoren volk en een goddelijke voorbestemming vaak de inspiratie van een kortzichtige, tribale theologie geweest. Maar de Deuteronomist heeft ook een interpretatie van de uittochtmythe bewaard waarvan de invloed op de geschiedenis van het monotheïsme even groot, maar veel positiever is geweest en waarin wordt gesproken van een God die aan de kant van de zwakken en de verdrukten staat. In Deuteronomium 26 hebben we een tekst die misschien een vroege interpretatie van het uittochtverhaal is, uit de tijd voordat J en E het optekenden. De Israëlieten krijgen opdracht de eerste opbrengsten van hun fruitoogst bij de priesters van Jahweh te brengen en de volgende verklaring af te leggen:

> 'Mijn vader was een zwervende Arameeër. Hij is met een klein aantal mensen naar Egypte gegaan en, terwijl hij daar als vreemdeling verbleef, een groot, machtig, talrijk volk geworden. Toen de Egyptenaren ons slecht behandelden, ons verdrukten en ons harde slavenarbeid oplegden, hebben wij tot Jahweh, de God van onze vaderen, geroepen. En Jahweh heeft ons verhoord en zich onze vernedering, ons zwoegen en onze verdrukking aangetrokken. Hij heeft ons uit Egypte geleid met sterke hand, met uitgestrekte arm, onder grote verschrikkingen, tekenen en wonderen. Hij heeft ons naar deze plaats [Kanaän] gebracht en ons dit land geschonken, een land van melk en honing. Daarom breng ik nu de eerste vruchten van de grond, die Gij, Jahweh, mij hebt geschonken.'[16]

De God die misschien de inspiratie van de eerste boerenopstand van de geschiedenis is geweest, is een God van revolutie. Voor alle drie geloven was Hij de inspiratie om het ideaal van sociale rechtvaardigheid na te streven, ook al moet worden gezegd dat het joden, christenen en moslims vaak niet is gelukt naar dat ideaal te leven en dat ze Hem hebben veranderd in de God van de status-quo.

De Israëlieten noemden Jahweh 'de God van onze vaderen', maar toch was Hij misschien een heel andere godheid dan Eel, de oppergod van de Kanaänieten die de aartsvaders hadden aanbeden. Hij was misschien, voordat Hij de God van Israël werd, de god van andere volkeren. De eerste paar keren dat Jahweh aan Mozes verschijnt, legt Hij er elke keer omstandig de nadruk op dat Hij echt de God van Abraham is, ook al werd Hij oorspronkelijk Eel Sjaddai genoemd. In deze nadruk klinkt misschien de verre echo door van een heel vroeg dispuut over de identiteit van de God van Mozes. Men heeft wel de gedachte geopperd dat Jahweh oorspronkelijk een oorlogsgod was, een god van vulkanen, een god die aanbeden werd in Midjan, een streek in het huidige Jordanië.[17] We zullen er nooit achter komen waar de Israëlieten Jahweh hadden ontdekt, laat staan of Hij inderdaad een volstrekt nieuwe godheid was. Maar ook nu weer geldt dat, terwijl dit voor ons een heel belangrijke kwestie zou zijn, de bijbelauteurs er niet zo om maalden. In de heidense oudheid werden goden vaak gecombineerd of samengesmolten, of werden de goden van de ene streek vereenzelvigd met de goden van een ander volk. Het enige waar we zeker van kunnen zijn is dat Jahweh, ongeacht Zijn herkomst, door de gebeurtenissen van de uittocht definitief de God van Israël werd en dat Mozes de Israëlieten ervan kon overtuigen dat Hij echt dezelfde was als Eel, de God die Abraham, Isaak en Jakob aanbaden.

De zogenaamde Midjanitische theorie – die stelt dat Jahweh oorspronkelijk een god van de Midjanieten was – wordt tegenwoordig gewoonlijk in twijfel getrokken, maar in elk geval staat het vast dat Mozes in Midjan zijn eerste visioen van Jahweh had. De lezer zal zich herinneren dat Mozes genoodzaakt was geweest uit Egypte te vluchten, omdat hij een Egyptenaar had gedood die een Israëlitische slaaf mishandelde. Hij had zijn toevlucht gezocht in Midjan en was daar getrouwd, en toen hij eens de schapen van zijn schoonvader hoedde had hij een vreemd schouwspel gezien: een struik brandde zonder dat hij door de vlammen werd verteerd. Toen Mozes dichterbij kwam om poolshoogte te nemen, had Jahweh hem bij zijn naam geroepen en had hij geantwoord: 'Hier ben ik!' (*hineni*), het antwoord van elke profeet van Israël wanneer hij een ontmoeting had met de God die volledige aandacht en loyaliteit van hem eiste:

> Toen sprak Jahweh: 'Kom niet dichterbij en doe uw sandalen uit, want de plaats waar ge staat is heilige grond.' En Hij vervolgde: 'Ik ben de God van uw vader, de God van Abraham, de God van Isaak en de God van Jakob.' Toen bedekte Mozes zijn gezicht want hij durfde niet naar God op te zien.[18]

Dit is de eerste keer dat Jahweh verzekert dat Hij inderdaad de God van Abraham is, maar toch is hier duidelijk sprake van een heel ander type God dan degene die als vriend bij Abraham had neergezeten en met hem de maaltijd had gedeeld. Deze God boezemt angst in en eist dat er afstand wordt gehouden. Wanneer Mozes Hem naar zijn naam en kwalificaties vraagt, antwoordt Jahweh met een woordgrapje waarover monotheïsten zich eeuwenlang, zoals we zullen zien, zouden buigen. In plaats van direct zijn naam te onthullen antwoordt Hij: 'Ik ben: "Ik ben!" ' (*Ehjè asjer ehjè*).[19] Wat bedoelde Hij daarmee? Hij bedoelde er zeker niet mee, zoals latere filosofen zouden betogen, dat Hij een bij zichzelf bestaand Zijn was. Het Hebreeuws kende in dit stadium zo'n metafysische dimensie niet – het zou nog bijna tweeduizend jaar duren voordat het zover was. God schijnt iets veel concreters te hebben bedoeld. *Ehjè asjer ehjè* is een Hebreeuwse idiomatische uitdrukking die iemand gebruikt als hij zich opzettelijk op de vlakte wil houden. Wanneer in de Bijbel een zin staat als: 'Ze gingen waarheen ze gingen', betekent dat: 'Ik heb geen idee waar ze heen gingen.' Toen Mozes dus vroeg wie Hij was antwoordde God eigenlijk: 'Dat doet er niet toe!', of: 'Dat gaat je niets aan!' Over de natuur van God mocht niet worden gediscussieerd en er mocht zeker niet worden getracht Hem op dezelfde manier te manipuleren als de heidenen soms deden wanneer ze de naam van hun goden reciteerden. Jahweh is de Onvoorwaardelijke God: Ik zal zijn wie Ik zal zijn. Hij zal precies degene zijn die Hij wenst te zijn en geeft geen garanties. Hij beloofde alleen dat Hij zich met de geschiedenis van zijn volk zou bemoeien. De uittochtmythe zou van beslissende betekenis zijn: ze gaf de mensen hoop voor de toekomst, al waren de omstandigheden nog zo bar.

Voor dit nieuwe godsbesef (God als machtige autoriteit) moest echter een prijs worden betaald. De oude hemelgoden had men altijd ervaren als wezens die veel te ver van de menselijke beslommeringen afstonden: de jongere goden, zoals Baäl, Mardoek en de moedergodinnen, waren dichter naar de mensen toe gekomen, maar Jahweh had de afstand tussen de mens en de goddelijke wereld weer vergroot. Dit wordt treffend geïllustreerd in het verhaal van de berg Sinaï. Toen het volk bij de berg aankwam, kreeg het opdracht zijn kleren te wassen en afstand te bewaren. Mozes had de Israëlieten al gewaarschuwd: 'Wacht u op de berg te komen of zelfs zijn voet maar te betreden; wie op de berg komt wordt ter dood gebracht.' Het volk stond een eind van de berg af en Jahweh daalde in vuur en wolken neer:

> Op de derde dag, vroeg in de morgen, begon het te donderen en te bliksemen. Boven de berg hing een dichte wolk, machtig bazuingeschal weerklonk, en alle mensen in het kamp beefden van angst. Toen voerde Mozes het volk uit het kamp naar buiten, God tegemoet. Aan

de voet van de berg bleven ze staan. De Sinaï was geheel in rook gehuld, omdat Jahweh in vuur was nedergedaald. De rook steeg omhoog als de rook van een smeltoven.[20]

Mozes liep in zijn eentje de berg op en ontving op de top de tafelen der Wet. Ervoer de mens voordien de sturende beginselen van orde, harmonie en rechtvaardigheid in de aard der dingen, zoals de heidense opvatting luidde, nu krijgt hij de Wet van boven aangereikt. De God van de geschiedenis kan de mens inspireren om meer aandacht te schenken aan de aardse wereld, het actiegebied van zijn werkingen, maar er bestaat ook het gevaar dat hij er helemaal van vervreemdt.

In de definitieve tekst van Exodus, die in de vijfde eeuw v.d.g.j. werd geredigeerd, wordt verteld dat God op de berg Sinaï een verbond met Mozes had gesloten (dit zou rond 1200 hebben plaatsgevonden). Geleerden hebben hierover een pennestrijd gevoerd; sommige critici zijn van mening dat de verbondsgedachte pas in de zevende eeuw v.d.g.j. in Israël belangrijk werd. Maar ongeacht de datum, het feit dat die gedachte bestond, leert ons dat de Israëlieten nog niet monotheïstisch waren, aangezien zo'n verbond alleen in een polytheïstische context zin zou hebben. De Israëlieten geloofden niet dat Jahweh, de God van de Sinaï, de *enige* God was, maar in hun verbond beloofden ze alle andere goden af te wijzen en alleen Hem te aanbidden. Het is erg moeilijk om in de hele Pentateuch ook maar één monotheïstische uitspraak te vinden. Zelfs de Tien Geboden, die op de berg Sinaï zijn overhandigd, vinden het bestaan van andere goden vanzelfsprekend: 'Gij zult geen andere goden hebben, ten koste van Mij.'[21] De aanbidding van één enkele god was een stap die in de hele oudheid vrijwel geen precedent had. De Egyptische farao Achnaton had getracht de zonnegod te aanbidden en de andere, traditionele goden van Egypte te negeren, maar zijn opvolger draaide dit beleid onmiddellijk terug. Het negeren van een potentiële bron van mana was wel het domste wat men kon doen en uit de rest van de geschiedenis van de Israëlieten blijkt dat ze er heel weinig voor voelden de cultus van de andere goden op te geven. Al had Jahweh dan wel bewezen in oorlogstijd zijn mannetje te staan, een vruchtbaarheidsgod was Hij niet. Toen de Israëlieten zich in Kanaän vestigden, keerden ze zich instinctief tot de cultus van Baäl, de heer van Kanaän die sinds onheuglijke tijden ervoor had gezorgd dat de gewassen groeiden. De profeten zouden de Israëlieten aansporen het verbond trouw te blijven, maar de meesten bleven op de traditionele manier de goden Baäl, Asjera en Anat aanbidden. De Bijbel vertelt ons zelfs dat toen Mozes op de Sinaï was, het volk naar de oude heidense religie van Kanaän terugkeerde. Het maakte een gouden kalf, het traditionele beeld van Eel, en verrichtte er de oude riten voor. Het feit dat de eindredacteuren van de Pentateuch dit incident zo duidelijk tegenover de ontzagwekkende openbaring op de berg Sinaï hebben geplaatst is misschien een poging geweest de verbittering over de splitsing van Israël aan te geven. Profeten als Mozes predikten de verheven religie van Jahweh, maar de meerderheid van het volk wenste de oude rituelen, met de holistische visie op de eenheid tussen de goden, de natuur en de mens.

Toch hadden de Israëlieten belóófd dat ze Jahweh, na de uittocht, tot hun enige God zouden maken en de profeten zouden hen in latere jaren aan dat verdrag herinneren. Ze hadden beloofd dat ze alleen Jahweh als hun elohiem zouden aanbidden en Hij op zijn beurt had beloofd dat zij zijn speciale volk zouden zijn en zijn ongeëvenaard machtige bescherming zouden genieten. Jahweh had hen gewaarschuwd dat Hij hen zonder pardon zou verdelgen als ze dat verdrag verbraken. Desondanks waren de Israëlieten het verbond aangegaan. In het boek Jozua vinden we enkele verzen die misschien uit een oude tekst afkomstig zijn waarin dat verbond tussen Israël en zijn God wordt bekrachtigd. Een verbond was een formeel verdrag waar in de Middenoosterse diplomatie vaak gebruik van werd gemaakt om twee partijen aan elkaar te binden. Het had een strikte vorm. De tekst van het verdrag begon met de introductie van de koning, de machtigste partij, en daarna werden de betrekkingen tussen de twee partijen tot aan dat moment geschetst. Ten slotte vermeldde het de termen en voorwaarden, en de straffen die opgelegd zouden worden als het verbond niet werd nagekomen. Essentieel voor de verbondsgedachte was de eis van absolute loyaliteit. In het verbond dat in de veertiende eeuw tussen de Hettitische koning Moersilis II en zijn vazal Doeppi Tasjed werd gesloten, maakte de koning het volgende beding: 'Sla uw ogen niet op naar een ander. Uw vaderen betoonden eer aan Egypte: dat zult u nalaten.(...) Met mijn vriend zult u vriend zijn en met mijn vijand zult u vijand zijn.' Toen de Israëlieten in Kanaän waren aangekomen en zich bij hun verwanten hadden gevoegd, zo vertelt de Bijbel ons, sloten alle nakomelingen van Abraham een verbond met Jahweh. De plechtigheid werd geleid door Mozes' opvolger Jozua die namens Jahweh optrad. Het verdrag volgt het traditionele patroon. Jahweh wordt geïntroduceerd; zijn bemoeienissen met Abraham, Isaak en Jakob worden in herinnering gebracht; dan worden de gebeurtenissen van de uittocht verteld. Ten slotte stipuleert Jozua de bepalingen van het verdrag en vraagt hij de formele instemming van het verzamelde volk van Israël:

> Vreest dan Jahweh en dient Hem oprecht en trouw. Doet de goden weg, die uw voorouders aan de overkant van de Rivier [de Jordaan] en in Egypte hebben vereerd, en weest dienaren van Jahweh. Als u Jahweh niet verkiest te dienen, kiest dan nu wie u wel wilt dienen: de goden die uw voorouders aan de overkant van de Rivier hebben vereerd, of de goden van de Amorieten, in wier land u woont.[22]

Het volk kon kiezen tussen Jahweh en de traditionele goden van Kanaän. Het aarzelde niet. Geen andere god was aan Jahweh gelijk; geen andere god had zijn aanbidders ooit zo doeltreffend geholpen. Zijn machtige bemoeienis met hun zaken had overduidelijk aangetoond dat Jahweh opgewassen was tegen de taak om hun elohiem te zijn: ze zouden alleen Hem aanbidden en de andere goden wegdoen. Jozua waarschuwde hen dat Jahweh uiterst jaloers was. Als zij de bepalingen van het verbond niet nakwamen zou Hij hen uitroeien. Het volk bleef bij zijn standpunt; ze kozen Jahweh als hun enige elohiem. 'Doet dan die vreemde goden bij u weg,' riep Jozua uit, 'en neigt uw harten naar Jahweh, de God van Israël.'[23]

De Bijbel vertelt ons dat het volk het verbond niet nakwam. In tijd van oorlog, toen het Jahwehs kundige militaire bescherming nodig had, hield het zich eraan, maar toen het in rustiger vaarwater was gekomen begon het weer als vanouds Baäl, Anat en Asjera te aanbidden. Hoewel de ontstaansgeschiedenis van het jahwisme fundamenteel anders was dan die van het oude heidendom, was de manier waarop het werd beleden vaak maar al te heidens. Toen koning Salomo in Jeruzalem, de stad die zijn vader David op de Jebusieten had veroverd, een tempel voor Jahweh bouwde, verschilde die niet van de tempels van de Kanaänitische goden. Hij bestond uit drie rechthoekige, in elkaar overlopende ruimten waarvan de laatste – een klein, kubusvormig vertrek – het Heilige der Heiligen was waarin de Ark des Verbonds stond, het draagbare tabernakel dat de Israëlieten tijdens hun jarenlange omzwervingen door de woestijn met zich hadden meegedragen. In de tempel stond een reusachtig bronzen bekken dat Jam voorstelde, de oerzee uit de Kanaänitische mythologie, en twee vrijstaande zuilen van twaalf meter, symbolen van de vruchtbaarheidsriten van Asjera. Maar de Israëlieten bleven Jahweh ook aanbidden in de oude heiligdommen die ze in Bet-Eel, Silo, Hebron, Betlehem en Dan van de Kanaänieten hadden geërfd en daar werden herhaaldelijk heidense ceremoniën gehouden. De tempel echter nam in de verering al spoedig een speciale plaats in, al zullen we zien dat ook daar rituelen plaatsvonden die opvallend onconventioneel waren. De Israëlieten begonnen de tempel te beschouwen als een replica van Jahwehs hemelse hof. In het najaar hadden ze er hun eigen nieuwjaarsfeest; het begon met de rituele slachting van de zondebokken op Grote Verzoendag en werd vijf dagen later gevolgd door het Loofhuttenfeest waarmee de herfstoogst werd gevierd. Men heeft wel eens de gedachte geopperd dat in sommige psalmen het feit werd gevierd dat Jahweh op Loofhuttenfeest in zijn tempel werd gekroond, een plechtigheid die, net als de kroning van Mardoek, de heropvoering was van Gods onderwerping van de oerchaos.[24] Koning Salomo zelf was een groot syncretist; hij had veel heidense vrouwen die hun eigen goden aanbaden en stond op goede voet met zijn heidense naburen.

Het gevaar dat de cultus van Jahweh op den duur zou worden verdrongen door het populaire heidendom bleef altijd aanwezig. Dat gevaar was met name acuut geworden in de tweede helft van de negende eeuw. In 874 had koning Achab de troon van het noordelijke koninkrijk Israël bestegen. Zijn vrouw Izebel, de dochter van de koning van Tyrus en Sidon in het gebied dat nu Libanon is, was een vurig heiden, vastbesloten het land te bekeren tot de religie van Baäl en Asjera. Ze liet Baälpriesters overkomen en deze mannen kregen al spoedig een grote aanhang onder de noorderlingen die door koning David waren onderworpen en vrij onverschillig tegenover Jahweh stonden. Achab bleef Jahweh echter trouw, maar hij stak geen stokje voor Izebels proselitisme. Maar toen het land tegen het einde van zijn koningschap door ernstige droogte werd getroffen, begon de profeet Elia (Eli-Jah, 'Jahweh is mijn God') door het land te trekken, gekleed in een harige mantel en een leren lendendoek, om tegen de ontrouw aan Jahweh te fulmineren. Hij daagde koning Achab en het volk uit voor een tweekamp tussen Jahweh en Baäl op de berg Karmel. Daar, in aanwezigheid van vierhonderdvijftig profeten van Baäl, sprak hij het volk fel toe: hoelang bleven ze nog tussen de twee goden aarzelen? Toen liet hij twee stieren komen, de ene voor hemzelf en de andere voor de profeten van Baäl; de dieren moesten op twee altaren worden gelegd. Ze zouden hun respectievelijke god aanroepen en zien welke van de twee uit de hemel vuur zou zenden om het brandoffer te verteren. 'Dat is goed!' zei het volk luid. De profeten van Baäl riepen de hele morgen zijn naam, deden hun hinkdans om het altaar, schreeuwden en bekerfden zich met zwaarden en lansen. Maar 'er kwam geen geluid en geen antwoord'. 'Roep toch wat harder,' spotte Elia. 'Hij is immers een god. Hij zal in gedachten verzonken zijn, of aan het werk, of wel op reis; misschien slaapt hij wel en moet hij gewekt worden.' Er gebeurde niets; 'er kwam geen geluid en geen antwoord, geen teken van leven'.

Toen was het Elia's beurt. Het volk dromde om Jahwehs altaar samen, terwijl Elia er een greppel omheen groef en die met water vulde om het nog moeilijker te maken het te ontsteken. Toen riep Elia Jahweh aan. Het spreekt vanzelf dat er onmiddellijk vuur uit de hemel neerdaalde dat het altaar en de stier verteerde en al het water in de greppel oplikte. Het volk wierp zich ter aarde. 'Jahweh is de ware God,' riepen ze uit, 'Jahweh is de ware God.' Elia was geen grootmoedig winnaar. 'Grijpt de profeten van Baäl,' beval hij. Niemand zou worden gespaard; hij voerde hen naar een nabijgelegen vallei en liet hen allemaal doden.[25] In de heidense wereld was men er doorgaans niet op uit zijn religie aan een ander volk op te dringen (Izebel is wat dat betreft een opmerkelijke uitzondering), want in het bestaande pantheon was er altijd plaats voor een andere god. Deze vroegmythische gebeurtenissen tonen aan dat het jahwisme al van meet af aan de hardhandige onderdrukking en ontkenning van andere geloven eiste, een fenomeen waar we in het volgende hoofdstuk gedetailleerder op in zullen gaan. Na de slachtpartij klom Elia naar de top van de berg Karmel en verzonk in gebed, met zijn hoofd tussen zijn knieën; af en toe gaf hij zijn knecht opdracht de horizon af te speuren. Ten slotte meldde deze dat een kleine wolk, ter grootte van een mannenhand, uit de zee opsteeg en Elia beval hem tegen koning Achab te zeggen zo snel mogelijk naar huis terug te rijden voordat het door de regen niet meer kon. Vrijwel op hetzelfde moment werd de hemel door donderwolken verduisterd en begon het te gieten. In vervoering trok Elia zijn mantel op en rende naast Achabs wagen mee. Door regen te zenden had Jahweh zich de functie van de stormgod Baäl toegeëigend en had hij bewezen dat Hij net zo'n machtige god van de vruchtbaarheid was als van de oorlog.

Uit angst voor represailles omdat hij de profeten had afgeslacht vluchtte Elia naar het schiereiland Sinaï en verborg hij zich op de berg waar God zich aan Mozes had geopenbaard. Daar had hij een theofanie die illustratief is voor de nieuwe jahwistische spiritualiteit. Hij kreeg te horen dat hij zich in een rotsspleet moest terugtrekken om zich te beschermen tegen de inwerking van de goddelijke verschijning:

> Toen trok Jahweh voorbij. Voor Jahweh uit ging een zeer zware storm, die bergen deed splijten en rotsen verbrijzelde. Maar Jahweh was niet in de storm. Op de storm volgde een aardbeving. Maar ook in de aardbeving was Jahweh niet. Op de aardbeving volgde vuur. Maar ook in het vuur was Jahweh niet. Op het vuur volgde het suizen van een zachte bries. Zodra Elia dit hoorde, bedekte hij zijn gezicht met zijn mantel.[26]

Anders dan de heidense goden school Jahweh niet in een van de natuurkrachten, maar huisde Hij in een apart rijk. Zijn aanwezigheid wordt ervaren in het nauwelijks merkbare timbre van een lichte bries in de paradox van een hoorbare stilte.

Het verhaal van Elia is de laatste mythische vertelling die we in de joodse Schrift over het verleden aantreffen. In de hele Oikoumenè zat verandering in de lucht. De periode van 800 tot 200 v.d.g.j. wordt, naar de term *Achsenzeit* van Karl Jaspers, de Spiltijd* genoemd. In alle belangrijke religies van de beschaafde wereld ontstonden nieuwe ideologieën die sindsdien cruciaal en vormend zijn gebleven. Deze nieuwe, religieuze systemen waren een afspiegeling van de veranderde economische en sociale omstandigheden.

---

* Deze vertaling is van prof.dr. G.A. van der Wal. Zie: G.A. van der Wal, *Karl Jaspers*, Het Wereldvenster Baarn, 1970, p. 121 (NvdV).

Om redenen die we niet helemaal begrijpen, maakten alle belangrijke beschavingen een parallelle ontwikkeling door, zelfs wanneer er geen handelscontacten tussen hen bestonden (zoals tussen China en het Europese gebied). Het was de tijd van nieuwe welvaart en dat leidde tot de opkomst van een klasse van handelslieden. De macht verplaatste zich van koning en priester, van tempel en paleis, naar de marktplaats. De nieuwe rijkdom leidde tot intellectuele en culturele bloei en stimuleerde ook de ontwikkeling van het individuele bewustzijn. Sociale ongelijkheid en uitbuiting werden manifester toen in de steden het tempo van de verandering werd opgevoerd, en mensen begonnen te beseffen dat het gedrag dat ze nu vertoonden, invloed kon hebben op het lot van toekomstige generaties. Elk gebied ontwikkelde zijn eigen ideologie om deze problemen en vraagstukken aan te vatten: in China het taoïsme en confucianisme, in India het hindoeïsme en boeddhisme, in Europa het filosofisch rationalisme. Het Midden-Oosten produceerde geen uniforme oplossing, maar in Iran en Israël ontwikkelden Zaratoestra en de Hebreeuwse profeten elk een andere versie van een monotheïstisch geloof. Hoe vreemd het ook mag klinken, het idee van de 'Ene God' kwam net als alle andere belangrijke religieuze inzichten van die tijd tot ontwikkeling in een markteconomie, in een sfeer van agressief kapitalisme.

Ik stel voor dat we even stilstaan bij twee van die nieuwe ontwikkelingen voordat we ons verhaal vervolgen en in het volgende hoofdstuk dieper ingaan op de veranderingen in het jahwisme. In India maakte de religiositeit weliswaar een parallelle ontwikkeling door, maar het verschil in accent kan een verhelderend licht werpen op de specifieke kenmerken en problemen van het Israëlitische godsbeeld. Ook het rationalisme van Plato en Aristoteles is belangrijk, aangezien zowel joden, christenen als moslims uit hun gedachtengoed putten en dit probeerden aan te passen aan hun eigen geloofsleer, ook al was de Griekse god heel anders dan de hunne.

In de zevende eeuw v.d.g.j. waren Arya's, afkomstig uit het huidige Iran, het Indusdal binnengevallen en hadden de plaatselijke bevolking aan zich onderworpen. Ze hadden hun eigen religieuze denkbeelden aan hen opgelegd, denkbeelden die we uitgedrukt vinden in de verzameling oden die de *Rigveda* worden genoemd. Daarin treffen we een veelheid van goden aan die veel van dezelfde waarden vertegenwoordigden als de goden van het Midden-Oosten en representaties waren van de natuurelementen, bezield met macht, leven en een eigen persoonlijkheid. Toch waren er tekenen te bespeuren dat mensen zich begonnen af te vragen of de verschillende goden niet gewoon manifestaties van één goddelijk Absolute zouden kunnen zijn dat boven alle andere godheden verheven was. Net als de Babyloniërs waren de Arya's zich er terdege van bewust dat hun mythen geen feitelijke weergave van de werkelijkheid waren, maar dat ze een mysterie onder woorden brachten dat zelfs de goden niet adequaat konden verklaren. Wanneer ze zich probeerden voor te stellen hoe de goden en de wereld uit de oerchaos waren voortgekomen, kwamen ze tot de slotsom dat niemand, zelfs de goden niet, het mysterie van het bestaan kon begrijpen:

> Wie weet het voorzeker, wie zal het hier zeggen,
> Waaruit zij geboren werd, waaruit deze schepping voortkwam?
> Met de schepping van dit (universum) werden ook eerst de goden (geboren).
> Wie dan weet het, waaruit zij is ontstaan?
> Waaruit deze schepping zich ontvouwde,
> Of hij haar heeft gemaakt of niet, hij die
> De opzichter van deze (wereld) is in de hoogste hemel,
> Hij alleen weet het, of weet hij het ook niet?[27]

De vedische religie probeerde niet de oorsprong van het leven te verklaren of geautoriseerde antwoorden op filosofische vragen te geven. Het was eerder haar bedoeling de mensen te helpen om met het wonder en de gruwelen van het bestaan in het reine te komen. Ze stelde meer vragen dan ze beantwoordde, opdat de mensen het leven met eerbiedige verwondering tegemoet zouden blijven treden.

Tegen het eind van de achtste eeuw v.d.g.j., toen J en E hun kronieken schreven, hadden veranderingen in het sociale en economische klimaat op het Indiase subcontinent tot gevolg dat de oude vedische religie niet meer relevant werd. De denkbeelden die de inheemse bevolking had gehad en die de Arya's in de eeuwen volgend op hun invasies de kop hadden ingedrukt, kwamen weer op en wakkerden het verlangen naar een ander soort geloofsbeleving aan. De herleefde belangstelling voor karma – de opvatting dat iemands lot wordt bepaald door zijn eigen handelen – weerhield velen ervan het onverantwoordelijke gedrag van de mens op het conto van de goden te schrijven. De goden werden meer en meer gezien als symbolen van één enkele, transcendente werkelijkheid. In de vedische religie had het offerritueel een centrale plaats ingenomen, maar door de herleefde belangstelling voor de oude Indiase yogamethoden (het beheersen van de eigen geestelijke krachten via concentratie en speciale technieken) konden de mensen geen bevrediging meer vinden in een religie die zich op uiterlijkheden richtte. Een geloof moest méér te bieden hebben dan alleen offer en liturgie; de mensen gingen op zoek naar de diepere betekenis van deze rituelen. We zullen later zien dat ook de profeten van Israël door een zelfde ontevredenheid werden bekropen. In India werden de goden niet langer beschouwd als andere wezens die los van hun belijders stonden; mannen en vrouwen poogden nu de waarheid in hun eigen hart te verwezenlijken.

De goden speelden in India geen belangrijke rol meer en werden vanaf deze tijd verdrongen door de geestelijk leermeester die hoger zou worden aangeslagen dan zij. Het was een opmerkelijke bekrachtiging van de eigen waarde van de mens en van het verlangen om zeggenschap over het eigen lot te hebben; het zou het belangrijkste religieuze inzicht zijn waar men op het subcontinent toe kwam. De nieuwe religies, het hindoeïsme en het boeddhisme, ontkenden het bestaan van goden echter niet en verboden de mensen evenmin hen te aanbidden. Naar hun mening zouden een dergelijke repressie en ontkenning alleen maar schadelijk zijn. Hindoes en boeddhisten zochten veeleer naar nieuwe wegen om boven de goden uit te stijgen, om hen voorbij te streven. In de achtste eeuw begonnen wijze mannen zich in deze vraagstukken te verdiepen, en hun gedachten werden vastgelegd in verhandelingen die we de *Aranjaka's* en de *Oepanisjaden* noemen en die samen de *Vedānta* vormen, het Einde van de Veda. Er verschenen steeds meer *Oepanisjaden* en tegen het einde van de vijfde eeuw v.d.g.j. waren er zo'n tweehonderd. Het is onmogelijk om over de religie die we het hindoeïsme noemen generaliserende uitspraken te doen, omdat zij elke systematisering mijdt en ontkent dat één exclusieve interpretatie de hele lading kan dekken. Maar de *Oepanisjaden* ontwikkelden wel een duidelijke voorstelling van een goddelijk wezen dat boven alle andere goden staat, maar dat inherent in alle dingen aanwezig is.

In de vedische religie waren de mensen zich tijdens het offerritueel bewust geweest van de aanwezigheid van een heilige kracht. Ze hadden die sacrale kracht brahman genoemd. Ook de priesterkaste, de brahmanen, zou over die kracht beschikken. Aangezien het rituele offer werd beschouwd als een afspiegeling van het hele universum op microniveau, kreeg 'brahman' geleidelijk de betekenis van een kracht die alles schraagde. De hele wereld werd gezien als de uitvloeiing van de goddelijke activiteit uit het mysterieuze zijn van het brahman dat de diepere zin van het hele bestaan was. De *Oepanisjaden* riepen de mensen op bij zichzelf het besef te ontwikkelen dat brahman in alles aanwezig was. Het was een onthullingsproces in de letterlijke zin van het woord; het was een ontsluiering van de verborgen bestaansgrond van al het zijnde. Alles wat er gebeurt werd een manifestatie van brahman; waarachtig inzicht verkreeg men als men de eenheid gewaarwerd die de verschillende verschijningsvormen met elkaar verbond. Sommige *Oepanisjaden* beschouwden brahman als een gepersonifieerde kracht, andere zagen het als iets wat strikt onpersoonlijk was. Brahman kan niet met 'gij' aangesproken worden; het is onzijdig, dus het is noch 'hij', noch 'zij'; evenmin is het de wil van een oppermachtige god. Brahman spreekt niet tot de mens. Het kan geen mannen of vrouwen ontmoeten; het staat boven alle menselijke activiteiten. Het geeft ons ook niet persoonlijk antwoord; het wordt niet 'ontstemd' door zonde en we kunnen evenmin zeggen dat het ons 'liefheeft' of dat het 'boos' is. Het zou volstrekt misplaatst zijn het brahman voor het scheppen van de wereld te danken of te prijzen.

We zouden helemaal geen weet van deze goddelijke kracht hebben gehad als wij er niet zelf van doortrokken waren geweest en erdoor werden geschraagd en geïnspireerd. Yoga had de mensen bewust gemaakt van een wereld binnen in henzelf. We zullen later zien dat deze technieken, die zich op lichaamshouding, ademhaling, voeding en geestelijke concentratie richten, zich onafhankelijk van India ook in andere culturen hebben ontwikkeld en dat ze geestelijke verlichting en inzicht brengen die, ook al worden ze anders geïnterpreteerd, de mens toch aangeboren schijnen te zijn. De *Oepanisjaden* verklaarden dat het ervaren van die nieuwe dimensie van het eigen ik juist die zelfde heilige kracht was die de wereld schraagde. Dat eeuwige principe dat zich in elk individu bevindt, werd *ātma* genoemd; het was een variant van de oude holistische visie van het heidendom, een herontdekking in andere woorden van het Ene Leven dat zich binnen en buiten ons bevindt en wezenlijk goddelijk is. In de *Chāndogaoepanisjad* wordt dit uitgelegd aan de hand van de parabel van het zout. Een jongeman, Sjvetaketoe, had de Veda's twaalf jaar bestudeerd en was nogal vervuld van zichzelf. Zijn vader Oeddālaka stelde hem een vraag die hij echter niet kon beantwoorden en leerde hem toen een les over de grondwaarheid waar hij kennelijk nog niets van begreep. Hij beval zijn zoon een stukje zout in het water te leggen en de volgende morgen bij hem terug te komen. Toen zijn vader vroeg hem het zout te brengen kon Sjvetaketoe het niet vinden, want het was helemaal opgelost. Oeddālaka begon hem toen te ondervragen:

> Oeddālaka vroeg zijn zoon hoe het bovenste gedeelte van het water smaakte.
> Sjvetaketoe zeide: 'Het is zout.'
> Oeddālaka vroeg hoe het middelste gedeelte smaakte. Sjvetaketoe zeide: 'Het is zout.'
> Oeddālaka vroeg hoe het onderste gedeelte van het water smaakte.
> Sjvetaketoe zeide: 'Het is zout.'
> Oeddālaka zeide: 'Gooi het water weg; kom dan bij mij.'
> Sjvetaketoe deed zoals hem gezegd was en zeide: 'Het zout zal altijd in het water blijven.'
> Oeddālaka zeide: 'Mijn zoon! Ofschoon je dat Wezen niet in de wereld vindt is Hij daar. Dat Wezen is het zaad; al het andere slechts wat Hij tot uitdrukking brengt. Hij is waarheid. Hij is Zelf. Sjvetaketoe! Dat zijt gij.'[28]

Dus al kunnen we het brahman niet zien, de hele wereld is ermee doordrenkt en het wordt, net als ātma, eeuwig binnen in ons aangetroffen.

Ātma voorkwam dat god een idool werd, een externe werkelijkheid 'ergens daarginds', een projectie van onze angsten en verlangens. God wordt in het hindoeïsme daarom niet beschouwd als een zijnde dat is toegevoegd aan de wereld die we kennen, noch is hij aan de wereld identiek. We kunnen hem op geen enkele manier met de rede doorgronden. Hij wordt ons alleen 'ge-open-baard' door een godservaring (*anoebhawa*) die noch in woorden, noch in concepten kan worden uitgedrukt. Het brahman is 'dat wat de tong doet spreken, doch geen tong nodig heeft om zich uit te drukken.(...) Dat wat de geest doet denken, doch geen geest nodig heeft om te denken'.[29] Het is onmogelijk om *tegen* een god te spreken die zo immanent is als deze, of om *over* hem na te denken en hem zo louter een object van het denken te maken. Hij is een werkelijkheid die alleen kan worden ontwaart tijdens de extase in de oorspronkelijke betekenis van het woord: het *buiten het eigen zelf treden*. De godheid

> wordt gedacht door wien Het niet gedacht wordt.
> Door wien Het gedacht wordt, die kent Het niet.
> Het wordt niet gekend door de kennenden.
> Door de niet-kennenden wordt Het gekend.
> In wien Het opwaakt, die kent Het. (...)
> Het in elk wezen ziende, wordt
> De wijze onsterfelijk bij 't verlaten dezer wereld.[30]

De rede wordt, net als de goden, niet ontkend, maar overstegen. Het ervaren van brahman en ātma kan net zo min met het verstand worden verklaard als een muziekstuk of een gedicht. Verstand is nodig om zo'n kunstwerk te maken en te waarderen, maar het kunstwerk zelf geeft ons een ervaring die de grenzen van het puur logische of het puur verstandelijke overschrijdt. Dit zelfde thema zal ook voortdurend in de geschiedenis van God terugkeren.

Het ideaal van de persoonlijke transcendentie vond zijn belichaming in de yogi, de man die huis en haard verliet en alle sociale banden en verantwoordelijkheden van zich afschudde om geestelijke verlichting te zoeken, om een andere zijnswereld binnen te treden. Omstreeks 538 v.d.g.j. verliet een zekere Siddhārta Gautama zijn knappe vrouw, zijn zoon en zijn kapitale woning in Kapilawasjtoe, ongeveer honderdvijftig kilometer ten noorden van Benares, en werd een ascetische bedelmonnik. Hij was vervuld van afgrijzen over al het menselijk lijden en wilde het geheim vinden waarmee hij een einde kon maken aan de kwellingen van het bestaan die hij overal om zich heen ontwaarde. Zes jaar zat hij aan de voeten van allerlei hindoegoeroes en legde hij zich verschrikkelijke boetedoeningen op, maar hij kwam geen stap verder. De leerstellingen van de wijzen spraken hem niet aan en zijn zelfkastijdingen hadden hem alleen maar wanhopiger gemaakt. Pas toen hij deze methoden helemaal losliet en zich op een avond in trance bracht, bereikte hij verlichting. De hele kosmos jubelde, de aarde beefde, bloemen vielen uit de hemel, geurige winden woeien en de goden in hun verschillende hemelen juichten. Desondanks waren ook hier, net als in de heidense opvatting, de goden, de natuur en de mens harmonieus met elkaar verenigd. Er gloorde nieuwe hoop dat de mens kon worden verlost van zijn lijden en dat hij het nirwana, de leniging van alle pijn, kon bereiken. Gautama was de Boeddha geworden, de Verlichte. Aanvankelijk trachtte de demon Māra hem over te halen om te blijven en met volle teugen te genieten van zijn pasverworven gelukzaligheid: wat had het immers voor zin het woord te verspreiden wanneer niemand hem zou geloven? Maar twee goden van het traditionele pantheon – Mahā Brahmā en Sakra, de heer van de *dewa's* – smeekten de Boeddha zijn methode aan de wereld te verklaren. De Boeddha stemde toe en trok de daaropvolgende vijfenveertig jaar door India om zijn boodschap te verkondigen: er was in dit aardse tranendal maar één vaste zekerheid. Dat was *dharma*, de ware leer over de juiste leefwijze, het enige wat onze pijn kon wegnemen.

God kwam hieraan niet te pas. Weliswaar geloofde de Boeddha impliciet in het bestaan van de goden aangezien zij deel uitmaakten van zijn culturele bagage, maar hij geloofde niet dat het mensdom veel aan hen had. Ook zij zaten gevangen in het rijk van lijden en onzekerheid; zij hadden hem niet geholpen om verlichting te bereiken; net als alle andere wezens waren ze onderworpen aan de cyclus van wedergeboorte en zouden ze uiteindelijk verdwijnen. Toch had hij de indruk dat de goden hem op cruciale momenten leidden en een actieve rol in zijn leven speelden – bijvoorbeeld toen hij zijn boodschap besloot uit te dragen. De Boeddha ontkende de goden dus niet, maar geloofde dat het nirwana als uiterste werkelijkheid boven de goden stond. Wanneer boeddhisten al mediterend een toestand van gelukzaligheid of ontstijging bereiken, menen ze niet dat die het gevolg is van een contact met een bovennatuurlijk wezen. Het zijn geestestoestanden die de mens zijn aangeboren; iedereen die op de juiste manier leeft en de yogatechnieken leert, kan ze bereiken. De Boeddha spoorde zijn volgelingen dus aan hun verlossing bij zichzelf te zoeken in plaats van zich te verlaten op een god.

Toen hij, na zijn verlichting, in Benares zijn eerste volgelingen verzamelde, ontvouwde de Boeddha hun zijn leer. Deze ging uit van één essentiële gedachte: het hele bestaan was *doehkha*. Het was één lange lijdensweg; het leven was uit het lood geraakt. Alles ontstaat en vergaat in een zinloze golfbeweging. Niets heeft blijvende waarde. Religie begint altijd bij het besef dat er iets verkeerd is. Dit had in de heidense oudheid geleid tot de mythe van een archetypische godenwereld die met de onze overeenkwam en die haar kracht op het mensdom kon overgedragen. De Boeddha leerde dat het mogelijk was zich aan doehkha te ontworstelen door een leven te leiden waarin men alle schepsels barmhartig tegemoet trad, zich in woord en daad vriendelijk, voorkomend en correct gedroeg en zich onthield van verdovende of bedwelmende middelen die de geest vertroebelden. De Boeddha beweerde niet dat hij dit systeem zelf had bedacht. Hij zei nadrukkelijk dat hij het had *ontdekt*: 'Ik heb een oud pad gezien, een oude Weg, dat betreden werd door Boeddha's uit langvervlogen tijden.'[31] Net als de wetten van het heidendom was zijn systeem nauw verweven met de wezenlijke structuur van het bestaan, maakte het inherent deel uit van het leven zelf. Het was een objectieve werkelijkheid, niet omdat het met de logica kon worden bewezen, maar omdat iedereen die oprecht ernaar probeerde te leven zou merken dat het werkte. Het kenmerk van een succesvolle religie is altijd geweest dat ze werkt, niet dat ze filosofisch of historisch kan worden bewezen; eeuwenlang hebben boeddhisten in veel landen ter wereld gemerkt dat hun leven er inderdaad een transcendente betekenis door kreeg.

Mannen en vrouwen zaten door hun karma vastgeklonken aan een eindeloze cyclus van wedergeboorten waardoor ze telkens in een nieuw smartelijk leven terugkeerden. Maar als ze hun egoïstische instelling konden doorbreken, konden ze hun lot een andere wending geven. De Boeddha vergeleek het proces van wedergeboorte met een vlam waar een lamp mee wordt aangestoken; met deze lamp wordt vervolgens een tweede lamp aangestoken, en dan een derde, enzovoort, tot de vlam is gedoofd. Als de vlam van iemand met een verkeerde instelling nog steeds brandt op het moment dat hij op sterven ligt, zal hij een volgende lamp ontsteken. Maar is de vlam gedoofd, dan zal de lijdenscyclus een halt zijn toegeroepen en zal het nirwana worden bereikt. 'Nirwana' betekent letterlijk 'afkoelen' of 'uitdoven'. Het is echter niet alleen een negatieve toestand, maar het speelt in het boeddhistische leven een rol die analoog is aan die van God. In zijn boek *Het Boeddhisme* vertelt Edward Conze dat boeddhisten in hun beschrijving van het nirwana of de uiterste werkelijkheid vaak dezelfde beelden gebruiken als theïsten:

> Anderzijds verzekeren zij ons dat het Nirwana eeuwig is, bestendig, onvergankelijk, onwankelbaar, zonder tijd, zonder dood, ongeboren en niet-ontstaan, dat het Kracht is en gelukzaligheid, een veilig toevluchtsoord, een onderdak en een plaats van onbetwiste zekerheid; het is de echte Waarheid en de hoogste Werkelijkheid; het *Goede*, het hoogste doel en de ene en enige vervulling van ons leven, de eeuwige, verborgen en onbegrijpelijke Vrede.[32]

Sommige boeddhisten zouden bezwaar kunnen maken tegen deze vergelijking, omdat ze het concept 'God' te beperkt vinden om er hun eigen concept van de uiterste werkelijkheid in uit te drukken. Dat komt voornamelijk omdat theïsten het woord 'God' in enge zin gebruiken, als aanduiding van een wezen dat niet erg van ons verschilt. Net als de wijze mannen van de *Oepanisjaden* zei de Boeddha nadrukkelijk dat het nirwana niet kon worden gedefinieerd of bediscussieerd alsof het een andere menselijke werkelijkheid was.

Het bereiken van het nirwana is niet hetzelfde als 'naar de hemel gaan', zoals christenen het vaak begrijpen. De Boeddha weigerde altijd vragen over het nirwana of andere eschatologische zaken te beantwoorden, omdat ze 'ongepast' of 'misplaatst' waren. We zouden het nirwana niet kunnen definiëren, omdat onze woorden en begrippen onlosmakelijk zijn verbonden met de wereld van de zintuigen en de veranderingen. De enige betrouwbare manier om het te 'bewijzen' was door het te ervaren. Zijn volgelingen zouden wéten dat het nirwana bestond, simpelweg omdat ze de juiste leefwijze in praktijk brachten en zo in staat zouden zijn er een glimp van op te vangen.

> Monniken, er bestaat een niet-geboren, niet-geworden, niet-gemaakte, niet-samengestelde werkelijkheid. Monniken, als dat ongeborene, ongewordene, niet gemaakte, niet samengestelde, niet bestond, zou geen ontsnapping mogelijk zijn uit dit hier, dat is geboren, geworden, gemaakt, samengesteld. Maar monniken, er bestaat een niet-geboren, niet-geworden, niet-gemaakte, niet-samengestelde werkelijkheid. Daarom is het mogelijk te ontsnappen aan al wat hier geboren, geworden, gemaakt en samengesteld is.[33]

Zijn monniken moesten niet over de aard van het nirwana speculeren. Het enige wat de Boeddha hun kon bieden was een vlot dat hen naar 'de verste oever' overzette. Wanneer hem werd gevraagd of een boeddha die het nirwana had bereikt, na zijn dood voortleefde, wees hij de vraag als 'ongepast' van de hand. Ze vroegen hem toch ook niet in welke richting een vlam ging wanneer die 'uit ging'? Te zeggen dat een boeddhist in het nirwana bestond was net zo verkeerd als te zeggen dat hij er niet bestond; het woord 'bestaan' kon ons absoluut geen uitsluitsel geven over een toestand die we niet kunnen begrijpen. Zoals we later zullen zien hebben ook joden, christenen en moslims in de loop der eeuwen hetzelfde antwoord gegeven op de vraag of God 'bestaat'. De Boeddha probeerde aan te tonen dat taal niet was berekend op een werkelijkheid die ons begrippenapparaat en onze rede te boven ging. Maar het zij opnieuw gezegd dat hij de rede niet ontkende, maar juist de nadruk legde op het belang van helder en accuraat denken en formuleren. Zijn uiteindelijke conclusie luidde echter dat theologie of iemands geloofsovertuiging, zoals het ritueel waaraan hij deelnam, niet belangrijk was. Het ging alleen om de juiste leefwijze; als boeddhisten hiernaar leefden, zouden ze merken dat de dharma de hoogste waarheid was, ook al konden ze haar niet in rationele termen uitdrukken.

De Grieken daarentegen waren juist hevig geïnteresseerd in logica en rede. Plato (427-347 v.d.g.j.) hield zich voortdurend bezig met epistemologische vraagstukken en de aard van wijsheid. Een groot deel van zijn vroege werken was gewijd aan Socrates, de wijsgeer die de mensen door zijn tartende, tot nadenken stemmende manier van vragen had gedwongen hun ideeën te verduidelijken, maar die in 399 v.d.g.j. op beschuldiging van goddeloosheid en het bederven van de jeugd ter dood was veroordeeld. Hij had zich vrijwel om dezelfde redenen als de mensen in India niet meer kunnen vinden in de oude religieuze festiviteiten en mythen; hij vond ze vernederend en misplaatst. Plato had ook onder invloed gestaan van Pythagoras, een filosoof uit de zesde eeuw die op zijn beurt misschien beïnvloed was geweest door denkbeelden uit India die via Perzië en Egypte in Griekenland waren gekomen. Deze was van mening geweest dat de ziel een bezoedelde, gevallen godheid was die, als in een tombe ingekerkerd, in het lichaam gevangen zat en gedoemd was ten eeuwigen dage te worden wedergeboren. Zijn leer was de verwoording van het gevoel dat alle mensen soms bekruipt: we zijn een vreemdeling in een wereld die niet ons natuurlijke element lijkt te zijn. Pythagoras had onderwezen dat de ziel door rituele reinigingen kon worden bevrijd, want die zouden haar in staat stellen om met de geordende kosmos in harmonie te verkeren. Ook Plato was van mening dat er aan gene zijde van de zintuiglijke wereld een goddelijke, onveranderlijke werkelijkheid bestond en dat de ziel een gevallen godheid was die, buiten haar natuurlijke element, in het lichaam gevangen zat, maar die haar goddelijke staat opnieuw kon bereiken door de zuiverende werking van het rationele vermogen van de geest. In zijn beroemde mythe van de grot beschreef Plato de donkere duisternis waar de mens op aarde in leeft; het enige wat hij kan zien zijn de schaduwen van de eeuwige werkelijkheden die op de wand van de grot flakkeren. Maar hij kan stukje bij beetje uit de grot worden gehaald en verlichting en bevrijding bereiken door zijn geest te laten wennen aan het goddelijke licht.

Het is mogelijk dat Plato zich later in zijn leven heeft gedistantieerd van zijn leer van de eeuwige vormen of ideeën, maar voor veel monotheïsten zou ze een cruciale rol spelen wanneer zij hun godsbegrip onder woorden probeerden te brengen. Plato's vormen waren onveranderlijke, blijvende werkelijkheden die met het rationele vermogen van de geest konden worden begrepen. Het zijn werkelijkheden die rijker, bestendiger en werkzamer zijn dan de veranderlijke, onvolmaakte en stoffelijke verschijningsvormen die we met onze zintuigen waarnemen. De dingen op deze aarde zijn slechts een echo, een 'deelneming aan' of een 'nabootsing van' de eeuwige vormen of ideeën in het goddelijke rijk. Al onze algemene concepten, zoals Liefde, Rechtvaardigheid en Schoonheid, hebben hun eigen, corresponderende idee. Van al die vormen is echter de idee van het Goede de hoogste. Plato had dus de oude mythe van de archetypen in een filosofische vorm gegoten. Zijn eeuwige ideeën kunnen worden beschouwd als de rationele versie van de mythische godenwereld waarvan de dingen op aarde een zwakke afspiegeling zijn. Hij verdiepte zich niet in de natuur van god, maar beperkte zich tot de goddelijke wereld van de vormen, al heeft het er alle schijn van dat de ideale Schoonheid of het Goede nu en dan toch een hoogste werkelijkheid voor hem representeert. Plato was ervan overtuigd dat de goddelijke wereld statisch en onveranderlijk was. De Grieken beschouwden beweging en verandering als tekenen van een inferieure werkelijkheid; datgene wat ware identiteit bezat, bleef altijd hetzelfde, kenmerkte zich door bestendigheid en onbeweeglijkheid. De volmaaktste beweging was daarom de cirkel, want hij keerde telkens naar zijn uitgangspunt terug; de omwentelingen van de hemelsferen waren een zo goed mogelijke nabootsing van de goddelijke wereld. Deze uiterst statische voorstelling van het goddelijke zou een zeer grote invloed hebben op joden, christenen en moslims, ook al had ze weinig raakpunten met de God van de openbaring die voortdurend actief en innoverend is en, in de Bijbel, zelfs van gedachten verandert, bijvoorbeeld wanneer Hij het betreurt dat Hij de mens heeft geschapen en besluit het mensdom met de zondvloed te vernietigen.

Plato's leer had een mystieke kant die monotheïsten bijzonder zou aanspreken. Zijn goddelijke vormen waren geen werkelijkheden 'ergens daarginds', maar konden in de mens zelf worden ontwaard. In zijn dramatische dialoog *Symposium* liet Plato zien dat men de liefde die men voor een schoon lichaam koesterde, kon louteren en transformeren tot extatische schouwing (*theoria*) van de ideale Schoonheid. Hij laat Diotima, de mentrix van Socrates, uitleggen dat deze Schoonheid, in scherpe tegenstelling tot alles wat we op aarde ervaren, enig, eeuwig en absoluut is.

> [Deze Schoonheid is] iets wat in de eerste plaats eeuwig is, wat niet ontstaat en niet vergaat, niet groeit en niet afsterft, ook niet in het ene opzicht mooi en in het andere lelijk, of nu eens wel en dan weer niet, of in verhouding tot het één mooi en tot het andere lelijk, of hier mooi en daar lelijk, en zo voor sommigen mooi en voor anderen lelijk. Die schoonheid zal zich ook niet aan je voordoen in de vorm van een of ander gezicht of van handen of andere dingen die iets lichamelijks hebben, ook niet als een of ander idee of een vorm van kennis, niet als iets dat ergens ín iets anders aanwezig is, in een levend wezen bijvoor-

beeld of in de aarde of de hemel. Nee, het is altijd alleen op zichzelf bij zichzelf eenvormig, en alles wat verder mooi is deelt er op een of andere manier in, met dien verstande dat wanneer die andere dingen ontstaan en vergaan, déze schoonheid toch in geen enkel opzicht meer of minder wordt en in het geheel niet wordt beïnvloed.[34]

Kortom, een idee zoals Schoonheid heeft veel gemeen met wat veel theïsten 'God' zouden noemen. Maar hoewel de ideeën transcendent zijn, konden ze ín de geest van de mens worden gevonden. Wij, moderne mensen, ervaren het denken als een activiteit, als iets wat we *doen*. Voor Plato echter was het denken iets wat de geest overkomt: de objecten van het denken waren werkelijkheden die zich actief aanbieden aan de hersens van de persoon die erover nadenkt. Net als Socrates beschouwde hij het denken als een proces van herinnering, een begrijpen van iets wat we altijd al hadden geweten maar waren vergeten. Omdat mensen gevallen godheden waren, bewaarden ze de vormen van de goddelijke wereld in hun binnenste en die konden ze met hun denken 'aanraken'; het denken was niet gewoon een rationele of cerebrale activiteit, maar een intuïtief begrijpen van de eeuwige werkelijkheid binnen in ons. Deze gedachte zou grote invloed hebben op de mystici van alle drie religies van het historisch monotheïsme.

Naar Plato's mening zat de kosmos volstrekt rationeel in elkaar. Ook deze opvatting was een mythische of denkbeeldige conceptie van de werkelijkheid. Aristoteles (384-322) ging een stapje verder. Hij was de eerste die het belang van de logische redenering, de basis van alle wetenschappen, inzag en hij was ervan overtuigd dat het mogelijk was om langs deze weg de kosmos te begrijpen. Niet alleen probeerde hij de waarheid theoretisch te doorgronden (met name in de veertien boeken van zijn *Metaphysica*, een werk waarvan de naam was bedacht door zijn redacteur, omdat die in de definitieve tekstuitgave van Aristoteles' geschriften deze verhandelingen 'na de *Physica*', *meta ta fusika*, plaatste), hij verdiepte zich ook in de theoretische fysica en de empirische biologie. Toch was hij een bijzonder nederige man en hij zei nadrukkelijk dat niemand in staat was de waarheid adequaat te doorgronden, maar dat iedereen een kleine bijdrage aan ons collectieve begrijpen kon leveren. Er zijn veel meningsverschillen geweest over Aristoteles' taxatie van Plato's werk. Het schijnt dat hij van nature afwijzend tegenover diens transcendente ideeënleer stond en de gedachte verwierp dat de vormen een onafhankelijke preëxistentie in de wereld van de ideeën hadden. Hij betoogde dat de vormen slechts werkelijkheid bezaten in zover ze als concrete, stoffelijke voorwerpen in deze wereld bestonden.

Ondanks zijn aardse benadering en zijn preoccupatie met het wetenschappelijke feit gaf Aristoteles blijk van een scherp inzicht in de aard en het belang van religie en mythologie. Hij was van oordeel dat mensen die in de diverse mysteriegodsdiensten werden ingewijd, 'niets hoeven te leren maar alleen iets hoeven te ondergaan en in een bepaalde toestand hoeven te worden gebracht'.[35] Vandaar zijn beroemde theorie dat het treurspel door het oproepen van afgrijzen en medelijden een reinigende werking (*katharsis*) had die als een wedergeboorte werd ervaren. De Griekse tragedies, die oorspronkelijk deel uitmaakten van een religieus feest, waren niet per se een feitelijk verslag van historische gebeurtenissen, maar beoogden veeleer een zinvollere waarheid te onthullen. Sterker nog, geschiedschrijving was trivialer dan poëzie en mythologie: 'De geschiedschrijver spreekt van gebeurtenissen die hebben plaatsgevonden en de dichter van zodanige als zouden kunnen gebeuren. Daarom is poëzie ook filosofischer en serieuzer dan geschiedschrijving; want de poëzie heeft veeleer het algemene tot onderwerp, de geschiedschrijving het bijzondere.'[36] Er zou best eens een historische Achilles of Oedipus geweest kunnen zijn, maar de concrete feiten van zijn leven zijn irrelevant voor het personage dat we bij Homerus en Sophocles aantreffen en dat een andere, maar diepere waarheid over het menselijk bestaan uitdrukt. Aristoteles' beschrijving van de katharsis van het treurspel was de filosofische weergave van een waarheid die de *Homo religiosus* altijd al intuïtief had geweten: gebeurtenissen die in het dagelijks leven ondraaglijk zouden zijn, kunnen, als ze op een symbolische, mythische of rituele manier worden weergegeven, worden geneutraliseerd en getransformeerd tot iets wat zuiver en zelfs aangenaam is.

De godsidee van Aristoteles had zeer veel invloed op latere monotheïsten, vooral op christenen in de westerse wereld. In zijn *Physica* had hij zich verdiept in de natuurlijke werkelijkheid en de structuur en samenstelling van het universum. Hij ontwikkelde een filosofisch pendant van de oude emanatieverhalen van de schepping: er bestond een hiërarchie van zijnden en elk zijnde gaf zijn vorm en verandering aan het daaronder liggende zijnde door; maar in tegenstelling tot de oude mythen werden in Aristoteles' theorie de emanaties zwakker naarmate ze verder van hun oorsprong af raakten. Aan de top van deze hiërarchie stond de Onbewogen Beweger die Aristoteles vereenzelvigde met god. Deze god was zuiver zijn en als zodanig eeuwig, onbeweeglijk en geestelijk. God was zuiver denken, op een en hetzelfde moment zowel denker als denken, verzonken in eeuwige schouwing van zichzelf, het hoogste object van kennis. Aangezien materie onvolmaakt en vergankelijk is, bevat noch god, noch de hogere zijnsvormen materiële elementen. De Onbewogen Beweger is de oorzaak van alle beweging en activiteit in de kosmos, aangezien elke beweging een oorzaak moet hebben die tot één enkele bron te herleiden is. Hij activeert de wereld door een proces van aantrekking, aangezien alle zijnden worden aangetrokken tot het zijn zelf.

De mens bevindt zich in een bevoorrechte positie: zijn menselijke ziel is begiftigd met de goddelijke gave van de rede en daardoor is hij aan god verwant en heeft hij deel aan de goddelijke natuur. Dit goddelijke vermogen van de rede plaatst hem boven planten en dieren. Maar aangezien de mens zowel ziel als lichaam is, is hij een microkosmos van het hele universum en draagt hij niet alleen het goddelijke attribuut van de rede in zich, maar ook de laagste grondstoffen van het universum. Hij heeft de taak onsterfelijk en goddelijk te worden door zijn verstand te zuiveren. Wijsheid (*sophia*) was de hoogste menselijke deugd; zij kwam tot uitdrukking in de schouwing (*theoria*) van de filosofische waarheid die, net als bij Plato, ons goddelijk maakt doordat ze de handelingen van god zelf navolgt. *Theoria* werd niet bereikt via de logica alleen; ze was veeleer een gedisciplineerd, intuïtief zoeken dat tot extatische zelfontstijging leidde. Heel weinig mensen zijn echter in staat deze wijsheid te bereiken en de meesten komen niet verder dan tot *phronesis*, het denken en vooruitzien in het dagelijkse leven.

Ondanks de belangrijke plaats die de Onbewogen Beweger in Aristoteles' systeem innam, was diens religieuze relevantie vrij gering. Hij had de wereld niet geschapen, want dat zou een ongepaste verandering en een tijdelijke activiteit hebben geïmpliceerd. Al is ieders verlangen op deze god gericht, het feit dat het universum bestaat gaat aan hem voorbij, aangezien hij niet kan nadenken over iets wat lager is dan hijzelf. Hij leidt of stuurt de wereld niet en kan ook geen invloed op ons leven uitoefenen, noch in positieve, noch in negatieve zin. Het is zelfs de vraag of deze god weet heeft van de kosmos die als noodzakelijk gevolg van zijn bestaan uit hem is geëmaneerd. De vraag of zo'n god bestaat, is daarom volstrekt bijzaak. Misschien heeft Aristoteles zelf zijn godsleer later in zijn leven losgelaten. Zowel Plato als hij hield zich als man van de Spiltijd bezig met het individuele geweten, met de juiste leefwijze en met het vraagstuk van de sociale rechtvaardigheid. Toch was hun denken elitair. De zuivere wereld van Plato's vormen of de verre god van Aristoteles werkte nauwelijks in het leven van gewone stervelingen door, een feit dat hun latere joodse en islamitische bewonderaars noodgedwongen moesten toegeven.

Alle nieuwe ideologieën van de Spiltijd deelden daarom de opvatting dat het leven van de mens een transcendentale kant had die essentieel was. De diverse wijze mannen die we in onze beschouwing hebben betrokken, interpreteerden deze transcendentie weliswaar verschillend, maar waren gelijkstemmig in hun oordeel dat ze voor mannen en vrouwen cruciaal was om zich tot volwaardige menselijke wezens te ontplooien. Ze hadden de oude mythologieën niet helemaal overboord gegooid, maar ze geherinterpreteerd en de mensen geholpen erboven uit te stijgen. In de tijd waarin deze belangrijke ideologieën ontstonden, ontwikkelden de profeten van Israël hun eigen traditie om de veranderende omstandigheden het hoofd te bieden, met als resultaat dat Jahweh uiteindelijk de *enige* God werd. Maar hoe zou de lichtgeraakte Jahweh de vergelijking met die andere ideologieën doorstaan?

2

Eén God

Omstreeks 742 v.d.g.j. kreeg een lid van Juda's koninklijke familie in de tempel die koning Salomo in Jeruzalem had gebouwd, een visioen van Jahweh. Het waren voor het volk van Israël bange dagen. Koning Uzzia van Juda was dat jaar overleden en was opgevolgd door zijn kleinzoon Achaz, die zijn onderdanen aanmoedigde om naast Jahweh heidense goden te aanbidden. In het noordelijke koninkrijk Israël heerste vrijwel anarchie: na de dood van koning Jerobeam II hadden tussen 746 en 736 vijf koningen op de troon gezeten. In die zelfde periode had koning Tiglatpileser III van Assyrië begerige blikken op hun land geworpen, omdat hij het maar al te graag aan zijn expanderende imperium wilde toevoegen. In 721 zou zijn opvolger, koning Sargon II, het noordelijke koninkrijk ten slotte veroveren en de bevolking deporteren; de tien stammen van Israël werden gedwongen zich te assimileren en verdwenen van het geschiedkundige toneel; en al die tijd vreesde het kleine koninkrijk Juda voor zijn eigen lot. Toen Jesaja dus kort na de dood van koning Uzzia in de tempel stond te bidden, werd hij wellicht door bange voorgevoelens bekropen; en tegelijkertijd was hij zich misschien onaangenaam bewust van de ongepastheid van het overdadige tempelceremonieel. Jesaja mocht dan tot de heersende klasse behoren, hij had sociale en democratische ideeën en was zich scherp bewust van het benarde lot van de armen. Terwijl de wierook de ruimte voor het Heilige der Heiligen vulde en de tempel naar het bloed van de offerdieren begon te stinken, vreesde hij misschien dat Israëls godsdienst zijn integriteit en diepere betekenis had verloren.

Plotseling leek het of hij in het uitspansel recht boven de tempel, een gebouw dat de replica van Jahwehs hemelse hof was, Jahweh zelf op zijn troon zag zitten. De sleep van zijn mantel vulde het heiligdom en Hij werd geflankeerd door twee serafs die hun gezicht met hun vleugels bedekten, zodat ze Gods gelaat niet zouden zien. Ze riepen elkaar in beurtzang toe: 'Heilig, heilig, heilig Jahweh Sebaot; al wat de aarde vult is zijn heerlijk heid.'¹ Het geluid van hun stemmen deed de hele tempel op zijn grondvesten trillen en de ruimte vulde zich met een ondoordringbare rookwolk die Jahweh omhulde, net als de rookwolk die Hem op de berg Sinaï aan het oog van Mozes had onttrokken. Wanneer we tegenwoordig het woord 'heilig' gebruiken, doelen we daarmee gewoonlijk op een toestand van opperste zedelijke deugdzaamheid. Het Hebreeuwse woord *kadosj* had echter niet in de eerste plaats met zedelijkheid als zodanig te maken, maar betekende veeleer 'andersheid', een radicaal 'gescheiden zijn van'. Jahwehs verschijning op de berg Sinaï had de enorme kloof die opeens tussen de mens en het goddelijke rijk gaapte beklemtoond. Nu riepen de serafs: 'Jahweh is anders, anders, anders!' Wat Jesaja had gevoeld, was dat besef van het numineuze dat de mens op gezette tijden heeft overvallen en hem met fascinatie en vrees heeft vervuld. In zijn klassieke boek *Das Heilige* karakteriseerde Rudolph Otto die angstwekkende ervaring van de transcendente werkelijkheid als een *mysterium tremendum et fascinans*; *tremendum* omdat ze als een enorme schok aankomt waardoor we het contact met de geruststellende, normale wereld verliezen, en *fascinans* omdat ze, paradoxaal genoeg, een onweerstaanbare aantrekkingskracht op ons uitoefent. Deze overdonderende ervaring die Otto vergelijkt met die van muziek of de erotiek, is volkomen irrationeel; de emoties die ze oproept kunnen niet adequaat in woorden of concepten worden uitgedrukt. We kunnen zelfs niet zeggen dat het besef van dat Gans Andere 'bestaat', omdat we het niet in ons normale werkelijkheidssysteem kunnen inpassen.² De nieuwe Jahweh van de Spiltijd was weliswaar nog altijd 'de Heer der heerscharen' (*sebaot*), maar Hij was niet meer louter een oorlogsgod. Noch was Hij gewoon een stamgod die met gedreven vooringenomenheid op de hand van Israël was; zijn heerlijkheid beperkte zich niet langer tot het Beloofde Land, maar vulde de hele wereld.

Jesaja was geen boeddha die een staat van verlichting bereikte die hem met sereniteit en gelukzaligheid vervulde. Hij was niet de volmaakte leermeester van mensen geworden. Hij werd integendeel door doodsangst overmand en riep luid uit:

> 'Wee mij! Ik ben verloren! Ik ben een mens met onreine lippen, ik woon onder een volk met onreine lippen en ik heb met eigen ogen de Koning, Jahweh Sebaot, gezien!'³

Overweldigd door de transcendente heiligheid van Jahweh was hij zich alleen bewust van zijn eigen onwaardigheid en rituele onreinheid. In tegenstelling tot de Boeddha of een yogi had hij zich niet met een aantal spirituele oefeningen op deze ervaring voorbereid. Ze was als een donderslag bij heldere hemel gekomen en had zo'n verpletterende uitwerking dat hij over zijn hele lichaam beefde. Een van de serafs vloog met een gloeiend kooltje op hem af om zijn lippen te reinigen, zodat ze Gods woord konden spreken. Veel profeten waren hetzij niet erg genegen om namens God het woord te voeren, hetzij er niet toe in staat. Toen Mozes, het prototype van de profeet, vanuit de brandende struik door God werd geroepen en het bevel kreeg zijn boodschapper bij de farao en de kinderen van Israël te zijn, had hij protesterend uitgeroepen: 'Neem mij niet kwalijk, Heer, maar ik ben geen groot redenaar. Ik spreek moeilijk en traag.'[4] God had consideratie gehad met Mozes' spraakgebrek en toegestaan dat zijn broer Aäron namens hem het woord voerde. Dit is een regelmatig terugkerend motief in de verhalen over profetische roepingen em symboliseert de moeilijkheid om Gods woord te spreken. De profeten stonden niet te trappelen om de goddelijke boodschap uit te dragen en voelden er heel weinig voor zo'n inspannende en angstige missie op zich te nemen. De transformatie van Israëls God tot een symbool van transcendente macht zou geen kalm en vreedzaam proces worden, maar gepaard gaan met pijn en worsteling.

Hindoes zouden Brahmā, de vergoddelijkte personificatie van het brahman, nooit als een machtige koning hebben beschreven, want hun god kon niet in zulke menselijke termen beschreven worden. We moeten er echter voor waken het verhaal van Jesaja's visioen al te letterlijk te nemen: het is een poging het onbeschrijfbare te beschrijven en Jesaja grijpt instinctief terug op de mythologische tradities van zijn volk om zijn gehoor een idee te geven van wat hem was overkomen. De psalmen beschrijven Jahweh trouwens wel vaker als een koning die op zijn troon in zijn tempel zit, op dezelfde manier als waarop Baäl, Mardoek en Dagon, de goden van hun naburen, in hun eigen, soortgelijke tempel de scepter zwaaiden.[5] Maar achter de mythologische beeldspraak werden in Israël al de contouren van een duidelijk andere voorstelling van de uiterste werkelijkheid zichtbaar: het contact met deze God wordt ervaren als een ontmoeting met een persoon. Ondanks zijn angstaanjagende andersheid kan Jahweh spreken en kan Jesaja antwoorden. Dit zou, het zij opnieuw gezegd, ondenkbaar zijn geweest voor de wijzen van de *Oepanisjaden*, aangezien het idee dat ze een dialoog of een ontmoeting met brahman-ātma zouden hebben ongepast antropomorfistisch zou zijn.

Jahweh vroeg: 'Wie zal Ik zenden, wie zal gaan in onze naam?' en net als Mozes vóór hem antwoordde Jesaja onmiddellijk: 'Hier ben ik [*hineni*], zend mij.' Dit visioen was er niet op gericht de profeet te verlichten, maar hem een concrete opdracht te geven. De profeet is in de eerste plaats de persoon die in de aanwezigheid Gods wandelt, maar anders dan in het boeddhisme resulteert dit contact met het transcendente niet in het overdragen van kennis, maar in het overgaan tot actie. Het kenmerk van de profeet zal geen mystieke verlichting zijn, maar gehoorzaamheid. Zoals te verwachten was viel de boodschap niet mee. Met kenmerkende Semitische ongerijmdheid zei Jahweh tot Jesaja dat het volk de boodschap niet zou aanvaarden; hij moest niet bij de pakken neerzitten wanneer het Gods woorden zou verwerpen. 'Ga dan en zeg tot dit volk: Luister maar, gij zult het toch niet begrijpen, kijk maar scherp toe, gij zult het niet vatten.'[6] Zevenhonderd jaar later zou Jezus deze woorden aanhalen toen het volk weigerde zijn even onaangename boodschap aan te horen.[7] De mens sluit voor een al te harde werkelijkheid liever de ogen. De Israëlieten stonden in de dagen van Jesaja aan de rand van oorlog en uitroeiing, en Jahweh had geen vrolijke boodschap voor hen: hun steden zouden worden verwoest, hun akkers zouden worden geplunderd en hun huizen zouden leeg staan. Zelf zou Jesaja nog meemaken dat het noordelijke koninkrijk in 721 werd vernietigd en dat de tien stammen werden gedeporteerd. En in 701 zou Sanherib met een enorme Assyrische legermacht Juda binnenvallen, zesenveertig Judese steden en forten belegeren, de officieren van de verdedigingsmacht op palen spietsen, ongeveer tweeduizend mensen deporteren en de joodse koning 'als een vogel in een kooi'[8] in Jeruzalem gevangenzetten. Op Jesaja's schouders rustte de ondankbare taak zijn volk voor dit naderende onheil te waarschuwen:

En alom verlatenheid heerst in het land.
En blijft er nog een tiende deel over,
dan is ook dat bestemd om verdelgd te worden,
zoals bij een terebint en eik:
worden die geveld dan rest slechts een stronk.[9]

Het zou voor een scherpzinnig politiek waarnemer geen kunst zijn geweest deze rampen te voorspellen. Wat Jesaja's boodschap echter zo huiveringwekkend uniek maakte, was zijn analyse van de situatie. De oude partizanengod van Mozes zou Assyrië de rol van vijand opleggen; de God van Jesaja zag Assyrië als zijn instrument. Niet Sargon II en Sanherib zouden de Israëlieten in ballingschap wegvoeren en het land verwoesten, het was Jahweh zelf die 'de mensen ver heeft weggevoerd'.[10]

Dit was een voortdurend terugkerend thema in de boodschap van de profeten van de Spiltijd. De God van Israël had zich oorspronkelijk van de heidense goden onderscheiden door zich in concrete, actuele gebeurtenissen te openbaren en niet gewoon in mythologie en liturgie. Maar nu, zo betoogden de nieuwe profeten, manifesteerde zich zowel in politieke rampspoed als in overwinningen een andere God, de God die geleidelijk heer en meester over de *hele* geschiedenis werd. Hij had alle naties in zijn macht. Spoedig zou het de beurt van Assyrië zijn om te treuren, simpelweg omdat zijn koningen er niet van doordrongen waren geweest dat zij louter instrumenten waren in de hand van een wezen dat groter was dan zij.[11] Aangezien Jahweh de definitieve vernietiging van Assyrië had voorspeld, was er hoop voor de toekomst. Maar geen Israëliet zou blij zijn geweest met de boodschap dat zijn volk politieke verdelging over het eigen hoofd had afgeroepen door een kortzichtige politiek te voeren en zich als uitbuiter te gedragen. Niemand zou het een verheugende tijding hebben gevonden dat Jahweh het brein was geweest achter de succesvolle Assyrische campagnes van 721 en 701, net zoals Hij de legers van Jozua, Gideon en koning David had aangevoerd. Wat haalde Hij in hemelsnaam uit met een natie die zijn Uitverkoren Volk heette te zijn? Er viel in het beeld dat Jesaja van Jahweh schilderde, geen wensvervulling te ontwaren. In plaats van de mensen een panacee te geven gebruikte Jesaja Jahweh om hen met de neus op de onwelkome feiten te drukken. In plaats van hun toevlucht te zoeken tot de oude, cultische riten die de mensen terugvoerden naar mythische tijden, trachtten profeten als Jesaja hun landgenoten te overreden de actuele situatie onder ogen te zien en haar te aanvaarden als een schrikwekkende dialoog met hun God.

Was de God van Mozes nog een triomfator geweest, de God van Jesaja was vervuld van verdriet. De profetie die tot ons is gekomen, begint met een klaagzang waarin God geen goed woord voor het volk van het verbond over heeft: de os en de ezel kennen hun eigenaar, 'maar Israël weet van niets, mijn volk heeft geen begrip'.[12] Jahweh walgde van de dierenoffers in de tempel, was doodziek van het vet van mestkalveren, het bloed van stieren en bokken en het stinkende bloed dat met de rook van brandoffers opsteeg. Hij had meer dan genoeg van hun festiviteiten, nieuwjaarsceremoniën en pelgrimstochten.[13] Jesaja's publiek zou dit geschokt hebben aangehoord; in het Midden-Oosten waren dergelijke cultische feesten juist de essentie van de religie. De heidense goden waren van dergelijke ceremoniën afhankelijk, omdat die hun afgenomen energie aanvulden; hun aanzien hing ten dele af van de luister van hun tempels. Maar nu zei Jahweh met zoveel woorden dat deze dingen geen enkele betekenis hadden. Net als andere wijzen en filosofen van de Oikoumenè huldigde Jesaja de mening dat het niet voldoende was het geloof uiterlijk te belijden. Israëlieten moesten naar de innerlijke betekenis van hun religie zoeken. Jahweh had liever barmhartigheid dan offerande:

Zelfs als gij uw gebeden vermenigvuldigt,
luister Ik niet naar u:
uw handen zitten vol bloed.
Wast u, reinigt u!
Uit mijn ogen met uw misdaden!
Houdt op met kwaad te doen.
Leert liever het goede te doen,
betracht rechtvaardigheid,
helpt de verdrukten,

verschaft recht aan de wezen,
verdedigt de weduwen.[14]

De profeten hadden uit zichzelf het allesoverheersende gebod van de barmhartigheid ontdekt, een gebod dat het kenmerk van alle belangrijke godsdiensten van de Spiltijd zou worden. De nieuwe ideologieën die in deze tijd in de Oikoumenè opkwamen, stelden allemaal nadrukkelijk dat de toets van de authenticiteit erin bestond dat de religieuze ervaring met succes werd vertaald naar het dagelijks leven. De gelovige kon er niet langer mee volstaan zijn godsverering te verbinden aan de tempel en de buitentijdse wereld van de mythen. Na zijn religieuze verlichting moest hij terugkeren naar de marktplaats en daar alle levende wezens barmhartigheid bewijzen.

Het sociale ideaal van de profeten was sinds de Sinaï impliciet in het jahwisme aanwezig geweest. Het verhaal van de uittocht had onderstreept dat God aan de kant van de zwakken en verdrukten stond. Het verschil was echter dat het nu de Israëlieten zelf waren die wegens onderdrukking werden gehekeld. In dezelfde tijd dat Jesaja zijn profetische visioen kreeg, predikten in het chaotische noordelijke koninkrijk al twee andere profeten een soortgelijke boodschap. De eerste was Amos, een man die geen aristocraat was zoals Jesaja, maar een schapenfokker, oorspronkelijk afkomstig uit Tekoa in het zuidelijke koninkrijk. Omstreeks 752 had Amos plotseling de opdracht gekregen om met spoed naar het noordelijke koninkrijk Israël te vertrekken. Daar was hij het oude heiligdom van Bet-Eel binnengestormd en had hij de offerdienst met een onheilsprofetie in het honderd gestuurd. Amasja, de priester van Bet-Eel, had geprobeerd hem weg te jagen. We horen in de pompeuze manier waarop hij de lompe herder terechtwijst de superieure stem van het establishment doorklinken. Hij dacht natuurlijk dat Amos tot een van de gilden van waarzeggers behoorde die in groepjes rondzwierven en met het voorspellen van de toekomst in hun levensonderhoud voorzagen. 'Maak dat u wegkomt, ziener,' had hij minachtend gezegd. 'Verdwijn naar Juda en verdien daar maar uw brood met profeteren. Hier in Betel mag u niet meer profeteren, want dit heiligdom is van de koning en dit gebouw is van het rijk.' Onverschrokken richtte Amos zich in zijn volle lengte op en antwoordde minachtend dat hij niet tot het broederschap van profeten behoorde, maar een direct mandaat van Jahweh had ontvangen: 'Ik ben geen profeet of lid van een profetengilde, ik ben veehoeder en vijgenkweker. Maar Jahweh heeft mij achter mijn beesten weggehaald en het is Jahweh die mij gezegd heeft: Trek als profeet naar mijn volk Israël.'[15] Dus het volk van Bet-Eel wilde niet luisteren naar wat Jahweh te zeggen had? Goed, dan had hij een ander orakel voor hen in petto: hun vrouwen zouden op straat ontucht plegen, hun kinderen zouden worden afgemaakt en zelf zouden ze in ballingschap sterven, ver van het land Israël.

Het wezenlijke kenmerk van de profeet was zijn solitarisme. Hij stond er alleen voor, zoals Amos; hij had alle banden met het verleden verbroken. Het was niet zijn eigen keuze geweest, maar het was hem overkomen. Het was alsof er in zijn geest een knop was omgedraaid en hij geen zeggenschap meer over zichzelf had. Hij móest gewoon profeteren, of hij wilde of niet. Of om het in Amos' woorden te zeggen:

> De leeuw heeft gebruld: wie zou er niet vrezen? De Heer, Jahweh, heeft gesproken: wie zou er niet profeteren?[16]

Amos was niet, zoals de Boeddha, opgegaan in het nirwana van onbaatzuchtige zelfvernietiging, maar Jahweh had de plaats van zijn ik ingenomen en hem met een ruk in een andere wereld overgezet. Amos was de eerste profeet die nadrukkelijk op het belang van sociale rechtvaardigheid en barmhartigheid wees. Net als de Boeddha was hij zich scherp bewust van het lijden van de kanslozen. In Amos' orakels spreekt Jahweh namens de verdrukte, geeft Hij stem aan het stemloze, onmachtige lijden van de arme. In de allereerste regel van Amos' profetie die tot ons is gekomen, buldert Jahweh vol afgrijzen vanuit zijn tempel in Jeruzalem bij het aanschouwen van de ellende in alle landen van het Midden-Oosten, inclusief Juda en Israël. Het volk van Israël was even slecht als de *gojiem*, de nietjoden; zij konden dan misschien nog de ogen sluiten voor de onderdrukking van en de wreedheden jegens de armen, maar Jahweh niet. Geen enkel geval van oplichting, uitbuiting en gebrek aan barmhartigheid ontging Hem: 'Jahweh heeft gezworen bij de heerlijkheid van Jakob; geen van hun daden zal Ik ooit vergeten!'[17] Hoe durfden ze nog uit te kijken naar de Dag des Heren, de dag waarop Jahweh Israël zou verheffen en de gojiem vernederen? Dan wachtte hun een lelijke verrassing: 'Wat zal die dag van Jahweh voor u zijn? Een dag van duisternis en niet van licht!'[18] Meenden ze werkelijk dat ze Gods Uitverkoren Volk waren? Dan hadden ze de strekking van het verbond helemaal verkeerd begrepen; het verbond hield verantwoordelijkheid in, niet een privilege. 'Hoort dit woord dat Jahweh spreekt, over u, de zonen van Israël!' riep Amos uit, 'over heel het geslacht dat Ik uit Egypte heb geleid:

> U alleen heb Ik uitverkoren onder al de geslachten der aarde; daarom roep Ik u ook ter verantwoording voor al uw ongerechtigheden!'[19]

Het verbond hield in dat álle mensen van Israël Gods uitverkorenen waren en daarom fatsoenlijk moesten worden behandeld. God intervenieerde niet in de geschiedenis om Israël te verheerlijken, maar om er zeker van te zijn dat er sociale rechtvaardigheid kwam. Dat was zijn inbreng in de geschiedenis en Hij zou, indien nodig, het Assyrische leger gebruiken om rechtvaardigheid in zijn eigen land hardhandig af te dwingen.

Het zal niemand verbazen dat de meeste Israëlieten afwijzend reageerden op de uitnodiging van de profeet om een dialoog met Jahweh aan te gaan. Ze gaven de voorkeur aan de minder veeleisende religie van de cultische ceremonie die hetzij in de tempel van Jeruzalem, hetzij tijdens de oude vruchtbaarheidsriten van Kanaän werd beleden. En zo is het nog steeds: de religie van barmhartigheid wordt slechts door een minderheid gevolgd; de meeste gelovigen zijn tevreden met een fatsoenlijke verering in synagoge, kerk, tempel en moskee. De oude Kanaänitische religies waren in Israël nog steeds populair. In de tiende eeuw had koning Jerobeam I twee stierebeelden naar de heiligdommen van Dan en Bet-Eel gestuurd. Tweehonderd jaar later namen de Israëlieten, zoals we kunnen lezen in de orakels van de profeet Hosea, een tijdgenoot van Amos, nog steeds deel aan vruchtbaarheidsriten en heilige geslachtsgemeenschap.[20] Sommige Israëlieten dachten dat Jahweh een vrouw had, net als de andere goden: archeologen hebben onlangs inscripties opgegraven met de opdracht: 'Aan Jahweh en zijn Asjera'. Wat Hosea vooral verontrustte, was het feit dat Israël de verbondsbepalingen schond door andere goden zoals Baäl te aanbidden. Net als alle nieuwe profeten ging het hem vooral om de diepere betekenis van de religie. Wanneer hij Jahweh laat zeggen: 'Want liefde [*chesed*] wil Ik, geen offergaven; en kennis van God [*da'at Elohiem*] meer dan brandoffers',[21] bedoelt hij daar geen theologische kennis mee. Het woord *da'at* komt van het Hebreeuwse *jada*, 'weten', '(be)kennen', een werkwoord dat een seksuele connotatie heeft. Zo zegt J dat Adam zijn vrouw Eva 'bekende'.[22] In de oude Kanaänitische religie was Baäl getrouwd met het bouwland en de mensen hadden dit met rituele orgieën gevierd, maar Hosea had met nadruk gezegd dat Jahweh sinds het verbond de plaats van Baäl had ingenomen en met het volk van Israël was getrouwd. De mensen moesten begrijpen dat het niet Baäl was die het land vruchtbaar maakte, maar Jahweh.[23] God maakte Israël nog steeds als een minnaar het hof, vastbesloten haar terug te lokken uit de armen van Baäl die haar had verleid:

> Op die dag – zo luidt de godsspraak van Jahweh –
> zult gij tot Mij roepen: 'Mijn man!'
> Nooit roept gij Mij dan meer toe: 'Mijn Baäl!'
> Dan zal Ik de namen van de Baäls uit haar mond verwijderen;
> van hun namen wordt nooit meer gerept.[24]

Waar Amos zijn aanval richtte op sociale misstanden, wees Hosea op het ontbreken van verinnerlijking van Israëls religiositeit; de 'kennis' van God sproot uit *chesed* voort en dat hield in dat uiterlijke vroomheid moest worden vervangen door innerlijke overgave en toewijding aan Jahweh.

Hosea geeft ons op verrassende wijze inzicht in de ontwikkeling van het profetische godsbeeld. Toen hij aan het begin van zijn loopbaan stond, had hij van Jahweh een verbijsterend bevel gekregen. God gaf hem opdracht in het huwelijk te treden met een hoer (*esjet zenoeniem*), want het hele land 'loopt door zijn ontucht van Jahweh weg'.[25] Het lijkt echter onwaarschijnlijk dat God Hosea had bevolen om de hele stad af te gaan en een prostituée te zoeken. Het woord *esjet zenoeniem* (letterlijk 'een vrouw van hoererij') betekent hetzij 'overspelige vrouw', hetzij 'tempelprostituée van een vruchtbaarheidscultus'. Gezien Hosea's preoccupatie met de vruchtbaarheidsrituelen lijkt het waarschijnlijk dat zijn vrouw Gomer een van de gewijde priesteressen van de Baälcultus was geworden. Zijn huwelijk was daarom zinnebeeldig voor Jahwehs relatie met het ontrouwe Israël. Hosea en Gomer kregen drie kinderen die allen een profetische, symbolische naam ontvingen. Zijn oudste zoon heette Jizreël, naar een beroemd slagveld, zijn dochter Lo-Ruchama ('Die geen ontferming ontvangt') en zijn jongste zoon Lo-Ammi ('Niet mijn volk'). Bij diens geboorte had Jahweh zijn verbond met Israël opgezegd, 'want gij zijt niet langer mijn volk en Ik ben er niet langer voor u'.[26] We zullen later zien dat de profeten vaak de goddelijke inspiratie kregen om het hachelijke lot van hun volk met behulp van uitvoerige zinnebeeldige voorstellingen aanschouwelijk te maken, maar het lijkt niet waarschijnlijk dat Hosea's huwelijk van meet af aan koelbloedig was gepland. Uit de bijbeltekst kunnen we opmaken dat Gomer pas na de geboorte van haar drie kinderen een *esjet zenoeniem* werd. Pas achteraf werd het Hosea duidelijk dat God hem zijn huwelijk had ingegeven. Het verlies van zijn vrouw was voor Hosea een zware slag, en dat gaf hem inzicht in wat Jahweh moest voelen toen zijn volk Hem in de steek liet en goden als Baäl overspelig naliep. Aanvankelijk neigde Hosea naar de gedachte Gomer te verstoten en zich radicaal van haar af te wenden; de wet schrijft immers uitdrukkelijk voor dat een man zich van een ontrouwe vrouw moet laten scheiden. Maar Hosea hield nog steeds van Gomer en ten slotte kocht hij haar van haar nieuwe heer terug. Hij zag in zijn verlangen om Gomer terug te winnen een teken dat Jahweh bereid was Israël een tweede kans te geven.

Wanneer de profeten hun eigen, menselijke gevoelens en belevingen aan Jahweh toeschreven, schiepen ze daarmee in belangrijke zin een god naar hun eigen beeld. Jesaja, lid van de koninklijke familie, had Jahweh als een koning gezien; Amos had zijn eigen betrokkenheid bij het lot van de armen aan Jahweh toegeschreven; Hosea zag Jahweh als een bedrogen echtgenoot die nog steeds teder naar zijn vrouw verlangde. Alle religies moeten met een zeker antropomorfisme beginnen. Een god die mijlenver van de mensen afstaat, zoals de Onbewogen Beweger van Aristoteles, kan nooit de inspiratie voor een spirituele zoektocht zijn. Zolang deze projectie geen doel op zich wordt, kan ze bruikbaar en heilzaam zijn. Bovendien moet worden opgemerkt dat dit imaginatieve, in menselijke termen vertaalde beeld van God de inspiratie was voor een sociale bewogenheid die het hindoeïsme niet heeft gekend. Alle drie theïstische religies hebben met elkaar de egalitaire en sociale ethiek van Amos en Jesaja gemeen. De joden zouden het eerste volk van de oudheid zijn dat een sociaal stelsel ontwikkelde dat bij zijn heidense buren bewondering wekte.

Net als alle andere profeten verafschuwde Hosea idolatrie, het aanbidden van beelden. In zijn bespiegelingen sprak hij over de goddelijke wraak die de noordelijke stammen over zichzelf zouden afroepen als ze goden aanbaden die ze zelf hadden gemaakt:

Toch blijven zij maar zondigen;
zij hebben zich gegoten beelden gemaakt,
van hun zilver maakten zij afgodsbeelden
naar hun eigen smaak,
louter werk van ambachtsvolk.
Daaraan wijden zij Mijn offers toe,
zij, mensen, die stierebeelden kussen.[27]

Dit was uiteraard een heel onfaire en denigrerende voorstelling van de Kanaänitische religie. De mensen van Kanaän en Babylon hadden de beelden van hun goden zelf nooit als goddelijk beschouwd; ze hadden zich nooit ter aarde geworpen om een standbeeld *tout court* te aanbidden. Net als hun mythen over de onvoorstelbare gebeurtenissen in de voortijd was zo'n beeld gemaakt om de aandacht van de gelovige naar buiten te keren. Het beeld van Mardoek in de tempel van Esagila en de opgerichte stenen van Asjera in Kanaän werden nooit met de goden gelijkgesteld, maar hielpen de mensen om zich beter op de transcendente kant van het leven te concentreren. Desalniettemin lieten de profeten zich veelvuldig in minachtende bewoordingen over de goden van hun heidense buren uit. Deze zelfgemaakte goden, zo vonden ze, zijn gewoon dingen van goud en zilver; ze zijn in een paar uur door een ambachtsman in elkaar gestampt; ze hebben ogen die niet kunnen zien, oren die niet kunnen horen; ze kunnen niet lopen en moeten door de gelovigen worden rondgereden; het zijn stomme en dwaze wezens die lager staan dan mensen, niet beter zijn dan vogelverschrikkers in een komkommerveld. Vergeleken met Jahweh, de Elohiem van Israël, zijn ze *eliliem*, niksjes. De gojiem die hen aanbidden zijn stommelingen en Jahweh haat hen.[28]

Tegenwoordig zijn we zo vertrouwd geraakt met de intolerantie die helaas een kenmerk van het monotheïsme is geworden dat we ons misschien niet kunnen voorstellen dat die vijandigheid tegenover andere goden destijds volkomen nieuw was. Het heidendom was in wezen een tolerant geloof; er was in het traditionele pantheon altijd plaats voor een andere god, vooropgesteld dat de komst van zo'n nieuwe godheid geen bedreiging voor de oude culten vormde. Zelfs toen de oude godenverering geleidelijk door de nieuwe ideologieën van de Spiltijd werd vervangen, kwam zo'n kwaadaardige verwerping van de antieke goden niet voor. We hebben gezien dat het hindoeïsme en boeddhisme de mensen aanmoedigden de goden voorbij te streven, in plaats van zich walgend tegen hen te verzetten. Toch waren de profeten van Israël niet in staat om tegenover de goden die ze als Jahwehs rivalen beschouwden, die gematigde houding aan te nemen. In de joodse Schrift roept de nieuwe zonde van 'idolatrie', de aanbidding van 'valse' goden, een gevoel op dat aan misselijkheid grenst. Het is een reactie die misschien vergelijkbaar is met de afkeer die sommige kerkvaders voor seksualiteit zouden voelen. Als zodanig is het geen rationele en weloverwogen reactie, maar spreekt er grote angst en verdringing uit. Maakten de profeten zich diep in hun hart zorgen over hun eigen geloofshouding? Waren ze zich er misschien onaangenaam van bewust dat hun eigen godsvoorstelling vergelijkbaar was met de idolatrie van de heidenen, aangezien ook zij een god naar hun eigen beeld schiepen?

Ook in een ander opzicht kunnen we een vergelijking maken met de houding die het christendom tegenover seksualiteit aannam. In dit stadium geloofden de meeste Israëlieten onvoorwaardelijk in het bestaan van de heidense goden. Al is het waar dat Jahweh in bepaalde kringen geleidelijk sommige functies van de elohiem van de Kanaänieten overnam (Hosea probeerde bijvoorbeeld aan te voeren dat Hij een betere vruchtbaarheidsgod was dan Baäl), het was voor de verstokt mannelijke Jahweh duidelijk een moeilijke opgave zich de functies van godinnen als Asjera, Isjtar of Anat toe te eigenen, godinnen die onder de Israëlieten nog steeds veel volgelingen telden, vooral onder de vrouwen. Ook al zouden monotheïsten er nadrukkelijk op wijzen dat hun God boven elk geslachtsonderscheid was verheven, toch zou Hij in essentie mannelijk blijven, al zullen we zien dat sommigen zouden proberen deze onevenwichtigheid te herstellen. Ten dele had het te maken met Jahwehs oorsprong als tribale oorlogsgod. Toch is zijn strijd tegen de godinnen een afspiegeling van een minder positieve kant die de Spiltijd vertoonde en die over het algemeen een statusverlaging van de vrouw en het vrouwelijke inhield. In primitievere samenlevingen stonden vrouwen soms in hoger aanzien dan mannen. De vrouw werd vereerd en het prestige dat de oppergodinnen van traditionele religies genoten, is daar een afspiegeling van. Met de opkomst van de steden begon men echter de mannelijke kwaliteiten, zoals krijgshaftigheid en lichaamskracht, hoger aan te slaan dan de vrouwelijke kenmerken. Vanaf die tijd werden vrouwen in de nieuwe beschavingen van de Oikoumenè gemarginaliseerd en als tweederangs burger behandeld. Vooral in Griekenland was hun situatie bedroevend – een feit dat westerlingen in het achterhoofd zouden moeten houden wanneer ze de patriarchale houding van het Oosten afkeuren. Het democratische ideaal strekte zich niet uit tot de vrouwen van Athene; zij leefden in afzondering en werden als verachtelijke, inferieure wezens behandeld. Ook de toon van de Israëlitische maatschappij werd steeds mannelijker. Vroeger waren de vrouwen nog sterke persoonlijkheden geweest die zich duidelijk aan hun mannen gelijk voelden. Sommigen, zoals Debora, hadden een leger in de strijd aangevoerd. De Israëlieten zouden heldhaftige vrouwen als Judith en Ester blijven roemen, maar toen Jahweh de andere goden en godinnen van Kanaän en het Midden-Oosten eenmaal had overwonnen en de *enige* God was geworden, werd zijn religie vrijwel uitsluitend een mannenaangelegenheid. De aanbidding van de godinnen zou naar de achtergrond worden gedrongen en dit symptoom van culturele verandering zou kenmerkend zijn voor de wereld die haar eerste stappen op de weg naar de beschaving zette.

We zullen zien dat Jahweh zijn overwinning niet zonder slag of stoot behaalde. Het ging met geweld en strijd gepaard en dat doet vermoeden dat de nieuwe religie van de Ene God minder gemakkelijk ingang bij de Israëlieten vond dan het boeddhisme of het hindoeïsme bij het volk van het Indiase subcontinent. Jahweh scheen niet in staat te zijn de oude goden op een vreedzame en natuurlijke manier aan zich te onderwerpen. Hij moest er strijd voor leveren. Zo lezen we in Psalm 82 dat Hij tijdens de vergadering van de goden, die zowel in de Babylonische als in de Kanaänitische mythe zo'n belangrijke rol had gespeeld, een gooi naar het leiderschap doet:

God staat in de vergadering der goden [de vergadering van Eel],
Hij houdt gericht te midden der goden:

Hoelang zult gij onrechtvaardig richten,
en de goddelozen gunst bewijzen?
Richt de geringe en de wees,
doet recht de ellendige en de behoeftige,
bevrijdt de geringe en de arme,
redt hem uit der goddelozen hand.

Zij weten niets en begrijpen niets,
in duisternis wandelen zij rond;
alle grondvesten der aarde wankelen.
Wel heb Ik gezegd: Gij zijt goden,
ja, allen zonen des Allerhoogsten;
nochtans zult gij sterven als mensen,
als een der vorsten zult gij vallen.[29]

Wanneer Jahweh zich verheft en de confrontatie aangaat met de vergadering die sinds onheuglijke tijden door Eel wordt voorgezeten, verwijt Hij de andere goden nalatigheid bij de bestrijding van de sociale misstanden die op dat moment bestonden. Jahweh vertegenwoordigt het moderne barmhartigheidsethos van de profeten, terwijl zijn goddelijke collega's in al die jaren niets hebben ondernomen om rechtvaardigheid en eerlijke verdeling te bevorderen. Vroeger was Jahweh nog bereid geweest hen als elohiem te accepteren, als de zonen van Eel Eljon ('God de Allerhoogste'),[30] maar nu hadden de goden bewezen dat ze hun tijd hadden gehad. Ze zouden vergaan, net als sterfelijke mensen. De psalmist schetste hier niet alleen een beeld van een Jahweh die zijn medegoden ter dood veroordeelde, maar ook van een God die zich aldus het traditionele prerogatief van Eel toeëigende, de oppergod die in Israël kennelijk nog steeds aanhangers had.

Ondanks de slechte pers die idolatrie in de Bijbel krijgt, is er op zichzelf niets tegen; ze wordt alleen bedenkelijk of naïef als het beeld van God, dat met zoveel liefde en zorg is geconstrueerd, wordt aangezien voor de onzegbare werkelijkheid waar het naar verwijst. We zullen merken dat later in de geschiedenis van God sommige joden, christenen en moslims dat oude beeld van de absolute werkelijkheid op een andere manier uitwerkten en tot een godsvoorstelling kwamen die dichter bij de hindoeïstische en boeddhistische visie kwam. Anderen slaagden er echter niet in die stap te zetten, maar gingen ervan uit dat hún godsvoorstelling volstrekt overeenkwam met het hoogste mysterie. Hoe gevaarlijk zo'n 'idolatrische' religiositeit kan zijn bleek omstreeks 622 v.d.g.j. toen Josia koning van Juda was. Josia's streven was erop gericht de syncretistische politiek van zijn voorgangers ongedaan te maken. Deze voorgangers, koning Manasse (687-642) en koning Amon (642-640), hadden het volk aangespoord om naast Jahweh de goden van Kanaän te aanbidden. Manasse had zelfs in de tempel, waar een bloeiende vruchtbaarheidscultus ter ere van Asjera bestond, een beeld voor haar laten neerzetten. Aangezien zij toch al door de meeste Israëlieten werd aanbeden en sommigen dachten dat ze Jahwehs vrouw was, zouden alleen de strengste jahwisten dit godslasterlijk hebben gevonden. Josia was echter vastbesloten het jahwisme algemeen te propageren en hij liet de tempel ingrijpend restaureren. Terwijl de werklieden alles sloopten zou, zo gaat het verhaal, de hogepriester Chilkia een oud manuscript hebben gevonden dat hij voor een verslag van Mozes' laatste redevoering tot de kinderen van Israël hield. Hij gaf het aan Josia's schrijver Safan en deze las het in aanwezigheid van de koning hardop voor. Toen de jonge koning de woorden hoorde verscheurde hij in afgrijzen zijn kleren: geen wonder dat Jahweh zo boos was geweest op zijn voorvaders. Ze hadden volstrekt nagelaten zijn strenge opdrachten aan Mozes na te komen.[31]

Het staat vrijwel vast dat het 'Boek der Wet' dat Chilkia vond, de kern van de tekst was die we nu als Deuteronomium kennen. Er zijn verschillende theorieën geweest ter verklaring van het feit dat de hervormingsgezinde partij het manuscript op zo'n gelegen moment 'ontdekte'. Sommigen hebben zelfs de gedachte geopperd dat het stiekem door Chilkia en Safan zelf was geschreven, met de hulp van de profetes Chulda die Josia onmiddellijk consulteerde. We zullen het nooit weten, maar vast staat in elk geval dat het boek de afspiegeling is van een volstrekt nieuwe onverzoenlijkheid die in Israël hoogtij vierde en de algemene houding weergeeft die in de zevende eeuw werd aangenomen. Het manuscript laat Mozes, bij het uitspreken van zijn laatste redevoering, opnieuw uitdrukkelijk wijzen op de centrale plaats van het verbond en Israëls speciale uitverkiezing. Jahweh had zijn volk onder alle naties uitverkoren, niet vanwege Israëls verdienste, maar vanwege de grote liefde die Hij ervoor voelde. Als wederdienst eiste Hij volledige trouw en resolute verwerping van alle andere goden. De kerntekst van Deuteronomium bevat tevens de verklaring die later de joodse geloofsbelijdenis zou worden:

> Hoor dus [*sjema*], Jisraël, de Eeuwige is onze God, de Eeuwige is één [*echad*]. Je moet van de Eeuwige, je God, houden met heel je hart, heel je ziel en met alles waartoe je bij machte bent. Neem deze woorden die ik je heden als gebod voorschrijf ter harte.[32]

God had met zijn uitverkiezing het volk Israël van de gojiem onderscheiden en dus mocht het, zo laat de auteur Mozes zeggen, bij zijn betreding van het Beloofde Land niets met de plaatselijke bevolking van doen hebben. Het mocht 'geen verbond met hen aangaan en geen medelijden met hen hebben'.[33] Het mocht niet met hen trouwen en geen sociale banden met hen aanknopen. Maar vóór alles moest het de Kanaänitische religie uitroeien. 'Hun altaren moet ge neerhalen, hun heilige stenen verbrijzelen, hun heilige bomen omhakken en hun godenbeelden verbranden,' beval Mozes de Israëlieten, 'want gij zijt een volk dat aan Jahweh uw God gewijd is. U heeft Hij onder alle volken op aarde uitverkoren om zijn eigen volk te zijn.'[34]

Wanneer joden tegenwoordig het *Sjema Jisraeel* uitspreken, leggen ze het monotheïstisch uit: Jahweh, onze God, is één en uniek. Maar de Deuteronomist was nog niet zover. 'Jahweh *echad*' betekende niet dat God één is, maar dat Jahweh de enige godheid was die mocht worden aanbeden. Andere goden vormden nog steeds een bedreiging; hun culten oefenden een grote aantrekkingskracht op de Israëlieten uit en konden hen van Jahweh, die een naijverige God was, weglokken. Als ze Jahwehs wetten gehoorzaamden, zou Hij hen zegenen en hun voorspoed brengen, maar als ze Hem verlieten zouden de gevolgen rampzalig zijn:

> Uitgerukt zult gij worden uit de grond die gij in bezit gaat nemen. Jahweh zal u onder alle volken verstrooien, van het ene eind van de aarde tot aan het andere; daar zult ge andere goden dienen, die gij en uw voorouders niet hebben gekend, goden van hout en van steen. (...) Voortdurend zal uw leven in gevaar zijn. (...) In de ochtend zult ge zeggen: 'Was het maar avond!' en 's avonds zult ge zeggen: 'Was het maar ochtend!', om de schrik die uw hart vervult en om dat wat uw ogen moeten aanzien.[35]

Toen koning Josia en zijn onderdanen deze woorden hoorden, stonden ze aan de vooravond van een nieuwe politieke dreiging. Het was hun gelukt de Assyriërs op een afstand te houden en zo te ontsnappen aan het lot dat de tien noordelijke stammen had getroffen; die hadden inderdaad de straffen ondergaan die Mozes had beschreven. Maar in 606 v.d.g.j. zou de Babylonische koning Nabopolassar de Assyriërs verpletteren en een eigen imperium bouwen.

In dit uiterst onzekere klimaat maakte de theocratische politiek van de Deuteronomist grote indruk. In plaats van Jahwehs bevelen te gehoorzamen hadden de laatste twee koningen van Juda willens en wetens het onheil over zich afgeroepen. Josia zette onmiddellijk een hervorming in gang en handelde met voorbeeldige ijver. Al de gesneden en gegoten beelden en de vruchtbaarheidssymbolen werden uit de tempel verwijderd en verbrand. Josia haalde ook het grote beeld van Asjera neer en verwoestte de verblijven van de tempelprostituées die daar kleden voor haar weefden. Alle oude heiligdommen in het land, die enclaves van heidendom waren geweest, werden verwoest. Vanaf dat moment mochten priesters in de gereinigde tempel van Jeruzalem alleen aan Jahweh offeren. De kroniekschrijver die driehonderd jaar later Josia's hervormingen noteerde, geeft een gloedvol verslag van deze intolerante en repressieve piëteit:

> Men sloeg in zijn [Josia's] tegenwoordigheid de altaren stuk van de Baäls; de wierookaltaren die er boven op stonden, werden omver gegooid, en de heilige palen, de gegoten en gesneden beelden liet hij verbrijzelen en tot gruis slaan, en het stof liet hij strooien op de graven van wie daarvoor geofferd hadden. De beenderen van de afgodspriesters liet hij op hun altaren verbranden. Zo zuiverde hij Juda en Jeruzalem. Zelfs in de steden van Manasse, Efraïm, Simeon en ook Naftali die allerwegen in puin lagen, liet hij in heel het land Israël de altaren en de heilige palen stuk slaan, de gesneden beelden verbrijzelen en de wierookaltaren omverhalen.[36]

Wat een verschil met de sereniteit waarmee de Boeddha de goden aanvaardde die hij ontgroeid meende te zijn. Deze massale vernietigsdrang spruit voort uit haat die zijn oorsprong in diepe angst en vrees heeft.

De hervormingsgezinden herschreven Israëls geschiedenis. De historische boeken (Jozua, Richteren, Samuel en Koningen) werden overeenkomstig de nieuwe ideologie herzien en later voegden de redacteuren van de Pentateuch er passages aan toe waarin de oude verhalen van J en E werden voorzien van een deuteronomistische uitleg van de uittochtmythe. Jahweh was nu de auteur van een heilige vernietigingsoorlog in Kanaän geworden. De Israëlieten kregen te horen dat de autochtone Kanaänieten niet meer in hun land mochten wonen,[37] een politiek die Jozua met onzalige grondigheid zou uitvoeren:

> In die tijd trok Jozua er ook op uit om de Enakieten in het gebergte, in Hebron, Debir en Anab en in heel het bergland van Juda en Israël uit te roeien. Hij sloeg hen en hun steden met de ban, zodat er in het gebied van de Israëlieten geen Enakieten meer over waren. Alleen in Gaza, in Gat en in Asdod zijn er overgebleven.[38]

Eigenlijk weten we helemaal niets van de verovering van Kanaän door Jozua en de Richteren, al lijdt het geen twijfel dat er veel bloed is gevloeid. Maar nu had het bloedvergieten een religieuze basis gekregen. Welke gevaren er kleven aan dergelijke uitverkiezingstheologieën die niet door de transcendente visie van een man als Jesaja in goede banen worden geleid, blijkt het duidelijkst uit de heilige oorlogen waar de geschiedenis van het monotheïsme mee zijn besmeurd. In plaats van God te verheffen tot een symbool dat onze vooroordelen aan de kaak stelt en ons dwingt ons in onze eigen tekortkomingen te verdiepen, kan Hij worden gebruikt om onze egoïstische haatgevoelens te fiatteren en er absolute waarheid aan te geven. Het maakt God tot een wezen dat zich exact zo gedraagt als wij, net of Hij gewoon een mens is. Geen wonder dat zo'n God aansprekender en populairder is dan de God van Amos en Jesaja die meedogenloze zelfkritiek verlangt.

De joden zijn vaak gekritiseerd voor het feit dat zij geloven het Uitverkoren Volk te zijn, maar hun critici hebben zich dikwijls schuldig gemaakt aan hetzelfde soort intolerantie dat in de bijbelse tijd de motor van de felle aanvallen op afgoderij was. Alle drie monotheïstische religies hebben op verschillende momenten in hun geschiedenis soortgelijke uitverkiezingstheologieën gepropageerd, soms zelfs met rampzaliger gevolgen dan die welke in het boek Jozua worden beschreven. Vooral christenen in het Westen zijn behept geweest met de vleiende overtuiging dat zij door God zijn uitverkoren. In de elfde en twaalfde eeuw rechtvaardigden de kruisvaarders hun heilige oorlogen tegen joden en moslims met de verklaring dat zij het nieuwe uitverkoren volk waren dat de roeping van de joden had overgenomen nadat zij die hadden verspeeld. Calvinistische uitverkiezingstheologieën hebben er in belangrijke mate toe bijgedragen dat bij Amerikanen de mening heeft postgevat dat zij Gods eigen natie zijn. Net als in het Judese koninkrijk van Josia floreert zo'n geloof vooral wanneer de politieke situatie gespannen is en de mensen worden achtervolgd door de angst dat zij als volk zullen worden uitgeroeid. Misschien is dat er de oorzaak van dat het opnieuw wortel heeft geschoten in de diverse vormen van fundamentalisme dat op het moment van het schrijven van dit boek zo welig onder joden, christenen en moslims tiert. In tegenstelling tot een onpersoonlijke god als Brahmā kan een persoonlijke God als Jahweh op die manier worden gemanipuleerd, opdat Hij onze bedreigde zekerheden zal stutten.

We moeten er echter bij aantekenen dat niet alle Israëlieten in de jaren voorafgaande aan de verwoesting van Jeruzalem in 587 v.d.g.j. door Nebukadnessar en de deportatie van de joden naar Babylon, het Deuteronomisme onderschreven. In 604, het jaar van Nebukadnessars troonsbestijging, stelde de profeet Jeremia zich weer op het iconoclastische standpunt van Jesaja en haalde hij het triomfalistische leerstuk van het Uitverkoren Volk onderuit: God gebruikte Babylon als instrument om Israël te straffen en nu was het Israëls beurt om 'met de ban te worden geslagen'.[39] Het volk zou zeventig jaar in ballingschap gaan. Toen koning Jojakim dat orakel hoorde rukte hij de papierrol uit de hand van zijn schrijver, sneed haar in stukken en smeet haar in het vuur. Uit angst voor zijn leven moest Jeremia onderduiken.

Uit Jeremia's loopbaan blijkt hoeveel pijn en moeite het kostte om deze veel uitdagendere voorstelling van God uit te dragen. Hij vond het verschrikkelijk om profeet te zijn en was diepbedroefd dat hij het volk waarvan hij hield moest veroordelen.[40] Hij was van nature geen onruststoker, maar een zachtmoedig man. Toen zijn roep kwam protesteerde hij hevig: 'Ach, Jahweh, mijn Heer, ik kan niet spreken; ik ben veel te jong!', maar Jahweh 'stak toen zijn hand uit', raakte zijn lippen aan en legde zijn woorden in Jeremia's mond. De boodschap die hij moest verkondigen was dubbelzinnig en tegenstrijdig: Jeremia werd aangesteld over volkeren en koninkrijken 'om ze uit te rukken en af te breken, om ze te vernielen en te verwoesten, om ze op te bouwen en te planten'.[41] Het resulteerde in een ondraaglijke spanning tussen twee onverenigbare uitersten. Jeremia ervoer God als een krampende pijn die door zijn ledematen trok, zijn hart brak en hem deed waggelen alsof hij dronken was.[42] De profeet ervoer het *mysterium tremendum et fascinans* tegelijkertijd als een verkrachting en als een verleiding:

Jahweh, Gij hebt mij overgehaald;
ik ben bezweken, Gij waart mij te sterk,
ik kan niet tegen U op. (...)
Soms denk ik:
Ik wil er niets meer van weten,
ik spreek niet meer in zijn naam.
Maar dan laait er een vuur op in mijn hart,
het brandt in mijn gebeente.
Ik doe alle moeite om het in bedwang te houden,
maar het lukt me niet.[43]

God trok Jeremia twee verschillende kanten op: enerzijds voelde de profeet zich intens tot Jahweh aangetrokken, met alle kenmerken van een zoete overgave aan een verleiding, maar op andere momenten werd hij overmand door een kracht die hem tegen zijn wil meesleurde.

Sinds de dagen van Amos was de profeet een man geweest die er alleen voor stond. Anders dan de overige landen van de toenmalige Oikoumenè kende het Midden-Oosten geen allesomvattende religieuze ideologie.[44] De God van de profeten dwong de Israëlieten zich los te maken van het mythische bewustzijn van het Midden-Oosten en een heel andere richting in te slaan dan de hoofdstroom. Uit Jeremia's lijdensweg kunnen we afleiden hoeveel ontwrichting en ontreddering dat met zich meebracht. Israël was een minuscule, jahwistische enclave in een heidense wereld en Jahweh werd bovendien door veel Israëlieten zelf afgewezen. Zelfs in de ogen van de Deuteronomist, die er een minder bedreigende godsvoorstelling op na hield, was een ontmoeting met Jahweh een beschadigende confrontatie: hij laat Mozes aan de Israëlieten uitleggen (wanneer zij terugschrikken voor het vooruitzicht om rechtstreeks met Jahweh in contact te komen) dat God hun in elke generatie een profeet zal zenden die de klap van de goddelijke ontmoeting zal opvangen.

De jahwistische cultus bevatte voorlopig geen elementen die vergelijkbaar waren met ātma, het immanente goddelijke principe. Jahweh werd ervaren als een externe, transcendente werkelijkheid. Hij moest op een of andere manier worden vermenselijkt, opdat Hij minder mensvreemd zou lijken. De politieke spanning nam hand over hand toe; de Babyloniërs vielen Juda binnen en voerden de koning en de eerste groep Israëlieten in ballingschap weg; ten slotte werd Jeruzalem zelf belegerd. Terwijl de omstandigheden verslechterden zette Jeremia de traditie voort om Jahweh menselijke emoties toe te schrijven: hij laat God zijn eigen ontheemding, rampspoed en verlatenheid bejammeren; Jahweh voelt zich net zo overdonderd, gekrenkt en in de steek gelaten als zijn volk; net als de Israëlieten is Hij verdwaasd, vervreemd, verlamd. De woede die Jeremia in zijn hart voelt opwellen is niet zijn eigen woede, maar de toorn van Jahweh.[45] Wanneer de profeten over de 'mens' nadachten, dachten ze er automatisch 'God' bij, degene wiens tegenwoordigheid op aarde onlosmakelijk met zijn volk verbonden leek. God is van de mens afhankelijk als Hij op aarde werkzaam wil zijn – dat was een gedachte die in de joodse godsvoorstelling een heel belangrijke plaats zou innemen. Er zijn zelfs aanwijzingen dat een mens Gods werkingen in zijn eigen emoties en belevingen kan ontwaren, dat hij kan merken dat Jahweh deel heeft aan de menselijke conditie.

Zolang de vijand aan de poort stond, fulmineerde Jeremia in naam van God tegen zijn volk (al trad hij tegenover God als hun pleitbezorger op). Maar nadat Jeruzalem in 587 door de Babyloniërs was veroverd, klonken Jahwehs orakels geruststellender: nu zijn volk een lesje had geleerd beloofde Hij het te redden en thuis te brengen. Jeremia had van de Babylonische machthebbers toestemming gekregen in Juda te blijven, en om zijn vertrouwen in de toekomst tot uitdrukking te brengen kocht hij een stuk grond: 'Want dit zegt Jahweh Sebaot: Men zal in dit land weer huizen, akkers en wijngaarden kopen.'[46] Het zal niemand verbazen dat sommigen Jahweh de schuld van de catastrofe gaven. Tijdens een bezoek aan Egypte liep Jeremia een groep joden tegen het lijf die naar de delta waren gevlucht en volstrekt geen tijd voor Jahweh hadden. Hun vrouwen verklaarden dat er geen vuiltje aan de lucht was geweest toen ze nog de traditionele offers brachten aan Isjtar, de koningin van de hemel; maar zodra ze op aandringen van figuren als Jeremia ermee waren gestopt, waren rampen, nederlagen en ontberingen hun deel geweest.[47] Jeremia zelf was echter door de tragische gebeurtenissen juist tot groter inzicht gekomen. Na de val van Jeruzalem begon hij te beseffen dat dergelijke veruitwendigingen van het geloofsleven niets anders dan symbolen van een innerlijke, subjectieve geestestoestand waren. In de toekomst zou het verbond met Israël er heel anders uitzien: 'Ik schrijf mijn wet in hun binnenste, Ik grif ze in hun hart.'[48]

In tegenstelling tot de noordelijke stammen die in 721 waren weggevoerd, werden deze ballingen niet gedwongen zich te assimileren. Ze leefden in twee gemeenschappen, de ene in Babylon zelf en de andere aan de oever van de Kebar, een kanaal dat niet ver van Nippoer en Ur van de Eufraat aftakte, in een streek die ze Tel Aviv (Lentenheuvel) noemden. Tot de eerste groep die in 597 was gedeporteerd had de priester Ezechiël behoord. Een jaar of vijf had hij zich in zijn eentje in zijn huis opgesloten en geen woord tot iemand gericht. Toen kreeg hij een verpletterend visioen van Jahweh dat hem letterlijk tegen de grond sloeg. Het is belangrijk zijn eerste visioen hier enigszins gedetailleerd te beschrijven, omdat het, zoals we in hoofdstuk 7 zullen zien, eeuwen later voor joodse mystici van groot belang zou worden. Ezechiël had een wolk van licht gezien dat met bliksemschichten was doorschoten. Uit het noorden woei een harde wind. Te midden van deze stormachtige duisternis had hij de *indruk* – hij beklemtoont zorgvuldig het provisorische karakter van de beeldspraak – dat hij een grote wagen zag, getrokken door vier sterke beesten. Ze leken op de *karīboe*, het gevleugelde, sfinxachtige wezen dat in de toegangspoort van het paleis van Babylon was uitgehouwen, maar toch is het vrijwel onmogelijk om ze ons uit Ezechiëls beschrijving voor te stellen: elk beest had vier gezichten, dat van een man, een leeuw, een stier en een arend. Elk wiel rolde in een andere richting dan de andere drie. De beeldspraak bedoelde te onderstrepen hoe onwezenlijk de visioenen waren die hij met grote inspanning onder woorden trachtte te brengen. Het vleugelgeklepper van de wezens maakte een oorverdovend lawaai; het was 'als het gedruis van een grote watermassa, als de donder van de Almachtige, als het rumoer in een legerplaats'. Op de wagen stond 'iets' in de vorm van een troon, en zittend daarop in pracht en praal was 'een mensengedaante zichtbaar'; het fonkelde als metaal, alsof er vuur in zijn binnenste gloeide. 'Aldus openbaarde zich de heerlijkheid [*kawod*] van Jahweh.'[49] Onmiddellijk viel Ezechiël op de grond en toen hoorde hij een stem tot zich spreken.

De stem noemde Ezechiël 'mensenkind', als wilde Jahweh nadruk leggen op de afstand die nu tussen het mensdom en het goddelijke rijk bestond. Maar ook ditmaal zal Jahwehs visioen worden gevolgd door een concrete opdracht om in actie te komen. Ezechiël moest tot de opstandige zonen van Israël het woord van God spreken. Het niet-menselijke karakter van de goddelijke boodschap wordt door een gewelddadig beeld onderstreept: een hand strekt zich uit in de richting van de profeet, met daarin een boekrol die met klaagliederen en weeklachten is volgeschreven. Ezechiël krijgt het bevel de rol op te eten en het woord van God te verteren, zodat het een deel van hemzelf wordt. Zoals gewoonlijk is het *mysterium* zowel *fascinans* als *tremendum*; de rol smaakte naar honing. Ten slotte, zo gaat Ezechiël verder, 'hief de geest me op en voerde me mee en ik ging heen, bitter gestemd en toornig, terwijl de hand van Jahweh op mij drukte'.[50] Hij werd naar de ballingen van Tel Aviv gebracht en zat een hele week in hun midden, 'zonder een woord uit te kunnen brengen'.

Uit Ezechiëls merkwaardige loopbaan blijkt duidelijk hoe ver en vreemd de goddelijke wereld voor de mens geworden was. Ezechiël zelf werd gedwongen de belichaming van die vreemdheid te worden. Jahweh beval hem herhaaldelijk zijn profetieën in zulke bizarre zinnebeeldige voorstellingen te gieten, dat hij van de normale mensen vervreemd raakte. Zijn voorstellingen waren bedoeld als aanschouwelijke demonstratie van de benaderde situatie waarin Israël zich in deze crisis bevond en moesten, op een hoger abstractieniveau, laten zien dat Israël zelf een buitenstaander in de heidense wereld was geworden. Toen zijn vrouw overleed, mocht Ezechiël bijvoorbeeld niet rouwen; hij moest driehonderdnegentig dagen op zijn ene zijde liggen en veertig dagen op zijn andere; op een keer moest hij zijn tassen inpakken en om Tel Aviv heen trekken, als een vluchteling zonder vaste woon- en verblijfplaats. Jahweh riep zulke panische angstaanvallen over hem af dat hij over zijn hele lichaam beefde en niet kon ophouden en rusteloos heen en weer liep. Bij een andere gelegenheid moest hij uitwerpselen eten, als teken van de honger die zijn landgenoten bij het beleg van Jeruzalem noodgedwongen zouden lijden. Ezechiël was het zinnebeeld geworden van de verbroken continuïteit die het jahwisme nu kenmerkte; niets kon nog voor vanzelfsprekend worden gehouden en normale reacties hadden geen geldigheid meer.

Het heidendom daarentegen had de continuïteit tussen de goden en de natuurlijke wereld juist hooggehouden, maar Ezechiël kon in de oude religie met haar 'schandgoden', zoals hij ze noemde, niets vertroostends ontdekken. Tijdens een van zijn visioenen kreeg hij een rondleiding door de tempel van Jeruzalem. Tot zijn afgrijzen zag hij dat de mensen van Juda, hoewel ze op het punt stonden uitgeroeid te worden, toch nog in de tempel van Jahweh heidense goden aanbaden. De tempel zelf was een lugubere plaats geworden: de muren van de vertrekken waren beschilderd met kronkelende slangen en afstotende dieren, de priesters die de 'schandriten' verrichtten werden door vaal licht beschenen, bijna alsof ze met achterkamerseks bezig waren. 'Ziet ge, mensenkind, wat de oudsten van het volk van Israël in het donker doen, in die kamer vol afbeeldingen?'[51] In een ander vertrek beweenden vrouwen de stervende god Tammoez. Anderen aanbaden de zon, met hun rug naar het heiligdom gekeerd. Ten slotte zag de profeet dat de vreemde wagen die hij in zijn eerste visioen had gezien wegvloog en Jahwehs 'heerlijkheid' meevoerde. Toch is Jahweh niet helemaal een verre godheid geworden. Ezechiël vertelt dat Hij gedurende de laatste paar dagen voor de verwoesting van de tempel woedend tegen het volk van Israël tekeergaat, in een vergeefse poging hun aandacht te trekken en hen te dwingen Hem te erkennen. Israël had het naderende onheil alleen aan zichzelf te wijten. Al leek Jahweh herhaaldelijk ver van de mens af te staan, toch hield Hij Israëlieten als Ezechiël voor dat de klappen die de geschiedenis de mens toebracht, niet in het wilde weg en lukraak werden uitgedeeld, maar dat er logica en rechtvaardigheid achter zat. Ezechiël probeerde zin en bedoeling in de wrede wereld van de internationale politiek te ontdekken.

Terwijl de ballingen aan Babylons stromen zaten, kwam bij sommigen onvermijdelijk het gevoel op dat ze hun geloof niet buiten het Beloofde Land konden belijden. De heidense goden waren altijd verbonden geweest met een bepaald gebied en sommige mensen konden Jahwehs liederen onmogelijk op vreemde grond zingen; ze verkneukelden zich al bij de gedachte dat Babylonische baby's tegen een rots verpletterd zouden worden, zodat hun hersenen eruit zouden spatten.[52] Maar er stond een nieuwe profeet op die hen tot kalmte maande. We weten niets van hem af en dat tekent hem misschien, want uit zijn orakels en psalmen blijkt niets van een persoonlijke strijd. Omdat zijn werk later aan de orakels van Jesaja is toegevoegd, wordt hij gewoonlijk Deutero-Jesaja of de Tweede Jesaja genoemd. Tijdens hun verbanning zullen sommige joden zijn overgegaan tot de aanbidding van de oude goden van Babylon, maar anderen werden naar een nieuwe vorm van religieus bewustzijn gedreven. De tempel van Jahweh lag in puin; de oude cultische heiligdommen in Bet-Eel en Hebron waren verwoest. In Babylon konden ze niet deelnemen aan de liturgieën die thuis zo'n centrale plaats in hun godsdienstige leven hadden ingenomen. Het enige wat ze nog hadden, was Jahweh. Deutero-Jesaja ging nog een stap verder en verklaarde dat Jahweh de *enige* God was. In zijn versie van Israëls geschiedenis kleedt hij de uittochtmythe in beelden die herinneringen oproepen aan Mardoeks overwinning op Tiamat, de oerzee:

> Dan splijt Jahweh de golf van de zee van Egypte,
> in zijn gloeiende toorn
> heft Hij de hand op tegen de Rivier [de Eufraat]
> en slaat hem uiteen in zeven beken,
> zodat men er met schoenen aan
> doorheen trekt. (...)
> Zoals eens voor Israël,
> toen het wegtrok uit Egypte.[53]

De eerste Jesaja had van de geschiedenis een goddelijke waarschuwing gemaakt; na de catastrofe echter maakt Deutero-Jesaja in zijn bijdrage aan het bijbelboek Jesaja (de hoofdstukken 40-66) de geschiedenis tot de bron waaruit nieuwe hoop voor de toekomst kan worden geput. Als Jahweh het volk Israël in het verleden al eenmaal had gered, kon Hij het zeker nog eens doen. Hij was het meesterbrein achter de historische gebeurtenissen: in zijn ogen waren alle gojiem niet meer dan een waterdruppel in een emmer. Ja, Hij was de enige God die telde. Deutero-Jesaja zag al voor zijn geestesoog hoe de oude goden van Babylon op karren werden geladen en hun einde tegemoet strompelden.[54] Hun dagen waren geteld. 'Ben Ik niet Jahweh?' vraagt Hij herhaaldelijk. 'Er is geen andere God dan Ik alleen.'[55]

> Eerder dan Ik werd er geen god gevormd,
> en ook na Mij zal er geen zijn.
> Ik, Ik alleen ben Jahweh,
> en een redder buiten Mij is er niet.[56]

Deutero-Jesaja haast zich de goden van de gojiem, die na de catastrofe als de overwinnaars gezien zouden kunnen worden, scherp te hekelen. Hij ging er rustig van uit dat Jahweh, en niet Mardoek of Baäl, de grote mythische daden had verricht waardoor de aarde was ontstaan. Voor het eerst kregen de Israëlieten serieus belangstelling voor Jahwehs rol in de schepping, misschien als gevolg van het hernieuwde contact met de kosmologische mythen van Babylon. Het ging hun uiteraard niet om een wetenschappelijke verhandeling over de fysieke oorsprong van het heelal, maar om vertroosting in de harde wereld van het heden. Als Jahweh in de oertijd de monsters van de chaos had weten te verslaan, zou het Hem ongetwijfeld geen enkele moeite kosten om nu de verbannen Israëlieten te verlossen. Deutero-Jesaja, die de overeenkomst zag tussen de uittochtmythe en de heidense verhalen van de overwinning over de waterige chaos aan het begin der tijden, spoorde zijn volk aan om vol vertrouwen uit te zien naar een nieuw blijk van goddelijke macht. In de volgende versregels bijvoorbeeld verwijst hij naar de overwinning van Baäl over Lotan, het zeemonster van de Kanaänitische scheppingsmythologie, het monster dat ook wel Rahab, de krokodil (*tanniem*) en de Grote Diepte (*tehōm*) wordt genoemd:

> Waak op, waak op, bekleed u met sterkte, gij arm des HEREN!
> Waak op als in de dagen van ouds,
>   van de geslachten in de voortijd!
> Zijt gij het niet, die Rahab neergehouwen, de zeedraak [tanniem]
>   doorboord hebt?
> Zijt gij het niet, die de zee hebt drooggelegd, de wateren van de
>   grote diepte [tehōm];
> die de diepte der zee hebt gemaakt tot een weg,
>   een doortocht voor verlosten?[57]

Eindelijk had Jahweh, in de religieuze verbeelding van Israël, zijn rivalen geabsorbeerd; tijdens de ballingschap hadden de verlokkingen van het heidendom hun aantrekkingskracht verloren en was het religieuze jodendom geboren. In een tijd waarin redelijkerwijs zou kunnen worden verwacht dat de jahwistische cultus ten onder zou gaan, werd Jahweh juist het middel dat de mensen in staat stelde om onder de onmogelijkste omstandigheden nog hoop te koesteren.

Jahweh was dus de eerste en enige God geworden. Er werd niet geprobeerd zijn aanspraak filosofisch te onderbouwen. Zoals altijd was de nieuwe theologie niet zozeer succesvol omdat ze met de rede kon worden bewezen, als wel omdat ze in staat was om wanhoop effectief verdrijven en de mensen hoop te geven. Omdat de joden van huis en haard waren verdreven, vonden ze de discontinuïteit van de jahwistische cultus niet meer vreemd en verontrustend. Die sloot nu volkomen bij hun situatie aan.

Toch zette Deutero-Jesaja allerminst een knus beeld van God neer. Hij bleef voor de menselijke geest onbevattelijk:

> Want mijn gedachten zijn niet uw gedachten,
> en uw wegen niet mijn wegen,
> zo luidt de godsspraak van Jahweh,
> want zoals de hemel hoger is dan de aarde,
> zo gaan ook mijn wegen uw wegen te boven,
> en mijn gedachten uw gedachten.[58]

De werkelijkheid van God kon niet in woorden en concepten worden uitgedrukt. Evenmin zou Jahweh altijd doen wat zijn volk van Hem verwachtte. In een heel gedurfde passage, die vooral in deze tijd tot nadenken stemt, kijkt de profeet vooruit naar de dag dat ook Egypte en Assyrië, naast Israël, tot het volk van Jahweh zouden behoren. Jahweh zou zeggen: 'Gezegend zijn Egypte, mijn volk, Assur, het werk van mijn handen, en Israël, mijn erfbezit.'[59] Hij was het symbool geworden van de transcendente werkelijkheid die elk idee van een exclusieve uitverkiezing reduceerde tot een bekrompen en onhoudbaar concept.

Toen Kores (Cyrus), de koning van Perzië, het Babylonische rijk in 539 v.d.g.j. veroverde, zag het ernaar uit dat de profeten gelijk hadden gekregen. Kores legde de Perzische goden niet aan zijn nieuwe onderdanen op, maar bad in de tempel van Mardoek toen hij Babylon zegevierend binnentrok. Hij liet ook de godenbeelden van de volkeren die door de Babyloniërs waren overwonnen, in hun oorspronkelijke tempels terugzetten. Nu de wereld eraan gewend was geraakt in reusachtige internationale rijken te leven, hoefde Kores waarschijnlijk niet meer zijn toevlucht te nemen tot de oude deportatiepolitiek. De last van zijn bestuur zou minder zwaar wegen als de onderworpen volkeren hun eigen goden in hun eigen territoria mochten aanbidden. In het hele rijk stimuleerde hij het herstel van oude tempels en hij betoogde herhaaldelijk dat die taak hem door hun goden was opgedragen. Hij was een voorbeeld van de tolerantie en visie die kenmerkend waren voor sommige heidense religies. In 538 vaardigde Kores een edict uit waarbij het de joden werd toegestaan naar Juda terug te keren en hun eigen tempel te herbouwen. De meesten verkozen echter te blijven; vandaar dat alleen een minderheid in het Beloofde Land zou wonen. De Bijbel vertelt ons dat 42.360 joden uit Babylon en Tel Aviv vertrokken en de terugtocht aanvaardden, en daar aangekomen legden ze hun verbijsterde broeders die achtergebleven waren, hun nieuwe jodendom op.

Uit de geschriften van de priesterlijke traditie (P) die na de verbanning werden geschreven en in de Pentateuch ingevoegd, kunnen we afleiden wat dit nieuwe jodendom precies inhield. Het gaf een eigen interpretatie aan de gebeurtenissen die J en E hadden beschreven en voegde er twee nieuwe boeken aan toe, Numeri en Leviticus. Zoals te verwachten was had P een verheven en erudiete godsvoorstelling. Hij geloofde bijvoorbeeld niet dat iemand God echt kon *zien* op de manier die J had gesuggereerd. Hij deelde veel opvattingen met Ezechiël; zo verklaarde hij dat er een onderscheid moest worden gemaakt tussen de menselijke perceptie van God en de werkelijkheid zelf. In P's verhaal van Mozes op de berg Sinaï vraagt Mozes aan Jahweh of hij een visioen van Hem mag zien, maar Hij antwoordt: 'Mijn gelaat kunt gij niet zien, want geen mens kan mijn gelaat zien en in leven blijven.'[60] Mozes moet zich daarom in een rotsspleet verschansen tegen de inwerking van de goddelijke verschijning en daar zal hij een glimp van Jahweh opvangen op het moment dat Hij langstrekt, een soort blik achteraf. P had hiermee een gedachte geïntroduceerd die in de geschiedenis van God uiterst belangrijk zou worden. Mensen kunnen alleen een naglans van de goddelijke tegenwoordigheid zien; hij noemde die de 'heerlijkheid van Jahweh' [*kawod*], een manifestatie van zijn tegenwoordigheid die niet mag worden verward met God zelf.[61] Toen Mozes van de berg afdaalde had die 'heerlijkheid' van zijn gezicht gestraald en het licht was zo ondraaglijk fel geweest dat de Israëlieten niet naar hem konden opkijken.[62]

De 'heerlijkheid' van Jahweh was het symbool van zijn tegenwoordigheid op aarde, en als zodanig onderstreepte ze het verschil tussen de beperkte beelden van God die mensen hadden gecreëerd en de heiligheid van God zelf. Ze vormde dus een tegenwicht voor het idolatrische karakter van de Israëlitische religie. Toen P op de oude verhalen van de uittocht terugkeek, kon hij zich niet voorstellen dat Jahweh de Israëlieten tijdens hun omzwervingen in eigen persoon had begeleid; dat zou ongepast antropomorf zijn. Om die reden noteert hij dat niet Jahweh maar diens 'heerlijkheid' de tent vult waar Hij met Mozes samenkomt. En het zou ook alleen de 'heerlijkheid van Jahweh' zijn die in de tempel zou wonen.[63]

P's beroemdste bijdrage aan de Pentateuch was uiteraard zijn beschrijving van de schepping die in het eerste hoofdstuk van Genesis staat en op het *Enoema Elisj* teruggaat. P begint met de wateren van de oerdiepte (tehōm, een verbastering van Tiamat) waaruit Jahweh de hemel en de aarde vormt. Er vond echter geen strijd met de goden plaats, of een gevecht met Jam, Lotan of Rahab. Alleen Jahweh was verantwoordelijk voor de schepping van alle dingen. Er was geen stapsgewijze emanatie van de werkelijkheid, maar Jahweh schiep orde door een moeiteloze wilsact. Uiteraard beschouwde P de wereld niet als iets goddelijks dat was samengesteld uit dezelfde materie als Jahweh. Integendeel, cruciaal voor P's theologie is het begrip 'scheiding': Jahweh schiep orde in de kosmos door scheiding aan te brengen tussen dag en nacht, water en land, licht en duisternis. Na elke fase zegende en heiligde Jahweh het geschapene en zei Hij dat het 'goed' was. In tegenstelling tot het Babylonische verhaal was de vorming van de mens het hoogtepunt van de schepping, geen komisch à propos. Al hebben mannen en vrouwen dan geen deel aan de goddelijke natuur, ze zijn in elk geval naar Gods beeld geschapen; ze moeten zijn scheppende opdrachten vervullen. Net als in het *Enoema Elisj* werden de zes scheppingsdagen gevolgd door een sabbatsrust op de zevende dag; in het Babylonische verhaal was dit de dag geweest waarop de grote vergadering bijeen was gekomen om de 'lotsbestemmingen te bepalen' en aan Mardoek de goddelijke titels te verlenen. In P stond de sabbat in symbolische tegenstelling tot de oerchaos die op de eerste dag het beeld had bepaald. De didactische toon en herhalingen doen vermoeden dat P's scheppingsverhaal, net als het *Enoema Elisj*, eveneens voor liturgische recitatie was bedoeld, met als oogmerk Jahwehs werken te verheerlijken en Hem als de Schepper en Israëls Heerser te kronen.[64]

Natuurlijk stond in P's jodendom de nieuwe tempel centraal. In het Midden-Oosten werd de tempel vaak gezien als een replica van de kosmos. Het bouwen van een tempel was een daad van *imitatio dei* en stelde de mens in staat om in de creativiteit van de goden zelf te delen. Tijdens de verbanning hadden veel joden troost gevonden bij de oude verhalen over de Ark des Verbonds, de draagbare tabernakel waarin God te midden van zijn volk 'in een tent woonde' (*sjachan*) en hun ontheemding met hen deelde. Bij zijn beschrijving van de bouw van het heiligdom, de tent van samenkomst in de woestijn, maakte P gebruik van het oude mythologische corpus. Het architectonische ontwerp van het heiligdom was niet origineel, maar was een kopie van het goddelijke model. Jahweh geeft Mozes op de berg Sinaï een lange en gedetailleerde instructie: 'Dan kunnen zij voor Mij een heiligdom bouwen en zal Ik in hun midden wonen. Bij de woning en de hele inventaris moet gij u zorgvuldig houden aan het model dat Ik u zal tonen.'[65] Het lange verslag van de bouw van dit heiligdom is duidelijk niet bedoeld om letterlijk te worden opgevat; niemand geloofde werkelijk dat de oude Israëlieten zo'n zorgvuldig afgewerkte schrijn hadden gemaakt, van 'goud, zilver en brons, paarse, karmijnrode en scharlaken wol, linnen, kleden van geitehaar, gelooide ramsvellen, fijn leer en accaciahout...', enzovoort, enzovoort.[66] Deze wijdlopige tussenvoeging doet erg denken aan P's scheppingsverhaal. Bij elke fase van de bouw 'zag Mozes al het werk' en 'zegende' hij de mensen, net zoals Jahweh had gedaan op de zes dagen van de schepping. Het heiligdom wordt opgezet op de eerste dag van de eerste maand van het jaar; Besaleël, de architect van de schrijn, ontvangt zijn inspiratie van de Geest Gods (*roeach elohiem*), dezelfde die ook boven de schepping van de wereld had gezweefd; en beide verhalen onderstrepen het belang van de sabbatsrust.[67] Het bouwen van de tempel is ook symbolisch voor de harmonie die er oorspronkelijk was geweest voordat het mensdom de wereld had verwoest.

In Deuteronomium was de sabbat bedoeld geweest om iedereen, slaven inbegrepen, een dag rust te geven en de Israëlieten aan de uittocht te herinneren.[68] P heeft de sabbat een nieuwe inhoud gegeven: hij wordt een daad van navolging Gods en een gedenking van zijn wereldschepping. Wanneer joden zich aan de sabbatsrust hielden, namen ze deel aan een ritueel dat God oorspronkelijk in zijn eentje had verricht; het was een symbolische poging om deel te hebben aan het goddelijke leven zelf. In het oude heidendom was elke handeling van de mens een navolging van de goddelijke daden geweest, maar de jahwistische cultus had aangetoond dat er een enorme kloof tussen de goddelijke en de menselijke wereld gaapte. Nu werden joden aangespoord om Jahweh dichter te naderen door zich aan de Tora van Mozes te houden. Deuteronomium had een aantal dwingende regels opgesomd, onder andere de Tien Geboden. Tijdens en direct na de verbanning waren deze regels in de Pentateuch nader uitgewerkt en in een complexe wetgeving ondergebracht. Daartoe behoorden onder meer de zogenaamde *mitswot*, de 613 geboden en verboden. Deze gedetailleerde voorschriften komen op een buitenstaander vrij ontmoedigend over en zijn door de nieuwtestamentische polemiek in een uiterst negatief daglicht gesteld. Joden vonden ze echter volstrekt niet zo'n zware last als christenen zouden denken, maar waren juist van mening dat ze een symbolische manier waren om in de tegenwoordigheid Gods te leven. Zo waren de spijswetten in Deuteronomium een teken van Israëls speciale status geweest.[69] Ook P beschouwde ze als een geritualiseerde poging om deel te hebben aan de heilige andersheid van God en om de pijnlijke scheiding tussen de mens en het goddelijke op te heffen. De menselijke natuur kon worden geheiligd wanneer Israëlieten Gods scheppend handelen navolgden en melk en vlees, rein en onrein, en de sabbat van de rest van de week scheidden.

De werken die in de priesterlijke traditie waren geschreven, werden in de Pentateuch opgenomen, naast de verhalen van J en E en de Deuteronomist. Dit leert ons dat we niet uit het oog mogen verliezen dat elke grote godsdienst een aantal onafhankelijke opvattingen en spiritualiteiten kent. Sommige joden zouden zich altijd meer aangetrokken voelen tot de deuteronomistische God die Israël had uitverkoren tot een volk dat zich agressief van de gojiem moest distantiëren; anderen breidden deze uitverkiezing uit tot de messiaanse mythen waarin werd vooruitgekeken naar de Dag van Jahweh aan het eind der tijden wanneer Hij Israël zou verheffen en de andere naties vernederen. In deze mythologische verhalen werd God veelal als een ver wezen beschouwd. Men was het er stilzwijgend over eens geworden dat na de verbanning het tijdperk van de profeten was afgelopen. Er zou geen rechtstreeks contact meer met God zijn; contact kon alleen nog maar plaatsvinden in de symbolische visioenen die toegeschreven werden aan grote figuren uit het verre verleden, zoals Henoch en Daniël.

Een van die oude helden, die in Babylon werd beschouwd als het bewonderenswaardige voorbeeld van geduldig gedragen lijden, was Job. Na de verbanning greep een van de overlevenden deze oude legende aan om wezenlijke vragen over de natuur van God en zijn verantwoordelijkheid voor het menselijk lijden te stellen. In het oorspronkelijke verhaal was Job door God op de proef gesteld; aangezien hij zijn onverdiende lijden geduldig had gedragen had God hem beloond door hem in zijn vroegere rijkdom te herstellen. In de nieuwe versie van het Jobsverhaal hakt de auteur de oude legende in tweeën en laat hij Job woedend tegen Gods optreden uitvaren. Samen met de drie vrienden die hem komen troosten, waagt Job het een vraagteken achter de goddelijke decreten te zetten en gaat hij een fel intellectueel debat aan. Voor het eerst in de geschiedenis van het joodse geloof had de religieuze verbeelding zich uitgestrekt tot speculaties van abstracte aard. De profeten hadden altijd betoogd dat God had ingestemd met het lijden van Israël, omdat het zondigde; de auteur van Job toont aan dat dit traditionele antwoord sommige Israëlieten niet langer kon bevredigen. Job valt de oude visie aan en legt de intellectuele tekortkomingen ervan bloot, maar dan worden zijn furieuze speculaties opeens door God onderbroken. Hij openbaart zich aan Job in een visioen en wijst op de wonderen van de wereld die Hij heeft geschapen; waar haalt een miezerig mannetje als Job de moed vandaan om met de transcendente God te redetwisten? Job geeft zich gewonnen, maar een moderne lezer die naar een coherenter en filosofischer antwoord op het lijdensvraagstuk zoekt, zal deze oplossing niet bevredigend vinden. De auteur van Job betwist het recht van het stellen van vragen echter niet, maar laat doorschemeren dat het verstand in zijn eentje er niet voor is toegerust deze imponderabilia te bevatten. Intellectuele speculaties moeten het afleggen tegen een directe openbaring van God, zoals de profeten die hadden ontvangen.

De joden waren in deze tijd nog niet zover dat ze zich met wijsbegeerte zouden inlaten, maar in de vierde eeuw kwamen ze onder invloed van het Griekse rationalisme. In 332 v.d.g.j. versloeg Alexander de Grote Darius III van Perzië en begonnen de Grieken aan de kolonisatie van Azië en Afrika. Ze stichtten stadstaten in Tyrus, Sidon, Gaza, Philadelphia (Ammon), Tripolis en zelfs Sichem. De joden van Palestina en de diaspora werden omringd door een hellenistische cultuur die sommigen verontrustend vonden; anderen raakten echter enthousiast over de Griekse toneelkunst, sporten en poëzie. Ze leerden Grieks, oefenden in het gymnasium en namen Griekse namen aan. Sommigen vochten als huurling in de Griekse legers. Ze vertaalden zelfs hun heilige geschriften in het Grieks en produceerden zo de bijbelversie die de Septuaginta wordt genoemd. Op deze manier maakten de Grieken kennis met de God van Israël en ze besloten om naast Zeus en Dionysus ook Jahweh (of Iao, zoals ze Hem noemden) te aanbidden. Sommigen voelden zich aangetrokken tot de zogenoemde synagogen of huizen van samenkomst die de joden van de diaspora hadden gesticht ter vervanging van de diensten in de tempel. Daar lazen ze hun heilige geschriften, zeiden hun gebeden en luisterden naar de preken. De synagoge leek in geen enkel opzicht op de gebedsplaatsen in de rest van de antieke, religieuze wereld. Aangezien riten en offers ontbraken, moet ze eerder op een filosofenschool hebben geleken en velen stroomden naar de synagoge wanneer een bekende joodse prediker in de stad was, zoals ze ook in de rij zouden staan om naar hun eigen filosofen te luisteren. Sommige Grieken hielden zich zelfs aan bepaalde geselecteerde passages uit de Tora en sloten zich samen met joden bij syncretistische sekten aan. In de vierde eeuw v.d.g.j. kwam het hier en daar wel voor dat joden en Grieken Jahweh met een van de Griekse goden combineerden.

De meeste joden hielden zich echter afzijdig en de spanning tussen joden en Grieken in de hellenistische steden in het Midden-Oosten steeg. In de antieke wereld was religie geen privé-aangelegenheid. De goden waren voor de stad heel belangrijk en men geloofde dat ze hun patronaat zouden intrekken als de mensen hun culten verwaarloosden. Joden, die beweerden dat die goden niet bestonden, werden 'atheïsten' en vijanden van de staat genoemd. Tegen de tweede eeuw v.d.g.j. zat deze wederzijdse vijandigheid er al diep in: zo was er in Palestina zelfs een opstand uitgebroken toen Antiochus Epiphanes, de Seleucidische gouverneur, had geprobeerd Jeruzalem te helleniseren en de cultus van Zeus in de tempel in te voeren. Inmiddels hadden joden een begin gemaakt met een eigen literatuur en daarin werd betoogd dat onder 'wijsheid' niet Griekse schranderheid moest worden verstaan, maar de vrees des Heren. Deze zogeheten wijsheidsliteratuur was in het Midden-Oosten een wijdverbreid genre; ze probeerde naar de zin van het leven te speuren, niet door filosofische overpeinzing maar door zich af te vragen wat de beste leefwijze was; vaak was ze zeer pragmatisch. De auteur van het bijbelboek Spreuken, die dit werk in de derde eeuw v.d.g.j. schreef, ging een stap verder en suggereerde dat de Wijsheid het grondplan van God was dat Hij had opgesteld toen Hij de wereld schiep, en als zodanig was ze zijn eerste schepsel. Zoals we in hoofdstuk 4 zullen zien zou dit voor de eerste christenen een uiterst belangrijke gedachte worden. De auteur personifieert de Wijsheid, zodat ze een zelfstandig persoon lijkt:

> Jahweh schiep mij aan het begin van zijn wegen,
> nog vóór zijn werken, van oudsher.
> Van eeuwigheid ben ik gevormd,
> vanaf het begin, voordat de aarde ontstond (...)

toen Hij de grondvesten der aarde bouwde.
Ik was bij hem als uitvoerster,
ik was zijn vreugde, dag in dag uit
mij verheugend voor zijn aanschijn, altijd door,
en mijn vreugde vindend bij de mensen.[70]

De Wijsheid was evenwel geen goddelijk wezen, maar wordt nadrukkelijk een schepping Gods genoemd. Ze lijkt op de 'heerlijkheid' van God die de priesterlijke auteurs hadden beschreven en ze representeert Gods plan waar de mensen een glimp van konden opvangen in de schepping en het menselijk bedrijf; in de voorstelling van de auteur trekt de Wijsheid (*chochma*) door de straten en roept de mensen op om Jahweh te vrezen. In de tweede eeuw v.d.g.j. schetste Jezus ben Sirach, een vrome jood uit Jeruzalem, een soortgelijk beeld van de Wijsheid. Hij laat haar in de goddelijke vergadering het woord voeren en haar lof bezingen: ze was voortgekomen uit de mond van de Allerhoogste, als het goddelijke Woord waarmee Hij de wereld had geschapen; ze is overal in de schepping aanwezig, maar heeft onder het volk Israël een vaste woonplaats gekozen.[71]

Net als de 'heerlijkheid' van Jahweh was de figuur van de Wijsheid een symbool van Gods werkingen op aarde. Joden begonnen zich zo'n verheven notie van Jahweh te vormen, dat het voor hen moeilijk was voor te stellen dat Hij rechtstreeks in het menselijk bedrijf ingreep. Net als P maakten ze liever een onderscheid tussen de God die ze konden kennen en ervaren en de goddelijke werkelijkheid zelf. Wanneer we lezen over de goddelijke Wijsheid die Jahweh verlaat en de wereld intrekt om de mens te zoeken, moeten we onwillekeurig denken aan heidense godinnen als Isjtar, Anat en Isis die eveneens uit de goddelijke wereld neerdaalden om de mens te verlossen. Omstreeks 50 v.d.g.j. kreeg in Alexandrië de wijsheidsliteratuur een polemische ondertoon. In het apocriefe bijbelboek Wijsheid waarschuwde een jood uit Alexandrië, waar een belangrijke joodse gemeenschap woonde, dat de mensen de verleidingen van de omringende hellenistische cultuur moesten weerstaan en trouw moesten blijven aan hun eigen tradities; niet Griekse filosofie was ware wijsheid, maar de vrees des Heren. Ook deze man, die in het Grieks schreef, personifieerde de Wijsheid (*Sophia*) en betoogde dat ze niet van de joodse God kon worden gescheiden:

Want zij [Sophia] is de ademtocht van Gods kracht
en de pure afstraling van de heerlijkheid van de Almachtige;
daarom wordt ze niet aangetast
door iets dat bezoedeld is.
Zij is de afglans van het eeuwige licht,
de onbeslagen spiegel van Gods werkzaamheid
en het beeld van zijn goedheid.[72]

Ook dit zou voor christenen een uiterst belangrijke passage zijn toen ze zich voor het eerst over de status van Jezus bogen. De joodse schrijver zag Sophia echter gewoon als een aspect van de onkenbare God die zich heeft aangepast aan het menselijke bevattingsvermogen. Ze is God-zoals-Hij-zich-aan-de-mens-heeft-geopenbaard, de menselijke perceptie van God die mysterieus anders was dan zijn volle werkelijkheid; die zou ons bevattingsvermogen altijd te boven gaan.

De auteur van het boek Wijsheid had inderdaad gelijk toen hij zei dat het Griekse denken en de joodse religie met elkaar op gespannen voet stonden. We hebben al gezien dat er een cruciaal en misschien onoverbrugbaar verschil bestaat tussen de god van Aristoteles, die zich nauwelijks bewust is van de wereld die hij heeft geschapen, en de God van de Bijbel, die hartstochtelijk bij het menselijk bedrijf is betrokken. De Griekse god kon via de menselijke rede worden ontdekt, terwijl de God van de Bijbel zichzelf alleen maar via de openbaring kenbaar maakte. Jahweh en de wereld werden door een kloof van elkaar gescheiden, terwijl de Grieken juist meenden dat de mens door de gave van de rede aan god verwant was; de mens kon hem daarom op eigen kracht bereiken. Maar toch probeerden monotheïsten elke keer wanneer ze de Griekse wijsbegeerte in hun hart sloten, haar god steevast aan de hunne aan te passen. Dit zal een van de hoofdthema's van ons verhaal worden.

Een van de eersten die deze poging waagden was de eminente joodse filosoof Philo van Alexandrië (circa 30 v.d.g.j.-45 n.d.g.j.). Philo was een platonist die een grote reputatie als oorspronkelijk, rationalistisch denker genoot. Hij schreef prachtig Grieks en was, hoewel hij geen Hebreeuws kende, een vrome jood die zich aan de mitswot hield. Hij zag geen onverenigbaarheid tussen zijn God en de god van de Grieken, al moet worden gezegd dat Philo's God een heel andere lijkt te zijn dan Jahweh. Zo scheen Philo nogal in zijn maag te zitten met de historische bijbelboeken en trachtte hij ze als uitgebreide allegorieën te zien; de lezer zal zich herinneren dat Aristoteles geschiedschrijving niet filosofisch had gevonden. Zijn god heeft geen menselijke trekken; het is bijvoorbeeld volkomen onjuist om te zeggen dat Hij 'boos' is. Het enige wat we van God kunnen weten is dat Hij bestaat. Maar aan de andere kant geloofde Philo als praktizerend jood wel dat God zich aan de profeten had geopenbaard. Hoe was dat met elkaar te rijmen?

Om dat probleem te verklaren maakte Philo een belangrijk onderscheid tussen Gods wezenheid (*ousia*), dat volstrekt onbegrijpelijk is, en zijn werkingen op aarde, die hij Gods 'krachten' (*dunameis*) of 'energieën' (*energeiai*) noemt. In principe leek dit op de oplossing van P en de wijsheidsschrijvers: we kunnen God nooit kennen zoals Hij bij zichzelf is. Philo laat Hem tegen Mozes zeggen: 'Het kennen van mij past niet bij de natuur van de mens, ja zelfs de gehele hemel en de kosmos zijn niet in staat mij te bevatten.'[73] Om zich aan onze beperkte intelligentie aan te passen communiceert God via zijn 'krachten' met ons; ze zijn kennelijk equivalent aan Plato's goddelijke vormen, al is Philo hier niet altijd consistent in. Deze krachten zijn de hoogste werkelijkheden die de menselijke geest kan bevatten. Philo ziet ze als emanaties uit God, min of meer op dezelfde manier als waarop Plato en Aristoteles de kosmos als een eeuwige emanatie uit de Eerste Oorzaak hadden gezien. Vooral twee van deze krachten waren belangrijk. Philo noemde ze de koninklijke kracht, de kracht die God in de kosmische orde openbaart, en de scheppende kracht, de kracht waarmee God zichzelf openbaart in de zegeningen die Hij de mensen schenkt. Geen van deze krachten mag worden aangezien voor de wezenheid van de godheid (ousia) dat in ondoordringbare geheimenis gehuld blijft. Ze stellen ons simpelweg in staat een glimp op te vangen van een werkelijkheid aan gene zijde van wat we kunnen begrijpen. Soms zegt Philo dat Gods wezenheid (ousia) als in een soort drieëenheid wordt geflankeerd door de koninklijke en de scheppende kracht. Zo verklaart hij in zijn interpretatie van het bezoek dat Jahweh en de twee engelen bij Mamre aan Abraham brachten, dat dit een allegorische presentatie is van Gods ousia (Hij die Is) met zijn twee hoofdkrachten.[74]

J zou hier verbijsterd op hebben gereageerd; de joden hebben Philo's godsvoorstelling dan ook nooit echt authentiek joods gevonden. De christenen daarentegen zouden zijn denken als bijzonder nuttig beschouwen en de Grieks-orthodoxe Kerk zou, zoals we later zullen zien, zijn onderscheid tussen Gods onkenbare 'wezenheid' en de 'energieën' die Hem voor ons kenbaar maken, met beide handen aangrijpen. Ook zijn theorie van de goddelijke Logos zou grote invloed op hen hebben. Net als de wijsheidsschrijvers stelde Philo zich voor dat God een grondplan (*logos*) van de schepping had gemaakt, corresponderend met Plato's rijk van de vormen; deze vormen werden in het fysieke universum geïncarneerd. Ook nu weer is Philo niet altijd consistent. De ene keer suggereert hij dat de Logos een van de krachten is; op andere momenten lijkt hij te menen dat de Logos hoger staat dan de krachten, dat hij de hoogste idee van God is die de mens kan bereiken. Door schouwing van de Logos verkrijgen we echter geen concrete godskennis; we worden veeleer meegevoerd naar een intuïtief begrijpen dat buiten bereik van de discursieve rede ligt en 'verhevener [is] dan een mening en meer waard dan elk menen'.[75] Het was een activiteit die op Plato's schouwen (*theoria*) leek. Philo zei uitdrukkelijk dat we God, zoals Hij bij zichzelf is, nooit zullen bereiken; de hoogste waarheid waar we toe kunnen komen is de erkenning dat God volkomen boven de menselijke geest uitstijgt.

Toch is de situatie minder somber dan ze lijkt. Philo beschreef een geestdriftige, blijde tocht naar het onbekende die hem bevrijding bracht en scheppende energie gaf. Net als Plato zag hij de ziel als een balling, een gevangene in de fysieke wereld van de materie. Ze moet opstijgen naar God, haar ware huis, met achterlating van de hartstocht, de zintuigen en zelfs de taal, want deze binden ons aan de onvolmaakte wereld. Ten slotte zal ze dan een extase bereiken die haar over de trieste beperkingen van de eigen persoon heen tilt en haar meevoert naar een weidsere, rijkere werkelijkheid. We hebben al eerder gezien dat in de voorstelling van God de verbeelding vaak een belangrijke rol speelde. Profeten hadden zich in hun spirituele ervaring verdiept en waren tot de slotsom gekomen dat ze kon worden toegeschreven aan het wezen dat ze God noemden. Philo laat zien dat religieuze schouwing veel gemeen heeft met andere vormen van creativiteit. Er waren momenten, zegt hij, dat hij verbeten met zijn boeken worstelde en geen stap verder kwam, maar soms voelde hij zich door het goddelijke bezeten:

> Ik (...) werd plotseling vol van gedachten die als sneeuw neerdwarrelden en, onzichtbaar, van boven af gezaaid werden, zodat ik, door God bezeten, in Corybantische vervoering raakte, en me van alles onbewust werd, van de plaats, de aanwezigen, mijzelf en wat werd gezegd en geschreven. Ik kreeg immers een idee om mijn gedachten uit te drukken, een genieten van licht, een haarscherp gezicht en een zeer duidelijke voorstelling van zaken, zoals die door de ogen waargenomen wordt op grond van een zeer duidelijk tonen.[76]

Het duurde echter niet lang of het zou voor joden onmogelijk worden om zo in de Griekse wereld op te gaan. In het jaar dat Philo stierf vonden in Alexandrië pogroms tegen de joodse gemeenschap plaats en heerste alom de vrees dat de joden in opstand zouden komen. Toen de Romeinen in de eerste eeuw v.d.g.j. hun imperium in Noord-Afrika en het Midden-Oosten hadden gevestigd, waren ze voor de Griekse cultuur gezwicht en hadden ze hun eigen voorvaderlijke goden met het Griekse pantheon gecombineerd en geestdriftig de Griekse wijsbegeerte geadopteerd. De Griekse vijandigheid jegens de joden hadden ze evenwel niet overgenomen. Integendeel, vaak gaven ze de voorkeur aan de joden boven de Grieken en ze beschouwden hen als nuttige bondgenoten in de Griekse steden waar men latent vijandig tegenover Rome stond. Joden kregen volledige godsdienstvrijheid; het feit dat hun religie heel oud was, dwong respect af. De betrekkingen tussen joden en Romeinen waren doorgaans goed, zelfs in Palestina, waar men zich niet gemakkelijk bij een vreemde overheersing neerlegde. Omstreeks het begin van de eerste eeuw had het jodendom zich een heel sterke positie in het Romeinse rijk verworven. Een tiende deel van het hele rijk was joods; in het

Alexandrië van Philo bestond de bevolking voor veertig procent uit joden. Mensen in het Romeinse rijk waren op zoek naar nieuwe religieuze oplossingen; monotheïstische idealen stonden op doorbreken en plaatselijke goden werden meer en meer beschouwd als louter manifestaties van een allesomvattende god. De Romeinen voelden zich aangetrokken tot het hoge morele karakter van het jodendom. Degenen die, begrijpelijk, aarzelend tegenover een besnijdenis stonden, maar zich wel aan de hele Tora hielden, werden vaak sympathiserend lid van een synagoge en kregen de naam 'Godvrezenden'. Hun aantal groeide; de gedachte is zelfs geopperd dat een van de Flavische keizers zich tot het jodendom zou hebben bekeerd, zoals Constantijn zich later tot het christendom zou bekeren. In Palestina echter verzette een groep politieke zeloten zich fel tegen de Romeinse overheersing. In 66 n.d.g.j. kwamen ze tegen Rome in opstand en wisten ze het Romeinse leger vier jaar op een afstand te houden, wat een ongelooflijke prestatie was. De autoriteiten vreesden dat de opstand zich naar de joden in de diaspora zou uitbreiden en sloegen hem genadeloos neer. In 70 n.d.g.j. veroverde het leger van de nieuwe keizer Vespasianus ten slotte Jeruzalem, legde de tempel in de as en maakte er onder de naam Aelia Capitolina een Romeinse stad van. Opnieuw werden de joden gedwongen in ballingschap te gaan.

Het verlies van de tempel die de inspiratiebron van het nieuwe jodendom was geweest, was een diepbetreurde gebeurtenis, maar achteraf gezien lijken de joden van Palestina, die vaak conservatiever waren dan de gehelleniseerde joden in de diaspora, zich al op de ramp te hebben voorbereid. In het Heilige Land waren allerlei sekten opgekomen die zich op verschillende manieren van de tempel van Jeruzalem hadden losgemaakt. De Essenen en de sekte van Qumran geloofden dat de tempel omkoopbaar en corrupt was geworden; ze hadden zich uit de wereld teruggetrokken en leefden in afgescheiden gemeenschappen, zoals de op monachale leest geschoeide gemeenschap bij de Dode Zee. Ze geloofden dat ze zo een nieuwe tempel bouwden, maar niet met mensenhanden. Hun tempel zou een tempel van de geest zijn; in plaats van de oude dierenoffers te brengen reinigden ze zich met rituele baden en zochten ze vergeving van hun zonden via een doopceremonie en gemeenschappelijke maaltijden. God zou in een liefderijke, broederlijke gemeenschap leven, niet in een stenen tempel.

De sekte die de Esseense weg te elitair vond en vooral de progressiefste joden van Palestina aansprak, was die van de Farizeeën. In het Nieuwe Testament worden de Farizeeën voor 'witgekalkte graven' uitgemaakt en als schaamteloze hypocrieten afgeschilderd, maar die verdraaiingen zijn te wijten aan de polemiek die in de eerste eeuw woedde. De Farizeeën waren diepgelovige, spirituele joden. Ze geloofden dat heel Israël was geroepen een heilige natie van priesters te worden. God kon zowel in het nederigste huis als in de tempel tegenwoordig zijn. Vandaar dat ze op dezelfde manier leefden als de officiële priesterkaste en thuis de speciale reinigingswetten in acht namen die alleen voor de tempel golden. Ze wilden hun maaltijden uitsluitend in rituele reinheid gebruiken, want ze geloofden dat de tafel van elke jood een altaar van God in de tempel was. Ze trachtten zich ervan bewust te zijn dat God tot in het kleinste detail van het alledaagse leven tegenwoordig was. Joden konden zich nu rechtstreeks tot Hem wenden, zonder de tussenkomst van een priester en een uitgebreid ritueel. Ze konden voor hun zonden boeten door hun naasten goedertierenheid te bewijzen; liefdadigheid was de belangrijkste *mitswa* in de Tora; wanneer twee of drie joden de Tora bestudeerden, zat God tussen hen in. In de beginjaren van de eerste eeuw waren er twee rivaliserende farizeese leerscholen ontstaan; de ene stond onder leiding van Sjammai de Oudere en was de striktste, en de andere, onder leiding van de befaamde rabbi Hillel de Oudere, werd verreweg de populairste. Het verhaal gaat dat Hillel eens door een heiden werd benaderd met de mededeling dat hij genegen was zich tot het jodendom te bekeren als de Meester, staande op één been, de hele Tora voor hem kon reciteren. Hillel antwoordde: 'Je moet de ander niet aandoen wat je niet wilt dat men jou aandoet. Dit is de kern van de Tora. De rest is commentaar. Ga heen en leer dat.'[77]

Omstreeks het rampjaar 70 waren de Farizeeën de belangrijkste en meest gerespecteerde sekte van het Palestijnse jodendom geworden; ze hadden hun volk inmiddels laten zien dat het, om God te dienen, geen tempel nodig had, zoals uit het volgende beroemde verhaal blijkt:

> Op een keer, toen rabbi Jochanan ben Zakkai uit Jeruzalem kwam, volgde hem rabbi Josjoea en hij aanschouwde de ruïnes van de tempel. 'Wee ons!' zei rabbi Josjoea, 'want deze plaats waar voor de zonden van Israël boete werd gedaan, is met de grond gelijk gemaakt!'
> 'Mijn zoon,' zei rabbi Jochanan, 'wees niet bedroefd. We hebben een andere boetedoening die net zo goed is. Welke dat is? Goedertierenheid; want er is gezegd: "Ik verlang barmhartigheid, geen offers." '[78]

Het verhaal gaat dat rabbi Jochanan na de verovering van Jeruzalem in een doodkist uit de brandende stad werd gesmokkeld. Hij was tegen de joodse opstand gekant geweest, want hij vond dat de joden beter af zouden zijn als ze geen staat hadden. De Romeinen gaven hem toestemming om in Javne, ten westen van Jeruzalem, een farizeese gemeenschap met een eigen bestuur te stichten. Soortgelijke gemeenschappen ontstonden ook in andere delen van Palestina en in Babylonië en ze hielden nauw contact met elkaar. Deze gemeenschappen brachten de zogeheten *tanna'iem* voort, generaties van geleerden zoals de rabbijnse beroemdheden rabbi Jochanan zelf, rabbi

Akiwa de mysticus en rabbi Jisma'eel; ze waren de samenstellers van de Misjna, de schriftelijke vastlegging van de mondeling doorgegeven interpretaties en verklaringen van de Mozaïsche wetten. In de loop van de daaropvolgende generaties voorzag een nieuwe groep geleerden, de *amora'iem*, de Misjna van hun opmerkingen en commentaren, en deze totaalverzameling van Misjna en aanvullingen groeide ten slotte uit tot de Talmoed. In feite zijn er zo twee Talmoediem ontstaan, de Jeruzalemse die omstreeks het einde van de vierde eeuw werd afgesloten, en de Babylonische die meer gezag heeft en waarvan de afsluiting tegen het einde van de vijfde eeuw plaatsvond. Het proces bleef echter onverminderd doorgaan, want elke generatie geleerden becommentarieerde op haar beurt de Talmoed en de exegese van haar voorgangers. Deze legalistische tekstbeschouwing is minder droog dan veel buitenstaanders denken. Het is een eindeloze meditatie over het Woord van God, het nieuwe Heilige der Heiligen; elke exegetische laag stelde de muren en voorhoven van een nieuwe tempel voor waarin God te midden van zijn volk aanwezig was.

Jahweh was altijd een transcendente godheid geweest die de mensen van boven en van buiten bestuurde. De rabbijnen maakten Hem nu echter tot een god die immanent in elk mens en in het kleinste detail van het leven aanwezig was. Na het verlies van de tempel en de schokkende ervaring van een nieuwe ballingschap hadden de joden grote behoefte aan een god die in hun midden verkeerde. De rabbijnen stelden geen formele leerstukken over God op. Integendeel, ze ervoeren Hem als een bijna tastbare aanwezigheid en hun spiritualiteit wordt vaak beschreven als een toestand van 'normaal mysticisme'.[79] Al in de allervroegste passages van de Talmoed werd God in geheimzinnige natuurverschijnselen ervaren. De rabbijnen spraken over de Heilige Geest die boven de schepping en de bouw van de tabernakel had gezweefd en nu zijn tegenwoordigheid in een aanzwellende windvlaag of een loeiend vuur kenbaar maakte. Anderen hoorden Hem in het geklepel van een klok of een scherp getik. Zo was rabbi Jochanan eens verwikkeld geweest in een discussie over Ezechiëls visioen van de troonwagen toen een vuur uit de hemel neerdaalde en engelen om hem heen stonden; een stem uit de hemel bevestigde dat de rabbi een speciale missie namens God had te vervullen.[80]

Zo sterk was hun besef van Gods tegenwoordigheid dat officiële, objectieve leerstukken misplaatst geweest zouden zijn. De rabbijnen verklaarden vaak dat elke Israëliet die aan de voet van de berg Sinaï had gestaan, God op een andere manier had ervaren. God had zich als het ware aan elke persoon aangepast, 'overeenkomstig ieders bevattingsvermogen'.[81] Zo zei een rabbijn eens: 'God komt niet opdringerig tot de mens, maar in evenredigheid met ieders vermogen Hem te ontvangen.'[82] Dit was een zeer belangrijke rabbijnse opvatting, want het betekende dat God niet in een formule kon worden vastgelegd alsof Hij voor iedereen dezelfde was; Hij was een strikt persoonlijke ervaring. Elk individu zou de werkelijkheid van 'God' op een andere manier ervaren, in overeenstemming met zijn of haar aard. Elke profeet, zo zeiden de rabbijnen nadrukkelijk, had God anders ervaren, want zijn godsvoorstelling was door zijn persoonlijkheid bepaald. We zullen later zien dat andere monotheïsten een vrijwel soortgelijke gedachte zouden ontwikkelen. Tot op de dag van vandaag geldt in het jodendom dat theologische ideeën over God de persoon zelf aangaan en niet door de gevestigde orde worden opgedrongen.

Elk officieel leerstuk zou een inperking van het wezenlijke mysterie van God zijn. De rabbijnen wezen erop dat Hij volstrekt onbevattelijk was. Zelfs Mozes had niet tot het mysterie van God kunnen doordringen; en koning David had na lang onderzoek toegegeven dat het geen zin had te proberen Hem te begrijpen, omdat Hij te hoog boven de menselijke geest was verheven.[83] Het werd joden zelfs verboden zijn naam uit te spreken, als een krachtige herinnering aan het feit dat elke poging om Hem in woorden te vangen gedoemd was te mislukken; de goddelijke Naam werd als JHWH geschreven en bij het lezen van de Schrift niet uitgesproken. We konden Gods daden in de natuur bewonderen, maar, zo zei Rabbi Choena, daarmee vangen we slechts een oneindig kleine glimp van de hele werkelijkheid op: 'De mens kan de betekenis van donder, orkaan, storm, de ordening van het heelal, zijn eigen aard niet vatten; vanwaar dan zijn pretentie dat hij de wegen van de Koning aller Koningen kan begrijpen?'[84] De gedachte achter de hele godsidee was niet om pasklare oplossingen te vinden, maar om tot het besef te komen dat het leven een wonderbaarlijk mysterie was. De rabbijnen drukten de Israëlieten zelfs op het hart God niet al te veelvuldig in hun gebeden te prijzen, omdat hun woorden onherroepelijk te kort schoten.[85]

Hoe was dan de relatie tussen dit transcendente en onbevattelijke wezen en de wereld? De rabbijnen drukten hun gedachten hierover in een paradox uit: 'God is de plaats van de wereld, maar de wereld is niet zijn plaats.'[86] Je zou als het ware kunnen zeggen dat God de wereld omhulde en omsloot, maar er niet *in* woonde, zoals de wezens die slechts stervelingen waren. In een van hun andere favoriete beelden zeiden de rabbijnen dat God de wereld op dezelfde manier vulde als de ziel het lichaam: ze bezielt het, maar stijgt erbovenuit. Of ze zeiden dat God te vergelijken was met de berijder van een paard: hoewel de ruiter op het paard zit, verlaat hij zich op het dier, maar hij is er de baas over en heeft de teugels in handen. Het waren slechts beelden die niet anders dan ontoereikend konden zijn; het waren fantasievolle beschrijvingen van een ontzagwekkend, ondefinieerbaar 'iets' waarin we leven en ons voortbewegen en waaraan we ons bestaan danken. Wanneer de rabbijnen over Gods tegenwoordigheid op aarde spraken, zagen ze net als de bijbelauteurs er zorgvuldig op toe dat ze een onderscheid maakten tussen de sporen die God ons toestaat te zien en het grotere goddelijke mysterie dat ontoegankelijk is. Ze bedienen zich graag van beelden als 'de heerlijkheid [kawod]' van JHWH en 'de Heilige Geest', want die herinnerden ons er voortdurend aan dat de God die we ervaren niet dezelfde is als de wezenheid van de goddelijke werkelijkheid.

Een van hun favoriete synoniemen voor God was *Sjechina*, een woord dat is afgeleid van het Hebreeuwse *sjachan* dat 'verblijven bij' of 'in een tent wonen' betekent. Nu de tempel er niet meer was, werd met dit beeld van de God die de Israëlieten had begeleid tijdens hun omzwervingen door de woestijn, Gods toegankelijkheid bedoeld. Sommigen zeiden dat de Sjechina, die bij haar volk op aarde vertoefde, nog steeds op de Tempelberg woonde, ook al lag de tempel in puin. Andere rabbijnen betoogden dat de verwoesting van de tempel de Sjechina uit Jeruzalem had bevrijd en haar in staat had gesteld de rest van de wereld te bewonen.[87] Net als de goddelijke 'heerlijkheid' of de Heilige Geest werd de Sjechina niet gezien als een apart goddelijk wezen, maar als Gods tegenwoordigheid op aarde. De rabbijnen blikten terug op de geschiedenis van hun volk en zagen dat de Geest hen altijd had begeleid:

> Komt en ziet hoezeer God de Israëlieten liefheeft, want waar zij ook gingen, de Sjechina volgde hen, want er is gezegd: 'Ik heb Mij duidelijk geopenbaard aan het huis van uw vader, toen het in Egypte tot het hof van Farao behoorde.' In Babylon was de Sjechina bij hen, want er is gezegd: 'Omwille van u zend Ik iemand naar Babel.' En wanneer in de toekomst Israëls verlossing zal komen, zal de Sjechina bij hen zijn, want er is gezegd: 'Dan zal Jahweh uw God u in uw vroegere staat herstellen.' Dat wil zeggen, God zal met u uit uw gevangenschap terugkeren.[88]

De band tussen Israël en zijn God was zo hecht dat telkens wanneer Hij hen in het verleden had verlost, de Israëlieten tegen God hadden gezegd: 'U hebt uzélf verlost.'[89] Op hun eigen, kenmerkend joodse manier ontwikkelden de rabbijnen dat besef van een God die vereenzelvigd kon worden met het eigen ik van het individu, een concept dat de hindoes ātma hadden genoemd.

De notie van de Sjechina gaf de ballingen de mogelijkheid om, waar ze ook gingen, het besef van Gods tegenwoordigheid in hun hart levend te houden. De rabbijnen zeiden dat de Sjechina van de ene synagoge in de diaspora naar de andere trok; anderen zeiden dat Ze aan de deur van de synagoge stond en haar zegen uitsprak over elke stap die de jood op zijn weg naar het leerhuis zette; de Sjechina stond ook aan de deur van de synagoge wanneer de joden daar gezamenlijk het Sjema zeiden.[90] Net als de eerste christenen werden de Israëlieten door hun rabbijnen aangespoord zichzelf te beschouwen als één verenigde gemeente met 'één lichaam en één ziel'.[91] De gemeente was de nieuwe tempel waar de schrijn van de immanente God in stond; wanneer ze dus de synagoge betreden en volmaakt eenstemmig, 'met toewijding, met één stem, één geest en één toon', het Sjema zeggen, is God in hun midden. Maar Hij verfoeit elke tweespalt in de gemeente en keert naar de hemel terug waar de engelen 'met één stem en één melodie'[92] de goddelijke lofprijzingen zingen. De hoge vereniging tussen God en Israël kon alleen maar bestaan wanneer de lage vereniging tussen Israëliet en Israëliet volmaakt was; voortdurend hielden de rabbijnen hen voor dat wanneer een groep joden samen de Tora bestudeerde, de Sjechina tussen hen in zat.[93]

In ballingschap kregen de joden te maken met de hardheid van de hen omringende wereld; het besef dat de Sjechina tegenwoordig was hielp hen zich omgeven te weten door een weldadige God. Wanneer ze, zoals Deuteronomium voorschreef, op voorhoofd en linkerarm de gebedsriemen (*tefillien*) aanlegden, de rituele gebedsmantel met de schouwdraden (*tsietsiet*) omsloegen en aan de deurpost de *mezoeza* met de woorden van het Sjema bevestigden, moesten ze niet proberen deze duistere en vreemde handelingen te verklaren. Dat zou afbreuk doen aan de waarde ervan. Ze moesten zich integendeel door het verrichten van deze mitswot laten meevoeren naar een bewustwording van Gods alomvattende liefde: 'God heeft Israël lief! De Bijbel omgeeft het met mitswot: tefillien op voorhoofd en arm, een mezoeza aan zijn deur, tsietsiet aan zijn kleren.'[94] Ze waren als de sieraden die een koning zijn vrouw schonk om haar nog mooier voor hem te maken. Het was geen gemakkelijke opgave. De Talmoed laat zien dat sommige mensen zich afvroegen of God nog veel uitmaakte in zo'n donkere wereld.[95] De spiritualiteit van de rabbijnen werd voor het jodendom normatief, niet alleen voor degenen die Jeruzalem waren ontvlucht, maar ook voor de joden die altijd in de diaspora hadden geleefd. Dat kwam niet doordat ze op zo'n hechte theoretische basis rustte; de praktische toepassing van de Wet miste in veel gevallen zin en logica. De religie van de rabbijnen werd aanvaard omdat ze werkte. De denkbeelden van de rabbijnen hadden voorkomen dat het volk aan wanhoop ten prooi viel.

Deze vorm van spiritualiteit was echter alleen aan mannen voorbehouden; vrouwen mochten geen rabbijn worden, geen 'Tora leren' of in de synagoge bidden. De religie van God werd net zo patriarchaal als de meeste andere ideologieën van die tijd. De taak van de vrouw was thuis de rituele reinheid te bewaren. Joden hadden de schepping al tijdenlang geheiligd door een scheiding aan te brengen tussen de verschillende elementen waar ze uit bestond en, in overeenstemming daarmee, verwezen ze de vrouw naar een wereld die gescheiden was van die van de man, net zoals zij op haar beurt in haar keuken melkspijzen en vleesspijzen van elkaar gescheiden moest houden. In de praktijk betekende dat niet dat ze als een inferieur wezen werd beschouwd. Maar hoewel de rabbijnen onderwezen dat vrouwen door God waren gezegend, droegen ze mannen op om tijdens het ochtendgebed God te danken dat Hij hen niet als heiden, slaaf of vrouw had geschapen. Toch werd het huwelijk als een gewijde plicht beschouwd en was het gezinsleven heilig. De rabbijnen onderstreepten die heiligheid in een wetgeving die vaak verkeerd is begrepen. Wanneer tijdens de menstruatie geslachtsgemeenschap is verboden, was dat niet omdat een vrouw vies of afstotend werd gevonden. De periode van onthouding moest verhinderen dat een man de aanwezigheid van zijn vrouw vanzelfsprekend zou vinden. 'Aangezien een man wellicht te vrijpostig met zijn vrouw zal omgaan en dus een tegenzin in haar kan krijgen, zegt de Tora dat ze [tot en met] zeven dagen [na haar menstruatie] *nidda* [letterlijk: 'een menstruerende vrouw', dus ritueel onrein] is, zodat ze [daarna] evenzeer door hem zal worden liefgehad als op de dag van het huwelijk.'[96] Voordat een man op een feestdag een synagoge bezocht, moest hij een ritueel bad nemen, niet omdat hij op een aardse manier niet schoon was, maar om hem heiliger te maken voor de gewijde, goddelijke dienst. In dezelfde geest moest het gebod aan een vrouw worden gezien om na de menstruatie een ritueel bad te nemen en zich voor te bereiden op de heiligheid van wat daarna kwam: de seksuele gemeenschap met haar man. De gedachte dat seks in deze zin als iets heiligs beschouwd zou kunnen worden, zou het christendom vreemd zijn; daar zouden seks en God soms worden gezien als twee zaken die elkaar uitsloten. Weliswaar zouden de joden die rabbinale directieven later vaak negatief uitleggen, maar de rabbijnen zelf predikten geen lugubere, ascetische en het leven ontkennende spiritualiteit.

Integendeel, ze zeiden nadrukkelijk dat joden de plicht hadden om gezond en gelukkig te zijn. Vaak vertelden ze dat de Heilige Geest bijbelse figuren als Jakob, David of Ester 'verliet' of 'de rug toekeerde' wanneer ze ziek waren of zich ongelukkig voelden.[97] Soms gaven ze de mensen opdracht Psalm 22 te zeggen wanneer ze voelden dat de Geest hen verliet: 'Mijn God, mijn God, waarom hebt u mij verlaten?' Dit roept een interessante vraag op over Jezus' geheimzinnige uitroep aan het kruis toen Hij deze woorden aanhaalde. De rabbijnen onderwezen dat God niet wilde dat mannen en vrouwen leden. Het lichaam moest worden geëerd en verzorgd, want het was het beeld van God; het kon zelfs zondig zijn om zich genoegens zoals seks en wijn te ontzeggen, want God had die gegeven opdat de mens ervan zou genieten. God moest niet in lijden en ascese worden gezocht. Wanneer de rabbijnen hun volk aanspoorden om de Heilige Geest op praktische manieren te 'bezitten', vroegen ze hen in zekere zin om op eigen kracht een beeld van God te scheppen. Ze onderwezen dat het niet gemakkelijk was om te bepalen waar het werk van God begon en het werk van de mens ophield. De profeten hadden God altijd op aarde hoorbaar gemaakt door Hem hun eigen inzichten toe te schrijven. Nu werden de rabbijnen gezien als personen op wier schouders een taak rustte die zowel menselijk als goddelijk was. Wanneer ze een nieuwe wetgeving maakten, werd die gezien als een wet die zowel van God als van henzelf afkomstig was. Door op aarde de Tora meer gewicht te geven, vergrootten ze Gods tegenwoordigheid op aarde en maakten ze haar effectiever. Zelf werden ze geëerd als de incarnatie van de Tora; ze waren wegens hun kennis van de Wet meer 'als God' dan een ander.[98]

Dit besef van een immanente God hielp de joden om de mens als een heilig schepsel te beschouwen. De mitswa 'Heb uw naaste lief als uzelf' was, zo onderwees Rabbi Akiwa, 'de kern van Tora'.[99] Misdrijven jegens een medemens waren een ontkenning van God zelf, want die had immers mannen en vrouwen naar zijn beeld geschapen. Ze stonden gelijk aan atheïsme, een blasfemische poging God te negeren. Moord was dus de grootste misdaad, omdat het heiligschennis was. 'De Schrift leert ons dat eenieder die menselijk bloed vergiet, wordt gezien als heeft hij afbreuk gedaan aan het goddelijke beeld.'[100] Het dienen van een medemens was een *imitatio dei*: het was een reproduktie van Gods weldadigheid en barmhartigheid. Aangezien iedereen naar Gods beeld was geschapen, waren alle mensen gelijk; zelfs de hogepriester behoorde stokslagen te krijgen als hij een medemens verwondde, want dat stond gelijk aan het ontkennen van het godsbestaan.[101] God schiep adām, de individuele mens, om ons te leren dat iedereen die één individueel mensenleven te gronde richtte, zou worden gestraft alsof hij de hele wereld te gronde had gericht; op dezelfde manier stond het redden van een leven gelijk aan het verlossen van de hele wereld.[102] Dit was niet zomaar een nobele gedachte, maar een fundamenteel wetsprincipe; het betekende dat bijvoorbeeld bij een pogrom geen enkel individu omwille van de groep mocht worden opgeofferd. Het vernederen van een persoon, zelfs van een *goj* of een slaaf, behoorde tot de ernstigste misdrijven, want het stond gelijk aan moord, een heiligschennende ontkenning van Gods beeld.[103] Het recht op vrijheid was cruciaal; in de hele rabbijnse literatuur is nagenoeg geen enkele verwijzing naar gevangenisstraf te vinden, want alleen God kan een mens zijn vrijheid ontnemen. Het verspreiden van roddels was ontkenning van het godsbestaan.[104] Joden moesten God niet beschouwen als een Big Brother die vanaf grote hoogte al hun stappen in de gaten hield, maar ze moesten leren dat God in elk mens aanwezig was, zodat onze omgang met anderen heilige contacten werden.

Het kost dieren geen moeite naar hun aard te leven, maar mannen en vrouwen vinden het kennelijk niet eenvoudig om waarachtig mens te zijn.

Het had er soms alle schijn van dat de God van Israël de vreselijkste en onmenselijkste wreedheden aanmoedigde. Maar in de loop der eeuwen was Jahweh een idee geworden die mensen kon inspireren om hun naasten met mededogen en respect te benaderen, iets wat altijd het kenmerk van de religies van de Spiltijd was geweest. De idealen van de rabbijnen benaderden die van de tweede theïstische religie, een religie die haar wortels in dezelfde traditie had.

3

Een licht voor de heidenen

In dezelfde tijd dat in Alexandrië Philo zijn geplatoniseerde jodendom uiteenzette en dat in Jeruzalem Hillel en Sjammai met elkaar redetwistten, begon in het noorden van Palestina een charismatische gebedsgenezer aan een eigen loopbaan. We weten erg weinig van Jezus af. Het eerste volledige verslag van zijn leven was het evangelie van Marcus, maar dat werd pas omstreeks het jaar 70 geschreven, zo'n twintig jaar na zijn dood. Tegen die tijd gingen de historische feiten schuil onder een mythische laag, die de betekenis die Jezus voor zijn volgelingen had gekregen veel duidelijker illustreerde dan een nuchtere biografie ooit zou hebben gekund. De eerste christenen zagen Hem als de nieuwe Mozes, de nieuwe Jozua, de grondlegger van een nieuw Israël. Net als de Boeddha was Jezus de man geweest die enkele dierbaar gekoesterde verlangens van veel tijdgenoten leek te belichamen en die de dromen die het joodse volk eeuwenlang hadden achtervolgd had verwerkelijkt. Tijdens zijn leven waren veel joden in Palestina ervan overtuigd geweest dat Hij de Messias was; Hij was Jeruzalem binnengereden en als de Zoon van David verwelkomd, maar al na enkele dagen was Hij veroordeeld tot de dood aan het kruis, een van de gruwelijkste Romeinse straffen. Maar ondanks het schandaal dat een Messias als de eerste de beste misdadiger was gestorven konden zijn discipelen niet geloven dat het vertrouwen dat ze in Hem hadden gesteld misplaatst was geweest. Het gerucht ging dat Hij uit de dood was opgestaan. Sommigen zeiden dat zijn graf drie dagen na zijn kruisiging leeg was aangetroffen; anderen zagen Hem in een visioen en bij een bepaalde gelegenheid werd Hij door vijfhonderd mensen tegelijk gezien. Zijn discipelen geloofden dat Hij spoedig terug zou keren om het messiaanse Rijk Gods in te luiden, en omdat een dergelijk geloof op zichzelf niet ketters was, werd hun sekte door niemand minder dan door rabbi Gamaliël, de kleinzoon van Hillel en een van de belangrijkste tanna'iem, als authentiek joods geaccepteerd. Zijn volgelingen baden elke dag als volkomen wetsgetrouwe joden in de tempel. Maar uiteindelijk zou het

Nieuwe Israël, dat zijn inspiratie vond in het leven, de dood en de opstanding van Jezus, een geloof van niet-joodse volkeren worden waarin een eigen, afwijkende godsvoorstelling zou worden ontwikkeld.

Tegen de tijd dat Jezus omstreeks 30 stierf waren de joden vurige monotheïsten geworden, en daarom verwachtte niemand dat de Messias een goddelijke figuur zou zijn. Hij zou gewoon een normaal mens zijn, zij het een bevoorrechte. Sommige rabbijnen voerden aan dat God zijn naam en identiteit al van alle eeuwigheid af had gekend. In die zin kon daarom van de Messias worden gezegd dat Hij al van vóór het begin der tijden 'bij God' was geweest, op dezelfde symbolische manier als waarop de boeken Spreuken en Ecclesiasticus dat over de figuur van de goddelijke Wijsheid zeiden. De joden verwachtten dat de Messias, de gezalfde, een afstammeling van koning David zou zijn, de man die, als vorst en geestelijk leider, in Jeruzalem het eerste onafhankelijke joodse koninkrijk had gesticht. In de psalmen wordt David of de Messias soms 'de Zoon van God' genoemd, maar dat was gewoon een manier om zijn intieme band met Jahweh aan te geven. Sinds de terugkeer uit Babylon had niemand ook maar een moment gedacht dat Jahweh echt een zoon had, zoals die verfoeilijke goden van de gojiem.

In het evangelie van Marcus dat, als de oudste bron, gewoonlijk als het betrouwbaarst wordt beschouwd, wordt Jezus als een volstrekt normaal mens voorgesteld, met ouders en broers en zusters. Er waren geen engelen die zijn geboorte aankondigden of boven zijn kribbe zongen. In zijn jeugd of jongelingsjaren onderscheidde Hij zich in geen enkel opzicht van anderen. Toen Hij zijn leer begon te verkondigen waren zijn Nazareense stadsgenoten stomverbaasd dat de zoon van de plaatselijke timmerman opeens zo'n wonderkind bleek te zijn. Marcus laat zijn verhaal direct bij Jezus' loopbaan beginnen. Aanvankelijk was Hij wellicht een volgeling van een zekere Johannes de Doper, een rondtrekkende asceet die mogelijk tot de Essenen had behoord. Johannes had het establishment in Jeruzalem onverbeterlijk corrupt gevonden en het in zijn predikingen fel gehekeld. Hij spoorde het volk aan berouw te hebben en de Esseense reinigingsrite te ondergaan door zich in de Jordaan te laten dopen. Lucas suggereert dat Jezus en Johannes zelfs familie van elkaar waren. Jezus had de lange tocht van Nazaret naar Judea ondernomen om zich door Johannes te laten dopen. Marcus zegt hierover: 'En op hetzelfde ogenblik dat Hij uit het water opsteeg, zag Hij de hemel openscheuren en de Geest als een duif op zich neerdalen. En er kwam een stem uit de hemel: "Gij zijt mijn Zoon, mijn veelgeliefde; in U heb Ik welbehagen." '[1] Johannes de Doper had Jezus onmiddellijk als de Messias herkend. En vervolgens springen we direct naar het moment dat Jezus in alle steden en dorpen van Galilea begon te prediken en verkondigde: 'Het Rijk Gods is gekomen.'[2]

Er is veel gespeculeerd over de exacte aard van Jezus' missie. In de evangeliën lijkt heel weinig van wat Hij echt heeft gezegd te zijn vastgelegd, en veel materiaal dat ze bevatten is gekleurd door latere ontwikkelingen in de kerken die na zijn dood door Paulus zijn gesticht. Toch zijn er aanwijzingen dat zijn missie een in wezen joods karakter droeg. Men heeft erop gewezen dat in Galilea de gebedsgenezer een algemeen voorkomende religieuze figuur was; net als Jezus waren het bedelmonniken die hun leer verkondigden, zieken genazen en boze geesten uitdreven. En net als Jezus hadden ook deze Galilese heilige mannen een groot aantal vrouwelijke volgelingen. Anderen betogen dat Jezus mogelijk een Farizeeër was, uit dezelfde school als Hillel, zoals er ook van Paulus wordt gezegd (Paulus verklaarde een Farizeeër te zijn geweest voordat hij zich tot het christendom bekeerde) dat hij aan de voeten van rabbi Gamaliël had gezeten.[3] In elk geval staat het vast dat de leer van Jezus overeenkwam met de belangrijkste leerstellingen van de Farizeeën, want ook Hij meende dat naastenliefde en goedertierenheid de belangrijkste mitswot waren. Net als de Farizeeën hing Hij de Tora met hart en ziel aan en er werd van Hem gezegd dat Hij een strengere naleving van de voorschriften predikte dan veel van zijn tijdgenoten.[4] Ook onderwees Hij een versie van Hillels Gulden Regel toen Hij betoogde dat de hele Wet kon worden samengevat in de uitspraak: Alles wat u wilt dat de mensen u doen, doe dat ook voor hen.[5] Het evangelie van Matteüs legt Jezus felle en vrij onstichtelijke beschimpingen aan het adres van de 'schriftgeleerden en Farizeeën' in de mond waarin Jezus hen uitmaakt voor waardeloze huichelaars.[6] Afgezien van het feit dat dit een lasterlijke verdraaiing van de feiten is en in flagrante tegenspraak met de barmhartigheid die zijn missie heette te kenmerken, is die bittere veroordeling van de Farizeeën vrijwel zeker niet authentiek. Bij Lucas bijvoorbeeld komen de Farizeeën er vrij goed af, zowel in zijn evangelie als in de Handelingen der Apostelen, en Paulus zou zich nauwelijks op zijn farizeese achtergrond hebben beroemd als de Farizeeën inderdaad Jezus' gezworen vijanden waren geweest en Hem de dood hadden ingejaagd. De antisemitische teneur van het evangelie van Matteüs is een afspiegeling van de spanning die in de jaren tachtig tussen joden en christenen bestond. De evangeliën voeren Jezus vaak redetwistend met de Farizeeën op, maar de discussie is of vriendschappelijk, of anders misschien de weerslag van een verschil van mening met de strengere school van Sjammai.

Na zijn dood bepaalden zijn volgelingen dat Jezus goddelijk was geweest. Dat gebeurde niet van de ene dag op de andere; zoals we later zullen zien kreeg het leerstuk dat Jezus de mensgeworden God was geweest pas in de vierde eeuw definitief zijn beslag. De ontwikkeling van het christelijke geloof in de menswording was een geleidelijk en gecompliceerd proces. Zelf heeft Jezus in elk geval nooit beweerd dat Hij God was. Bij zijn doop noemde een stem uit de hemel Hem de Zoon van God, maar mogelijk werd daarmee gewoon bevestigd dat Hij de geliefde Messias was. Zo'n verkondiging van boven was niet bepaald ongewoon: de rabbijnen maakten herhaaldelijk mee dat ze een zogenaamde *bat kol* hoorden (letterlijk een 'dochter van de stem'), een soort inspiratie die in de plaats was gekomen van de directere profetische openbaring.[7] Rabbi Jochanan ben Zakkai had zijn eigen missie door zo'n *bat kol* horen bevestigen toen de Heilige Geest in de vorm van een vuur op hem en zijn leerlingen was neergedaald. Jezus zelf noemde zich altijd de 'Zoon des Mensen'. Deze titel heeft tot veel onenigheid geleid, maar naar het schijnt werd met de oorspronkelijke Aramese term (*bar nasja*) gewoon de zwakheid en sterfelijkheid van de mens onderstreept. Als dat zo is, lijkt Jezus op deze manier extra te willen beklemtonen dat Hij een broos menselijk wezen was dat eens zou lijden en sterven.

De evangeliën vertellen ons echter dat God Jezus bepaalde goddelijke krachten (*dunameis*) had verleend die Hem in staat stelden om, hoewel Hij gewoon sterfelijk was, toch de godgelijke daden als het genezen van de zieken en het vergeven van zonden te verrichten. Wanneer mensen Jezus dus bezig zagen, konden ze zich een levensechte voorstelling van God maken. Bij een bepaalde gelegenheid verklaarden drie van zijn discipelen dat ze dat duidelijker dan ooit hadden kunnen constateren. Het verhaal is in alle drie synoptische evangeliën bewaard gebleven en zou voor latere generaties christenen zeer belangrijk worden. Het vertelt ons dat Petrus, Jakobus en Johannes door Jezus werden meegenomen naar een heel hoge berg die de traditie voor de berg Tabor in Galilea houdt. Daar werd Hij voor hun ogen 'getransfigureerd': 'zijn gezicht begon te stralen als de zon en zijn kleed werd glanzend als het licht'.[8] Mozes en Elia, als vertegenwoordiger van respectievelijk de Wet en de Profeten, verschenen opeens aan zijn zijde en het drietal onderhield zich met elkaar. Petrus was volkomen overweldigd en riep, zonder te weten wat hij zei, dat ze op die plaats drie tabernakels zouden neerzetten om het visioen te gedenken. Een lichtende wolk, net als de wolk die op de berg Sinaï was neergedaald, bedekte de top en een *bat kol* verklaarde: 'Dit is mijn Zoon, de Welbeminde, in wie Ik mijn behagen heb gesteld; luistert naar Hem.'[9] Toen de Grieks-orthodoxe christenen zich eeuwen later over de betekenis van dit visioen bogen, beslisten ze dat de 'krachten' van God door Jezus' getransfigureerde mensheid hadden heen geschenen.

Ze stelden ook vast dat Jezus nooit had beweerd dat die goddelijke 'krachten' (die ze, net als Philo, *dunameis* noemden) uitsluitend aan Hem waren verleend. Keer op keer had Jezus zijn discipelen beloofd dat als zij 'geloof' hadden, ook zij over die 'krachten' zouden beschikken. Met geloof bedoelde Hij uiteraard niet de aanvaarding van de juiste leer, maar de innerlijke overgave aan en openstelling voor God. Als zijn discipelen zich zonder voorbehoud voor God openstelden, zouden ze in staat zijn om alles te doen wat Hij deed. Net als de rabbijnen geloofde Jezus dat de Heilige Geest niet slechts voor een geprivilegieerde elite was weggelegd, maar voor alle mensen van goede wil; sommige bijbelpassages suggereren zelfs dat Jezus geloofde, opnieuw zoals enkele rabbijnen, dat zelfs de gojiem de Heilige Geest konden ontvangen. Als zijn discipelen 'geloof' hadden, zouden ze zelfs opzienbarender dingen kunnen doen. Niet alleen zouden ze zonden kunnen vergeven en boze geesten kunnen uitdrijven, maar ze zouden zelfs een berg de zee in kunnen slingeren.[10] Ze zouden merken dat hun broze, sterfelijke leven was getransfigureerd door de 'krachten' van God die in de wereld van het messiaanse koninkrijk aanwezig en werkzaam waren.

Na de dood van Jezus bleven zijn discipelen bij hun overtuiging dat Hij hun op een of andere manier een beeld van God had getoond. Al vanaf een heel vroeg stadium hadden ze hun gebeden tot Hem gericht. Paulus vond dat de krachten van God ook voor de gojiem bereikbaar moesten zijn en hij predikte het evangelie in het gebied dat nu Turkije, Macedonië en Griekenland is. Hij was de overtuiging toegedaan dat niet-joden eveneens in het Nieuwe Israël konden worden opgenomen, ook al leefden ze dan niet naar de hele wet van Mozes. De oorspronkelijke discipelen vonden dat een gruwel; zij wilden een exclusieve joodse sekte blijven, en na een hooglopend meningsverschil verbraken ze de banden met Paulus. De meeste bekeerlingen die Paulus maakte waren echter hetzij joden in de diaspora, hetzij Godvrezenden, zodat het Nieuwe Israël in wezen toch joods bleef. Paulus noemde Jezus nooit 'God'. Hij noemde Hem de 'Zoon van God', in de joodse betekenis van het woord; hij geloofde in elk geval niet dat God zelf in Jezus mens was geworden. Jezus had gewoon Gods 'krachten' en 'Geest' bezeten die Gods werkzaamheid op aarde openbaarden, maar die niet met de ongenaakbare wezenheid van God zelf gelijkgesteld mochten worden. Het hoeft geen verwondering te wekken dat de christenen in de heidense, niet-joodse wereld zich niet altijd bewust waren van dat subtiele onderscheid, met het gevolg dat men uiteindelijk geloofde in de goddelijkheid van een man die zelf juist de nadruk had gelegd op zijn broze, sterfelijke menselijkheid. De joden hebben altijd aanstoot genomen aan het leerstuk van de menswording van God in de gestalte van Jezus en later zouden ook moslims het godslasterlijk vinden. Het is een moeilijk leerstuk waar bepaalde gevaren aan kleven; christenen hebben het altijd simplistisch uitgelegd. Toch is dit soort op een mensgeworden God gerichte devotie een vrij constant thema in de godsdienstgeschiedenis geweest en we zullen later zien dat zelfs joden en moslims opvallend gelijksoortige leerstellingen zouden ontwikkelen.

Om inzicht te krijgen in de religieuze impuls die achter die verrassende vergoddelijking van Jezus zat, zullen we enkele ogenblikken stilstaan bij een paar ontwikkelingen die omstreeks dezelfde tijd in India plaatsvonden. Zowel in het boeddhisme als in het hindoeïsme had de religieuze verering van hoogstaande personen, zoals de Boeddha zelf of hindoegoden die zich in mensengedaante hadden vertoond, een hoge vlucht genomen. Dit soort persoonsgerichte devotie of *bhakti* was de uitdrukking van een kennelijk voortdurende hunkering van de mens naar een vermenselijkte religie. Het was een volstrekt nieuw uitgangspunt en toch werd ze in de geloofsleer van beide religies opgenomen zonder dat de hand werd gelicht met essentiële prioriteiten.

Nadat de Boeddha omstreeks het begin van de vijfde eeuw v.d.g.j. was overleden, wilden zijn volgelingen uiteraard iets hebben wat hen aan hem kon herinneren; een beeld vonden ze echter misplaatst, omdat de Boeddha in het nirwana niet meer in de normale betekenis van het woord 'bestond'. Maar de persoonsgerichte liefde voor de Boeddha nam hand over hand toe en de behoefte aan schouwing van zijn verlichte menselijkheid werd zo groot, dat in de eerste eeuw v.d.g.j. de eerste beelden verschenen, in Gandhara in Noordwest-India en in Mathura aan de oever van de Jumna. Dergelijke beelden namen door de kracht en inspiratie die ervan uitgingen een centrale plaats in de boeddhistische spiritualiteit in, ook al verschilde de toewijding aan een wezen dat zich buiten de eigen persoon bevindt aanzienlijk van de naar binnen gerichte methode die Gautama predikte. Maar alle godsdiensten zijn aan verandering en ontwikkeling onderhevig. Zo niet, dan raken ze in de vergetelheid. De meeste boeddhisten hechtten grote waarde aan bhakti en hadden het gevoel dat ze hiermee de herinnering levend konden houden aan enkele essentiële waarheden die verloren dreigden te gaan. Toen de Boeddha voor de eerste keer de verlichting bereikte had hij, zoals de lezer zich zal herinneren, in de verleiding gestaan haar voor zichzelf te houden, maar zijn mededogen met de lijdende mensheid had hem ertoe aangezet in de daaropvolgende veertig jaar zijn leer over de Weg te verkondigen. Toch leken omstreeks het begin van de eerste eeuw v.d.g.j. boeddhistische monniken, die opgesloten in hun kloosters probeerden voor zichzelf het nirwana te bereiken, dat uit het oog te hebben verloren. Het monnikendom was bovendien een ontmoedigend ideaal dat velen niet voor zichzelf weggelegd zagen. In de eerste eeuw van onze jaartelling stond een nieuwe boeddhistische held op, de *bodhisattwa*; hij volgde het voorbeeld van de Boeddha en stelde zijn eigen nirwana uit om zich voor de mensheid op te offeren. Teneinde de lijdende mens te redden was hij bereid een wedergeboorte door te maken. De bodhisattwa's, aldus de *Pradjnaparamita Soetra's* (Verzen over de Volmaakte Wijsheid) die tegen het einde van de eerste eeuw van onze jaartelling werden vergaard,

> wensen niet hun eigen privé nirwana te bereiken. Zij hebben daarentegen de zo smartelijke wereld van het worden in ogenschouw genomen

en beven nochtans niet voor geboorte en dood, verlangend als zij zijn de hoogste Verlichting deelachtig te worden. Zij zijn op weg gegaan tot welzijn van de wereld, tot hulp van de wereld, uit medelijden met de wereld. Zij hebben besloten: 'We zullen een haven voor de wereld worden, een toevlucht voor de wereld, een rustplaats voor de wereld, de laatste steun voor de wereld, eilanden in de wereld, lichten voor de wereld, leiders van de wereld, 's werelds middel tot verlossing.'[11]

Bovendien had de bodhisattwa een onuitputtelijke bron van verdiensten vergaard waarmee hij iedereen die spiritueel minder bedeeld was dan hij kon helpen. Iemand die zijn gebed tot een bodhisattwa richtte, kon worden herboren in een van de paradijzen van de boeddhistische kosmologie waar de omstandigheden gemakkelijker waren om verlichting te bereiken.

De teksten beklemtonen dat deze ideeën niet letterlijk moeten worden opgevat. Ze hadden niets te maken met gewone logica of aardse voorvallen, maar symboliseerden alleen een elusievere waarheid. In het begin van de tweede eeuw van onze jaartelling bediende de filosoof Nagārdjoena, de stichter van de School van de Leegte, zich van paradox en dialectische methode om aan te tonen hoe ontoereikend de normale, conceptuele taal was. De uiterste waarheden, zo stelde hij, konden slechts intuïtief, via geestelijke meditatietechnieken, worden begrepen. Zelfs de leringen van de Boeddha waren conventionele ideeën die door een mens waren bedacht en geen recht deden aan de werkelijkheid die hij trachtte over te brengen. Boeddhisten die Nagārdjoena's filosofie overnamen, geloofden dat alles wat we ervaren een illusie is; in het Westen zouden we hen idealisten noemen. Het Absolute, dat de innerlijke wezenheid van alle dingen is, is een leegte, een niets, en bestaat niet in de normale zin van het woord. Het lag voor de hand die leegte gelijk te stellen met het nirwana. Aangezien een boeddha, zoals Gautama, het nirwana had bereikt, kon daaruit worden geconcludeerd dat hij op onzegbare wijze het nirwana was *geworden* en aan het Absolute gelijk was. Dus iedereen die het nirwana zocht, zocht ook naar vereenzelviging met de boeddha's.

De overeenkomst tussen enerzijds deze bhakti of devote toewijding aan de boeddha's en de bodhisattwa's en anderzijds de christelijke devotie die op Jezus was gericht is evident. Bovendien werd het geloof er voor meer mensen toegankelijk door, ongeveer zoals Paulus het jodendom voor de gojiem toegankelijk wilde maken. Ook het hindoeïsme had een soortgelijke opkomst van bhakti gekend, gericht op de figuur van Sjiwa en Wisjnoe, de twee belangrijkste vedische goden. Ook nu weer bleek de volksdevotie sterker te zijn dan de filosofische strengheid van de *Oepanisjaden*, want de hindoes ontwikkelden zelfs een drieëenheid. Brahmā, Sjiwa en Wisjnoe werden drie symbolen of aspecten van één onzegbare werkelijkheid.

Soms meende men meer baat te hebben bij schouwing van het goddelijke mysterie onder het aspect van Sjiwa, de paradoxale godheid van goed en kwaad, vruchtbaarheid en ascese, de god die zowel schepper als verwoester was, andere keren onder dat van Wisjnoe. In de volksoverlevering was Sjiwa ook een groot yogi, dus voor zijn toegewijden was hij tevens de inspiratie om langs meditatieve weg tot een transcendent, persoonlijk godsbegrip te komen. Wisjnoe daarentegen was doorgaans vriendelijker en speelser. Hij vertoonde zich graag in verschillende incarnaties of avatara's aan de mens. Een van zijn beroemdste personae was Krisjna, de godheid die in een adellijk gezin ter wereld was gekomen maar als koeienhoeder was grootgebracht. De volksoverlevering vertelt over zijn stoeipartijtjes met de herderinnen waarin de god als de minnaar van de ziel wordt afgeschilderd. Maar toen in de *Bhagavad-Gītā* Krisjna aan prins Ardjoena verscheen was dat een angstaanjagend gebeuren:

> Ardjuna zei: In Uw gestalte, o Heer, zie ik al de goden en scharen van velerlei wezens; Brahma, de Heer, op zijn lotustroon gezeten en al de rishis [wijzen] en de goddelijke slangen.[12]

Alles lijkt in het lichaam van Krisjna aanwezig te zijn: hij heeft geen begin of geen einde, hij vult de hele ruimte en omvat alle mogelijke godheden, loeiende stormgoden, zonnegoden, lichtende goden en rituele goden: 'Rudras, Vasus, Sadhyas, Adityas, Vishvas, de tweede Ashvins, de Maruts, Ushmapas, Gandharvas, Yakshas, Sidhas en Asuras houden vol ontzag de blik op U gericht'.[13] Hij is ook de 'eeuwige Godmens' en 'immanent in al het geschapene'.[14] Zoals de rivieren zich in de oceaan storten, of zoals motten een brandende vlam in fladderen, zo stromen alle heersers van de aarde en de mensen van de wereld op Krisjna af. Het enige wat Ardjoena kan doen wanneer hij dit ontzagwekkende schouwspel ziet, is sidderen en beven, zo overdonderd is hij.

Bhakti sloot aan bij een diep en algemeen menselijk verlangen naar een soort persoonlijke relatie met het Allerhoogste. Omdat Brahmā een volstrekt transcendente god geworden is, bestaat het gevaar dat hij te ijl wordt en net als de oude hemelgod uit de gedachten van de mens verdwijnt. De evolutie van het bodhisattwa-ideaal in het boeddhisme en van de avatara's van Wisjnoe staat voor de fase in de geloofsontwikkeling waarin de mensen uitdrukkelijk te kennen geven dat het Absolute ten minste iets menselijks moet hebben. Deze symbolische doctrines en mythen ontkennen echter dat het Absolute slechts in één epifanie uitgedrukt kan worden; immers, het aantal boeddha's en bodhisattwa's was groot en Wisjnoe nam diverse avatara's aan. Deze mythen drukken verder nog een nastrevenswaardig ideaal van het mensdom uit: ze presenteren de mens als het vergoddelijkte of verlichte wezen dat altijd al in de bedoeling had gelegen.

Omstreeks de eerste eeuw van onze jaartelling had ook het jodendom een soortgelijk verlangen naar goddelijke immanentie gekend. De persoon Jezus scheen het antwoord op die behoefte te zijn geweest. Paulus, de eerste christelijke auteur die de godsdienst schiep die we nu als het christendom kennen, geloofde dat Jezus, als Gods belangrijkste openbaring van zichzelf aan de wereld, in de plaats was gekomen van de Tora.[15] We weten niet precies wat hij daarmee bedoelde. De brieven van Paulus waren doorgaans het antwoord op specifieke vragen en niet een coherente uiteenzetting van een volledig tot ontwikkeling gekomen geloofsleer. In elk geval geloofde hij dat Jezus de Messias was geweest; het woord 'Christus' was de Griekse vertaling van het Aramese en Hebreeuwse *Masjiach*, de gezalfde. Paulus sprak ook over de mens Jezus alsof Hij méér was geweest dan een gewoon menselijk wezen, ook al kon hij, als jood, niet geloven dat Hij de mensgeworden God was. Hij bediende zich voortdurend van de term 'in Christus' om aan te geven hoe hij Jezus ervoer: christenen leven 'in Christus'; ze zijn gedoopt in zijn dood; de Kerk is zijn lichaam.[16] Het was geen waarheid die Paulus met rationele argumenten onderbouwde. Zoals veel joden stond hij vrij sceptisch tegenover het Griekse rationalisme en hij noemde het louter 'dwaasheid'.[17] Op grond van een subjectieve en mystieke beleving beschreef hij Jezus als een soort atmosfeer waarin wij leven, ons bewegen en zijn.[18] Jezus was de bron van Paulus' religieuze ervaring geworden; hij sprak daarom op dezelfde manier over Hem als waarop sommige van zijn tijdgenoten over een god zouden hebben gesproken.

Wanneer Paulus het geloof dat hem was doorgegeven uitlegde, zei hij dat Jezus 'voor onze zonden' had geleden en was gestorven.[19] Daaruit kunnen we opmaken dat de discipelen van Jezus, geschokt door zijn schandelijke dood, al in een heel vroeg stadium ter verklaring daarvan hadden gezegd dat het 'voor ons' was geweest. In hoofdstuk 9 zullen we zien dat in de zeventiende eeuw andere joden een soortgelijke verklaring voor het aanstootgevende einde van een andere messias zouden geven. De eerste christenen hadden het gevoel dat Jezus op een of andere geheimzinnige manier nog steeds leefde en dat zij, net zoals Hij had beloofd, nu de belichaming waren van de 'krachten' die Hij had bezeten. We weten uit de Paulusbrieven dat de eerste christenen allerlei ongewone ervaringen hadden die op de komst van een nieuw mensdom zouden kunnen wijzen; sommigen waren gebedsgenezers geworden, anderen drukten zich in hemelse tongen uit, weer anderen spraken orakels die God hun naar hun overtuiging had ingegeven. De kerkdiensten waren rumoerige, charismatische aangelegenheden, heel anders dan de huidige, ingetogen diensten in een parochiekerk. Het had er dus alle schijn van dat het sterven van Jezus inderdaad in zeker opzicht heilzaam was geweest; het had 'een nieuw leven' en een 'nieuwe schepping' gebracht – een thema dat in de Paulusbrieven voortdurend terugkeert.[20]

De dood van Jezus was in die tijd echter nog niet omhangen met gedetailleerde theorieën over de kruisdood als verzoening voor een 'erfzonde' van Adam. Die theologie diende zich, zoals we later zullen zien, pas in de vierde eeuw aan en was alleen in het Westen belangrijk. Paulus en de andere nieuwtestamentische auteurs probeerden nooit een precieze, afdoende verklaring te geven voor hun gevoel van verlossing. Toch kunnen we de notie van Christus' offerdood vergelijken met het ideaal van de bodhisattwa dat in dezelfde tijd in India tot ontwikkeling kwam. Net als de bodhisattwa was Christus in feite een middelaar tussen de mensheid en het Absolute geworden, met dit verschil dat Christus de *enige* middelaar was en dat de verlossing die Hij bracht niet een toekomstig, nog niet gerealiseerd verlangen was, zoals die van de bodhisattwa, maar een *fait accompli*. Paulus stelde nadrukkelijk dat Jezus' offer eenmalig was geweest. Hoewel hij geloofde dat zijn eigen lijden ten behoeve van anderen nuttig was, was hij er zeer duidelijk in dat het lijden en de dood van Jezus tot een heel andere orde behoorden.[21] Maar hier school een potentieel gevaar in. Doordat het aantal boeddha's en elusieve, paradoxale avatara's zo groot was, werd de gelovige er voortdurend aan herinnerd dat de uiterste werkelijkheid niet adequaat in één verschijningswijze uitgedrukt kon worden. De christelijke leer van de eenmalige menswording suggereert daarentegen dat de hele, onuitputtelijke werkelijkheid van God zich wèl in slechts één menselijk wezen had geopenbaard en dat zou tot een onvolwassen soort idolatrie kunnen leiden.

Jezus had uitdrukkelijk gezegd dat Gods *dunameis* (krachten) niet alleen aan Hem waren verleend. Paulus werkte dat nader uit door te betogen dat Jezus het eerste voorbeeld van een nieuw soort mens was geweest. Niet alleen had Hij alles gedaan wat het oude Israël niet had weten te bereiken, Hij was ook de nieuwe adām geworden, de nieuwe mens aan wie alle mensen, de gojiem inbegrepen, deel moesten hebben.[22] Ook dat verschilt niet van de boeddhistische opvatting dat het menselijk streven erop was gericht om in de boeddhistische verlichting te delen, aangezien alle boeddha's één waren geworden met het Absolute.

In zijn brief aan de kerk in Filippi haalt Paulus een loflied aan dat algemeen wordt beschouwd als een heel vroege christelijke hymne waarin enkele belangrijke kwesties aan de orde worden gesteld. Hij houdt zijn bekeerlingen voor dat ze net zo opofferingsgezind moeten zijn als Jezus:

> Hij die bestond in goddelijke majesteit heeft zich niet willen vastklampen aan de gelijkheid met God;
> Hij heeft zich van zichzelf ontdaan en het bestaan van een slaaf aangenomen.
> Hij is aan de mensen gelijk geworden.
> En als mens verschenen heeft Hij zich vernederd,

Hij werd gehoorzaam tot de dood, tot de dood aan een kruis.
Daarom heeft God Hem hoog verheven en Hem de naam verleend die boven alle namen is,
opdat bij het noemen van zijn naam, zich iedere knie zou buigen in de hemel, op aarde en onder de aarde,
en iedere tong zou belijden tot eer van God de Vader: Jezus Christus is de Heer [kyrios].[23]

De hymne geeft kennelijk de overtuiging van de eerste christenen weer dat Jezus een soort vóórbestaan 'met God' had gehad voordat Hij, door zich van zichzelf te ontdoen of zich te 'ontledigen' (kenosis), mens was geworden en, net als een bodhisattwa, had besloten het lijden van de mensheid te delen. Paulus was te veel jood om het idee te accepteren dat Christus van alle eeuwigheid af als een tweede goddelijk wezen naast JHWH had bestaan. De hymne laat zien dat Hij na zijn verheffing nog steeds op een andere en lagere plaats staat dan God, want die verheft Hem en verleent Hem de titel kyrios. Hij kan die titel niet zelf aannemen, maar ontvangt hem alleen 'tot eer van God de Vader'.

Ongeveer veertig jaar later kwam de auteur van het Johannes-evangelie (dat omstreeks het jaar 100 werd geschreven) met een soortgelijke gedachte. In zijn proloog sprak hij over het Woord (Logos) dat 'in het begin bij God' was en het werktuig van de schepping was geweest: 'Alles is door Hem geworden en zonder Hem is niets geworden van wat geworden is.'[24] De auteur gebruikte hier het Griekse woord logos niet op dezelfde manier als Philo: hij lijkt meer op de golflengte van het Palestijnse dan van het gehelleniseerde jodendom te zitten. In de targoemiem, de vertalingen in het Aramees van de Tenach die omstreeks dezelfde tijd werden gemaakt, wordt de term memra ('woord') gebruikt om Gods werkingen op de aarde aan te geven. Het heeft dezelfde functie als andere technische termen, zoals 'heerlijkheid', 'Heilige Geest' en 'Sjechina', waarmee de nadruk wordt gelegd op het verschil tussen Gods tegenwoordigheid op aarde en de niet te begrijpen werkelijkheid van God zelf. Net als de goddelijke Wijsheid symboliseert het 'Woord' het oorspronkelijke plan van God voor de schepping. Wanneer Paulus en Johannes over Jezus spreken alsof Hij een soort preëxistent leven had gehad, wilden ze er niet mee zeggen dat Hij een tweede goddelijke 'persoon' in de zin van het latere concept van de Drieëenheid was. Ze bedoelden ermee dat Jezus was uitgestegen boven tijdelijke en individuele bestaanswijzen. Omdat de 'kracht' en de 'wijsheid' die Hij weergaf aan God ontleende werkingen waren, had Hij op een of andere manier uitdrukking gegeven aan 'hetgeen was van den beginne'.[25]

In een strikt joodse context konden deze gedachten niet worden misverstaan, maar latere christenen (met een Griekse achtergrond) zouden ze anders uitleggen. In de Handelingen der Apostelen, die pas in het jaar 100 werden geschreven, kunnen we zelfs zien dat de eerste christenen nog steeds een volstrekt joodse godsvoorstelling hadden. Op het Wekenfeest (Pinksteren), toen honderden joden uit de hele diaspora in Jeruzalem bijeen waren om de Wetgeving op de Sinaï te vieren, was de Heilige Geest op Jezus' metgezellen neergedaald. De mensen hoorden 'uit de hemel een gedruis alsof er een hevige wind opstak en (...) er verscheen hun iets dat op vuur geleek en dat zich, in tongen verdeeld, op ieder van hen neerzette'.[26] De Heilige Geest had zich net zo aan deze eerste joodse christenen geopenbaard als aan hun tijdgenoten, de tanna'iem. Onmiddellijk snelden de discipelen naar buiten en begonnen tot de samengestroomde joden en Godvrezenden te prediken, allemaal 'bewoners van Mesopotamië, van Judea en Kappadocië, van Pontus en Asia, van Frygië en Pamfylië, Egypte en het gebied van Libië bij Cyrene'.[27] Tot hun verbazing hoorde iedereen de discipelen in zijn eigen taal tot zich prediken. Toen Petrus opstond om de menigte toe te spreken, stelde hij dit verschijnsel voor als het hoogtepunt van het jodendom. De profeten hadden voorspeld dat de dag zou komen waarop God zijn Geest over de mensheid zou uitstorten, zodat zelfs vrouwen en slaven visioenen zouden hebben en droomgezichten zouden zien.[28] Op die dag zou het messiaanse koninkrijk worden ingeluid en zou God te midden van zijn volk op aarde wonen. Petrus betoogde niet dat Jezus van Nazaret God was. Hij was 'een man wiens zending tot u van Godswege bekrachtigd is. Gij kent immers zelf de machtige daden, wonderen en tekenen die God door Hem onder u heeft verricht.' Na zijn wrede dood had God Hem tot leven gewekt en Hem verheven tot een speciale hoge plaats 'aan Gods rechterhand'. Alle profeten en psalmisten hadden deze gebeurtenissen voorspeld; dus voor 'heel het huis Israël' moest nu onomstotelijk vaststaan dat Jezus de langverwachte Messias was.[29] Deze toespraak schijnt de heilsboodschap (kerygma) van de eerste christenen te zijn geweest.

Tegen het einde van de vierde eeuw had het christendom zich juist in de plaatsen die de auteur van de Handelingen hierboven opsomt, een sterke positie verworven; het schoot wortel in de joodse synagogen in de diaspora die een groot aantal 'Godvrezenden' of proselieten onder hun getrouwen telden. Het hervormde jodendom van Paulus leek het antwoord op veel van hun dilemma's te zijn. Ook zij spraken 'in vele tongen', want ze misten een verenigde stem en een duidelijke positie. In de ogen van veel joden in de diaspora was de tempel in Jeruzalem, gedrenkt als hij was in het bloed van offerdieren, een primitief en barbaars instituut geworden. In de Handelingen der Apostelen is deze opvatting voor het nageslacht bewaard gebleven in het verhaal van Stefanus, een hellenistische jood die zich tot de Jezussekte had bekeerd en wegens godslastering door het Sanhedrin, de religieuze hoge raad, was veroordeeld tot dood door steniging. In zijn vurige laatste redevoering had Stefanus verklaard dat de tempel een belediging aan het adres van Gods natuur was; de Allerhoogste 'woont niet in wat door mensenhanden gemaakt is'.[30] Sommige joden in de diaspora wendden zich tot het talmoedische jodendom dat na de verwoesting van de tempel door de rabbijnen was ontwikkeld; anderen vonden in het christendom het antwoord op enkele andere vragen die ze zich over de status van de Tora en de universaliteit van het jodendom stelden. Het spreekt vanzelf dat die religie vooral de Godvrezenden aansprak; zij konden volledig in het Nieuwe Israël opgaan zonder de last van de 613 mitswot te hoeven dragen.

In de eerste eeuw bleven de christenen nog als joden over God denken en tot Hem bidden; ze discussieerden als rabbijnen en hun kerken leken op de synagogen. In het jaar tachtig deden zich echter enkele felle woordentwisten tussen joden en christenen voor toen de laatsten officieel uit de synagogen werden gezet omdat ze weigerden naar de Tora te leven. We hebben gezien dat het jodendom in de eerste decennia van de eerste eeuw veel bekeerlingen had aangetrokken, maar na 70, toen de joden in botsing kwamen met het Romeinse imperium, liep hun aantal terug. Het feit dat de Godvrezenden naar het christendom overliepen, maakte dat de joden argwanend tegenover bekeerlingen stonden en er niet meer zo op gebrand waren om proselieten te maken. Heidenen die zich voordien tot het jodendom aangetrokken zouden hebben gevoeld, wendden zich nu tot het christendom. In de meeste gevallen waren dit slaven of mensen uit de lagere klassen. Pas tegen het einde van de tweede eeuw begonnen de hoger opgeleide heidenen zich tot het christendom te bekeren, en zij konden de nieuwe godsdienst aan een achterdochtige heidense wereld uitleggen.

In het Romeinse Rijk werd het christendom aanvankelijk beschouwd als een zijscheut van het jodendom, maar toen christenen duidelijk maakten dat ze niet meer tot de synagoge behoorden, werden ze met minachting bekeken en beschouwd als aanhangers van een *religio* van fanatici die de doodzonde van goddeloosheid hadden begaan door te breken met het voorvaderlijke geloof. Het Romeinse ethos was uiterst conservatief: het hechtte veel waarde aan het gezag van de pater familias en de voorvaderlijke gebruiken. 'Vooruitgang' werd gezien als een terugkeer naar de Gouden Eeuw, niet als een onbevreesde opmars naar de toekomst. In tegenstelling tot onze maatschappij, die verandering heeft geïnstitutionaliseerd, werd een bewuste breuk met het verleden niet beschouwd als een daad die in aanleg scheppend kon zijn. Innovatie vond men gevaarlijk en ondermijnend. De Romeinen stonden zeer argwanend tegenover massabewegingen die de knellende banden van de traditie verbraken en zagen er nauwlettend op toe dat hun burgers tegen godsdienstige 'kwakzalverij' werden beschermd. Toch waarde er een geest van onrust en ongedurigheid door het rijk. Het feit dat men in een reusachtig internationaal imperium woonde, had tot gevolg gehad dat de oude goden onbeduidend en ontoereikend leken; de mensen waren zich bewust geworden van het bestaan van andere culturen, culturen die vreemd en verontrustend waren. Ze zochten naar nieuwe spirituele antwoorden. In Europa werden oosterse culten ingevoerd; naast de traditionele goden van Rome, de bewaarders van de staat, werden nu godinnen als Isis en Semele aanbeden. In de eerste eeuw van onze jaartelling beloofden de nieuwe mysteriegodsdiensten hun ingewijden niet alleen verlossing, maar ook toegang tot wat vertrouwelijke kennis van de andere wereld heette te zijn. Maar geen van deze nieuwe religieuze passies vormde een bedreiging voor de bestaande orde. De oosterse goden verlangden geen radicale bekering en geen verwerping van de vertrouwde riten, maar waren gewoon nieuwe heiligen die de mensen een frisse, nieuwe kijk boden en hun de ogen voor een wijdere wereld openden. Men kon zich aansluiten bij zoveel mysterieculten als men wenste. Zolang ze de oude goden maar niet in gevaar trachtten te brengen en zich redelijk op de achtergrond hielden, werden de mysteriegodsdiensten getolereerd en in het bestaande systeem opgenomen.

Niemand verwachtte van een godsdienst dat hij een uitdaging zou zijn of een antwoord zou geven op de vraag naar de zin van het leven. Voor dat soort verlichting wendde men zich tot de wijsbegeerte. Als men in het laatromeinse rijk tot de goden bad, was het om hun hulp in te roepen tijdens een crisis, om zich te verzekeren van de goddelijke zegen voor de staat en om zich geruststellend verbonden te weten het verleden. Religie was meer een zaak van cultus en rite dan van ideeën; ze stoelde op emoties en niet op een ideologie of een bewust aanvaarde theorie. Die zelfde instelling komt ook nu vrij algemeen voor; veel mensen die in onze maatschappij een kerkdienst bijwonen zijn niet geïnteresseerd in de leer, moeten niets van al te grote buitensporigheden weten en houden niet van verandering. Ze vinden dat de traditionele rituelen hen met de traditie verbinden en hun een gevoel van zekerheid geven. Ze verwachten van de preek geen briljante ideeën en raken in verwarring van veranderingen in de liturgie. Ongeveer op dezelfde manier aanbaden de meeste heidenen van de late oudheid het liefst hun voorvaderlijke goden, net zoals de generaties vóór hen hadden gedaan. De oude rituelen gaven hun een gevoel van identiteit, bevestigden lokale tradities en verzekerden hun dat alles bij het oude zou blijven. Beschaving was een broze verworvenheid en mocht niet in gevaar worden gebracht door lichtzinnige veronachtzaming van de beschermgoden die zorgden dat ze standhield. De mensen zouden zich dan ook vaag bedreigd voelen als een nieuwe cultus zich ten doel stelde het geloof van hun vaderen af te schaffen. Het christendom moest daarom op twee fronten het onderspit delven. Het miste de respectabele ouderdom van het joodse geloof en het had niets van de aantrekkelijke heidense rituelen die iedereen met eigen ogen kon zien en op waarde schatten. Bovendien vormde het een potentiële bedreiging, omdat christenen met nadruk stelden dat hun God de *enige* God was en dat alle andere goden gedachtenspinsels waren. In de ogen van de Romeinse biograaf Gaius Suetonius (70-160) was het christendom een irrationele en excentrieke beweging, een *superstitio nova et prava* – 'gedepraveerd' omdat ze 'nieuw' was.[31]

Ontwikkelde heidenen wendden zich voor verlichting tot de wijsbegeerte, niet tot de godsdienst. Hun heiligen en lichtende voorbeelden waren de filosofen uit de oudheid, mannen als Plato, Pythagoras en Epictetus. Ze zagen hen zelfs als 'zonen van god'; zo meende men dat Plato de zoon van Apollo was geweest. De filosofen hadden altijd met koele eerbied tegenover religie gestaan, maar in hun ogen verschilde deze wezenlijk van wat zij deden. Het waren geen verdorde academici in een ivoren toren, maar mannen met een missie die zich ten doel stelden de ziel van hun tijdgenoten te redden door hen te interesseren voor de disciplines van hun eigen school. Socrates en Plato hadden hun filosofie 'religieus' benaderd en waren van mening geweest dat hun wetenschappelijke en metafysische verkenningen hun inzicht in de glorie van de kosmos hadden verschaft. Vandaar dat in de eerste eeuw van onze jaartelling de intelligentsia op deze mannen terugviel voor een verklaring van de zin van het leven, voor een inspirerende ideologie en voor ethische motivatie. Het christendom leek een barbaars geloof. De christelijke God leek een gewelddadige, primitieve godheid die zich op een irrationele manier met het menselijk bedrijf bleef bemoeien. Hij had niets gemeen met de verre, onveranderlijke god van Aristoteles. Te suggereren dat mannen van het kaliber van Plato en Alexander de Grote de zoon van een god waren geweest, was nog tot daaraan toe, maar om dat te zeggen van een jood die in een obscure uithoek van het Romeinse Rijk een eerloze dood was gestorven, dat ging te ver.

Het platonisme werd een van de populairste wijsgerige systemen van de late oudheid. De neoplatonisten van de eerste en tweede eeuw voelden zich echter niet zozeer aangetrokken tot Plato de ethicus en politiek denker, als wel tot Plato de mysticus. Zijn leer zou de filosoof helpen om tot verwezenlijking van zijn ware zelf te komen door zijn ziel uit de kerker van het lichaam te bevrijden en haar in staat te stellen naar de goddelijke wereld op te stijgen. Het was een nobel denksysteem waarin gebruik werd gemaakt van een kosmologie die het universum als de zuivere uitbeelding van continuïteit en harmonie voorstelde. Het Ene existeerde in serene schouwing van zichzelf, ver buiten het bereik van de verwoestende effecten van verandering en tijd, zetelend op de hoogste top van de machtige hiërarchie van zijnsvormen. Al het bestaande kwam uit het Ene voort, als noodzakelijke consequentie van zijn zuivere zijn; de eeuwige vormen waren uit het Ene geëmaneerd en hadden op hun beurt de zon, de sterren en de maan tot aanzijn gebracht, elk in zijn eigen hemelsfeer. Ten slotte hadden de goden, die nu werden gezien als de hemelse afgezanten van het Ene, de goddelijke invloed overgebracht naar de ondermaanse wereld van de mens. De platonist had geen behoefte aan barbaarse verhalen over een God die opeens besloot de wereld te scheppen, of die de bestaande hiërarchie negeerde en rechtstreeks met een groepje mensen communiceerde. Hij had geen behoefte aan groteske verlossing door een gekruisigde Messias. Aangezien de filosoof verwant was aan de god die alle dingen het leven had geschonken, kon hij op eigen kracht en op rationele, ordelijke wijze opstijgen naar de goddelijke wereld.

Hoe konden de christenen hun geloof dus aan de heidense wereld uitleggen? Het scheen geen vlees en geen vis te zijn, want het leek noch op een godsdienst in de Romeinse zin van het woord, noch op een filosofie. Bovendien zou het de christenen moeite hebben gekost hun 'geloofspunten' op te sommen en waren ze wellicht niet bewust met de ontwikkeling van een onderscheiden denksysteeem bezig. In dat opzicht leken ze op hun heidense naburen. Hun religie miste een coherente 'theologie', maar kon het best worden beschreven als een zorgvuldig gecultiveerde betrokkenheid. Wanneer ze hun 'geloofsbelijdenis' uitspraken, was dat geen instemmende bekrachtiging van een reeks leerstellingen. Het woord *credere* bijvoorbeeld is wellicht afkomstig van *cor dare*, je hart geven. Wanneer ze 'Credo' zeiden (of, in het Grieks, '*Pisteuo*') was dat eerder een gevoelsmatige dan een intellectuele stellingname. Theodorus, die van 392 tot 428 bisschop van Mopsuestia in Cilicië was, legde zijn bekeerlingen uit:

> Wanneer u zegt 'Ik geloof' (*pisteuo*) in God, geeft u daarmee te kennen dat u standvastig aan zijn zijde blijft, dat u zich nooit van Hem zult verwijderen en dat u dat hoger zult achten dan al het overige en dat u met Hem zult leven en zich zult gedragen op een wijze die in overeenstemming is met zijn geboden.[32]

Pas later zouden de christenen hun geloof theoretischer moeten onderbouwen en zouden ze voor het theologische debat een hartstocht ontwikkelen die in de hele geschiedenis van de wereldgodsdiensten zijn weerga niet heeft. We hebben bijvoorbeeld gezien dat het jodendom geen officiële orthodoxie kende, maar dat opvattingen over God in essentie een persoonlijke aangelegenheid waren. De eerste christenen hadden wellicht die zelfde instelling.

In de tweede eeuw probeerden echter enkele heidenen die zich tot het christendom hadden bekeerd, de communicatie met hun ongelovige naburen te openen om hun te tonen dat hun christelijk geloof geen radicale breuk met de traditie betekende. Een van die eerste apologeten was Justinus Martyr (100-165), een man die voor zijn geloof de marteldood stierf. In zijn rusteloze speurtocht naar zin en bedoeling voelen we de spirituele onrust die door zijn tijd waarde. Justinus was een diepzinnige noch briljante denker. Voordat hij zich tot het christendom bekeerde had hij aan de voeten van een stoïcijn, een peripateticus en een pythagoreeër gezeten, maar hij was er duidelijk niet in geslaagd de essentie van hun systemen te vatten. Hij miste de juiste instelling en intelligentie voor wijsbegeerte, maar kon zich anderzijds niet tevredenstellen met een godsverering waarin cultus en ritueel centraal stonden; ten slotte vond hij zijn antwoord in het christendom. In zijn twee *Apologiae* (circa 150 en 155) betoogde hij dat christenen gewoon Plato volgden; die had immers ook verklaard dat er maar één god was. Zowel de Griekse filosofen als de joodse profeten hadden de komst van Christus voorspeld – een argument dat op de heidenen van zijn tijd indruk moet hebben gemaakt, want de interesse voor orakels was weer opgelaaid. Jezus was, zo betoogde hij bovendien, de incarnatie van de Logos of goddelijke rede die de stoïcijnen in de kosmische orde hadden ontwaard; de Logos was door de hele geschiedenis heen in de wereld actief geweest en had zowel de Grieken als de Hebreeën geïnspireerd. Hij legde echter de implicaties van deze vrij nieuwe gedachte niet verder uit. Hoe kon een mens de incarnatie van de Logos zijn? Was de Logos hetzelfde als andere bijbelse beelden, zoals het Woord of de Wijsheid? Wat was de relatie tussen de Logos en de Ene God?

Andere christenen ontwikkelden aanmerkelijk radicalere theologieën, niet zozeer als speculatie omwille van de speculatie, als wel om een diepgewortelde onrust weg te nemen. Vooral de *gnostikoi*, de Wetenden, keerden zich van wijsbegeerte af en probeerden in de mythologie een verklaring te vinden voor de smartelijke scheiding tussen de mensheid en de goddelijke wereld. Met hun mythen trachtten ze hun onwetendheid inzake God en het goddelijke, die hen duidelijk met verdriet en schaamte vervulde, te bestrijden. Basilides, die tussen 130 en 160 in Alexandrië onderwees, en zijn tijdgenoot Valentinus, die Egypte verliet om in Rome te onderrichten, hadden beiden een enorme aanhang, het duidelijke bewijs dat velen die zich tot het christendom hadden bekeerd, zich verloren, op drift geraakt en volstrekt gedesoriënteerd voelden.

Alle gnostici gingen uit van een volstrekt onbevattelijke werkelijkheid die ze de Godheid noemden, aangezien deze de oorsprong was van een lager wezen aan wie we de naam 'God' geven. Over de Godheid konden we absoluut niets zeggen, omdat deze ons beperkte verstand ver te boven gaat. Valentinus en zijn volgelingen verklaarden

> dat er in onzichtbare en onnoemelijke hoogte een volkomen Eon is die van te voren bestond. Deze [heet] ook Vóórvader en Diepte. En dat hij, die onvatbaar en onzichtbaar, eeuwig en ongeschapen is, in grote

kalmte en rust ontstaan is in oneindige eeuwigheden. Dat voorts met hem nog Gedachte bestond, die ook Genade en Stilte [worden genoemd].[33]

De mens heeft altijd over dat Absolute gespeculeerd, maar geen van zijn verklaringen is adequaat geweest. De Godheid kan onmogelijk worden beschreven, want ze is 'goed' noch 'kwaad' en er kan zelfs niet van worden gezegd dat ze 'bestaat'. Basilides leerde dat er in het begin geen god was geweest, maar alleen de Godheid, en strikt gesproken was dat Niets, aangezien ze niet bestond in een betekenis die we kunnen vatten.[34]

Maar dit Niets had zichzelf kenbaar willen maken, want het wilde niet langer in Diepte en Stilte alleen zijn. In de diepten van zijn onpeilbare wezen vond een omwenteling plaats die tot een serie emanaties leidde, vergelijkbaar met de uitvloeiingen die de antieke heidense mythologieën hadden beschreven. De eerste emanatie was de 'God' die we kennen en tot wie we bidden. Maar zelfs 'God' was voor ons ontoegankelijk en moest nader worden verklaard. Er volgden dus nieuwe emanaties die twee aan twee uit God voortkwamen, en elke helft van het tweetal drukte een van zijn goddelijke attributen uit. 'God' was boven elk geslachtsonderscheid verheven, maar net als in het *Enoema Elisj* bestond elk tweetal uit een mannelijk en een vrouwelijk deel – een model waarmee werd gepoogd de mannelijke ondertoon van het conventionelere monotheïsme te neutraliseren. Elk paar emanaties werd zwakker en ijler naarmate het verder van zijn goddelijke oorsprong afraakte. Toen ten slotte dertig emanaties (of eonen) waren uitgevloeid stopte het proces en was de godenwereld, het pleroma (de goddelijke volheid), voltooid. De kosmologie die de gnostici presenteerden, klonk de mensen in die tijd allesbehalve onzinnig in de oren, want iedereen geloofde dat het in de kosmos wemelde van zulke eonen, demonen en geesten. Paulus had over tronen en hoogheden, heerschappijen en machten gesproken, terwijl de filosofen hadden gemeend dat die onzichtbare machten de antieke goden waren en ze hadden hen tot middelaar tussen de mens en het Ene gemaakt.

Vervolgens had een catastrofaal ongeluk plaatsgevonden, een zondeval die de gnostici op verschillende manieren beschreven. Sommigen zeiden dat Sophia (de Wijsheid), de laatste emanatie, uit de gunst was geraakt omdat ze naar verboden kennis van de ongenaakbare Godheid had gestreefd. Wegens haar arrogante stoutmoedigheid was ze uit het pleroma gevallen en uit haar verdriet en wanhoop was de stoffelijke wereld ontstaan. Verbannen en verdwaald had Sophia door de kosmos gezworven, verteerd door verlangen om terug te keren naar haar goddelijke oorsprong. Uit dit amalgaam van oosterse en heidense ideeën spreekt de diepe overtuiging van de gnostici dat onze wereld in zekere zin een verdorven vervorming van de hemelse wereld is, geboren uit wanorde en gemis aan kennis. Andere gnostici leerden dat 'God' deze stoffelijke wereld niet kon hebben geschapen, omdat Hij zich nooit met lage materie kon hebben ingelaten. Het was het werk van een van de andere eonen geweest; die noemden ze de *demiourgos* of schepper. Hij was jaloers geworden op 'God' en had zijn zinnen gezet op de centrale plaats die Hij in het pleroma bezette. Bijgevolg was hij gevallen en in een vlaag van opstandigheid had hij de wereld geschapen. 'Een hemel zou hij gemaakt hebben zonder van een hemel te weten,' aldus Valentinus. 'En een mens zou hij geboetseerd hebben zonder van een mens te weten. En een aarde zou hij ten toon gesteld hebben zonder van de aarde wetenschap te hebben.'[35] Maar de Logos, een van de andere eonen, was te hulp geschoten en naar de aarde neergedaald; hij had de gestalte van Jezus aangenomen om mannen en vrouwen te leren hoe ze naar God terug konden keren. Het christendom van de gnostici zou weliswaar op den duur de kop worden ingedrukt, maar we zullen zien dat eeuwen later joden, christenen en moslims op dit soort mythologie zouden teruggrijpen omdat ze het gevoel hadden dat het hun religieuze beleving van 'God' veel duidelijker tot uitdrukking bracht dan de orthodoxe theologie.

Deze gnostische mythen waren nooit bedoeld als een letterlijke beschrijving van schepping en verlossing; het waren allegorische verwoordingen van een innerlijke waarheid. 'God' en het pleroma waren geen externe werkelijkheden 'ergens daarginds', maar moesten in de mens zelf worden gezocht:

> Nalatende te zoeken God en schepping en dergelijke dingen, moet gij Hem in uzelf zoeken, en verstaan wie het is die kort en goed alles in u zich toeëigent, en zegt: mijn God, mijn verstand, mijn begrip, mijn ziel, mijn lichaam; en verstaan vanwaar het bedroefd-worden is en het blij-zijn en het liefhebben en het haten, en het waken zonder dat men wil en het knikkebollen zonder dat men wil, en het toornig worden zonder dat men wil en het beminnen zonder dat men wil; en indien gij dit een en ander nauwkeurig onderzoekt, dan zult gij Hem in uzelf vinden.[36]

Het pleroma was een kaart van de ziel. Het goddelijke licht kon zelfs in deze donkere wereld worden ontwaard als de gnosticus wist waar hij moest kijken; bij de zondeval – van hetzij Sophia, hetzij de demiurg – waren ook enkele goddelijke vonken uit het pleroma gevallen en in materie gevangen geraakt. De gnosticus kon in zijn eigen ziel een goddelijke vonk vinden, kon zich bewust worden van een goddelijk element in zichzelf dat hem zou helpen de weg naar huis te vinden.

Uit het succes van de gnostici kunnen we afleiden dat veel nieuwe, christelijke bekeerlingen niet tevreden waren met de traditionele godsidee die ze van het jodendom hadden geërfd. Ze ervoeren de wereld niet als 'goed', niet als het werk van een welwillende godheid. Een soortgelijke tweeslachtigheid en ontreddering kenmerkten de leer van Marcion (100-165). Hij was de zoon van de bisschop van Pontus, die hem geëxcommuniceerd had, naar verluidt wegens immoreel gedrag. Hij stichtte zijn eigen concurrerende kerk in Rome en kreeg een enorme aanhang. Jezus had gezegd dat een gezonde boom ook goede vruchten voortbrengt.[37] Welnu, hoe kon de wereld dan door een goede God zijn geschapen wanneer slechtheid en lijden er zo welig tierden? Marcion was ook ontzet over de joodse Schrift, want daarin leek een harde, wrede God te worden beschreven die in zijn hang naar rechtvaardigheid hele volkeren uitroeide. Het moest daarom deze joodse God zijn geweest die de wereld had geschapen, zo concludeerde hij, deze God die 'een schepper van slechte dingen is, en verlangend naar oorlogen, en onstandvastig in gevoelens en met zichzelf in tegenspraak'.[38] Maar Jezus had onthuld dat er een andere God bestond, een God die in de joodse Schrift nooit was genoemd. Deze tweede God was 'zacht, bedaard en slechts goed en allerbest'.[39] Hij was heel anders dan de wrede, 'richtende' Schepper van de wereld. We moesten ons daarom afkeren van de wereld die, omdat ze niet zijn werk was, ons niets over deze welwillende God kon vertellen en we moesten ook het 'oude' Testament verwerpen en ons gewoon richten op die nieuwtestamentische boeken waarin de geest van Jezus bewaard was gebleven. De popularitiet van Marcions leer is het bewijs dat hij een algemene onrust onder woorden had gebracht. Hij had de vinger gelegd op een belangrijk aspect van de christelijke godservaring; hele generaties christenen hebben er moeite mee gehad een positieve houding tegenover de stoffelijke wereld aan te nemen en er is nog steeds een groot aantal dat niet goed raad weet met de joodse God.

De Noordafrikaanse theoloog Tertullianus (160-220) wees er echter op dat Marcions 'goede' God meer gemeen had met de god van de Griekse wijsbegeerte dan met de God van de Bijbel. Deze serene Godheid, die niets met deze onvolkomen wereld te maken had, stond veel dichter bij de Onbewogen Beweger die Aristoteles had beschreven dan bij de joodse God van Jezus Christus. Inderdaad vonden veel mensen in de Grieks-Romeinse wereld de bijbelse God een blunderend, gewelddadig wezen dat het niet waard was te worden aanbeden. Omstreeks 178 wierp de heidense filosoof Celsus de christenen voor de voeten dat ze een bekrompen, provinciale kijk op God hadden. Hij vond het schandalig dat de christenen voor zichzelf een speciale openbaring opeisten: God was er voor alle mensen, maar toch kropen de christenen in een eng groepje bij elkaar en betoogden ze dat 'Hij de gehele wereld en de omloop des hemels ter zijde laat en de zo grote aarde verwaarloost om onder ons alleen burger te zijn'.[40] Toen de christenen door de

Romeinse autoriteiten werden vervolgd, werden ze van 'atheïsme' beschuldigd, omdat hun godsbegrip een grove belediging aan het adres van het Romeinse ethos was. Aangezien de christenen de traditionele goden niet gaven waar ze recht op hadden, vreesde men dat zij de staat in gevaar zouden brengen en de broze maatschappelijke orde omver zouden werpen. Het christendom leek een barbaars geloof dat aan de verworvenheden van de beschaving voorbijging.

Tegen het einde van de tweede eeuw echter bekeerden enkele werkelijk ontwikkelde heidenen zich tot het christendom en zij slaagden erin de semitische God van de Bijbel in overeenstemming te brengen met het Grieks-Romeinse ideaal. De eerste van hen was Clemens van Alexandrië (circa 150-215), een man die waarschijnlijk vóór zijn bekering in Athene wijsbegeerte had gestudeerd. Voor Clemens was er geen twijfel mogelijk dat Jahweh en de god van de Griekse filosofen een en dezelfde waren; hij noemde Plato de Attische Mozes. Toch zou zijn geloofsleer zowel Jezus als Paulus hebben verrast. Net als de god van Plato en Aristoteles kenmerkte de God van Clemens zich door zijn *apatheia*: Hij was volkomen onaangedaan, niet in staat te lijden of te veranderen. Christenen konden aan dit goddelijke leven deel hebben door de kalmte en onverstoorbaarheid van God zelf na te volgen. Clemens stelde een leefregel op die opvallende gelijkenis vertoonde met de gedetailleerde gedragsregels die de rabbijnen hadden voorgeschreven, zij het dat de zijne meer gemeen had met het stoïcijnse ideaal. Een christen behoorde Gods sereniteit tot in elk detail van zijn leven na te volgen; hij moet correct zitten, rustig spreken, wilde lachbuien vermijden en, als hij boert, dat zachtjes doen. Als een christen deze bestudeerde kalmte vlijtig beoefende, zou hij een grote, innerlijke rust bij zichzelf bemerken: dat was het beeld van God dat in zijn ziel was gegrift. Er bestond geen kloof tussen God en de mens. Zodra christenen zich aan het goddelijke ideaal hadden geconformeerd, zouden ze merken dat ze een goddelijke gezel hadden 'die met ons woont, met ons raadpleegt, met ons spreekt, met ons lijdt, bovenmatig lijdt'.[41]

Toch geloofde ook Clemens dat Jezus God was, 'de levende God die leed en wordt aanbeden'.[42] Hij, 'die hun voeten waste, omgord met een linnen doek', was de 'hoogmoedvrije God en de Heer des Heelals' geweest.[43] Als de christenen Jezus navolgden, zouden ook zij vergoddelijkt worden: goddelijk, onkreukbaar en onaangedaan. Was Christus immers niet de goddelijke Logos geweest die mens was geworden 'opdat ook gij van een mens zoudt leren hoe eenmaal een mens God wordt'?[44] In het Westen had Irenaeus, de bisschop van Lyon (130-200), een soortgelijk leerstuk onderwezen. Jezus was de incarnatie van de Logos, van de goddelijke rede. Toen Hij mens geworden was, had Hij elke fase van de menselijke ontwikkeling geheiligd en was Hij een voorbeeld voor christenen geworden. Ze moesten

Hem navolgen op dezelfde manier als waarop een acteur één wordt met het personage dat hij verbeeldt, en zo zouden ze hun menselijke vermogens verwezenlijken. Zowel Clemens als Irenaeus bracht de joodse God in overeenstemming met de opvattingen die hun tijd en cultuur kenmerkten. Hoewel Clemens' leerstuk van de *apatheia* weinig raakpunten had met de God van de profeten, die voornamelijk werd gekenmerkt door zijn pathos en kwetsbaarheid, zou het voor het christelijke godsbegrip fundamenteel worden. In de Griekse wereld wilden de mensen niets liever dan boven de kluwen van emoties en veranderingen staan en bovenmenselijke kalmte bereiken. Op dat ideaal bleef elk streven gericht, ondanks de inherente paradox ervan.

Clemens' geloofsleer liet cruciale vragen onbeantwoord. Hoe kon een gewoon mens de Logos of goddelijke rede zijn geweest? Wat betekende het precies als men zei dat Jezus goddelijk was geweest? Was de Logos hetzelfde als de 'Zoon van God' en wat betekende die joodse titel in de hellenistische wereld? Hoe kon een onaangedane God in Jezus hebben geleden? Hoe kon je als christen geloven dat Jezus een goddelijk wezen was en tegelijkertijd toch zeggen dat er maar één God was? In de derde eeuw werden de christenen zich steeds scherper van deze problemen bewust. In de beginjaren van die eeuw was in Rome een zekere Sabellius, een vrij obscure figuur, met de gedachte gekomen dat de bijbelse termen 'Vader', 'Zoon' en 'Geest' gezien zouden kunnen worden als de maskers (*personae*) die acteurs droegen als ze op het toneel stonden en voor een groot publiek verstaanbaar wilden zijn. De Ene God had dus verschillende *personae* opgezet toen Hij zich met de wereld inliet. Sabellius wist enkele volgelingen te verzamelen, maar de meeste christenen vonden zijn theorie verontrustend; er werd immers de suggestie in gewekt dat het de onaangedane God was geweest die in zekere zin had geleden toen Hij de rol van de Zoon speelde, en dat was een gedachte die ze volstrekt onaanvaardbaar vonden. Maar toen Paulus van Samosata, de bisschop van Antiochië van 260 tot 272, met de gedachte kwam dat Jezus gewoon een mens was geweest in wie het Woord en de Wijsheid van God als in een tempel had gewoond, vond men dat niet minder strijdig met de rechtgelovigheid. De theorie van Paulus werd in 264 tijdens een synode in Antiochië veroordeeld, al wist hij met de steun van koningin Zenobia van Palmyra zijn bisschopszetel te behouden. In elk geval was het duidelijk dat het uiterst moeilijk zou zijn om de christelijke overtuiging dat Jezus goddelijk was geweest te verzoenen met het even sterke geloof dat God Eén was.

Toen Clemens in 202 Alexandrië verliet om zich als priester bij de bisschop van Jeruzalem te voegen, werd zijn plaats op de catechetenschool overgenomen door zijn briljante leerling Origenes, die op dat moment een jaar of twintig was. In zijn jeugd was Origenes er vurig van overtuigd geweest dat het martelaarschap de enige weg naar de hemel was. Zijn vader

Leonides was vier jaar daarvoor in de arena gestorven en Origenes had getracht zich bij hem te voegen. Zijn moeder redde hem echter het leven door zijn kleren te verstoppen. Origenes geloofde aanvankelijk dat een christelijke leefwijze inhield dat men zich tegen de wereld keerde, maar later zwoer hij die gedachte af en ontwikkelde hij een soort christelijk platonisme. In plaats van een diepe kloof tussen God en de wereld te zien die slechts kon worden overbrugd door de ontwrichtende radicaliteit van het martelaarschap, stelde Origenes een geloofsleer op waarin de nadruk werd gelegd op de continuïteit van God en de wereld. Zijn spiritualiteit kenmerkte zich door licht, optimisme en vreugde. Stap voor stap kon een christen de hiërarchie van zijnsvormen bestijgen en ten slotte God bereiken, zijn natuurlijk element en huis.

Als platonist was Origenes overtuigd van de verwantschap van God en de ziel; elk mens bezit het aangeboren vermogen om het goddelijke te kennen. Met speciale technieken kon de mens die kennis 'in zijn herinnering' oproepen en wakker schudden. Om zijn platoonse filosofie in overeenstemming met de semitische Schrift te brengen ontwikkelde Origenes een allegorische manier van bijbellezen. Zo moest de maagdelijke geboorte van Christus in de schoot van Maria niet primair als een feitelijke gebeurtenis worden begrepen, maar als de geboorte van de goddelijke wijsheid in de ziel. Hij nam ook enkele ideeën van de gnostici over. Oorspronkelijk waren alle wezens die de geestelijke wereld bevolkten, verzonken geweest in diepe schouwing van de onzegbare God die zich in de Logos, het goddelijke Woord en de goddelijke Wijsheid, aan hen had geopenbaard. Maar ze hadden genoeg gekregen van die volmaakte schouwing en waren uit de goddelijke wereld gevallen en terechtgekomen in lichamen die hun val hadden gebroken. Maar daarmee was niet alles verloren. De ziel kon via een lange, gestage weg die tot na de dood voort zou duren, tot God opgaan. Geleidelijk zou ze haar lichamelijke ketenen afwerpen, boven elk geslachtsonderscheid uitstijgen en zuiver geest worden. Door schouwing (*theoria*) zou de ziel zich steeds meer kennis (*gnosis*) van God verwerven en daardoor zou ze ten slotte zo worden getransformeerd dat ze, zoals Plato zelf had onderwezen, zelf goddelijk zou worden. God was een groot mysterie en geen enkel menselijk woord of concept kon Hem adequaat beschrijven, maar de ziel bezat het vermogen God te kennen, aangezien ze deel had aan zijn goddelijke natuur. Schouwing van de Logos was ons ingeschapen omdat alle geestelijke wezens (*logikoi*) oorspronkelijk aan elkaar gelijk waren geweest. Toen ze waren gevallen, had alleen de toekomstige geest van Christus verkozen om in de goddelijke wereld te blijven en Gods Woord te schouwen, en onze ziel was aan de zijne gelijk. Geloof in de goddelijkheid van de mens Jezus was slechts een fase; het zou ons helpen om onze weg af te leggen, maar het zou ten slotte worden getranscendeerd wanneer we voor Gods aangezicht stonden.

In de negende eeuw zou de Kerk enkele gedachten van Origenes een dwaalleer noemen en veroordelen. Zo geloofde noch Origenes, noch Clemens dat God de wereld uit niets (*ex nihilo*) had geschapen, een leerstuk dat later het orthodox-christelijke dogma zou worden. En het standpunt van Origenes over de goddelijkheid van Jezus en de verlossing van het mensdom kwam evenmin overeen met de latere, officiële christelijke leer. Hij geloofde niet dat we door de dood van Christus waren 'verlost', maar dat we op eigen kracht naar God opstegen. Maar toen Origenes en Clemens hun christelijk platonisme beschreven en onderwezen, bestónd er gewoon nog geen officiële leer. Niemand wist met zekerheid te zeggen of God de wereld had geschapen en hoe een mens goddelijk kon zijn geweest. De turbulente ontwikkelingen in de vierde en vijfde eeuw zouden pas na een verbeten strijd tot de definiëring van een orthodoxe geloofsleer leiden.

Origenes geniet misschien de meeste bekendheid om het feit dat hij zichzelf castreerde. In de evangeliën zei Jezus dat sommige mensen zich omwille van het Koninkrijk der Hemelen hadden ontmand en Origenes nam dat letterlijk. Castratie was in de late oudheid een vrij algemene ingreep; Origenes bewerkte zichzelf echter niet driftig met een mes, noch werd zijn beslissing ingegeven door het soort neurotische afkeer van seksualiteit dat enkele westerse theologen, zoals Hiëronymus (342-420), zou kenmerken. De Engelse geleerde Peter Brown oppert de gedachte dat zijn castratie misschien was bedoeld als veraanschouwelijking van zijn leerstuk dat de menselijke conditie een onbepaalde staat was die de ziel zo snel mogelijk moest ontstijgen. In het lange proces van vergoddelijking zouden factoren die duidelijk onveranderlijk waren, zoals geslacht, worden achtergelaten, aangezien God mannelijk noch vrouwelijk was. Hoe het ook zij, in elk geval zal men in een tijd waarin de filosoof als teken van wijsheid werd gekenmerkt door een lange baard, vreemd hebben opgekeken van Origenes' gladde wangen en hoge stem.

Plotinus (205-270) had in Alexandrië bij Ammonius Saccas gestudeerd, de oude leermeester van Origenes, en zich later aangesloten bij een expeditie van het Romeinse leger, in de hoop op die manier India te bereiken, waar hij wilde studeren. Helaas leed de expeditie schipbreuk en Plotinus moest naar Antiochië vluchten. Later stichtte hij in Rome een prestigieuze filosofenschool. We weten weinig van hem af, aangezien hij een uiterst terughoudende man was die nooit over zichzelf sprak en zelfs nooit zijn verjaardag vierde. Net als Celsus vond Plotinus het christendom een zeer afkeurenswaardig geloof, maar toch wist hij hele generaties toekomstige monotheïsten uit alle drie theïstische religies te beïnvloeden. Het is daarom belangrijk enigszins gedetailleerd bij zijn visie op God stil te staan. Men heeft Plotinus wel eens gekenschetst als een waterscheiding: hij had de hoofdstromen van zo'n achthonderd jaar Griekse speculatie in zich opgenomen en ze vervolgens in een vorm gegoten die zelfs sleutelfiguren van onze eeuw, zoals T.S.

Eliot en Henri Bergson, heeft beïnvloed. Puttend uit Plato's gedachtengoed ontwikkelde hij een systeem dat was bedoeld om beter inzicht in de eigen persoon te krijgen. Maar, het zij opnieuw gezegd, hij was allerminst op zoek naar een wetenschappelijke verklaring voor het universum en hij probeerde evenmin het fysieke ontstaan van het leven te verklaren. Integendeel, Plotinus spoorde zijn volgelingen aan om niet in de buitenwereldse werkelijkheid naar een objectieve verklaring te zoeken, maar om juist de blik naar binnen te richten en hun onderzoek te beginnen in de diepten van hun eigen psyche.

De mens is zich ervan bewust dat er iets mis is met zijn bestaan; hij leeft in onmin met zichzelf en anderen, heeft het contact met zijn innerlijk verloren en is gedesoriënteerd. Ons leven lijkt zich slechts te kenmerken door conflicten en het ontbreken van enkelvoudigheid. Toch streven we er voortdurend naar de veelheid van verschijningsvormen met elkaar te verbinden en er een geordend, samenhangend geheel van te maken. Wanneer we een blik op iemand werpen, zien we niet een been, een arm, een tweede arm of een hoofd, maar organiseren we die elementen automatisch tot een geïntegreerd menselijk wezen. Dat streven naar eenwording is fundamenteel voor de manier waarop onze geest werkt, en het kan niet anders of eenwording, zo meende Plotinus, moest ook de afspiegeling zijn van de wezenheid van de dingen in het algemeen. Maar als de ziel de onderliggende waarheid van de werkelijkheid wil vinden, moet ze, zoals Plato had geadviseerd, zichzelf opnieuw vormen, een periode van zuivering (katharsis) doormaken en zich aan schouwing (theoria) overgeven. Om in het hart van de werkelijkheid te kunnen schouwen moet ze verder kijken dan de kosmos, verder dan de zintuiglijke wereld en zelfs verder dan de beperkingen van het verstand. Dat zal echter geen opgang naar een werkelijkheid buiten onszelf worden, maar een afdaling naar de diepste diepten van de geest. Het is bij wijze van spreken een klim naar binnen.

De uiterste werkelijkheid was de oer-eenheid, die Plotinus het Ene noemde. Alle dingen komen uit deze krachtbron voort. Aangezien het Ene de enkelvoudigheid zelf is, kon er niets van worden gezegd; buiten zijn wezen bezat het geen predikaten die ons in staat zouden stellen het in gewone bewoordingen te beschrijven. Het Ene wás er gewoon en derhalve was het naamloos. 'Als het Ene een positieve term zou zijn,' legde Plotinus uit, 'zowel het woord als wat ermee aangeduid wordt, zou het onduidelijker worden dan wanneer men het geen naam zou geven.'[45] Het dichtst bij de waarheid komen we met de term 'Stilzwijgen'. We kunnen zelfs niet zeggen dat het Ene bestaat, aangezien het, als de verwekker van het zijnde, 'niet een bepaald exemplaar van alle bestaande dingen [is], maar aan alles voorafgaat'.[46] Sterker nog, legde Plotinus uit, het Ene is 'geen van de zijnden en toch is het alle tegelijk'.[47] We zullen later zien dat deze zienswijze voortdurend in de geschiedenis van God terugkeert.

Maar met de term 'Stilzwijgen' kan niet de hele waarheid van het Ene zijn gedekt, betoogde Plotinus, aangezien we immers in staat zijn *iets* van het goddelijke te weten. Dat zou onmogelijk zijn als het Ene zich altijd in zijn ondoordringbare onbekendheid was blijven hullen. Het Ene moet dus zichzelf hebben overstegen, het moet buiten zijn enkelvoudigheid zijn getreden om zich begrijpelijk te maken voor onvolmaakte wezens als wij. Deze goddelijke transcendentie kon een 'extase' in de ware zin van het woord worden genoemd, want ze is een 'uittreding buiten zichzelf' naar zuivere edelmoedigheid: 'want hoewel het [Ene] volmaakt was, doordat het niets zocht of bezat of nodig had, vloeide het bij wijze van spreken over en de "overvloed" ervan heeft iets geschapen dat anders is'.[48] Het was echter een strikt onpersoonlijk proces geweest; voor Plotinus stond het Ene boven alle menselijke categorieën, ook boven die van individualiteit. Hij greep terug op de antieke mythe van de emanatie om zijn theorie te verklaren dat al het zijnde een uitstraling van die zuiver enkelvoudige Oorsprong was en hij gebruikte een aantal analogieën om dat proces te beschrijven: het was als een licht dat van de zon afstraalde, of als de gloed die een vuur afgeeft en die steeds warmer wordt naarmate je dichter bij de gloeiende kern komt. Een van Plotinus' favoriete parallellen was de vergelijking van het Ene met het middelpunt van een cirkel, dat de mogelijkheid in zich draagt er alle toekomstige cirkels van af te leiden. Het was als het rimpeleffect wanneer een steen in een vijver werd gegooid. Anders dan de emanaties in een mythe als het *Enoema Elisj*, waar elk tweetal goden dat uit een ander emaneerde volmaakter en machtiger was, was in Plotinus' model juist het tegenovergestelde het geval. Net als in de gnostische mythen werd een zijnde zwakker naarmate het verder van zijn bron in het Ene was verwijderd.

Plotinus beschouwde de eerste twee emanaties die van het Ene uitstraalden als goddelijk, aangezien die ons in staat stelden het leven van God te kennen en eraan deel te hebben. Samen met het Ene vormden ze een goddelijke triade die in sommige opzichten dicht bij de definitieve christelijke oplossing van de Drieëenheid kwam. De Geest (*nous*), de eerste emanatie, correspondeerde in Plotinus' model met Plato's rijk van de ideeën. De Geest maakte dat we de enkelvoudigheid van het Ene kunnen begrijpen, maar het kennen was hier intuïtief en direct. Het was geen moeizaam, via onderzoek en logische denkprocessen verkregen weten, maar een absorberend denken, op vrijwel dezelfde manier als waarop onze zintuigen de voorwerpen die ze waarnemen indrinken. De Ziel (*psuchè*), die op dezelfde manier uit de Geest emaneert als de Geest uit het Ene, staat een stukje verder van de volmaaktheid af, en op dat vlak kan kennis alleen maar discursief worden verkregen en ontbreekt er absolute enkelvoudigheid en samenhang aan. De Ziel correspondeert met de werkelijkheid die we kennen; alles wat er verder nog aan fysieke en geestelijke existentie rest, zijn emanaties van de Ziel; zij geeft onze wereld enkelvoudigheid en coherentie. Opnieuw moet hier worden beklemtoond dat Plotinus zich de drieëenheid, bestaande uit het Ene, de Geest en de Ziel, niet voorstelde als een god 'ergens daarginds'. Het goddelijke omvatte het hele bestaan. God was alles in alles en de lagere zijnden bestonden slechts voor zover ze deel hadden aan het absolute zijn van het Ene.

De uitvloeiing van emanaties werd een halt toegeroepen door een corresponderende tegenbeweging terug naar het Ene. Zoals we zelf kunnen constateren op grond van de manier waarop onze eigen geest functioneert en van onze weerstand tegen conflicten en veelvormigheid, verlangen alle wezens naar eenwording; ze verlangen naar terugkeer naar het Ene. Ook nu weer is het geen opgang naar een externe werkelijkheid, maar een innerlijke afdaling naar de diepten van de geest. De ziel moet zich de enkelvoudigheid die ze is vergeten weer in herinnering roepen en terugkeren naar haar ware zelf. Aangezien alle zielen door dezelfde Werkelijkheid werden geanimeerd, kon het mensdom worden vergeleken met een koor dat om een koorleider staat. Als een van de leden zou worden afgeleid, zouden dissonantie en disharmonie het gevolg zijn, maar als allen zich naar de dirigent zouden keren en zich op hem zouden concentreren, zou het hele koor er baat bij hebben, want dan 'zingt het mooi en is het werkelijk rondom de koorleider geschaard'.[49]

Het Ene is absoluut onpersoonlijk. Het heeft geen geslacht en is zich totaal niet van ons bewust. Maar tegelijkertijd is 'Geest' (*nous*) grammaticaal mannelijk en 'Ziel' (*psuchè*) vrouwelijk, wat zou kunnen wijzen op een verlangen van Plotinus om de oude heidense opvatting over seksueel evenwicht en harmonie intact te houden. In tegenstelling tot de bijbelse God komt het Ene niet naar ons toe om ons te ontmoeten en naar huis te leiden. Het verlangt niet naar ons, houdt niet van ons, openbaart zich niet aan ons. Het heeft geen weet van wat buiten zichzelf is. Toch werd de menselijke ziel nu en dan overweldigd door een extatische begrijpen van het Ene. Het wijsgerige systeem van Plotinus was geen rationeel proces, maar een geestelijke speurtocht: wij, mensen, moeten

> de andere dingen allemaal afleggen en alleen [in het Ene] blijven stil staan en dat alleen worden en alle overige omhulsels die we om ons heen dragen afwerpen. Derhalve jachten we om hier vandaan te komen – en ergeren we ons omdat we nog zo gebonden zijn aan deze zijde – opdat we ons met ons hele wezen daar tegenaan vlijen en geen deel meer hebben, waarmee we ons niet aan god vastklampen. Daar is het dan mogelijk zowel hem als zichzelf te zien, voorzover we daar mogen zien: zichzelf, stralend, vol van het intelligibile licht, of liever het licht zelve, zuiver, gewichtloos, zonder zwaarte, een god geworden of liever, een god zijnde.[50]

Deze god was geen object dat ver van ons afstond, maar het beste deel van onszelf. Het probleem was alleen dat 'het begrijpen van het Ene noch via kennis, noch via denken tot stand komt, zoals bij de andere dingen, de intelligibilia [dat wil zeggen, de dingen van de geest of *nous*], maar via een nabijzijn [*parousia*] dat kennis te boven gaat'.[51]

De wereld waarin het christendom een plaats begon te krijgen, was een wereld waarin platoonse ideeën de overhand hadden. Wanneer christelijke denkers dus vanaf die tijd hun religieuze beleving probeerden uit te leggen, wendden ze zich als vanzelfsprekend tot het neoplatonisme van Plotinus en zijn latere, heidense volgelingen. Het concept van een geestelijke verlichting die onpersoonlijk was, die niet in menselijke categorieën viel onder te brengen en die de mens was ingeschapen, kwam ook dicht bij het hindoeïstische en boeddhistische ideaal in India, het land waar Plotinus zo graag had willen studeren. Ondanks enkele oppervlakkige verschillen vertoonden het monotheïstische godsbegrip en de andere visies op de uiterste werkelijkheid dus grote overeenkomsten; kennelijk hebben mensen bij hun schouwing van het Absolute nagenoeg dezelfde ideeën en ervaringen. Het besef van een goddelijke tegenwoordigheid, de extase, de vrees wanneer men te maken heeft met een uiterste werkelijkheid (om het even of ze nirwana, het Ene, Brahmā of God heet) zijn blijkbaar een geestestoestand en een perceptie die de mens zijn ingeschapen en voortdurend door hem worden gezocht.

Sommige christenen waren vastbesloten de Griekse wereld de hand te reiken. Anderen wilden er niets mee te maken hebben. Tijdens een nieuwe uitbarsting van vervolgingen in de jaren zeventig van de tweede eeuw stond in Frygië, in het huidige Turkije, een nieuwe profeet op. Hij, Montanus, beweerde een goddelijke avatara te zijn: 'Ik ben God de Almachtige die in een mens is neergedaald,' placht hij uit te roepen. 'Ik ben de Vader, de Zoon en de Paracleet.' Zijn metgezellinnen Priscilla en Maximilla verklaarden hetzelfde.[52] Het montanisme was een extreem apocalyptisch geloof waarin een angstaanjagend beeld van God werd geschilderd. Niet alleen waren de aanhangers verplicht de wereld de rug toe te keren en een celibatair leven te leiden, hun werd ook voorgehouden dat het martelaarschap de enige zekere weg naar God was. Hun gruwelijke dood voor het geloof zou de komst van Christus bespoedigen; de martelaren waren soldaten Gods die in een strijd met de krachten van het kwaad waren gewikkeld. Dit afgrijselijke geloof sprak vooral een sluimerend extremisme in het christelijke denken aan; het montanisme greep in Frygië, Thracië, Syrië en Galatië als een bosbrand om zich heen. Het had vooral een sterke aanhang in Noord-Afrika, waar men gewend was aan goden die mensenoffers eisten. De plaatselijke Baälcultus waarvan het offeren van de eerstgeborene een onderdeel was geweest, was pas in de tweede eeuw door de keizer onderdrukt. Spoedig had deze ketterij niemand minder dan Tertullianus, de leidende theoloog van de Latijnse

Kerk, in haar ban. In het Oosten daarentegen predikten Clemens en Origenes een vreedzame, blijde terugkeer naar God, maar in de westerse Kerk verlangde een God die veel angstwekkender was een gruwelijke dood als voorwaarde voor verlossing. In dit stadium was het christendom in West-Europa en Noord-Afrika een strijdende kerk die al vanaf het begin naar extremisme en strengheid neigde.

In het Oosten ontwikkelde het christendom zich met rasse schreden en tegen 235 was het een van de belangrijkste godsdiensten van het Romeinse Rijk geworden. Christenen spraken nu over een grote Kerk met één enkele geloofsleer waarin extremisme en excentriciteit uit de weg werden gegaan. Deze orthodoxe theologen hadden de pessimistische visie van de gnostici, de marcionisten en de montanisten in de ban gedaan en voor de gulden middenweg gekozen. Het christendom werd geleidelijk een urbaan geloof dat niets moest weten van de complexiteit van de mysterieculten en van een onwrikbaar ascetisme. Het begon de hoger opgeleiden aan te spreken, mannen die in staat waren het geloof op zo'n manier te ontwikkelen, dat de Grieks-Romeinse wereld het kon begrijpen. De nieuwe religie sprak ook vrouwen aan; de Schrift leerde dat er in Christus geen onderscheid tussen mannen en vrouwen bestond en drukte de man op het hart zijn vrouw net zo te koesteren als Christus zijn Kerk. Het christendom bezat nu alle voordelen die het jodendom eens tot zo'n aantrekkelijk geloof hadden gemaakt, zonder de nadelen van een besnijdenis en een vreemde Wet. Heidenen waren vooral onder de indruk van het sociale stelsel dat de kerken hadden opgezet en van de barmhartige houding die de christenen tegenover elkaar aannamen. Tijdens de lange strijd om zich staande te houden tegen de vervolgingen van buitenaf en de scheuringen van binnenuit hadden de kerken ook een efficiënte organisatie opgezet, waardoor ze bijna een microkosmos van het keizerrijk zelf waren; ze waren multiraciaal, universeel, internationaal, oecumenisch en ze werden bestuurd door efficiënte ambtenaren.

Als zodanig was het christendom een belangrijke factor voor het bewaren van de stabiliteit geworden en had het keizer Constantijn aangesproken, die zelf na de slag bij de Milvische brug in 312 christen was geworden en een jaar later het christendom had gelegaliseerd. Christenen mochten nu bezittingen hebben, ongehinderd hun geloof belijden en zich vrij in het openbaar vertonen. Hoewel het heidendom nog twee eeuwen welig zou tieren, werd het christendom de staatsgodsdienst van het rijk en begon het nieuwe bekeerlingen aan te trekken die om materieel gewin hun weg naar de Kerk vonden. Spoedig zou de Kerk, die was begonnen als een aan vervolgingen blootgestelde en om tolerantie smekende sekte, naleving van haar eigen wetten en geloofspunten eisen. De redenen die aan de zege van het christendom ten grondslag liggen zijn duister; zonder de steun van het Romeinse Rijk zou het zeker nooit succesvol zijn geweest, al bracht die steun onvermijdelijk zijn eigen problemen met zich mee. Omdat het christendom in hoge mate een religie van de tegenspoed is, is het in tijden van welvaart nooit op zijn best geweest. Een van de eerste problemen die het moest oplossen was het leerstuk van God; nauwelijks had Constantijn de Kerk vrede gebracht, of er diende zich van binnenuit een nieuw gevaar aan dat de christenen in twee bitter strijdende kampen zou verdelen.

4

Drieëenheid: de christelijke God

Omstreeks het jaar 320 woedde in de kerken van Egypte, Syrië en Klein-Azië een felle theologische discussie. Zeelieden en reizigers zongen variaties op bekende volkswijsjes waarin werd verkondigd dat alleen de Vader de waarachtige God was, de ongenaakbare en enige, en dat de Zoon noch mede-eeuwig, noch ongeschapen was, omdat de Vader Hem het worden en zijn had gegeven. We horen vertellen over een badmeester die zijn badgasten in heftige bewoordingen voorhield dat de Zoon uit het niets was voortgebracht, over een geldwisselaar die zijn antwoord op de vraag wat de koers was, liet voorafgaan door een lange tirade over het verschil tussen de geschapen orde en de ongeschapen God, en over een bakker die zijn klant voorhield dat de God hoger stond dan de Zoon. De mensen discussieerden over deze diepzinnige vraagstukken met hetzelfde enthousiasme als ze dat tegenwoordig over voetbal doen.[1] De controverse was in het leven geroepen door Arius, de charismatische presbyter van Alexandrië, een man met een zachte, indrukwekkende stem en een knap, opvallend melancholiek uiterlijk. Hij had een probleem aan de orde gesteld dat zijn bisschop Alexander onmogelijk kon negeren, maar nog moeilijker kon weerleggen: hoe was het mogelijk dat Jezus Christus op dezelfde manier God was geweest als God de Vader? Arius ontkende de goddelijkheid van Christus niet; integendeel, hij noemde Jezus 'sterke God' en 'volledig God',[2] maar hij voerde aan dat het godslasterlijk was om te menen dat Hij goddelijk van nature was; Jezus had immers uitdrukkelijk gezegd dat de Vader hoger was dan Hij. Alexander en zijn briljante jonge secretaris Athanasius beseften onmiddellijk dat het hier niet uitsluitend om een theologische nuance ging. Arius stelde wezenlijke vragen over de natuur van God aan de orde. Ondertussen had Arius, handig propagandist die hij was, zijn gedachten op muziek gezet en spoedig discussieerden leken even hartstochtelijk over het onderwerp als hun bisschoppen.

De controverse liep zo hoog op dat keizer Constantijn persoonlijk tussen beide kwam en in Nicea, in Midden-Turkije, een concilie bijeenriep om de kwestie te regelen. Tegenwoordig is de naam Arius synoniem met ketterij, maar toen het conflict uitbrak bestond er nog geen officieel orthodox standpunt en was het allerminst een uitgemaakte zaak waarom en zelfs óf Arius het bij het verkeerde eind had. Op zichzelf was zijn bewering niet nieuw. Origenes, die door beide partijen bijzonder werd gerespecteerd, had een soortgelijk leerstuk onderwezen. Maar sinds de dagen van Origenes had het intellectuele klimaat een verandering ondergaan en was men er niet langer van overtuigd dat de god van Plato met succes kon worden gekoppeld aan de God van de Bijbel. Zo geloofden Arius, Alexander en Athanasius in een doctrine waar elke platonist geschrokken van zou hebben opgekeken: ze waren de mening toegedaan dat God de wereld uit niets (*ex nihilo*) had geschapen en baseerden dit op de Schrift. In werkelijkheid echter had Genesis dat nergens beweerd. De priesterlijke auteur (P) was ervan uitgegaan dat God de wereld uit de oerchaos had geschapen en de notie dat God het hele universum uit een absoluut vacuüm had opgeroepen was volstrekt nieuw. Het strookte niet met het Griekse denken en was niet onderwezen door theologen als Clemens en Origenes, die het platoonse model van de emanatie hadden aangehangen. Maar tegen de vierde eeuw deelden de christenen de visie van de gnostici dat de wereld van nature kwetsbaar en onvolmaakt was en door een enorme kloof van God werd gescheiden. In het nieuwe leerstuk van de schepping ex nihilo werd dat standpunt beklemtoond: de kosmos was wezenlijk breekbaar en hing voor zijn ontstaan en leven volkomen van God af. God en de mens waren niet langer aan elkaar verwant, zoals in het Griekse denken. God had elk afzonderlijk, levend wezen uit een peilloos niets opgeroepen en kon op elk moment zijn dragende hand van hem aftrekken. Niet langer was daar een imponerende hiërarchie van zijnsvormen die eeuwig uit God emaneerde; niet langer was daar een tussenwereld van geestelijke wezens die het goddelijke mana naar de wereld overbrachten. Niet langer konden mannen en vrouwen op eigen kracht, langs de hiërarchie van zijnsvormen, naar God opstijgen. Alleen de God die hen in eerste instantie uit niets had opgeroepen en hen voortdurend in leven hield, kon hun eeuwige verlossing verzekeren.

Christenen wisten dat Jezus Christus hen door zijn dood en opstanding had verlost; ze waren van verdelging gered en zouden eens deel hebben aan de existentie van God die het Worden en Zijn zelf was. Christus had hen in staat gesteld de kloof tussen God en de mensheid te overbruggen. De vraag was alleen hoe Hij dat had gedaan. Aan welke kant van de Grote Scheidslijn stond Hij? Nu was er niet langer een pleroma, een plaats van volheid bevolkt door middelaars en eonen. Christus, het Woord, behoorde hetzij tot het goddelijke rijk (dat nu het domein van God alleen was), hetzij tot de broze geschapen orde. Arius en Athanasius zetten hem elk aan een andere kant van de kloof neer: Athanasius in de goddelijke wereld, Arius in de geschapen orde.

Arius wilde het essentiële verschil tussen de enige God en al zijn schepsels beklemtonen. God was, zo schreef hij bisschop Alexander, 'de enige onverwekte, de enige eeuwige, de enige zonder begin, de enige waarachtige, de enige onsterfelijke, de enige wijze, de enige goede, de enige vorst'.[3] Arius kende de Schrift goed en hij produceerde een heel arsenaal van teksten ter ondersteuning van zijn bewering dat Christus-het-Woord alleen maar een schepsel zoals wijzelf kon zijn. Een sleutelpassage was de beschrijving van de goddelijke Wijsheid in het boek Spreuken waar expliciet in werd verklaard dat God de Wijsheid in het vroegste begin had *geschapen*.[4] In deze tekst werd ook verklaard dat de Wijsheid het werktuig van de schepping was geweest, een opvatting die in de proloog van het Johannesevangelie terugkeerde. Het Woord was in het begin bij God geweest:

> Alles is door Hem geworden
> en zonder Hem is niets geworden van wat geworden is.[5]

De Logos was Gods werktuig geweest om andere schepsels in het aanzijn te roepen. Hij was daarom volkomen anders dan alle andere wezens en bezat een uitzonderlijk hoge status, maar omdat Hij door God was geschapen, was de Logos wezenlijk anders dan God zelf en moest Hij van Hem worden onderscheiden.

Johannes stelde nadrukkelijk dat Jezus de Logos was; hij zei ook dat de Logos God was.[6] Toch was Hij niet God van nature, betoogde Arius, maar Hij was door God tot goddelijke status verheven. Maar Hij was wel anders dan wij, want God had hem rechtstreeks geschapen, terwijl alle andere wezens via Hem geschapen waren. God had van tevoren geweten dat wanneer de Logos mens zou worden, deze Hem volmaakt zou gehoorzamen en Hij had Jezus bij voorbaat, om zo te zeggen, goddelijkheid verleend. Maar de goddelijkheid van Jezus was Hem niet aangeboren; ze was slechts een beloning of een geschenk. Ook nu weer kon Arius veel teksten produceren die zijn zienswijze onderbouwden. Het feit dat Jezus God zijn 'Vader' had genoemd hield al een onderscheid in; het vaderschap impliceerde per definitie een preëxistentie en een zekere superioriteit ten opzichte van de zoon. Arius wees ook op de bijbelpassages waarin de nederigheid en kwetsbaarheid van Christus werden onderstreept. Het was niet Arius' bedoeling Jezus naar beneden te halen, zoals zijn vijanden beweerden. Hij had een heel hoge dunk van Christus' rechtschapenheid en gehoorzaamheid tot aan de dood, de houding waarmee Hij onze verlossing had gewaarborgd. De God van Arius kwam dicht bij de god van de Griekse filosofen, die ver van de mensen af stond en de wereld volkomen transcendeerde, en dus hing Arius ook een

Grieks concept van verlossing aan. Zo hadden de stoïcijnen altijd onderwezen dat het voor een deugdzaam mens mogelijk was om goddelijk te worden en deze zienswijze was ook in het neoplatoonse denken essentieel geweest. Arius geloofde heilig dat christenen waren verlost en vergoddelijkt, dat ze deel hadden aan de natuur van God. Dat was alleen mogelijk doordat Jezus de weg voor ons had bereid. Hij had het leven van een volmaakt mens geleid; hij had God zelfs tot aan de kruisdood gehoorzaamd. Had immers Paulus niet gezegd dat God Hem juist *wegens* die gehoorzaamheid die Jezus Hem tot aan de dood bewees, had verheven naar een speciale hoge status en Hem de goddelijke eretitel 'Heer' (*kyrios*)[7] had verleend? Als Jezus geen mens was geweest, zou er voor ons geen hoop zijn. Als Hij van nature God was geweest, zou zijn leven niets prijzenswaardigs hebben gehad, niets wat we konden navolgen. Juist door de schouwing van Christus' leven als dat van een volmaakt gehoorzame zoon zouden christenen zelf goddelijk worden. Door de navolging van Christus, het volmaakte schepsel, zouden ook zij 'bestendige en onveranderlijke, volmaakte schepsel[en] Gods'[8] worden.

Athanasius was echter minder optimistisch over het vermogen van de mens om God te vinden. In zijn ogen was de mensheid van nature kwetsbaar; we waren uit niets voortgekomen en waren, toen we hadden gezondigd, naar niets teruggevallen. Toen God zijn schepping beschouwde, zag Hij

> dat de hele geschapen Natuur naar haar aanleg en wezen broos en vernietigbaar was. Om dit te verhoeden en een terugval van de wereld in het Niet te voorkomen, heeft Hij, die de wereld met zijn eigen en eeuwige Logos geschapen en de schepselen de levensvonk gegeven had, haar niet aan de woelingen en stormen van haar eigen natuur prijsgegeven, opdat zij niet een terugkeer naar het Niet zou riskeren.[9]

De mens kon uitroeiing slechts voorkomen door, via Gods Logos, aan Hem deel te hebben, want alleen God was het volmaakte zijn. Als de Logos zelf een kwetsbaar schepsel was, zou Hij niet in staat zijn het mensdom van verdelging te redden. De Logos was mens geworden om ons het leven te schenken. Hij was neergedaald naar de sterfelijke wereld van dood en verdorvenheid om ons een deel van Gods onaangedaanheid en onsterfelijkheid te geven. Maar deze redding zou onmogelijk zijn geweest als de Logos zelf een broos schepsel was die zelf in het niet terug zou kunnen vallen. Alleen Hij die de wereld had geschapen, kon haar redden en dat betekende dat Christus, de mensgeworden Logos, van dezelfde natuur moest zijn als de Vader. Het Woord, aldus Athanasius, 'werd mens, opdat wij tot goden gemaakt zouden worden'.[10]

Toen de bisschoppen op 20 mei 325 in Nicea bijeenkwamen om de crisis te bezweren, waren er slechts enkelen die Athanasius' opvatting over Christus gedeeld zouden hebben. De meesten namen een middenpositie tussen Athanasius en Arius in. Toch lukte het Athanasius zijn theologie aan de deputaten op te leggen en alleen Arius en twee van zijn dappere metgezellen weigerden zijn geloofsbelijdenis te ondertekenen, ook al voelden ze de hete adem van de keizer in hun nek. De geloofsbelijdenis van Athanasius verhief de schepping ex nihilo voor het eerst tot een officieel christelijk leerstuk en verklaarde nadrukkelijk dat Christus niet gewoon een schepsel of een eon was. De Schepper en de Verlosser waren één:

> Wij geloven in de ene God, de almachtige Vader, schepper van alle zichtbare en onzichtbare dingen,
> En in de ene Heer Jezus Christus, de Zoon van God,
> die als eniggeborene uit de Vader, dat wil zeggen uit het wezen [*ousia*] van de Vader, is voortgekomen,
> God uit God, Licht uit Licht, waarachtig God uit de waarachtige God,
> Geboren, niet geschapen, één in wezen [*homo-ousios*] met de Vader, door wie alles geschapen is wat in de hemel en op de aarde is;
> die om ons mensen en omwille van ons heil is neergedaald, vlees heeft aangenomen en Mens geworden is;
> die geleden heeft en op de derde dag is verrezen,
> die opgeklommen is naar de hemelen en weer zal komen om te oordelen over de levenden en de doden.
> En we geloven in de Heilige Geest.[11]

Constantijn, die niets van theologische vraagstukken begreep, was zeer in zijn nopjes met dit uiterlijke blijk van overeenstemming, maar in werkelijkheid was men in Nicea allesbehalve eensgezind. Na het concilie bleven de bisschoppen dezelfde leer verkondigen als voordien en de ariaanse crisis zou nog zestig jaar voortwoeden. Arius en zijn volgelingen vochten terug en wisten weer bij de keizer in de gunst te komen. Athanasius werd niet minder dan vijf keer verbannen. Het was erg moeilijk zijn geloofsbelijdenis voor kritiek te vrijwaren. Vooral de term 'homo-ousios' (letterlijk: van dezelfde materie) was uitermate controversieel, want hij rijmde niet met de Schrift en wekte stoffelijke associaties op. Zo kon bijvoorbeeld van twee koperen munten worden gezegd dat ze homo-ousios waren, omdat ze allebei van dezelfde materie waren gemaakt.

Bovendien ging de geloofsbelijdenis van Athanasius veel belangrijke vragen uit de weg. Er werd in verklaard dat Jezus goddelijk was, maar er werd niet in uitgelegd hoe de Logos 'wezens-één' kon zijn met de Vader zonder zelf een tweede God te zijn. In 339 betoogde Marcellus, de bisschop van Ancyra die goed met Athanasius bevriend was en zelfs eenmaal met hem in ballingschap was gegaan, dat de Logos gewoon geen eeuwig goddelijk wezen kón zijn. De Logos was slechts een onvervreemdbare kwaliteit of potentie *binnen in* God; zoals de zaken er nu voorstonden zou de formule van Nicea beschuldigd kunnen worden van tritheïsme, het geloof in drie goden: Vader, Zoon en Heilige Geest. In de plaats van het controversiële 'homo-ousios' stelde Marcellus het compromis 'homoi-ousios' voor, van gelijk of soortgelijk wezen. De kronkelpaden die dit debat heeft gevolgd, zijn vaak aanleiding geweest voor spottende kritiek, met name van Gibbon die het absurd vond dat een simpele tweeklank de christelijke eenheid in gevaar had gebracht. Het opmerkelijkst is echter de verbetenheid waarmee de christenen vasthielden aan hun opvatting dat de goddelijkheid van Christus essentieel was, ook al kostte het hun nog zoveel moeite haar in conceptuele vorm te gieten. Net als Marcellus maakten veel christenen zich zorgen over de gevaren die de goddelijke eenheid bedreigden. Marcellus zag de Logos kennelijk slechts als een tussenfase; de Logos was, bij de schepping, uit God voortgekomen, had in Jezus gestalte gekregen en zou, wanneer de verlossing eenmaal was voltooid, weer met de goddelijke natuur samensmelten, zodat de Ene God weer een geheel zou zijn.

Uiteindelijk wist Athanasius Marcellus en zijn volgelingen over te halen de krachten te bundelen, omdat ze meer met elkaar dan met de arianen gemeen hadden. Degenen die zeiden dat de Logos *één* in wezen met de Vader was en degenen die geloofden dat Hij *gelijk* in wezen met Hem was, waren 'broeders, die bedoelen wat wij bedoelen en slechts over terminologie twisten'.[12] Voorrang moest worden verleend aan de strijd tegen Arius en zijn verklaring dat de Zoon volstrekt van God moest worden onderscheiden en fundamenteel anders van wezen was dan Hij. Een buitenstaander zal deze theologische twisten onvermijdelijk zonde van de tijd hebben gevonden; geen van beide partijen zou haar gelijk ooit afdoende kunnen bewijzen, en het dispuut bleek slechts verdeeldheid te zaaien. Maar voor de betrokkenen zelf was het geen droog debat, maar ging het om de aard van de christelijke godservaring. Arius, Athanasius en Marcellus waren er alle drie van overtuigd dat er met Jezus iets nieuws op aarde was gekomen en ze worstelden met het probleem deze ervaring in conceptuele symbolen aan zichzelf en anderen te verklaren. De woorden konden daarom slechts symbolisch zijn, omdat de werkelijkheid waar ze naar verwezen onzegbaar was. Maar helaas sloop geleidelijk een leerstellige intolerantie het christendom binnen, die uiteindelijk tot gevolg zou hebben dat het cruciaal en verplicht zou zijn de 'juiste' of rechtgelovige symbolen aan te nemen. Deze obsessie met leerstellige kwesties, die we uitsluitend in het christendom aantreffen, kon er gemakkelijk toe leiden dat het menselijke symbool en de goddelijke werkelijkheid met elkaar werden verward. Het christendom was altijd al een paradoxaal geloof geweest; de sterke religieuze beleving van de eerste christenen had het gewonnen van hun ideologische bezwaren tegen de schande van een gekruisigde Messias. Nu, in Nicea, had de Kerk voor de paradoxale Menswording geopteerd, ook al strookte die duidelijk niet met de monotheïstische gedachte.

In *Het leven van de H. Antonius*, zijn biografie over de beroemde woestijnkluizenaar, probeerde Athanasius aan te tonen hoe groot de invloed van zijn nieuwe leerstuk op de christelijke spiritualiteit was. Antonius, die de vader van het monnikendom wordt genoemd, had in de Egyptische woestijn een heel streng ascetisch leven geleid. Toch wordt in het boek *Vaderspreuken*, een anonieme anthologie van uitspraken van de eerste woestijnvaders, het beeld geschetst van een man die menselijk en kwetsbaar is, door verveling wordt geplaagd, zich het hoofd breekt over menselijke problemen en simpele, directe adviezen geeft. In de biografie die Athanasius over hem schreef, wordt hij echter in een heel ander licht gezet. Zo wordt hij getransformeerd tot een fervent tegenstander van het arianisme; hij had al een voorschot op zijn toekomstige vergoddelijking mogen nemen, omdat hij al in opmerkelijke mate deel had aan de goddelijke *apatheia*. Toen hij bijvoorbeeld uit de burcht in de woestijn te voorschijn kwam waar hij twintig jaar tegen demonen had gestreden, was zijn lichaam, aldus Anthanasius, op geen enkele wijze door ouderdom getekend. Hij was een volmaakt christen die zich door zijn sereniteit en onaangedaanheid van andere mensen onderscheidde: 'Daar zijn ziel de rust zelve was, sprak ook uit zijn voorkomen een soortgelijke kalmte.'[13] Hij had Christus volmaakt nagevolgd; zoals de Logos mens was geworden en naar de verdorven wereld was neergedaald en tegen de boze machten had gestreden, zo was Antonius naar het verblijf van de demonen afgedaald. Athanasius rept niet over schouwing; voor christelijke platonisten als Clemens of Origenes was dat nog het middel geweest om tot vergoddelijking en verlossing te komen, maar nu achtte men het niet langer mogelijk dat eenvoudige stervelingen langs deze weg, op eigen kracht, naar God opstegen. Nu moesten christenen de afdaling van het mensgeworden Woord naar de verdorven, stoffelijke wereld navolgen.

Maar de christenen verkeerden nog steeds in verwarring. Als er maar één God was, hoe kon de Logos dan eveneens goddelijk zijn? Uiteindelijk kwamen drie vooraanstaande theologen uit Cappadocië in Oost-Turkije met een oplossing die voor de Grieks-orthodoxe Kerk bevredigend zou zijn. Het waren Basilius, de bisschop van Caesarea (329-379), zijn jongere broer Gregorius, de bisschop van Nyssa (335-395), en zijn vriend Gregorius van Nazianze (329-391). Deze zogeheten Cappadociërs waren alle drie zeer spirituele mannen. Ze waren een groot liefhebber van speculatieve theologie en filosofie, maar tevens ervan overtuigd dat alleen de religieuze ervaring de sleutel tot het probleem God kon zijn. Goed onderricht als ze waren in de Griekse wijsbegeerte, waren ze zich er alle drie van bewust dat er een cruciaal verschil bestond tussen de feitelijke inhoud van de waarheid en de elusievere aspecten ervan. De eerste Griekse rationalisten hadden er al op gewezen: Plato had een scheiding aangebracht tussen wijsbegeerte, die in termen van de rede werd uitgedrukt en dus kon worden bewezen, en de niet minder belangrijke leer die via de mythologie werd doorgegeven en zich aan het wetenschappelijke bewijs onttrok. We hebben al gezien dat Aristoteles een soortgelijk onderscheid had gemaakt toen hij opmerkte dat mensen de mysteriegodsdiensten niet bijwoonden om er iets te leren (*mathein*), maar om er iets te ondergaan (*pathein*). Basilius drukte dat zelfde inzicht in christelijke termen uit toen hij een onderscheid maakte tussen *dogma* en *kerygma*. Beide vormen van de christelijke heilsboodschap waren essentieel voor de godsdienst. Kerygma was de openbare prediking van de Kerk die op de Schrift was gebaseerd. Dogma daarentegen stond voor de diepere betekenis van de bijbelse waarheid die alleen via een religieuze ervaring kon worden begrepen en in allegorische vorm kon worden uitgedrukt. Naast de duidelijke boodschap van de evangeliën hadden de apostelen een 'in het geheim meegedeelde' of esoterische overlevering doorgegeven; dit was een 'niet publiek gemaakte en geheim gehouden onderricht' dat echter niet minder belangrijk was. Immers,

> is het niet uit die niet publiek gemaakte en geheimgehouden onderrichting die onze vaderen in een niet overbezorgd of overdreven stilzwijgen hebben bewaard (...) dat het verhevene van de mysteries in stilte wordt gehandhaafd? Wat immers zelfs aan oningewijden niet toegestaan is te schouwen, hoe zou het dan redelijk zijn de onderrichting daarvan in geschriften te verspreiden?[14]

Achter de liturgische symboliek en het lucide onderricht van Jezus ging een geheim dogma schuil dat een hoger geloofsinzicht representeerde.

Het onderscheid tussen esoterische en exoterische waarheid zal in de geschiedenis van God een bijzonder belangrijke rol spelen. Het bleef niet tot de Griekse christenen beperkt; ook joden en moslims zouden een esoterische traditie ontwikkelen. De notie van een 'geheime' doctrine was niet bedoeld om mensen buiten te sluiten. Basilius had het niet over een vroege vorm van vrijmetselarij. Hij vestigde er alleen de aandacht op dat niet elke religieuze waarheid helder en logisch kon worden verwoord en gedefinieerd. Sommige religieuze inzichten hadden een innerlijke resonantie die slechts kon worden begrepen door elk individu afzonderlijk, in zijn eigen tijd en in de geestestoestand die Plato *theoria*, schouwing, had genoemd. Aangezien alle aspecten van een religie georiënteerd waren op een onzegbare werkelijkheid die normale concepten en categorieën te boven ging, was taal een beperkend en verwarrend instrument. Mensen die er nog niet bedreven in waren deze religieuze waarheden met het oog van de geest te 'zien', zouden er een volstrekt verkeerd idee van krijgen. Daarom bezat de Schrift naast haar letterlijke betekenis ook nog een spirituele, maar die kon niet altijd onder woorden worden gebracht. Ook de Boeddha had opgemerkt dat bepaalde vragen 'ongepast' of ontoepasselijk waren, omdat ze betrekking hadden op werkelijkheden die niet door woorden werden bestreken. Men kon ze alleen via introspectieve schouwing ontdekken; in zekere zin moest men ze voor zichzelf creëren. De poging om ze in woorden te beschrijven zou waarschijnlijk een even grotesk resultaat opleveren als een gesproken verslag van een van Beethovens late kwartetten. Deze elusieve religieuze werkelijkheden konden, aldus Basilius, slechts in de symbolische handelingen van de liturgie worden geduid, of, beter nog, door erover te zwijgen.[15]

Het westerse christendom zou een veel spraakzamere godsdienst worden en zich op het kerygma concentreren; dat zou een van zijn belangrijkste godsproblemen worden. In de Grieks-orthodoxe Kerk daarentegen zou elke goede theologie zwijgend of apofatisch zijn. Elke godsvoorstelling, aldus Gregorius van Nyssa, biedt slechts een schijnbeeld, een valse gelijkenis, een idool; God zelf kan ze niet openbaren.[16] Christenen moesten als Abraham zijn, die in Gregorius' versie van zijn leven alle godsideeën naast zich neerlegde en een geloof aanhing dat 'onaangelengd en puur was, gezuiverd van alle vooroordelen'.[17] In zijn boek *Over het leven van Mozes de Wetgever* zei Gregorius nadrukkelijk dat 'de ware kennis van Hem die hij [de mens] zoekt en het ware zien, juist bestaat in het niet zien, omdat wat gezocht wordt alle kennis te boven gaat, en door die ongrijpbaarheid als het ware als door duisternis aan alle kanten ervan gescheiden is'.[18] We kunnen God niet met het verstand 'zien', maar als we ons laten omhullen door de wolk die op de berg Sinaï neerdaalde, kunnen we zijn tegenwoordigheid *voelen*. Basilius greep terug op het onderscheid dat Philo had gemaakt tussen Gods wezenheid (ousia) en zijn werkingen op aarde (energeiai): 'We zeggen dat we onze God kennen op grond van zijn verrichtingen [energeiai], maar we beweren niet dat we zijn wezenheid [ousia] kunnen benaderen.'[19] Dit zou in de oosterse Kerk de kern van haar hele latere geloofsleer worden.

Ook de uitwerking van het begrip Heilige Geest had bij de Cappadociërs de hoogste prioriteit. Ze waren van mening dat Nicea zich hier al te gemakkelijk van had afgemaakt. Het was of de zin 'En we geloven in de Heilige Geest' als een soort à propos aan de geloofsbelijdenis van Athanasius was toegevoegd. De mensen wisten niet wat ze van de Heilige Geest moesten denken. Was het gewoon een synoniem voor God, of was het iets meer? 'Van de verstandigen onder ons,' noteerde Gregorius van Nazianze, 'houden sommigen de Heilige Geest voor een kracht, anderen voor een schepsel, weer anderen voor God zelf; nog anderen weten, gelijk zij zeggen, uit eerbied voor de Heilige Schrift niet welke partij te verkiezen, daar deze hieromtrent niets bepaalds leert.'[20] Paulus had de Heilige Geest 'vernieuwend', 'scheppend' en 'heiligend' genoemd, maar aangezien dat werkingen waren die alleen God toekwamen, volgde hieruit dat de Heilige Geest, door wiens aanwezigheid in ons binnenste we waarachtig werden verlost, goddelijk moest zijn en niet gewoon een schepsel. De Cappadociërs gebruikten een formule die Athanasius had gehanteerd in zijn dispuut met Arius: God had één wezenheid (ousia) die we nooit konden begrijpen, maar drie personen (*hypostaseis*) waarmee Hij zich aan ons kenbaar maakte.

In hun beschouwing over God begonnen de Cappadociërs niet bij zijn onkenbare ousia, maar bij de menselijke ervaring van zijn *hypostaseis*. Aangezien Gods ousia niet is te peilen, kunnen we Hem slechts kennen via de manifestaties die ons als Vader, Zoon en Heilige Geest zijn geopenbaard. Dat betekende echter niet dat de Cappadociërs, zoals sommige westerse theologen meenden, in drie goddelijke opperwezens geloofden. Het woord *hypostasis* wekte bij mensen die niet in het Grieks thuis waren verwarring, want het heeft een scala van betekenissen; sommige Latijnse geleerden, zoals Hiëronymus, meenden dat hypostase hetzelfde betekende als ousia en ze dachten dat de Griekse christenen in een godheid geloofden die drie wezenheden had. De Cappadociërs verklaarden echter nadrukkelijk dat er een belangrijk, niet te verwaarlozen verschil bestond tussen ousia en hypostase. De ousia van een voorwerp was datgene wat maakte dat het was wat het was; het sloeg gewoonlijk op het voorwerp zoals het *bij* zichzelf was. Hypostase daarentegen had betrekking op het voorwerp zoals het van *buitenaf* werd waargenomen. Soms verkozen de Cappadociërs het woord *prosopon* boven hypostase. 'Prosopon' betekende oorspronkelijk 'kracht', maar het had een aantal bijbetekenissen gekregen; zo kon het op iemands gelaatsuitdrukking slaan, de uitwendige afspiegeling van zijn innerlijke gesteldheid; het werd ook gebruikt ter aanduiding van een rol die iemand bewust had gespeeld, of van een karakter dat hij van plan was aan te nemen. Prosopon had dus, net als hypostase, betrekking op de uitwendige expressie van iemands innerlijk, of op iemands individuele eigenheid zoals die zich aan de toeschouwer vertoonde. Wanneer de Cappadociërs dus zeiden dat God één ousia in drie hypostasen was, bedoelden ze ermee dat God, zoals Hij bij zichzelf is, Eén was; er was maar één enkel, goddelijk zelfbewustzijn. Maar wanneer Hij zijn schepsels toestaat een glimp van Hem op te vangen, is hij drie *prosopa*.

De hypostasen Vader, Zoon en Heilige Geest mochten dus niet worden gelijkgesteld met God zelf, omdat, zo legde Gregorius van Nyssa uit, 'de goddelijke natuur [ousia] onbenoembaar en onbespreekbaar is'; 'Vader', 'Zoon' en 'Heilige Geest' zijn slechts 'termen waar we ons van bedienen' om over de *energeiai* te spreken waarmee Hij zich kenbaar heeft gemaakt.[21] Toch hebben deze termen symbolische waarde, aangezien ze de onzegbare werkelijkheid vertalen in beelden die we kunnen begrijpen. Mensen hebben God ervaren als transcendent (de Vader, verborgen in ontoegankelijk licht), als scheppend (de Logos) en als immanent (de Heilige Geest). Maar deze drie hypostasen laten ons slechts een gedeeltelijke en onvolledige glimp van de goddelijke natuur opvangen; die natuur zelf kan niet in zulke beelden en conceptualiseringen worden uitgedrukt.[22] De Drieëenheid moet daarom niet worden opgevat als een feit, maar als een paradigma dat met de echte feiten van Gods verborgen leven correspondeert.

In zijn brief *Aan Ablabius: er zijn niet drie Goden* zet Gregorius van Nyssa zijn belangrijke leerstuk van de ondeelbaarheid of circumincessie van de drie goddelijke personen of hypostasen uiteen. Men moest vooral niet menen dat God zich in drie delen opsplitste; dat was een bespottelijke en zelfs godslasterlijke gedachte. Wanneer God zich aan de wereld wenste te openbaren, drukte Hij zich volkomen en volledig in elk van deze drie manifestaties uit. De Drieëenheid toont ons dus het patroon van 'elke ingreep die zich van God naar schepping uitstrekt'; de Schrift vertelt ons dat zo'n ingreep uit de Vader ontspringt, door bemiddeling van de Zoon zijn weg vervolgt en met behulp van de immanente Geest in de wereld zijn vervolmaking krijgt. Maar in elke fase van dit proces is de goddelijke natuur in gelijke mate aanwezig. We kunnen de onderlinge afhankelijkheid van de drie hypostasen in onze eigen religieuze ervaring constateren: we zouden nooit iets over de Vader hebben geweten als de openbaring van de Zoon er niet was geweest en we zouden de Zoon nooit kunnen herkennen als de Heilige Geest in ons binnenste Hem niet aan ons bekend had gemaakt. De Heilige Geest begeleidt het goddelijke Woord van de Vader, net zoals de adem (in het Grieks *pneuma*, in het Latijn *spiritus*) het woord dat een mens spreekt begeleidt. De drie personen bestaan in de goddelijke wereld niet los van elkaar. We kunnen hen vergelijken met verschillende kennisgebieden die in de geest van een individu aanwezig zijn: de wijsbegeerte mag dan anders zijn dan de geneeskunde, ze zetelt niet in een apart deel van het bewustzijn. De verschillende wetenschappen lopen door elkaar heen, vullen de hele geest, maar blijven toch gescheiden.[23]

Maar uiteindelijk moest de Drieëenheid toch worden opgevat als een mystieke of spirituele ervaring; ze moest worden gevoeld, niet worden overdacht, want God rees hoog boven menselijke concepten uit. De Drieeenheid was geen formulering die met de logica of het verstand kon worden begrepen, maar een imaginatief paradigma waar de rede geen vat op had. Gregorius van Nazianze maakte dit duidelijk toen hij uitlegde dat schouwing van het Drie-in-Eén een intense en overweldigende emotie bij hem opriep waar het verstand en helder denken geen verklaring voor konden geven:

Zodra ik de eenheid zie, word ik door de drieheid omschenen; zodra ik de drieheid onderscheid, word ik tot de eenheid teruggevoerd. Denk ik aan elk van de drie afzonderlijk, dan denk ik aan Hem als geheel, en mijn ogen vullen zich met tranen en bijna alles wat ik denk ontglipt me.[24]

Voor de Grieks- en Russisch-orthodoxe christenen is de schouwing van de Drieëenheid een inspirerende religieuze ervaring gebleven, maar voor veel westerse christenen is de Drieëenheid een dogma waar ze simpelweg geen raad mee weten. Dat komt misschien doordat ze zich alleen maar richten op wat de Cappadociërs de kerygmatische aspecten ervan zouden noemen, terwijl voor de Grieken de Drieëenheid een dogmatische waarheid was die alleen maar intuïtief en via de religieuze ervaring kon worden begrepen. Rationeel bekeken sneed ze natuurlijk geen hout. In een van zijn vroege preken had Gregorius van Nazianze uitgelegd dat juist dat onbegrijpelijke van het triniteitsdogma ons bij het volkomen mysterie van God brengt. Het herinnert ons eraan dat we er niet op hoeven te hopen dat we Hem ooit zullen doorgronden.[25] Het weerhoudt ons ervan om oppervlakkige uitspraken te doen over een God die, wanneer Hij zich openbaart, zijn natuur alleen maar op een onzegbare manier tot uitdrukking kan brengen. Ook Basilius drukte ons op het hart om niet te denken dat we er ooit achter zouden kunnen komen hoe de Drieëenheid bij wijze van spreken opereerde; het had bijvoorbeeld geen zin om te trachten uit te puzzelen hoe de drie hypostasen van God op hetzelfde moment én aan elkaar gelijk, én van elkaar gescheiden waren. Dat lag buiten het bereik van woorden, concepten en het analytische vermogen van de mens.[26]

De Drieëenheid moest dus niet letterlijk worden opgevat; ze was geen cryptische 'theorie', maar het resultaat van *theoria*, schouwing. De westerse christenen die in de achttiende eeuw met dit dogma in hun maag zaten en het overboord wilden zetten, probeerden op die manier God voor de rationalistisch ingestelde Verlichting rationeel en begrijpelijk te maken. Zoals we later zullen zien was het een van de factoren die in de negentiende en twintigste eeuw tot de zogenaamde 'God is dood'-theologie zouden leiden. Een van de redenen waarom de Cappadociërs dit imaginatieve paradigma ontwikkelden, was dat ze wilden verhinderen dat God net zo rationeel zou worden als Hij in de Griekse wijsbegeerte was, naar ketters als Arius begrepen. De geloofsleer van Arius zat iets te onmysterieus en logisch in elkaar. De Drieëenheid moest de christenen eraan herinneren dat de werkelijkheid die we 'God' noemen, niet met het menselijk verstand kon worden begrepen. Het dogma van de Menswording, zoals dat in Nicea was verwoord, was weliswaar belangrijk, maar kon gemakkelijk tot simplistische idolatrie leiden. Mensen zouden in al te menselijke termen over God zelf kunnen denken; ze zouden zich zelfs kunnen voorstellen dat 'Hij' net zo dacht, handelde en plannen maakte als wij. En daarna was het nog maar een kleine stap en dan zouden we God allerlei vooroordelen toeschrijven en ze zo tot absolute waarheden verheffen. De Drieëenheid was een poging die neiging te corrigeren. In plaats van haar te beschouwen als een concrete uitspraak over God, zouden we haar wellicht moeten zien als een gedicht, of als een theologische dans tussen enerzijds datgene wat door gewone stervelingen over 'God' wordt geloofd en aanvaard en anderzijds het stilzwijgende besef dat zo'n uitspraak of kerygma alleen maar een provisorisch karakter kon dragen.

Instructief is in dit verband het verschil tussen het Grieks-orthodoxe en het westerse gebruik van het woord 'theorie'. In het oosterse christendom zou *theoria* altijd schouwing betekenen. In het Westen heeft 'theorie' steeds meer de betekenis gekregen van een rationele hypothese die met de logica moet worden aangetoond. Als er een 'theorie' over God werd ontwikkeld, impliceerde dat dat 'Hij' in een menselijk denksysteem kon worden ingepast. In Nicea waren maar drie Latijnse theologen aanwezig geweest. Voor de meeste westerse christenen lag het niveau van de discussie te hoog en omdat ze sommige Griekse termen wellicht niet hadden begrepen, waren ze niet gelukkig met het triniteitsdogma. Misschien was het wel gewoon onmogelijk het in een andere taal over te zetten. Elke cultuur moet haar eigen godsidee ontwikkelen. Als westerlingen de Griekse interpretatie van de Drieëenheid dus vreemd vonden, zouden ze met een eigen versie moeten komen.

De Latijnse theoloog die ten slotte de Drieëenheid voor de Latijnse Kerk definieerde, was Augustinus. Hij was bovendien een vurig platonist en een bewonderaar van Plotinus en daarom stond hij welwillender tegenover het Griekse leerstuk dan sommige van zijn westerse collega's. Veel misverstanden, zo legde hij uit, waren vaak gewoon te wijten aan een verschil in terminologie:

> Teneinde voor het onuitsprekelijke een of ander woord te hebben zodat we enigszins kunnen spreken over datgene wat we op generlei wijze kunnen uitspreken, schiepen onze Griekse geloofsgenoten de formule: één wezen en drie substanties. De Latijnen zeggen daarvoor: één wezen of één substantie, en drie personen [*personae*].[27]

Gingen de Griekse christenen bij hun benadering van God uit van de drie hypostasen en weigerden ze zijn eenduidige, niet-geopenbaarde wezenheid te analyseren, Augustinus zelf en de westerse christenen die na hem kwamen begonnen juist bij de goddelijke eenheid en betrokken pas daarna de drie zijnswijzen in hun discussie. De Griekse christenen hadden grote eerbied voor Augustinus en beschouwden hem als een van de grootste kerkvaders, maar ze wantrouwden zijn trinitaire theologie, omdat die naar hun mening God veel te rationeel en antropomorfistisch voorstelde. Augustinus benaderde God niet metafysisch, zoals de Grieken, maar psychologisch en zeer persoonlijk.

Augustinus kan met recht de grondlegger van de westerse spiritualiteit worden genoemd. Met uitzondering van Paulus heeft geen andere theoloog meer invloed in het Westen gehad dan hij. We kennen hem beter dan welke andere denker van de late oudheid ook, voornamelijk door zijn *Confessiones* ('Belijdenissen'), het aansprekende en gepassioneerde relaas van zijn ontdekking van God. Vanaf zijn vroegste jaren had Augustinus naar een theïstische religie gezocht. In zijn ogen kon de mensheid simpelweg niet buiten God, want, zo zegt hij in het begin van zijn *Confessiones* tot Hem: 'Gij hebt ons geschapen tot U en ons hart is onrustig, totdat het rust vindt in U.'[28] Toen hij in Carthago welsprekendheid doceerde, had hij zich bekeerd tot het manicheïsme, een Mesopotamische versie van het gnosticisme, maar ten slotte keerde hij zich ervan af omdat hij de manicheïstische kosmologie onbevredigend vond. Hij vond de christelijke notie van de Menswording aanstootgevend, een besmeuring van de godsidee, maar toen hij in Italië was, wist Ambrosius, de bisschop van Milaan, hem ervan te overtuigen dat het christendom niet onverenigbaar was met Plato en Plotinus. Toch aarzelde Augustinus om de definitieve stap te zetten en zich te laten dopen. Hij voelde dat het christendom voor hem als consequentie had dat hij een celibatair leven zou moeten leiden, en dat was een stap die hij niet graag zette. 'Geef mij kuisheid en zelfbeheersing,' placht hij tot God te bidden, 'maar nu nog niet.'[29]

Zijn uiteindelijke bekering was een waar voorbeeld van *Sturm und Drang*, een heftige breuk met het verleden en een pijnlijke wedergeboorte, een proces dat karakteristiek is geweest voor de westerse religieuze ervaring. Toen hij op een dag met zijn vriend Alypius in hun tuin in Milaan zat, bereikte zijn worsteling het hoogtepunt:

> Toen echter een diepgaande beschouwing mijn ganse ellende uit de verborgen grond te voorschijn gehaald en voor de aanblik mijns harten gesteld had, stak er een geweldige storm op die een geweldige tranenregen met zich bracht. En om die geheel te kunnen vergieten met de woorden die ermee gepaard gingen, stond ik op en ging weg van Alypius – het kwam mij voor dat de eenzaamheid geschikter was tot het wenen. (...) Ik wierp mij onder een vijgeboom neer, ik weet niet hoe, en liet mijn tranen de vrije loop en de stromen mijner ogen braken los, als een welbehaaglijk offer voor U, en veel sprak ik tot U, zij het niet met dezelfde woorden, dan toch in deze zin: 'En Gij, Here, hoe lange? Hoe lang, Here, zult Gij eeuwiglijk toornen?' [Psalm 6:4.][30]

DRIEËENHEID: DE CHRISTELIJKE GOD

Het ontdekken van God is ons in het Westen niet altijd even gemakkelijk afgegaan. Augustinus' bekering lijkt op een psychologische abreactie: de bekeerling valt God uitgeput in de armen en is emotioneel leeg. Terwijl Augustinus huilend op de grond lag, hoorde hij opeens uit een naburig huis een kinderstem komen die zingend de woorden *'Tolle, lege'* herhaalde: 'Neem, lees – neem, lees.' Omdat Augustinus dit voor een orakel hield sprong hij op, holde terug naar de verbijsterde en lankmoedige Alypius en greep zijn Nieuwe Testament. Hij sloeg het open bij de woorden die Paulus tot de Romeinen had gesproken: 'Niet in brasserijen en drinkgelagen, niet in wellust en losbandigheid, niet in twist en nijd! Maar doet de Here Jezus Christus aan en wijdt geen zorg aan het vlees, zodat begeerten worden opgewekt.' De lange strijd was gestreden. 'Verder wilde ik niet lezen en dat was ook niet nodig,' herinnerde Augustinus zich. 'Want terstond, toen ik deze woorden ten einde gelezen had, stroomde als het ware het licht der gemoedsrust mijn hart binnen en alle duisternis van twijfel vlood heen.'[31]

God kon echter ook een bron van vreugde zijn. Niet lang na zijn bekering had Augustinus in Ostia, aan de Tiber, samen met zijn moeder Monica een extatische ervaring. We zullen hier in hoofdstuk 7 dieper op ingaan. Als platonist wist Augustinus dat God in de geest moest worden gezocht en in het Tiende Boek van zijn *Confessiones* sprak hij over het menselijk vermogen dat hij *memoria* noemde, de herinnering. Het was een aanmerkelijk complexer vermogen dan het geheugen en kwam meer in de buurt van wat psychologen het onbewuste zouden noemen. Voor Augustinus representeerde de herinnering de hele geest, zowel het bewuste als het onbewuste. De complexiteit en diversiteit ervan vervulden hem met verbijstering. Het was 'iets onbekends' wat hem 'doet huiveren', een peilloos diepe wereld van beelden, van geesten uit ons verleden en van ontelbare velden, spelonken en holen.[32] In deze kolkende innerlijke wereld daalde Augustinus af om zijn God te zoeken die zich, paradoxaal genoeg, zowel binnen in hem als boven hem bevond. Het had geen zin om gewoon in de buitenwereld naar een bewijs van Gods tegenwoordigheid te zoeken. Hij kon alleen in de *echte* wereld van de geest worden gevonden:

> Te laat heb ik U liefgekregen, o Schoonheid, die zo oud en toch zo nieuw zijt, te laat heb ik U liefgekregen! En zie, Gij waart in mijn binnenste en ik was buiten en daar zocht ik U, en ik, die wanstaltig was, stortte mij op de schone dingen die Gij gemaakt hebt. Gij waart met mij, maar ik was niet bij U. Die dingen hielden mij ver van U, die niet zouden zijn als ze niet waren in U.[33]

God was daarom geen objectieve werkelijkheid, maar een spirituele aanwezige in de complexe diepten van onze eigen persoon. Dit inzicht deelde

Augustinus niet alleen met Plato en Plotinus, maar ook met boeddhisten, hindoeïsten en sjamanen uit de niet-theïstische religies. Toch was zijn God geen onpersoonlijk wezen, maar de zeer persoonlijke God van de joods-christelijke traditie. God had de zwakheid van de mens niet beneden zijn waardigheid geacht en was naar hem op zoek gegaan:

> Gij hebt mij genood en geroepen en mijn doofheid gebroken, Gij hebt geblonken en geschitterd en mijn blindheid verdreven, Gij hebt liefelijke geur verspreid en ik snoof die in en hijg nu naar U, ik heb geproefd en nu honger en dorst ik, Gij hebt mij aangeraakt en ik ben ontbrand naar uw vrede.[34]

De Griekse theologen nemen in hun theologische geschriften slechts zelden persoonlijke ervaringen op, maar voor Augustinus was dat strikt persoonlijke en eigen verhaal juist de bron van zijn geloofsleer.

Zijn fascinatie met de geest was voor Augustinus aanleiding om een eigen psychologische triniteitsleer te ontwikkelen en deze neer te leggen in zijn verhandeling *De Trinitate*, geschreven in het begin van de vijfde eeuw. Aangezien God ons naar zijn beeld had geschapen, zouden we in de diepten van onze geest een drieëenheid moeten kunnen ontwaren. Augustinus koos als startpunt van zijn verkenning echter niet de metafysische abstracties en verbale onderscheidingen waar de Grieks-orthodoxe christenen zoveel voorliefde voor hadden, maar een moment van waarheid dat de meesten van ons wel eens hebben meegemaakt. Wanneer we uitspraken horen als 'God is het Licht' of 'God is de waarheid', voelen we dat onze spirituele belangstelling instinctief wordt gewekt en voelen we dat 'God' ons leven zin en inhoud kan geven. Maar na dat moment van verlichting vallen we terug in ons normale denkpatroon waar we worden geobsedeerd door 'gewende en aardse voorstellingen'.[35] Hoe we ons best ook doen, dat moment van onuitgesproken verlangen kunnen we niet terughalen. Normale denkprocessen kunnen ons er niet bij helpen. Integendeel, we moeten ons juist richten op 'wat het hart hoort' bij zinnen als 'Hij is de Waarheid'.[36] Maar kunnen we van een werkelijkheid houden waar we niets van weten? Augustinus toont vervolgens aan dat zich in onze geest een drieëenheid bevindt die, zoals elk platoons beeld, een afspiegeling van God is, en dat we om die reden branden van verlangen om naar ons archetype terug te keren – het oerbeeld waar we naar zijn gemaakt.

Als we als uitgangspunt nemen dat de geest van zichzelf houdt, treffen we geen drieëenheid aan, maar een dualiteit: liefde en de geest. Pas wanneer de geest doordrongen is van zichzelf, doordrongen is van wat we het van-zichzelf-bewust-zijn zouden moeten noemen, kan hij van zichzelf houden. Vooruitlopend op Descartes betoogt Augustinus dat het kennen van onszelf de basis van alle zekerheden is. Zelfs onze twijfel maakt ons bewust van onszelf.[37]

In de ziel bevinden zich daarom drie vermogens: herinnering, inzicht en wil, corresponderend met kennis, zelfkennis en liefde. Net als de drie goddelijke personen zijn deze geestesactiviteiten in wezen één, want ze bezetten niet drie gescheiden gebieden van de geest. Elke activiteit vult de gehele geest en gaat in de andere twee over: 'Ik herinner me dat ik herinnering, inzicht en wil heb; ik heb het inzicht dat ik inzie, wil en me herinner. Ik wil dat ik wil, me herinner en inzie. Ik herinner me tegelijkertijd mijn gehele herinnering, mijn gehele inzicht en mijn gehele wil.'[38] Net als de goddelijke Drieëenheid die de Cappadociërs beschreven, zijn deze drie vermogens daarom één – 'één leven, één geest, één wezen'.[39]

Dit inzicht in de werking van onze geest is echter nog maar het begin: de drieëenheid die we in ons binnenste aantreffen is niet God zelf, maar een spoor van de God die ons heeft gemaakt. Zowel Athanasius als Gregorius van Nyssa had, om Gods transformerende tegenwoordigheid in de ziel van de mens te beschrijven, gebruik gemaakt van het beeld van de reflectie in een spiegel. Om dat beeld op de juiste manier te begrijpen moeten we in gedachten houden dat de Grieken geloofden dat zo'n reflectie echt was, dat ze ontstond wanneer het licht uit het oog van de kijker zich vermengde met het licht dat van het voorwerp afstraalde en door het spiegeloppervlak werd teruggekaatst.[40] Augustinus geloofde dat ook de drieëenheid in de geest een reflectie was die de tegenwoordigheid van God omvatte en op Hem was gericht. Maar hoe komen we *voorbij* dat beeld dat, donker als in een spiegel, wordt teruggekaatst? Hoe bereiken we God zelf? De enorme afstand tussen God en de mens kunnen we niet alleen op eigen kracht overbruggen. Alleen doordat God ons in de persoon van het mensgeworden Woord tegemoet is getreden, kunnen we het beeld van God dat zich in ons binnenste bevindt en dat door zonde is beschadigd en bekrast herstellen. We stellen ons open voor de goddelijke werkingen, die ons zullen transformeren via een drievoudige techniek die Augustinus de drieëenheid van het geloof noemde: *retinere* (vasthouden in onze geest van de waarheden van de Menswording), *contemplatio* (het schouwen ervan) en *dilectio* (het zich verheugen erin). Als we onszelf op deze manier aanleren om voortdurend ervan doordrongen te zijn dat God in onze geest aanwezig is, zal de Drieëenheid ons geleidelijk worden onthuld. Deze kennis was niet gewoon de cerebrale verwerving van informatie, maar een creatieve techniek die ons van binnen zou transformeren door ons een goddelijke dimensie in de diepten van ons eigen wezen te tonen.

Het waren voor de westerse wereld donkere en bange dagen. De barbaarse stammen vielen Europa binnen en brachten het Romeinse Rijk ten val. In het Westen stortte de beschaving ineen en dat had onvermijdelijk invloed op de christelijke spiritualiteit in dat gebied. Ambrosius, de grote mentor van Augustinus, predikte een geloof dat hoofdzakelijk defensief was: *integritas* (ongeschondenheid) werd het sleutelwoord. De Kerk moest haar dogma's overeind houden en erop toezien dat zijzelf, net als het zuivere lichaam van de maagd Maria, gevrijwaard bleef van penetratie door de valse leerstukken van de barbaren (waarvan velen zich tot het arianisme hadden bekeerd). Een zelfde grote droefheid sprak uit Augustinus' latere werk; de val van Rome had invloed op zijn leerstuk van de erfzonde, dat een centrale rol in de westerse wereldbeschouwing zou spelen. Augustinus geloofde dat God de mensheid tot eeuwige verdoemenis had veroordeeld, enkel en alleen om de ene zonde die Adam had begaan. Zijn overgeërfde schuld zou via de geslachtsdaad, die was bezoedeld met wat Augustinus 'concupiscentia' noemde, aan al zijn nakomelingen worden doorgegeven. Concupiscentia was de irrationele begeerte om genot te vinden bij gewone stervelingen in plaats van bij God. Ze werd het hevigst gevoeld tijdens de geslachtsdaad wanneer onze rede volkomen door hartstocht en emotie wordt overspoeld, wanneer God geheel wordt vergeten en stervelingen zich schaamteloos aan elkaar verlustigen. Dit beeld van de rede die in de chaos van sensaties en bandeloze hartstochten ten onder gaat, leek, zorgwekkend genoeg, een afspiegeling van de manier waarop Rome, bron van rationaliteit en wettig gezag in het Westen, in het geweld van de barbaarse invallen ten onder ging. Bij implicatie schetst dit wrede leerstuk van Augustinus een gruwelijk beeld van een onverzoenlijke God:

> Nadat de mens uit dit paradijs door de zonde verdreven was, verwikkelde hij ook zijn nakomelingen, die hij door zijn zonde eveneens tot in de wortel bedorven had, in de straf van de dood en de verdoemenis. De gehele nakomelingenschap, die van hem en gelijktijdig van de met hem schuldig bevonden vrouw – door haar heeft hij gezondigd – afstamde volgens de weg der vleselijke begeerte, (die) als straf in zekere zin het beeld (is) van de ongehoorzaamheid, trok de erfzonde op zich en werd daardoor gesleurd in dwalingen en menigvuldig lijden tot aan de uiterste straf, zonder einde, toe die zij moet dragen te zamen met de gevallen engelen, door wie zij verleid, bezeten en tot medeschuldigen gemaakt waren. (...) Zo was dus (na de zondeval) de toestand des mensen. Het mensdom lag in nood; het schuldig bevonden menselijk geslacht stortte in het kwaad en rolde van zonde tot zonde; gevoegd bij het gedeelte der engelen dat gezondigd had, onderging zij de maar al te rechtvaardige straf voor de zondige afval.[41]

Noch joden, noch Grieks-orthodoxe christenen gaven Adams zondeval zo'n catastrofaal gewicht. Ook moslims zouden die zwarte theologie van de erfzonde niet overnemen. Het leerstuk is uniek voor het westerse christendom en sluit aan bij het wrede beeld dat Tertullianus eerder van God had geschetst.

Augustinus heeft ons met een vervelende erfenis opgescheept. Een godsdienst die mannen en vrouwen leert dat hun menselijke natuur chronisch verdorven is, kan hen van zichzelf vervreemden. Nergens is die vervreemding manifester dan in de denigrerende houding die tegenover seksualiteit in het algemeen en vrouwen in het bijzonder wordt aangenomen. Hoewel het christendom oorspronkelijk vrij positief tegenover de vrouw stond, kon men in het Westen omstreeks de tijd van Augustinus al een vrouwonvriendelijke tendens bespeuren. De brieven van Hiëronymus lopen zo over van afkeer voor de vrouw, dat het nu en dan een gestoorde indruk maakt. Tertullianus had de vrouw uitgemaakt voor een kwaadwillige verleidster, een eeuwig gevaar voor het mensdom:

> Weet gij niet dat ook gij een Eva zijt? Het vonnis van God over uw geslacht leeft nog in deze tijd; ook het schuldgevoel moet voortleven. Gij zijt de poort des duivels, gij zijt de ontwijdster van gindse boom, gij zijt de eerste vaandelvluchtige van de goddelijke wet. Gij zijt het die hém hebt overgehaald dien de duivel niet vermocht aan te randen; zo gemakkelijk hebt gij Gods evenbeeld, de mens, ten val gebracht. Om wat gij verdiende, d.i. de dood, moest ook de zoon Gods sterven.[42]

Augustinus was het met hem eens. 'Wat maakt het uit,' schreef hij een vriend, 'of het een echtgenote of een moeder betreft – moeten we ons niet in elke vrouw in acht nemen voor Eva?'[43] Het is voor Augustinus duidelijk een raadsel waarom God de vrouwelijke sekse heeft gemaakt; immers, 'ware het gegaan om goed gezelschap en aanspraak voor Adam, dan ware het veel beter geregeld geweest indien er twee mannen als vrienden te zamen zouden zijn, en niet een man en een vrouw'.[44] De enige functie van de vrouw was het krijgen van kinderen, maar daarmee werd de besmetting van de erfzonde als een geslachtsziekte aan de volgende generatie doorgegeven. Een religie die de helft van het menselijk ras achterdochtig beziet en elke onbewuste opwelling van geest, hart en lichaam beschouwt als een symptoom van fatale concupiscentie, kan mannen en vrouwen alleen maar van hun menselijke natuur vervreemden. Het westerse christendom is nooit helemaal over die neurotische vrouwenhaat heen gekomen, zoals nu nog blijkt uit de onevenwichtige reactie op alleen al de gedachte dat vrouwen in kerkelijke bediening zouden worden aangesteld. Terwijl de vrouwen in het Oosten dezelfde last van inferioriteit moesten dragen als alle toenmalige vrouwen in de Oikoumenè, droegen hun zusters in het

Westen daarbovenop nóg eens het stigma van een weerzinwekkende en zondige seksualiteit die er de oorzaak van was dat ze, gehaat en gevreesd, werden uitgestoten.

Dat is des te ironischer, omdat de opvatting dat God vlees was geworden en onze menselijkheid had gedeeld, voor de christenen juist een aansporing had moeten zijn om het lichaam hoog aan te slaan. De discussies over dit netelige geloofspunt waren hiermee echter niet van de baan. In de vierde en vijfde eeuw stelden 'ketters' als Apollinaris, Nestorius en Eutyches moeilijke vragen. Hoe had de goddelijkheid van Christus kunnen samenvallen met zijn menselijkheid? Maria was toch zeker niet de moeder van God geweest, maar alleen de moeder van de mens Jezus? God kan toch geen hulpeloze, jengelende baby geweest zijn? Was het niet beter om te zeggen dat Hij in bijzondere, intieme verbondenheid met Christus had verwijld, als in een tempel? Ondanks de duidelijke inconsistenties van haar leer hield de rechtgelovigheid voet bij stuk. Cyrillus, de bisschop van Alexandrië, herhaalde het geloofspunt van Athanasius: God was inderdaad zo volkomen in onze slechte en verdorven wereld neergedaald, dat Hij zelfs met dood en verloochening te maken had gekregen. Dit geloofspunt leek onmogelijk verzoend te kunnen worden met de eveneens vaste overtuiging dat God een volkomen onaangedaan wezen was, niet in staat te lijden of te veranderen. De verre god van de Grieken die zich hoofdzakelijk kenmerkte door zijn goddelijke *apatheia*, leek een volstrekt andere God te zijn dan degene van wie werd gezegd dat Hij in Jezus Christus mens was geworden. De rechtgelovigen waren van mening dat de 'ketters', die het idee van een lijdende, hulpeloze God aanstootgevend vonden, Hem wilden beroven van zijn mysterie en wonderbaarlijkheid. Het had er dus alle schijn van dat de paradoxale Menswording een tegengif was tegen de hellenistische god die niets tegen onze zelfvoldaanheid ondernam en die zo volstrekt rationeel was.

In 529 werd de oude filosofenschool in Athene, het laatste bolwerk van intellectueel heidendom, op last van keizer Justinianus gesloten; de laatste grote leraar was Proclus geweest (412-485), een enthousiaste volgeling van Plotinus. De heidense filosofie ging ondergronds en leek door het nieuwe christelijk geloof te zijn verslagen. Vier jaar later doken echter vier mystieke traktaten op die geschreven zouden zijn door Dionysius de Areopagiet, de eerste Athener die door Paulus was bekeerd. Maar in werkelijkheid waren ze geschreven door een zesde-eeuwse, Griekse christen die zijn anonimiteit altijd heeft weten te bewaren. De symbolische waarde van het pseudoniem was echter groter dan de identiteit van de schrijver. Pseudo-Dionysius slaagde erin de inzichten van het neoplatonisme ten doop te houden en de God van de Grieken te koppelen aan de semitische God van de Bijbel.

Pseudo-Dionysius was bovendien de erfgenaam van de Cappadocische Vaders. Net als Basilius hechtte hij grote waarde aan het onderscheid tussen kerygma en dogma. In een van zijn brieven stelde hij dat er twee theologische overleveringen waren die allebei van de apostelen afkwamen. Het kerygmatische evangelie was duidelijk en kenbaar; het dogmatische zwijgend en mystiek. Beide waren echter van elkaar afhankelijk en bezetten een wezenlijke plaats in het christelijk geloof. Het ene was 'symbolisch en veronderstelde een inwijding', het andere was 'filosofisch en kon worden bewezen – en aldus wordt het onzegbare verweven met hetgeen kan worden gezegd'.[45] Het kerygma overreedt en overtuigt door zijn heldere, manifeste waarheid, maar de zwijgende of verborgen overlevering van het dogma was een mysterie dat inwijding vereiste: 'Het bewerkstelligt en verwezenlijkt de verening van de ziel met God door inwijdingen die niets onderwijzen,'[46] betoogde Pseudo-Dionysius, en zijn woorden doen ons aan Aristoteles denken. Er bestond een religieuze waarheid die niet adequaat in woorden, logische redeneringen of rationele verhandelingen kon worden overgebracht. Ze kwam symbolisch tot uitdrukking in de taal en gebaren van de liturgie, of via leerstukken. Het waren 'heilige sluiers' die de onzegbare betekenis aan het oog onttrokken, maar die tevens de volstrekt geheimenisvolle God aanpaste aan de beperkingen van de menselijke geest en die de Werkelijkheid in termen uitdrukte die weliswaar niet met het verstand konden worden begrepen, maar wel met de kracht der verbeelding.[47]

De verborgen of esoterische betekenis was niet alleen voor een geprivilegieerde elite bedoeld, maar voor alle christenen. Pseudo-Dionysius stond geen cryptische methode voor ogen die alleen geschikt was voor monniken en asceten. De belangrijkste weg die naar God leidde en in zijn theologie centraal stond, was de liturgie die door alle gelovigen werd bijgewoond. Die waarheden waren niet achter een beschermende sluier verborgen om mannen en vrouwen van goede wil buiten te sluiten, maar om alle christenen over de grenzen van de zintuiglijke waarneming en de verstandelijke conceptualisering heen te tillen en hen mee te voeren naar de onuitsprekelijke werkelijkheid van God zelf. De nederigheid die de Cappadociërs tot hun uitspraak had gebracht dat alle theologie apofatisch behoorde te zijn, werd voor Pseudo-Dionysius een stoutmoedige methode om naar de onuitsprekelijke God op te stijgen.

Eigenlijk gebruikte Pseudo-Dionysius het woord 'God' liever niet – waarschijnlijk omdat het zulke ontoereikende en antropomorfistische bijbetekenissen had gekregen. Hij gaf de voorkeur aan Proclus' term *theürgie*, een woord dat in de eerste plaats een liturgische betekenis had. In de heidense wereld had theürgie betrekking gehad op het aftappen van het goddelijke mana door middel van offerande en aanbidding. Dat zelfde paste Pseudo-Dionysius toe op de woorden die hij over God sprak; ook deze konden, indien ze op de juiste manier werden gebruikt, de goddelijke *energeiai* vrijmaken die in de geopenbaarde symbolen besloten lagen. Hij was het met de Cappadociërs eens dat alle woorden en concepten die we voor God gebruiken te kort schoten en niet moesten worden opgevat als een accurate beschrijving van een werkelijkheid die ons begrip te boven ging. Zelfs het woord 'God' was onjuist, want God stond 'boven God', was 'een mysterie voorbij aan alle zijnden'.[48] Christenen moeten beseffen dat God niet het opperwezen is, niet het hoogste zijnde dat aan het hoofd staat van een hiërarchie van lagere zijnden. God neemt in relatie tot aardse dingen en mensen niet de plaats in van een aparte werkelijkheid of een alternatief zijnde dat het object van kennen kan zijn. God is niet een van de dingen die bestaan en Hij lijkt evenmin op een van de dingen die we uit ervaring kennen. Eigenlijk zou God nog het meest accuraat worden aangeduid met het woord 'Niets'. We zouden Hem niet eens een drieheid moeten noemen, omdat Hij 'noch als een enkelvoudigheid, noch als een drieheid door ons of enig ander wezen wordt gekend'.[49] Hij staat boven alle namen, zoals Hij ook boven alle zijnsvormen staat.[50] Toch kunnen we ons onvermogen om over God te spreken gebruiken om tot een vereniging met Hem te komen, een vereniging die niet meer en niet minder dan een 'vergoddelijking' (*theosis*) van onze eigen natuur is. God heeft ons in de Schrift enkele van zijn namen geopenbaard, zoals 'Vader', 'Zoon' en 'Heilige Geest', maar niet met de bedoeling ons *over* Hem te informeren, maar om mannen en vrouwen naar Hem toe te halen en hen in staat te stellen aan zijn goddelijke natuur deel te hebben.

Pseudo-Dionysius begint elk hoofdstuk van zijn traktaat *De divinis nominibus* ('Over goddelijke namen') met een kerygmatische waarheid die door God is geopenbaard: zijn goedheid, zijn wijsheid, zijn vaderschap, enzovoort. Vervolgens laat hij zien dat God in deze titels weliswaar iets van zichzelf heeft geopenbaard, maar dat Hij niet zijn hele zelf heeft geopenbaard. Als we God echt willen kennen, moeten we die attributen en namen daarna ontkennen ('wegnemen'). We moeten dus zeggen dat Hij zowel 'God' is als 'niet God', dat Hij 'goed' is en vervolgens dat Hij 'niet goed' is. Door de schok van deze paradoxale methode, een proces dat zowel weten als niet-weten omvat, zullen we vanuit de wereld van gewone ideeën naar de onuitsprekelijke werkelijkheid zelf worden gevoerd. Sprekend over wat we van God kunnen zeggen, luiden onze eerste woorden dus:

> Er is kennen, begrijpen, weten, aanraking, waarneming, mening, voorstelling en naam van Hem, en nog al het andere. En toch laat Hij zich niet kennen, noch uitspreken, noch noemen, en is Hij niets van wat is, en is Hij in niets van wat is te kennen, en is Hij alles in alles en niets in niets.[51]

Het lezen van de Schrift is daarom geen proces van ontdekken van feiten over God, maar moet een paradoxale methode zijn om het kerygma om te zetten in dogma. Het is een theürgische methode, een aftapping van de goddelijke kracht die ons in staat stelt naar God zelf op te gaan en, zoals de platonisten altijd al hadden onderwezen, zelf goddelijk te worden. Het is een manier om ons denken een halt toe te roepen. 'Nu bedienen we ons zoveel mogelijk van symbolen die voor het goddelijke geëigend zijn en daarmee komen we weer tot de enkelvoudige, tot één samengebalde waarheid van wat onze geest ziet.'[52] We moeten zelfs onze ontkenningen van Gods attributen loslaten. Dan, en slechts dan, zullen we een extatische vereniging met God bereiken.

Wanneer Pseudo-Dionysius over extase spreekt, bedoelt hij niet een speciale geestestoestand of een alternatieve vorm van bewustzijn die alleen via een obscure yogatechniek bereikt kan worden. Het is een geestestoestand die elke christen met deze paradoxale methode van gebed en *theoria* kan bereiken. Ze zal ons het zwijgen opleggen en ons naar de plaats van stilte voeren. 'En zo zullen we nu, wanneer we ingaan in het duister dat boven geest is, daar niet weinigwoordigheid vinden, maar volledige woordloosheid en begriploosheid.'[53] Net als Gregorius van Nyssa vond hij dat het verhaal van Mozes' bestijging van de berg Sinaï ons veel kan leren. Toen Mozes de berg had beklommen zag hij op de top niet God zelf, maar bleek hij slechts naar de plaats te zijn gebracht waar God aanwezig was. Hij was in een dikke wolk van duisternis gehuld en kon niets zien. Het enige wat we dus *kunnen* zien of begrijpen is een symbool – Dionysius gebruikt hier het woord 'paradigma' – dat ons de tegenwoordigheid van een werkelijkheid openbaart die boven elk kennen uitgaat. Mozes was het duister van de onwetendheid in gegaan en had aldus een vereniging bereikt met datgene wat al het begrijpen te boven gaat. Ook wij zullen een soortgelijke extase bereiken die ons 'buiten onszelf zal brengen' en ons met God zal verenigen.

Dit kan alleen omdat God ons als het ware op de berg tegemoet komt. Hier laat Pseudo-Dionysius het neoplatonisme los, dat God ziet als een statisch en ver verwijderd wezen dat op geen enkele menselijke inspanning reageert. De God van de Griekse filosofen was zich niet bewust van de mysticus die er nu en dan in slaagde een extatische vereniging met Hem te bereiken, terwijl de God van de Bijbel zich juist naar de mensheid toe keert. Ook God bereikt een 'extase' waarin Hij buiten zichzelf treedt en naar het breekbare rijk van het geschapen zijnde toe komt:

> We zouden, wanneer waarheid de inzet is, ook dit moeten durven zeggen: dat de veroorzaker van alles door zijn schone en goede verlangen naar alles (...) buiten zichzelf raakt wanneer hij alle zijnden voorziet (...); en vanuit z'n boven alle zijnden zijn en z'n alle zijnden onttrokkenheid laat hij zich omlaag voeren om *in* alle zijnden te zijn,

door een vermogen dat hem buiten zichzelf plaatst, maar boven zijndheid is en hem niet verlaat.[54]

Emanatie was een hartstochtelijke en vrijwillige uitvloeiing van liefde geworden en niet een automatisch proces. Het benaderen van God op de manier van Pseudo-Dionysius, via ontkenning en paradox, was niet iets wat we gewoon doen, maar iets wat ons overkomt.

Voor Plotinus was de extase een geestvervoering die heel sporadisch voorkwam; hemzelf was het maar twee à drie keer in zijn leven overkomen. Pseudo-Dionysius beschouwde de extase als de geestestoestand waar elke christen constant in verkeert. Ze was de verborgen of esoterische boodschap van Schrift en liturgie zoals die in de kleinste gebaren wordt geopenbaard. Wanneer de celebrant dus bij het begin van de mis het altaar verlaat, zich tussen de aanwezige gelovigen begeeft en hen met wijwater besprenkelt voordat hij naar het sanctuarium terugkeert, is dat niet alleen een reinigingsrite – al is het dat ook. Het is een nabootsing van de goddelijke extase waarbij God zijn eenzaamheid verlaat en zich onder zijn schepselen begeeft. Misschien kunnen we ons de theologie van Pseudo-Dionysius het best voorstellen als een spirituele dans tussen datgene wat we over God kunnen bevestigen en de erkenning dat alles wat we over Hem kunnen zeggen alleen maar symbolisch kan zijn. Net als in het jodendom heeft de God van Pseudo-Dionysius twee aspecten: het ene is naar ons toe gekeerd en openbaart zich in de wereld; het andere is de verre kant van God zoals Hij bij zichzelf is en die volstrekt onbegrijpelijk blijft. Hij 'blijft bij zichzelf' in zijn eeuwige geheimenis, maar op hetzelfde moment gaat Hij geheel in zijn schepping op. Hij is niet een ander zijnde dat aan de wereld is toegevoegd. De methode van Pseudo-Dionysius werd normatief voor de Grieks-orthodoxe geloofsleer. In het Westen zouden de theologen echter blijven praten en verklaren. Sommigen stelden zich nota bene voor dat wanneer ze 'God' zeiden, de goddelijke werkelijkheid zou overeenkomen met het idee dat ze er in hun hoofd van hadden. Anderen schreven hun gedachten en ideeën aan God toe en zeiden (op een manier die gevaarlijk dicht bij idolatrie kwam) dat God zus wilde, zo verbood en dit had gepland. De God van de Griekse orthodoxie daarentegen zou mysterieus blijven en de Drieëenheid zou de oosterse christenen voortdurend aan het provisorische karakter van hun leerstukken herinneren. Uiteindelijk bepaalden de Griekse christenen dat een authentieke theologie aan de twee criteria van Pseudo-Dionysius moest voldoen: ze moest én zwijgzaam, én paradoxaal zijn.

De Griekse en de Latijnse Kerk ontwikkelden ook een beduidend afwijkende visie op de goddelijkheid van Christus. Het Griekse concept van de Menswording werd geformuleerd door Maximus Confessor (circa 580-662), de man die de vader van de Byzantijnse theologie wordt genoemd.

Het kwam veel dichter bij het boeddhistische ideaal dan het westerse. Maximus geloofde dat vereniging met God de enige zelfvervulling van de mens kon zijn, net zoals de boeddhisten geloofden dat verlichting het eigenlijke lot van de mens was. 'God' was dus geen optioneel addendum, geen mensvreemde, externe werkelijkheid die aan het menselijk bestaan was geplakt. Mannen en vrouwen hadden het aangeboren vermogen om vergoddelijkt te worden en ze zouden slechts volkomen mens worden als die vergoddelijking werd verwezenlijkt. De Logos had geen menselijke gestalte aangenomen om Adams zonde te delgen; sterker nog, zelfs als Adam niet had gezondigd, zou de menswording toch hebben plaatsgevonden. Mannen en vrouwen waren geschapen naar de gelijkenis met de Logos en zouden hun goddelijke vermogen alleen maar volledig kunnen vervullen als die gelijkenis werd geoptimaliseerd. Op de berg Tabor toonde de verheerlijkte menselijkheid van Jezus ons de vergoddelijkte menselijke staat waar we allen naar konden streven. Het Woord was mens geworden, opdat 'de gehele mens God zou worden, vergoddelijkt door de genade van God die mens werd – volkomen mens blijvend naar lichaam en ziel, krachtens zijn natuur, en volkomen God, naar lichaam en ziel, krachtens de genade'.[55] Zoals geestelijke verlichting en de boeddhistische Weg niet betekenden dat we door een bovennatuurlijke werkelijkheid waren overmeesterd, maar dat onze aangeboren krachten waren versterkt, zo toonde ook de vergoddelijkte Christus ons de staat die we door Gods genade konden bereiken. Christenen konden de Godmens Jezus op nagenoeg dezelfde wijze aanbidden als boeddhisten het beeld van de verlichte Gautama. Gautama was het eerste voorbeeld van een mens geweest wiens mensheid waarachtig was verheerlijkt en vervuld.

Bracht het Griekse standpunt over de Menswording het christendom dichter bij de oosterse traditie, het Westen voer met zijn visie op Jezus een excentriekere koers. De klassieke theologie werd geformuleerd door Anselmus, de aartsbisschop van Canterbury (1033-1109). De zonde, zo betoogde hij in zijn verhandeling *Cur Deus Homo* ('Waarom God mens werd'), was zo'n krenkende belediging geweest dat verzoening essentieel was geworden wilden Gods plannen met het mensdom niet volledig worden gedwarsboomd. Het Woord was mens geworden om onze zonden te delgen. God, in zijn rechtvaardigheid, verlangde dat de schuld werd gedelgd door iemand die zowel God als mens was; het was zo'n immense overtreding geweest, dat alleen de Zoon van God onze redding kon verwezenlijken, maar omdat een mens er verantwoordelijk voor was geweest, moest ook de Verlosser tot het mensenras behoren. Het was een keurig, legalistisch schema waarin God denkend, oordelend en wikkend en wegend werd opgevoerd, alsof Hijzelf een menselijk wezen was. Het versterkte bovendien het westerse beeld van een wrede God die alleen tevreden kon worden gesteld met de afschuwelijke dood van zijn eigen Zoon, als een soort mensenoffer aan het kruis.

Het triniteitsdogma is in de westerse wereld vaak verkeerd begrepen. Sommigen hadden de neiging zich drie goddelijke figuren voor te stellen, of het leerstuk gewoon te negeren en 'God' te vereenzelvigen met de Vader en zich Jezus voor te stellen als een goddelijke vriend – die niet helemaal op hetzelfde niveau staat. Ook moslims en joden vonden het een raadselachtig en zelfs godslasterlijk leerstuk. Toch zullen we zien dat zowel joodse als islamitische mystici opvallend gelijksoortige concepten over het goddelijke hebben ontwikkeld. Zo zou de *kenosis*, de ontledigende extase van God, zowel in de kabbala als in het soefisme een cruciale rol spelen. In de Drieëenheid draagt de Vader alles wat Hij is aan de Zoon over, geeft Hij alles op – zelfs de mogelijkheid zich in een ander Woord uit te drukken. Zodra dat ene Woord is gesproken, hult de Vader zich als het ware verder in stilzwijgen; we kunnen niets meer over Hem zeggen, omdat de enige God die we kennen de Logos of Zoon is. De Vader heeft daarom geen identiteit, geen 'ik' in de normale betekenis van het woord, en dat kunnen we niet rijmen met ons idee van persoon. De oorsprong van al het zijn is het Niets waarvan niet alleen Pseudo-Dionysius een glimp heeft opgevangen, maar ook Plotinus, Philo en zelfs de Boeddha. Aangezien de Vader algemeen wordt opgevoerd als de eindbestemming van de christelijke zoektocht, wordt de christelijke reis een tocht naar een niet-plaats, een niet-ergens en een niet-Ene. De notie van een persoonlijke God of een gepersonaliseerd Absolute is voor de mens echter belangrijk geweest. Het hindoeïsme en boeddhisme waren genoodzaakt geweest zich neer te leggen bij de personalistische devotie waartoe *bhakti* de mogelijkheid bood. Het paradigma of symbool van de Drieëenheid wekt evenwel de suggestie dat personalistische verering getranscendeerd moet worden en dat de gelovige er niet mee kan volstaan zich God voor te stellen als een met hoofdletters geschreven mens wiens gedragingen en reacties vrijwel met de zijne overeenkomen.

Het leerstuk van de Menswording kan worden gezien als een zoveelste poging het gevaar van idolatrie te bezweren. Immers, zodra 'God' wordt beschouwd als een totaal andere werkelijkheid 'ergens daarginds', kan Hij gemakkelijk een idool en een projectie worden die mensen de mogelijkheid biedt hun eigen vooroordelen en verlangens te externaliseren en te aanbidden. Andere religieuze tradities hebben geprobeerd dit te voorkomen door erop te wijzen dat het Absolute op een of andere manier nauw met de menselijke existentie is verbonden, zoals in het paradigma brahman-ātma. Arius – en later Nestorius en Eutyches – wilden Jezus alle drie hetzij menselijk, hetzij goddelijk maken en de weerstand waar ze op stuitten, hield gedeeltelijk verband met deze neiging om menselijkheid en goddelijkheid in twee aparte gebieden onder te brengen. Toegegeven, hun oplossing zat rationeler in elkaar, maar aan de andere kant mag men 'dogma' – te onderscheiden van 'kerygma' – niet in het nauwe keurslijf van het volkomen verklaarbare persen, net zo min als dat met poëzie of muziek mag. Het leerstuk van de Menswording – zoals stamelend door Athanasius en Maximus geformuleerd – was een poging het universele inzicht onder woorden te brengen dat 'God' en de mens onlosmakelijk met elkaar verbonden moesten zijn. In het Westen, waar de Menswording niet op deze manier werd geformuleerd, bestond de neiging God buiten de mens te houden, als een alternatieve werkelijkheid naast de wereld die we kennen. Bijgevolg is het maar al te gemakkelijk geworden om deze 'God' tot een projectie te maken, een projectie die de laatste tijd zo in diskrediet is geraakt.

Maar doordat de christenen, zoals we hebben gezien, van Jezus de *enige* avatara maakten, zouden ze hun interpretatie van de religieuze waarheid het gezag van de exclusiviteit geven: Jezus was Gods eerste en laatste Woord tot de mensheid en maakte toekomstige openbaringen overbodig. Zodoende waren ze, net als de joden, hevig geschokt toen in de zevende eeuw in Arabië een profeet opstond die verklaarde dat hij een rechtstreekse openbaring van hun God had ontvangen en dat hij zijn volk een nieuwe Schrift had gebracht. Desalniettemin zou deze nieuwe versie van het monotheïsme, die ten slotte de naam 'islam' zou krijgen, zich met verbazingwekkende snelheid over het Midden-Oosten en Noord-Afrika verspreiden. Veel enthousiaste bekeerlingen in die landen (waar het hellenisme toch al nooit een thuiswedstrijd had gespeeld) keerden zich opgelucht af van de Griekse triniteitsleer die het goddelijke mysterie uitdrukte in een taal die hun vreemd was en ze kozen voor een Semitischer concept van de goddelijke werkelijkheid.

5

Eenheid: de God van de islam

Omstreeks 610 had een Arabische koopman uit de welvarende stad Mekka in de Hidjaaz die nog nooit de Bijbel had gelezen en waarschijnlijk nog nooit van Jesaja, Jeremia of Ezechiël had gehoord, een religieuze ervaring die griezelig veel op de hunne leek. Mohammed ibn Abdallah, een man die tot de Mekkaanse stam Koeraisj behoorde, placht elk jaar met zijn gezin naar het even buiten de stad gelegen Hira-gebergte te trekken om daar in retraite de maand Ramadan door te brengen. Dit was een gebruik dat onder de Arabieren van het schiereiland vrij algemeen was. Mohammed zal zich in die weken zonder twijfel in gebed tot de oppergod van de Arabieren hebben gewend en voedsel en aalmoezen hebben verdeeld onder de armen die in die heilige periode bij hem aanklopten. Hij zal wellicht ook veelvuldig door zorgen zijn gekweld. We weten uit voorvallen in zijn latere leven dat hij zich scherp bewust was van de zorgwekkende malaise waar Mekka in verkeerde, ondanks het spectaculaire succes dat het de laatste jaren had behaald. Nog maar twee generaties eerder hadden de Koeraisjieten, net als de andere bedoeïenenstammen, een hard nomadisch bestaan in de Arabische woestijn geleid; elke dag was een verbeten gevecht om het bestaan geweest. Maar tegen het einde van de zesde eeuw hadden ze in de handel grote successen behaald en wisten ze van Mekka de belangrijkste nederzetting van heel Arabië te maken. Hun rijkdom overtrof hun stoutste verwachtingen. Maar doordat hun levensstijl drastisch was veranderd, waren de oude stamwaarden door een snel om zich heen grijpend en niets ontziend kapitalisme naar de achtergrond gedrongen. Een onbestemd gevoel van desoriëntatie en stuurloosheid had zich van de mensen meester gemaakt. Mohammed wist dat de Koeraisjieten een gevaarlijke weg hadden ingeslagen en een ideologie moesten hebben die hen kon helpen om zich aan de nieuwe omstandigheden aan te passen.

In die tijd zou vrijwel elke politieke oplossing een religieus karakter dragen. Mohammed was ervan doordrongen dat geld voor de Koeraisjieten een nieuwe religie dreigde te worden. Dat hoefde nauwelijks verbazing te wekken, want ze hadden ongetwijfeld het gevoel dat hun pasverworven rijkdom hen had 'gered' van de gevaren van het nomadische bestaan en hen behoedde voor de ondervoeding en gewelddadige stammenstrijd die endemisch waren in de Arabische woestijnen, waar elke bedoeïenenstam dagelijks rekening moest houden met de mogelijkheid te worden uitgeroeid. Nu hadden ze nagenoeg voldoende te eten en bouwden ze Mekka uit tot een centrum van internationale handel en geldverkeer. Ze hadden het gevoel dat ze hun lot in eigen hand hadden en sommigen schenen zelfs de mening te zijn toegedaan dat hun rijkdom hun enige onsterfelijkheid zou schenken. Maar Mohammed was van oordeel dat deze nieuwe aanbidding van egocentrische autarkie (*istighnā*) tot de desintegratie van de stam zou leiden. In de oude nomadische tijd was het bittere noodzaak geweest dat de stam op de eerste plaats kwam en het individu op de tweede; elk stamlid wist dat het, voor zijn overleving, van het andere afhankelijk was. Vandaar de plicht om voor de arme en kwetsbare leden van de etnische groep te zorgen. Maar nu had individualisme het gemeenschapsideaal verdrongen en was concurrentie de norm geworden. Mensen begonnen een eigen fortuin op te bouwen en bekommerden zich niet meer om de zwakken. De clans of kleinere famielieëenheden van de stam bestreden elkaar om een stuk van Mekka's welvaart en enkele die minder succes hadden (zoals Mohammeds eigen Hāsjim-clan) vreesden dat ze zelfs in hun voortbestaan werden bedreigd. Mohammed was ervan overtuigd dat de Koeraisjieten, als ze niet leerden een andere transcendente waarde in hun leven centraal te stellen en af te rekenen met hun egoïsme en hebzucht, in een onderlinge strijd verwikkeld zouden raken en zich moreel en politiek te gronde zouden richten.

Ook in de andere delen van Arabië was de situatie verre van rooskleurig. Eeuwenlang hadden de bedoeïenenstammen die de Hidjaaz en de Nadjd bewoonden, elkaar fel om de eerste levensbehoeften bestreden. In die strijd om het bestaan was het stamverband een essentiële voorwaarde om in leven te blijven en zo was de *moeroewah* ontstaan, een ideologie die de gemeenschapszin versterkte en in veel opzichten de functies van een religie vervulde. Voor een godsdienst in conventionele zin hadden de Arabieren weinig tijd. Ze hadden een heidens pantheon van goden die ze in hun heiligdommen aanbaden, maar ze misten een mythologie die de relevantie van die goden en heilige plaatsen voor hun geestelijk leven verklaarde. Ze hadden geen leer over een leven na de dood, maar meenden dat alles werd bepaald door *dahr*, een begrip dat we met tijd of noodlot zouden kunnen vertalen – een instelling die in een gemeenschap met zo'n hoog sterftecijfer wellicht onontbeerlijk was. Westerse geleerden vertalen 'moeroewah' meestal met 'mannelijkheid', maar het woord had een veel bredere scala van betekenissen. Het sloeg op moed in de strijd, op geduld en volharding onder de zwaarste omstandigheden en op absolute loyaliteit aan de stam. Een van de deugden die tot de moeroewah werden gerekend was de plicht van elke Arabier zijn *sajjid* of stamhoofd blindelings te gehoorzamen, ongeacht het gevaar dat hijzelf liep. Op zijn schouders rustte de eervolle taak elk onrecht dat de stam was aangedaan te wreken en de zwakke leden te beschermen. Om het voortbestaan van de stam te waarborgen verdeelde de sajjid de rijkdommen en bezittingen gelijkelijk onder alle leden en wreekte hij de dood van elk lid door iemand van de stam van de moordenaar om te brengen. Hierin wordt de gemeenschapsethiek het duidelijkst weerspiegeld: men was niet verplicht de moordenaar zelf te doden, omdat in een maatschappij als het voorislamitische Arabië een individu gemakkelijk spoorloos kon verdwijnen. Alle leden van de vijandelijke stam waren voor dat doel gelijkwaardig. In een gebied waar centraal gezag ontbrak, waar elke stam zijn eigen wetgever was en waar geen apparaat bestond dat met een moderne politieorganisatie kan worden vergeleken, was de vendetta of bloedwraak de enige manier om een zekere vorm van sociale veiligheid te waarborgen. Als een stamhoofd naliet om wraak te nemen, zou iedereen zijn stam minachten en de leden vrij kunnen doden zonder dat er straf op stond. De bloedwraak was dus een primitieve maar doeltreffende vorm van snelrecht, die garandeerde dat geen enkele stam gemakkelijk de overhand over een van de andere kon krijgen. Maar de bloedwraak kon er ook toe leiden dat de verschillende stammen verwikkeld raakten in een niet te stuiten geweldsspiraal waarbij de ene vendetta tot de andere leidde als men het gevoel had dat de wraak en het oorspronkelijke vergrijp niet met elkaar in overeenstemming waren.

Hoe wreed de moeroewah echter ook was, ze had ook veel pluspunten. Ze kweekte een krachtig en sterk egalitarisme en ze kweekte bovendien een zekere onverschilligheid tegenover materiële goederen, een instelling die misschien onontbeerlijk was in een landstreek waar de eerste levensbehoeften onvoldoende aanwezig waren. Generositeit en grootmoedigheid werden aldus belangrijke deugden en leerden de Arabieren zich geen zorgen te maken voor de dag van morgen. We zullen later zien dat deze karaktereigenschappen een heel belangrijke plaats in de islam zouden krijgen. Eeuwenlang had de moeroewah goed voldaan, maar omstreeks de zesde eeuw kon ze geen oplossing meer bieden voor de eisen van de moderne tijd. In de laatste fase van de voorislamitische periode (een periode die de moslims *djāhilijja* noemen, letterlijk 'onwetendheid') had zich dan ook een algemeen gevoel van onvrede en spirituele rusteloosheid van de mensen meester gemaakt. De Arabieren zaten ingeklemd tussen twee machtige rijken, het Perzische van de Sassaniden en het Byzantijnse. Moderne ideeën drongen uit de ontwikkelde landen Arabië binnen; kooplieden die naar Syrië of Irak reisden keerden terug met verhalen over de wonderen van de beschaving.

Maar toch had het er alle schijn van dat de Arabieren zelf gedoemd waren om eeuwig als barbaren te leven. De stammen waren constant in een onderlinge strijd gewikkeld en dat weerhield hen ervan hun schamele hulpbronnen met elkaar te delen en het verenigde Arabische volk te worden dat ze diep in hun hart meenden te zijn. Ze konden niet hun eigen toekomst bepalen en konden geen beschaving stichten die helemaal de hunne was. Integendeel, ze werden voortdurend door de grootmachten uitgebuit; zo was het vruchtbaarste en meest ontgonnen deel van Zuid-Arabië (het gebied dat nu Jemen is), dat van de moessonregens kon profiteren, gewoon een provincie van Perzië geworden. Bovendien voerden de nieuwe ideeën die het gebied binnendrongen de eerste kiemen van een individueel bewustzijn mee dat aan het oude gemeenschapsethos begon te knagen. Het christelijke dogma van een hiernamaals kende bijvoorbeeld een heilige waarde toe aan het eeuwige leven van elk individu. Hoe viel dat te rijmen met het stamideaal waarbij het individu ondergeschikt was aan de groep en de onsterfelijkheid van een man of een vrouw uitsluitend in het voortbestaan van de stam verankerd lag?

Mohammed was een uitzonderlijk geniale man. Toen hij in 632 stierf, was hij erin geslaagd bijna alle stammen van Arabië in een nieuwe geloofsgemeenschap of *oemma* te verenigen. Hij had de Arabieren een spiritualiteit gebracht die op ongeëvenaarde wijze aansloot bij hun eigen tradities en die zulke krachtreserves bij hen aanboorde dat ze nog geen eeuw later een unieke beschaving hadden gesticht en een machtig rijk hadden gevestigd dat zich uitstrekte van de Himalaya tot aan de Pyreneeën. Maar toen Mohammed zich tijdens de Ramadan van 610 in de kleine grot op de berg Hira terugtrok en in gebed verzonk, had hij zo'n fenomenaal succes niet kunnen bevroeden. Zoals veel Arabieren geloofde Mohammed dat Allah, de oppergod van het oude Arabische pantheon wiens naam gewoon 'de God' betekende, dezelfde was als de God die door de joden en de christenen werd aanbeden. Hij geloofde ook dat alleen een profeet van deze God de problemen van zijn volk kon oplossen, maar hij geloofde geen moment dat hij die profeet zou zijn. Immers, de Arabieren waren zich er pijnlijk van bewust dat Allah hun nog nooit een profeet of een Schrift had gezonden die uitsluitend en alleen de hunne was, ook al stond zijn tombe sinds onheuglijke tijden in hun midden. In de zevende eeuw waren de meeste Arabieren er namelijk van overtuigd geraakt dat de Ka'ba, de massieve, kubusvormig tombe in het hart van Mekka die duidelijk uit de verre oudheid stamde, oorspronkelijk aan Allah was gewijd, ook al was hij nu de zetel van de Nabatese godheid Hoebal geworden. Alle Mekkanen waren trots op de Ka'ba, want het was het belangrijkste heiligdom van Arabië. Elk jaar maakten Arabieren uit het hele schiereiland de *haddj* of bedevaart naar Mekka, om daar gedurende verscheidene dagen de traditionele riten te verrichten. In het heiligdom zelf, het gewijde terrein rondom de Ka'ba, was elk geweld verboden, zodat in Mekka de Arabieren vreedzaam handel met elkaar konden drijven, in de wetenschap dat oude stamvetes tijdelijk waren begraven. De Koeraisjieten wisten dat ze zonder het heiligdom nooit al die handelssuccessen hadden kunnen behalen en dat het aanzien dat ze onder de andere stammen genoten in belangrijke mate werd bepaald door het feit dat zij de Ka'ba bewaakten en de oude relikwieën beheerden. Maar hoewel Allah de Koeraisjieten duidelijk voor die speciale eretaak had uitverkoren, had Hij hun nog nooit een afgezant zoals Abraham, Mozes of Jezus gezonden en hadden de Arabieren geen Schrift in hun eigen taal.

Vandaar het algemene gevoel van spirituele minderwaardigheid. De joden en christenen met wie de Arabieren in contact kwamen, plachten hen spottend uit te maken voor een barbaars volk dat geen goddelijke openbaring had ontvangen. Met een mengeling van wrok en respect keken de Arabieren op tegen deze volken die over kennis beschikten die zij niet hadden. Het jodendom en christendom hadden in het gebied weinig volgelingen gemaakt, ook al erkenden de Arabieren dat deze progressieve vormen van godsverering superieur waren aan hun traditionele heidendom. Er woonden enkele joodse stammen van twijfelachtige afkomst in de nederzettingen Jathrib (het latere Medina) en Fadak, ten noorden van Medina, en enkele Arabische stammen in het noordelijke grensgebied tussen het Perzische en Byzantijnse rijk hadden zich tot het monofysitische of het nestoriaanse christendom bekeerd. Maar de bedoeïenen hielden verbeten vast aan hun onafhankelijkheid; ze waren vastbesloten om niet onder het juk van de grootmachten te komen, zoals hun broeders in Jemen, en ze waren zich er scherp van bewust dat zowel de Perzen als de Byzantijnen het jodendom en christendom hadden gebruikt om hun imperialistische stempel op de regio te drukken. Instinctief beseften ze waarschijnlijk ook dat ze, met de voortschrijdende afkalving van hun eigen tradities, zich al genoeg culturele ontwrichting hadden laten welgevallen. Het laatste waar ze nu op zaten wachten, was een buitenlandse ideologie, verpakt in vreemde talen en tradities.

Naar verluidt ondernamen enkele Arabieren nog een poging om een neutralere vorm van monotheïsme te vinden, een die vrij was van imperialistische smetten. Zo vertelt de Grieks-christelijke kerkhistoricus Sozomenus ons al in de vijfde eeuw dat enkele Arabieren in Syrië opnieuw een geloof hadden ontdekt dat ze als de authentieke godsdienst van Abraham beschouwden. Abraham had immers geleefd voordat God de Tora of het Evangelie had gezonden en daarom was hij jood noch christen geweest. Kort voordat Mohammed zijn profetische roep ontving, zo vertelt ons zijn eerste biograaf Mohammed ibn Ishāk (gest. 767), hadden vier Koeraisjieten uit Mekka besloten om op zoek te gaan naar de *hanīfijjah*, de ware godsdienst van Abraham. Volgens sommige westerse geleerden is deze kleine hanīfijjah-sekte een vrome fictie geweest die de spirituele rusteloosheid van de djāhilijja symboliseerde, maar toch moet het een grond van waarheid hebben gehad. De namen van drie van deze vier *hanoefā'* zijn ons bekend, omdat zij de eerste moslims waren: Oebaidallāh ibn Djahsj was Mohammeds neef; Waraka ibn Naufal, die later christen zou worden, was een van zijn eerste geestelijke adviseurs; en Zaid ibn Amr was de oom van Oemar ibn al-Chattāb, een van Mohammeds trouwste metgezellen en de tweede kalief van het islamitische rijk. Het verhaal gaat dat Zaid op een dag, voordat hij uit Mekka vertrok om in Syrië en Irak op zoek te gaan naar de godsdienst van Abraham, bij de Ka'ba stond en, leunend tegen de tombe, tegen de Koeraisjieten zei die op de aloude manier de rituele omgang deden: 'O, Koeraisj, ik zweer u bij Hem in wiens handen de ziel van Zaid ligt, niet een van u volgt de godsdienst van Abraham, alleen ik.' Toen voegde hij er treurig aan toe: 'O God, wist ik maar hoe u aanbeden wenst te worden, dan zou ik aldus aanbidden. Maar ik weet het niet.'[1]

Zaids verlangen naar een goddelijke openbaring ging in 610, in de zeventiende nacht van de Ramadan, op de berg Hira in vervulling toen Mohammed wakker schrok en merkte dat een verpletterende goddelijke aanwezigheid hem omklemde. Later legde hij deze onzegbare ervaring in kenmerkende Arabische bewoordingen uit. Hij vertelde dat een engel was verschenen en hem kortaf had bevolen: 'Draag voor!' (*ikra!*). Net als de Hebreeuwse profeten, die er vaak tegen opzagen Gods Woord te spreken, weigerde Mohammed. 'Ik ben geen voordrager,' wierp hij tegen. Hij was geen *kāhin*, een van de Arabische orakelpriesters die beweerden dat ze in hun extase orakels voordroegen die het bovennatuurlijke hun inblies. Maar, zo vertelde Mohammed, de engel omklemde hem in zo'n wurggreep dat hij het gevoel had dat zijn adem hem werd benomen. Juist toen hij dacht dat hij het niet meer volhield liet de engel hem los en beval weer: 'Draag voor!' (*ikra!*). Opnieuw weigerde Mohammed en opnieuw klemde de engel hem vast totdat hij bijna dacht te bezwijken. Ten slotte, na voor de derde keer in een afschuwelijke wurggreep te zijn omklemd, merkte Mohammed dat de eerste woorden van een nieuwe, heilige Schrift hem uit de mond stroomden:

> Lees op in de naam van uw Heer die geschapen heeft, geschapen heeft de mens van een bloedklomp. Lees op! En uw Heer is de eerwaardigste, die onderwezen heeft door het schrijfriet, de mens heeft onderwezen wat hij niet wist.[2]

Voor het eerst was het Woord van God in het Arabisch gesproken en deze Schrift zou ten slotte *al-koer'ān* heten, de Oplezing of het Reciet.

Vol angst en afkeer kwam Mohammed tot zichzelf, gruwend bij de gedachte dat hij misschien gewoon zo'n louche kāhin was geworden die door de mensen werd geraadpleegd wanneer een van hun kamelen was weggelopen. Een kāhin zou door een *djinnī* zijn bezeten, een van de geesten die buiten rondwaarden en wispelturig konden zijn en mensen op het verkeerde pad brachten. Ook dichters geloofden dat ze door een persoonlijke djinnī waren bezeten. Zo vertelt Hassān ibn Thābit, een dichter uit Jathrib die later moslim zou worden, dat hij zijn dichterlijke roeping ontving toen zijn djinnī hem verscheen, hem tegen de grond wierp en hem de geïnspireerde woorden uit de mond wrong. Dit was de enige vorm van inspiratie waar Mohammed ooit van had gehoord en de gedachte dat hij misschien *madjnoen* was geworden, door een djinnī was bezeten, vervulde hem zo met wanhoop dat hij niet verder wilde leven. Hij had een hartgrondige afkeer van de *kahana* (meervoud van kāhin), wier orakels doorgaans onbegrijpelijk koeterwaals waren, en hij zou er later altijd nauwlettend op toezien dat er een onderscheid werd gemaakt tussen de Koran en conventionele Arabische poëzie. Hij rende de grot uit en besloot zich van de top van de berg te werpen. Maar op de helling had hij weer een visioen, ditmaal van een wezen dat later de engel Gabriël bleek te zijn:

> Toen ik halverwege de berg was hoorde ik een stem uit de hemel die zei: 'Mohammed! Gij zijt de gezant Gods en ik ben Gabriël.' Ik keek naar boven, naar de hemel, om te zien wie er sprak, en daar was Gabriël, in de gestalte van een man die aan de einder stond, met zijn voeten naast elkaar (...). Ik bleef naar hem staan kijken, en dat bracht mij van mijn voornemen af; ik ging vooruit noch achteruit. Toen wilde ik mijn gezicht van hem afwenden, maar waar ik ook keek aan de horizon, overal zag ik hem weer.[3]

In de islam wordt Gabriël vaak vereenzelvigd met de Heilige Geest van de openbaring, de middelaar via wie God zich met de mens onderhoudt. Het was geen wonderschone, levensechte engel, maar een overweldigende, alomtegenwoordige aanwezigheid waaraan niet te ontkomen viel. Mohammed had die verpletterende aangrijping van de numineuze werkelijkheid gehad die de Hebreeuwse profeten *kadosj* of heiligheid hadden genoemd, de angstaanjagende andersheid van God. Ook zij hadden tijdens zo'n ervaring het gevoel gehad dat ze meer dood dan levend waren en in een geestelijke en lichamelijke worggreep lagen. Maar in tegenstelling tot Jesaja en Jeremia kon Mohammed voor steun en bemoediging niet op een gevestigde religieuze traditie terugvallen. De afgrijselijke ervaring kwam als een donderslag bij heldere hemel en bracht hem volkomen van streek. In zijn gekweldheid zocht hij instinctief steun bij zijn vrouw Chadīdja.

Bevend over al zijn leden kroop Mohammed naar haar toe en verborg zijn gezicht in haar schoot. 'Wikkel me in, wikkel me in!' riep hij uit en hij smeekte haar hem tegen de goddelijke aanwezigheid te beschermen. Toen zijn angst enigszins was gezakt, vroeg Mohammed haar of hij echt madjnoen was geworden, maar Chadīdja haastte zich hem gerust te stellen. 'Dat zou God je niet aandoen, omdat hij weet hoe eerlijk en betrouwbaar je bent en wat een goed karakter je hebt, en dat je de familiebanden eerbiedigt. Dat kan niet zijn, mijn lieve neef.'[4] God ging niet zo willekeurig te werk. Chadīdja stelde voor haar neef Waraka ibn Naufal te raadplegen; die was nu christen en kende de Schriften. Voor Waraka was er geen enkele twijfel mogelijk: Mohammed had een openbaring van de God van Mozes en de profeten ontvangen en was de goddelijke afgezant voor de Arabieren geworden. Ten slotte, na verscheidene jaren, was Mohammed ervan overtuigd dat dit inderdaad het geval was en begon hij zijn leer onder de Koeraisjieten te verkondigen en bracht hij hun een Schrift in hun eigen taal.

In tegenstelling tot de Tora, die volgens het bijbelverhaal in één keer op de berg Sinaï aan Mozes werd geopenbaard, ontving Mohammed de Koran in de loop van drieëntwintig jaar stukje bij beetje, regel voor regel en vers voor vers. De openbaringen bleven een marteling. 'Niet één keer kreeg ik een openbaring zonder dat ik dacht ontzield te worden,' vertelde Mohammed later.[5] Hij moest geconcentreerd naar de goddelijke woorden luisteren en zijn uiterste best doen om een visioen of een boodschap, die niet altijd in duidelijke bewoordingen tot hem kwam, te ontcijferen. Soms, zo zei hij, was de inhoud van de goddelijke boodschap duidelijk; dan was het of hij Gabriël echt zag, en hoorde hij wat de engel zei. Maar op andere momenten was de openbaring ontmoedigend onverstaanbaar. 'Soms komt ze tot me als het galmen van een klok en dat valt me het zwaarst. Het galmen verdwijnt zodra ik de boodschap heb begrepen.'[6] In de beschrijvingen die Mohammeds eerste biografen ons geven van de klassieke periode, zien we hem vaak geconcentreerd luisteren naar wat we misschien het onbewuste zouden moeten noemen, in grote lijnen hetzelfde proces als dat van een dichter die 'luistert' naar een gedicht dat geleidelijk uit de verborgen diepten van zijn geest opstijgt en zich dwingend en zuiver aan hem openbaart, op een manier die op geheimzinnige wijze buiten hem om gaat. In de Koran houdt God Mohammed voor dat hij de incoherente betekenis van de boodschap zorgvuldig en met 'wijze passiviteit',[7] zoals Wordsworth dat zou noemen, moest beluisteren. Hij moest niet trachten er haastig en geforceerd een verbale vorm of een bepaalde conceptuele inhoud aan te geven, maar rustig afwachten tot de ware betekenis op het juiste moment aan hem werd onthuld:

> Beweeg niet uw tong ermede om haast met haar te maken. Op ons rust haar bijeenbrenging en haar oplezing. Wanneer Wij haar dan oplezen, volg dan haar oplezing. Daarna rust op Ons haar verklaring.[8]

Net als elk creatief proces verliep ook dit moeizaam. Mohammed raakte meestal in trance en leek soms het bewustzijn te verliezen; hij begon overvloedig te zweten, zelfs wanneer het koud was, en vaak kreeg hij een zwaar gevoel van binnen, net of hij door verdriet werd overmand, en zag hij zich genoodzaakt zijn hoofd tussen zijn knieën te leggen, een houding die sommige joodse mystici in zijn tijd ook aannamen wanneer ze in een alternatieve bewustzijnstoestand raakten – al kon Mohammed dat uiteraard niet weten.

Dat de openbaringen zo'n enorme belasting voor Mohammed waren, is niet verwonderlijk. Niet alleen zwoegde hij aan een volstrekt nieuwe, politieke oplossing voor zijn volk, hij schiep ook een van de grootste spirituele en klassieke werken van alle tijden. Hij geloofde dat hij Gods onzegbare Woord in het Arabisch overzette, want de Koran staat in de spiritualiteit van de islam net zo centraal als Jezus, de Logos, in het christendom. We weten meer van Mohammed af dan van de stichter van welke wereldgodsdienst ook en we kunnen in de Koran, waarvan de soera's of hoofdstukken vrij nauwkeurig te dateren zijn, de geleidelijke evolutie en ontwikkeling van zijn visioenen goed volgen en constateren dat ze een steeds universeler karakter dragen. Aanvankelijk stond het hem niet helder voor ogen welke taken hem wachtten, maar stukje bij beetje werd hem dat duidelijk toen hij rechtstreeks op actuele gebeurtenissen reageerde. Met de Koran beschikken we als het ware over een contemporain commentaar op het ontstaan van de islam, en als zodanig is hij uniek in de geschiedenis van een godsdienst. Het is alsof God in dit heilige boek commentaar levert op de actualiteit van het moment: Hij reageert op enkele critici van Mohammed, verklaart de zin van een veldslag of een conflict in de boezem van de eerste islamitische gemeenschap en wijst op de goddelijke dimensie van het menselijk bestaan. De Koran werd niet aan Mohammed geopenbaard in de volgorde waarin we hem nu lezen, maar vrij lukraak, afhankelijk van de noodzaak die door een gebeurtenis werd gedicteerd en het moment waarop Mohammed de diepere betekenis van een openbaring begreep. Mohammed, die analfabeet was, reciteerde elk nieuw gedeelte dat hem werd geopenbaard hardop, de moslims leerden het uit hun hoofd en de enkeling die de schrijfkunst machtig was noteerde het. Ongeveer twintig jaar na Mohammeds dood werd de eerste officiële compilatie van de openbaringen gemaakt. De redacteuren zetten de langste soera's vooraan en de kortste achteraan. Deze rangschikking is minder arbitrair dan het lijkt, omdat de Koran noch een verhaal, noch een betoog is waarvoor een bepaalde volgorde is vereist. Het zijn eerder bespiegelingen over verschillende onderwerpen: Gods tegenwoordigheid in de natuur, het leven van de profeten, het Laatste Oordeel. Een westerling die de uitzonderlijke schoonheid van het Arabisch niet naar waarde kan schatten, zal de Koran een saaie aaneenschakeling van herhalingen vinden. Het is alsof keer op keer hetzelfde wordt gezegd. Maar de

Koran was niet bedoeld voor individuele lezing, maar voor liturgische recitatie. Wanneer moslims in de moskee een soera horen declameren, worden ze herinnerd aan alle centrale leerstellingen van hun geloof.

Toen Mohammed in Mekka zijn leer begon te prediken, had hij maar een vaag idee van zijn eigen rol in het geheel. Hij dacht geen moment dat hij de basis van een nieuwe, universele religie legde, maar hij zag zichzelf als de man die de Koeraisjieten de oude religie van de ene God bracht. Aanvankelijk kwam het niet eens in hem op om zijn prediking tot meer Arabische stammen te richten dan uitsluitend tot de bewoners van Mekka en omgeving.[9] Hij droomde niet van de stichting van een theocratie; hij wist waarschijnlijk niet eens wat een theocratie was. Hij vond dat hij geen politiek ambt in de stad hoorde te bekleden, maar dat hij gewoon de *nadzīr* van de bewoners was, de vermaner.[10] Allah had hem gezonden om de Koeraisjieten te waarschuwen voor de gevaarlijke situatie waar ze zich in bevonden. Zijn eerste boodschappen waren echter geen verkondigingen van ondergang en verdoemenis. Het waren blijde, hoopvolle boodschappen. Mohammed hoefde de Koeraisjieten niet het bewijs te leveren dat God bestond. Ze geloofden allen impliciet in Allah, de schepper van hemel en aarde, en de meesten geloofden dat Hij de God was die door de joden en christenen werd vereerd. Zijn bestaan stond voor hen onomstotelijk vast, zoals blijkt uit een van de eerste soera's, waarin God tot Mohammed zegt:

> En indien gij hun vraagt wie de hemelen en de aarde geschapen heeft en de zon en de maan dienstbaar heeft gemaakt, zeggen zij: God. (...)
> En indien gij hun vraagt wie uit de hemel water heeft doen nederdalen en daarmede de aarde levend heeft gemaakt nadat zij dood was, dan zeggen zij wel: God.[11]

Het probleem was alleen dat de Koeraisjieten dit weliswaar geloofden, maar niet stilstonden bij de consequenties van dat geloof. Zoals de allereerste openbaring duidelijk zei, had God elk van hen uit een druppeltje zaad geschapen. Ze waren voor hun voedsel en levensonderhoud van Hem afhankelijk en toch dachten ze in hun zelfgenoegzaamheid en egoïstische autarkie (istighnā)[12] nog steeds dat ze het middelpunt van het heelal waren en gingen ze voorbij aan hun verantwoordelijkheden als lid van een fatsoenlijke Arabische gemeenschap.

Vandaar dan ook dat in alle vroege verzen van de Koran de Koeraisjieten worden aangespoord zich bewust te worden van Gods goedertierenheid die ze overal om zich heen kunnen zien. Dan zullen ze beseffen hoeveel ze, ondanks hun pasverworven succes, nog steeds aan Hem te danken hebben en zullen ze doordrongen zijn van hun volstrekte afhankelijkheid van de Schepper van de natuurlijke orde:

Gedood moge worden, hoe ondankbaar is hij! Uit wat heeft Hij hem geschapen? Uit een druppel, die Hij geschapen heeft en naar maat gevormd. Daarna heeft Hij hem de weg geëffend [d.i. uit de moederschoot]. Daarna doet Hij hem sterven en brengt hem in het graf. Daarna, wanneer Hij wil, wekt Hij hem op.
Niets daarvan. Nog niet heeft hij vervuld wat Hij hem had bevolen. Laat de mens dan zien naar zijn spijziging: Wij doen het water in stromen vloeien, daarna doen Wij de aarde opensplijten en doen Wij koren op haar groeien, en wijnranken en rauwkost, en olijfbomen en dadelpalmen, en dichtbegroeide tuinen, en ooft en weidegrond, tot nut voor u en uw kuddedieren.[13]

Het godsbestaan staat dus niet ter discussie. In de Koran is een 'ongelovige' (*kāfir bi ni'mat Allāh*) dan ook niet een atheïst in onze betekenis van het woord, niet iemand die niet in God gelooft, maar iemand die Hem niet dankbaar is, die weliswaar duidelijk kan zien wat hij allemaal aan God te danken heeft, maar Hem toch met koppige ondankbaarheid weigert te eren.
Wat de Koran de Koeraisjieten onderwees, was verre van nieuw. Integendeel, voortdurend betoogt het Boek dat het hen wil 'herinneren' aan dingen die ze al weten, maar die nu in een duidelijker licht worden gesteld. Veelvuldig introduceert de Koran een thema met de woorden: 'Hebt ge niet gezien...' of: 'Hebt ge er niet bij stilgestaan...' Het Woord van God bestond niet uit klakkeloze bevelen van hogerhand, maar ging een dialoog met de Koeraisjieten aan. Het hield hun bijvoorbeeld voor dat hun succes in belangrijke mate was terug te voeren op de Ka'ba, het huis van Allah, dus in de grond van de zaak hadden ze dat aan God te danken. De Koeraisjieten maakten graag de rituele omgangen om het heiligdom, maar toen ze zichzelf en hun materiële successen zo'n centrale plaats in hun leven gaven, waren ze vergeten wat de bedoeling van die oude oriëntatieriten was. Ze zouden eigenlijk naar de tekenen (*ājāt*) van Gods goedheid en almacht in de natuur moeten kijken. Lukte het hun niet om Gods goedertierenheid in hun eigen gemeenschap te reproduceren, dan zouden ze niet in contact staan met de ware natuur der dingen. Vandaar dat Mohammed zijn bekeerlingen opdroeg om twee keer per dag in ritueel gebed (*salāh*) diep voor God te buigen. Door dat uiterlijke gebaar zouden de moslims de juiste innerlijke instelling krijgen en een nieuw oriëntatiepunt in hun leven vinden. Uiteindelijk zou Mohammeds religie *islām* worden genoemd, de existentiële overgave aan Allah, hetgeen van elke gelovige wordt verwacht; een *moeslim* was de man of vrouw die zich volledig aan de Schepper had onderworpen. De Koeraisjieten waren ontzet toen ze die eerste moslims de salāh zagen verrichten. Ze vonden het onaanvaardbaar dat een lid van de fiere Koeraisjstam door wiens aderen al eeuwenlang het trotse, onafhankelijke bedoeïe-

nenbloed vloeide, bereid was als een slaaf in het stof te kruipen, en de moslims moesten zich in de vlakten buiten de stad terugtrekken om daar in het geheim te bidden. Uit de manier waarop de Koeraisjieten reageerden bleek duidelijk hoe feilloos en juist Mohammed hun instelling had gediagnostiseerd.

In praktische zin hield *islām* in dat op de schouders van moslims de taak rustte een rechtvaardige en billijke samenleving te maken waar de armen en zwakken fatsoenlijk worden behandeld. De morele boodschap die de Koran al in een vroeg stadium verkondigde is eenvoudig: het is verkeerd om rijkdommen te vergaren en voor zichzelf een fortuin op te bouwen, en het is goed om maatschappelijke rijkdommen eerlijk te verdelen door de armen regelmatig een deel van zijn rijkdom te geven.[14] Het schenken van aalmoezen (*zakāh*), in combinatie met het gebed (salāh), waren twee van de vijf essentiële 'zuilen' (*arkān*) of geloofsplichten van de islam. Net als de Hebreeuwse profeten predikte Mohammed een ethische code die we sociaal bewogen zouden kunnen noemen en die de neerslag was van zijn verering van de ene God. Bindende dogma's over God waren er niet. Sterker nog, de Koran staat uiterst wantrouwend tegenover theologische speculaties en doet ze af als *zann*, nutteloze gissingen te eigen behoeve over zaken die geen mens kan weten of bewijzen. Typische voorbeelden van zann waren de christelijke dogma's over de Menswording en Drieëenheid, en het hoeft dan ook geen verwondering te wekken dat de moslims deze denkbeelden godslasterlijk vonden. Net als in het jodendom werd God ervaren als een moreel imperatief. Hoewel Mohammed vrijwel geen contact met joden of christenen had, was hij direct tot de kern van het historisch monotheïsme doorgedrongen.

In de Koran is Allah echter veel onpersoonlijker dan JHWH. Hij mist de pathos en het vuur van de bijbelse God. We kunnen alleen in de 'tekenen' in de natuur een glimp van Hem opvangen en Hij is zo transcendent, dat we alleen in 'gelijkenissen'[15] over Hem kunnen spreken. Voortdurend spoort de Koran de moslims daarom aan de wereld als een epifanie te zien. Ze moeten zich de moeite getroosten om dóór de fragmentarische wereld heen te kijken en de grote almacht van het oorspronkelijke wezen te ontdekken, de transcendente werkelijkheid die alle dingen bezielt. Moslims moesten een sacramentele of allegorische instelling ontwikkelen:

> In de schepping der hemelen en der aarde, en in het opeenvolgen van de nacht en de dag, en in de schepen die over de zee varen met wat de mensen baat, en in het water dat God uit de hemel heeft doen nederdalen, zodat Hij daarmede de aarde heeft levend gemaakt nadat zij dood was, waarna Hij op haar allerlei dieren heeft verspreid, en in het bestuur van de winden en de wolken die dienstbaar zijn gesteld tussen de

hemel en de aarde, daarin zijn waarlijk tekenen [*ājāt*] voor lieden die verstandig zijn.[16]

De Koran onderstreept voortdurend de noodzaak om bij het ontcijferen van Gods 'tekenen' of 'boodschappen' het verstand te gebruiken. Moslims mogen geen afstand doen van de rede, maar moeten oplettend en nieuwsgierig naar de wereld kijken. Met name door deze houding wisten moslims later een voortreffelijke traditie op het gebied van natuurwetenschappen op te bouwen, omdat de islam, anders dan het christendom, natuurwetenschappen nooit als een bedreiging voor de godsdienst beschouwde. Als de mens de werkingen van de natuur bestudeerde, zou hij merken dat de natuurlijke wereld een transcendente dimensie en oorsprong bezat waar hij alleen in tekenen en symbolen over kan spreken. Zelfs de verhalen van de profeten, de uitspraken over het Laatste Oordeel en de heerlijkheden van het paradijs moesten niet letterlijk worden opgevat, maar moesten worden gezien als gelijkenissen die naar een hogere, onzegbare werkelijkheid verwezen.

Maar het machtigste teken was de Koran zelf; zelfs elk afzonderlijke vers wordt een *āja* genoemd. Westerlingen vinden de Koran een moeilijk boek, maar dat komt voornamelijk door de problemen bij het vertalen ervan. Arabisch laat zich bijzonder moeilijk vertalen; zelfs gewone romans of aardse uitspraken van politici klinken ons vaak houterig en vreemd in de oren wanneer ze in onze taal worden overgezet en dat geldt eens te meer voor de Koran, die in ondoorzichtige en zeer allusieve, elliptische bewoordingen is gesteld. Vooral de vroege soera's lijken geschreven te zijn in een taal die onder het gewicht van de goddelijke openbaring is bezweken. Wanneer moslims de Koran in vertaling lezen, zeggen ze dan ook vaak dat ze het gevoel hebben dat ze een heel ander boek onder ogen hebben, omdat niets van de schoonheid van het Arabisch wordt overgebracht. Zoals uit de naam al blijkt is de Koran bedoeld om hardop te worden voorgedragen en de muziek van de taal is een essentieel onderdeel van het effect. Wanneer moslims in de moskee naar de declamaties uit de Koran luisteren, zeggen ze dat ze zich omhuld voelen door een goddelijke dimensie van de klank, net als Mohammed toen hij zich op de berg Hira door Gabriëls omarming omhuld voelde, of toen hij de engel overal om zich heen aan de horizon zag. Het is geen boek dat je leest om er gewoon iets uit op te pikken. Het is bedoeld om een goddelijke sfeer op te roepen en het mag niet haastig worden doorgelezen:

En aldus hebben Wij haar nedergezonden, als een Arabische Oplezing, en Wij hebben in haar dreiging aangewend, opdat zij wellicht vrezend worden, of dat zij hun nieuwe maning verschaft. Want verheven is God, de wezenlijke Koning; overijl u dus niet met de Oplezing, alvorens haar openbaring aan u voldongen is. En zeg: Mijn Heer, doe mij toenemen in kennis.[17]

Moslims betogen dat ze bij de juiste benadering van de Koran inderdaad een transcendente aanwezigheid ervaren, een hoogste werkelijkheid en almacht die de vergankelijke en vluchtige verschijnselen van de gewone wereld overstijgen. Het lezen van de Koran is daarom een spirituele discipline, iets wat christenen misschien moeilijk kunnen begrijpen omdat ze geen taal hebben die voor hen net zo heilig is als het Hebreeuws, het Sanskriet of het Arabisch dat voor joden, hindoes of moslims is. Zij beschouwen Jezus als het Woord van God en het nieuwtestamentische Grieks heeft voor hen niets heiligs. De joden staan echter op soortgelijke wijze tegenover de Tora. Wanneer ze de eerste vijf bijbelboeken bestuderen, laten ze niet domweg hun ogen over de bladzijde gaan. Vaak zeggen ze de woorden hardop, proeven op hun tong de woorden die God zelf in de mond zou hebben genomen toen Hij zich op de berg Sinaï aan Mozes openbaarde. Soms wiegen ze van voor naar achter, als een vlam in de adem van Gods Geest. Het spreekt vanzelf dat joden die hun Bijbel op deze manier lezen, hem als een volstrekt ander boek ervaren dan de christenen, die het grootste deel van de Pentateuch saai en duister vinden.

We komen bij Mohammeds eerste biografen voortdurend beschrijvingen tegen van de verwonderde en ontstelde reacties van de Arabieren toen ze de Koran voor het eerst hoorden voordragen. Velen lieten zich ter plekke bekeren, want ze geloofden dat de uitzonderlijke schoonheid van de taal alleen maar van God afkomstig kon zijn. Wanneer een bekeerling die ervaring trachtte te beschrijven, had hij het vaak over een goddelijke overmeestering die verborgen verlangens bij hem wakker riep en een stroom van gevoelens losmaakte. De jonge Koeraisjiet Oemar ibn al-Chattāb bijvoorbeeld had Mohammed altijd fel bestreden; hij was een vurig aanhanger van het oude heidendom geweest en bereid de profeet te vermoorden. Maar deze moslimse Saul van Tarsus werd niet bekeerd door een visioen van Jezus het Woord, maar door de Koran. Er zijn twee versies van zijn bekering in omloop, die allebei de moeite van het vertellen waard zijn. In de eerste heeft Oemar ontdekt dat zijn zuster Fātima, die in het geheim moslim is geworden, naar de voorlezing van een nieuwe soera zit te luisteren. 'Wat was dat voor geprevel?' had hij boos gebulderd toen hij het huis binnenstormde en hij gaf de arme Fātima zo'n klap dat ze op de grond viel. Maar toen hij zag dat ze bloedde kreeg hij waarschijnlijk spijt, want zijn gelaatsuitdrukking veranderde. Hij pakte het vel papier op dat de bezoekende Koranlezer in de commotie had laten vallen en omdat hij tot de weinige Koeraisjieten behoorde die geletterd waren, begon hij te lezen. Oemar was een erkende autoriteit op het gebied van Arabische orale poëzie en als dichters iets wilden weten over de precieze betekenis van de gebezigde taal raadpleegden ze hem, maar zoiets als de Koran had hij nog nooit onder ogen gehad. 'Wat een prachtige, nobele woorden,' zei hij verbaasd en hij bekeerde zich direct tot de nieuwe godsdienst van Allah.[18] De schoonheid van de taal had, dwars door zijn vijandige en bevooroordeelde reserves heen, een ontvankelijke kern geraakt waar hij zich niet van bewust was geweest. We hebben allemaal wel eens een soortgelijke ervaring gehad wanneer een gedicht een snaar van herkenning raakt die zich in een diepere laag bevindt dan het verstandelijke. In de andere versie van het verhaal over Oemars bekering zag hij op een avond Mohammed in de Ka'ba toen deze voor het heiligdom zacht de Koran stond te reciteren. Omdat Oemar de woorden wel eens wilde horen, kroop hij onder het damasten kleed dat over de reusachtige, granieten kubus lag en sloop dichterbij totdat hij recht tegenover de profeet stond. 'Het enige wat ons scheidde was het kleed over de Ka'ba,' vertelde hij later – dat was de laatste verdedigingswal die nog overeind stond. Toen deed de betovering van het Arabisch haar werk. 'Zodra ik de Koran hoorde werd mijn hart week en barstte ik in tranen uit en nam de islam bezit van me.'[19] Met name de Koran voorkwam dat God een machtige werkelijkheid 'ergens daarginds' werd en situeerde Hem in het hoofd, het hart en het leven van elke gelovige.

De manier waarop Oemar en de andere, door de Koran bekeerde moslims deze openbaring ervoeren, kan misschien worden vergeleken met de manier waarop we volgens George Steiner kunst ervaren. In zijn boek *Het verbroken contract* heeft hij het over de 'indiscretie van serieuze kunst, literatuur en muziek' die 'de laatste intimiteiten van ons bestaan in twijfel trekt'. Het is een overval of een goddelijke annunciatie die 'het kleine huisje van ons behoedzaam bestaan binnenvalt' en ons streng beveelt: 'Verander je leven!' Na zo'n bevel 'is het huis niet langer op dezelfde wijze bewoonbaar als voorheen'.[20] In het geval van moslims zoals Oemar lijkt er sprake te zijn geweest van een soortgelijke zintuiglijke ontregeling, een gevoel van ontwaken en een verontrustend besef dat er iets belangrijks was gebeurd, en dat stelde hen in staat de banden met het traditionele verleden abrupt te verbreken. Zelfs de Koeraisjieten die de islam weigerden te aanvaarden, reageerden verontrust op de Koran en moesten constateren dat ze hem niet konden onderbrengen in de categorieën waar ze mee vertrouwd waren; hij was anders dan de inspiraties van de kāhin of van de dichter, en anders dan de bezweringsformules van een tovenaar. In sommige verhalen wordt verteld dat machtige Koeraisjieten die standvastig de oppositie bleven steunen, zichtbaar geroerd waren wanneer ze naar een soera luisterden. Het is alsof Mohammed een volkomen nieuwe literaire vorm had geschapen waar sommigen nog niet aan toe waren, maar die anderen in vervoering bracht. Het is daarom hoogst onwaarschijnlijk dat de islam zonder deze schoonheidservaring die de Koran opriep, voet aan de grond zou hebben gekregen. We hebben gezien dat de oude Israëlieten er zo'n zevenhonderd jaar over hebben gedaan om hun banden met de oude religies te verbreken en het monotheïsme te aanvaarden, maar Mohammed slaagde erin om in een luttele drieëntwintig jaar de Arabieren die moeilijke overgang te laten maken. Mohammed als dichter en profeet en de Koran als tekst en theofanie zijn duidelijk een uitzonderlijk voorbeeld van de grote congruentie tussen kunst en religie.

In de eerste jaren dat Mohammed zijn leer verkondigde maakte hij veel bekeerlingen onder de jongeren die teleurgesteld waren over het kapitalistisch georiënteerde ethos van Mekka, en onder de kansarmen en onderbedeelden, zoals vrouwen, slaven en leden van de zwakke clans. Op een bepaald moment zag het ernaar uit, zo vertellen ons de vroegste bronnen, dat heel Mekka Mohammeds hervormde religie van Allah zou aannemen. De rijke bovenlaag, die meer dan tevreden was met de status-quo, hield zich begrijpelijkerwijs afzijdig, maar het kwam pas tot een officiële breuk met de leidende Koeraisjieten toen Mohammed de moslims verbood de heidense goden te aanbidden. In de eerste drie jaar dat Mohammed zijn leer verkondigde, legde hij kennelijk nog niet de nadruk op het monotheïstische karakter van zijn boodschap en meenden de mensen wellicht dat ze, zoals ze altijd al hadden gedaan, de traditionele goden van Arabië konden blijven aanbidden naast de oppergod Allah. Maar toen Mohammed die oude culten veroordeelde en ze idolatrie noemde, verloor hij van de ene dag op de andere zijn meeste volgelingen en werden de moslims een verachte en vervolgde minderheid. We hebben al gezien dat er van mensen een pijnlijke bewustzijnsverandering wordt verlangd om slechts in één God te geloven. Net als de eerste christenen werden de eerste moslims ervan beschuldigd dat ze 'atheïsten' waren en een ernstige bedreiging voor de maatschappij vormden. In Mekka, waar een stedelijke beschaving een noviteit was en, ondanks de trotse autarkie van de Koeraisjieten, een broze verworvenheid moet hebben geleken, werden velen kennelijk bekropen door hetzelfde weeë gevoel van angst en ontzetting als de Romeinse burgers die luidkeels om het bloed van christenen hadden geroepen. Schijnbaar vonden de Koeraisjieten een breuk met de voorvaderlijke goden erg bedreigend en het duurde niet lang of Mohammeds eigen leven liep gevaar. Westerse geleerden schrijven deze breuk met de Koeraisjieten gewoonlijk toe aan het mogelijk apocriefe incident met de satanische verzen, verzen die sinds de tragische Salman Rushdie-affaire zo berucht zijn geworden. Van alle Arabische goden waren er drie die de Arabieren van de Hidjaaz bijzonder dierbaar waren, namelijk de godinnen al-Lāt (een naam die gewoon 'de godin' betekent), al-Oezzā ('de machtige'), die hun heiligdommen respectievelijk in Taa'if en Nachla hadden, in het zuidoosten van Mekka, en Manāt ('de schikgodin'), wier heiligdom in Koedaid stond, aan de Rode Zee. Deze godinnen werden niet zo gepersonifieerd als Juno of Pallas Athene.

Vaak noemde men hen de 'de dochters van God', de *banāt Allāh*, maar dat impliceerde niet noodzakelijkerwijs dat er een volledig ontwikkeld pantheon bestond. De Arabieren gaven met dergelijke verwantschapsnamen aan dat er sprake was van een zekere abstracte relatie; zo betekende *banāt al-Dahr* (letterlijk 'dochters van het noodlot') gewoon tegenspoed of lotswisseling. *Banāt Allāh* betekende wellicht gewoon 'goddelijke wezens'. Deze godinnen werden in hun heiligdommen niet door natuurgetrouwe beelden voorgesteld, maar door grote, opgerichte stenen die veel weg hadden van de rotsblokken die bij de oude Kanaänieten in zwang waren. Deze stenen werden door de Arabieren niet op een primitieve manier aanbeden, maar beschouwd als een symbool van goddelijke macht. Net als de Ka'ba in Mekka waren de heiligdommen in Taa'if, Nachla en Koedaid uitgegroeid tot belangrijke spirituele bakens in het emotionele landschap van de Arabieren. Hun voorvaders hadden hier sinds onheuglijke tijden gebeden en dat gaf hun een geruststellend gevoel van continuïteit.

Het verhaal van de satanische verzen komt noch in de Koran, noch in een van de oude, orale of geschreven bronnen voor. Het staat ook niet in Ibn Ishāks *Sīra*, de meest gezaghebbende biografie van de Profeet, maar alleen in het werk van de tiende-eeuwse historicus Aboe Jafar at-Tabari (gest. 923). Hij vertelt ons dat Mohammed diepbedroefd was over de verwijdering die tussen hem en de meeste leden van zijn stam was gegroeid nadat hij de aanbidding van de godinnen had verboden en dat hij, op inblazing van de 'Satan', enkele losse versregels had gesproken waarin de mensen de mogelijkheid werd geboden om de *banāt Allāh*, net als de engelen, als middelaars te vereren. In deze zogenaamde 'satanische verzen' stonden de drie godinnen echter niet op dezelfde hoogte als Allah, maar waren ze lagere geestelijke wezens die namens de mens een goed woordje bij Hem konden doen. Maar later, aldus Tabari, deelde Gabriël de Profeet mee dat deze regels van 'satanische' oorsprong waren en in de Koran moesten worden vervangen door de volgende regels waarin wordt verklaard dat de *banāt Allāh* louter projecties en verzinsels waren:

> Hebt gij dan gezien al-Lāt en al-'Uzzā en Manāt, de derde, de andere? (...) Niets anders zijn dat [d.i. de genoemde afgoden] dan namen waarmede gij en uw vaderen haar genoemd hebt. Niet heeft God over haar [deze afgoden] enig gezag nedergezonden. Niets anders volgen zij [de afgodendienaars] dan blote gissing en wat de lust der zielen is, terwijl toch tot hen gekomen is de rechte leiding van hun Heer.[21]

Van alle koranische veroordelingen van de voorvaderlijke heidense goden was deze wel de radicaalste, en nadat deze verzen in de Koran waren opgenomen, was de kans op een verzoening met de Koeraisjieten verkeken.

Vanaf dat moment werd Mohammed een naijverige monotheïst en werd *sjirk* (idolatrie; het geloof in het bestaan van andere goddelijke wezens naast Allah) een van de ergste zonden in de islam.

Het incident met de satanische verzen – aangenomen dat het echt heeft plaatsgevonden – betekent niet dat Mohammed een concessie aan het polytheïsme had gedaan. Het is ook onjuist om uit de rol van 'satan' af te leiden dat de Koran voor een ogenblik door het Kwaad was bezoedeld. In de islam is de satan een veel hanteerbaardere figuur dan in het christendom. De Koran vertelt ons dat hij op de Jongste Dag zal worden vergeven en de Arabieren gebruikten het woord 'sjaitān' vaak om er een puur menselijke verleider of een natuurlijke verleiding mee aan te geven.[22] Het incident wijst misschien op de problemen waar Mohammed ongetwijfeld op zal zijn gestuit toen hij de onzegbare goddelijke boodschap in menselijke taal trachtte over te zetten. In dit verband wordt verwezen naar bepaalde canonieke koranische verzen waaruit valt te lezen dat de meeste andere profeten ook dergelijke 'satanische' uitglijders hadden gemaakt toen ze de goddelijke boodschap overbrachten, maar dat God hun fouten altijd corrigeerde en er een nieuwe en hogere openbaring voor in de plaats zond. We kunnen ook op een andere en aardsere manier naar het incident kijken en het beschouwen als een tekstrevisie die Mohammed in zijn werk aanbracht omdat hij tot nieuwe inzichten was gekomen, net zoals elke kunstenaar zou doen. Onze bronnen geven duidelijk aan dat Mohammed absoluut weigerde om op het punt van idolatrie de Koeraisjieten tegemoet te komen. Hij was een pragmatische man en zou direct tot een concessie bereid zijn geweest als het om een kwestie ging die hij niet essentieel had gevonden, maar telkens wanneer de Koeraisjieten hem vroegen een monolatrische oplossing te accepteren, zodat zij hun oude goden konden aanbidden terwijl zijn moslims en hij alleen Allah aanbaden, wees Mohammed het voorstel fel van de hand. De Koran zegt immers: 'Niet dien ik wat gij dient, en niet zult gij dienen wat ik dien. (...) Aan u uw godsdienst en aan mij mijn godsdienst.'[23] De moslims zouden zich alleen aan God onderwerpen en niet bezwijken voor de afgodsbeelden – of het nu goden of waarden waren – die de Koeraisjieten vereerden.

Het concept van Gods enigheid was het fundament van de koranische moraliteit. Wie zijn hart aan materiële goederen verpandde, of zijn vertrouwen in lagere wezens stelde, maakte zich schuldig aan sjirk (idolatrie), de grootste zonde in de islam. De Koran vaart vrijwel net zo toornig tegen de heidense goden uit als de joodse Schrift. Deze goden kunnen niets uitrichten. Ze kunnen niet voor voedsel of levensonderhoud zorgen. Het heeft geen zin hun een centrale plaats in je leven te geven, want ze zijn machteloos. Nee, de moslims moeten beseffen dat Allah de hoogste en enige werkelijkheid is:

Zeg: Hij God is één. God de Eeuwige. Niet heeft Hij verwekt, noch is Hij verwekt, en niet is één aan Hem gelijkwaardig.[24]

Christenen zoals Athanasius hadden betoogd dat alleen de Schepper, de Oorsprong van het leven, de macht had om te verlossen. Ze hadden dit inzicht onder woorden gebracht in het dogma van de Drieëenheid en de Menswording. De Koran keert echter terug naar de Semitische opvatting dat er maar één God is en weigert zich voor te stellen dat Hij een zoon kan 'verwekken'. Er is geen andere god dan Allah, de schepper van hemel en aarde, en alleen Hij kan de mens redden en hem de geestelijke en lichamelijke steun geven die hij nodig heeft. Alleen door te erkennen dat Hij *as-Samad* is, 'de onveroorzaakte Oorzaak van al het zijn', richten de moslims zich tot een dimensie van de werkelijkheid die tijd en geschiedenis overstijgt en hen over de stammenscheidingen heen zal tillen die hun maatschappij uiteenreet. Mohammed wist dat het monotheïsme het einde van het stamverband betekende: het geloof in één God op wie alle verering was gericht, zou niet alleen het individu tot een geheel samensmeden, maar ook de maatschappij.

Het is echter niet mogelijk om zich God op een simplistische manier voor te stellen. Deze enkelvoudige godheid is immers geen wezen zoals wij, een dat we kunnen begrijpen en kennen. De uitspraak *'Allāhoe akbar'* (God is groter) waarmee de moslims tot de *salāh* worden opgeroepen, maakt niet alleen onderscheid tussen God en de andere werkelijkheden, maar ook tussen God zoals Hij bij zichzelf is (*al-Dhāt*) en alles wat we over Hem kunnen zeggen. Toch had deze onbevattelijke en ongenaakbare God zich aan ons kenbaar willen maken. In een vroege overlevering (*hadīth*) wordt verteld dat God tegen Mohammed zei: 'Ik was een verborgen schat. Ik wilde gekend worden. Derhalve schiep Ik de wereld, zodat Ik gekend zou worden.'[25] Door schouwing van de tekenen (*ājāt*) in de natuur en de verzen van de Koran konden moslims een glimp opvangen van dat goddelijke aspect dat naar de wereld is toegekeerd en dat de Koran het Aangezicht van God (*wadjh Allāh*) noemt. Net als de twee oudere religies geeft de islam duidelijk te kennen dat we God alleen kunnen zien in zijn werkingen die zijn onzegbare wezenheid aanpassen aan ons beperkte bevattingsvermogen. De Koran spoort de moslims aan om voortdurend doordrongen te zijn van het besef (*takwā*, letterlijk 'vreze Gods') van Gods Aangezicht of Wezen dat hen aan alle kanten omringt: 'Waarheen gij u dan ook wendt, daar is Gods aangezicht.'[26] Net als de christelijke kerkvaders ziet de Koran God als het Absolute, als de enige die waarachtig bestaat: 'Een ieder die op haar [de aarde] is zal vergaan, maar blijven zal het aangezicht van uw Heer.'[27] De Koran kent God negenennegentig Namen of attributen toe. Ze beklemtonen het feit dat Hij 'groter' is, de oorsprong van al het positieve dat we in het heelal aantreffen. Zo dankt de wereld haar bestaan uitsluitend hieraan dat God al-Ghanī (de rijke en zelftoereikende) is; Hij is de levensgever (al-Moehjī), de alweter (al-Alīm), het woord (al-Kalimah); zonder Hem zouden er dus geen leven, geen kennis en geen taal zijn. Hiermee wordt bevestigd dat alleen God echt bestaat en waardevol is. Maar de goddelijke Namen lijken elkaar ook herhaaldelijk uit te sluiten. Zo is God al-Kahhār, degene die zijn vijanden onderwerpt en hun nek breekt, en al-Halīm, de verdraagzame; Hij is al-Kābid, degene die neemt, en al-Bāsit, degene die in overvloed geeft; al-Chafid, degene die vernedert, en ar-Rafik, degene die verheft. De Namen van God staan in de islamitische piëteit centraal; ze worden gedeclameerd, op het gebedssnoer afgeteld en als een mantra gezongen. Ze moeten de moslims eraan herinneren dat de God die ze aanbidden niet in menselijke categorieën kan worden ondergebracht en niet in een simplistische definitie kan worden gevangen.

De eerste 'zuil' van de islam zou de *sjahāda* worden, de islamitische geloofsbelijdenis: 'Ik getuig dat er geen godheid is dan Allah en dat Mohammed zijn afgezant is.' Hierin werd niet simpelweg bevestigd dat God bestond, maar werd erkend dat Hij de enige waarachtige werkelijkheid was, de enige die *waarachtig* bestond. Hij was de enige waarachtige werkelijkheid, schoonheid en volmaaktheid; al het andere dat lijkt te bestaan en deze kwaliteiten bezit, bezit die alleen voor zover het deel heeft aan dat essentiële wezen. Om dat te bevestigen moeten de moslims God in hun leven integreren door Hem tot hun richtsnoer en enige oriëntatiepunt te maken. De bevestiging dat God één was, hield meer in dan simpelweg de ontkenning dat godheden zoals de *banāt Allāh* de moeite van het aanbidden waard waren. De verklaring dat God de ene was, was niet louter een getalsmatige definitie; het was een oproep aan de gelovigen om die eenheid tot het sturende beginsel van hun leven en van de hele maatschappij te maken. Wie God waarachtig in zijn leven had geïntegreerd, kon een glimp van Gods eenheid is zijn ziel opvangen. Maar de goddelijke eenheid eiste ook van de moslims dat ze het religieuze streven van anderen erkenden. Aangezien er maar één God was, kon het niet anders of alle rechtgelovige religies waren alleen van Hem afkomstig zijn. Het geloof in de hoogste en enige werkelijkheid mocht dan cultureel zijn bepaald en door verschillende gemeenschappen anders onder woorden worden gebracht, het oriëntatiepunt van elke waarachtige godsverering was ingegeven door en gericht op het wezen dat de Arabieren altijd al Allah hadden genoemd. Een van de goddelijke Namen in de Koran is al-Noer, het Licht. In het desbetreffende beroemde koranvers is God niet alleen de bron van alle kennis, maar ook de weg langs welke de mens een glimp van het transcendente kan opvangen:

God is het licht der hemelen en der aarde. De gelijkenis van Zijn licht is als [*ka*] een nis waarin is een lamp. De lamp is in een glas. Het glas is als ware het een schitterende ster, ontstoken aan een gezegende boom, een olijfboom, geen oostelijke en geen westelijke. De olie ervan zou haast glans geven, ook al had geen vuur haar aangeraakt; licht boven licht.[28]

Het partikel *ka* moet ons eraan herinneren dat we deze koranische verhandeling over God strikt allegorisch moeten verstaan. Al-Noer, het Licht, is dus niet God zelf, maar een verwijzing naar de verlichting die Hij brengt via een bepaalde openbaring (de lamp) die in het hart van een individu (de nis) schijnt. Het licht zelf mag niet exclusief met een van de lichtbronnen worden vereenzelvigd, maar komt in gelijke mate aan alle bronnen toe. Islamitische commentatoren hebben al vanaf het allereerste begin erop gewezen dat licht een heel toepasselijk symbool is voor de goddelijke werkelijkheid die tijd en ruimte overstijgt. Het beeld van de olijfboom in deze verzen wordt uitgelegd als een verwijzing naar de continuïteit van de openbaring; ze ontspringt aan een 'wortel' en vertakt zich tot een veelsoortige diversiteit van religieuze ervaringen die we niet mogen vereenzelvigen met of beperken tot één bepaalde overlevering of plaats. Ze behoort noch het Oosten, noch het Westen toe.

Toen de christen Waraka ibn Naufal had erkend dat Mohammed echt een profeet was, verwachtte hij noch Mohammed dat hij zich tot de islam zou bekeren. Mohammed vroeg joden en christenen nooit om tot de islam toe te treden, tenzij ze dat uitdrukkelijk te kennen gaven; ze hadden immers zelf een authentieke openbaring ontvangen. Voor de Koran wilde een openbaring niet zeggen dat de boodschappen en inzichten van vroegere profeten daarmee kwamen te vervallen. Integendeel, het boek beklemtoont juist de continuïteit van de religieuze ervaring van de mensheid. Het is belangrijk hierop te wijzen, omdat tolerantie niet bepaald een deugd is die veel westerlingen tegenwoordig aan de islam zouden willen toeschrijven. Toch bezagen moslims vanaf het allereerste begin een openbaring in minder exclusieve termen dan joden of christenen. De intolerantie die velen in de huidige islam veroordelen, komt niet altijd voort uit een rivaliserend godsbeeld, maar moet aan heel andere factoren worden toegeschreven.[29] Moslims keuren onrechtvaardigheid streng af, ongeacht de vraag of de boosdoeners hun eigen heersers zijn – zoals Mohammed Reza Pahlavi, de sjah van Iran – of de westerse mogendheden. De Koran maakt andere religieuze overleveringen niet uit voor vals of onvolledig, maar laat zien dat elke nieuwe profeet de inzichten van zijn voorgangers bevestigt en continueert. De Koran leert dat God naar elk volk op aarde boodschappers had gestuurd; volgens de islamitische overlevering zijn er 124 000 van zulke profeten geweest, een symbolisch getal waar oneindig veel mee wordt bedoeld. De Koran wijst er dus herhaaldelijk op dat de boodschap die erin wordt verkondigd niet wezenlijk nieuw is en dat moslims er de nadruk op moeten leggen dat zij verwant zijn met de oudere religies:

> En twist niet met de lieden van de Schrift dan op de betamelijkste wijze, met uitzondering van diegenen onder hen die onrecht doen. En zegt: Wij geloven in Hem die tot ons heeft nedergezonden en tot u heeft nedergezonden, en onze god en uw god zijn één, en wij zijn aan Hem overgegeven.[30]

De goddelijke afgezanten die de Koran bij name noemt, zijn uiteraard degenen die de Arabieren kenden, zoals Abraham, Noach, Mozes en Jezus, de profeten van de joden en christenen. Ook de namen van Hoed en Salih worden genoemd, de profeten die God tot de oude Arabische volkeren van de Aad en de Thamoed had gezonden. En als Mohammed van het bestaan van hindoes en boeddhisten had geweten zou hij, zo hoort men moslims tegenwoordig met klem verzekeren, ook hun heilige mannen hebben vermeld. Na zijn dood kregen deze volkeren onder het islamitische bewind volledige godsdienstvrijheid, net als de joden en christenen. Om dezelfde reden, zo betogen de moslims, zou de Koran ook de sjamanen en de heilige mannen van de Indianen of de Australische aboriginals eer hebben bewezen.

Mohammeds geloof in de continuïteit van de goddelijke openbaring werd spoedig op de proef gesteld. Na de breuk met de Koeraisjieten werd het leven voor de moslims in Mekka ondraaglijk. De lijfeigenen en vrijgemaakte slaven die geen bescherming van een stam genoten werden zo hevig vervolgd dat sommigen het leven lieten, en Mohammeds Hasjimitische clan werd economisch geboycot, in de hoop dat de honger hen zou dwingen zich gewonnen te geven; de ontberingen waren er waarschijnlijk de oorzaak van dat zijn geliefde vrouw Chadīdja stierf. Ten slotte zou ook Mohammeds eigen leven gevaar lopen. Ondertussen hadden de heidense Arabieren van de noordelijke nederzetting Jathrib de moslims gevraagd hun eigen clan de rug toe te keren en zich bij hen te voegen. Voor een Arabier was dat een ongehoorde stap; de stam was in Arabië heilig en een dergelijke afvalligheid was een grove schending van alle grondregels. Jathrib was door een kennelijk onoplosbare onderlinge stammenstrijd een verscheurde gemeenschap geworden en veel heidenen waren bereid de islam als spirituele en politieke oplossing voor de problemen van de oase te accepteren. In de nederzetting woonden ook drie grote joodse stammen en zij hadden de heidenen geestelijk ontvankelijk gemaakt voor een monotheïstisch geloof; dat betekende onder andere dat ze de devaluatie van de Arabische goden minder aanstootgevend vonden dan de Koeraisjieten. En zo ondernam in de zomer van 622 een zeventigtal moslims met hun gezinnen de tocht naar Jathrib.

In het jaar vóór deze *hidjra* of emigratie naar Jathrib (of Medina, de Stad, zoals moslims het later zouden noemen) had Mohammed zijn godsdienst op een aantal punten in overeenstemming gebracht met wat hij van het jodendom wist. Na al die jaren in afzondering te hebben gewerkt moet hij er verlangend naar hebben uitgekeken om nu tussen gelovigen van een oude en gevestigde traditie te leven. Hij schreef daarom een islamitische vastenperiode voor die op de joodse Grote Verzoendag viel en hij droeg moslims op om net als de joden drie keer per dag te bidden in plaats van de twee keer die tot dusver gold. Moslims konden met joodse vrouwen trouwen en moesten enkele spijswetten in acht nemen. Maar bovenal moesten moslims nu net als de joden en christenen in de richting van Jeruzalem bidden. De Medinische joden waren aanvankelijk bereid Mohammed een kans te geven; het leven in de oase was ondraaglijk geworden en net als veel sympathiserende heidenen van Medina wilden ze hem het voordeel van de twijfel geven, te meer omdat hij zo positief tegenover hun geloof leek te staan. Maar ten slotte keerden ze zich toch tegen hem en schaarden ze zich achter de heidenen die de nieuwkomers uit Mekka vijandig gezind waren. De joden hadden goede religieuze redenen om hem af te wijzen; ze waren van oordeel dat de periode van de profetieën was afgelopen. Weliswaar verwachtten ze een messias, maar geen jood of christen zou in dit stadium hebben geloofd dat Mohammed een profeet was. Maar daarnaast hadden ze ook politieke motieven: in het verleden hadden ze zich in de oase een machtige positie verworven door zich in de Arabische stammenstrijd nu eens achter de ene en dan weer achter de andere partij te scharen. Mohammed had echter beide stammen, samen met zijn Koeraisjieten, ondergebracht in de nieuwe islamitische oemma, een soort superstam waar ook de joden toe behoorden. Toen de joden zagen dat ze in Medina terrein verloren, keerden ze zich tegen hem. Ze plachten zich in de moskee te verzamelen 'en te luisteren naar wat de moslims vertelden, om daarom te lachen en grappen te maken over hun godsdienst'.[31] Door hun grotere kennis van de Schriften was het voor hen geen kunst om gaten te schieten in de verhalen die in de Koran werden verteld – waarvan sommige duidelijk afweken van het bijbelse equivalent ervan. Bovendien dreven ze de spot met Mohammeds pretenties en zeiden ze bijvoorbeeld eens, toen zijn kameel was weggelopen, dat het maar raar was dat een man die een profeet beweerde te zijn niet eens zijn kameel kon vinden.

De afwijzing door de joden was waarschijnlijk de bitterste teleurstelling in Mohammeds leven en stelde zijn hele religieuze positie ter discussie. Maar enkele joden waren hem vriendelijk gezind en sloten zich naar alle waarschijnlijkheid als bijzonder lid bij de moslims aan. Ze spraken met hem over de Bijbel en lieten hem zien hoe hij de kritische opmerkingen van de joden kon pareren, en deze nieuwe kennis van de Schrift diende

Mohammed eveneens tot steun bij de uitwerking van zijn eigen inzichten. Voor het eerst vernam hij hoe de precieze chronologie van de profeten was, iets waarvan hij voordien maar een vaag idee had gehad. Hij zag nu dat het heel belangrijk was dat Abraham vóór Mozes of Jezus had geleefd. Tot dusver dacht hij misschien dat joden en christenen beiden tot hetzelfde geloof behoorden, maar nu leerde hij dat er tussen hen ernstige meningsverschillen bestonden. Voor buitenstaanders zoals de Arabieren weken de twee standpunten weinig van elkaar af, dus het leek hun een logische gevolgtrekking dat de volgelingen van de Tora en het Evangelie niet-authentieke elementen hadden toegevoegd aan de hanīfijjah, het ware geloof van Abraham, elementen zoals de mondelinge wet die de rabbijnen hadden opgesteld en het blasfemische triniteitsdogma. Mohammed vernam bovendien dat de joden in hun eigen Schrift een goddeloos volk werden genoemd, omdat zij zich tot afgoderij hadden gewend door het gouden kalf te aanbidden. De polemiek tegen de joden loopt in de Koran hoog op en bewijst hoezeer de moslims zich door de joodse afwijzing bedreigd hebben gevoeld, ook al blijft de Koran met nadruk zeggen dat niet alle 'volkeren van een eerdere openbaring' (*ahl al-kitāb*, letterlijk 'mensen van het boek') hebben gedwaald en dat alle godsdiensten in wezen één zijn.

Uit de mond van de vriendelijke Medinische joden vernam Mohammed bovendien het verhaal van Ismaël, Abrahams oudste zoon. In de Bijbel had Abraham een zoon bij zijn bijvrouw Hagar gehad, maar toen Sara Isaak ter wereld had gebracht was ze jaloers geworden en had ze geëist dat hij Hagar en Ismaël wegzond. Om Abraham te troosten beloofde God dat ook Ismaël de vader van een groot volk zou worden. De Arabische joden hadden daar enkele plaatselijke legenden uit hun eigen overlevering aan toegevoegd en vertelden dat Abraham Hagar en Ismaël had achtergelaten in de vallei van Mekka en dat God daar voor hen had gezorgd door hun de heilige bron Zamzam te wijzen toen het kind van dorst dreigde om te komen. Later had Abraham Ismaël opgezocht en samen hadden vader en zoon de Ka'ba gebouwd, de eerste tempel ter ere van de enige God. Ismaël was de stamvader van de Arabieren geworden, dus ook zij waren zonen van Abraham, net als de joden. Dit moest Mohammed als muziek in de oren hebben geklonken; niet alleen bracht hij de Arabieren een eigen Schrift, hij kon hun geloof nu ook terugvoeren tot de vroomheid van hun voorvaderen. In januari 624, toen het duidelijk werd dat de vijandigheid van de Medinische joden permanent was, verklaarde de nieuwe godsdienst van Allah zich onafhankelijk. Mohammed gaf de moslims opdracht voortaan in de richting van Mekka te bidden, en niet meer in de richting van Jeruzalem. Deze verandering van *kibla* of gebedsrichting wordt Mohammeds creatiefste religieuze daad genoemd. Door de prosternatie in de richting van de Ka'ba te maken, een plaats die niets met de twee oudere openbaringen te maken had, verklaarden de moslims stilzwijgend dat ze tot geen enkele gevestigde religie behoorden, maar zich alleen aan God onderwierpen. Ze sloten zich niet aan bij een sekte die de religie van de ene God oneerbiedig in strijdende kampen verdeelde. Ze keerden integendeel terug naar de oerreligie van Abraham, de eerste *moeslim* die zich aan God had overgegeven en die Gods eerste heilige huis had gebouwd:

> En zij zeggen: 'Wordt joden of christenen, dan zult gij rechtgeleid zijn.
> Zeg: Neen, de Lering van Ibrāhīm [Abraham] die een godzoeker was en die niet behoorde tot de genotengevers.
> Zeg: Wij geloven aan God en wat tot ons is nedergezonden [d.i. de Koran] en wat is nedergezonden tot Ibrāhīm, Ismā'īl [Ismaël] en Ishāq [Isaak], en Ya'qūb [Jakob] en de stamvaders, en aan wat gebracht werd tot Mūsā [Mozes] en 'Isā [Jezus], en aan wat gebracht werd tot de profeten vanwege hun Heer, zonder dat wij onderscheid maken tussen één van hen en terwijl wij Hem overgegeven zijn.[32]

Was het immers niet idolatrie om een louter menselijke interpretatie van de waarheid te verkiezen boven God zelf?

Moslims beginnen hun jaartelling niet bij de geboorte van Mohammed of bij het jaar van zijn eerste openbaringen (per slot van rekening waren dat gebeurtenissen die op zichzelf niet nieuw waren), maar bij het jaar van de hidjra of de emigratie naar Medina toen de moslims het goddelijke plan daadwerkelijk in de geschiedenis effectueerden door van de islam een politieke realiteit te maken. We hebben gezien dat de Koran leert dat op de schouders van alle gelovigen de taak rust om aan een rechtvaardige en eerlijke samenleving te werken en de moslims hebben hun politieke roeping inderdaad heel ernstig opgevat. Mohammed was aanvankelijk nooit van plan geweest een politiek leider te worden, maar gedwongen door omstandigheden die hij niet had kunnen voorzien moest hij een volstrekt nieuwe, politieke oplossing voor de Arabieren vinden. In de tien jaar tussen de hidjra en zijn dood in 632 waren Mohammed en zijn eerste moslims verwikkeld in een wanhopige strijd op leven en dood tegen zijn opponenten in Medina en tegen de Koeraisjieten in Mekka, allemaal mannen die maar al te zeer bereid waren de oemma uit te roeien. Het Westen heeft Mohammed vaak afgeschilderd als een krijgszuchtige bendeleider die de islam met wapengekletter aan een tegenstribbelende wereld opdrong. De werkelijkheid is echter anders. Mohammed vocht voor zijn leven, ontwikkelde in de Koran een theologie van de rechtvaardige oorlog waar de meeste christenen mee zouden instemmen, en dwong niemand zich tot zijn godsdienst te bekeren. Integendeel, de Koran stelt duidelijk dat er 'geen dwang in godsdienst' mag zijn. In de Koran wordt een oorlog weerzinwekkend genoemd; de enige rechtvaardige oorlog is de oorlog uit zelfverdediging. Soms moet er worden gevochten om fatsoenlijke normen en waarden te bewaren, net zoals christenen vonden dat het noodzakelijk was tegen Hitler te vechten. Mohammed had zeer grote politieke gaven. Tegen het einde van zijn leven hadden de meeste Arabische stammen zich bij de oemma aangesloten, ook al was hun *islām*, zoals Mohammed maar al te goed wist, in de meeste gevallen slechts symbolisch of oppervlakkig. In 630 zette Mekka zijn poorten voor Mohammed open en kon hij de stad zonder bloedvergieten innemen. In 632, kort voor zijn dood, maakte hij de zogeheten afscheidsbedevaart en daarmee islamiseerde hij het oude, Arabische, heidense ritueel van de haddj en maakte hij deze pelgrimstocht, die de Arabieren zo dierbaar was, tot de vijfde 'zuil' van zijn godsdienst.

Als de omstandigheden het toelaten, zijn alle moslims verplicht minstens eenmaal in hun leven de haddj te verrichten. Natuurlijk gedenken de pelgrims dan Mohammed, maar bij de interpretatie van de riten worden ze eerder aan Abraham, Hagar en Ismaël herinnerd dan aan hun profeet. De riten maken op een buitenstaander een bizarre indruk – zoals elke sociale of religieuze rite waar we niet bekend mee zijn –, maar ze kunnen een intense geloofservaring oproepen en volmaakt uitdrukking geven aan de communale en individuele aspecten van de islamitische spiritualiteit. Tegenwoordig bevinden zich onder de duizenden pelgrims die zich op het vastgestelde tijdstip in Mekka verzamelen tallozen die niet van Arabische afkomst zijn, maar die zich toch de oude Arabische ceremoniën eigen hebben weten te maken. Terwijl ze in de Ka'ba samenstromen, gekleed in het traditionele pelgrimsgewaad dat elk onderscheid naar ras of klasse opheft, worden ze overmand door het gevoel dat ze bevrijd zijn van hun egoïstische zorgen om het dagelijkse bestaan en deel uitmaken van een gemeenschap die maar één doel en oriëntatiepunt heeft. Eenstemmig roepen ze uit: 'Ik ben tot uw dienst bereid, o Heer', alvorens aan de omgangen om het heiligdom te beginnen. De overleden Iraanse filosoof Alī Sjarī'ati heeft de wezenlijke betekenis van dit ritueel treffend onder woorden gebracht:

> Terwijl je de omgangen maakt en de Ka'ba steeds dichter nadert, heb je het gevoel dat je een beekje bent dat zich met een grote rivier verenigt. Door een golf meegevoerd verlies je elk contact met de ondergrond. Opeens zweef je en word je op de vloedgolf meegedragen. Je nadert het midden, de mensenmassa duwt zo hevig tegen je op dat je een nieuw leven ontvangt. Je maakt nu deel uit van het Volk; je bent nu een Mens, levend en eeuwig. (...) De Ka'ba is de wereldzon wier gelaat jou in haar baan trekt. Je bent een onderdeel van dit universele stelsel geworden. Terwijl je de omgangen om Allah maakt, zul je spoedig jezelf vergeten. (...) Je bent getransformeerd tot een deeltje

dat geleidelijk versmelt en verdwijnt. Dit is het toppunt van absolute liefde.[33]

Ook joden en christenen hebben de spiritualiteit van de gemeenschap beklemtoond. De haddj geeft elke individuele moslim een gevoel van persoonlijke integratie in de oemma waarvan God het middelpunt is. Zoals bij de meeste religies zijn vrede en harmonie de belangrijkste thema's van de bedevaart, en zodra de pelgrims het heiligdom hebben betreden is geweld verboden. Pelgrims mogen zelfs niet een insekt doden of een boos woord spreken. Vandaar de verontwaardiging die door de hele islamitische wereld ging toen Iraanse pelgrims tijdens de haddj van 1987 een opstand uitlokten waarbij 402 mensen het leven verloren en 649 gewond raakten.

In juni 632 stierf Mohammed onverwachts na een kort ziekbed. Na zijn dood probeerden enkele bedoeïenen uit de oemma te stappen, maar de politieke eenheid van Arabië hield stand. Uiteindelijk zouden ook de weerspannige stammen de religie van de ene God aanvaarden: Mohammeds verbluffende succes had de Arabieren duidelijk gemaakt dat het heidendom, dat hun eeuwenlang zulke goede diensten had bewezen, in de moderne wereld niet meer voldeed. De religie van Allah voerde de barmhartigheid in, het zedelijke beginsel dat het kenmerk van de meer ontwikkelde godsdienst was; naastenliefde en sociale rechtvaardigheid werden sleutelbegrippen. Een krachtig egalitarisme zou sindsdien het islamitische ideaal blijven kenmerken.

Ten tijde van Mohammed werd hiertoe ook de gelijkheid van beide seksen gerekend. Tegenwoordig is het in het Westen gebruikelijk geworden de islam als een vrouwonvriendelijke godsdienst af te schilderen, maar net als het christendom stond de religie van Allah aanvankelijk positief tegenover de vrouw. Tijdens de djāhilijja, de voorislamitische periode, was de houding die men in Arabië tegenover vrouwen aannam niet anders geweest dan voor het aanbreken van de Spiltijd gebruikelijk was. Zo was polygamie heel gewoon en bleven getrouwde vrouwen deel uitmaken van het vaderlijke huishouden. Hoewel vrouwen uit de betere kringen aanzienlijke macht bezaten en achting genoten (Chadīdja, Mohammeds eerste vrouw, had bijvoorbeeld een succesvol handelshuis), werden de meesten niet hoger aangeslagen dan slaven. Ze hadden geen politieke of humanitaire rechten en het doden van dochters kwam veelvuldig voor. Vrouwen hadden tot Mohammeds eerste bekeerlingen behoord en hun emancipatie lag hem na aan het hart. De Koran verbood het doden van meisjes resoluut en berispte de Arabieren die ontzet waren wanneer hun een meisje werd geboren. Hij verleende vrouwen ook wettelijke erf- en scheidingsrechten; in het Westen moesten de meeste vrouwen tot de negentiende eeuw wachten voordat ook zij iets dergelijks kregen. Mohammed moedigde vrouwen aan een actieve rol in de oemma te spelen en zij kwamen altijd rond voor hun mening uit, omdat ze erop vertrouwden een gewillig oor bij hem te vinden. Zo hadden de vrouwen van Medina zich eens bij de profeet erover beklaagd dat de mannen hen in het bestuderen van de Koran voorbijstreefden en ze riepen zijn hulp in om hun achterstand in te lopen. Mohammed deed het. Een van hun belangrijkste vragen was waarom de Koran zich alleen tot mannen richtte, terwijl ook vrouwen zich aan God hadden overgegeven. Het resultaat was een openbaring die zich zowel tot vrouwen als tot mannen richtte en die de nadruk legde op de absolute morele en geestelijke gelijkheid van beide seksen.[34] Nadien kwam het veelvuldig voor dat de Koran zich expliciet tot vrouwen richtte, iets wat we zowel in de joodse als in de christelijke Schrift zelden aantreffen.

Helaas eigenden de mannen zich de islam later toe, net zoals ze dat bij het christendom hadden gedaan, en ze legden bepaalde teksten zodanig uit dat die negatief voor islamitische vrouwen uitvielen. De Koran schrijft de sluier niet aan alle vrouwen voor, maar alleen aan de vrouwen van Mohammed, als bewijs van hun status. Zodra de islam zich echter een plaats in de beschaafde wereld had veroverd, namen moslims de gebruiken van de Oikoumenè over waarin vrouwen naar het tweede plan werden verwezen. Het gebruik om vrouwen te sluieren en in harems af te zonderen namen ze over van Perzië en het christelijke Byzantijnse rijk, waar vrouwen al sinds jaar en dag op deze wijze werden gemarginaliseerd. Tegen de tijd dat de Abbasidische kaliefen in 750 aan de macht kwamen (hun kalifaat duurde tot 1258), was de positie van islamitische vrouwen net zo slecht geworden als die van hun zusters in de joodse en christelijke wereld. Tegenwoordig sporen islamitische feministen hun mannen aan om terug te keren naar de oorspronkelijke geest van de Koran.

We mogen dus, met andere woorden, niet vergeten dat de islam, net als elke godsdienst, op verschillende manieren kon worden uitgelegd, en het gevolg was dan ook dat er diverse sekten en groeperingen opkwamen. De eerste twee – de soenna en de sjī'a – speelden na Mohammeds plotselinge dood de belangrijkste rol in de strijd om het leiderschap. Aboe Bakr, Mohammeds trouwste vriend, werd door de meerderheid gekozen, maar anderen waren van mening dat Mohammed zelf zou hebben gewild dat Alī ibn Abī Tālib, zijn neef en schoonzoon, zijn opvolger (chalīfa) zou worden. Alī zelf legde zich bij het leiderschap van Aboe Bakr neer, maar dissidenten die het beleid van de eerste drie kaliefen (Aboe Bakr, Oemar ibn al-Chattāb en Oethmān ibn Affān) afkeurden, betuigden Alī in de daaropvolgende paar jaren hun trouw. Uiteindelijk werd hij in 656 de vierde kalief; zijn partij, de sjī'a, zou hem later als de eerste imaam of geestelijk leider van de oemma beschouwen. Omdat het conflict tussen de soennieten en sjī'ieten (de aanhangers van Alī) in wezen om het leiderschap ging, was het meer een politieke dan een doctrinaire strijd, en hierin kunnen we voor het eerst zien hoe belangrijk de rol van de politiek in de islamitische religie, inclusief het godsbegrip, zou worden. De *sjī'at Alī* (de partij van Alī) bleef een minderheidsbeweging en zou een piëteit van het protest ontwikkelen, wat ten slotte zijn belichaming zou vinden in de tragische figuur van Mohammeds kleinzoon Hoesain ibn Alī, de man die zich fel keerde tegen het regime van de Oemajjaden (die zich na de dood van zijn vader Alī hadden meester gemaakt van het kalifaat), maar die in 680 met een groepje aanhangers werd omgebracht door de Oemajjadische kalief Jazied I op de vlakte bij Kerbela, niet ver van Koefa in het huidige Irak. Hoewel alle moslims die immorele moord op Hoesain een gruwelijke daad vinden, is hij vooral de held van de sjī'a geworden; hij herinnert hen eraan dat men soms zijn leven moet geven om de tirannie te bestrijden. Ondertussen waren de moslims aan de bouw van een eigen imperium begonnen. De eerste vier kaliefen hadden zich alleen beziggehouden met de verbreiding van de islam onder de Arabieren in de inmiddels in verval geraakte Byzantijnse en Perzische rijken. De Oemajjaden zetten de expansie echter tot in Azië en Noord-Afrika voort, niet zozeer gedreven door religieuze motieven als wel door Arabisch imperialisme.

In het nieuwe rijk werd niemand gedwongen het islamitische geloof aan te nemen. Integendeel, in de eeuw volgend op Mohammeds dood werd bekering niet aangemoedigd en omstreeks 700 was ze zelfs bij wet verboden; moslims waren van mening dat de islam alleen voor de Arabieren was bestemd, net zoals het jodendom dat voor de zonen van Jakob was. Joden en christenen genoten als 'mensen van het boek' (*ahl al-kitāb*) vrijheid van godsdienst en ontvingen de status van beschermde minderheden (*dzimmī*'s). Maar toen de Abbasidische kaliefen bekering begonnen aan te moedigen, toonden veel Semitische en Aryaanse volkeren in hun rijk zich maar al te zeer bereid de nieuwe religie aan te nemen. Het politieke succes van de islam was voor deze godsdienst even formatief als het falen en de vernedering van Jezus voor het christendom zijn geweest. Politiek is in het religieuze leven van de individuele moslim nooit zo'n vies woord geweest als in het christendom, waar aardse successen worden gewantrouwd. Moslims zien zich gehouden aan de opdracht om overeenkomstig Gods wil aan een rechtvaardige maatschappij te werken. De oemma heeft sacramentele waarde, is een 'teken' dat Gods zegen rust op deze poging de mensheid te verlossen uit de greep van onderdrukking en onrechtvaardigheid. Het politieke welzijn van de oemma neemt in de spiritualiteit van een moslim dezelfde plaats in als een bepaalde theologische optie (katholiek, protestants, methodistisch, doopsgezind) in het leven van een christen. Christenen die de islamitische aandacht voor politiek maar vreemd vinden, zouden moeten bedenken dat joden en moslims hun hartstocht voor het cryptische theologische debat net zo bizar vinden.

In de eerste jaren van de islam waren speculaties over de natuur van God dan ook vaak het directe gevolg van politieke bezorgdheid over de staat waarin het kalifaat en de maatschappij verkeerden. Academische discussies over de vraag wie de oemma zou moeten leiden en wat voor man hij moest zijn, werden voor de islam even formatief als de discussies over de persoon en natuur van Jezus voor het christendom waren. Na het tijdperk van *ar-rāsjidoen* (de eerste vier 'rechtgeleide' kaliefen) merkten de moslims dat ze in een wereld leefden die erg verschilde van de kleine, afgeschermde gemeenschap in Medina. Ze waren nu heer en meester over een expanderend rijk en hun leiders leken zich door wereldlijkheid en hebzucht te laten leiden. De luxe en verdorvenheid van de aristocraten en het hof stonden in schril contrast tot het ascetische leven dat de profeet en zijn metgezellen hadden geleid. De vroomste moslims wezen het establishment verontwaardigd op de sociale boodschap van de Koran en trachtten de islam een op de nieuwe omstandigheden afgestemde geldigheid te geven. Een aantal uiteenlopende oplossingen en sekten diende zich aan.

De oplossing die het meest aansprak, kwam van rechtsgeleerden en traditionalisten die naar de idealen van Mohammed en de rāsjidoen zochten terug te keren. Dit leidde tot de formulering van de zogenaamde *sjarī'a* of heilige wet, een codex die gelijkenis vertoonde met de Tora en was gebaseerd op de Koran en Mohammeds uitspraken en leefwijze (de zogenaamde 'gewoonten van de Profeet' of *soenna*). In de loop der jaren was de hoeveelheid mondeling overgeleverde verhalen (*hadīth*'s) over die 'gewoonten' van Mohammed en zijn eerste metgezellen verwarrend groot geworden en in de achtste en negende eeuw besloot een aantal redacteuren, van wie Mohammed ibn Ismā'īl al-Boechārī en Moeslim ibn al-Haddjāj al-Koesjajrī de grootste vermaardheid genoten, al het materiaal te verzamelen en te redigeren. Aangezien Mohammed werd beschouwd als de mens die zich volmaakt aan God had overgegeven, hadden de moslims de taak hem in hun dagelijks leven na te volgen. Met als leidraad de heilige islamitische wet en de daarin opgenomen soenna konden moslims de manier waarop Mohammed sprak, liefhad, at, zich waste en God vereerde navolgen en een leven leiden dat voor het goddelijke openstond. Door zich naar de profeet te modelleren hoopten ze zich diens innerlijke ontvankelijkheid voor God eigen te maken. Wanneer moslims dus een soenna navolgen door, net als Mohammed, een ander te begroeten met de woorden '*as-salām aleikoem*' (Vrede zij met u), wanneer ze, net als hij, goed zijn voor dieren, wezen en armen, wanneer ze ruimhartig en eerlijk zijn in hun omgang met anderen, worden ze aan God herinnerd. Deze uiterlijkheden moeten echter niet een doel op zich zijn, maar een manier om zich *takwā* te verwerven, het 'God-bewustzijn' dat de Koran voorschreef en door de profeet in praktijk werd gebracht en dat erop was gericht voortdurend aan God te denken (*dzikr*). Er zijn talloze discussies gevoerd over de betrouwbaarheid van soenna en hadīth; sommige ervan worden als authentieker beschouwd dan andere. Maar uiteindelijk is het vraagstuk van de historische betrouwbaarheid van deze overleveringen minder belangrijk dan het feit dat ze hebben gewerkt. In de loop der eeuwen zijn ze in staat gebleken een sacramenteel besef van goddelijke tegenwoordigheid aan het leven van miljoenen moslims toe te voegen.

De hadīth's of verzamelde verhalen en uitspraken van de profeet hebben meestal betrekking op alledaagse zaken, maar daarnaast ook op metafysica, kosmologie en theologie. Een aantal uitspraken zou God persoonlijk tot Mohammed hebben gericht. In zo'n *hadīth koedsī* (heilige overlevering) ligt de nadruk op Gods immanentie en aanwezigheid in het hart van de gelovige. Zo somt een beroemde hadīth de stadia op die een moslim doorloopt als hij zich bewust wordt van een goddelijke aanwezigheid die bijna in de gelovige geïncarneerd lijkt te zijn. Men begint zijn leven in te richten naar de Koran en de sjarī'a en vervolgens gaat men vrijwillig over tot het verrichten van vrome werken:

> Mijn dienaar komt Mij nader door geen daden die Mij dierbaarder zijn dan die welke Ik hem als plicht heb opgelegd. Maar mijn dienaar blijft Mij nader komen door daden waartoe hij niet is verplicht en zo krijg Ik hem lief. En wanneer Ik hem liefheb, word Ik het oor waardoor hij hoort, het oog waarmee hij ziet, de hand waarmee hij grijpt en de voet waarop hij loopt.[35]

Net als in het jodendom en christendom is de transcendente God tevens een immanente tegenwoordigheid die overal op aarde wordt aangetroffen. Met behulp van vrijwel dezelfde methoden als die welke de twee oudere religies hadden ontdekt, konden de moslims zich van die goddelijke tegenwoordigheid bewust worden.

De aanhangers van deze, op de navolging van Mohammed gebaseerde vroomheid worden doorgaans *ahl al-hadīth* genoemd, de traditionalisten of de 'mensen van de overlevering'. Ze hadden veel volgelingen onder het gewone volk, omdat ze een strikt egalitaire zedenleer verkondigden. Ze verzetten zich tegen de weelde van de Oemajjadische en Abbasidische hoven, maar waren evenmin geporteerd van de revolutionaire methoden van de sjī'a. Ze vonden niet dat de kalief over uitzonderlijke spirituele kwaliteiten hoefde te beschikken; hij was gewoon een bestuurder, anders niet. Maar doordat ze de nadruk legden op het goddelijke karakter van Koran en soenna, gaven ze elke moslim de instrumenten in handen om zich rechtstreeks tot God te wenden, en dat kon de kiem van een subversieve en uiterst kritische houding tegenover het absolute gezag zijn. De traditionalisten hadden geen behoefte aan een priesterkaste als middelaar. Elke moslim was alleen tegenover God verantwoordelijk voor zijn of haar lot.

De traditionalisten leerden bovenal dat de Koran een eeuwige werkelijkheid was die, net als de Tora of de Logos, op een bepaalde manier God zelf representeerde; het Boek had al vóór het begin der tijden in Gods hoofd verwijld. Dit leerstuk van de ongeschapen Koran impliceerde dat moslims tijdens het reciteren van de verzen de onzichtbare God rechtstreeks konden horen. De Koran representeerde Gods tegenwoordigheid in hun midden. Gods taal kwam over hun lippen wanneer ze de heilige woorden van de Koran spraken, en wanneer ze het heilige boek vasthielden was het of ze de godheid zelf aanraakten. Dezelfde gedachten hadden de eerste christenen over de mens Jezus gehad:

> Het bestond vanaf het begin – we hebben het gehoord en met eigen ogen gezien; we hebben het aanschouwd en onze handen hebben het aangeraakt – dáárover spreken wij, over het woord dat leven is.[36]

De christenen hadden zich intensief beziggehouden met de vraag wat de precieze status was van Jezus, het Woord. Nu was het de beurt van de moslims om zich over de natuur van de Koran te buigen: in hoeverre was de Arabische tekst echt Gods Woord? Sommige moslims vonden deze verheffing van de Koran even godslasterlijk als indertijd de christenen die zich hadden gestoord aan de gedachte dat Jezus de mensgeworden Logos was.

De sjī'a daarentegen ontwikkelde langzamerhand bepaalde ideeën die zelfs nog dichter bij de christelijke menswording leken te komen. Na de tragische dood van Hoesain waren de sjī'ieten steeds meer tot de overtuiging gekomen dat alleen de nakomelingen van zijn vader Alī ibn Abī Tālib de oemma zouden moeten leiden en zij ontwikkelden zich tot een aparte stroming binnen de islam. Alī had, als Mohammeds neef en schoonzoon, een dubbele bloedband met hem gehad. Aangezien alle zonen van de profeet op heel jeugdige leeftijd waren gestorven was Alī de belangrijkste telg van het mannelijke geslacht geweest. In de Koran komt het veelvuldig voor dat profeten God verzoeken hun nakomelingen te zegenen. De sjī'ieten gaven die notie van de goddelijke zegen een ruimere interpretatie en verklaarden dat alleen de leden van Mohammeds eigen familie via het huis van Alī over waarachtige godskennis (*ilm*) beschikten. Alleen zij konden de oemma goddelijke leiding geven. Indien een nakomeling van Alī aan de macht kwam, wachtte de moslims een gouden eeuw van rechtvaardigheid en zou de oemma in overeenstemming met Gods wil worden geleid.

De verering van de persoon van Alī zou zich in een aantal verrassende richtingen ontwikkelen. De meer radicale sjī'itische groeperingen zouden Alī en zijn nazaten een plaats toekennen die zelfs hoger was dan die van Mohammed zelf en ze zouden deze mannen een bijna goddelijke status geven. Ze grepen terug op de oude Perzische traditie van een uitverkoren familie die door een god was verwekt en de goddelijke glorie van generatie op generatie doorgaf. Tegen het einde van de Oemajjadische periode huldigden sommige sji'ieten de mening dat de autoritatieve ilm slechts bij één bepaalde lijn van Alī's nakomelingen berustte. Alleen in deze tak van de familie zouden de moslims de persoon vinden die God als de ware imaam (geestelijk leider) over de oemma had aangesteld. Of hij nu aan de macht was of niet, zijn leiding was absoluut noodzakelijk, dus elke moslim had de plicht hem te zoeken en zijn leiderschap te aanvaarden. Omdat deze imaams in de ogen van de kaliefen een bron van afvalligheid waren, werden ze door hen als vijanden van de staat beschouwd. Volgens de sji'itische overlevering zijn dan ook verscheidene imaams vergiftigd en moesten sommigen onderduiken. Wanneer een imaam stierf koos hij een van zijn verwanten uit die de ilm erfde. Geleidelijk werden de imaams geëerd als een avatara van de godheid; elke imaam was een 'bewijs' (*hoeddja*) van Gods tegenwoordigheid op aarde geweest en had op mysterieuze wijze bewerkstelligd dat de goddelijkheid zich in een mens had geïncarneerd. Zijn woorden, beslissingen en bevelen waren die van God. Zoals de christenen Jezus hadden beschouwd als de Weg, de Waarheid en het Leven die de mens tot God zou leiden, zo vereerden de sji'ieten hun imaams als de poort (*bāb*) tot God, de weg (*sabīl*) en de leidsman van elke generatie.

De weg die de goddelijke erfopvolging had gevolgd, werd door de diverse sji'itische stromingen verschillend getraceerd. De 'Twaalver-sji'ieten' bijvoorbeeld vereerden twaalf imaams die via Hoesain van Alī afstamden; de laatste imaam dook in 941 onder en trok zich terug uit de wereld van de mensen; aangezien hij geen nakomelingen had stierf zijn lijn uit. De isma'ielieten of 'Zevener-sji'ieten' daarentegen geloofden dat in deze opvolging van imaams de zevende de laatste was geweest. De Twaalvers kenden bovendien nog een messiaanse vertakking die geloofde dat de twaalfde of 'verborgen imaam' eens zou terugkeren en een gouden eeuw zou inluiden. Al met al waren het duidelijk gevaarlijke ideeën. Niet alleen vormden ze een bedreiging voor het gezag, ze konden ook gemakkelijk ongenuanceerd en simplistisch worden uitgelegd. Vandaar dat de radicaalste sji'ieten een esoterische traditie ontwikkelden die, zoals we in het volgende hoofdstuk zullen zien, was gebaseerd op een allegorische uitleg van de Koran. Maar voor de meeste moslims, die het sji'itische denkbeeld van de menswording godslasterlijk vonden, was hun piëteit te cryptisch en dus waren het gewoonlijk de aristocratie en intelligentsia die zich tot de sji'itische leer aangetrokken voelden. Sinds de Iraanse revolutie zijn we in het Westen geneigd het sji'isme af te schilderen als een uiterst fundamentalistische sekte binnen de islam, maar die taxatie is onjuist. Het sji'isme groeide uit tot een zeer erudiete traditie. In feite vertoonde het veel overkomst met een bepaalde islamitische stroming die de Koran rationeel trachtte te benaderen. Deze rationalisten of moe'tazilieten vormden een aparte groepering die eveneens zeer politiek geëngageerd was; net als de sji'ieten hadden ze veel kritiek op het luxueuze leven aan het hof en namen ze veelvuldig politiek stelling tegen het establishment.

Het politieke vraagstuk vormde de directe aanleiding voor een theologisch dispuut over Gods bestuur over het menselijk handelen. De mensen die de Oemajjaden steunden hadden nogal schijnheilig betoogd dat hun onislamitische gedrag hun niet kon worden aangerekend; God had hen immers voorbeschikt om te zijn wie ze waren. De Koran heeft een zeer uitgesproken mening over Gods absolute almacht en alwetendheid, en die opvatting over een predestinatie kon met veel teksten worden gestaafd. Maar de Koran spreekt met evenveel nadruk over de verantwoordelijkheid van de mens: 'God verandert niet wat er in een volk is, zolang zij niet veranderen wat er in hun zielen is'.[37] Bijgevolg legden de mensen die kritiek hadden op het establishment de nadruk op vrije wil en morele verantwoordelijkheid. De moe'tazilieten kozen voor de middenweg en vermeden een extreem standpunt in te nemen (vandaar hun naam, ontleend aan *i'tazala*, letterlijk 'zich afscheiden'). Om het ethisch besef van de mens te waarborgen verdedigden zij de vrije wil. Moslims die meenden dat God boven puur menselijke noties als 'goed' en 'kwaad' stond, hadden geen hoge dunk van zijn rechtvaardigheid. Een God die alle fatsoensnormen schond en er ook nog ongestraft van af kon komen gewoon omdat Hij God was, zou een monster zijn, niet beter dan een tirannieke kalief. Net als de sji'ieten verklaarden de moe'tazilieten dat rechtvaardigheid tot de wezenheid van God behoorde; Hij kón iemand geen kwaad doen; Hij kón geen regel opleggen die strijdig was met de rede.

Hiermee kwamen ze in conflict met de traditionalisten, die betoogden dat de moe'tazilitische opvatting dat de mens heer en meester was over zijn eigen lot, een belediging van Gods almacht was. Ze klaagden dat de moe'tazilieten God te rationalistisch maakten en Hem te veel aan de mens gelijkstelden. Ze opteerden voor het leerstuk van de predestinatie om Gods wezenlijke onbegrijpelijkheid te onderstrepen. Als we beweerden dat we Hem begrepen, kon Hij niet God zijn, maar was Hij gewoon een projectie van de mens. God stond boven de puur menselijke noties van goed en kwaad en kon niet aan onze maatstaven en verwachtingen worden onderworpen; iets was kwaad of onrechtvaardig omdat God dat zo had bepaald, niet omdat die menselijke waarden een transcendente dimensie hadden die voor God zelf bindend was. De moe'tazilieten hadden ongelijk met hun stelling dat rechtvaardigheid, een puur menselijk ideaal, tot de wezenheid van God behoorde. Dit vraagstuk van de predestinatie en de vrije wil (waar ook christenen zich over hebben gebogen) is een van de kernproblemen waar de notie van een persoonlijke God mee te maken heeft. Is God onpersoonlijk, zoals

Brahmā, dan kan veel gemakkelijker van Hem worden gezegd dat Hij boven 'goed' en 'kwaad' staat en dan kunnen deze begrippen worden gezien als maskers van zijn ondoorgrondelijke goddelijkheid. Maar een God die op mysterieuze wijze een persoon is en actief deelneemt aan de geschiedenis van de mens, stelt zich bloot aan kritiek. Hoe gemakkelijk is het niet om van deze 'God' een meer dan levensgrote tiran of rechter te maken en 'Hem' onze verwachtingen te laten vervullen. We kunnen Hem veranderen in een conservatief of een socialist, in een racist of een revolutionair, al naar gelang onze eigen opvattingen. De gevaren die aan de notie van een persoonlijke God kleven, zijn voor sommigen reden geweest haar te beschouwen als een onreligieus denkbeeld, omdat ze ons gewoon in onze vooroordelen bevestigt en onze menselijke denkbeelden verabsoluteert.

Om dat gevaar te vermijden kwamen de traditionalisten met het aloude en zowel door joden als christenen gehanteerde onderscheid tussen Gods wezenheid en werkingen. Ze betoogden dat enkele attributen die de transcendente God in staat stelden zich met de wereld te onderhouden – zoals macht, kennis, wil, gehoor, gezichtsvermogen en spraak, allemaal attributen die in de Koran aan Allah worden toegeschreven – van alle eeuwigheid af bij Hem hadden bestaan, grotendeels op dezelfde manier als de ongeschapen Koran. Ze moesten worden onderscheiden van Gods onkenbare wezenheid, die ons bevattingsvermogen altijd te boven ging. Net zoals de joden zich hadden voorgesteld dat Gods wijsheid of de Tora al vóór het begin der tijden bij God was geweest, zo kwamen de traditionalisten nu met een soortgelijke gedachte om Gods natuur te verklaren en hun geloofsgenoten voor te houden dat Hij slechts ten dele door de menselijke geest kon worden bevat. Als kalief al-Ma'moen (813-832) zich niet achter de moe'tazilieten had geschaard en hun ideeën tot de officiële doctrine had pogen te maken, zou dit cryptische argument waarschijnlijk slechts een handvol mensen hebben aangesproken. Maar toen de kalief de traditionalisten begon te martelen om hun de moe'tazilitische geloofsleer op te leggen, reageerde het gewone volk ontzet op dit onislamitische gedrag. Ahmad ibn Hanbal (780-855), een vooraanstaand traditionalist, wist ternauwernood aan de dood in al-Ma'moens folterkamer te ontsnappen en werd een volksheld. Zijn heiligheid en charisma – hij had voor zijn beulen gebeden – tartten het kalifaat en zijn geloof in de ongeschapen Koran werd het wachtwoord van een volksbeweging die tegen het rationalisme van de moe'tazilieten in opstand kwam.

Ibn Hanbal was tegen elke rationele discussie over God gekant. Toen de gematigde moe'tazliet Al-Hoesajn al-Karābīsī (gest. 859) met een tussenoplossing kwam – dat de Koran, als Gods woord, inderdaad ongeschapen was, maar dat hij een geschapen ding werd toen hij in menselijke bewoordingen werd overgezet – veroordeelde Ibn Hanbal dat leerstuk ook. Al-

Karābīsī was bereid zijn standpunt bij te stellen en hij verklaarde dat het geschreven en gesproken Arabisch van de Koran *on*geschapen was voor zover het deel uitmaakte van Gods eeuwige woord. Ibn Hanbal noemde echter ook dat niet toegestaan, omdat het zinloos en gevaarlijk was om zo rationalistisch over de oorsprong van de Koran te speculeren. De rede was niet het geschikte instrument om de onuitsprekelijke God te verkennen. Hij beschuldigde de moe'tazilieten ervan dat ze God van zijn mysterie beroofden en van Hem een abstracte formule zonder religieuze waarde maakten. Wanneer de Koran zich van antropomorfistische termen bediende om Gods werkingen op aarde te beschrijven, of wanneer hij zei dat God 'spreekt' en 'ziet' en 'op zijn troon zit', moest dat letterlijk worden opgevat, aldus Ibn Hanbal, 'zonder [te vragen] hoe' (*bilā kaifa*). Ibn Hanbal kan misschien worden vergeleken met radicale christenen als Athanasius, die tegenover de rationalistischer ingestelde ketters vasthielden aan een extreme interpretatie van het dogma van de Menswording. Ibn Hanbal beklemtoonde Gods wezenlijke onuitsprekelijkheid die zich aan elke logische en conceptuele analyse onttrok.

Toch onderstreept de Koran voortdurend het belang van verstand en begrip; bovendien waren Ibn Hanbals opvattingen enigszins naïef. Veel moslims vonden dat hij tegen beter weten in sprak en obscurantistisch was. De man die ten slotte met een compromis kwam was Aboe 'l-Hasan ibn Ismā'īl al-Asj'ari (873-941). Hij was een moe'taziliet geweest, maar had zich bekeerd tot het traditionalisme na een droom waarin de profeet hem was verschenen en hem had aangespoord de hadīth's te bestuderen. Al-Asj'ari sloeg toen door naar het andere uiterste, werd een vurig traditionalist en noemde de moe'tazilieten de gesel van de islam. Toen kreeg hij weer een droom waarin Mohammed hem geërgerd opnam en zei: 'Ik heb u niet opgedragen om rationele argumenten terzijde te schuiven, maar om de ware hadīth's te steunen!'[38] Vanaf die tijd maakte al-Asj'ari gebruik van de rationalistische methoden van de moe'tazilieten om het agnostische denken van Ibn Hanbal te propageren. Waar de moe'tazilieten beweerden dat Gods openbaring niet strijdig met de rede kon zijn, gebruikte al-Asj'ari rede en logica om juist aan te tonen dat God ons bevattingsvermogen te boven ging. De moe'tazilieten liepen het gevaar dat ze God reduceerden tot een coherent maar gortdroog concept; al-Asj'ari wilde terug naar de gepassioneerde God van de Koran, hoe inconsistent het boek ook was. Net als Pseudo-Dionysius de Areopagiet geloofde hij dat we via de paradox onze kennis van God konden vergroten. Hij weigerde God te reduceren tot een concept dat, net als elk ander menselijk idee, kon worden bediscussieerd en geanalyseerd. Gods attributen (kennis, macht, leven en dergelijke) waren echt; ze hadden werkelijk sinds het begin der tijden aan God toebehoord. Maar ze moesten van Gods wezenheid worden onderscheiden, omdat God wezenlijk één, enkelvoudig en uniek was. Hij kon niet worden benaderd alsof Hij een complex wezen was, want Hij was de enkelvoudigheid zelf; we konden Hem niet analyseren door zijn verschillende kenmerken in definities te vangen of Hem in partjes op te delen. Al-Asj'ari weigerde elke poging om deze paradox op te lossen, maar stelde nadrukkelijk dat we, wanneer de Koran zegt dat God 'op zijn troon zit', dat als feit moeten accepteren, ook al kunnen we niet begrijpen hoe een zuivere geest 'zit'.

Al-Asj'ari zocht naar de middenweg tussen opzettelijk obscurantisme en extreem rationalisme. Sommige mensen die de Koran letterlijk namen, betoogden dat als de gelukzaligen God in de hemel zouden 'zien', zoals de Koran zei, Hij ook een uiterlijk moest hebben. Hisjām ibn al-Hakam ging zelfs zover dat hij zei:

> Allah heeft een duidelijk afgebakend lichaam dat in gelijke mate breed, hoog en diep is en straalt van licht; het strekt zich in zijn volle omvang in de drie richtingen uit, op een plaats aan gene zijde van elke plaats, gelijk een staaf zuiver metaal, aan alle zijden glanzend als een ronde parel en voorzien van kleur, smaak, geur en tastzin.[39]

Sommige sji'ieten konden zich in dergelijke opvattingen vinden, omdat ze geloofden dat de imaams een incarnatie van de godheid waren. De moe'tazilieten stelden echter dat als de Koran bijvoorbeeld spreekt van Gods 'handen', dat moest worden opgevat als een allegorie van zijn generositeit en gulhartigheid. Al-Asj'ari verzette zich tegen de letterlijke interpretatie en wees erop dat de Koran nadrukkelijk verklaarde dat we alleen in symbolen over God kunnen spreken. Maar hij verzette zich ook tegen de algehele verwerping van de rede die de traditionalisten voorstonden. Hij voerde aan dat Mohammed niet op deze problemen was gestuit, want anders had hij de moslims wel een leidraad gegeven. Zoals de zaken er nu voor stonden rustte daarom op alle moslims de taak zich te bedienen van interpretatieve instrumenten zoals de redenering op basis van analogie (*kijās*) om tot een waarachtig religieus godsbeeld te komen.

Al-Asj'ari koos voortdurend voor een middenpositie. Zo betoogde hij dat de Koran het eeuwige, ongeschapen Woord van God was, maar dat de inkt, het papier en de Arabische woorden van de heilige tekst geschapen waren. Hij veroordeelde het moe'tazilitische leerstuk van de vrije wil, omdat alleen God de 'schepper' van de daden van de mens kon zijn, maar hij verzette zich eveneens tegen de opvatting van de traditionalisten dat de mens absoluut niets aan zijn verlossing kon bijdragen. Zijn oplossing was enigszins gekunsteld: God schept de daden, maar stelt de mens in de gelegenheid om voor die daden een 'goede' of een 'slechte aantekening' te halen. Maar in tegenstelling tot Ibn Hanbal was al-Asj'ari wel bereid vragen te stellen en deze metafysische vraagstukken te verkennen, ook al zou hij uiteindelijk toch tot de slotsom komen dat het verkeerd was om te proberen de mysterieuze en onzegbare werkelijkheid die we God noemen, in een keurig, rationeel systeem onder te brengen. Al-Asj'ari was de grondlegger van de kalaam (letterlijk, woord of verhandeling), de islamitische traditie die gewoonlijk wordt vertaald met 'theologie'. Zijn opvolgers in de tiende en elfde eeuw verfijnden de methodologie van de kalaam en werkten zijn ideeën verder uit. De eerste asj'arieten wilden een metafysisch kader opzetten waarbinnen vruchtbaar kon worden gediscussieerd over Gods soevereiniteit. De eerste belangrijke theoloog van de asj'aritische school was Aboe Bakr al-Bākillāni (gest. 1013). In zijn verhandeling *al-Tauhīd* ('De eenheid') was hij het met de moe'tazilieten eens dat de mens het godsbestaan op een logische en rationeel beargumenteerde manier kon bewijzen; vertelde de Koran immers niet zelf dat Abraham de eeuwige Schepper ontdekte door systematisch over de natuur te mediteren? Maar al-Bākillāni ontkende dat we zonder een openbaring een onderscheid konden maken tussen goed en kwaad, want deze waarden zijn geen natuurlijke categorieën, maar zijn door God verordonneerd. Allah is niet gebonden aan menselijke noties van wat goed of verkeerd is.

Al-Bākillāni ontwikkelde het zogenaamde 'atomisme' of 'occasionalisme', een theorie waarin een poging werd gedaan een metafysische basis voor de islamitische geloofsbelijdenis te vinden: er was geen andere god, geen andere werkelijkheid of zekerheid dan Allah. Al-Bākillāni betoogde dat alles op aarde strikt afhankelijk was van Gods directe aandacht. De hele kosmos werd gereduceerd tot een onnoemelijk aantal individuele atomen; tijd en ruimte waren discontinu en niets had een eigen identiteit. Al-Bākillāni reduceerde de waarneembare kosmos even radicaal tot niets als indertijd Athanasius. Alleen God was echt en alleen Hij kon ons verlossen van het niets. God droeg de kosmos en wekte met zijn bevelend woord zijn schepping elke seconde weer tot leven. Er waren geen natuurwetten die het voortbestaan van de kosmos konden verklaren. Hoewel andere moslims zich met groot succes in wetenschappelijke vraagstukken verdiepten, was het asj'arisme principieel tegen de natuurwetenschappen gekant; de betekenis van deze stroming lag dan ook voornamelijk op het godsdienstige vlak. Het asj'arisme was een metafysische poging om Gods aanwezigheid in elk detail van het leven te verklaren en moslims voor te houden dat geloof niets met logica uitstaande had. Als de leer werd gebruikt als een geloofsdiscipline en niet als een feitelijke verklaring van de werkelijkheid, konden moslims er baat bij hebben voor de ontwikkeling van het godsbesef dat de Koran voorschreef. De zwakte ervan was dat hij het wetenschappelijke tegenbewijs afwees en een in wezen elusieve religieuze instelling al te letterlijk interpreteerde. Dat kon leiden tot een spanning tussen de manier waarop een moslim tegen God aankeek en de manier waarop hij andere zaken beschouwde. Zowel de moe'tazilieten als de asj'arieten hadden op hun eigen manier getracht de religieuze ervaring en het gewone rationele denken met elkaar te verzoenen. Dat was een pluspunt. Moslims probeerden te ontdekken of het mogelijk was om net zo over God te praten als over andere zaken. We hebben gezien dat de Griekse Kerk per saldo tot de slotsom was gekomen dat het níet kon en dat stilzwijgen de enige theologie was die de mens paste. Uiteindelijk zouden ook de meeste moslims tot die conclusie komen.

Mohammed en zijn metgezellen hadden deel uitgemaakt van een maatschappij die veel primitiever was dan die van al-Bākillāni. De islam had zijn rijk naar de beschaafde wereld uitgebreid en de moslims werden nu geconfronteerd met veel elegantere en meer doordachte manieren waarop tegen God en de wereld werd aangekeken. Mohammed had instinctief dezelfde weg bewandeld als de oude, Hebreeuwse profeten in hun contact met het goddelijke en ook latere generaties moesten sommige van de problemen het hoofd bieden waar de christelijke kerken op waren gestuit. Sommigen hadden zelfs hun toevlucht genomen tot een incarnatietheologie, ondanks de koranische veroordeling van de christelijke vergoddelijking van Jezus. De ontwikkelingsgeschiedenis van de islam toont aan dat de notie van een transcendente maar persoonlijke God hetzelfde soort problemen pleegt op te roepen en tot hetzelfde soort oplossingen leidt.

Het experiment met kalaam liet zien dat het weliswaar mogelijk was om met behulp van rationele middelen aan te tonen dat 'God' niet met de rede kon worden begrepen, maar dat sommige moslims zich er niet gelukkig bij voelden. Kalaam zou in de islam nooit zo'n belangrijke rol spelen als theologie in het westerse christendom. De Abbasidische kaliefen die de moe'tazilieten hadden gesteund, merkten dat ze er niet in slaagden de moe'tazilitische doctrines aan de gelovigen op te leggen, simpelweg omdat die niet aansloegen. Het rationalisme bleef weliswaar tijdens de hele middeleeuwse periode invloed uitoefenen op latere denkers, maar het bleef tot een minderheid beperkt en de meeste moslims zouden er wantrouwend tegenover staan. Net als het christendom en het jodendom was de islam voortgekomen uit een Semitische godservaring, maar was het in de hellenistische centra van het Midden-Oosten op het Griekse rationalisme gestuit. Andere moslims poogden de islamitische God zelfs nog radicaler te helleniseren en ze introduceerden een nieuw wijsgerig element in de drie monotheïstische godsdiensten. Het jodendom, het christendom en de islam zouden alle drie tot afwijkende, maar uiterst significante conclusies komen over het belang van de wijsbegeerte en over de vraag of ze relevant was voor het goddelijk mysterie.

6

De God van de filosofen

In de negende eeuw kwamen de Arabieren in contact met de Griekse wetenschappen en wijsbegeerte en dat leidde tot een culturele bloei die, in Europese termen vertaald, kan worden gezien als een kruising tussen de Renaissance en de Verlichting. Dank zij het briljante werk van een team vertalers, van wie de meesten nestoriaanse christenen waren, konden de Arabieren beschikken over Griekse teksten in hun eigen taal. Arabische moslims bestudeerden nu astronomie, alchimie, geneeskunde en wiskunde, en met zoveel succes dat in de negende en tiende eeuw in het Abbasidische rijk meer wetenschappelijke ontdekkingen werden gedaan dan in enige voorafgaande periode. Er stond een nieuw type moslim op, een man die zijn leven inrichtte naar de idealen van een nieuw denken, de zogenaamde *falsafa*. Doorgaans wordt dit woord vertaald met filosofie, maar eigenlijk is het terrein dat de falsafa bestrijkt veel breder en rijker; net als de Franse *philosophes* van de achttiende eeuw wilden de falāsifa (zoals de aanhangers worden genoemd; enkelvoud: *failasoef*) op rationele wijze leven, overeenkomstig de wetten die de kosmos huns inziens bestuurden en die op elk niveau van de werkelijkheid ontwaard konden worden. In eerste instantie richtten ze hun aandacht op de natuurwetenschappen, maar daarna wendden ze zich onvermijdelijk tot de Griekse metafysica en besloten ze de principes ervan op de islam toe te passen. Ze geloofden dat de God van de Griekse filosofen identiek was aan Allah. Ook de Griekse christenen hadden een zekere affiniteit met het hellenisme gehad, maar ze waren tot de slotsom gekomen dat verscheidene aspecten van de God van de Grieken bijgesteld moesten worden door de meer paradoxale God van de Bijbel. Uiteindelijk zouden ze zich, zoals we later zullen zien, van hun eigen filosofische traditie afwenden, ervan overtuigd dat rede en logica weinig aan de bestudering van God konden bijdragen. De falāsifa daarentegen kwamen tot een tegenovergestelde conclusie; zij geloofden dat het rationalisme de meest geavanceerde vorm van religie was en ze ontwikkelden een hoger concept van God dan de geopenbaarde God van de Schrift.

Tegenwoordig plegen we wetenschappen en wijsbegeerte te beschouwen als antagonisten van religie, maar de falāsifa waren doorgaans vrome mannen die zich als loyale zonen van de Profeet beschouwden. Als goede moslims waren ze politiek actief, minachtten ze het luxueuze leven aan het hof en wilden ze de maatschappij overeenkomstig het dictaat van de rede veranderen. Dit streven was niet onbelangrijk: aangezien hun wetenschappelijke en wijsgerige studies door het Griekse denken werden gedomineerd, was het noodzakelijk dat ze de verbindende schakel vonden tussen hun geloof en dit rationele, objectieve wereldbeeld. Het kan immers heel ongezond zijn wanneer men God in een aparte intellectuele categorie onderbrengt en dan tot de ontdekking komt dat het geloof geen enkele relatie heeft met het menselijk bedrijf. De falāsifa waren er niet op uit de religie af te schaffen, maar wilden haar zuiveren van alle elementen die in hun ogen primitief en kleingeestig waren. Ze twijfelden er niet aan dat God bestond – sterker nog, voor hen sprak zijn bestaan vanzelf – maar ze vonden het belangrijk dit logisch te bewijzen om aldus aan te tonen dat Allah verenigbaar was met hun rationalistische ideaal.

Probleemloos ging het echter niet. We hebben gezien dat de God van de Griekse filosofen aanzienlijk verschilde van de God van de Openbaring. Het opperwezen van Aristoteles en Plotinus was tijdloos en onaangedaan. Het nam geen notitie van aardse gebeurtenissen, openbaarde zich niet in de geschiedenis, had de wereld niet geschapen en zou er op de Jongste Dag niet over oordelen. Aristoteles had zelfs de geschiedenis (in de monotheïstische godsdiensten juist de belangrijkste theofanie) lager aangeslagen dan wijsbegeerte en haar van de hand gewezen. Ze kón gewoon geen begin, midden of eind hebben, aangezien de kosmos een eeuwige, goddelijke emanatie was. Omdat geschiedenis dus louter een illusie was, wilden de falāsifa langs de historische gebeurtenissen heen kijken en een glimp opvangen van de erachter liggende, onveranderlijke ideaalwereld van het goddelijke. Maar ondanks de nadruk die de falsafa op rationaliteit legde, was ook hier geloof vereist. Er was immers veel moed nodig om te geloven dat de kosmos, waar chaos en lijden manifester aanwezig waren dan planmatige orde, echt door de rede werd bestuurd. Omringd door een wereld waar de gebeurtenissen herhaaldelijk een desastreus en averechts effect hadden, moesten ook de falāsifa ervan doordrongen blijven dat alles een diepere betekenis had. Falsafa, als zoektocht naar objectiviteit en een tijdloze zienswijze, kon een zekere nobelheid van denken niet worden ontzegd. De falāsifa wensten een universele religie die zich niet beperkte tot een bepaalde manifestatie van God, of waarvan de wortels niet in een vaste tijd en plaats lagen; ze geloofden dat op hun schouders de taak rustte de openbaring van de Koran over te zetten in het geavanceerdere idioom dat in de loop der jaren door de beste en nobelste geesten van alle culturen was ontwikkeld. In plaats van God als een mysterie te beschouwen geloofden de falāsifa dat Hij de rede zelf was.

Een dergelijk geloof in een totaal rationele kosmos komt ons momenteel vrij naïef voor, omdat de onvolkomenheden van de aristotelische godsbewijzen al lang geleden door onze wetenschappelijke ontdekkingen zijn blootgelegd. Iemand die in de negende en tiende eeuw leefde kon deze opvatting echter nog onmogelijk huldigen, maar toch is de falsafa als denksysteem wel degelijk relevant voor de religieuze crisis waar wij ons nu in bevinden. De wetenschappelijke revolutie van de Abbasidische periode hield voor de betrokkenen meer in dan het verwerven van nieuwe kennis. Net als in onze dagen vereisten de wetenschappelijke ontdekkingen een mentaliteitsverandering, een verandering die een ommekeer bracht in het wereldbeeld van de falāsifa. Wetenschap eist van haar beoefenaars het vaste geloof dat alles rationeel is te verklaren; ze verlangt bovendien van hen een verbeelding en moed die een grote overeenkomst vertonen met religieuze creativiteit. Net als de profeet of de mysticus dwingt de wetenschapper zichzelf om het duistere en onvoorspelbare rijk van de ongeschapen werkelijkheid binnen te treden. Dit werkte onvermijdelijk door op de manier waarop de falāsifa God zagen, met als gevolg dat ze de oude geloofsopvattingen van hun tijdgenoten herzagen of zelfs geheel loslieten. Hetzelfde zien we bij veel mensen in onze tijd die zich door onze wetenschappelijke oriëntatie niet meer kunnen vinden in veel elementen van het klassieke theïsme. Het vasthouden aan de oude theologie wijst niet alleen op gebrek aan moed, maar zou ook tot een schadelijk verlies van de eigen integriteit kunnen leiden. De falāsifa streefden naar een synthese tussen hun nieuwe inzichten en de hoofdstroom van het islamitisch geloof en ze kwamen met enkele revolutionaire en Grieks-georiënteerde gedachten over God. Desalniettemin kan het uiteindelijke fiasco van hun rationele opperwezen ons iets belangrijks leren over het wezen van de religieuze waarheid.

De falāsifa trachtten Griekse wijsbegeerte en religie grondiger met elkaar te versmelten dan enige monotheïst voor hen. Zowel de moe'tazilieten als de asj'arieten hadden een brug proberen te slaan tussen openbaring en natuurlijke rede, maar bij hen was de God van de openbaring altijd op de eerste plaats gekomen. Het fundament van de kalaam was de traditionele, monotheïstische opvatting dat geschiedenis een theofanie was; de kalaam betoogde dat bepaalde concrete gebeurtenissen cruciale betekenis hadden, omdat ze de enige zekerheid waren die we hadden. De asj'arieten betwijfelden zelfs of er überhaupt algemene wetten en tijdloze principes bestonden. Hoewel dit atomisme zeker een religieuze en creatieve waarde had, strookte het duidelijk niet met de wetenschappelijke geest van de tijd en dus kon het de falāsifa niet bevredigen. Hun falsafa had weinig op met geschiedenis, met het concrete en specifieke, maar hechtte juist waarde aan de algemene wetten die de asj'arieten verwierpen. Hun God moest in het logische argument worden gevonden, niet in specifieke openbaringen die op allerlei tijdstippen door individuele mannen en vrouwen waren ontvangen. Dit zoeken naar een objectieve, algemeen geldende waarheid was het belangrijkste kenmerk van hun wetenschappelijke inspanningen en bepaalde de manier waarop ze de uiterste werkelijkheid ervoeren. Een God die niet voor iedereen gelijk was, ook al werd er rekening gehouden met de onvermijdelijke culturele accentverschillen, kon geen bevredigend antwoord geven op de religieuze hamvraag wat de uiteindelijke zin van het leven was. Men kon niet in het laboratorium naar algemeen toepasbare wetenschappelijke oplossingen zoeken en tegelijkertijd tot een God bidden die door de gelovigen steeds meer werd beschouwd als het exclusieve bezit van de moslims. Toch kon men uit de Koran leren dat Mohammed zelf een universele visie erop na had gehouden en uitdrukkelijk had gezegd dat alle 'rechtgeleide' religies van God kwamen. De falāsifa hadden geen enkele behoefte de Koran overboord te gooien. Ze probeerden juist aan te tonen dat er een relatie tussen beide bestond; het waren allebei valide wegen die naar God leidden en afgestemd waren op de behoeften van het individu. Ze zagen geen fundamentele tegenstelling tussen openbaring en wetenschap, tussen rationalisme en geloof. Integendeel, ze ontwikkelden een denksysteem dat 'profetische wijsbegeerte' wordt genoemd. Ze waren op zoek naar de kernwaarheid die ten grondslag lag aan de diverse historische religies die sinds de dageraad van de geschiedenis hadden getracht de werkelijkheid van dezelfde God in woorden te vangen.

Hoewel het contact met Griekse wetenschappen en metafysica de inspiratie van de falsafa geweest was, waren de falāsifa niet slaafs van het hellenisme afhankelijk. De Grieken waren gewoon geweest om in hun Middenoosterse koloniën een standaardlesprogramma te volgen, zodat elke student, ondanks de verschillen in nadruk op de diverse aspecten van de hellenistische wijsbegeerte, een serie teksten toch in een bepaalde volgorde las. Dat had tot een zekere samenhang en coherentie geleid. De falāsifa hielden zich echter niet aan dat programma, maar lazen de teksten in de volgorde waarin ze erover konden beschikken. Dit opende onvermijdelijk nieuwe perspectieven. Niet alleen werd hun denken bepaald door hun eigen, specifiek islamitische en Arabische inzichten, ze stonden ook bloot aan Perzische, Indiase en gnostische invloeden.

Jakoeb ibn Ishāk al-Kindi (gest. 870), de eerste moslim die de Koran aan de rede toetste, vertoonde dan ook sterke verwantschap met de moe'tazilieten en verschilde op verscheidene belangrijke punten met Aristoteles van mening. Hij had zijn opleiding in Basra genoten, maar vestigde zich in Bagdad waar hij onder bescherming van de kalief al-Ma'moen stond. Zijn produktie en invloed waren enorm en strekten zich ook uit tot de wiskunde, natuurwetenschappen en wijsbegeerte. Maar zijn belangstelling ging voornamelijk uit naar de religie. Door zijn moe'tazilitische achtergrond kon hij wijsbegeerte alleen maar zien als de dienares van de openbaring; de door God geïnspireerde kennis van de profeten had altijd ver boven de puur menselijke inzichten van de filosofen gestaan. De meeste falāsifa die na hem kwamen zouden dit standpunt niet delen. Al-Kindi zocht echter ook naarstig naar de waarheid in andere religieuze overleveringen. Er kon slechts één echte Waarheid bestaan en het was de taak van de filosoof ernaar te zoeken, ongeacht het culturele of linguïstische kleed waar ze zich in de loop der eeuwen in had gehuld.

> We moeten ons niet schamen de waarheid te erkennen en haar in ons op te nemen uit onverschillig welke bron ze tot ons komt, zelfs indien ze door vroegere generaties en vreemde volkeren tot ons wordt gebracht. Voor degene die de waarheid zoekt, is niets zo waardevol als de waarheid zelf; ze zal degene die zijn hand naar haar uitstrekt, nimmer verlagen of devalueren, maar juist adelen en eren.[1]

Wat dat aangaat stond al-Kindi op één lijn met de Koran. Maar hij ging verder, want hij beperkte zich niet tot de profeten, maar wendde zich ook tot de Griekse filosofen. Hij gebruikte de argumenten waarmee Aristoteles het bestaan van een Eerste Beweger had aangetoond. In een rationele wereld, zo zei hij, had alles een oorzaak. Er moest daarom een Onbewogen Beweger zijn die de bal aan het rollen bracht. Dat Eerste Principe was het zijn zelf, onveranderlijk, volmaakt en onverwoestbaar. Maar eenmaal tot deze slotsom gekomen liet al-Kindi Aristoteles los en omarmde hij het koranische leerstuk van de schepping ex nihilo. Actie kan worden gedefinieerd als de voortbrenging van iets uit niets. Dit, zo stelde al-Kindi, was het prerogatief van God. Hij is het enige zijnde dat werkelijk in die zin kan handelen en Hij is de ware oorzaak van alle activiteit die we in de wereld om ons heen zien.

De falsafa zou de schepping ex nihilo later verwerpen, dus in de grond van de zaak kan al-Kindi niet een echte failasoef worden genoemd. Maar hij was wel de pionier van de islamitische poging om tot een synthese van religieuze waarheid en systematische metafysica te komen. Zijn opvolgers stelden zich radicaler op. Aboe Bakr Mohammed ibn Zakarija ar-Rāzi (gest. circa 930), de man die de grootste non-conformist van de islamitische geschiedenis wordt genoemd, verwierp bijvoorbeeld Aristoteles' metafysica en beschouwde, net als de gnostici, de schepping als het werk van een demiurg; materie kon niet uit een volkomen spirituele God zijn voortgekomen. Hij verwierp ook de aristotelische oplossing van een Eerste Beweger en bovendien de koranische doctrines over openbaring en profetie. Alleen rede en wijsbegeerte konden ons verlossen. Ar-Rāzi was daarom eigenlijk geen monotheïst; hij was misschien de eerste die als vrijdenker het godsbegrip niet verenigbaar vond met een wetenschappelijke zienswijze. Hij was een briljant arts en een vriendelijke, grootmoedige man die jarenlang aan het hoofd had gestaan van een ziekenhuis in zijn geboorteplaats Rajj in Iran. De meeste falāsifa voerden hun rationalisme niet zo ver door. In een discussie met een behoudende moslim betoogde ar-Rāzi eens dat geen enkele echte failasoef zich op de gevestigde overlevering mocht verlaten, maar alles opnieuw voor zichzelf diende te overdenken, omdat alleen de rede ons bij de waarheid kon brengen. Het had geen zin zich op geopenbaarde leerstukken te verlaten, aangezien de verschillende religies het niet met elkaar eens konden worden. Hoe wist je dus wie gelijk had? Maar zijn opponent – die, nogal verwarrend, ook ar-Rāzi heette[2] – voerde een belangrijk punt aan. Hoe zat het dan met het gewone volk, wilde hij weten. De meeste mensen waren volstrekt niet in staat filosofisch te denken; waren zij dus verloren, gedoemd om het slachtoffer van dwaling en verwarring te zijn? Dat elitarisme was een van de redenen waarom in de islam falsafa de wijsbegeerte van een minderheid bleef. Ze sprak onvermijdelijk alleen de mensen met een zeker IQ aan en was dus een tegenstander van de egalitaire wind die door de islamitische samenleving begon te waaien.

De failasoef die zich verdiepte in het probleem van het ongeletterde volk dat de capaciteiten voor filosofisch rationalisme miste, was de Turk Aboe Nasr al-Fārābi (gest. 980). Hij kan worden beschouwd als de man die de basis van de authentieke falsafa legde en de aantrekkelijke universaliteit van dit islamitische ideaal aantoonde. Al-Fārābi was wat we een echte exponent van de renaissance zouden noemen; hij was niet alleen arts, maar ook musicus en mysticus. In zijn *Inzichten der bewoners van de rechtschapen staat* gaf hij bovendien blijk van de sociale en politieke bewogenheid die zo'n centrale plaats in de islamitische spiritualiteit innam. Plato had in zijn *Politeia* betoogd dat een goede maatschappij moest worden bestuurd door een filosoof die haar volgens rationalistische principes leidde en in staat was deze op het gewone volk over te brengen. Al-Fārābi voerde aan dat de profeet Mohammed exact het soort heerser was geweest dat Plato voor ogen had gestaan. Hij had de tijdloze waarheden in een imaginatieve en begrijpelijke vorm gegoten, dus de islam was de uitgelezen religie om Plato's ideale maatschappij gestalte te geven. De sjī'a was, vanwege de cultus van de wijze imaam, misschien de meest aangewezen sekte binnen de islam om dat project uit te voeren. Hoewel al-Fārābi een praktizerende soefi was, zag hij de goddelijke openbaring strikt als een natuurproces. Men kon toch immers moeilijk aannemen dat de God van de Griekse filosofen, die ver van de menselijke beslommeringen af stond, echt tegen de mensen 'sprak' en zich met aardse zaken bemoeide, zoals de traditionele openbaringsdoctrine suggereerde? Dat betekende echter niet dat God geen enkele rol in al-Fārābi's hoofdthema's speelde. God stond in zijn wijsbegeerte centraal en zijn verhandeling begint met een discussie over God. Het was echter de God van Aristoteles en Plotinus; Hij was het Eerste van alle wezens. Een Grieks-orthodoxe christen die was opgevoed met de mystieke wijsbegeerte van Pseudo-Dionysius de Areopagiet, zou bezwaren hebben gemaakt tegen een theorie waarin van God gewoon een ander wezen werd gemaakt, zij het met een superieure natuur. Maar al-Fārābi volgde Aristoteles op de voet. Hij geloofde niet dat God 'opeens' had besloten de wereld te scheppen. Dat zou impliceren dat de eeuwige en statische God een onwaarschijnlijke verandering had ondergaan.

Net als de Grieken was al-Fārābi van mening dat de hiërarchie van zijnsvormen in tien successieve emanaties of 'intelligenties' eeuwig uit het Ene uitvloeide en dat elke emanatie een van de Ptolemeïsche hemelsferen voortbracht: de buitenste hemelen, de sfeer van de vaste sterren, de sfeer van Saturnus, Jupiter, Mars, zon, Venus, Mercurius en maan. Zijn we eenmaal bij onze eigen ondermaanse wereld aangeland, dan ontdekken we een rangorde van zijnsvormen die zich in tegenovergestelde richting beweegt. Ze begint bij levenloze materie, loopt vervolgens door planten en dieren en bereikt ten slotte haar hoogtepunt in de mens, wiens ziel en verstand deel hebben aan de goddelijke rede, maar wiens lichaam van de aarde komt. De mens kan door het zuiveringsproces dat Plato en Plotinus hebben beschreven, zijn aardse boeien afwerpen en terugkeren naar God, zijn natuurlijk huis.

Hoewel zijn denkbeelden duidelijk afweken van de koranische visie op de werkelijkheid, beschouwde al-Fārābi de wijsbegeerte toch als een superieur middel om tot een beter begrip te komen van de waarheden die de profeten op een poëtische, overdrachtelijke manier onder woorden hadden gebracht opdat ze de mensen zouden aanspreken. De falsafa was geen systeem dat voor iedereen was weggelegd. Omstreeks het midden van de tiende eeuw zien we in de islam een aantal esoterische stromingen opkomen, en de falsafa werd er een van. Ook het soefisme en het sji'isme interpreteerden de islam anders dan de oelamā, de godgeleerden die uitsluitend de heilige wet en de Koran aanhingen. Ook nu hielden ze hun leer geheim, niet omdat ze het gewone volk erbuiten wilden houden, maar omdat zowel de falāsifa als de soefi's en de sji'ieten begrepen dat hun meer avontuurlijke en inventieve versie van *islām* gemakkelijk misverstaan kon worden. Een letterlijke of simplistische interpretatie van de leerstellingen van de falsafa, van de mythen van het soefisme of van de imamologie van de sji'a kon het volk in verwarring brengen, omdat het niet de capaciteiten, scholing of instelling had die voor een meer allegorische, rationalistische of imaginatieve benadering van de uiterste waarheid noodzakelijk was. In deze esoterische sekten werden nieuwelingen dan ook met speciale geestelijke en lichamelijk technieken er zorgvuldig op voorbereid om deze moeilijke denkbeelden te ontvangen. We hebben gezien dat ook Griekse christenen een soortgelijk denkbeeld hadden ontwikkeld door een onderscheid te maken tussen dogma en kerygma. Het Westen ontwikkelde echter geen esoterische traditie, maar bleef vasthouden aan de kerygmatische interpretatie van een geloof dat voor iedereen gelijk heette te zijn. In plaats van de zogenaamde andersdenkenden toe te staan hun geloof in beslotenheid te belijden, openden westerse christenen simpelweg de jacht op hen en poogden ze non-conformisten uit te roeien. In de islam overleden esoterische denkers gewoonlijk in hun bed.

Al-Fārābi's emanatieleer werd door de falāsifa algemeen aanvaard. Ook mystici vonden, zoals we later zullen zien, het idee van een emanatie aansprekender dan het leerstuk van de schepping ex nihilo. Islamitische soefi's en joodse kabbalisten, die allerminst van mening waren dat wijsbegeerte en rede vijandig tegenover religie stonden, vonden de inzichten van de falāsifa vaak een inspiratie voor hun eigen imaginatieve geloofsbeleving. Met name in de sjī'a trad dat het duidelijkst aan de dag. Hoewel het sji'isme een minderheidsbeweging binnen de islam bleef, staat de tiende eeuw bekend als het sji'itische tijdperk, omdat de sji'ieten erin slaagden in het hele rijk belangrijke politieke posten te bezetten. Hun grootste succes boekten ze in 909 toen ze in Tunis een kalifaat vestigden als tegenhanger van het soennitische in Bagdad. Dit wapenfeit staat op naam van de isma'ielitische Fatimiden, een sekte die ook wel de 'Zeveners' wordt genoemd ter onderscheiding van de 'Twaalver-sji'ieten', die talrijker in aantal waren en het gezag van twaalf imaams vanaf Alī erkenden. De isma'ielieten maakten zich van de Twaalvers los toen in 765 de heilige zesde imaam Dja'far al-Sādik overleed. Dja'far had zijn zoon Ismā'īl als opvolger aangewezen, maar toen deze op jonge leeftijd stierf aanvaardden de Twaalvers het gezag van diens broer Moesa. De isma'ielieten bleven Ismā'īl echter trouw en stelden zich op het standpunt dat er met hem een einde aan het imamaat was gekomen. Hun Noordafrikaanse kalifaat werd zeer machtig; in 973 verplaatsten ze hun hoofdstad naar al-Kāhira, het gebied waar nu Caïro ligt, en daar bouwden ze de beroemde al-Azhar moskee.

De verering van de imaams was echter meer dan louter politieke geestdrift. Zoals we hebben gezien geloofden de sji'ieten dat hun imaams op mysterieuze wijze de belichaming van Gods tegenwoordigheid op aarde waren. Ze hadden een eigen esoterische piëteit ontwikkeld, gebaseerd op een allegorische lezing van de Koran. Mohammed had, zo stelden ze, zijn neef en schoonzoon Alī ibn Abī Tālib deelgenoot gemaakt van zijn geheime godskennis en deze ilm was via de lijn van aangewezen imaams, Alī's directe nakomelingen, van generatie op generatie doorgegeven. Elke imaam was de belichaming van het 'Licht van Mohammed' (*al noer al-Moehammadijjah*), de profetische geest die Mohammed in staat had gesteld zich volmaakt aan God over te geven. Noch Mohammed, noch een imaam was goddelijk, maar hij had zich zo totaal voor God opengesteld dat er van hem kon worden gezegd dat God vollediger in hem woonde dan in een gewone sterveling. De nestorianen hadden een soortgelijk standpunt over Jezus gehuldigd. Net als de nestorianen beschouwden de sji'ieten hun imaams als de 'tempel' of 'schatkamer' van het goddelijke, tot aan de rand gevuld met die verlichte godskennis. Die ilm was niet simpelweg geheime informatie, maar een middel om transformatie en innerlijke bekering te bereiken. Onder leiding van zijn *dā'ī* (geestelijk leermeester) werd de leerling door een visioen met droomachtige helderheid wakker geschud uit zijn inertie en zintuiglijke onontvankelijkheid. Hierdoor werd hij zo getransformeerd, dat hij in staat was de esoterische interpretatie van de Koran te begrijpen. Deze oerbeleving was, zoals we in de volgende versregels kunnen zien, een ontwakingservaring; het gedicht is geschreven door de elfde-eeuwse isma'ielitische dichter Nāsir-i Choesrau en hij vertelt over het visioen van de imaam dat zijn leven veranderde:

> Heb je ooit gehoord van een zee die uit vuur stroomt?
> Heb je ooit gezien dat een vos een leeuw werd?
> De zon kan een kiezel die de hand der natuur zelfs
> nooit kan vervormen, in een kostbare steen veranderen.
> Die edelsteen ben ik, mijn Zon is hij,
> zijn stralen vullen deze donkere wereld met licht.
> Uit jaloezie kan ik zijn naam [de naam van de imaam] in dit gedicht
>   niet spreken,
> ik kan slechts zeggen dat Plato zelfs zich hem als slaaf zou onderwerpen.
> Hij is de leraar, heler der zielen, door God verkoren,
> beeltenis van wijsheid, bron van kennis en waarheid. (...)
> O Aangezicht van Kennis, Vleesgeworden Rechtschapenheid,
> Hart van Wijsheid, Einddoel van heel het Mensdom,
> O Trots der Trotsen, ik stond voor u, bleek
> en mager, gehuld in een kleed van wol,
> en ik kuste uw hand als was ze het graf
> van de Profeet, of de Zwarte Steen van de Ka'ba.[3]

Zoals Jezus op de berg Tabor voor de Grieks-orthodoxe christenen de vergoddelijkte mens vertegenwoordigde en zoals de Boeddha de belichaming was van de verlichting die alle mensen kunnen bereiken, zo had ook de menselijkheid van de imaam een transfiguratie ondergaan door zijn totale ontvankelijkheid voor God.

De isma'ielieten vreesden dat de falāsifa zich te veel op de uiterlijke en rationalistische kanten van het geloof richtten en aan de spirituele essentie voorbijgingen. Ze waren bijvoorbeeld in het geweer gekomen tegen de vrijdenker al-Rāzi. Maar ook zij hadden een vorm van wijsbegeerte en wetenschap ontwikkeld, zij het dat ze die niet beschouwden als een doel op zich maar als een spirituele methode om de 'innerlijke' betekenis van de Koran (*bātin*) te ontwaren. Door te mediteren over de abstracties van wetenschap en wiskunde reinigden ze hun geest van zintuiglijke beelden en bevrijdden ze zich van de beperkingen die het gewone bewustzijn hun oplegde. Anders dan wij gebruikten de isma'ielieten wetenschap niet om de externe werkelijkheid accuraat en feitelijk te begrijpen, maar om hun verbeelding te stimuleren. Ze wendden zich tot de oude zoroastrische mythen van Iran, combineerden die met enkele neoplatoonse denkbeelden en ontwikkelden een nieuwe voorstelling van de heilsgeschiedenis. De lezer zal zich herinneren dat de mensen in de traditionele maatschappijen geloofden dat alles wat hier op aarde werd ervaren een afspiegeling was van gebeurtenissen die in het hemelse rijk hadden plaatsgevonden; Plato's leer van de vormen of eeuwige archetypen had deze oude opvatting in een filosofisch idioom gegoten. In het voorislamitische Iran had de werkelijkheid bijvoorbeeld een tweeledig aspect: er was een zichtbaar uitspansel (getīg), en daarnaast een hemels uitspansel (menōk) dat we met ons normale waarnemingsvermogen niet kunnen zien. Hetzelfde gold voor de abstracte, geestelijke werkelijkheid; elk gebed of elke goede daad in het hier en nu, in de getīg, wordt in de hemelse wereld gedupliceerd en krijgt daar waarachtige werkelijkheid en eeuwige betekenis.

De mensen waren ervan overtuigd dat die hemelse archetypen bestonden, net zoals de gebeurtenissen en gestalten die onze fantasie bevolken ons vaak echter en significanter voorkomen dan die in ons aardse bestaan. Op deze manier probeerden ze tot een verklaring van de algemeen menselijke overtuiging te komen dat het leven en de wereld die we ervaren zinvol en belangrijk zijn, ondanks het overweldigende aantal ontmoedigende tegenbewijzen. Die mythen, die de Perzische moslims hadden losgelaten toen ze zich tot de islam bekeerden, maar die nog steeds tot hun culturele erfgoed behoorden, werden in de tiende eeuw door de isma'ielieten nieuw leven ingeblazen en fantasievol gecombineerd met de platoonse emanatieleer. Al-Fārābi had zich tien emanaties tussen God en de stoffelijke wereld voorgesteld en elke emanatie stond aan het hoofd van een Ptolemeïsche hemelsfeer. De isma'ielieten op hun beurt maakten de profeet en de imaams tot de 'zielen' van dit hemelse model. In de hoogste 'profetische' sfeer van de eerste hemel zetelde Mohammed; in de tweede hemel bevond zich Alī, en aan het hoofd van de daaropvolgende sferen stond in de juiste volgorde elk van de zeven imaams. In de sfeer die zich het dichtst bij de stoffelijke wereld bevond, zetelde ten slotte Mohammeds dochter Fātima, de vrouw van Alī die deze heilige afstammingslijn mogelijk had gemaakt. Ze was daarom de moeder van de islam en correspondeerde met Sophia, de goddelijke Wijsheid. Dit beeld van de vergoddelijkte imaams geeft weer hoe de isma'ielieten de ware betekenis van de sji'itische geschiedenis interpreteerden. Ze was niet gewoon een aaneenschakeling van externe, aardse gebeurtenissen geweest, waarvan vele een tragisch karakter hadden gedragen. Integendeel, het leven van die illustere personen hier op aarde had gecorrespondeerd met gebeurtenissen in de menōk, de archetypische orde.[4]

We moeten dit niet te snel als vreemde gedachtenspinsels afdoen. We gaan er tegenwoordig in het Westen prat op dat objectieve nauwkeurigheid ons belangrijkste streven is, maar de isma'ielitische batinieten die naar de 'verborgen' dimensie (bātin) van het geloof zochten, stelden zich heel andere doelen. Net als dichters en schilders gebruikten ze symbolen die weinig met logica uitstaande hadden, maar die naar hun mening de weg wezen naar een hogere werkelijkheid dan met de zintuigen kon worden waargenomen of in rationele termen kon worden uitgedrukt. Op dezelfde manier ontwikkelden ze een vorm van koranexegese die ze *ta'wīl* (letterlijk 'terugvoeren') noemden. Ze waren van mening dat deze methode hen terug zou voeren naar de oorspronkelijke, archetypische Koran, die in de menōk was uitgesproken op het moment dat Mohammed hem in de getīg had gereciteerd. Henri Corbin, de overleden historicus van het Iraanse sji'isme, heeft deze ta'wīl-methode vergeleken met harmonie in muziek. Het was alsof de isma'ieliet in staat was om een 'klank' (een vers van de Koran, of een hadīth) op hetzelfde moment op verschillende niveaus te beluisteren; hij probeerde zich erin te trainen om zowel de hemelse tegenstem als de Arabische woorden te horen. Die inspanning legde zijn luidruchtige kritische vermogen het zwijgen op en maakte hem bewust van de stilte die om elk woord hing, net zoals een hindoe luistert naar de onzegbare stilte die het heilige woord AUM omgeeft. Al luisterend naar de stilte wordt hij zich bewust van de kloof die tussen onze woorden en ideeën over God en zijn volle werkelijkheid gaapt.[5] Deze methode hielp de moslims om God te begrijpen zoals Hij het verdiende, aldus de vooraanstaande isma'ielitische denker Aboe Jakoeb al-Sidjistāni (gest. 971). Moslims spraken vaak in antropomorfistische termen over God en maakten Hem levender dan levend, terwijl anderen Hem van elke religieuze lading ontdeden en Hem tot een concept terugbrachten. Daarom pleitte hij ervoor de dubbele ontkenning te gebruiken. We moesten beginnen met ontkennend over God te spreken en bijvoorbeeld zeggen dat Hij 'niet is', in plaats van dat Hij 'is', en dat Hij 'niet wetend' is, in plaats van 'wijs', enzovoort. Maar direct daarop moesten we die levenloze en abstracte ontkenningen weer ontkennen en moesten we zeggen dat God 'niet nietwetend' is, of dat Hij 'niet niet-iets' is, waarbij we die woorden op de normale manier gebruiken. God correspondeert met geen enkele vorm waarin wij mensen ons uidrukken. Als de batinieten deze taalkundige methode telkens toepasten zouden ze doordrongen worden van de ontoereikendheid van taal voor het overbrengen van het mysterie dat God was.

De latere isma'ielitische denker Hamīd al-Dīn al-Kirmānī (gest. 1017) beschreef in zijn *Rāhat al-Akl* (Balsem voor het verstand) het intense gevoel van vredigheid en bevrediging dat deze methode schonk. Het was allesbehalve een droge, verstandelijke techniek of een formalistische truc; integendeel, het gaf elk detail van het leven van de isma'ieliet zin en inhoud. Wanneer isma'ielitische schrijvers over hun bātin spraken, gebruikten ze vaak woorden als verlichting en transformatie. Ta'wīl was niet bedoeld om informatie over God te verschaffen, maar om een gevoel van verwondering op te roepen dat de batiniet op een dieper niveau verlichtte dan het verstandelijke. Het was ook geen escapisme. De isma'ielieten waren politiek actief. Dja'far al-Sādik, de zesde imaam, had het geloof zelfs een actieplan genoemd. Net als de Profeet en de imaams moest de gelovige hier op aarde zijn godsbeeld inhoud geven.

Deze idealen werden ook gedeeld door de Ichwān al-Safā' of Broeders der Reinheid, een esoterisch genootschap dat in de sji'itische tijd in Basra ontstond en waarschijnlijk een zijscheut van de isma'ielitische islam was. Net als de isma'ielieten hielden de Broeders zich intensief met de wetenschap bezig, vooral met wiskunde en astrologie, maar ook op politiek gebied waren ze actief. Net als de isma'ielieten zochten de Broeders naar bātin, de verborgen zin van het leven. Hun zogeheten Epistels (*Rasā'il*), die tot een soort filosofische encyclopedie uitgroeiden, waren uiterst populair en werden tot in Spanje gelezen. Ook de Broeders combineerden wetenschap met mystiek. Wiskunde was voor hen het voorportaal van wijsbegeerte en psychologie. De verschillende getallen gaven de verschillende inherente kwaliteiten van de ziel weer en waren een middel om zich te concentreren en de ingewijde in staat te stellen zich bewust te worden van de werkingen van zijn geest. Zoals voor Augustinus zelfkennis onmisbaar was geweest om God te kennen, zo werd inzicht in het eigen ik de spil van de islamitische mystiek. De soefi's – de soennitische mystici met wie de isma'ielieten zich nauw verwant voelden – huldigden het axioma: 'Wie zichzelf kent, kent God', en de Broeders haalden dat in hun eerste Epistel aan.[6] Door schouwing van de getallen van de ziel werden ze naar het oer-Ene teruggevoerd, naar de essentie van het ik die diep in de psyche ingebed ligt. De Broeders hadden ook veel met de falāsifa gemeen. Net als deze islamitische rationalisten stelden ze dat er maar één waarheid was en dat die overal moest worden gezocht. Wie de waarheid zocht mocht 'geen wetenschap schuwen, geen boek verachten, en zich niet verbeten aan één geloof vastklampen'.[7] Ze ontwikkelden een neoplatoonse voorstelling van God, die zij zagen als het onzegbare, onbevattelijke Ene van Plotinus. Net als de falāsifa verkozen zij de platoonse emanatieleer boven de traditionele, koranische leer van de schepping ex nihilo; de wereld was een uitdrukking van de goddelijke rede en de mens kon door zuivering van zijn verstandelijke vermogens deel hebben aan het goddelijke en terugkeren naar het Ene.

De falsafa bereikte haar hoogtepunt in het werk van Aboe Alī ibn Sīnā (980-1037), in het Westen beter bekend onder de naam Avicenna. Hij werd geboren in het Centraalaziatische Boechara, als telg van een familie van sji'ietische ambtenaren, maar hij werd ook gevormd door de isma'ielieten die vaak bij hen thuis kwamen en met zijn vader discussieerden. Hij ontpopte zich als een wonderkind: op zijn zestiende gaf hij vooraanstaande artsen advies en op zijn achttiende beheerste hij de wiskunde, de logica en de natuurkunde. Met Aristoteles had hij echter moeite, maar na lezing van al-Fārābī's *Bedoelingen van Aristoteles' Metafysica* werd zijn filosofie hem duidelijk. Als arts trok hij van hof naar hof en bereisde hij, afhankelijk van de grillen van zijn beschermheren, het hele islamitische rijk. Op zeker moment werd hij vizier van de sji'itische Boejieden-dynastie die de scepter zwaaide over het gebied dat nu West-Iran en Zuid-Irak is. Hij was een briljant en helder denker en zeker geen droge betweter. Bovendien was hij een sensualist en zijn vroege dood, op zijn achtenvijftigste, zou te wijten zijn aan zijn overmatige voorliefde voor wijn en seks.

Ibn Sīnā was doordrongen van de noodzaak de falsafa in overeenstemming te brengen met de veranderende omstandigheden in het islamitische rijk. Het Abbasidische kalifaat was op zijn retour en het was niet meer zo gemakkelijk om in de kalifale staatsvorm de ideale, filosofische maatschappij te zien die Plato in zijn *Politeia* had beschreven. Natuurlijk sympathiseerde Ibn Sīnā met de spirituele en politieke aspiraties van de sji'a, maar toch voelde hij zich meer aangetrokken tot het neoplatonisme van de falsafa en dat wist hij succesvoller te islamiseren dan elke failasoef voor hem. Hij was de mening toegedaan dat de falāsifa, wilden ze hun bewering waarmaken dat hun wijsbegeerte een volledig beeld van de werkelijkheid gaf, hierin meer ruimte moesten geven aan het geloof van de gewone mensen dat – hoe men het ook wenste te interpreteren – een belangrijk politiek, sociaal en persoonlijk gegeven was. Hij beschouwde de geopenbaarde religie daarom niet als een inferieure versie van falsafa, maar huldigde de mening dat een profeet als Mohammed boven elke filosoof verheven was, omdat hij niet afhankelijk was van de menselijke rede, maar directe, intuïtieve godskennis bezat. Die kennis was vergelijkbaar met de mystieke ervaring van de soefi's en was door Plotinus zelf de hoogste vorm van wijsheid genoemd. Dat betekende echter niet dat het verstand bij het beantwoorden van godsvragen geen rol speelde. Op basis van Aristoteles' godsbewijzen ontwikkelde Ibn Sīnā een aantal rationele argumenten voor het bestaan van God die later de standaard voor zowel joodse als islamitische middeleeuwse filosofen zouden worden. Noch hij, noch de falāsifa twijfelden er enig moment aan dat

God bestond. Ze twijfelden er evenmin aan dat de menselijke rede in staat was zelfstandig tot kennis van het bestaan van een Opperwezen te komen. De rede was het meest verheven vermogen dat de mens bezat; ze had deel aan de goddelijke rede en speelde dus een belangrijke rol in de religieuze zoektocht. Ibn Sīnā vond dat iedereen die het verstandelijke vermogen bezat om God op deze manier te ontdekken, de religieuze plicht had dat te doen, omdat de rede in staat was onze godsvoorstelling te verfijnen en haar van bijgeloof en antropomorfisme te zuiveren. Ibn Sīnā en de na hem komende filosofen die zich ten doel stelden het bestaan van God op rationele gronden te bewijzen, argumenteerden niet als atheïsten in onze zin van het woord. Ze wilden de rede gebruiken om zoveel mogelijk aspecten van Gods natuur te leren kennen.

Ibn Sīnā begint zijn 'bewijs' met een beschouwing over de manier waarop onze geest werkt. Waar we in de wereld ook kijken, overal zien we samengestelde dingen die uit een aantal verschillende elementen bestaan. Een boom bestaat bijvoorbeeld uit hout, bast, merg, sap en bladeren. Wanneer we iets proberen te begrijpen, 'analyseren' we het door het net zo lang in componenten op te splitsen totdat er geen verdere onderverdeling mogelijk is. Deze enkelvoudige bestanddelen komen ons voor als de primaire componenten, en het samengestelde geheel dat ze met elkaar vormen als de secundaire. We zoeken dus voortdurend naar het enkelvoudige, naar zijnsvormen die we niet verder kunnen opdelen. Een van de axioma's van de falsafa luidde dat de werkelijkheid een logisch, samenhangend geheel vormt; dat betekende dat het enkelvoudige waar we eindeloos naar speuren, een afspiegeling moest zijn van dingen die op een hoger niveau stonden. Net als alle platonisten was Ibn Sīnā van mening dat de meervoudigheid die we om ons heen zien, afhankelijk moest zijn van een oer-eenheid. Aangezien het inderdaad waar is dat onze geest samengestelde dingen als secundaire en afgeleide zijnsvormen ziet, moet de oorzaak van deze neiging te vinden zijn in iets wat zich buiten die dingen bevindt en een hogere, enkelvoudige werkelijkheid is. Meervoudige dingen zijn contingent en contingente dingen zijn inferieur aan de werkelijkheden waar ze van afhankelijk zijn, net zoals kinderen in een gezin een lagere status hebben dan de vader die hen heeft verwekt. Iets wat de Enkelvoudigheid zelf is, wordt door de filosofen een 'Noodzakelijk Zijnde' genoemd, dat wil zeggen, het is voor zijn existentie niet van iets anders afhankelijk. Bestaat er zoiets? Voor een failasoef als Ibn Sīnā sprak het vanzelf dat de kosmos een rationeel systeem was en in zo'n rationeel heelal moest er een Onveroorzaakt Zijnde zijn, een Onbewogen Beweger die in de hiërarchie van zijnsvormen de hoogste plaats bezette. Er moest iets zijn wat die keten van oorzaak en gevolg in beweging had gezet. Als zo'n allerhoogste zijnsvorm niet bestond, zou het betekenen dat onze geest niet in harmonie was met de werkelijkheid als geheel. En dat zou op zijn beurt betekenen dat de kosmos geen samenhangend en rationeel geheel vormde. Deze uiterst enkelvoudige zijnsvorm waarvan de hele meervoudige, contingente werkelijkheid afhankelijk was, was wat de religies 'God' noemden. Omdat dit het hoogste van alle dingen is, moet het absoluut volmaakt zijn en verdient het te worden geëerd en vereerd. Maar omdat zijn existentie volkomen anders was dan die van de rest, was het niet zomaar een zoveelste laag in de hiërachie van zijnsvormen.

De filosofen en de Koran waren het met elkaar eens dat God de enkelvoudigheid zelf was; Hij was Eén. Hieruit volgt dat Hij niet kan worden geanalyseerd, of in componenten of attributen kan worden opgedeeld. Omdat dit zijnde absoluut enkelvoudig is, heeft het geen oorzaak, geen attributen, geen tijdelijke dimensie, en kunnen we er absoluut niets over zeggen. God kan niet het object van discursief denken zijn, omdat onze hersenen zich niet op dezelfde manier met Hem kunnen bezighouden als waarop ze zich met andere dingen bezighouden. Omdat God wezenlijk enig is, kan Hij niet worden vergeleken met andere dingen die in normale, contingente zin bestaan. Daarom doen we er goed aan om ons, wanneer we over God spreken, te bedienen van ontkenningen om Hem absoluut te onderscheiden van de andere dingen waar we over spreken. Maar aangezien God de oorsprong van alles is, kunnen we wel bepaalde zaken over Hem postuleren. Omdat we weten dat er goedheid bestaat, moet God de wezenlijke of 'noodzakelijke' Goedheid zijn. Omdat we weten dat er leven, macht en kennis bestaan, moet God op de wezenlijkste en volledigste manier levend, machtig en alwetend zijn. Aristoteles had geleerd dat God, aangezien Hij zuivere rede is (op één en hetzelfde moment zowel de act van redeneren als het object en subject van denken), alleen maar zichzelf kon schouwen en geen nota nam van de lagere, contingente werkelijkheid. Dat strookte echter niet met het beeld dat in de openbaring van God wordt geschetst; daarin wordt van Hem gezegd dat Hij alles weet en in de geschapen orde actief aanwezig is. Ibn Sīnā probeerde een compromis te vinden: God is te hoog verheven om zich te verlagen tot het kennisniveau van onwaardige wezens als de mens en hun beslommeringen. Had Aristoteles immers niet zelf gezegd: 'Het is beter sommige dingen niet te zien dan ze wel te zien'?[8] God kon zijn handen niet vuilmaken aan die waarachtig minderwaardige en triviale details van het leven op aarde. Maar in zijn eeuwige act van zelfkennis heeft God kennis van alles wat uit Hem is geëmaneerd en wat Hij tot leven heeft gewekt. Hij weet dat Hij de oorzaak van contingente schepsels is. Zijn denken is zo volmaakt, dat gedachte en daad bij Hem een en dezelfde act zijn, dus zijn eeuwige schouwing van zichzelf brengt het emanatieproces voort dat de falāsifa hebben beschreven. Maar God kent ons en onze wereld alleen in algemene, universele zin; Hij houdt zich niet bezig met details.

Toch was Ibn Sīnā niet tevreden met deze abstracte beschouwing over

Gods natuur; hij wilde haar koppelen aan de religieuze ervaring van gelovigen, soefi's en batinieten. Omdat hij zich voor religieuze psychologie interesseerde, gebruikte hij Plotinus' emanatiemodel om de profetische ervaring te verklaren. In elk van de tien stadia waarin de zijnsvormen uit het Ene afdaalden zouden, zo speculeerde Ibn Sīnā, de tien zuivere intelligenties die samen met de zielen of engelen elk van de tien Ptolemeïsche hemelsferen in beweging brachten, een tussenrijk tussen de mens en God vormen, corresponderend met de wereld van de archetypische werkelijkheid die de batinieten voor de geest stond. Deze intelligenties bezitten ook verbeelding; sterker nog, ze zíjn Verbeelding in zuivere vorm, en via dit tussenrijk van de verbeelding – en niet via discursieve rede – bereiken mannen en vrouwen hun volmaaktste vorm van godskennis. De laatste intelligentie (die zich in onze eigen sfeer – de tiende – bevindt) is de Heilige Geest van de Openbaring ofwel Gabriël, de oorsprong van licht en kennis. De menselijke ziel bestaat zowel uit praktische intelligentie die zich met deze wereld onderhoudt, als uit schouwende intelligentie die in staat is om in grote intimiteit met Gabriël te verkeren. Daardoor is het voor de profeten mogelijk om tot intuïtieve en imaginatieve godskennis te komen die verwant is met de kennis die de intelligenties bezitten en die de praktische, discursieve rede overstijgt. De godservaringen van de soefi's lieten zien dat het voor mensen mogelijk was een godsvisioen te krijgen dat, zonder gebruikmaking van logica en rationaliteit, toch filosofisch correct was. In plaats van syllogismen gebruikten ze imaginatieve hulpmiddelen zoals symboliek en beeldspraak. De Profeet Mohammed had deze directe vereniging met de goddelijke wereld vervolmaakt. Deze psychologische interpretatie van visioen en openbaring zou, zoals we in het volgende hoofdstuk zullen zien, de filosofischer ingestelde soefi's in staat stellen hun religieuze ervaring bespreekbaar te maken.

Ibn Sīnā lijkt overigens in de laatste jaren van zijn leven zelf ook tot de mystiek te zijn overgegaan. In zijn verhandeling *Kitāb al-Isjārāt* (Het boek der waarschuwingen) stond hij duidelijk kritisch tegenover de rationele godsbenadering; hij vond haar teleurstellend en wendde zich tot een denken dat hij de 'wijsbegeerte van het Oosten' (*al-hikma al-masjrikijjah*) noemde. De naam had niets te maken met geografische ligging, maar met het feit dat uit het oosten het licht komt. Hij was van plan een esoterische handleiding te schrijven waarvan de methode zowel zou zijn gebaseerd op een techniek van verlichting (*isjrāk*) als op logische redenering. We weten niet of hij die handleiding ooit heeft geschreven; zo ja, dan is ze verloren gegaan. Maar zoals we eveneens in het volgende hoofdstuk zullen zien, zou de beroemde Iraanse filosoof Sjihāb al-Dīn Jahjā al-Soehrawardi de school van de verlichting stichten waar inderdaad een synthese tussen wijsbegeerte en spiritualiteit werd bereikt op de manier die Ibn Sīnā voor ogen had gestaan.

Kalaam en falsafa waren ook voor de joden in het islamitische rijk de inspiratie voor een gelijksoortige intellectuele beweging geweest. Ze begonnen hun eigen wijsbegeerte in het Arabisch op te tekenen en introduceerden in het jodendom voor het eerst een metafysisch en speculatief element. In tegenstelling tot de islamitische falāsifa verdiepten de joodse filosofen zich niet in de hele scala van filosofische wetenschappen, maar richtten ze hun aandacht vrijwel uitsluitend op religieuze zaken. Ze vonden dat ze de uitdaging van de islam met dezelfde wapens tegemoet moesten treden en dat hield in dat de persoonlijke God van de Bijbel in overeenstemming moest worden gebracht met de God van de falāsifa. Net als de moslims hadden ze moeite met het antropomorfistische beeld dat de heilige schriften en de Talmoed van God schetsten en vroegen ze zich af of Hij dezelfde kon zijn als de God van de filosofen. Ze hadden moeite met de wereldschepping en de verhouding tussen openbaring en rede. Uiteraard kwamen ze tot andere conclusies, maar ze waren de islamitische denkers zeer schatplichtig. Zo was Sa'adja ben Joseef, ook wel Sa'adja Ga'on genoemd (882-942) – de eerste die zich aan een filosofische interpretatie van het jodendom waagde – niet alleen talmoedist maar ook moe'taziliet. Hij geloofde dat de rede in staat was om zich zelfstandig kennis van God te verwerven. Net als de falāsifa beschouwde hij het als een mitzwa, als een religieuze plicht, om zich een rationeel beeld van God te vormen, maar net als de islamitische rationalisten twijfelde Sa'adja er geen moment aan dat God bestond. De realiteit van de Schepper-God sprak voor hem zo vanzelf dat hij zich in zijn *Boek van leerstellingen en overtuigingen* niet zozeer genoodzaakt voelde bewijsgronden voor het geloof aan te voeren als wel voor de mogelijkheid dat de mens aan God twijfelde.

Een jood, aldus Sa'adja, hoefde zijn hersens niet te pijnigen om de openbaringswaarheden te aanvaarden. Maar dat betekende niet dat God volstrekt ontoegankelijk was voor de menselijke rede. Sa'adja erkende dat het denkbeeld van de schepping ex nihilo filosofisch niet helemaal vlekkeloos was en dat ze onmogelijk rationeel kon worden verklaard, aangezien de God van de falsafa niet in staat is opeens een besluit te nemen en een verandering in gang te zetten. Hoe kon een stoffelijke wereld immers haar oorsprong hebben in een God die volledig geest is? Hier bereiken we de grens van de rede en moesten we gewoon accepteren dat de wereld niet van alle eeuwigheid af bestond, zoals de platonisten meenden, maar dat ze een begin in de tijd had. Dat was de enige verklaring die met de Schrift en het gezond verstand in overeenstemming was. Hebben we dat eenmaal aanvaard, dan kunnen we er andere feiten over God uit afleiden. De geschapen orde is volgens een rationeel plan opgezet; ze bezit leven en energie; daarom moet de God die haar schiep, ook wijsheid, leven en kracht bezitten. Deze attributen zijn geen gescheiden hypostasen, zoals het christelijke triniteitsdogma suggereerde, maar louter aspecten van God. Alleen omdat onze menselijke taal niet in staat is Gods werkelijkheid adequaat tot uitdrukking te brengen, moeten we Hem op deze manier analyseren en afbreuk doen aan zijn absolute enkelvoudigheid. Willen we over God een zo exact mogelijke uitspraak doen, dan is er maar één de juiste: dat Hij bestaat. Sa'adja verbiedt echter de positieve beschrijving van God niet en stelt evenmin de verre en onpersoonlijke God van de filosofen boven de persoonlijke en antropomorfe God van de Bijbel. Wanneer hij bijvoorbeeld een verklaring probeert te vinden voor het lijden dat we op aarde zien, neemt hij zijn toevlucht tot de oplossingen van de wijsheidsschrijvers en de Talmoed. Het lijden, zegt hij, is een straf voor de zonde, het zuivert en tuchtigt ons, opdat we nederig worden. Een echte failasoef zou dit geen bevredigende verklaring hebben gevonden, omdat het God veel te menselijk maakt en Hem plannen en bedoelingen toedicht. Maar voor Sa'adja was de God van de openbaring niet inferieur aan de God van de falsafa. De profeet was superieur aan elke filosoof. Als puntje bij paaltje kwam kon de rede niets anders doen dan systematisch trachten aan te tonen wat de Bijbel al had geleerd.

Andere joden gingen een stap verder. In zijn boek *De bron van het leven* verklaarde de neoplatonist Salomo ben Jehoeda ibn Gabirol (circa 1020-1058) dat hij de leer van de schepping ex nihilo niet kon aanvaarden en dus trachtte hij de emanatietheorie zo aan te passen dat God de ruimte kreeg om van een zekere spontaneïteit en vrije wil blijk te geven. In een poging het emanatieproces minder mechanistisch te maken en aan te geven dat God boven de wetten van het bestaan stond in plaats van onderworpen te zijn aan dezelfde dynamiek, stelde hij dat God de emanatie zelf had gewild of gewenst. Maar Ibn Gabirol slaagde er niet in om adequaat te verklaren hoe materie uit God kon voortkomen. Anderen waren minder vernieuwend. Bachja ibn Pakoeda (gest. circa 1080) was geen strikte platonist, maar trok zich, als dat hem uitkwam, op de stellingen van de kalaam terug. Net als Sa'adja stelde hij dat God de wereld op een bepaald moment had geschapen. De wereld was zeker niet per ongeluk ontstaan; dat idee zou net zo belachelijk zijn als te menen dat een volmaakt geschreven alinea was ontstaan doordat er inkt op een vel papier was gemorst. We konden uit de orde en doelmatigheid van de wereld afleiden dat er, zoals de Schrift ons had geopenbaard, een Schepper moest zijn. Na deze hoogst onfilosofische doctrine schakelde Bachja over van kalaam op falsafa en kwam hij met Ibn Sīnā's bewijs dat er gewoon een noodzakelijk, enkelvoudig Zijnde móest bestaan.

Bachja meende dat de enige mensen die God op de juiste manier aanbaden, de profeten en filosofen waren. De profeet bezat directe, intuïtieve godskennis, de filosoof rationele. Alle anderen aanbaden gewoon een projectie van zichzelf, een God die ze naar hun eigen beeld hadden gemaakt. Als ze niet probeerden om voor zichzelf te bewijzen dat God bestond en uniek was, waren ze als blinden die door anderen werden geleid. Bachja was net zo elitair als elke failasoef, maar daarnaast neigde hij ook sterk naar het soefisme; de rede kon ons weliswaar vertellen dat God bestond, maar ze kon ons niets óver Hem vertellen.

Zoals uit de titel van zijn traktaat *Plichten van het hart* blijkt, beschouwde hij de rede als een hulpmiddel om ons tot de juiste houding tegenover God te brengen. Maar op het moment dat het neoplatonisme niet met zijn jodendom strookte, schoof hij het gewoon terzijde. Hij stelde de religieuze godservaring boven elke rationalistische methode.

Maar als de rede ons niets over God kon vertellen, wat had het dan voor zin om rationeel over theologische zaken te discussiëren? Deze vraag kwelde de islamitische filosoof Aboe Hāmid al-Ghazzāli (1058-1111), een cruciale en emblematische figuur in de geschiedenis van de godsdienstwijsbegeerte. Hij was geboren in Choerasaan en had onder de vooraanstaande asj'aritische theoloog al-Djoewaini zo grondig kalaam bestudeerd dat hij op zijn drieëndertigste werd benoemd tot docent aan de prestigieuze Nizāmijja-madrasa of theologische hogeschool in Bagdad. Zijn leeropdracht luidde de soennitische leerstellingen te verdedigen tegen de uitdaging van de sji'itische isma'ielieten. Al-Ghazzāli was echter een man met een rusteloze aard die als een vasthoudende terriër met de waarheid worstelde, zich tot het bittere einde het hoofd brak over problemen en weigerde zich tevreden te stellen met een gemakkelijk, conventioneel antwoord. Hij was, zo vertelt hij ons, nooit bang geweest de 'diepe zee' van de religieuze meningsverschillen te bevaren; de lafaard nam de weg van de minste weerstand,

> terwijl ik mij begaf in elke donkerheid, recht af ging op elke moeilijkheid en mij stortte in elke afgrond. Ik onderzocht het geloof van elke partij en zocht de geheimen van de richting van elke groep te onthullen, om het verschil te onderkennen tussen wie het wezenlijke leren en wie het ijdele, en tussen wie de goede traditie volgen en wie de nieuwigheden.[9]

Hij zocht naar dezelfde onbetwijfelbare zekerheid die een filosoof als Sa'adja in zijn hart had gevoeld, maar hij raakte steeds meer gedesillusioneerd. Hoe uitputtend hij zich ook in alles verdiepte, elke keer glipte de absolute zekerheid weer tussen zijn vingers door. Zijn tijdgenoten trachtten God op verschillende manieren te bereiken, al naar gelang hun persoonlijke behoeften en aard: in de kalaam, via een imaam, in de falsafa en in de soefi-mystiek. Al-Ghazzāli bestudeerde al deze disciplines in zijn 'dorsten naar het begrijpen van de wezenlijkheden der dingen'.[10] De aanhangers van de vier islamitische hoofdstromingen waar hij zich in verdiepte, maakten allen aanspraak op absolute zekerheid, maar, zo vroeg al-Ghazzāli zich af, hoe kon onomstotelijk en objectief worden vastgesteld dat hun aanspraak ook juist was?

Zoals elke moderne scepticus was al-Ghazzāli zich ervan bewust dat zekerheid een psychologische geestestoestand was die niet noodzakelijkerwijs ook nog objectief waar hoefde te zijn. De falāsifa zeiden dat ze door het rationele argument tot zekerheid waren gekomen; mystici beweerden dat ze haar via de soefi-technieken hadden verkregen; de isma'ielieten meenden dat ze alleen te vinden was in de predikingen van hun imaam. Maar de werkelijkheid die we 'God' noemen kan niet empirisch worden bewezen, dus hoe kunnen we er zeker van zijn dat ons geloof niet gewoon een hersenspinsel is? Ook de conventionelere verstandsbewijzen beantwoordden niet aan al-Ghazzāli's strenge maatstaven. De theologen van de kalaam begonnen met stellingen die in de Schrift werden gevonden, maar er was nooit onomstotelijk vastgesteld dat die ook klopten. De isma'ielieten verlieten zich op de predikingen van een verborgen en onbereikbare imaam, maar hoe wisten we dat die imaam zijn inspiratie van God had ontvangen en trouwens, als we hem niet kunnen vinden, wat hebben we dan aan die inspiratie? Falsafa beviel hem nog het minst. Een aanzienlijk deel van al-Ghazzāli's polemiek richtte zich tegen al-Fārābi en Ibn Sīnā. Aangezien hij vond dat hun argumenten alleen maar konden worden weerlegd door een deskundige op hun eigen terrein, verdiepte al-Ghazzāli zich drie jaar lang in de falsafa totdat hij er helemaal in thuis was.[11] In zijn traktaat *Tegenstrijdigheid der filosofen* betoogde hij dat de falāsifa de kernvraag ontweken. Falsafa was heel nuttig als ze zich beperkte tot aardse, waarneembare verschijnselen, bijvoorbeeld in de geneeskunde, astronomie of wiskunde, maar over God kon ze ons niets vertellen. Hoe kon iemand bewijzen of de emanatieleer klopte of niet? Op wiens gezag beweerden de falāsifa dat God alleen de hoofdlijnen kende en niet de details? Konden ze dat ook bewijzen? Hun argument dat God te hoogverheven was om de laag-bij-de-grondse werkelijkheden te kennen, ging niet op; sinds wanneer was het lofwaardig om iets niet te weten? Al hun stellingen konden onmogelijk worden geverifieerd, dus de falāsifa waren onrationeel en onfilosofisch geweest doordat ze hadden gezocht naar kennis die het verstand te boven ging en niet door de zintuigen geverifieerd kon worden.

Maar daarmee raakte iemand die oprecht op zoek was naar de waarheid, van de regen in de drup. Was een sterk en onwankelbaar geloof in God dan onmogelijk? De spanningen van zijn zoektocht werden zo groot dat al-Ghazzāli een zenuwinzinking kreeg. Hij merkte dat hij niet meer kon slikken en eten, en het gevoel dat hij ten ondergang was gedoemd dreef hem tot radeloosheid. Ten slotte kon hij halverwege het jaar 1095 niet meer spreken of lesgeven:

In deze maand overschreed mijn toestand de grens van eigen wilsbeschikking naar machteloosheid, want Allah grendelde mijn tong, zodat zij als door een band verhinderd was les te geven. Eén dag spande ik mij in om les te geven, om de harten dergenen, die tot mij kwamen, op te monteren, maar mijn tong was niet in staat een enkel woord uit te spreken.[12]

Hij raakte in een klinische depressie. De artsen stelden niet ten onrechte een hevig zielsconflict vast en zeiden dat hij slechts beter kon worden als hij van zijn verborgen angsten werd verlost. Bang dat hij in de hel zou komen als hij zijn geloof niet terugvond, zegde al-Ghazzāli zijn prestigieuze academische betrekking op en sloot zich bij de soefi's aan.

Daar vond hij wat hij zocht. Zonder afstand te doen van zijn kritische vermogen – hij bleef de extreemste vormen van het soefisme wantrouwen – ontdekte al-Ghazzāli dat de mystieke disciplines resulteerden in een rechtstreeks maar intuïtief besef van iets wat 'God' kon worden genoemd. De Engelse geleerde John Bowker heeft eens opgemerkt dat het Arabische woord voor 'het bestaan' (*woedjoed*) van de stam *wadjada* komt, 'hij vond'.[13] Letterlijk betekent woedjoed dus 'dat wat te vinden is'. Het was een concreter woord dan de metafysische termen die de Grieken gebruikten, maar toch gaf het de moslims meer armslag. Een Arabisch sprekende filosoof die trachtte te bewijzen dat God bestond, hoefde God niet op te voeren als een van de vele kenobjecten. Hij hoefde slechts te bewijzen dat Hij kon worden gevonden. Het enige absolute bewijs van Gods woedjoed – of van het ontbreken ervan – zou pas geleverd kunnen worden wanneer de gelovige na zijn dood oog in oog stond met de goddelijke werkelijkheid, maar de verhalen van mensen als de profeten en mystici die betoogden dat ze dat al in dit leven hadden meegemaakt, moesten toch serieus worden genomen. De soefi's betoogden in elk geval zeker dat ze Gods woedjoed hadden ervaren; het woord *wadjd* was hun technische term voor het extatische contact met God dat hun de absolute zekerheid (*jakīn*) schonk dat Hij echt bestond en niet gewoon fantasie was. Al was het waar dat die verhalen het bij het verkeerde eind zouden kunnen hebben, toch merkte al-Ghazzāli, na tien jaar als soefi te hebben geleefd, dat verificatie van een werkelijkheid die het verstand en de denkprocessen van de mens te boven ging, slechts langs de weg van de religieuze ervaring kon geschieden. De godskennis die de soefi's verkregen was geen rationele of metafysische kennis, maar kon worden vergeleken met de intuïtieve godservaring van de profeten van weleer; de soefi's vonden dus op eigen kracht de weg naar de essentiële waarheden van de islam door de godservaring weer centraal te stellen.

Om die reden formuleerde Al-Ghazzāli een mystieke geloofsleer die acceptabel zou zijn voor het islamitische establishment dat, zoals we in het volgende hoofdstuk zullen zien, de mystici in de islam vaak met wantrouwen had bekeken. Net als Ibn Sīnā greep hij terug op het oude geloof in een archetypisch rijk aan gene zijde van deze aardse wereld van zintuiglijke waarnemingen. De zichtbare wereld (*ālam al-moelk w-al-sjahādah*) is een inferieure replica van wat hij, in navolging van de falāsifa, de wereld van de platoonse intelligenties noemde (*ālam al-malakoet*). Het was de geestelijke wereld waar de Koran en de Bijbel van de joden en christenen over hadden gesproken. De mens stond schrijlings in het rijk van beide werkelijkheden; hij behoorde zowel tot de fysieke wereld als tot de hogere wereld van de geest, doordat God zijn goddelijke beeld in zijn ziel had gedrukt. In zijn mystieke verhandeling *Misjkāt al-Anwār* komt al-Ghazzāli met een interpretatie van het koranische lichtvers dat ik in het vorige hoofdstuk heb aangehaald.[14] Het licht in dat vers verwijst zowel naar God als naar de andere lichtbronnen: de lamp, de ster. Ook onze rede bezit verlichtend vermogen. Niet alleen stelt ze ons in staat andere voorwerpen waar te nemen, maar ze kan, net als God zelf, tijd en ruimte overstijgen. Ze maakt daarom deel uit van dezelfde werkelijkheid als de geestelijke wereld. Maar om duidelijk aan te geven dat hij met 'rede' niet alleen doelde op onze cerebrale, analytische vermogens, houdt al-Ghazzāli zijn lezers voor dat zijn verklaring niet letterlijk moet worden opgevat. We kunnen over deze zaken alleen spreken in de zinnebeeldige taal die tot het domein van de scheppende verbeelding behoort.

Sommige mensen beschikken echter over een vermogen dat op een hoger plan staat dan de rede en dat al-Ghazzāli 'de profetische geest' noemt. Mensen die dit vermogen niet bezitten, mogen niet zeggen dat het niet bestaat simpelweg omdat zij er nooit iets van hebben gemerkt. Dat zou net zo absurd zijn als wanneer iemand die toondoof is, muziek een illusie zou noemen, gewoon omdat hijzelf muziek niet kan waarderen. We kunnen met behulp van ons redenerend en verbeeldend vermogen iets over God te weten komen, maar de hoogste vorm van kennis kan alleen worden verkregen door mensen zoals de profeten of mystici die over dat speciale, Godkennende vermogen beschikken. Dat klinkt elitair, maar ook mystici in andere tradities hebben verklaard dat de intuïtieve, receptieve kwaliteiten die noodzakelijk zijn voor een discipline als Zen- of boeddhistische meditatie, een speciale gave zijn, vergelijkbaar met de gave om gedichten te schrijven. Niet iedereen heeft dat mystieke talent. Al-Ghazzāli omschreef die mystieke kennis als het diepe besef dat alleen de Schepper bestaat of eeuwige existentie bezit. Wie dat beseft, merkt dat zijn eigen ik langzaam vervaagt en dat hij in God wordt opgenomen. Mensen die niet zo goed bedeeld zijn, moeten zich tevredenstellen met de wereld van de beeldspraak, maar mystici zijn in staat daarboven uit te stijgen; zij zijn in staat om te zien dat er op aarde geen ander wezen bestaat dan God en dat ieders aangezicht vergankelijk is behalve het Zijne [Koran 28:88]. (...) Voorwaar, ieder ander wezen dan Hij is, op zichzelf beschouwd, louter een niet-zijnde dat, gezien het feit dat het zijn Zijn ontvangt van de Eerste Intelligentie [uit het platoonse model], geen Zijn in zichzelf heeft, maar alleen in relatie tot het aangezicht van zijn Schepper. Dus het enige dat waarachtig *is*, is het Aangezicht van God.[15]

God is geen externe en tot kenobject verheven zijnde wiens bestaan we rationeel kunnen bewijzen. Hij is een allesomvattende werkelijkheid en de allerhoogste existentie en Hij kan niet op dezelfde manier worden waargenomen als de andere zijnden die van Hem afhankelijk zijn en deel hebben aan zijn noodzakelijke existentie. We moeten een speciale manier van kijken ontwikkelen.

Al-Ghazzāli zou zijn werkzaamheden aan de theologische hogeschool in Bagdad uiteindelijk weer opvatten, maar hij zou altijd bij zijn overtuiging blijven dat het onmogelijk was om logisch en rationeel te bewijzen dat God bestond. In zijn autobiografie *Al-moenkidz min ad-Dalāl* ('De redder uit de dwaling') betoogde hij vol vuur dat noch falsafa, noch kalaam het bevredigende antwoord kon zijn voor iemand die zich in een geloofscrisis bevond. Zelf had hij op de rand van het scepticisme (*safsata*) gestaan toen hij besefte dat het absoluut onmogelijk was het bestaan van God onomstotelijk aan te tonen. De werkelijkheid die we 'God' noemen gaat zintuiglijke waarneming en logisch denken te boven, dus de wetenschap en metafysica konden de woedjoed van Allah noch in positieve, noch in negatieve zin bewijzen. Voor de mensen die niet waren gezegend met dat speciale mystieke of profetische talent, ontwikkelde al-Ghazzāli een methode die moslims in staat stelde tot het besef te komen dat Gods werkelijkheid tot in de kleinste details van het dagelijks leven aanwezig was. Hij liet een onuitwisbare indruk op de islam achter. De moslims zouden nooit meer met de vlotte veronderstelling komen dat God net zo'n zijnde was als alle andere zijnden en dat zijn bestaan wetenschappelijk of filosofisch kon worden aangetoond. Voortaan zou de islamitische wijsbegeerte onlosmakelijk zijn verbonden met spiritualiteit en een mystiekere discussie over God.

Al-Ghazzāli had ook invloed op het jodendom. De Spaanse filosoof Joseef ibn Tsaddik (gest. 1143) maakte gebruik van Ibn Sīnā's godsbewijs, maar wees er zorgvuldig op dat God niet simpelweg een ander zijnde was – een van de zijnden die in de gebruikelijke zin van het woord 'bestaan'. Als we beweerden dat we God begrepen, zou dat betekenen dat Hij eindig en onvolmaakt was. De meest precieze uitspraak die we over God kunnen doen, is dat Hij niet te bevatten is en ons natuurlijk verstand ver te boven gaat. We kunnen wel in positieve termen spreken over Gods werkingen op aarde, maar niet over Gods wezenheid (*al-Dhāt*); die zal zich altijd aan onze beschrijvingen onttrekken. De Toledaanse arts Jehoeda Halevi (1085-1141) volgde al-Ghazzāli op de voet. God kon niet met de ratio worden bewezen; dat betekende echter niet dat het geloof in God irrationeel was, maar gewoon dat een logisch bewijs van zijn bestaan geen religieuze waarde had. Het kon ons weinig vertellen; nooit zou onomstotelijk vastgesteld kunnen worden op welke manier een verre en onpersoonlijke God deze onvolmaakte, stoffelijke wereld had geschapen en evenmin of Hij zich zinvol met de wereld inliet. Wanneer de filosofen beweren dat ze verenigd waren met de goddelijke Intelligentie die de kosmos via zijn rede bezielt, houden ze zichzelf voor de gek. De enige mensen die directe godskennis bezaten, waren de profeten – maar die hadden nooit iets met de falsafa van doen gehad.

Halevi was niet zo bedreven in de wijsbegeerte als al-Ghazzāli, maar hij was het met hem eens dat betrouwbare godskennis alleen via de religieuze ervaring kon worden verkregen. Net als al-Ghazzāli postuleerde ook hij een speciaal mystiek vermogen, maar hij verklaarde dat dat alleen aan de joden was voorbehouden. Weliswaar probeerde hij dat af te zwakken door aan te voeren dat de gojiem via de natuurwet tot godskennis konden komen, maar in de *Koesari*, zijn belangrijkste filosofische werk, stelde hij zich ten doel Israëls unieke positie onder de naties te rechtvaardigen. Net als de talmoedische rabbijnen geloofde Halevi dat elke jood zich de profetische geest eigen kon maken door de mitswot zorgvuldig in acht te nemen. De God die hij dan zou ontmoeten was geen objectief feit wiens bestaan wetenschappelijk kon worden aangetoond, maar een wezenlijk subjectieve ervaring. God kon zelfs worden beschouwd als een verlengstuk van het 'natuurlijke' zelf van de jood:

> Want de goddelijke macht ziet als het ware uit naar degenen, die waardig zijn om er contact mee te hebben om voor hen tot God te worden, zoals bij de profeten en vromen. (...) En zo ook ziet de ziel uit naar diegenen, van wie de natuurlijke krachten zo volmaakt zijn, dat een hogere macht erin kan wonen, zoals bij de dieren. Zo ziet ook de natuur uit naar een harmonische vermenging van hoedanigheden om daarin te wonen en de plant te vormen.[16]

God is dus geen lichaamsvreemde werkelijkheid die de mens binnendringt, noch is de jood een autonoom wezen dat van het goddelijke is afgesneden. God kan – ook nu weer – worden gezien als het complement van iemands menszijn, de verwezenlijking van het aangeboren vermogen van een man of een vrouw; verder is de 'God' die hij ontmoet, zijn eigen, unieke God, een gedachte waar we in het volgende hoofdstuk dieper op in zullen gaan.

Halevi maakt zorgvuldig onderscheid tussen de God die joden kunnen ervaren, en de wezenheid van God zelf. Wanneer profeten en heiligen verklaren dat ze 'God' hebben ervaren, hebben ze niet Hem leren kennen zoals Hij bij zichzelf is, maar slechts zijn goddelijke werkingen die een soort nagloed zijn van de transcendente, ongenaakbare werkelijkheid.

De falsafa was na Al-Ghazzāli's polemiek niet helemaal ter ziele. In Córdoba trachtte een vooraanstaande islamitische filosoof haar nieuw leven in te blazen door te betogen dat het de hoogste vorm van religie was. Aboe al-Walīd ibn Ahmad ibn Roesjd (1126-1198), in Europa bekend onder de naam Averroës, werd in het Westen een autoriteit, zowel bij joden als bij christenen. In de dertiende eeuw werd hij in het Hebreeuws en het Latijn vertaald en zijn commentaren op Aristoteles hadden enorme invloed op vooraanstaande theologen als Maimonides, Thomas van Aquino en Albert de Grote. In de negentiende eeuw zou Ernest Renan de loftrompet over hem steken en hem een ongebonden geest noemen, de held van het rationalisme die ten strijde trok tegen blind geloof. In de islamitische wereld was Ibn Roesjds rol echter veel marginaler. De verschillen in invloed die hij tijdens en na zijn leven had zijn dan ook tekenend voor de gescheiden wegen die Oost en West volgden bij hun benadering en voorstelling van God. Ibn Roesjd was het fel oneens met al-Ghazzāli's veroordeling van de falsafa en met de manier waarop hij openlijk over deze esoterische zaken had gediscussieerd. In tegenstelling tot zijn voorgangers al-Fārābi en al-Sīnā was hij niet alleen kadi, een rechter die volgens de sjarī'a rechtspreekt, maar ook filosoof. De oelamā hadden de filosofie van de falāsifa en hun fundamenteel andere God altijd gewantrouwd, maar Ibn Roesjd was erin geslaagd Aristoteles te verenigen met de traditioneler ingestelde islamitische vroomheid. Het was zijn vaste overtuiging dat er helemaal geen tegenstelling tussen religie en rationalisme bestond. Beide waren een uitdrukking van dezelfde waarheid, zij het op een andere manier; beide keken naar dezelfde God. Maar niet iedereen was in staat filosofisch te denken, dus de falsafa was alleen bestemd voor de intellectuele elite. De massa zou er maar door in verwarring raken en dwaalwegen inslaan die hun eeuwige verlossing in gevaar zouden brengen. Vandaar het belang van de esoterische traditie; zij voorkwam dat mensen die niet de passende instelling hadden om die gevaarlijke leerstukken in zich op te nemen, ermee in contact kwamen. Hetzelfde gold voor het soefisme en voor de bestudering van de bātin door de isma'ielieten; als mensen die er niet geschikt voor waren, zich aan deze geestelijke disciplines zouden wagen, zouden ze ernstig ziek worden en allerlei geestelijke kwalen krijgen. Kalaam was net zo gevaarlijk. Hij haalde het niet bij echte falsafa en gaf mensen het verkeerde idee dat ze bij een goede rationele discussie waren betrokken, terwijl dat in werkelijkheid niet zo was. Kalaam leidde daarom slechts tot vruchteloze leerstellige discussies die het geloof van de ongeletterden alleen maar aan het wankelen konden brengen en hen angstig maakten.

Ibn Roesjd was van mening dat het aanvaarden van bepaalde geloofswaarheden essentieel was om te worden verlost – een zienswijze die in de islamitische wereld een noviteit was. De belangrijkste autoriteiten op leerstellig gebied waren de falāsifa. Alleen zij konden de Schrift interpreteren en zij waren degenen die de Koran 'de stevig-staanden in de kennis'[17] noemt. Ieder ander moest de Koran aanvaarden zoals hij was en hem letterlijk nemen, maar de falāsifa konden trachten hem allegorisch te interpreteren. Maar zelfs de falāsifa moesten de 'geloofsbelijdenis' met de door Ibn Roesjd opgesomde, bindende leerstukken onderschrijven. Die leerstukken betroffen:

1. Het bestaan van God als de Schepper en de Heer van de wereld.
2. De eenheid van God.
3. De attributen kennis, macht, wil, gehoor, gezicht en spraak die, door de hele Koran heen, aan God worden toegeschreven.
4. De enigheid en onvergelijkbaarheid van God, zoals duidelijk wordt verklaard in Koran 42:11: 'Geen ding is er aan Hem gelijk.'
5 De schepping van de wereld door God.
6. De waarheid der profetieën.
7. De rechtvaardigheid van God.
8. De opstanding van het lichaam op de Jongste Dag.[18]

Deze leerstukken over God moeten als totaliteit worden aanvaard, aangezien de Koran er volstrekt ondubbelzinnig over is. De falsafa had bijvoorbeeld het geloof in de wereldschepping niet altijd onderschreven en dus is het niet duidelijk hoe zulke koranische leerstukken begrepen moeten worden. Hoewel de Koran onomwonden verklaart dat God de wereld heeft geschapen, staat er niet in hóe Hij het heeft gedaan en of de wereld op een bepaald tijdstip is geschapen. Dit gaf de failasoef de vrijheid om te geloven wat de rationalisten geloven. Verder zegt de Koran dat God bepaalde attributen heeft, zoals kennis, maar we weten niet precies hoe we dit moeten verstaan, omdat ons concept van kennis noodzakelijkerwijs menselijk en ontoereikend is. De Koran is daarom niet noodzakelijkerwijs in tegenspraak met de filosofen wanneer hij zegt dat God alles weet wat we doen.

In de islamitische wereld speelde mystiek zo'n belangrijke rol, dat de godsvoorstelling van Ibn Roesjd, gebaseerd op een strikt rationalistische theologie, weinig invloed had. Ibn Roesjd was in de islam een gewaardeerde maar secundaire figuur, maar in het Westen werd hij erg belangrijk, omdat men daar, via hem, Aristoteles ontdekte en een rationalistischer georiënteerde godsvoorstelling ontwikkelde. De meeste westerse christenen wisten heel weinig van de islamitische cultuur af en waren totaal onkundig van de filosofische ontwikkelingen na Ibn Roesjd. Vandaar dat men vaak aanneemt dat de figuur van Ibn Roesjd het einde van de islamitische wijsbegeerte markeerde. In werkelijkheid echter werkten er ten tijde van Ibn Roesjd twee vooraanstaande filosofen in Iran en Irak die in het islamitische gebied heel invloedrijk zouden zijn. Sjihāb al-Dīn Jahjā al-Soehrawardi en Moehjī al-Dīn ibn Arabī drukten veeleer de voetsporen van Ibn Sīnā dan die van Ibn Roesjd en trachtten wijsbegeerte en mystieke spiritualiteit met elkaar te verenigen. We zullen in het volgende hoofdstuk dieper op hun werk ingaan.

Ibn Roesjds belangrijkste volgeling in de joodse wereld was de bekende talmoedist en filosoof rabbi Mosje ben Maimon (1135-1204), beter bekend onder de naam Maimonides. Net als Ibn Roesjd was Maimonides geboren in Córdoba, de hoofdstad van Moors Spanje, waar een groeiende consensus bestond dat enige vorm van wijsbegeerte onontbeerlijk was om God beter te begrijpen. Maimonides werd echter gedwongen Spanje te ontvluchten toen het land in handen viel van de Almoraviden, een fanatieke Berbersekte die de joodse gemeenschap vervolgde. Deze pijnlijke confrontatie met middeleeuws fundamentalisme was voor hem echter geen reden de islam als geheel vijandig gezind te zijn. Samen met zijn ouders vestigde hij zich in Egypte waar hij hoge overheidsfuncties bekleedde en zelfs lijfarts van de sultan werd. Daar schreef hij ook zijn befaamde verhandeling *Gids der verdoolden*, waarin hij betoogde dat het joodse geloof niet uit een arbitraire verzameling doctrines bestond, maar was gegrondvest op een hechte basis van rationele principes. Net als Ibn Roesjd was Maimonides van mening dat falsafa de meest geavanceerde vorm van religieuze kennis was en de koninklijke weg naar God en dat dit denksysteem niet aan de massa mocht worden onthuld, maar aan de filosofische elite voorbehouden moest blijven. Maar in tegenstelling tot Ibn Roesjd geloofde hij dat men het gewone volk kon leren de Schrift allegorisch te interpreteren opdat het geen antropomorfistische voorstelling van God zou krijgen. Hij meende ook dat er, voor de verlossing van de mens, bepaalde leerstukken noodzakelijk waren en hij stelde een geloofsbelijdenis van dertien geloofspunten op die een opvallende gelijkenis vertoonde met die van Ibn Roesjd. Iedere jood, aldus Maimonides, moet geloven

1. Dat God bestaat.
2. Dat Hij één is in een enige en volmaakte zin.
3. Dat Hij geen vorm of gestalte heeft en met niets anders kan worden gelijkgesteld of vergeleken.
4. Dat Hij eeuwig is.
5. Dat alleen tot Hem kan worden gebeden.

6. Dat God zich geopenbaard heeft aan de profeten.
7. Dat de profetie van Mozes enig is en verheven boven alle andere openbaringen.
8. Dat God [de joden] de Tora gaf door Mozes.
9. Dat God de Tora niet zal veranderen of herroepen.
10. Dat Gods voorzienigheid onze daden gadeslaat en onze beweegredenen waarneemt.
11. Dat de mens gestraft of beloond wordt in overeenstemming met zijn daden.
12. Dat de *Masjieach* komt.
13. Dat er een lichamelijke opstanding der doden plaats zal vinden.[19]

Zo'n geloofsbelijdenis was voor het jodendom nieuw en ze werd nooit helemaal geaccepteerd. Net als in de islam was orthodoxie (te onderscheiden van orthopraxie) de joods-religieuze ervaring vreemd. De geloofsbelijdenis van Ibn Roesjd en die van Maimonides wettigen het vermoeden dat een rationalistische en intellectualistische benadering van het geloof tot dogmatisme leidt en tot het gelijkstellen van 'geloof' met 'juiste leer'.

Toch liet Maimonides niet na om zorgvuldig te verklaren dat God, voor de menselijke rede, een wezenlijk onbevattelijke en ongenaakbare grootheid was. Hij bewijst met behulp van Aristoteles' en Ibn Sīnā's argumenten dat God bestaat, maar stelt tevens nadrukkelijk dat God, wegens zijn absolute enkelvoudigheid, onzegbaar en onbeschrijfbaar blijft. De profeten zelf hadden van gelijkenissen gebruik gemaakt en ons geleerd dat het alleen mogelijk was om in allegorische, allusieve taal zinvol of diepgaand over God te spreken. We weten dat God niet kan worden vergeleken met iets wat op aarde bestaat. Daarom kunnen we beter gebruik maken van ontkenningen wanneer we Hem proberen te beschrijven. In plaats van te zeggen 'Hij bestaat', zouden we moeten ontkennen dat Hij niet bestaat, enzovoort. Net als bij de isma'ielieten was het gebruiken van ontkennende taal een methode om ons besef van Gods transcendentie te verdiepen en ons eraan te herinneren dat zijn werkelijkheid aanzienlijk verschilde van elk idee dat wij, armzalige mensen, van Hem kunnen hebben. We kunnen zelfs niet zeggen dat God 'goed' is, omdat Hij veel meer is dan alles wat we met 'goedheid' bedoelen. Deze *via negativa* is een methode om onze onvolmaaktheden ver van Hem vandaan te houden, om te verhinderen dat we onze verwachtingen en verlangens op Hem projecteren. Daarmee zouden we immers een God naar ons beeld en onze gelijkenis scheppen. We kunnen echter de *via negativa* gebruiken om enkele positieve ideeën over God te formuleren. Wanneer we dus zeggen dat God 'niet onmachtig' is (in plaats van te zeggen dat Hij almachtig is), volgt daar logischerwijs uit dat God tot handelen in staat moet zijn. Omdat God 'niet onvolmaakt' is moeten zijn handelingen bovendien nog volmaakt zijn ook. Wanneer we zeggen dat God 'niet onwetend' is (waarmee we bedoelen dat Hij wijs is), kunnen we daaruit afleiden dat Hij volmaakt wijs is en alles weet. Dat soort afleidingen kunnen we echter alleen over Gods werkingen maken, niet over zijn wezenheid; die zullen we met ons verstand nooit kunnen bevatten.

Wanneer er gekozen moest worden tussen de God van de Bijbel en de God van de filosofen koos Maimonides altijd voor de eerste. Zelfs in het geval van het leerstuk van de schepping ex nihilo, een leerstuk dat in filosofisch opzicht vrij onconventioneel was, bleef Maimonides trouw aan de traditionele bijbelse doctrine en verwierp hij de filosofische gedachte van een emanatie. Noch een schepping ex nihilo, noch een emanatie kon uitsluitend met de rede afdoende worden bewezen, betoogde hij. Ook nu weer sloeg hij profetie hoger aan dan wijsbegeerte. Zowel de profeet als de filosoof sprak over dezelfde God, maar de profeet moest niet alleen verbeeldingskracht hebben, maar ook verstandelijk begaafd zijn. Hij bezat directe, intuïtieve godskennis en die stond hoger dan de kennis die door discursieve redenering werd verkregen. Overigens lijkt Maimonides zelf ook enigszins naar het mystieke te neigen. Zo spreekt hij over de bevende opwinding die met dit soort intuïtieve godservaring gepaard gaat, een emotie 'voortvloeiende uit de vervolmaking van het verbeeldende vermogen'.[20] Ondanks de nadruk die hij op rationaliteit legde, betoogde Maimonides dat de hoogste godskennis eerder aan de verbeelding ontsproot dan aan het verstand alleen.

Zijn gedachten vonden algemeen ingang bij de joden in Zuid-Frankrijk en Spanje, zodat in dat gebied omstreeks het begin van de veertiende eeuw een beweging op gang kwam die tot een joods-wijsgerige verlichting leidde. Sommige joodse falāsifa waren fellere rationalisten dan Maimonides. Zo ontkende Levi ben Gersjom (1288-1344), een filosoof uit het Zuidfranse Bagnols, dat God op de hoogte was met wereldse zaken. Zijn God was de God van de filosofen, niet de God van de Bijbel. De reactie kon niet uitblijven. Zoals we later zullen zien zochten sommige joden hun heil bij de mystiek en ontwikkelden ze de esoterische kabbala. Anderen schrokken voor de wijsbegeerte terug toen ze door het noodlot werden getroffen en merkten dat de God van de falsafa hun geen vertroosting kon bieden. In de dertiende en veertiende eeuw begon de christelijke *Reconquista* de grenzen van het Moorse rijk in Spanje terug te dringen en bracht ze het Westeuropese antisemitisme naar het Iberische schiereiland. Dat zou uiteindelijk culmineren in de uitroeiing van het Spaanse jodendom, en in de zestiende eeuw keerden de joden zich van falsafa af en ontwikkelden ze een geheel nieuwe godsvoorstelling die haar inspiratie eerder uit de mythologie dan uit de wetenschappelijke logica haalde.

De kruisvaardersreligie van het westerse christendom had geleid tot een scherpe scheiding tussen de Kerk van Rome en de andere monotheïstische tradities. De eerste kruistocht van 1096-1099 was het eerste gezamenlijke optreden van het nieuwe Westen geweest, een teken dat Europa begon te herstellen van de lange periode van barbarisme die als de vroege middeleeuwen te boek staat. Het nieuwe Rome, gesteund door de christelijke staten van Noord-Europa, vocht zich naar het internationale toneel terug. Maar het christendom van de Angelen, Saksen en Franken stond nog in zijn kinderschoenen. Het waren agressieve en krijgshaftige volkeren, en ze wilden een agressieve religie. In de elfde eeuw hadden de benedictijnen van de abdij van Cluny en de aangesloten kloosters getracht deze mensen met hun krijgshaftige instelling aan de Kerk te binden en hun via goede werken zoals de bedevaart zuivere christelijke waarden bij te brengen. De eerste kruisvaarders hadden hun veldtocht naar het Midden-Oosten beschouwd als een bedevaart naar het Heilige Land, maar de ideeën die ze er over God en religie op na hielden waren nog uiterst primitief. Soldatenheiligen, zoals Sint-Joris, Sint-Mercurius en Sint-Demetrius, speelden in hun vroomheid een grotere rol dan God en verschilden in de praktijk weinig van heidense goden. Jezus werd eerder beschouwd als de leenheer van de kruisvaarders dan als de mensgeworden Logos; Hij had zijn ridders opgedragen zijn patrimonium – het Heilige Land – op de ongelovigen te heroveren. Toen de kruisvaarders op weg gingen, besloten enkelen zijn dood te wreken door de joodse gemeenschappen langs de Rijnoever af te slachten. Dat had paus Urbanus II niet voor ogen gestaan toen hij zijn oproep voor de kruistocht deed, maar veel kruisvaarders vonden het gewoon onlogisch dat ze vijfduizend kilometer moesten marcheren om strijd te leveren tegen de moslims van wie ze vrijwel niets wisten wanneer de mensen die Christus werkelijk hadden vermoord – of van wie ze dat althans dachten – bij hen om de hoek woonden. Tijdens de lange, afschuwelijke mars naar Jeruzalem, waarbij de kruisvaarders ternauwernood aan de totale uitroeiing ontsnapten, konden ze hun overleving alleen maar toeschrijven aan het feit dat ze kennelijk Gods uitverkoren volk waren en zijn speciale bescherming genoten. Hij leidde hen naar het Heilige Land, zoals indertijd de oude Israëlieten. In praktische zin was hun God nog steeds de primitieve stamgod uit de eerste bijbelboeken. Toen ze ten slotte in de zomer van 1099 Jeruzalem veroverden, stortten ze zich met de ijver van een Jozua op de joodse en islamitische inwoners en slachtten ze hen zo wreed af, dat zelfs hun tijdgenoten ontzet waren.

Vanaf die tijd beschouwden de Europese christenen de joden en moslims als Gods vijanden. Lange tijd hadden ze ook zeer antagonistisch tegenover de Grieks-orthodoxe christenen van Byzantium gestaan; die gaven hun het gevoel dat ze inferieure barbaren waren.[21] Dat was niet altijd zo geweest. In de negende eeuw hadden enkele ontwikkelde westerse christenen zich juist door de Griekse theologie laten inspireren. De Keltische filosoof Johannes Scotus Eriugena (810-877), die zijn geboortegrond Ierland had verlaten om als hoffilosoof in dienst te treden bij Karel de Kale, de koning van de Westfranken, had ten behoeve van westerse christenen veel Griekse kerkvaders in het Latijn vertaald, vooral Pseudo-Dionysius de Areopagiet. Hij was er heilig van overtuigd dat geloof en rede elkaar niet uitsloten. Net als de joodse en islamitische falāsifa beschouwde hij de wijsbegeerte als de koninklijke weg naar God. Plato en Aristoteles waren de grote leermeesters van degenen die een rationele verklaring voor het christelijk geloof zochten. Logica en rationeel onderzoek konden een verhelderend licht op de Schrift en de werken van de kerkvaders werpen, maar dat betekende niet dat deze letterlijk moesten worden geïnterpreteerd: sommige passages van de Schrift verlangden een allegorische interpretatie, want, zo legde hij in zijn *Uiteenzetting bij de Hemelse Hiërarchie (van Dionysius)* uit, theologie is 'een soort poëzie'.[22]

Eriugena maakte in zijn verhandeling over God gebruik van de dialectische methode van Pseudo-Dionysius: God kon alleen worden verklaard door middel van een paradox die ons eraan herinnerde hoe beperkt ons menselijk bevattingsvermogen was. Zowel de positieve als de negatieve benadering van God kon hiervoor worden gebruikt. God was niet te bevatten, zelfs de engelen kennen noch begrijpen zijn wezenlijke natuur. Maar we mogen wel een positieve uitspraak over Hem doen, zoals 'God is wijs', want we weten dat we, wanneer we daarmee naar God verwijzen, het woord 'wijs' niet op de gangbare manier gebruiken. Daarvan blijven we ons scherp bewust doordat we daarna een ontkennende uitspraak over Hem doen en zeggen: 'God is *niet* wijs.' Deze paradox dwingt ons vervolgens in de richting van Dionysius' derde manier om over God te spreken en tot de slotsom te komen: 'God is *wijzer* dan wijs.' De Grieks-orthodoxe christenen noemden dat een apofatische uitspraak, omdat we onmogelijk kunnen begrijpen wat 'wijzer dan wijs' precies is. Maar ook nu weer was het niet slechts een woordspelletje, maar een methode om via de juxtapositie van twee elkaar uitsluitende uitspraken tot de bewustwording van het mysterie van ons woord 'God' te komen, aangezien Hij nooit in een puur menselijk concept kan worden gevangen.

Toen Eriugena deze methode toepaste op de uitspraak 'God bestaat', kwam hij zoals gebruikelijk tot de synthese 'God is meer dan bestaan'. God bestaat niet zoals de dingen die Hij heeft geschapen bestaan, en Hij is evenmin, zoals Pseudo-Dionysius al had verklaard, een zijnde dat gewoon naast die andere zijnden bestaat. Ook dit was een uitspraak die we niet kunnen begrijpen, omdat ze, aldus Eriugena, 'niet onthult wat dat precies is wat meer is dan "zijn". Want ze zegt dat God niet een van de dingen is die zijn, maar dat Hij meer is dan de dingen die zijn; maar wat dat "is" is, wordt op geen enkele wijze gepreciseerd'.[23] In feite is God 'Niets'. Eriugena wist dat de lezer dit als schokkend zou ervaren en hij waarschuwde hem dan ook niet te schrikken. Zijn methode was bedoeld om ons eraan te herinneren dat God geen object is; Hij bezit geen 'zijn' in een zin die we kunnen vatten. God is degene 'die meer is dan zijn' (*qui plus quam esse est*).[24] Zijn wijze van existeren verschilt net zoveel van de onze als ons zijn verschilt van dat van een dier, en dat van een dier van dat van een steen. Maar als God 'Niets' is, is Hij ook 'Alles'; zijn 'boven-existentie' impliceert immers dat alleen Hij waarachtig Zijn bezit, Hij is de wezenheid van alles wat aan Hem deel heeft. Al zijn schepsels zijn daarom een theofanie, een teken van Gods tegenwoordigheid. In het verlengde van Eriugena's keltische piëteit – zoals die was neergelegd in het beroemde gebed van Sint-Patrick: 'O Heer, weest gij in mijn hoofd en begrijpen' – lag zijn nadruk op Gods immanentie. De mens, die in het neoplatoonse model de hele schepping in zich resumeert, is van al die theofanieën de volmaaktste en Eriugena leert ons, net als Augustinus, dat we in onszelf een drieëenheid kunnen ontdekken, al is het in een donkere spiegel.

God is in Eriugena's paradoxale theologie zowel Alles als Niets. De twee termen houden elkaar in evenwicht en verhouden zich in een creatieve spanning tot elkaar, daarmee verwijzend naar het mysterie dat we met ons woord 'God' alleen maar allegorisch kunnen duiden. Toen een student hem eens vroeg wat Pseudo-Dionysius had bedoeld toen hij God 'Niets' had genoemd, antwoordde hij dat de goddelijke goedheid onbevattelijk was, want ze was 'bovenwezenlijk' – dat wil zeggen, meer dan goedheid zelf – en 'bovennatuurlijk'. Wanneer

> ze dus op zichzelf wordt beschouwd, is ze, noch was ze, noch zal ze zijn; ze is in geen van de dingen die bestaan voor het verstand grijpbaar, daar ze alles overstijgt. Maar wanneer ze, door een of andere onzegbare neerdaling in de dingen die bestaan, door het geestesoog wordt aanschouwd, wordt uitsluitend zij in alle dingen aangetroffen, en dan is ze, was ze en zal ze zijn.[25]

Wanneer we daarom de goddelijke werkelijkheid op zichzelf beschouwen, 'is het niet ten onrechte dat ze "Niets" wordt genoemd', maar wanneer deze goddelijke Leegte besluit om over te gaan 'van Niets naar Iets', kan elk afzonderlijk schepsel dat erdoor wordt bezield 'een theofanie worden genoemd, dat wil zeggen een goddelijke verschijning'.[26] We kunnen God niet zien zoals Hij bij zichzelf is, omdat deze God in geen enkel opzicht bestaat. We zien alleen de God die de geschapen wereld bezielt en zich in bloemen, vogels, bomen en mensen manifesteert. Maar aan deze benadering kleven problemen. Hoe zit het met het kwaad? Is het kwaad eveneens een manifestatie van God op aarde, zoals de hindoes betogen? Eriugena doet geen poging het vraagstuk van het kwaad afdoende te behandelen, maar joodse kabbalisten zouden later proberen het kwaad in God zelf te situeren. Ook zij ontwikkelden een theologie waarin Gods overgang van Niets naar Iets wordt beschreven; deze vertoont een opmerkelijke overeenkomst met de manier waarop Eriugena het beschrijft, al is het hoogst onwaarschijnlijk dat een van de kabbalisten zijn werk had gelezen.

Eriugena toonde aan dat de Latijnse Kerk veel van de Griekse kon leren, maar in 1054 verbraken de oosterse en westerse Kerk hun betrekkingen. Het zou een permanent schisma worden, al was dat op het moment zelf niemands bedoeling. Het conflict had een politieke kant waar ik niet op in zal gaan, maar het draaide ook om een dispuut over de Drieëenheid. In 796 had een synode van westerse bisschoppen die in het Zuidfranse Fréjus bijeen was gekomen, een extra clausule aan de geloofsbelijdenis van Nicea toegevoegd. Hierin werd verklaard dat de Heilige Geest én van de Vader, én van de Zoon uitging (*qui ex Patre Filioque procedit*). De Latijnse bisschoppen wilden de gelijkheid van de Vader en de Zoon beklemtonen, aangezien hun kudde enkele leden telde die er ariaanse ideeën op na hielden. Door te verklaren dat de Geest zowel van de Vader als van de Zoon uitging zou, zo meenden ze, hun wezensgelijkheid worden onderstreept. Hoewel Karel de Grote, die kort daarop tot keizer van het Westen zou worden gekroond, absoluut niets van theologische zaken begreep, keurde hij de nieuwe *filioque*-clausule goed. De Griekse Kerk veroordeelde haar echter. Maar de Latijnse hield voet bij stuk en voerde aan dat dit leerstuk al door haar eigen kerkvaders was onderwezen. Zo had Augustinus de Heilige Geest beschouwd als de verbindende schakel in de Drieëenheid en betoogd dat Hij de liefde tussen de Vader en de Zoon representeerde. Het was daarom volkomen correct om te zeggen dat de Heilige Geest van beiden uitging en de nieuwe clausule onderstreepte de wezenlijke eenheid van de drie personen.

Maar de Griekse Kerk had Augustinus' triniteitsleer altijd veel te antropomorfistisch gevonden en daarom gewantrouwd. Waar het Westen met Gods eenheid begon en zich vervolgens over de drie personen binnen die eenheid boog, waren de Griekse christenen altijd begonnen bij de drie hypostasen en hadden ze verklaard dat Gods eenheid – zijn wezenheid – ons bevattingsvermogen te boven ging. Ze vonden dat de Latijnse Kerk de Drieëenheid veel te begrijpelijk maakte en vreesden bovendien dat het Latijn niet in staat was de trinitarische ideeën voldoende nauwkeurig onder woorden te brengen. De *filioque*-clausule, zeiden ze, legde veel te veel nadruk op de eenheid van de drie personen en maakte, in plaats van verhuld naar Gods wezenlijke onbegrijpelijkheid te verwijzen, de Drieëenheid juist veel te rationeel. God werd voorgesteld als één Wezen met drie aspecten of zijnswijzen. Maar op de keper beschouwd was de Latijnse verklaring helemaal niet zo ketters, al strookte ze dan niet met de apofatische spiritualiteit van de Griekse Kerk. Het conflict had dan ook gemakkelijk bijgelegd kunnen worden als de partijen van goede wil waren geweest, maar de spanning tussen het Oosten en het Westen escaleerde tijdens de kruistochten, vooral toen de vierde groep kruisvaarders in 1204 de Byzantijnse hoofdstad Constantinopel verwoestte en het Oostromeinse rijk een fatale slag toebracht. De onenigheid over de *filioque*-clausule had in elk geval aan het licht gebracht dat de Griekse en de Latijnse Kerk twee totaal verschillende godsvoorstellingen hadden. De Drieëenheid was voor de westerse spiritualiteit nooit zo essentieel als ze altijd voor de Griekse orthodoxie is geweest. De Griekse christenen vonden dat het Westen, door de nadruk te leggen op Gods eenheid, Hemzelf gelijkstelden aan een 'simpele wezenheid' die gewoon kon worden gedefinieerd en bediscussieerd, net als de God van de filosofen.[27] In de volgende hoofdstukken zullen we zien dat westerse christenen veelvuldig met het trinitarische leerstuk in hun maag zaten en dat velen het in de achttiende eeuw, in de tijd van de Verlichting, helemaal los zouden laten. De westerse christenen zijn zo goed als nooit echte trinitariërs geweest. Hun grootste klacht is dat het dogma van de 'Drie Personen in één God' een onbegrijpelijk leerstuk is, zonder zich te realiseren dat het voor de Griekse christenen dáár juist om ging.

Na het schisma sloegen de Kerken van het Oosten en het Westen verschillende wegen in. In de Griekse orthodoxie bleef *theologia* precies datgene inhouden wat het woord zelf betekende: de studie die God tot onderwerp had. Ze beperkte zich tot de schouwing van God in de, in wezen, mystieke dogma's van de Drieëenheid en de Menswording. De Grieks-orthodoxe Kerk zou het idee van een 'theologie van de genade' of een 'theologie van het gezin' een innerlijke tegenspraak vinden. Ze was hoegenaamd niet geïnteresseerd in het theoretisch bediscussiëren en definiëren van vraagstukken van de tweede orde. Het Westen daarentegen richtte zich steeds meer op de exacte definiëring van deze kwesties en op de formulering van een correct standpunt dat voor iedereen bindend moest zijn. De Reformatie verdeelde bijvoorbeeld het christendom opnieuw in twee kampen, omdat katholieken en protestanten geen overeenstemming konden bereiken over de vraag hoe de verlossing praktisch in haar werk ging en wat de eucharistie precies inhield. Westerse christenen daagden hun Griekse geloofsgenoten voortdurend uit hun mening te geven over deze controversiële zaken, maar de Grieken waren nog niet zover, en als ze al reageerden, kwamen ze met een antwoord dat een nogal geïmproviseerde indruk maakte. Het rationalisme had hen met toenemend wantrouwen vervuld, want ze vonden het een ongepast hulpmiddel in een discussie over een God die boven alle concepten en logische redeneringen verheven moest zijn. Zolang de metafysica zich met seculiere vragen bezighield kon ze er nog meer door, maar de Griekse christenen hadden steeds vaker het gevoel dat ze, als het om geloofszaken ging, een bedreiging vormde. Metafysica appelleerde aan het spraakzame, actieve deel van de geest, terwijl hun eigen *theoria* juist geen rationele stellingname was, maar een gedisciplineerd zwijgen voor het aangezicht van de God die alleen door religieuze en mystieke ervaring kon worden gekend. In 1082 werd de filosoof Johannes Italos wegens ketterij terechtgesteld, omdat hij overmatig gebruik maakte van de wijsbegeerte en een neoplatoonse voorstelling van de schepping aanhing. Deze bewuste afwijzing van de wijsbegeerte viel min of meer samen met de zenuwinzinking die al-Ghazzāli in Bagdad kreeg en met zijn besluit om kalaam de rug toe te keren en soefi te worden.

Daarom is het zo pikant en ironisch dat de westerse christenen zich met falsafa begonnen bezig te houden op het moment dat de Griekse christenen en de moslims hun geloof erin verloren. Plato en Aristoteles waren in de vroege middeleeuwen niet in het Latijn beschikbaar geweest, dus de westerse christenen hadden onvermijdelijk een achterstand. De ontdekking van de wijsbegeerte was een stimulerende en enerverende ervaring voor hen. De elfde-eeuwse theoloog Anselmus van Canterbury, wiens opvatting over de Menswording we in hoofdstuk 4 hebben besproken, was de mening toegedaan dat alles kon worden bewezen. Zijn God was niet Niets, maar het hoogste van alle zijnden. Zelfs iemand die niet gelovig was kon zich een idee vormen van een opperwezen dat 'één natuur is, het hoogste van alles wat bestaat, in eeuwige gelukzaligheid uitsluitend zichzelf genoeg'.[28] Toch stelde hij ook nadrukkelijk dat God slechts in het geloof kon worden gekend. Dat is minder paradoxaal dan het lijkt. In zijn beroemde gebed mijmerde Anselmus over de woorden van Jesaja: 'Als ge niet gelooft, zult ge niet begrijpen.'

> Ik probeer niet, Heer, in uw verhevenheid door te dringen, want ik acht mijn verstand hiermee geenszins te vergelijken. Maar ik verlang ernaar Uw waarheid, die mijn hart gelooft en bemint, tot op zekere hoogte in te zien. Ik zoek immers niet in te zien om te geloven, maar ik geloof om in te zien [credo ut intelligam]. Want ook dit geloof ik: dat *ik niet zal inzien, tenzij ik geloofd zal hebben.*[29]

Het vaak aangehaalde *credo ut intelligam* houdt geen abdicatie van de rede in. Anselmus pleitte niet voor blinde omarming van het geloof, in de hoop dat de zin ervan hem op een dag duidelijk zou worden. Zijn verklaring zou eigenlijk zo moeten worden gelezen: 'Ik geef mezelf over, opdat ik misschien zal begrijpen.' In die tijd had het woord *credo* nog niet die vertekening naar de intellectuele kant als vandaag de dag het woord 'geloof', maar betekende het: een houding aannemen waar vertrouwen en loyaliteit uit spreekt. We mogen vooral niet vergeten dat zelfs tijdens de eerste golf van westers rationalisme de religieuze ervaring nog op de eerste plaats kwam en aan elk dispuut of logisch begrijpen voorafging.

Desalniettemin geloofde Anselmus, net als de islamitische en joodse falāsifa, dat het bestaan van God met rationele argumenten kon worden aangetoond en hij ontwikkelde zelf een godsbewijs, doorgaans het 'ontologische argument' genoemd. Anselmus definieerde God als 'iets waarboven niets groters gedacht kan worden' (*aliquid quo nihil maius cogitari possit*).[30] Aangezien dit impliceerde dat God het object van het denken kon zijn, betekende het dat de menselijke geest Hem kon overdenken en bevatten. Dat Iets, zo redeneerde Anselmus, moest bestaan.

Aangezien bestaan 'volmaakter' of vollediger is dan niet-bestaan, moest het volmaakte wezen dat we ons voorstellen dus bestaan, want anders zou het onvolmaakt zijn. Anselmus' ontologische argument was een ingenieus en afdoend godsbewijs voor een wereld die werd beheerst door de platoonse opvatting dat ideeën een verwijzing naar eeuwige archetypen waren. Het is echter onwaarschijnlijk dat het een moderne scepticus kan overtuigen. Zoals de jezuïtische theoloog John Macquarrie eens opmerkte, je mag je dan wel voorstellen dat je honderd dollar op zak hebt, maar dat wil nog niet zeggen dat je ze ook daadwerkelijk hebt.[31]

De God van Anselmus was daarom een Zijnde en niet het Niets dat Pseudo-Dionysius en Eriugena hadden beschreven. Anselmus was bereid om in veel positievere termen over God te spreken dan de meeste falāsifa voor hem. Hij stelde geen *via negativa* voor, maar was van mening dat we met de natuurlijke rede tot een vrij adequaat idee van God konden komen, en dat was precies het bezwaar dat de Grieken altijd tegen de westerse theologie hadden gehad. Zodra Anselmus naar eigen tevredenheid had bewezen dat God bestond, richtte hij zich op de bewijsvoering van de Menswording en de Drieëenheid, twee dogma's waarvan de Griekse christenen altijd hadden betoogd dat die zich aan elke redenering en conceptualisering onttrokken. In zijn traktaat *Cur Deus Homo* ('Waarom God mens werd'), waar we in hoofdstuk 4 al over hebben gesproken, verlaat hij zich meer op logica en rationele redeneringen dan op de openbaring – zijn aanhalingen uit de Bijbel en de kerkvaders lijken van ondergeschikt belang als hij zijn betoog (waarin hij, zoals we hebben gezien, God menselijke drijfveren toedicht) kracht wil bijzetten. Hij was echter niet de enige westerse christen die het mysterie van God rationeel probeerde te verklaren. Ook zijn tijdgenoot Petrus Abaelardus (1079-1042), de charismatische filosoof uit Parijs, had een verklaring voor de Drieëenheid ontwikkeld waarin, enigszins ten koste van het onderscheid naar de drie Personen, de nadruk op de goddelijke eenheid lag. Hij ontwikkelde ook een fijnzinnige en roerende basis voor het mysterie van de verzoening: Christus was gekruisigd om compassie bij ons op te wekken en zo was Hij onze Verlosser geworden.

Abaelardus was echter in de eerste plaats filosoof en zijn theologie was door de bank genomen vrij conventioneel. Hij was in de twaalfde eeuw een leidende figuur geworden in de intellectuele opleving in Europa en had een groot aantal volgelingen. Daardoor was hij in conflict gekomen met Bernardus, de charismatische abt van het cisterciënzerklooster van Clairvaux in Bourgondië die ontegenzeglijk de machtigste man van Europa was. Paus Eugenius III en Lodewijk VII van Frankrijk wond hij om zijn vinger en door zijn welsprekendheid had hij in Europa een monastieke revolutie ontketend: drommen jongeren hadden hun ouderlijk huis verlaten en zich aangesloten bij de cisterciënzerorde, die ernaar streefde de oude cluniacenzer vorm van het benedictijnse kloosterleven te hervormen. Toen Bernardus in 1146 de tweede kruistocht predikte, ontstak het volk van Frankrijk en Duitsland – dat voordien nogal apathisch op de veldtocht had gereageerd – zo in vuur en vlam, dat ze hem in hun enthousiasme bijna vertrapten. Het sloot zich zo massaal bij het leger aan, dat het leek of het hele platteland was leeggelopen, zo schreef Bernardus zelfvoldaan aan de paus. Hij was een intelligente man die de op uiterlijkheden gerichte vroomheid in West-Europa een nieuwe, verinnerlijkte dimensie had gegeven. Naar het schijnt is de cisterciënzer piëteit de inspiratie geweest voor de legende van de Heilige Graal, de beschrijving van een spirituele tocht naar een allegorische stad die niet tot deze wereld behoort, maar het goddelijke visioen verbeeldt. Bernardus stond echter uiterst wantrouwend tegenover het intellectualisme van geleerden als Abaelardus en hij zwoer dat hij hem de mond zou snoeren. Hij wierp Abaelardus voor de voeten dat hij 'het christelijk geloof poogde te ontdoen van zijn waarde, aangezien hij meende dat alles wat God is met de menselijke rede kon worden begrepen'.[32] Refererend aan Paulus' hymne op de naastenliefde verklaarde Bernardus dat het de filosoof aan christelijke liefde ontbrak: 'Niets beziet hij als een raadsel, niets als in een spiegel, doch alles onderzoekt hij zoals het zich aan hem voordoet.'[33] Liefde en rede konden daarom niet samengaan. In 1141 sommeerde hij Abaelardus om voor het concilie van Sens te verschijnen; hij stopte het met zijn eigen aanhangers vol en sommigen stonden buiten te wachten om Abaelardus bij zijn aankomst schrik aan te jagen. Moeilijk was dat niet, omdat de man tegen die tijd waarschijnlijk aan de ziekte van Parkinson leed. Bernardus viel hem zo welsprekend aan dat Abaelardus gewoon in elkaar zakte en het jaar erop overleed.

Het was een symbolisch moment, want het markeerde de scheiding van hoofd en hart. In de triniteitsleer van Augustinus waren hoofd en hart nog onlosmakelijk met elkaar verbonden geweest. Islamitische falāsifa, zoals Ibn Sīnā en al-Ghazzāli waren tot de slotsom gekomen dat God niet alleen met het verstand kon worden gevonden, en wat hun uiteindelijk voor ogen had gestaan was een filosofie die zich voor haar rationele weten liet informeren door het ideaal van de liefde en de disciplines van de mystiek. We zullen later zien dat in de twaalfde en dertiende eeuw de belangrijkste denkers van de islamitische wereld zouden trachten hoofd en hart met elkaar te laten versmelten en dat ze de mening huldigden dat wijsbegeerte onlosmakelijk was verbonden met de spiritualiteit van liefde en verbeelding die de soefi's hadden gepropageerd. Bernardus daarentegen leek bang te zijn voor het verstand en wilde het zo ver mogelijk van de emotionele en intuïtieve kanten van de geest vandaan houden. Dat was gevaarlijk; het kon leiden tot een ongezonde dissociatie van denken en voelen en dat was op zijn manier even zorgwekkend als droog rationalisme. Een van de redenen waarom de kruistocht die Bernardus predikte op een fiasco uitliep was dat hij steunde op een idealisme dat niet door gezond verstand werd getemperd en in flagrante tegenspraak was met het christelijke barmhartigheidsethos.[34] Bernardus' behandeling van Abaelardus getuigde allesbehalve van naastenliefde en bovendien had hij de kruisvaarders aangespoord hun liefde voor Christus te bewijzen door de ongelovigen te doden en hen uit het Heilige Land te verdrijven. Bernardus vreesde met recht een rationalisme dat zou trachten het goddelijke mysterie te verklaren en dat het religieuze gevoel van ontzag en verwondering zou ondergraven, maar aan de andere kant leidt ongebreidelde subjectiviteit die haar eigen vooroordelen niet aan een kritisch onderzoek onderwerpt, tot de ernstigste religieuze excessen. Wat hier nodig was geweest, was intelligente en goed geïnformeerde subjectiviteit en geen opgeklopte en op 'liefde' gebaseerde emotionaliteit die het verstand met geweld de kop indrukt en zich afwendt van de barmhartigheid die het symbool van een theïstische religie heet te zijn.

Weinig denkers hebben zo'n blijvende bijdrage aan het westerse christendom geleverd als Thomas van Aquino (1225-1274), de man die naar een synthese zocht tussen Augustinus en de Griekse wijsbegeerte, die recentelijk binnen het bereik van het Westen was gekomen. In de twaalfde eeuw waren Europese geleerden in groten getale naar Spanje getrokken, waar ze hadden kennis gemaakt met de vruchten van de islamitische wetenschap. Geholpen door islamitische en joodse intellectuelen begonnen ze aan een omvangrijk vertaalproject om deze intellectuele rijkdom voor het Westen bereikbaar te maken. Arabische vertalingen van Plato, Aristoteles en de andere klassieke filosofen werden nu in het Latijn vertaald en kwamen voor het eerst onder de aandacht van een Noordeuropees publiek. Ook recentere produkten van het islamitische denken werden vertaald, zoals de werken van Ibn Roesjd en de ontdekkingen van Arabische wetenschappers en artsen. Terwijl sommige Europese christenen zich ten doel stelden de islam in het Midden-Oosten uit te roeien, hielpen moslims in Spanje het Westen op dat zelfde moment zijn eigen beschaving te ontwikkelen. De *Summa Theologiae* van Thomas van Aquino was een poging de nieuwe wijsbegeerte en de westerse christelijke traditie met elkaar te verenigen. Thomas was vooral onder de indruk geraakt van Ibn Roesjds uitleg van Aristoteles. Maar in tegenstelling tot Anselmus en Abaelardus vond hij niet dat mysteries zoals de Drieëenheid met de rede konden worden bewezen en maakte hij zorgvuldig onderscheid tussen de onzegbare werkelijkheid van God en de menselijke dogma's die over Hem bestonden. Hij was het met Pseudo-Dionysius eens dat Gods ware natuur niet voor de menselijke geest toegankelijk was. 'In laatste instantie is derhalve het enige dat de mens van God weet, het weten dat hij niets van Hem weet, aangezien hij weet dat datgene wat God is, alles wat we van Hem kunnen begrijpen overstijgt.'[35] Het verhaal gaat dat Thomas, toen hij de laatste zin van zijn *Summa* had gedicteerd, zijn hoofd treurig in zijn armen legde. Toen de schrijver hem vroeg wat er was, antwoordde hij dat alles wat hij had geschreven stro was in vergelijking met de dingen die hij had gezien.

Thomas' poging om zijn religieuze ervaring een eigen plaats binnen het raamwerk van de nieuwe wijsbegeerte te geven was noodzakelijk om het geloof te verenigen met de andere werkelijkheden en niet te verbannen naar een geïsoleerd, eigen terrein. Overmatig intellectualisme is weliswaar schadelijk voor het geloof, maar als we willen voorkomen dat God een toegeeflijke bekrachtiging van ons eigen egoïsme wordt, moet onze religieuze ervaring worden onderbouwd met een nauwkeurige beoordeling van wat ze precies inhoudt. In zijn definiëring van God greep Thomas terug op de definitie die God van zichzelf gaf toen Hij tegen Mozes zei: 'Ik ben: "Ik ben".' Aristoteles had gezegd dat God het Noodzakelijk Zijnde was en dus legde Thomas de verbinding tussen de God van de filosofen en de God van de Bijbel door Hem 'Hij is' (*Qui est*)[36] te noemen. Hij liet er echter geen enkele twijfel over bestaan dat God niet simpelweg een zijnde was zoals wij. De naam 'Hij is' gaf de wezenheid van God exact weer, want 'hij betekent immers niet een of andere bepaalde vorm [van zijn], maar het zijn zelf' [*ipsum esse*].[37] Het zou daarom onjuist zijn Thomas de schuld te geven van de rationalistische visie op God die later in het Westen de overhand zou hebben.

Doordat Thomas zijn verhandeling over God echter laat voorafgaan door een vijftal godsbewijzen ontleend aan de natuurfilosofie, wekt hij helaas de indruk dat God op dezelfde manier kan worden bediscussieerd als het eerste het beste wijsgerige idee of natuurverschijnsel. Hierdoor wordt gesuggereerd dat we in staat zijn God op dezelfde manier te kennen als de aardse werkelijkheden. Thomas somt vijf 'bewijzen' voor Gods bestaan op die in de katholieke wereld immens belangrijk zouden worden en ook door protestanten zouden worden gehanteerd.

1. Aristoteles' argument dat er een Eerste Beweger moet zijn.
2. Een soortgelijk 'bewijs', waarin wordt gesteld dat er geen oneindige reeks werkoorzaken kan bestaan. Er moet dus een begin zijn geweest.

3. Het argument op basis van de contingentie der dingen zoals door Ibn Sīnā was geopperd en waarin wordt gesteld dat er een 'Noodzakelijk Zijnde' moet bestaan.
4. Aristoteles' argument uit *De Philosophia* dat de rangorde van volmaaktheid op deze wereld impliceert dat er iets moet bestaan wat het volmaaktst is.
5. Het bewijs op basis van ontwerp, waarin wordt gesteld dat de orde en doelmatigheid die we in het universum waarnemen niet toevallig kunnen zijn.

Deze bewijzen snijden tegenwoordig geen hout meer. Zelfs vanuit een religieus oogpunt zijn ze nogal dubieus, omdat elk bewijs, met mogelijke uitzondering van het bewijs op basis van ontwerp, stilzwijgend ervan uitgaat dat 'God' gewoon een ander zijnde is, een extra element in de hiërarchie van zijnsvormen. Hij is het Hoogste Zijnde, het Noodzakelijk Zijnde, het Volmaakste Zijnde, al is het waar dat het gebruik van termen als 'de Eerste Oorzaak' of 'het Noodzakelijk Zijnde' inhoudt dat God niet op één lijn kan worden gesteld met de andere zijnsvormen die we kennen, maar juist de grond of voorwaarde van hun bestaan is. Ongetwijfeld had Thomas dat laatste ook bedoeld. Toch hebben lezers van zijn *Summa* dat belangrijke onderscheid niet altijd gemaakt en hebben ze over God gesproken alsof Hij gewoon de hoogste van alle zijnsvormen was. Dat doet echter afbreuk aan zijn werkelijkheid en kan dit superwezen tot een idool maken dat naar ons beeld is geschapen en gemakkelijk kan worden omgevormd tot een hemels super-ik. We zitten er mogelijk niet ver naast wanneer we zeggen dat veel mensen in het Westen God inderdaad als zo'n wezen beschouwen.

Het was belangrijk dat de poging werd gewaagd een verbinding te leggen tussen God en de nieuwe, aristotelische trend in Europa. Ook het streven van de falāsifa was erop gericht geweest de godsidee aan te passen aan de actualiteit en haar niet naar een archaïsch getto te verbannen. Elke generatie moet haar beeld en ervaring van God opnieuw scheppen. De meeste moslims liepen hier echter tegen te hoop en vonden dat Aristoteles niet veel aan de godskennis kon bijdragen, ook al was hij dan op andere terreinen, zoals de natuurwetenschappen, enorm nuttig geweest. We hebben gezien dat de redacteur van Aristoteles' geschriften de naam *Meta ta fusika* ('Na de *Physica*') had verzonnen voor diens verhandeling over de natuur van God; de God van Aristoteles was simpelweg een verlengde van de fysieke werkelijkheid geweest en niet een werkelijkheid die van totaal andere orde was. In de islamitische wereld werd daarom in vrijwel alle latere discussies over God wijsbegeerte met mystiek verweven. De rede alleen leidde niet tot een religieus begrijpen van de werkelijkheid die we 'God' noemen, maar aan de andere kant moest de religieuze ervaring ook worden onderbouwd met het kritische verstand en de filosofische methodiek, om te voorkomen dat ze een chaotische, egocentrische – of zelfs gevaarlijke – emotie werd.

Thomas' franciscaanse tijdgenoot Bonaventura (1221-1274) huldigde min of meer dezelfde mening. Ook hij trachtte een koppeling te maken tussen wijsbegeerte en religieuze ervaring, opdat beide elkaar wederzijds zouden verrijken. In zijn *De drievoudige weg* had hij de voetsporen van Augustinus gedrukt door overal in de schepping 'drieëenheden' te zien en deze 'natuurlijke triniteitsleer' diende hem als uitgangspunt voor zijn *Reis van de geest naar God*. Hij geloofde oprecht dat de Drieëenheid alleen met de natuurlijke rede kon worden bewezen, maar hij omzeilde de gevaren van een rationalistisch chauvinisme door met nadruk te wijzen op het belang van de spirituele ervaring als essentieel component van de godsidee. Hij noemde Franciscus van Assisi, de stichter van zijn orde, het grootste voorbeeld van de christelijke leefwijze. Door te kijken naar de voorvallen in Franciscus' leven kon een theoloog zoals hij daar de kerkelijke dogma's in verwezenlijkt zien. Ook de Toscaanse dichter Dante Alighieri (1265-1321) zou menen dat een medemens – in zijn geval de Florentijnse Beatrice Portinari – een epifanie van het goddelijke kon zijn. Deze benadering van God als een persoon ging terug op Augustinus.

Bonaventura paste ook het ontologische godsbewijs van Anselmus toe op zijn verhandeling over Franciscus als epifanie. Franciscus had, zo betoogde hij, een graad van volmaaktheid in zijn leven bereikt die bovenmenselijk leek, dus we konden, terwijl we nog hier op aarde waren, 'zien en begrijpen dat het beste simpelweg datgene is waarboven niets beters kan worden voorgesteld'.[38] Alleen al het feit dat we tot de formulering van een concept als 'het beste' konden komen, bewees op zichzelf al dat dit in de Opperste Volmaaktheid van God moest bestaan. Als we, zoals zowel Plato als Augustinus ons had aangeraden, tot onszelf ingingen zouden we de weerspiegeling van Gods beeld 'in onze ziel'[39] aantreffen. Deze introspectie was essentieel. Uiteraard was het belangrijk dat de christen deelnam aan de liturgie van de Kerk, maar eerst moest hij afdalen in de diepten van zijn eigen innerlijke wereld, waar 'we door het mystieke zouden worden meegevoerd naar een extase die het verstand oversteeg'[40] en een visioen van God zouden vinden dat onze beperkte menselijke noties te boven ging.

Zowel Bonaventura als Thomas had de religieuze ervaring boven alles gesteld. Ze waren de traditie van de falsafa trouw gebleven, want zowel in het jodendom als in de islam waren filosofen vaak mystici geweest die zich scherp bewust waren van de beperkingen van het verstand waar het theologische aangelegenheden betrof. Ze hadden rationele godsbewijzen ontwikkeld om hun geloof op één lijn te brengen met hun wetenschappelijke studies en het te koppelen aan de andere, gewonere ervaringen. Persoonlijk twijfelden ze er niet aan dat God bestond en velen waren zich terdege bewust van de beperkingen van wat ze hadden geconcludeerd. Hun godsbewijzen waren niet bedoeld om ongelovigen te overtuigen, aangezien er toentertijd nog geen atheïsten in onze betekenis van het woord waren. Deze natuurlijke godskennis was daarom niet het voorportaal van de religieuze ervaring, maar juist de begeleiding ervan. De falāsifa vonden niet dat men zich eerst rationeel van het bestaan van God moest overtuigen voordat men een mystieke ervaring kon hebben. Integendeel, het was andersom. In de joodse, islamitische en Grieks-orthodoxe wereld werd de God van de filosofen daarom snel door de God van de mystici ingehaald.

7

De God van de mystici

Het jodendom, het christendom en, in mindere mate, de islam hebben alle drie de notie van een persoonlijke God ontwikkeld, dus we zijn geneigd te denken dat dit ideaal representatief is voor religie op haar best. De persoonlijke God heeft ertoe bijgedragen dat monotheïsten gewicht gingen hechten aan de heilige en onvervreemdbare rechten van het individu en waarde toekenden aan de eigenheid van de mens. De joods-christelijke traditie heeft er aldus toe bijgedragen dat het liberale humanisme, dat het Westen zo hoogschat, hier tot ontwikkeling kon komen. Oorspronkelijk berustten deze waarden bij een persoonlijke God die alles doet wat een mens doet: Hij bemint, oordeelt, straft, ziet, hoort, schept en vernietigt, net als wij. Jahweh begon als een zeer verpersoonlijkte godheid, met onstuimige menselijke sympathieën en antipathieën. Pas later werd Hij een symbool van transcendentie, een wezen wiens gedachten niet meer onze gedachten waren en wiens wegen net zo hoog boven de onze uitrezen als de hemel boven de aarde. In de notie van een persoonlijke God vinden we een belangrijke religieuze gedachte weerspiegeld: elke uiterste waarde moet op zijn minst iets menselijks hebben. Het personalistische godsbeeld is dus een belangrijke – en voor velen – onmisbare fase in de ontwikkeling van religie en moraal geweest. De profeten van Israël schreven hun gevoelens en emoties aan God toe; boeddhisten en hindoes konden niet om een persoonlijke devotie heen die gericht was op de avatara's van de uiterste werkelijkheid. Het christendom maakte, op een manier die uniek is voor de hele godsdienstgeschiedenis, een mens tot middelpunt van het godsdienstige leven; het voerde het personalistische godsbeeld dat aan het jodendom inherent was tot het uiterste door. Misschien kunnen we stellen dat een religie minstens iets van dit soort identificatie en empathie moet hebben om wortel te kunnen schieten.

Toch kan een persoonlijke God een grote handicap zijn. Hij kan worden omgevormd tot een idool dat naar ons eigen beeld is gesneden, een projectie van onze kleinmenselijke behoeften, angsten en verlangens. We nemen dan aan dat Hij liefheeft wie wij liefhebben en haat wie wij haten, zodat Hij onze vooroordelen bevestigt in plaats van ons dwingt erboven uit te stijgen. Wanneer Hij er niet in lijkt te slagen een ramp te voorkomen, of zelfs opzettelijk een tragedie over ons lijkt af te roepen, komt Hij ons ongevoelig en wreed voor. De gemakzuchtige overtuiging dat een calamiteit de wil van God is, kan ons aanleiding geven om zaken te accepteren die fundamenteel onacceptabel zijn. Ook het feit dat God, als persoon, een bepaald geslacht heeft, is een andere beperking die we Hem opleggen. Het betekent dat de seksualiteit van de ene helft van de mensheid wordt geheiligd ten koste van die van de andere, vrouwelijke helft, met eventueel een neurotische en inadequate onbalans in de seksuele moraal van de mens als gevolg. Een persoonlijke God kan daarom gevaarlijk zijn. In plaats van ons over onze grenzen heen te tillen kan 'Hij' ons aanmoedigen er zelfgenoegzaam binnen te blijven; 'Hij' kan ons net zo wreed, gevoelloos, zelfvoldaan en partijdig maken als 'Hij' zelf lijkt te zijn. In plaats van ons te bezielen met de barmhartigheid die het kenmerk van elke ontwikkelde religie hoort te zijn kan 'Hij' ons aanmoedigen om te oordelen, te veroordelen en te marginaliseren. De notie van een persoonlijke God is dus blijkbaar niets anders dan een fase in onze religieuze ontwikkeling. Alle wereldreligies schijnen dat gevaar te hebben onderkend en hebben naar wegen gezocht om boven dat concept van de persoonlijke, hoogste werkelijkheid uit te stijgen.

De joodse Schrift kan worden gelezen als het verhaal waarin de notie van de tribale en verpersoonlijkte Jahweh die later JHWH zou worden, in eerste instantie werd verfijnd en ten slotte werd losgelaten. Het christendom, waarin van alle drie monotheïstische religies de goddelijke personificatie aantoonbaar het verst ging, trachtte de verering van de mensgeworden God af te zwakken door het dogma van de transpersoonlijke Drieëenheid in te voeren. Moslims hadden al heel snel moeite met de koranische passages waarin werd gesuggereerd dat God als een mens 'ziet', 'hoort' en 'oordeelt'. In alle drie monotheïstische religies ontwikkelde zich een mystieke traditie waarin God boven persoonlijke categorieën werd verheven en meer in de richting van de onpersoonlijke werkelijkheid van het nirwana en brahma-ātma ging. Hoewel slechts een paar mensen tot echte mystiek in staat zijn, zou uiteindelijk de door de mystici ervaren God tot betrekkelijk recente datum in alle drie religies (met uitzondering van het westerse christendom) voor de gelovigen normatief worden.

Het historisch monotheïsme was van huis uit niet mystiek georiënteerd. We hebben al eerder gewezen op het verschil tussen de religieuze ervaring van een contemplatief, zoals de Boeddha, en die van de profeten. Het jodendom, het christendom en de islam zijn alle drie in wezen religies van de daad, wier streven erop is gericht Gods wil zowel op aarde als in de hemel te laten geschieden. Het centrale thema van deze openbaringsreligies is de confrontatie of persoonlijke ontmoeting tussen God en mens. Deze God wordt ervaren als een imperatief om in actie te komen; Hij roept ons tot zich, stelt ons voor de keus zijn liefde en zorg te verwerpen of te aanvaarden. Deze God communiceert met de mens via de dialoog en niet via stille contemplatie. Hij spreekt een Woord dat het richtpunt van de devotie wordt en dat op smartelijke manier moet worden geïncarneerd in de onvolkomenheden en tragiek van het leven op aarde. In het christendom, de meest personalistische van de drie, wordt de verhouding tot God gekenmerkt door liefde. Maar het wezenlijke van liefde is in zekere zin de teloorgang van het eigen ik. Zowel in de dialoog als in de liefde bestaat voortdurend de kans dat egoïsme de kop opsteekt. De taal zelf kan een beperkende factor zijn, aangezien ze ons bindt aan de concepten die we aan onze aardse ervaringen ontlenen.

De profeten hadden mythologie te vuur en te zwaard bestreden. Hun God was niet zozeer actief in de heilige voortijd van de mythe als wel in de actuele historie en in lopende politieke gebeurtenissen. Maar toen de monotheïsten zich tot mystiek wendden, heroverde de mythologie haar plaats als het belangrijkste voertuig van de religieuze ervaring. Er is een taalkundige overeenkomst tussen de woorden 'mystiek' en 'mysterie'. Ze komen alletwee van het Griekse werkwoord *muoo*, wat 'de ogen of de mond sluiten' betekent. De wortels van beide woorden liggen dus in een ervaring waar duisternis en stilte centraal staan.[1] Ook 'mythe' komt van een Grieks werkwoord en betekende oorspronkelijk 'gemummel' of 'gebabbel'. Het zijn woorden die tegenwoordig in het Westen geen positieve klank hebben. Zo wordt het woord 'mythe' vaak gebruikt als synoniem voor 'fabeltje' of 'praatje'. In het gewone spraakgebruik is een mythe een verhaal dat niet klopt. Een politicus of een filmster zal scabreuze verhalen over zijn of haar levenswandel afdoen met de opmerking dat het 'mythen' zijn en als we spreken over het 'mythische' verleden denken we vooral aan onjuist overgeleverde historische gebeurtenissen. Een 'mysterie' is sinds de Verlichting een zaak die beslist opgehelderd moet worden, en het woord wordt dikwijls geassocieerd met warrig denken. In Amerika heet een detectiveverhaal een 'mystery' en dit genre staat of valt met de bevredigende oplossing van dat 'mysterie'. We zullen later zien dat in de tijd van de Verlichting zelfs gelovigen 'mysterie' een vies woord vonden. Op dezelfde manier wordt 'mystiek' vaak geassocieerd met zonderlingen, charlatans of goeroe-adepten. Aangezien het Westen nooit zo warm liep voor mystiek, zelfs niet toen ze in andere delen van de wereld op haar hoogtepunt was, weet het nagenoeg niets van de zelfdiscipline en intellectuele vereisten die voor dit soort spiritualiteit essentieel zijn.

Toch zijn er aanwijzingen dat het tij wellicht gaat keren. Sinds de jaren zestig ontdekken mensen in het Westen de pluspunten van bepaalde vormen van yoga en van religies zoals het boeddhisme, die het voordeel hebben dat ze niet met ondeugdelijke theïstische leerstukken zijn aangekoekt en die momenteel in Europa en Amerika een bloeitijd doormaken. De boeken van de overleden Amerikaanse geleerde Joseph Campbell over mythologie zijn de laatste tijd erg populair. De hartstochtelijke belangstelling die momenteel in het Westen voor psychoanalyse bestaat kan worden gezien als een verlangen naar een zekere vorm van mystiek, want we zullen in de twee disciplines verrassende overeenkomsten tegenkomen. Mythologie is vaak een poging geweest de innerlijke wereld van de psyche te verklaren en zowel Freud als Jung wendde zich intuïtief tot antieke mythen zoals het Griekse verhaal van Oedipus om daarmee hun nieuwe wetenschappelijke ideeën te verduidelijken. Misschien heeft de westerse mens behoefte aan een alternatief voor een puur wetenschappelijke wereldbeschouwing.

Een mystieke religie spreekt veel directer tot de mens dan een geloof dat hoofdzakelijk cerebraal is, en ze biedt hem in tijden van nood vaak meer steun. De mystieke disciplines helpen de ingewijde om terug te keren naar het Ene, naar het oerbegin, en om zich voortdurend bewust te zijn van een goddelijke tegenwoordigheid. Toch lag in de vroegste vorm van joodse mystiek die in de tweede en derde eeuw opkwam (een tijdperk dat voor joden bijzonder moeilijk was) de nadruk juist op de kloof tussen God en de mens. Joden wilden zich afkeren van een wereld waarin ze aan vervolgingen blootgesteld stonden en als tweederangs burgers werden behandeld, en zich tot een machtiger goddelijk rijk wenden. Ze stelden zich God voor als een indrukwekkende koning die alleen kon worden bereikt na een gevaarlijke reis door de zeven hemelen. In plaats van zich uit te drukken in de simpele, directe taal van de rabbijnen bedienen de mystici zich van klinkende, hoogdravende woorden. De rabbijnen hadden een grote hekel aan deze spiritualiteit en de mystici vermeden angstvallig hen tegen zich in het harnas te jagen. Toch moet deze 'merkawa- of troonmystiek', zoals ze werd genoemd, in een grote behoefte hebben voorzien, want ze bleef naast de belangrijke rabbijnse leerscholen gedijen en ging pas in de twaalfde en dertiende eeuw op in de kabbala, de nieuwe vorm van joodse mystiek. De klassieke teksten van de merkawa-mystiek die in de vijfde en zesde eeuw in Babylon verschenen, doen vermoeden dat de mystici, die heel terughoudend waren over hun spirituele ervaringen, een sterke affiniteit hadden met de rabbijnse traditie, want vooraanstaande tanna'iem als rabbi Akiwa, rabbi Jisma'eel en rabbi Jochanan ben Zakkai behoorden tot de grote helden van hun spiritualiteit. Terwijl ze ten behoeve van hun volk een nieuwe weg naar God creëerden, legden ze een nieuwe kant van de joodse religiositeit bloot.

Zoals we al hebben gezien hadden de rabbijnen een aantal opmerkelijke religieuze ervaringen gehad. Toen de Heilige Geest, in de vorm van vuur, uit de hemel op rabbi Jochanan en zijn leerlingen neerdaalde, zaten ze kennelijk juist te discussiëren over de betekenis van Ezechiëls vreemde visioen van Gods troonwagen. Deze wagen en de mysterieuze gestalte die op de troon zat en van wie Ezechiël een glimp had opgevangen, was al eerder het onderwerp van esoterische speculaties geweest. Het Werk van de Troonwagen (*Ma'asee Merkawa*) had vaak aanleiding gegeven tot speculaties over de betekenis van de schepping (*Ma'asee Beresjiet*). In het oudste verhaal dat we bezitten over de mystieke opgang naar Gods troon in de hoogste hemel, wordt met nadruk gewezen op de enorme gevaren van deze spirituele reis:

> Onze rabbi's leerden: vier betraden een boomgaard en dit zijn hun namen: Ben Azzai, Ben Zoma, Acher en rabbi Akiwa. Rabbi Akiwa zei tot hen: 'Wanneer jullie de plaats van het stralende marmer bereiken, zeg dan niet "Water! Water!" Want er is gezegd: "De leugenspreker zal niet bestaan voor mijn ogen." Ben Azzai blikte omhoog en stierf. Over hem zegt de Schrift: "Kostbaar is in de ogen des Heren de dood van zijn gunstgenoten." Ben Zoma blikte omhoog en werd met krankzinnigheid geslagen. Van hem zegt de Schrift: "Hebt gij honig gevonden, eet zoveel als u voldoende is, opdat gij er niet te veel van krijgt en het uitspuwt." Acher sneed de wortels [dat wil zeggen, werd een afvallige]. Rabbi Akiwa vertrok in vrede.[2]

Alleen rabbi Akiwa was geestelijk voldoende gerijpt om de mystieke weg ongedeerd te kunnen afleggen en het te overleven. Een reis naar de diepten van de geest kan heel riskant zijn, omdat we misschien niet zijn opgewassen tegen de dingen die we daar aantreffen. Dat is de reden waarom alle religies erop hebben aangedrongen dat de mystieke reis slechts wordt ondernomen onder leiding van een deskundige die de mystieke ervaring kan sturen, de nieuweling langs de gevaarlijke plaatsen kan loodsen en ervoor kan zorgen dat hij niet verder springt dan zijn stok lang is, zoals de arme Ben Azzai die het leven liet en Ben Zoma die zijn verstand verloor. Alle mystici wijzen met nadruk op de noodzaak van verstandelijke en geestelijke stabiliteit. Zen-meesters zeggen dat iemand die neurotisch is, vergeefs in meditatie naar genezing zal zoeken, want hij zal er alleen maar zieker op worden. Het vreemde en buitensporige gedrag van sommige Europese katholieke heiligen die als mysticus zijn vereerd, kan niet anders dan als een aberratie worden beschouwd. Uit het bovenstaande cryptische verhaal over de talmoedische wijzen valt af te leiden dat joden zich al in een heel vroeg stadium bewust waren van de gevaren. Later zouden ze jongeren pas in de kabbalistische disciplines inwijden wanneer ze volledig tot wasdom waren gekomen. Bovendien moest een mysticus getrouwd zijn, zodat hij een goede seksuele gezondheid genoot.

De mysticus moest door het mythologische rijk van de zeven hemelen reizen om Gods troon te bereiken. Toch was het slechts een imaginaire hemelvlucht. Het werd nooit letterlijk opgevat, maar altijd gezien als een symbolische opgang door de mysterieuze regionen van de geest. Rabbi Akiwa's vreemde waarschuwing voor de 'plaats van het stralende marmer' sloeg misschien op het wachtwoord dat de mysticus op diverse cruciale momenten van zijn imaginaire reis moest uitspreken. Deze fantasiebeelden werden gevisualiseerd en maakten deel uit van een uitgebreide mystieke methode. Tegenwoordig weten we dat het onbewuste een kolkende massa van beelden is die in dromen, hallucinaties en afwijkende psychische of neurologische toestanden zoals epilepsie of schizofrenie naar boven komen. Joodse mystici meenden niet dat ze 'echt' door het hemelruim vlogen of Gods paleis betraden, maar ze ordenden en stuurden de religieuze beelden waar hun geest mee volstroomde. Dit vereiste grote kundigheid en een bepaalde instelling en oefening. Het verlangde een zelfde soort concentratie als de Zen- of yogatechnieken die de ingewijde op dezelfde manier helpen om zijn weg door het labyrint van de geest te vinden. De Babylonische wijze Hai Ga'on (939-1038) legde het verhaal van de vier wijzen uit aan de hand van de mystieke praktijk van zijn tijd. De 'boomgaard' is een verwijzing naar de mystieke opgang van de ziel naar de 'hemelse zalen' (*hechalot*) van Gods paleis. Iemand die deze imaginaire, innerlijke reis wil maken, moet hem 'waardig' zijn en 'met bepaalde kwaliteiten zijn gezegend', wil hij 'naar de hemelse troonwagens en de zalen der engelen in den hoge kunnen opblikken'. Het gebeurt echter niet zomaar. Hij moet bepaalde oefeningen doen die gelijkenis vertonen met de oefeningen van yogi's en contemplatieven over de hele wereld:

> Hij moet een voorgeschreven aantal dagen vasten, hij moet zijn hoofd tussen zijn knieën leggen en, met zijn gezicht naar de grond gericht, zacht in zichzelf bepaalde lofprijzingen op God fluisteren. Dan zal hij in de verste uithoeken van zijn hart kunnen blikken en lijkt het of hij met eigen ogen de zeven zalen zag en of hij zich van zaal naar zaal bewoog en aanschouwde wat daar te vinden was.[3]

Hoewel de oudste teksten van deze merkawa-mystiek pas uit de tweede of derde eeuw stammen, is dit soort contemplatie waarschijnlijk al veel ouder. Zo spreekt Paulus over een vriend 'in Christus' die een jaar of veertien voordien tot in de derde hemel was weggevoerd. Paulus wist niet hoe hij dat visioen moest uitleggen, maar hij geloofde dat de man 'werd weggevoerd naar het paradijs en onzegbare woorden vernam, die geen mens mag uitspreken'.[4]

De visioenen zijn geen doel op zich, maar de weg naar een onzegbare religieuze ervaring die normale begrippen te boven gaat. De inhoud van een visioen zal worden bepaald door de specifieke religieuze traditie van de onderhavige mysticus. Een joodse visionair zal een visioen van de zeven hemelen zien omdat zijn religieuze verbeelding vol zit met die specifieke symbolen. Boeddhisten zien allerlei beelden van boeddha's en bodhisattwa's. Christenen zien Maria. De visionair zou er echter verkeerd aan doen deze geestelijke verschijningen te beschouwen als objectieve werkelijkheden, of als dingen die méér zijn dan louter symbolen van het transcendente. Aangezien een hallucinatie vaak het symptoom van een pathologische geestestoestand is, zijn aanzienlijke kundigheid en geestelijk evenwicht vereist om de symbolen die tijdens de geconcentreerde meditatie en innerlijke reflectie opkomen, te sturen en te interpreteren.

Een van de vreemdste en meest omstreden traktaten uit de tijd van die vroeg-joodse visioenen is de *Sji'oer Koma* ('Meting van de hoegrootheid van het lichaam'), een tekst die uit de vijfde eeuw dateert en waarin de gestalte wordt beschreven die Ezechiël op Gods troon had gezien. De *Sji'oer Koma* noemt dit wezen Jotser Beresjiet, de Vormer van de Schepping. De bizarre beschrijving van dit visioen van God is waarschijnlijk gebaseerd op een passage uit het Hooglied, de favoriete bijbeltekst van rabbi Akiwa. In deze passage beschrijft de bruid haar geliefde:

> Mijn lief is blank en blozend,
> onder tienduizend anderen is hij te herkennen.
> Zijn hoofd is van het zuiverste goud,
> zijn lokken zijn dadelristen, ravezwart.
> Zijn ogen zijn duiven aan stromende beken,
> die zich wassen in melk en baden in overvloed.
> Zijn wangen zijn een balsemgaard, torens van reukwerken.
> Zijn lippen zijn lelies, zij druipen van vloeibare mirre.
> Zijn armen zijn staven van goud, met chrysoliet bezet;
> zijn lijf is van gepolijst ivoor, afgezet met saffieren.
> Zijn dijen zijn zuilen van albast, rustend op voetstukken van zuiver
>   goud.[5]

Sommigen zagen hier een beschrijving van God in. Tot ontsteltenis van ettelijke generaties joden vervolgde de *Sji'oer Koma* met het meten van alle ledematen van God die hier worden opgesomd. In deze vreemde tekst heeft God duizelingwekkende afmetingen. Ze gaan ons verstand te boven. De 'parasang' – de basiseenheid – is honderdtachtig biljoen 'vingers' en elke 'vinger' strekt zich uit van het ene einde van de aarde tot het andere. Het zijn zulke enorme afstanden dat ons het hoofd duizelt en daarom geven we maar elke poging op om het te begrijpen, of om ons een gestalte van dergelijke afmetingen voor te stellen. Maar dat is juist de bedoeling. De *Sji'oer Koma* tracht ons te vertellen dat het onmogelijk is God te meten, of Hem in menselijke termen uit te drukken. Alleen al de poging in die richting toont de onmogelijkheid van de onderneming aan en confronteert ons opnieuw met Gods transcendentie. Het zal niemand verbazen dat veel joden deze bizarre poging om de volkomen spirituele God te meten blasfemisch vonden. Dat is dan ook de reden waarom een esoterische tekst als de *Sji'oer Koma* niet onder ogen kwam van mensen die er niet klaar voor waren. In een bepaalde context echter zou de *Sji'oer Koma* de ingewijden die erop waren voorbereid om hem op de juiste manier en onder leiding van hun geestelijk leermeester te benaderen, een nieuw inzicht geven in de transcendentie van een God die boven alle menselijke categorieën is verheven. De *Sji'oer Koma* is zeker niet bedoeld om letterlijk te worden opgevat, en hij geeft zeker geen geheime informatie door. Hij wil bewust een sfeer van verwondering en ontzag oproepen.

De *Sji'oer Koma* toont ons twee essentiële ingrediënten in de mystieke schildering van God die alle drie geloven met elkaar gemeen hebben. In de eerste plaats is deze schildering volkomen imaginatief; en in de tweede plaats is ze onzegbaar. De gestalte die in de *Sji'oer Koma* wordt beschreven, is het beeld van God dat de mystici aan het einde van hun opgang op zijn troon zien zitten. Deze God heeft absoluut niets wat maar teder, liefhebbend of persoonlijk kan worden genoemd; zelfs zijn heiligheid werkt vervreemdend. Wanneer de mystici Hem echter zien barsten ze in gezang uit; hun liederen geven heel weinig informatie over God, maar maken enorme indruk:

> Daar is heiligheid, daar is macht, daar is angst, daar is vrees, daar is ontzag, daar is ontzetting, daar is schrik –
> Aldus is het kleed van de Schepper, Adonai, Israëls God, die gekroond de troon van zijn glorie nadert;
> Zijn kleed is van binnen en van buiten gegraveerd en geheel bedekt met JHWH, JHWH.
> Geen ogen kunnen het aanschouwen, noch de ogen van vlees en bloed, noch de ogen van zijn dienaren.[6]

Als we ons al niet kunnen voorstellen hoe de mantel van Jahweh eruitziet, hoe kunnen we dan menen dat we Hemzelf kunnen aanschouwen?

De beroemdste tekst uit de vroeg-joodse mystiek is wellicht de *Sefer Jetsira* (Het boek van de schepping) uit de vijfde eeuw. Hierin wordt geen enkele poging gedaan het scheppingsproces realistisch te beschrijven. Het verhaal is onbeschroomd allegorisch en laat God de wereld met behulp van taal scheppen, alsof Hij een boek zit te schrijven. Maar de taal is hier totaal getransformeerd en de scheppingsboodschap is niet duidelijk meer. Aan elke letter van het Hebreeuwse alfabet is een cijferwaarde toegekend; door de letters en de bijbehorende heilige getallen met elkaar te combineren, door ze in eindeloze configuraties te herschikken, vervreemdde de mysticus zijn geest van de normale betekenis van de woorden. De bedoeling hiervan was het verstand te omzeilen en de joden eraan te herinneren dat geen enkel woord of begrip de werkelijkheid waar de Naam naar verwijst, adequaat kan dekken. Ook in dit geval moest deze methode, waarin taal tot het uiterste werd opgerekt en een niet-talige betekenis uit de woorden werd geperst, resulteren in het besef van Gods andersheid. Mystici wensten geen eenduidige, ongecompliceerde dialoog te voeren met een God die ze eerder als een overweldigende heiligheid ervoeren dan als een sympathieke vriend en vader.

Het merkawa-visioen was niet exclusief joods. Van de profeet Mohammed wordt verteld dat hij een soortgelijke ervaring had gehad toen hij zijn nachtelijke reis van Arabië naar de Tempelberg in Jeruzalem maakte. Hij was, in zijn slaap, door Gabriël op een hemels paard meegevoerd. Bij aankomst werd hij begroet door Abraham, Mozes, Jezus en een menigte andere profeten die hem in zijn eigen profetische missie bevestigden. Vervolgens begonnen Gabriël en Mohammed aan de hemelvaart (*mi'rādj*), de gevaarlijke beklimming van een ladder die hen door de zeven hemelen voerde; aan het hoofd van elke hemel stond een profeet. Ten slotte bereikte hij de goddelijke sfeer. De oudste bronnen bewaren een eerbiedig stilzwijgen over zijn laatste visioen, maar aangenomen wordt dat de volgende regels uit de Koran ernaar verwijzen:

> En hij heeft hem [Gabriël] nog gezien bij een andere neerdaling, bij de lotusboom van de eindgrens, bij dewelke is de Gaarde der Bestemming, toen de lotusboom omhuld was met wat hem omhulde. Niet week zijn blik af [d.i. de blik van Mohammed] en niet dwaalde hij. Waarlijk heeft hij van de tekenen van zijn Heer het geweldigste [teken] gezien.[7]

Mohammed zag God zelf niet, maar alleen symbolen die naar de goddelijke werkelijkheid verwezen; in het hindoeïsme geeft de lotusboom de grens van het rationele denken aan. De aanblik van God kan op geen enkele manier met het normale taal- of denkvermogen worden bevat. De hemelse opgang is een allegorie van het hoogste punt dat de menselijke geest kan bereiken en geeft de drempel aan waarachter het rijk van de hoogste zingeving begint.

Het beeld van de hemelvaart komt vrij algemeen voor. In Ostia maakte Augustinus samen met zijn moeder een soortgelijke opgang naar God en hij beschrijft die in een taal die ons aan Plotinus doet denken:

> [Vervolgens] verhieven wij ons hart in klimmende vervoering tot het Zijnde zelf en doorliepen trapsgewijs alle lichamelijke dingen en de hemel zelf, vanwaar de zon en de maan en de sterren lichten over de aarde. En wij stegen nog hoger, in ons hart overdenkend en besprekend en bewonderend Uw werken en zo kwamen wij tot onze zielen.[8]

De beelden die Augustinus door het hoofd speelden waren eerder ontleend aan de imposante Griekse hiërarchie van zijnsvormen dan aan de Semitische zeven hemelen. Het was geen letterlijke reis door de ruimte naar een God 'ergens daarginds', maar een geestelijke opgang naar een werkelijkheid binnen in henzelf. Maar deze extatische hemelvlucht lijkt hun van buitenaf te zijn geschonken wanneer hij zegt: '[Vervolgens] verhieven wij ons hart in klimmende vervoering', net of Monica en hij passieve ontvangers van de genade waren. Maar toch gaat deze gestage klim naar 'het Zijnde zelf' gepaard met beraadslaging. Een soortgelijk beeld van een opgang treffen we ook aan in de trances van sjamanen – 'van Siberië tot Tierra del Fuego', om Joseph Campbell aan te halen.[9]

Met de allegorische hemelvaart wordt aangegeven dat de mysticus zijn aardse percepties ver achter zich heeft gelaten. De godservaring die hij ten slotte krijgt, kan onmogelijk worden beschreven, aangezien normale taal niet meer toepasbaar is. De joodse mystici geven van alles een beschrijving, *behalve* van God. Ze vertellen over zijn mantel, zijn paleis, zijn hemelse hof en de sluier die Hem aan menselijke blikken onttrekt, allemaal beelden die voor de eeuwige archetypen staan. Moslims die over Mohammeds hemelvaart speculeerden, legden de nadruk op het paradoxale karakter van zijn uiteindelijke visioen van God; hij zag de goddelijke tegenwoordigheid tegelijkertijd wel en niet.[10] Zodra de mysticus zijn reis door het innerlijke rijk van de verbeelding heeft volbracht, bereikt hij het punt waar noch concepten, noch verbeelding hem nog verder kan brengen. Ook Augustinus en Monica bewaarden het stilzwijgen over het hoogtepunt van hun hemelvlucht en legden de nadruk op het feit dat ze ruimte, tijd en gewone kennis transcendeerden. Ze mijmerden over de goddelijke wijsheid en 'terwijl wij over haar spraken en naar haar smachtten, raakten wij haar min of meer aan met de gehele beweging van ons hart'.[11] Maar daarna keerden ze terug naar normale taal waar een zin een begin, een midden en een einde heeft en ze zeiden tegen elkaar:

> Indien in iemand zwijgt de onrust des vlezes, indien zwijgen de gedachten aan de aarde en de wateren en de lucht, indien zwijgt het uitspansel en de ziel zelf zwijgt en, niet aan zichzelf denkend, boven zichzelf zich verheft, en de dromen en de openbaringen der verbeelding zwijgen en elk teken en al wat voorbijgaand van aard is, indien

dat voor iemand geheel zwijgt – want indien iemand het horen kon, zouden al deze dingen zeggen: niet wijzelf hebben ons gemaakt [Psalm 100:3], maar Hij heeft ons gemaakt, die blijft in eeuwigheid – (...) en indien Hij zelf alleen sprak [en] wij Hemzelf zonder dat alles zouden horen, zoals wij nu onszelf uitstrekken en in snelle gedachte aanraken de eeuwige wijsheid die boven alles stand houdt (...) – zou dat dan niet zijn: 'Ga in, in de vreugde uws Heren'?[12]

Dit was geen natuurgetrouw visioen van een persoonlijke God. Ze hadden niet 'zijn stem gehoord' via een van de normale, natuurlijke communicatiekanalen, zoals de gewone taal, de stem van een engel, een natuurverschijnsel of de symboliek in een droom. Het was of ze de werkelijkheid die zich aan gene zijde van al die dingen bevond hadden 'aangeraakt'.[13]

Hoewel zo'n 'hemelvaart' duidelijk cultureel wordt bepaald, behoort ze kennelijk tot de werkelijkheden die onlosmakelijk met het leven zelf zijn verbonden. Hoe we dergelijke contemplatieve ervaringen ook wensen te interpreteren, mensen over de hele wereld en in alle fasen van de geschiedenis hebben ze gehad. Monotheïsten hebben dit climactische inzicht een 'visioen van God' genoemd; Plotinus had aangenomen dat het de bewustwording van het Ene was; boeddhisten zouden het een verwijzing naar het nirwana noemen. Hoe het ook zij, in elk geval is het iets waar mensen die een zeker spiritueel talent bezitten, altijd naar hebben verlangd. De mystieke godservaring heeft bepaalde kenmerken die alle religies met elkaar gemeen hebben. Het is een subjectieve ervaring, samenhangend met een reis door het eigen innerlijk, en niet de perceptie van een objectief feit dat zich buiten de persoon bevindt. De reis voert door het beelden-scheppende deel van de geest – vaak de verbeelding genoemd – en niet door het cerebrale, logische deel. En ten slotte, het is een ervaring die de mysticus bewust in zichzelf oproept; bepaalde lichamelijke of geestelijke technieken wekken het uiteindelijke visioen op. Het overvalt de mysticus niet altijd op momenten dat hij of zij er niet op bedacht is.

Augustinus schijnt te hebben gemeend dat bevoorrechte personen soms in staat waren God in dit leven te zien. Als voorbeeld noemde hij Mozes en Paulus. Paus Gregorius de Grote (540-604), die niet alleen een krachtig pontifex was, maar ook een erkende deskundige op het gebied van het spirituele leven, was het niet met hem eens. Hij was geen intellectueel en had als echte Romein een pragmatischer visie op spiritualiteit. Hij gebruikte de metaforen wolk, mist of duisternis om het donker aan te geven dat alle menselijke godskennis omgeeft. Zijn God bleef voor iedereen gehuld in een ondoordringbaar duister dat veel smartelijker was dan de wolk van het niet-weten die Griekse christenen als Gregorius van Nyssa en Pseudo-Dionysius de Areopagiet ervoeren. In de ogen van Gregorius was God een kwellende ervaring. Hij verklaarde dat het moeilijk was tot Hem te naderen. In elk geval konden we onmogelijk vertrouwelijk over Hem spreken, als hadden we iets met Hem gemeen. We wisten absoluut niets van God af. We konden op basis van wat we van mensen wisten, geen voorspellingen over zijn gedrag maken: 'Slechts dan is er waarheid in wat we over God weten wanneer we ervan zijn doordrongen dat we nooit ten volle iets over Hem kunnen weten.'[14] Veelvuldig stond Gregorius stil bij de pijn en moeite die we ons moeten getroosten om tot God te naderen. De vreugde en vrede die schouwing bracht, konden slechts na een enorme strijd gedurende enkele ogenblikken worden bereikt. Voordat de ziel Gods zoetheid smaakte moest ze zich vechtend een weg banen uit het duister dat haar natuurlijke element is. De ziel

> kan haar geestesoog niet richten op hetgeen zij met haastige blik in zichzelf heeft waargenomen, daar ze gewoontegetrouw wordt gedwongen om neerwaarts te zinken. Ondertussen steunt en strijdt ze en tracht ze boven zichzelf uit te stijgen, doch overweldigd door vermoeidheid zakt ze terug in haar eigen, vertrouwde duisternis.[15]

God kon alleen na 'grote inspanning van de geest' worden bereikt, want de geest moest met Hem worstelen zoals Jakob met de engel. De ziel die de weg naar God aflegt wordt door schuldgevoelens, tranen en uitputting bestookt; terwijl ze Hem nadert 'kan de ziel nog slechts wenen'. 'Gefolterd' door haar verlangen naar God vindt ze alleen 'in haar tranen rust van haar vurige ijver'.[16] Gregorius bleef tot de twaalfde eeuw een belangrijke spirituele leidsman; voor het Westen zou God duidelijk nog lange tijd een krachtsinspanning blijven.

In het Oosten daarentegen werd de manier waarop christenen God ervoeren gekenmerkt door licht in plaats van door duisternis. De Grieks-orthodoxe christenen ontwikkelden een andere vorm van mystiek, die we ook elders in de wereld aantreffen. Ze berustte niet op verbeelding en visioen, maar ging uit van het apofatische of stilzwijgende ervaren dat Pseudo-Dionysius de Areopagiet had beschreven. De Grieken moesten uiteraard niets van rationele godsvoorstellingen hebben, want, zo had Gregorius van Nyssa in zijn commentaar op het Hooglied verklaard, 'elk concept dat het verstand begrijpt, wordt een obstakel in de zoektocht van hen die zoeken'. Het streven van de contemplatief was erop gericht om ideeën te overstijgen, en zelfs om boven alle beelden uit te rijzen, aangezien die hem maar zouden afleiden. Dan kwam hij tot 'een zeker besef van een tegenwoordigheid' dat niet in woorden kon worden uitgedrukt en ver verheven was boven elke relatie die hij ooit met een persoon had gehad.[17] De Grieken noemden deze benadering *hesuchia*, 'rust' of 'innerlijke stilte'. Omdat woorden, ideeën en beelden ons slechts kunnen vastklinken aan deze aardse wereld, aan dit hier en nu, moet onze geest met behulp van concentratietechnieken bewust tot zwijgen worden gebracht, zodat een wachtende stilte wordt opgeroepen. Alleen dan mogen we hopen dat onze geest in contact komt met een werkelijkheid die alles wat hij kan bevatten transcendeert.

Maar was het mogelijk een God te kennen die niet te bevatten was? De Griekse christenen waren dol op dit soort paradoxen en de hesychasten grepen terug op het oude onderscheid tussen Gods wezenheid (ousia) en zijn 'energieën' (energeiai) of werkingen op aarde die ons in de gelegenheid stelden iets van het goddelijke te ervaren. Aangezien we God nooit konden kennen zoals Hij bij zichzelf is, waren het die 'energieën' die wij in het gebed ervoeren, en niet zijn 'wezenheid'. Ze konden worden omschreven als de 'stralen' van het goddelijke die de wereld verlichtten en een uitvloeiing van de godheid waren, maar ze moesten evenzeer van God worden onderscheiden als zonnestralen van de zon. Ze gaven gestalte aan een God die zelf in volstrekt stilzwijgen was gehuld en onkenbaar was. 'We zeggen dat we onze God kennen op grond van zijn energieën,' had Basilius de Grote verklaard, 'maar we beweren niet dat we zijn wezen kunnen benaderen. Zijn energieën dalen op ons neer, maar zijn wezen blijft ongenaakbaar.'[18] In het Oude Testament werd die goddelijke 'energie' Gods 'heerlijkheid' (kawod) genoemd. In het Nieuwe Testament had ze, op de berg Tabor, van de persoon van Christus afgestraald toen de goddelijke stralen zijn menselijkheid transfigureerden. Nu doordrenkte ze het hele geschapen universum en vergoddelijkte ze degenen die waren verlost. Zoals het woord 'energeiai' al aangeeft was dit een actieve en dynamische voorstelling van God. Waar in de ogen van het Westen God zichzelf kenbaar maakte door middel van zijn eeuwige attributen (zijn goedheid, rechtvaardigheid, liefde en almacht), zo maakte in de ogen van de Griekse christenen God zich genaakbaar in zijn eindeloze werkzaamheid waar Hij op een of andere wijze in tegenwoordig is.

Wanneer we daarom in het gebed zijn 'energieën' ervaren, communiceren we in zekere zin rechtstreeks met God, al blijft de onkenbare werkelijkheid zelf in duisternis gehuld. De toonaangevende hesychast Evagrius Ponticus (gest. 599) wees er nadrukkelijk op dat de 'godskennis' die we in het gebed verkregen, absoluut niets te maken had met concepten of beelden, maar een directe ervaring van de alle concepten transcenderende godheid was. Het was daarom belangrijk dat de hesychasten hun ziel tot op de naakte kern ontkleedden. 'Probeer je God niet in een gestalte voor te stellen als je bidt,' hield hij zijn monniken voor, 'en sta niet toe dat er in je verstand een of andere vorm wordt ingedrukt.' Nee, ze moesten zich 'op onstoffelijke wijze naar de Onstoffelijke'[19] begeven. Evagrius stelde een soort christelijk yoga voor. Het was geen proces waar de nadruk op bespiegeling lag, want 'gebed is immers het buitenwerpen van begrippen'.[20] Het was veeleer een intuïtief begrijpen van God. Het zou resulteren in het besef dat alle dingen één zijn, in het afwerpen van veelvoudigheid en van alle zaken die de aandacht afleiden, en in het verlies van het eigen ik – een ervaring die duidelijk overeenkomt met die van contemplatieven in niet-theïstische religies zoals het boeddhisme. Door hun geest systematisch te vervreemden van hun 'hartstochten' – zoals trots, hebzucht of boosheid, of andere emoties die hen aan hun eigen ik bonden – zouden hesychasten boven zichzelf uitstijgen en net als Jezus op de berg Tabor vergoddelijkt worden, getransfigureerd door de goddelijke 'energieën'.

Diadochus, de vijfde-eeuwse bisschop van Photice, wees er nadrukkelijk op dat deze vergoddelijking niet tot de andere wereld was uitgesteld, maar bewust in dit ondermaanse kon worden ervaren. Hij leerde een bepaalde concentratiemethode waar ademhaling een belangrijke rol bij speelde. De hesychasten moesten, terwijl ze diep inademden, de volgende woorden bidden: 'Heer Jezus Christus, Zoon van God'; vervolgens moesten ze uitademen op de woorden 'Ontferm u over mij'. Deze oefening zou door latere hesychasten worden verfijnd; contemplatieven moesten zich met gebogen hoofd en schouders neerzetten en naar hun hart of navel kijken. Ze moesten nog langzamer ademhalen om zo hun aandacht naar binnen te richten, naar bepaalde psychologische centra, bijvoorbeeld het hart. Het was een rigoureuze methode waar zorgvuldig mee moest worden omgesprongen; ze kon alleen onder deskundige leiding veilig worden beoefend. Geleidelijk zou de hesychast merken dat hij, net als de boeddhistische monnik, alle rationele gedachten zacht van zich af kon zetten, dat de beelden die zich in zijn geest verdrongen vervaagden en dat hij volkomen één met zijn gebed werd. De Griekse christenen hadden zo, op eigen kracht, technieken ontdekt die al eeuwenlang in de oosterse religies werden toegepast. Ze beschouwden het gebed als een psychosomatische oefening, terwijl westerse christenen zoals Augustinus en Gregorius de Grote van mening waren dat het gebed de ziel uit het lichaam hoorde te bevrijden. Maximus Confessor daarentegen had betoogd: 'De gehele mens [behoort] God [te] worden door de genade van God die mens werd – volkomen mens blijvend naar lichaam en ziel, krachtens zijn natuur, en volkomen God naar lichaam en ziel, krachtens de genade.'[21] De hesychast zou dit ervaren als een toestroom van energie en zuiverheid die zo krachtig en vervoerend was, dat ze alleen maar goddelijk kon zijn. Zoals we al eerder zagen beschouwden Griekse christenen deze 'vergoddelijking' als een verlichting die de mens was ingeschapen. Ze lieten zich inspireren door de getransfigureerde Christus op de berg Tabor, net zoals boeddhisten werden geïnspireerd door het beeld van de Boeddha die de hoogste verwerkelijking van het menszijn had bereikt. Het Feest van de Transfiguratie is in de Oosters-orthodoxe Kerken erg belangrijk. Het wordt een 'epifanie' genoemd, een manifestatie van God. Anders dan hun westerse geloofsgenoten vonden de Grieken niet dat uitputting, verdroging en eenzaamheid onvermijdelijk aan een religieuze ervaring moesten voorafgaan; dat waren gewoon kwalen die genezen dienden te worden. De Griekse christenen kenden geen cultus van een donkere nacht van de ziel. Bij hen was het overheersende motief veeleer Tabor dan Getsemane en Golgota.

Niet iedereen kon die hogere bewustzijnstoestanden echter bereiken, maar andere christenen konden wel in de iconen een glimp van die mystieke ervaring opvangen. In het Westen was religieuze kunst overwegend veraanschouwelijkend geworden; ze beeldde historische gebeurtenissen uit het leven van Jezus of de heiligen af. In de Kerk van het Oosten daarentegen was de icoon niet bedoeld om iets in déze wereld weer te geven, maar een poging om in visuele vorm de onzegbare mystieke ervaring van de hesychasten uit te beelden, met als doel de niet-mystici te inspireren. 'In de hele oostchristelijke wereld,' aldus de Engelse historicus Peter Brown, 'waren icoon en visioen een bevestiging van elkaar. Een diepgevoeld samenkomen van de collectieve verbeelding in één brandpunt (...) zorgde ervoor dat tegen de zesde eeuw het bovennatuurlijke precies die gelaatstrekken had aangenomen waarin het, in dromen en in ieders fantasie, gewoonlijk in de kunst werd afgebeeld. De icoon was een droom die werkelijkheid was geworden.'[22] Iconen waren niet bedoeld om de gelovigen te onderrichten of om informatie, denkbeelden of dogma's over te brengen. Ze waren het richtpunt van de schouwing (*theoria*) en verschaften de gelovigen een soort raam dat op de goddelijke wereld uitkeek.

Geleidelijk namen ze echter zo'n centrale plaats in de Byzantijnse godservaring in, dat ze tegen de achtste eeuw de inzet van een verhit leerstellig dispuut in de Griekse Kerk werden. Men begon zich af te vragen wat de kunstenaar precies schilderde wanneer hij Christus schilderde. Het was immers onmogelijk zijn goddelijkheid af te beelden, maar als de kunstenaar beweerde dat hij alleen de menselijkheid van Jezus schilderde, maakte hij zich dan niet schuldig aan nestorianisme, de dwaalleer die de menselijke en goddelijke natuur van Jezus scherp van elkaar onderscheidde? De iconoclasten wilden alle iconen weren, maar twee vooraanstaande monniken, Johannes Damascenus (656-747) van het klooster Sint-Sabbas bij Betlehem, en Theodorus (759-826) van het klooster Studion bij Constantinopel, namen het voor de iconen op. Ze verklaarden dat de iconoclasten er verkeerd aan deden het afbeelden van Christus te verbieden. Sinds de Menswording hadden de stoffelijke wereld en het menselijk lichaam allebei een goddelijke dimensie gekregen en een kunstenaar *mocht* dat nieuwe type vergoddelijkte mens schilderen. Hij schilderde bovendien een afbeelding van God, aangezien Christus-de-Logos de goddelijke icoon in optima forma was. God kon niet in woorden worden uitgedrukt of in menselijke concepten vastgelegd, maar Hij kon wel worden 'beschreven' met het penseel van de kunstenaar of in de symbolische handelingen van de liturgie.

De piëteit van de Griekse christenen was zo afhankelijk van iconen, dat de iconoclasten tegen 820 door de massa de mond werd gesnoerd. Deze krachtige verklaring dat God in zekere zin wel was af te beelden, betekende evenwel niet dat men de apofatische theologie van Pseudo-Dionysius had losgelaten. In zijn traktaat *Grote apologie van de Heilige Afbeeldingen* verklaarde de monnik Nicephorus dat de iconen, 'terwijl ze in zichzelf de onzegbaarheid van het hoogste mysterie zichtbaar maken, uitdrukkingen [zijn] van Gods stilzwijgen. Onophoudelijk en zonder stil te vallen verheerlijken ze met die heilige, drievoudige lofzang der theologie de goedheid van God.'[23] In plaats van de gelovigen te onderrichten in de dogma's van de Kerk en hen behulpzaam te zijn bij het formuleren van lucide gedachten over hun geloof, maakten de iconen hen bewust van het goddelijke mysterie. Toen Nicephorus het effect van deze religieuze schilderijen beschreef kon hij het slechts vergelijken met dat van muziek, de onzegbaarste van alle kunsten en mogelijk de directste. De wijze waarop muziek emoties en ervaringen overbrengt is niet in woorden en concepten uit te drukken. In de negentiende eeuw zou Walter Pater verklaren dat alle vormen van kunst ernaar streven om muziek te zijn; in het negende-eeuwse Byzantijnse rijk waren de Griekse christenen van mening dat theologie ernaar streefde om iconografie te zijn. Ze vonden dat God beter uitdrukking vond in een kunstwerk dan in een rationalistische verhandeling. Na de uiterst woordenrijke, christologische disputen van de vierde en vijfde eeuw ontwikkelden ze een godsbeeld dat op de imaginatieve ervaring van christenen berustte.

Dat werd met het meeste gezag onder woorden gebracht door Symeon (949-1022), de abt van het kleine klooster Sint-Mamas bij Constantinopel, de man die als de 'Nieuwe Theoloog' bekendheid zou krijgen. In zijn nieuwe theologie wordt geen enkele poging gedaan God te definiëren. Het zou aanmatigend zijn, zo verklaarde Symeon, om op welke wijze dan ook over God te spreken, 'om uitdrukking te geven aan iets wat niet uit te drukken is en om als begrijpelijk te presenteren wat voor allen onbegrijpelijk is'.[24] In plaats van rationeel over Gods natuur te debatteren ging de 'nieuwe' theologie uit van de directe, persoonlijke godservaring. Het was onmogelijk om God met behulp van conceptuele termen te kennen, als was Hij gewoon een ander wezen over wie we ons een idee konden vormen. God was een mysterie. Een waarachtig christen was iemand die de God die zich in de getransfigureerde menselijkheid van Christus had geopenbaard, bewust ervoer. Symeon was zelf van een wereldse levenswandel bekeerd tot een contemplatieve door een mystieke ervaring die als een donderslag bij heldere hemel was gekomen. Aanvankelijk had hij er geen idee van gehad wat hem overkwam, maar langzamerhand drong het tot hem door dat hij werd getransformeerd en als het ware werd opgenomen in een licht dat van God zelf afkomstig was. Het was uiteraard geen licht zoals wij dat kennen; het was 'noch een vorm, noch een gestalte, noch een uitbeelding'[25] en het kon slechts intuïtief, in het gebed, worden ervaren. Het was echter geen ervaring die slechts voor de bevoorrechten of voor monniken was weggelegd; het koninkrijk dat Christus in de evangeliën had aangekondigd, was een vereniging met God die iedereen in het hier en nu kon ervaren, zonder dat hij tot het leven na de dood hoefde te wachten.

Voor Symeon was God daarom bekend en onbekend, dichtbij en veraf. In plaats van zich te werpen op de onmogelijke taak om 'onzegbare zaken louter langs de weg van woorden te willen leren kennen',[26] moesten zijn monniken, zo spoorde hij hen aan, zich concentreren op datgene wat in hun eigen ziel kon worden ervaren als een transfigurerende werkelijkheid. God zelf had tijdens een van zijn visioenen tegen Symeon gezegd: 'Ja, ik ben het, God, degene die voor u mens is geworden. En zie, Ik heb u geschapen, zoals ge ziet, en ik zal u tot god maken.'[27] God was geen objectief feit dat zich buiten de mens bevond, maar een wezenlijk subjectieve en persoonlijke verlichting. Toch zag Symeon in zijn weigering om *over* God te spreken geen aanleiding om te breken met de theologische inzichten uit het verleden. Zijn 'nieuwe' theologie zat hecht verankerd in de leringen van de kerkvaders. Zo brengt hij in een van zijn *Hymnen* het oude, Grieks-orthodoxe dogma van de vergoddelijking van de mensheid onder woorden dat door Athanasius en Maximus Confessor was beschreven:

> o Licht dat men niet vermag te benoemen, want het heeft geen naam,
> o Licht met de veelvuldige namen ook, vermits het alles bewerkt (...),
> hoe vermengt Gij U met het gras, volkomen goddelijk wezen,
> Gij, mijn God, die woont in een absoluut onuitstaanbaar licht?
> Hoe bewaart Gij de natuur van het gras zonder het te verbranden,
> terwijl Gij zonder verandering blijft, geheel ontoegankelijk?[28]

Het was zinloos om de God die deze transformatie bewerkstelligde te definiëren, aangezien Hij boven taal en beschrijving stond. Maar tegelijkertijd was deze 'God', als een ervaring die de mensheid vervulde en transfigureerde zonder haar integriteit aan te tasten, een onweerlegbare realiteit. Al hadden de Griekse christenen dan ideeën over God ontwikkeld die hen van andere monotheïsten onderscheidden (zoals de Drieëenheid en de Menswording), de feitelijke godservaring van hun mystici had veel gemeen met die van moslims en joden.

Hoewel de profeet Mohammed zich voornamelijk bezig had gehouden met de vestiging van een rechtvaardige maatschappij, hadden hij en enkele trouwe metgezellen zich ook tot de mystiek aangetrokken gevoeld, en het duurde niet lang of de moslims hadden hun eigen mystieke traditie ontwikkeld. In de achtste en negende eeuw was er binnen de islam, naast de andere islamitische sekten, een ascetische stroming opgekomen. Net als de moe'tazilieten en sji'ieten maakten deze asceten zich zorgen over het luxueuze leven aan het hof en de duidelijke veronachtzaming van de soberheid die de vroegere oemma had gekenmerkt. Ze probeerden terug te keren naar het eenvoudige leven van de eerste Medinische moslims en kleedden zich in een zelfde pij van ruwe wol (*soef*) als waarin de profeet zou hebben gelopen. Daarom werden ze soefi's genoemd. Sociale rechtvaardigheid was in hun piëtcit cruciaal, zo legt de overleden Franse geleerde Louis Massignon uit:

> De mystieke roep vloeit in de regel voort uit een innerlijk verzet van het geweten tegen sociale misstanden dat zich niet alleen richt op de fouten van anderen, maar voornamelijk en vooral op de eigen fouten, en dat gepaard gaat met een door innerlijke zuivering aangewakkerd verlangen om tot elke prijs God te vinden.[29]

Aanvankelijk hadden de soefi's veel gemeen met de andere sekten. Zo was de beroemde moe'tazilitische rationalist Wāsil ibn Atā (gest. 748) een leerling geweest van Hasan al-Basrī (gest. 728), de asceet van Medina die later als een van de grondleggers van het soefisme zou worden geëerd.

De oelamā, de islamitische godgeleerden, begonnen juist een scherp onderscheid te maken tussen de islam en de andere godsdiensten en ze stelden dat de islam het enige ware geloof was, maar de soefi's bleven trouw aan de koranische zienswijze dat alle rechtgeleide godsdiensten één waren. Zo werd Jezus door veel soefi's vereerd als de profeet van het innerlijke leven. Sommigen pasten zelfs de sjahāda, de geloofsbelijdenis, aan en zeiden: 'Er is geen God dan Allah en Jezus is zijn afgezant', een uitspraak die op zichzelf wel klopte, maar met opzet provocerend was bedoeld. Spreekt de Koran van een rechtvaardige God die vrees en ontzag inboezemt, de eerste vrouwelijke ascete Rābi'a (gest. 801) sprak van liefde, op een manier die christenen vertrouwd in de oren zou hebben geklonken:

> Met tweeërlei min bemin ik u: de ene welt uit mij,
> De andere spruit uit u, bestaat slechts dank zij u.
> De ene blindt voor al mijn oog,
> Zodat het slechts uw schoonheid ziet.
> De andere toont mij uw gelaat,
> Waarnaast geen andere luister nu bestaat.
> Maar uit mijzelf of dank zij u, deez' tweeërlei min
> stelt zich slechts u tot doel, uitsluitend en alleen maar u.[30]

Dit komt dicht bij haar beroemde gebed: 'O God, als ik U aanbid uit angst voor de Hel, verbrand mij dan in de Hel; en als ik U aanbid in de hoop op het Paradijs, verban mij dan uit het Paradijs. Maar als ik U aanbid om Uzelf, onthoud mij dan niet Uw eeuwigdurende schoonheid.'[31] Deze liefde tot God werd het kenmerk van het soefisme. Hoewel de soefi's mogelijk beïnvloed zijn geweest door de christelijke asceten in het Midden-Oosten, bleef de invloed van Mohammed allesbepalend. Ze hoopten een godservaring te krijgen die vergelijkbaar was met de zijne toen hij zijn openbaringen ontving. Uiteraard putten ze ook inspiratie uit zijn mystieke opgang naar de hemel, een voorval dat het paradigma van hun eigen godservaring werd.

De soefi's zijn ook de geestelijke vaders van de methoden en technieken waar mystici over de hele wereld zich van hebben bediend om een alternatieve bewustzijnstoestand te bereiken. Aan de grondregels die de islamitische wet voorschreef voegden ze het vasten, waken en reciteren van de goddelijke Namen als mantra toe. De effecten van deze leefwijze vertaalden zich af en toe in gedragingen die op buitenstaanders een bizarre en ongecontroleerde indruk maakten en zulke mystici werden 'dronken soefi's' genoemd. De eerste was Aboe Jazīd al-Bistāmi (gest. 874) die, net als Rābi'a, God als een minnaar benaderde. Naar zijn mening moest hij ernaar streven Allah net zo te behagen als hij in een menselijke liefdesrelatie een vrouw zou behagen, dat wil zeggen, zijn eigen behoeften en verlangens opzij zetten om één te worden met zijn Beminde. Maar de introspectieve technieken waar hij zich van bediende om dat doel te bereiken, tilden hem boven die verpersoonlijkte godsbenadering uit. Hoe dichter hij bij de essentie van zijn identiteit kwam, des te sterker voelde hij dat er niets tussen God en hem in stond. Alles wat hij als zijn 'zelf' beschouwde, leek te zijn opgelost:

> Met het oog der waarheid blikte ik naar Allah op en zei tot Hem: 'Wie bent u?' En Hij zei: 'Ik ben noch Ik, noch een ander dan Ik. Er is geen andere God dan Ik.' Toen veranderde Hij mijn identiteit in zijn eigenheid. (...) En toen onderhield ik me met Hem met de tong van zijn genade en zei ik: 'Hoe vaar ik bij U?' En Hij zei: 'Ik ben de uwe door U; er is geen andere God dan U.'[32]

Ook nu weer was het geen externe godheid die zich 'ergens daarginds' bevond en de mens vreemd was. De mens ontdekte dat God op mysterieuze wijze één was met zijn eigen diepste wezen. Het systematische afbreken van het eigen ik resulteerde in een gevoel van versmelting met een hogere, onzegbare werkelijkheid. Deze ontwording van de eigen persoon (*fanā'*, letterlijk 'ondergang') zou de essentie van het soefische ideaal worden. Bistāmi had de sjahāda zo ingrijpend geherinterpreteerd, dat het als een godslastering zou kunnen worden uitgelegd als het niet in de ogen van veel moslims de authentieke ervaring van de door de Koran opgedragen *islām* was geweest.

Andere mystici, bekend onder de naam 'nuchtere' soefi's, gaven echter de voorkeur aan een spiritualiteit die minder extravagant was. Djoenaid van Bagdad (gest. 910), die de basis van de latere islamitische mystiek legde, was van mening dat de extreme methodes van al-Bistāmi gevaarlijk konden zijn. Hij leerde dat *fanā'* (ondergang) moest worden gevolgd door *bakā'* (duurzaamheid, herleving), een terugkeer naar een verhevener zelf. Vereniging met God mocht niet leiden tot de afbraak van onze natuurlijke vermogens, maar moest die juist vervolmaken; een soefi die de allesverduisterende sluier van het egoïsme opzij rukte en in het diepst van zijn ziel de goddelijke tegenwoordigheid ontdekte, zou grotere zelfverwerkelijking en innerlijke rust bereiken. Hij zou vollediger mens worden. Voor soefi's waren fanā' en bak'ā daarom een geestestoestand die een Griekse christen 'vergoddelijking' zou noemen. Djoenaid zag de soefische zoektocht als een terugkeer naar de oerstaat van de mens op de dag van de schepping; hij keerde terug naar de ideale mens die God voor ogen had gestaan. Hij keerde ook terug naar de oorsprong van zijn zijn. Het gevoel van scheiding en vervreemding stond in de soefische mystiek even centraal als in het neoplatoonse of gnostische denken. Het verschilt wellicht niet veel van wat freudianen en kleinianen tegenwoordig 'separatie' noemen, zij het dat de psychoanalytici haar aan een niet-theïstische bron toeschrijven. Een moslim zou, aldus Djoenaid, via streng gereglementeerde, zorgvuldige technieken, uitgevoerd onder leiding van een deskundige soefi-leermeester (*pīr*) zoals hijzelf, worden verenigd met zijn Schepper en tot dat oerbesef van Gods directe tegenwoordigheid komen dat hij had gehad toen hij, zoals de Koran zegt, uit Adams lendenen werd getrokken. Hiermee zou een einde komen aan scheiding en smart, zou een hereniging worden bereikt met een dieper gelegen zelf dat ook het zelf was dat een man of een vrouw bedoeld was te zijn. God was geen gescheiden, externe werkelijkheid en rechter, maar op een of andere wijze één met ieders zijnsgrond:

> Nu weet ik, Heer, wat in mijn hart ligt;
> Mijn tong heeft in het geheim, gescheiden van de wereld,
> Gesproken met mijn Teerbeminde.
>
> In zekere zin zijn wij nu dus vereend, en één;
> En toch zijn wij, voor het overige,
> voor eeuwig onverenigd.

> Hoewel door diep en groot ontzag
> verborgen blijft uw aangezicht voor mijn eerbiedig oog,
> voel ik, vol wondere en extatische genade,
> dat u mijn diepste wezenheid beroert.[33]

Deze nadruk op vereniging gaat terug op het koranische ideaal van de *tauhīd*. Door zijn uiteengevallen wezen tot een geheel samen te voegen zou de mysticus in zijn persoonlijke integratie de goddelijke tegenwoordigheid ervaren.

Djoenaid was zich scherp bewust van de gevaren die aan mystiek kleefden. Ongeoefenden, die niet het voordeel hadden dat ze door een pīr waren geadviseerd en niet de rigoureuze soefi-training hadden gehad, zouden de extase van een mysticus gemakkelijk verkeerd kunnen uitleggen en een heel simplistisch idee kunnen krijgen van wat hij bedoelde wanneer hij verklaarde één te zijn met God. Extravagante beweringen zoals die van al-Bistāmi zouden dan zeker de woede van het establishment opwekken. In deze beginperiode was het soefisme immers nog een minderheidsbeweging en de oelamā beschouwden het vaak als een vernieuwing die niet authentiek was. Djoenaids beroemde leerling Hoesain ibn Mansoer (857-922; gewoonlijk bekend onder de naam al-Hallādj, de Wolkaarder) sloeg echter alle waarschuwingen in de wind en werd een martelaar van zijn mystieke geloof. Hij trok door Irak, predikte de omverwerping van het kalifaat en de stichting van een nieuwe sociale orde, en werd door de autoriteiten in hechtenis genomen en net als zijn held Jezus gekruisigd. Tijdens zijn extatische vervoeringen had al-Hallādj luid uitgeroepen: 'Ik ben de Waarheid.' Volgens de evangeliën had Jezus dezelfde aanspraak gemaakt toen Hij verklaarde dat Hij de Weg, de Waarheid en het Leven was. De Koran veroordeelde herhaaldelijk het christelijke dogma van Gods menswording in de gestalte van Jezus en noemde het een godslasterlijke gedachte, dus het was niet verwonderlijk dat de moslims ontzet waren over al-Hallādjs extatische uitroep. Al-Hakk (de Waarheid, de Werkelijkheid) was een van de Namen van God en een gewone sterveling maakte zich schuldig aan idolatrie wanneer hij die titel voor zichzelf opeiste. Al-Hallādj had hier zijn besef van vereniging met God mee willen uitdrukken, een vereniging die zo hecht was dat hij haar als een gelijkheid voelde. In een van zijn gedichten zei hij daarover:

> Ik ben Hij dien ik liefheb en Hij dien ik liefheb is ik.
> Wij zijn twee geesten wonend in één lichaam;
> Als ge mij ziet, ziet ge Hem,
> Als ge Hem ziet, ziet ge ons.[34]

was een gedurfde verwoording van die ontwording van het eigen ik en de vereniging met God die zijn leermeester Djoenaid fanā' had genoemd. Al-Hallādj weigerde zijn woorden te herroepen toen hij van godslastering werd beschuldigd en hij stierf als een heilige:

> Toen hij werd voorgeleid om te worden gekruisigd en het kruis en de nagels zag, wendde hij zich tot het volk en zei een gebed dat eindigde met de woorden: 'En dezen, uw dienaren die hier zijn verzameld om mij te doden, in hun ijver voor uw geloof en hun verlangen uw gunst te winnen, vergeeft U hen, o Heer, en weest U hen genadig. Want waarlijk, indien Gij hun had geopenbaard wat Gij mij hebt geopenbaard, zouden ze niet hebben gedaan wat ze hebben gedaan. En indien Gij voor mij had verborgen wat Gij voor hen hebt verborgen, zo zou ik dit lijden niet hebben geleden. Geloofd zijt Gij in alles wat Ge doet en geloofd zijt Gij in alles wat Ge wenst.[35]

Al-Hallādjs uitroep *'anā'l-Hakk'* ('Ik ben de Waarheid') is illustratief voor het feit dat de God van de mystici geen objectieve werkelijkheid is, maar juist een zeer subjectieve. Later zou Aboe Hamīd al-Ghazzāli verklaren dat al-Hallādj God niet had gelasterd, maar er alleen onverstandig aan had gedaan een esoterische waarheid te verkondigen die voor oningewijden misleidend kon zijn. Omdat er, zoals de sjahāda zegt, geen andere werkelijkheid is dan Allah, zijn alle mensen in wezen goddelijk. De Koran leerde dat God Adam naar zijn beeld had geschapen, zodat Hij zichzelf als in een spiegel kon schouwen.[36] Dat was dan ook de reden waarom Hij de engelen beval voor de eerste mens te buigen en hem te aanbidden. De fout van de christenen was hun veronderstelling, zo zouden de soefi's betogen, dat de hele incarnatie van het goddelijke slechts in één mens had plaatsgevonden. Een mysticus die zijn oorspronkelijke aanblik van God had herwonnen, had opnieuw in zichzelf het goddelijke beeld ontwaard dat hem op de dag van de schepping was verschenen. In de heilige overlevering (hadīth koedsī) die de soefi's het naast aan het hart lag, wordt verteld dat God de moslims zo dicht tegen zich aandrukt dat het lijkt of Hij in elk van zijn dienaren is geïncarneerd: 'Wanneer Ik hem liefheb, word Ik het oor waardoor hij hoort, het oog waarmee hij ziet, de hand waarmee hij grijpt en de voet waarop hij loopt.' De geschiedenis van al-Hallādj leert ons dat er een grote tegenstelling kan bestaan tussen de mysticus en het religieuze establishment, dat er heel andere ideeën over God en de openbaring op na houdt. Voor de mysticus is de openbaring een gebeurtenis die in zijn eigen ziel plaatsvindt, terwijl ze voor de conventioneler ingestelde mensen, zoals in dit geval sommige oelamā, een voorval is die hecht in het verleden is verankerd. We hebben echter gezien dat in de elfde eeuw islamitische filosofen als Ibn Sīnā en ook al-Ghazzāli zelf zich niet meer hadden kunnen vinden in objectieve verhandelingen over God en zich naar de mystiek hadden gekeerd. Al-Ghazzāli had het soefisme voor het establishment aanvaardbaar gemaakt en aangetoond dat het de authentiekste vorm van islamitische spiritualiteit was. In de twaalfde eeuw wisten de Iraanse filosoof Sjihāb al-Dīn Jahjā al-Soehrawardi en de in Spanje geboren Moehjī al-Dīn ibn Arabī de islamitische falsafa onverbrekelijk met de mystiek te verenigen, en ze maakten de God die de soefi's ervoeren tot norm in grote delen van het islamitische rijk. Maar net als al-Hallādj werd ook Soehrawardi in 1191 in Aleppo door de oelamā ter dood gebracht, om redenen die onbekend zijn gebleven. Hij had er zijn levenswerk van gemaakt een synthese tot stand te brengen tussen de islam en wat hij de oorspronkelijke 'oosterse' religie noemde, en zo rondde hij het project af waar Ibn Sīnā een begin mee had gemaakt. Hij verklaarde dat alle wijzen van de antieke oudheid maar één leer hadden verkondigd. Hermes (in wie Soehrawardi de profeet ziet die in de Koran Idrīs en in de Bijbel Henoch wordt genoemd) was de eerste aan wie deze leer was geopenbaard. In de Griekse wereld was hij door Plato en Pythagoras doorgegeven en in het Midden-Oosten door de zoroastrische magi. Sinds Aristoteles was hij echter door een eng intellectualistische en verstandelijke filosofie naar de achtergrond gedrongen, maar hij was in het geheim van de ene wijze aan de andere doorgegeven en ten slotte via al-Bistāmi en al-Hallādj tot hem, Soehrawardi, gekomen. Deze eeuwige filosofie was mythisch en imaginatief, maar ze wees de rede niet af. Soehrawardi was in intellectueel opzicht net zo'n rigoureuze denker als al-Fārābi, maar hij legde ook de nadruk op de intuïtie bij het benaderen van de waarheid. Zoals de Koran had geleerd kwam alle waarheid van God en moest ze overal worden gezocht waar ze kon worden gevonden. Ze kon zowel worden gevonden in het heidendom en het zoroastrisme als in de monotheïstische overlevering. Anders dan een dogmatische religie, waar de kans op sektarische disputen groot is, verklaart de mystiek vaak dat er net zoveel wegen naar God leiden als er mensen zijn. Vooral het soefisme zou een opmerkelijke waardering voor het geloof van anderen aan de dag leggen.

Soehrawardi wordt vaak de *sjaikh al-Isjrāk* genoemd, de Meester van het Licht. Net als de Grieken ervoer hij God in termen van licht. Het Arabische *isjrāk* heeft zowel betrekking op het eerste ochtendgloren dat in het oosten opkomt, als op geestelijke verlichting. Met 'het oosten' wordt dus niet zozeer een geografische windstreek bedoeld, als wel de oorsprong van licht en energie. In Soehrawardi's oosterse geloof zijn mensen zich daarom vaag bewust van hun oorsprong, voelen ze zich niet thuis in deze wereld van schaduwen en verlangen ze terug naar hun eerste woonplaats. Soehrawardi verklaarde dat zijn filosofie de moslims zou helpen hun ware oriëntatie te vinden en de eeuwige wijsheid in hun ziel met behulp van hun verbeelding te zuiveren.

Het immens complexe systeem van Soehrawardi was een poging alle religieuze inzichten van de wereld te verenigen tot één spirituele religie. De waarheid moest overal worden gezocht waar ze kon worden gevonden. In zijn wijsgerige systeem werd dan ook de voorislamitische, Iraanse kosmologie gecombineerd met het Ptolemeïsche planetaire stelsel en het neoplatoonse emanatiemodel. Toch had geen enkele failasoef zo uitvoerig uit de Koran geciteerd als hij. Wanneer hij over kosmologie sprak, ging het hem niet in de eerste plaats om een verklaring van het fysieke ontstaan van het universum. Weliswaar begon Soehrawardi zijn meesterwerk *De wijsheid der verlichting* ('Hikmat al-isjrāk') met een beschouwing over natuurwetenschappelijke vraagstukken, maar dat was slechts de inleiding van het mystieke deel van zijn werk. Net als Ibn Sīnā had hij zich steeds minder kunnen vinden in de volstrekt rationele en objectieve oriëntatie van de falsafa, al was hij wel van mening dat rationele en metafysische speculatie een plaats hadden in de perceptie van de totale werkelijkheid. Zijns inziens blonk de ware wijze zowel uit in wijsbegeerte als in mystiek. Ergens op aarde leefde er altijd wel zo'n wijze. In zijn theoretische onderbouwing, die heel dicht bij de sji'itische imamologie kwam, verklaarde Soehrawardi dat deze spirituele leider, zelfs als hij anoniem bleef, de ware pool (*koetb*) was zonder wiens aanwezigheid de wereld niet kon voortbestaan. Soehrawardi's isjrāk-mystiek telt in Iran nog steeds aanhangers. Het is een esoterisch systeem, niet omdat het exclusief is, maar omdat het een zelfde spirituele en imaginatieve training vereist als de isma'ielieten en de soefi's ondergaan.

De Griekse christenen zouden Soehrawardi's systeem wellicht eerder dogmatisch dan kerygmatisch hebben genoemd. Soehrawardi was op zoek naar de imaginatieve vonk in het hart van alle religies en wijsgerige systemen, maar ondanks zijn nadrukkelijke verklaring dat de rede alleen niet voldoende was, ontzegde hij haar nooit het recht de diepste mysteries te onderzoeken. De waarheid moest zowel in wetenschappelijk rationalisme als in esoterische mystiek worden gezocht; gevoelens moesten door het kritische verstand worden gestuurd en geïnformeerd.

Zoals uit de naam al blijkt was het licht, dat gezien werd als het volmaakte synoniem van God, het symbool waar de isjrāk-filosofie op was gestoeld. Het licht was (in elk geval in de twaalfde eeuw) onstoffelijk en ondefinieerbaar en toch was het de meest onweerlegbare werkelijkheid op aarde. Het was een volstrekt vanzelfsprekende aanwezigheid en hoefde niet nader te worden omschreven, maar iedereen beschouwde het als het element dat het leven mogelijk maakte. Alles was ermee doordrenkt; elke luminescentie die deel van een stoffelijk lichaam uitmaakte, was rechtstreeks van het licht afkomstig, van een bron buiten dat lichaam. In Soehrawardi's emanatiekosmologie kwam het Licht der Lichten overeen met het strikt enkelvoudige, Noodzakelijk Zijnde van de falāsifa. Dat Licht genereerde een afnemende hiërarchie van lager geplaatste lichten; elk licht, dat zich bewust was van zijn afhankelijkheid van het Licht der Lichten, bracht een schaduwzijde van zichzelf voort dat de oorsprong was van een stoffelijk rijk dat met een van de Ptolemeïsche sferen correspondeerde. Het was een metafoor voor de situatie waar de mens zich in bevond. In ieder van ons zat een soortgelijke combinatie van licht en donker; het embryo heeft het licht (of zijn ziel) ontvangen van de Heilige Geest (of, zoals in het model van Ibn Sīnā, ook wel de engel Gabriël of het licht van onze wereld genoemd). De ziel verlangt naar vereniging met de hogere wereld van de lichten en kan zelfs hier op aarde er een glimp van opvangen als ze door de heilige koetb van zijn tijdperk, of door een van diens volgelingen, op de juiste manier wordt onderricht.

In de *Hikmat al-isjrāk* beschreef Soehrawardi zijn eigen verlichting. Hij werd geobsedeerd door het epistemologische vraagstuk van de kennis, maar hij kwam er maar niet uit; zijn boekenwijsheid hielp hem niet verder. Toen kreeg hij een visioen van de Imaam, de koetb, de heler der zielen:

> Opeens werd ik door grote tederheid omhuld. Ik zag een oogverblindende flits, toen een doorschijnend licht in de gestalte van een menselijk wezen. Ik nam het aandachtig op en zie, het was de redder der zielen. (...) Hij trad op me toe, sprak zijn zegewensen en begroetingen in zulke vriendelijke bewoordingen uit dat mijn ontsteltenis week en mijn schrik plaatsmaakte voor vertrouwelijkheid. Bovendien begon ik me tegenover hem te beklagen over de moeilijkheden waar dat vraagstuk van de kennis mij voor stelde.
>
> 'Ontwaak tot jezelf,' zei hij tot mij, 'en je vraagstuk zal worden opgelost.'[37]

Dat proces van ontwaking of verlichting had duidelijk een heel ander verloop dan de pijnlijke, heftige inspiratie van de profeten. Het leek meer op de serene verlichting van de Boeddha; de mystiek bracht voor het eerst een kalmere spiritualiteit in de theïstische religies. In plaats van een botsing met een externe werkelijkheid was verlichting nu iets geworden wat uit de mysticus zelf kwam. Concrete feiten zouden de mens niet worden geopenbaard, maar de verbeelding zou hem in staat stellen naar God terug te keren doordat ze hem meevoerde naar de *ālam al-mithāl*, de wereld van de zuivere beelden.

Soehrawardi greep terug op het oude Iraanse geloof dat er een archetypische wereld bestond waar elk wezen en elk voorwerp in de getīg (de aardse, fysieke werkelijkheid) hun exacte tegenvoeter hadden in de menōk (het hemelse rijk). De oude mythologie, die de theïstische religies ostentatief de rug hadden toegekeerd, zou door de mystiek nieuw leven worden ingeblazen. De menōk, die in Soehrawardi's model de ālam al-mithāl was geworden, was nu een middenrijk dat zich tussen de wereld van de mens en die van God bevond. Het kon niet met de rede worden begrepen, noch door de zintuigen worden waargenomen. Alleen de creatieve verbeelding stelde ons in staat dit rijk van de verborgen archetypen te ontdekken, net zoals de allegorische interpretatie van de Koran ons er de ware, spirituele betekenis van onthulde. De ālam al-mithāl kwam dicht bij de isma'ielitische kijk op de spirituele geschiedenis van de islam, die immers de ware bedoeling van aardse gebeurtenissen weergaf, of bij Ibn Sīnā's engelenleer, die we in het vorige hoofdstuk hebben behandeld. De leer van de ālam al-mithāl zou alle latere islamitische mystici de mogelijkheid bieden hun religieuze ervaringen en visioenen te interpreteren en zou voor hen cruciaal worden. Soehrawardi bestudeerde de visioenen die, hoewel ze in verschillende culturen voorkwamen, opvallend veel gelijkenis met elkaar vertoonden, onverschillig of het sjamanen, mystici of extatici waren die ze hadden gehad. De laatste jaren bestaat er grote belangstelling voor dit fenomeen. Jungs concept van het collectief onbewuste is een poging deze gemeenschappelijke, imaginatieve ervaring van de mens wetenschappelijk te bestuderen. Andere geleerden, zoals de Roemeens-Amerikaanse godsdiensthistoricus Mircea Eliade, hebben geprobeerd aan te tonen dat de epen van de oude dichters en bepaalde soorten sprookjes hun oorsprong hebben in extatische tochten en mystieke hemelvluchten.[38]

Soehrawardi verklaarde dat de visioenen van de mystici en de allegorieën in de Schrift (zoals de Hemel, de Hel of het Laatste Oordeel) net zo echt waren als de fenomenen waar we hier op aarde mee te maken hebben, zij het op een andere manier. Ze konden niet empirisch worden bewezen, maar alleen worden ontwaard met behulp van de geoefende verbeelding die visionairs in staat stelde de spirituele dimensie van aardse fenomenen te zien. Wie niet de vereiste training had gehad, zou uit zo'n mystieke ervaring geen wijs worden, net zoals de boeddhistische verlichting slechts kon worden bereikt wanneer iemand de noodzakelijke morele en geestelijke oefeningen had gedaan. Al onze gedachten, ideeën, wensen, dromen en visioenen correspondeerden met werkelijkheden in de ālam al-mithāl. De profeet Mohammed was bijvoorbeeld in dit middenrijk ontwaakt toen hij tijdens zijn nachtelijke visioen tot aan de drempel van de goddelijke wereld was gebracht. Soehrawardi zou ook hebben betoogd dat de joodse merkawamystici hun visioenen pas kregen toen ze hadden geleerd bij hun geestelijke concentratieoefeningen de ālam al-mithāl te betreden. De weg naar God liep daarom niet uitsluitend via de rede, zoals de falāsifa hadden gemeend, maar ook via de creatieve verbeelding, het rijk van de mystiek.

Tegenwoordig zouden veel westerlingen ontzet zijn als een leidende theoloog zou suggereren dat God op de keper beschouwd het product van de verbeelding was. Toch zou het evident moeten zijn dat de verbeelding ons belangrijkste religieuze vermogen is. Jean-Paul Sartre noemde haar *het vermogen om te denken aan wat er niet is*.[39] De mens is het enige dier dat in staat is zich iets voor te stellen wat niet concreet aanwezig is of wat nog niet bestaat, maar wat slechts tot de mogelijkheden behoort. Daarom is de verbeelding niet alleen de motor van onze belangrijkste prestaties op wetenschappelijk en technisch gebied geweest, maar ook op dat van de kunst en de religie. God, hoe Hij ook wordt gedefinieerd, is misschien wel het beste voorbeeld van een afwezige werkelijkheid die ondanks de inherente problemen mannen en vrouwen duizenden jaren is blijven inspireren. De enige manier om zich een beeld te kunnen vormen van zo'n God die ontoegankelijk blijft voor de zintuigen en het logische bewijs, is door middel van symbolen, en de interpretatie daarvan is de belangrijkste functie van de verbeelding. Soehrawardi waagde zich aan een fantasierijke verklaring van die symbolen die zo'n cruciale invloed op het leven van de mens hebben gehad, ook al blijven de werkelijkheden waar ze naar verwijzen elusief. Een symbool kan worden gedefinieerd als een object of een denkbeeld dat we met onze zintuigen kunnen waarnemen of met ons verstand begrijpen, maar waar we iets anders in zien dan het ding zelf. De rede alleen zal ons niet in staat stellen dat speciale, dat universele of dat eeuwige in een bepaald vergankelijk object waar te nemen. Dat is de taak van de creatieve verbeelding waar mystici, net als kunstenaars, hun inzichten aan toeschrijven. Net als in de kunst zijn de effectiefste religieuze symbolen die welke zijn onderbouwd met intelligente kennis van en inzicht in de menselijke situatie. Soehrawardi, die uitzonderlijk fraai Arabisch schreef en een zeer bekwaam metafysicus was, was niet alleen een creatief kunstenaar maar ook een mysticus. Hij bracht een synthese tot stand tussen twee kennelijk onverenigbare grootheden – wetenschap en mystiek, heidense wijsbegeerte en monotheïstische religie – en kon de moslims helpen hun eigen symbolen te scheppen en nieuwe zin en bedoeling in het leven te ontdekken.

Nog invloedrijker zelfs dan Soehrawardi was Moehjī al-Dīn ibn Arabī (1165-1240), de man wiens leven wel beschouwd kan worden als het symbool van de scheiding der wegen van Oost en West. Zijn vader was een vriend van Ibn Roesjd en deze was, toen hij de jongen ontmoette, erg onder de indruk geraakt van diens vroomheid. Toen Ibn Arabī eens ernstig ziek was bekeerde hij zich echter tot het soefisme, en op zijn dertigste verliet hij Spanje en vertrok naar het Midden-Oosten. Hij verrichtte de haddj en bad en mediteerde twee jaar lang bij de Ka'ba, maar ten slotte vestigde hij zich in Malatja, een plaats aan de Eufraat. Ibn Arabī, die vaak *asj-sjaikh al-akbar*, de grote meester werd genoemd, had een enorme invloed op de islamitische godsvoorstelling, maar het Westen, waar men meende dat met Ibn Roesjd een einde was gekomen aan de islamitische wijsbegeerte, liet zijn denken aan zich voorbijgaan. Het westerse christendom zou de aristotelische God van Ibn Roesjd kiezen, terwijl een groot deel van de islamitische wereld tot betrekkelijk recente datum opteerde voor de imaginatieve God van de mystici.

Toen Ibn Arabī eens in 1201 de omgangen om de Ka'ba maakte, kreeg hij een visioen dat diepe en blijvende indruk op hem maakte: hij zag een meisje, Nizām, dat door een hemelse aureool werd omgeven en hij besefte dat ze een incarnatie was van Sophia, de goddelijke Wijsheid. Deze epifanie deed hem beseffen dat we God onmogelijk zouden kunnen liefhebben als we ons alleen verlieten op de rationele bewijzen van de wijsbegeerte. In de falsafa lag de nadruk op de volstrekte transcendentie van Allah en werd ons voorgehouden dat niets op Hem kon lijken. Hoe konden we dan een wezen liefhebben dat de mens zo vreemd was? Toch kan het; we kunnen de God liefhebben die we in zijn schepsels zien: 'Als u een wezen liefhebt om zijn schoonheid, hebt u geen ander lief dan God zelf, daar Hij het allerschoonste wezen is,' verklaarde hij in zijn boek *al-Foetoehāt al-Makkijah* ('De Mekkaanse openbaringen'). 'Dus het voorwerp van de liefde is, in al haar aspecten, God en alleen maar God.'[40] De sjahāda hield ons voor dat er geen andere God, geen andere absolute werkelijkheid bestond dan Allah. Daarom bestond er ook geen schoonheid los van Hem. We kunnen God zelf niet zien, maar we kunnen Hem wel zien zoals Hij heeft verkozen zich te openbaren in schepsels als Nizām, die ons hart in liefde ontsteken. De mysticus had de plicht zijn eigen epifanieën te scheppen, opdat hij in een meisje als Nizām de persoon zou zien die ze werkelijk was. Liefde was in wezen het verlangen naar iets wat afwezig blijft; vandaar dat de menselijke liefde blijft teleurstellen. Nizām was 'het doel van mijn zoektocht en mijn hoop geworden, de allerzuiverste maagd'. In zijn voorwoord bij de *Dīwān*, een verzameling liefdesgedichten, schreef hij:

> In de verzen die ik voor het onderhavige boek heb geschreven, laat ik niet af te verwijzen naar de goddelijke inspiraties, de spirituele visitaties, de overeenkomsten [van onze wereld] met de wereld van de angelieke Intelligenties. Wat dat betreft volg ik mijn normale gewoonte om in symbolen te denken. Dat komt, omdat de dingen in de onzichtbare wereld me meer aantrekken dan die in het huidige leven en omdat dit meisje precies wist waar ik op doelde.[41]

De creatieve verbeelding had Nizām getransformeerd in een avatara van God.

Zo'n tachtig jaar later had de jonge Dante Alighieri een soortgelijke ervaring in Florence toen hij Beatrice Portinari zag. Zodra hij haar in het oog kreeg voelde hij dat de 'geest des levens' in zijn hart hevig begon te beven en meende hij deze te horen uitroepen: 'Ziehier een god die mij, omdat hij sterker is dan ik, bij zijn komst zal overheersen.' Vanaf dat moment werd Dante beheerst door zijn liefde voor Beatrice, een liefde die hem helemaal in haar macht had 'door de kracht die mijn verbeelding haar [de liefde] schonk'.[42] Beatrice bleef voor Dante het beeld van de goddelijke liefde en in *De goddelijke komedie* vertelt hij dat deze hem na een denkbeeldige reis door hel, vagevuur en hemel tot een visioen van God bracht. Dante had zich voor zijn gedicht laten inspireren door islamitische verhalen over Mohammeds opgang naar de hemel. In elk geval huldigde hij dezelfde mening over de creatieve verbeelding als Ibn Arabī. Dante verklaarde dat het niet juist was te menen dat de *imaginativa* gewoon maar beelden, ontleend aan waarneming van de aardse wereld, met elkaar combineerde, zoals Aristoteles had beweerd; ze was deels een inspiratie die van God afkomstig was:

> O verbeeldingskracht [*imaginativa*] die ons soms zo aan de buitenwereld ontrukt dat we ons er totaal niet meer van bewust zijn, zelfs niet al weerklinken er rondom ons duizend trompetten, wie zet u in beweging als de zintuigen u niet wekken? Zonder twijfel doet dat een licht dat zich vormt in de hemel, ofwel uit zichzelf ofwel door een hogere wil die er leiding aan geeft.[43]

In de loop van het gedicht zuiverde Dante het verhaal geleidelijk van suggestieve en visuele beelden. De fel realistische beschrijvingen van de Hel maken plaats voor de moeilijke, emotionele beklimming van de Louteringsberg en de tocht naar het aardse paradijs, waar Beatrice hem verwijt dat hij haar fysieke bestaan als doel op zich beschouwt. Hij had haar moeten zien als een symbool of een avatara die hem uit de wereld voerde en hem de weg naar God wees. Er komen in het Paradijs nauwelijks nog realistische beschrijvingen voor; zelfs de gelukzaligen zijn elusief en herinneren ons eraan dat geen enkel mens het hoogste object van het menselijk verlangen mag zijn. Tot slot wordt in koele, intellectuele beelden gesproken over de volstrekte transcendentie van God, die alle verbeelding te boven gaat. Dante heeft het verwijt te horen gekregen dat hij in de *Paradiso* een koel portret van God schildert, maar deze abstrahering moet ons juist eraan herinneren dat we, als puntje bij paaltje komt, niets van Hem weten.

Ook Ibn Arabī was ervan overtuigd dat de verbeelding een door God gegeven vermogen was. Wanneer een mysticus een eigen epifanie schiep, wekte hij hier op aarde een werkelijkheid tot leven die in het rijk van de archetypen in volmaaktere vorm bestond. Wanneer we het goddelijke in andere mensen zien, doen we een imaginatieve poging die echte werkelijkheid te ontsluieren. 'God maakte de schepselen als sluiers,' legde hij uit. 'Hij die hen als zodanig ziet, wordt naar Hem teruggevoerd, maar hij die hen voor de werkelijkheid houdt, wordt van zijn aanwezigheid afgesneden.'[44] Zo begon, zoals kennelijk in het soefisme gebruikelijk was, de spirituele ontwikkeling van Ibn Arabī bij een strikt verpersoonlijkte, op een menselijk schepsel gerichte spiritualiteit en eindigde ze bij een transpersoonlijke godsvoorstelling. Desondanks bleef het beeld van de vrouw belangrijk voor hem; hij geloofde dat vrouwen de duidelijkste incarnaties waren van Sophia, de goddelijke Wijsheid, want zij ontstaken in mannen een liefdesvuur dat uiteindelijk op God was gericht. Toegegeven, dit is een heel mannelijke opvatting, maar in elk geval was het een poging om een vrouwelijke dimensie toe te voegen aan de verering van een God die vaak voor honderd procent als man werd gezien.

Ibn Arabī geloofde niet dat de God die hij kende in objectieve zin bestond. Hoewel hij een kundig metafysicus was, geloofde hij niet dat het bestaan van God met de logica kon worden bewezen. Hij noemde zich graag een volgeling van al-Chidr, de naam van een geheimzinnige figuur die in de Koran voorkomt als de geestelijke leidsman van Mozes, de man die de Israëlieten de geschreven wet bracht. God had al-Chidr speciale godskennis geschonken, dus Mozes smeekt hem om onderricht, maar al-Chidr antwoordt dat hij er niet tegen bestand zal zijn omdat het om kennis gaat die buiten zijn religieuze ervaring ligt.[45] Het was zinloos om te pogen religieuze 'informatie' te begrijpen die we niet zelf hadden ervaren. De naam al-Chidr schijnt 'de Groene' te hebben betekend, ten teken dat zijn wijsheid altijd vers en eeuwig hernieuwbaar was. Zelfs een profeet van het kaliber van Mozes is niet automatisch in staat de esoterische vormen van een religie te begrijpen, want hij merkt, in de Koran, dat hij inderdaad niet tegen al-Chidrs manier van onderrichten bestand is. Met deze vreemde episode wordt kennelijk bedoeld dat de uiterlijkheden van een geloof niet altijd stroken met de spirituele of mystieke kant ervan. Mensen, zoals de oelamā, zouden wel eens niet in staat kunnen zijn de islam van een soefi als Ibn Arabī te begrijpen. In de islamitische traditie is al-Chidr de leermeester van iedereen die op zoek is naar een mystieke waarheid die superieur is aan en radicaal afwijkt van de letterlijk op te vatten uiterlijkheden. Hij wijst zijn volgeling niet zozeer de weg naar een voorstelling van een God die dezelfde is als de God van een ander, als wel naar een God die in de ware zin van het woord subjectief is.

Al-Chidr was ook voor de isma'ielieten een belangrijke figuur. Hoewel Ibn Arabī een soenni was, kwam zijn leer zo dicht bij de hunne, dat zijn ideeën uiteindelijk in hun theologie werden opgenomen – opnieuw een voorbeeld van een mystieke religie die sektarische scheidslijnen wist te overschrijden. Net als de isma'ielieten legde Ibn Arabī grote nadruk op de pathos van God, die zo anders was dan de *apatheia* van de God van de filosofen. De God van de mystici hunkerde ernaar om door zijn schepsels te worden gekend. De isma'ielieten geloofden dat het zelfstandig naamwoord *ilāh* (godheid) van de Arabische wortel WLH komt: verdrietig zijn, smachten naar.[46] De heilige hadīth laat God zeggen: 'Ik was een verborgen schat. Ik hunkerde ernaar gekend te worden. Derhalve schiep Ik de schepselen opdat Ik door hen gekend zou worden.' We kunnen Gods verdriet niet rationeel bewijzen; we kennen het alleen uit ons eigen smachten naar iets wat ons diepste verlangen kan vervullen en ons de tragiek en de pijn van het leven kan verklaren. Aangezien we naar Gods beeld zijn geschapen, kan het niet anders of we zijn een afspiegeling van God, het allerhoogste archetype. Ons smachten naar de werkelijkheid die 'God' wordt genoemd moet daarom een sym-pathische reflectie van de goddelijke pathos zijn. Ibn Arabī stelde zich voor dat de eenzame God een zucht van verlangen slaakte, maar deze *nafs ar-Rahmān* was geen zucht van melodramatisch zelfmedelijden. Het was een zucht vol werkzame, creatieve kracht die onze hele kosmos in het aanzijn riep. Bovendien ademde hij menselijke wezens uit die *logoi* werden, woorden waar God zich voor zichzelf in uitdrukte. Hieruit volgt dat elk mens een unieke epifanie is van de verborgen God die zich op een specifieke en onherhaalbare manier aan hem manifesteert.

Deze goddelijke logoi zijn stuk voor stuk de namen waarmee God zichzelf heeft genoemd en waardoor Hij in elk van zijn epifanieën volledig aanwezig is. God kan niet in één menselijk woord worden samengevat, aangezien de goddelijke werkelijkheid onuitputtelijk is. Hieruit volgt verder nog dat de God die zich in ieder van ons heeft geopenbaard een unieke God is, een andere dan de God die wordt gekend door de ontelbare andere mannen en vrouwen die ook zijn logoi zijn. We zullen alleen onze eigen 'God' kennen, aangezien we Hem niet objectief kunnen ervaren; het is onmogelijk Hem op dezelfde manier te kennen als waarop andere mensen Hem kennen. Ibn Arabī zegt daarover: 'Elk wezen heeft als zijn god alleen zijn eigen Heer; hij kan onmogelijk het geheel hebben.' Hij haalde graag de hadīth aan waarin werd gezegd: 'Mediteer over Gods zegeningen, maar niet over zijn wezenheid [al-Dhāt].'[47] Gods gehele werkelijkheid is niet te kennen; we moeten ons concentreren op dat ene, bepaalde Woord dat Hij in onszelf heeft uitgesproken. Ibn Arabī noemde God ook graag al-Amā, 'de Onzienlijke',[48] om zijn ongenaakbaarheid te onderstrepen. Maar deze menselijke logoi openbaarden de verborgen God ook aan hemzelf. Het is een tweesporenproces: God slaakt een zucht om gekend te worden, én Hij wordt uit zijn eenzaamheid bevrijd door de mensen in wie Hij zich openbaart. Het verdriet van de niet-gekende God wordt verzacht door de geopenbaarde God in elke mens die Hem aan hemzelf kenbaar maakt. En omgekeerd verlangt de geopenbaarde God in elk individu ernaar om terug te keren naar zijn oorsprong, met een goddelijk heimwee dat ons eigen verlangen opwekt.

Goddelijkheid en menselijkheid zijn dus twee aspecten van het goddelijke leven waar de hele kosmos mee is bezield. Deze gedachte verschilde weinig van de Grieks-orthodoxe interpretatie van de menswording van God in de gestalte van Jezus, maar Ibn Arabī kon zich niet vinden in het idee dat één enkel mens, hoe heilig ook, Gods oneindige werkelijkheid uitdrukte. Hij geloofde integendeel dat elk mens een unieke avatara van het goddelijke was. Desondanks kwam hij met het symbool van de Volmaakte Mens (*al-insān al-kāmil*) die de belichaming was van het mysterie van de God die zich in elk generatie ten behoeve van zijn tijdgenoten had geopenbaard, zij het dat die mens uiteraard niet de incarnatie van Gods totale werkelijkheid of van zijn verborgen wezenheid was. De profeet Mohammed was de Volmaakte Mens van zijn generatie geweest en een bijzonder doelmatig symbool van het goddelijke.

Deze introspectieve, verbeeldingsvolle mystiek probeerde de zijnsgrond te vinden in de diepten van het eigen ik. Ze gaf de mysticus niet de zekerheden die het kenmerk zijn van de dogmatischer vormen van religie. Aangezien de godservaring van elke man en elke vrouw uniek was, kon geen enkele religie zich erop beroemen dat ze in haar leer het totale goddelijke mysterie tot uitdrukking bracht. Er bestond over God geen objectieve waarheid die door alle mensen moest worden onderschreven; deze God stond boven elke classificatie naar aard en natuur en daarom konden er geen voorspellingen over zijn gedrag en voorkeuren worden gemaakt. Elke vooringenomenheid ten gunste van het eigen geloof en ten nadele van dat van anderen was volstrekt uit den boze, omdat geen enkele religie de volle waarheid over God bezat. Ibn Arabī werkte de positieve houding die de Koran al tegenover andere godsdiensten innam verder uit en verlegde de grenzen van de religieuze tolerantie opnieuw:

> Mijn hart is een schaal voor elke vorm.
> Een klooster voor de monnik, een tempel voor idolen,
> Een graasland voor gazellen, de Ka'ba van de pelgrims,
> De tafelen van de Tora, het boek van de Koran.
> Liefde is mijn geloof; het geeft niets welke weg
> haar kemelen ook volgen, de liefde blijft toch immer
> mijn godsdienst en geloof.[49]

De man die zich aan God had gewijd, was in synagoge, tempel, kerk of moskee evenzeer thuis, want elk geloof bood hem een geldige manier om God te begrijpen. Ibn Arabī gebruikte vaak de zinsnede: 'De Waarheid [d.i. God] die in het geloven wordt geschapen' (*Chalk al-Hakk fi'l-itikād*). Dat kon als een kleinering worden uitgelegd als ermee werd gedoeld op de 'god' die in een bepaalde religie door mannen en vrouwen zelf was geschapen en die zij identiek achtten met God zelf. Dat kon slechts intolerantie en fanatisme kweken. In plaats van die idolatrie adviseerde Ibn Arabī:

> Hang niet exclusief één bepaald geloof aan, zodat ge alle andere verwerpt; veel goeds zal aan u voorbijgaan, ja, de echte waarheid zult ge niet herkennen. God, de alomtegenwoordige en almachtige, beperkt zich niet tot één geloof, want Hij zegt: 'Waarheen gij u ook dan wendt, daar is Gods aangezicht' [Koran 2:115]. De gelovige prijst de God van zijn eigen geloof (...), maar hij prijst niemand anders dan zichzelf, daar hij zijn God zelf heeft gemaakt, en door het werk te prijzen, prijst hij de maker. (...) Daarom veroordeelt hij het geloof van anderen, hetgeen hij niet zou doen als hij rechtvaardig was. De aanbidder van deze God geeft van domheid blijk wanneer hij anderen om hun geloof bekritiseert.[50]

We zullen nooit ofte nimmer een andere God zien dan de persoonlijke Naam die in ieder van ons is geopenbaard en concrete existentie heeft gekregen; onze kennis van onze persoonlijke God wordt onvermijdelijk gekleurd door de religieuze traditie waarin we zijn opgegroeid. Maar de mysticus (al-ārif, letterlijk 'de weter') weet dat deze persoonlijke 'God' gewoon een 'engel' of een specifiek symbool van het goddelijke is en nooit mag worden aangezien voor de verborgen werkelijkheid zelf. Om die reden beschouwt hij de verschillende godsdiensten allemaal als valide theofanieën. Waar de God van de dogmatische religies het mensdom in kampen verdeelt, is de God van de mystici de kracht die het verenigt.

Hoewel Ibn Arabī's leer te cryptisch was voor het gros van de moslims, sijpelde iets ervan toch tot het gewone volk door. In de loop van de twaalfde en dertiende eeuw hield het soefisme geleidelijk op een minderheidsbeweging te zijn en werd het in veel delen van het islamitische rijk de belangrijkste religieuze stroming. Het was de tijd van de opkomst van allerlei soefi-broederschappen of tarīka's, elk met een eigen interpretatie van het mystieke geloof. De soefi-sjeik had een grote invloed op het gewone volk en werd vaak als een heilige vereerd, ongeveer op dezelfde manier als de sji'itische imaams. Het was de tijd van de politieke omwentelingen; het kalifaat van Bagdad brokkelde af en de Mongoolse horden verwoestten de ene islamitische stad na de andere. De mensen verlangden naar een God die dichter bij hen stond en meer bij hen betrokken was dan de verre God van de falāsifa en de wettische God van de oelamā. De dzikr-oefeningen van de soefi's, het reciteren van de goddelijke Namen als mantra om in een extatische roes te geraken, vonden ook buiten de tarīka's ingang. De soefische concentratietechnieken met de zorgvuldig voorgeschreven ademhalings- en houdingsoefeningen hielpen de mensen zich bewust te worden van een transcendente aanwezigheid in henzelf. Niet iedereen bezat het vermogen om de hogere, mystieke bewustzijnstoestanden te bereiken, maar deze spirituele oefeningen hielpen de mensen in elk geval zich te ontdoen van simplistische en antropomorfistische opvattingen over God en Hem te ervaren als een aanwezigheid in hun hart. Sommige broederschappen gebruikten muziek en dans om zich sterker te concentreren en hun pīrs werden ware volkshelden.

De beroemdste soefi-broederschap was de Mevlevi-orde waarvan de leden in het Westen bekend staan als de 'dansende derwisjen'. Hun statige en waardige dans was hun manier om zich te concentreren. Terwijl de soefi rond- en ronddraaide en met zijn dans versmolt, voelde hij de grenzen van zijn ik vervagen en zette hij de eerste stappen op weg naar fanā', de ontwording van de eigen persoon. Deze broederschap was gesticht door Djalāl ad-Dīn Roemi (1207-1273), bij zijn volgelingen bekend onder de naam Maulana, onze Meester. Hij was geboren in het Centraalaziatische Choerasaan, maar had voor het oprukkende Mongoolse leger de wijk genomen naar Konja, een stad in het huidige Turkije. Zijn mystieke leer kan worden beschouwd als het islamitische antwoord op deze gesel die voor velen de reden geweest zou kunnen zijn waarom ze hun geloof in Allah verloren. Roemi's ideeën verschilden niet van die van zijn tijdgenoot Ibn Arabī, maar zijn epos *Mathnawī-i ma'navī*, beter bekend als de Soefibijbel, sprak de gewone man meer aan en droeg bij tot de verbreiding van het mystieke godsbeeld onder de gewone moslims die geen soefi waren. In 1244 was Roemi onder invloed gekomen van de rondtrekkende derwisj Sjams al-Dīn Tabrīzī, een man in wie hij de Volmaakte Mens van zijn generatie zag. Sjams zelf geloofde inderdaad dat hij een reïncarnatie van de Profeet was en stond erop dat hij met 'Mohammed' werd aangesproken. Hij had een dubieuze reputatie en stond erom bekend dat hij zich niet aan de sjarī'a of heilige islamitische wet hield, omdat hij vond dat hij boven zulke trivialiteiten verheven was. Roemi's volgelingen maakten zich begrijpelijk zorgen over de duidelijke idolatrie die hun leermeester voor hem aan de dag legde. Toen Sjams bij een oproer werd gedood, was Roemi ontroostbaar en hij wijdde zich meer dan ooit aan mystieke muziek en dans. Hij wist zijn verdriet te transformeren tot het verbeeldingsvolle symbool van de liefde voor God – van het verlangen van God naar de mensheid en het verlangen van de mensheid naar Allah. Ieder mens was, of hij het besefte of niet, op zoek naar de afwezige God, zich diep in zijn hart ervan bewust dat hij van de oorsprong van het bestaan was gescheiden:

> Luister naar het riet, het vertelt een verhaal, een klaagzang van gescheidenheid. Sinds ik werd gescheiden van het rietbed, heeft mijn jammerzang een weeklacht op de lippen van mannen en vrouwen

gebracht. Ik zoek een boezem, door scheiding verscheurd, opdat ik deze [persoon] de kracht van mijn liefdesverlangens kan tonen; eenieder die ver van zijn oorsprong vertoeft, verlangt terug naar de tijd dat hij ermee was verenigd.[51]

De Volmaakte Mens zou de gewone stervelingen de inspiratie geven om God te zoeken. Sjams al-Dīn had aan Roemi de dichtregels van zijn *Mathnawī* ontlokt, het spirituele epos waarin over deze martelende scheiding werd verhaald.

Net als andere soefi's beschouwde Roemi het universum als een theofanie van Gods ontelbare Namen. Sommige Namen verwezen naar Gods toorn of strengheid, andere waren de uitdrukking van het erbarmen dat aan de goddelijke natuur inherent was. De mysticus was verwikkeld in een eindeloze strijd (*djihād*) om slechts oog te hebben voor Gods erbarmen, liefde en schoonheid die in alle dingen aanwezig waren en om de rest ervan af te pellen. De *Mathnawī* daagde de moslims uit om de transcendente dimensie van het menselijk leven te vinden en om, dwars door de buitenkant heen, de verborgen, innerlijke werkelijkheid te ontwaren. Ons eigen ik beneemt ons het zicht op het innerlijke mysterie van de dingen, maar is het ons eenmaal gelukt er voorbij te kijken, dan zijn we geen geïsoleerde, gescheiden wezens meer, maar zijn we één met de zijnsgrond van alles wat is. Ook nu weer zei Roemi nadrukkelijk dat God slechts een subjectieve ervaring kon zijn. Hij vertelt het komische verhaal van Mozes en de schaapherder, ter illustratie van zijn stelling dat we respect moeten hebben voor de godsvoorstelling van een ander. Op een dag ving Mozes een gemoedelijk gesprek op dat een schaapherder met God voerde. De man zei dat hij God wilde helpen, onverschillig waar Hij was – hij wilde Gods kleren wassen, Hem ontluizen, zijn handen en voeten kussen voordat Hij ging slapen. 'Wanneer ik aan U denk,' zo besloot hij zijn gebed, 'kan ik alleen maar *aiii* en *ahhh* zeggen.' Mozes was ontzet. Hoe kon die schaapherder zo tegen de Schepper van hemel en aarde praten? Wat verbeeldde hij zich wel! Hij deed of hij het tegen zijn oom had! De schaapherder zei dat hij het nooit meer zou doen en trok ontroostbaar de woestijn in, maar God gaf Mozes een schrobbering. God verlangde geen rechtzinnige woorden, maar vurige liefde en nederigheid. Er bestond geen correcte manier om over God te spreken:

> Wat in jouw ogen verkeerd is, is goed in de zijne,
> Wat honing is voor de een, is gif voor de ander.
> Zuiver of onzuiver, laks of toegewijd in de aanbidding,
> Daar geef Ik niet om, daar sta Ik boven.
> De ene aanbidding is niet beter dan de andere.
> Hindoes doen wat hindoes doen.

En Dravidische moslims in India wat zij doen.
Het zijn lofprijzingen allemaal, en het is goed allemaal.
Ik ben niet degeen die vereerd wordt in die gebeden.
Het zijn de aanbidders zelf! Ik hoor de woorden niet
Die zij spreken. Ik kijk in hun hart naar hun nederigheid.
Hun braakliggende deemoed – want die is echt, Niet de taal. Vergeet toch die mooie woorden.
Ik wil vurige, *vurige* liefde.
Sluit vriendschap met je vurige liefde.
Verbrand je gedachten, verbrand je mooie zinnen.[52]

Alle woorden die over God werden gesproken, waren net zo dwaas als die van de schaapherder, maar wanneer een gelovige de sluiers opzij schoof en zag hoe de dingen echt waren, zou hij merken dat al zijn menselijke vooroordelen door God werden gelogenstraft.

Tegen die tijd was het noodlot dat de joden in Europa had getroffen, ook voor hen aanleiding geweest zich een ander beeld van God te vormen. Het antisemitisme dat na de kruistochten door het Westen waarde, maakte het leven voor de joodse gemeenschappen ondraaglijk en velen verlangden naar een God die bereikbaarder en persoonlijker was dan de verre godheid die de merkawa-mystici hadden vereerd. In de negende eeuw was een zekere familie Kalonymos, met medeneming van enkele mystieke geschriften, van Zuid-Italië naar Duitsland getrokken. Maar omstreeks de twaalfde eeuw hadden de vervolgingen voor het eerst een pessimistische toon in de asjkenazische piëteit gebracht en dit vond zijn uitdrukking in de werken van drie telgen van de familie Kalonymos: rabbi Samuel ha-Chassied (de Vrome), die omstreeks 1150 de korte verhandeling *Sefer ha-Jira* ('Het boek van de vreze Gods') schreef; zijn zoon rabbi Jehoeda ha-Chassied, schrijver van *Sefer ha-Chassidiem* ('Het boek der vromen'), en diens neef Eleazar ben Jehoeda van Worms (circa 1165-1230), die een aantal traktaten en mythische teksten uitgaf. Deze mannen waren geen filosofen of systematische denkers en uit hun geschriften blijkt dat ze hun gedachten hadden ontleend aan een aantal bronnen die niet bepaald de indruk wekten met elkaar verenigbaar te zijn. Ze waren erg geïmponeerd door de nuchtere failasoef Sa'adja ben Joseef (Sa'adja Ga'on), wiens boeken in het Hebreeuws waren vertaald, en door christelijke mystici als Franciscus van Assisi. Uit dit vreemde amalgaam van bronnen wisten ze een spiritualiteit te smeden die tot aan de zeventiende eeuw voor de Franse en Duitse joden belangrijk zou zijn.

De lezer zal zich herinneren dat de rabbijnen hadden verklaard dat het zondig was zich de door God geschapen genoegens te ontzeggen. Maar de Duitse chassidiem (vromen) predikten een onthouding die zich niet van een christelijk ascetisme onderscheidde. Een jood zou in de andere wereld de

Sjechina alleen maar te zien krijgen als hij zich van aardse genoegens onthield en zich niet inliet met nutteloze tijdpasseringen, zoals het houden van huisdieren en het spelen met kinderen. Joden moesten een soortgelijke *apatheia* nastreven als die van God en ongevoelig zijn voor hoon en beledigingen. Maar God kon als een vriend worden toegesproken. Geen enkele merkawa-mysticus zou het in zijn hoofd halen om God, zoals Eleazar deed, met 'jij' aan te spreken. Deze vertrouwelijkheid ging geleidelijk deel uitmaken van de liturgie en zo groeide het beeld van een God die zowel een transcendent wezen als een immanente en intieme tegenwoordigheid was:

> Alles is in Jou en Jij bent in alles. Jij vult alles en omvat alles; toen alles werd geschapen, was Jij in alles. Voordat alles werd geschapen, was Jij alles.[53]

De chassidiem zwakten hun uitspraken over deze immanentie enigszins af door te verklaren dat niemand God zelf kon benaderen, maar alleen de God die zich aan de mensheid openbaarde in zijn 'heerlijkheid' (kawod), of in 'de machtige stralenglans die Sjechina wordt genoemd'. Deze incongruentie kon de chassidiem echter niet deren. Hun aandacht richtte zich meer op praktische zaken dan op theologische nuances en ze onderwezen hun geloofsgenoten mystieke concentratiemethoden (*kawwana*) en handelingen om zich scherper bewust te worden van Gods tegenwoordigheid. Stilte was daarbij essentieel; een chassied moest zijn ogen dichtknijpen, zijn hoofd met een gebedsmantel bedekken om niet te worden afgeleid, zijn maag intrekken en op zijn tanden knarsen. Ze hadden ontdekt dat speciale technieken, ontwikkeld om 'het gebed eruit te trekken', dat besef van Gods tegenwoordigheid konden aanwakkeren. In plaats van de woorden van de liturgie gewoon maar te herhalen moest de chassied de letters van elk woord tellen, hun getalswaarde berekenen en boven de letterlijke betekenis van de taal uitstijgen. Hij moest zijn aandacht naar omhoog richten, zodat zijn besef van een hogere werkelijkheid werd aangewakkerd.

In het islamitische rijk, waar geen antisemitische vervolgingen bestonden, leefden de joden onder aanmerkelijk betere omstandigheden dan in Europa en daar ontbrak de noodzaak voor die asjkenazische piëteit. Wel ontwikkelden ze een nieuw soort jodendom als reactie op de veranderingen in de islamitische wereld. Zoals de joodse falāsifa hadden getracht de God van de Bijbel filosofisch te verklaren, zo probeerden andere joden hun God mystiek en allegorisch uit te leggen. Aanvankelijk vormden deze mystici slechts een heel kleine minderheid. Ze hadden een esoterische leer die van meester op leerling werd doorgegeven en die ze 'kabbala', overlevering, noemden. Op de duur zou de God van de kabbala echter sterker tot de grote massa en de joodse verbeelding spreken dan de God van de filosofen. De wijsbegeerte dreigde van God een verre abstractie te maken, maar de mystiek kwam met een God die in staat was de angsten en zorgen te beroeren die zich op een dieper niveau bevonden dan het verstandelijke. Waren de merkawa-mystici er tevreden mee geweest om van buitenaf naar Gods glorie op te blikken, de kabbalisten trachtten door te dringen tot Gods innerlijke leven en tot het menselijk bewustzijn. In plaats van rationeel te speculeren over Gods natuur en de metafysische vraagstukken rond zijn relatie tot de wereld, bewandelden de kabbalisten de weg van de verbeelding.

Net als de soefi's maakten de kabbalisten gebruik van het gnostische en neoplatoonse onderscheid tussen de wezenheid van God en de God van wie we in de openbaring en schepping een glimp opvangen. God zelf is wezenlijk onkenbaar, onvoorstelbaar en onpersoonlijk. Deze verborgen God noemden ze 'Ēn Sof' (letterlijk 'het Oneindige'). We kunnen absoluut niets van Ēn Sof zeggen; Hij wordt zelfs niet in de Bijbel of de Talmoed genoemd. Een anonieme schrijver uit de dertiende eeuw verklaarde dat Ēn Sof, als absoluut zijnde, juist om die reden niet het subject van een openbaring aan het mensdom kan zijn.[54] Anders dan JHWH heeft Ēn Sof geen gedocumenteerde naam; 'Hij' is geen persoon. Het is beter deze godheid aan te duiden met 'Het'. Hiermee werd de notie van de zeer persoonlijke God van Bijbel en Talmoed radicaal losgelaten. De kabbalisten kwamen met een eigen mythologie die hun bij hun verkenning van een nieuw religieus terrein behulpzaam moest zijn. Om de relatie tussen Ēn Sof en JHWH te verklaren zonder te buigen voor de gnostische dwaalleer dat het twee aparte zijnden waren, ontwikkelden de kabbalisten een allegorische manier van bijbellezing. Net als de soefi's poogden ze zich voor te stellen hoe de verborgen God zich aan de mensheid kenbaar had gemaakt. Ēn Sof had zich aan de joodse mystici geopenbaard via tien verschillende aspecten of *sefierot* ('numerieke wezens') van de goddelijke werkelijkheid en deze waren uit de onpeilbare diepten van de onkenbare godheid geëmaneerd. Elke *sefiera* stelde een fase in Ēn Sofs stapsgewijze zelfopenbaring voor en had een eigen allegorische naam, maar al die goddelijke sferen omvatten stuk voor stuk, elk onder een specifieke noemer, het totale goddelijke mysterie. In de kabbalistische exegese werd elk bijbelwoord een verwijzing naar een van de tien sefierot; elk vers beschreef een voorval of een verschijnsel dat zijn pendant in het innerlijke leven van God zelf had.

Ibn Arabī had Gods zucht van erbarmen die Hem aan het mensdom had geopenbaard, beschouwd als het Woord dat de wereld had geschapen. Op vergelijkbare wijze waren de sefierot zowel de Namen die God zichzelf had gegeven als de instrumenten waar Hij de wereld mee had geschapen. Samen vormden deze tien namen zijn ene Hoge Naam die niet aan de mens bekend was. Ze stelden de fasen voor waarin Ēn Sof zijn eenzame ongenaakbaarheid had verlaten en op de aardse wereld was neergedaald. Gewoonlijk worden ze als volgt ingedeeld:

1. Keter eljon: 'Hoogste Kroon'.
2. Chochma: 'Wijsheid'.
3. Bina: 'Inzicht'.
4. Chesed: 'Liefde' of 'Genade'.
5. Dien: 'Macht' (die zich gewoonlijk manifesteerde in Streng Gericht).
6. Rachamiem: 'Erbarmen'; soms Tiferet ('Schoonheid') genoemd.
7. Netsach: 'Overwinning'.
8. Hod: 'Majesteit'.
9. Jesod: 'Basis'.
10. Malkoet: 'Koninkrijk', ook Sjechina genoemd.

Soms worden de sefierot afgebeeld als een omgekeerde boom, met de wortels in de onbevattelijke diepten van het Ēn Sof (zie het schema op p. 276) en de kruin in de Sjechina, de wereld. Deze organische voorstelling geeft de eenheid van dit kabbalistische symbool weer. Ēn Sof is het sap dat door de takken van de boom stroomt, ze leven geeft en ze tot een mysterieuze, complexe werkelijkheid verenigt. Hoewel er een onderscheid bestaat tussen Ēn Sof en de wereld van zijn namen, zijn de twee één, zoals een kooltje vuur en een vlam één zijn. De sefierot staan voor de werelden van licht die de duisternis van Ēn Sof (dat zelf in een ondoordringbaar donker verborgen blijft) zichtbaar maken. Het is weer een andere manier om aan te geven dat onze godsbeelden nooit een volledige uitdrukking kunnen zijn van de werkelijkheid waar ze naar verwijzen.

Het rijk van de sefierot is echter geen alternatieve werkelijkheid die zich 'ergens daarginds' tussen de godheid en de wereld bevindt. Het zijn geen treden van een ladder tussen hemel en aarde, maar ze liggen ten grondslag aan de wereld die door de zintuigen wordt ervaren. Aangezien God alles in alles is, zijn de sefierot actief aanwezig in alles wat bestaat. Ze geven ook de stadia van het menselijk bewustzijn weer via welke de mysticus naar God opklimt door in zijn eigen geest af te dalen. Ook nu weer worden God en mens als onscheidbare grootheden voorgesteld. Sommige kabbalisten beschouwden de sefierot als de ledematen van de oermens die God zich oorspronkelijk had voorgesteld. Dat was wat de Bijbel bedoelde te zeggen met: 'De mens is naar Gods beeld geschapen.' De aardse werkelijkheid hier beneden correspondeert met een archetypische werkelijkheid in het hemelse rijk. De voorstelling van God als een boom of als een mens waren imaginatieve beschrijvingen van een werkelijkheid die zich aan elke rationele formulering onttrok. De kabbalisten stonden niet vijandig tegenover falsafa (velen had-

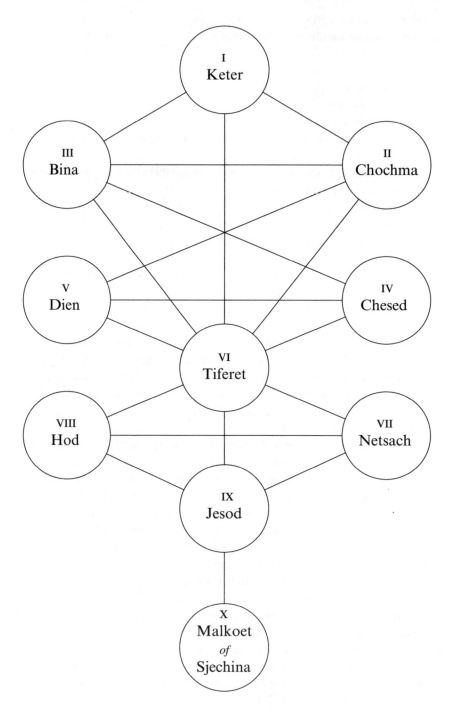

De boom van de sefierot

den grote waardering voor figuren als Sa'adja Ga'on en Maimonides), maar ze vonden symboliek en mystiek bevredigender om tot het mysterie van God door te dringen dan metafysica.

De kabbalistische tekst die de meeste invloed had was *Sefer ha-Zohar*, een werk dat waarschijnlijk omstreeks 1275 door de Spaanse mysticus Mozes de León werd geschreven. Als jongeman had hij Maimonides bestudeerd, maar geleidelijk voelde hij zich aangetrokken tot de mystiek en de esoterische traditie van de kabbala. *Sefer ha-Zohar* ('Het boek van de stralenkrans') is een soort mystieke roman waarin de omzwervingen van de derde-eeuwse talmoedist Sjimon bar Jochai met zijn zoon Eliazar door Palestina worden beschreven; onderweg spreekt hij met zijn leerlingen over God, de natuur en het leven van de mens. Het boek mist een duidelijke structuur en een systematische uitwerking van thema of ideeën, maar zo'n benaderingswijze zou ook niet stroken met de geest van de *Zohar* waarvan de God in geen enkel strak denkschema kan worden ondergebracht. Net als Ibn Arabī geloofde Mozes de León dat God zich aan elke mysticus op een unieke, persoonlijke manier openbaart, zodat het aantal interpretatiemogelijkheden van de Tora onbegrensd is; hoe verder de kabbalist vordert, des te meer betekenislagen worden hem onthuld. In de *Zohar* wordt de mysterieuze emanatie van de tien sefierot voorgesteld als een proces waarbij het onpersoonlijke Ēn Sof een eigen individualiteit krijgt. In de drie hoogste sefierot – Keter, Chochma en Bina – waar Ēn Sof als het ware nog maar net heeft 'besloten' zich te openbaren, wordt de goddelijke werkelijkheid 'Hij' genoemd. Wanneer 'Hij' neerdaalt door de middelste sefierot – Chesed, Dien, Tiferet, Netsach, Hod en Jesod – wordt Hij 'Jij'. En ten slotte, wanneer God, in de Sjechina, op aarde verschijnt noemt 'Hij' zich 'Ik'. Dit is het punt (het punt waar God als het ware een individu wordt en zijn zelfexpressie is voltooid) waarop de mens zijn mystieke reis kan beginnen. Zodra de mysticus inzicht in zijn diepste zelf heeft verkregen, wordt hij zich bewust van Gods tegenwoordigheid in zijn binnenste en kan hij naar de meer onpersoonlijke sferen opgaan en boven karakterologische beperkingen en egoïstisch denken uitstijgen. Het is een terugkeer naar de onvoorstelbare oorsprong van ons bestaan en naar de verborgen wereld van de ongeschapen werkelijkheid. In deze mystieke visie is onze zintuiglijke wereld slechts de laatste en buitenste schil van de goddelijke werkelijkheid.

Evenmin als in het soefisme houdt in de kabbala het leerstuk van de schepping zich werkelijk bezig met het fysieke ontstaan van het universum. De *Zohar* beschouwt het Genesisverhaal als een allegorische weergave van een kritieke gebeurtenis in het inwendige van het Ēn Sof, waardoor de godheid uit zijn onpeilbare zelfbespiegeling brak en zich openbaarde. De *Zohar* zegt daarover:

> In den beginne, toen de wil van de Koning zich begon te manifesteren, graveerde hij tekens in de hemelse sfeer (die hem omgaf). In de meest verborgen nis schoot een donkere vlam uit het mysterie van de eyn sof, het Oneindige, als een mist die zich in het ongevormde vormt – besloten binnen de rand van deze sfeer, wit noch zwart, rood noch groen, zonder enige kleur.[55]

In Genesis was 'Er zij licht' Gods eerste scheppende woord geweest. In het commentaar dat de *Zohar* bij Genesis geeft (dit bijbelboek wordt in het Hebreeuws *Beresjiet* genoemd, naar de eerste woorden: 'In het begin') is deze 'donkere vlam' de eerste sefiera: Keter Eljon, de Hoogste Kroon van de godheid. Hij had geen kleur of vorm; andere kabbalisten noemden hem liever Niets (*ajien*). De hoogste vorm van goddelijkheid die de menselijke geest kan bevatten, wordt gelijkgesteld aan niets, want hij kan niet met enig bestaand ding worden vergeleken. Alle andere sefierot komen dus uit de schoot van het Niets voort. Dit is een mystieke interpretatie van het traditionele dogma van de schepping ex nihilo. Het verdere verloop van de zelfexpressie van de godheid is als het uitstromen van licht dat zich in steeds grotere cirkels verspreidt, en de *Zohar* vervolgt:

> Pas nadat deze vlam grootte en afmetingen begon aan te nemen, bracht ze stralende kleuren voort. Vanuit het binnenste van de vlam verrees een bron die kleuren uitstraalde, welke zich beneden over alles verspreidden wat in de mysterieuze verborgenheid van de eyn sof lag verborgen.
> De bron brak door en brak toch niet door de ether (van de sfeer). Ze was volkomen onherkenbaar, totdat er door de schok van de uiteindelijke doorbraak een verborgen, hemels punt begon te stralen.
> Voorbij dit punt houdt het kenbare op. Daarom wordt het *reshit*, begin genoemd – het eerste woord (van de tien) waarmee het universum is geschapen.[56]

Dit 'punt' is Chochma (Wijsheid), de tweede sefiera die de ideale vorm van al het geschapene in zich bergt. Het punt ontwikkelt zich tot een paleis of gebouw en dat wordt Bina (Inzicht), de derde sefiera. Deze drie hoogste sefierot geven de grens van het menselijk bevattingsvermogen weer. Kabbalisten zeggen dat God in Bina bestaat als de grote 'Wie' (*mie*) waar elke vraag mee begint. Maar het antwoord op die vraag zal nooit worden gegeven. Ook al past Ēn Sof zich geleidelijk aan de menselijke beperkingen aan, we zullen nooit weten 'Wie' Hij is. Hoe hoger we opstijgen, des te meer blijft 'Hij' in duisternis en mysterie gehuld.

De volgende zeven sefierot corresponderen met de zeven scheppingsdagen in Genesis. In de bijbelse tijd had JHWH over de oude Kanaänitische goden en hun erotische culten gezegevierd. Maar toen de kabbalisten zich voor het probleem gesteld zagen het mysterie van God onder woorden te brengen, dienden de oude mythologieën zich weer aan, zij het in vermomming. In de *Zohar* wordt Bina voorgesteld als de hemelse moeder wier schoot wordt doorboord door de 'donkere vlam', opdat ze de zeven lagere sefierot zal baren. En Jesod, de negende sefiera, roept fallische associaties op; hij wordt voorgesteld als de tunnel waardoorheen het goddelijke leven, als een act van mythische voortplanting, het universum instroomt. Maar vooral in de Sjechina, de tiende sefiera, treedt de oude seksuele symboliek van voortplanting en theogonie het duidelijkst aan de dag. In de Talmoed was de Sjechina een neutrale figuur; ze was seks- en geslachtloos. In de kabbala wordt de Sjechina echter het vrouwelijke aspect van God. De *Bahier* (circa 1200), een van de oudste kabbalistische teksten, vereenzelvigde de Sjechina met de gnostische Sophia, de laatste goddelijke emanatie die van het pleroma was gevallen en nu, verloren en van de godheid vervreemd, door de wereld zwerft. De *Zohar* koppelt deze 'verbanning van de Sjechina' aan de val van Adam die in Genesis wordt beschreven. Het boek vertelt dat Adam een blik mocht werpen op de 'middelste sefierot' in de Boom des Levens en op de Sjechina in de Boom der Kennis. In plaats van de zeven sefierot als geheel te aanbidden verkoos hij alleen de Sjechina te vereren, zodat hij het leven afzonderde van de kennis en de eenheid van de sefierot verbrak. Het goddelijke leven, dat nu van zijn goddelijke Oorsprong was gescheiden, kon niet meer ononderbroken de wereld binnenstromen. Maar als de gemeenschap van Israël zich aan de Tora hield kon ze de verbanning van de Sjechina ongedaan maken en de wereld met de godheid herenigen. Het zal geen verwondering wekken dat veel strenge talmoedisten dit een zeer verwerpelijke gedachtengang vonden, maar de verbanning van de Sjechina, waarin de echo doorklinkt van de antieke mythen van de godin die ver van het goddelijke rijk door de wereld zwerft, werd een van de populairste onderdelen van de kabbala. De vrouwelijke Sjechina bracht enig seksueel evenwicht in het godsbeeld dat te veel naar de mannelijk kant neigde en ze beantwoordde duidelijk aan een belangrijke religieuze behoefte.

De notie van de goddelijke verbanning appelleerde ook aan het besef van gescheidenheid dat aan zoveel menselijke angsten ten grondslag ligt. In de *Zohar* wordt het kwaad voorgesteld als een macht die van de rest gescheiden is geraakt, of die een verbinding is aangegaan waar het niet geschikt voor is. Het grote probleem van het ethisch monotheïsme is dat het het kwaad wil isoleren. Aangezien we het een onacceptabele gedachte vinden dat er in onze God kwaad huist, bestaat het gevaar dat we ons niet kunnen neerleggen bij de aanwezigheid ervan in ons binnenste. We duwen het kwaad weg en maken er iets monsterlijks en niet-menselijks van. Het angstaanjagende beeld van Satan in het westerse christendom was een voorbeeld van zo'n vertekende projectie. De *Zohar* situeert de wortel van het kwaad echter in God zelf, en wel in Dien of het Strenge Gericht, de vijfde sefiera. Dien wordt voorgesteld als Gods linker- en Chesed (Genade) als zijn rechterhand. Zolang Dien harmonieus samenwerkt met de goddelijke Genade, gaat er een positieve en heilzame werking van uit. Maar zodra Dien de band met de andere sefierot verbreekt en zich afscheidt, wordt hij slecht en destructief. De *Zohar* vertelt ons niet waar die afscheiding door komt. In het volgende hoofdstuk zullen we zien dat latere kabbalisten zich intensief met het probleem van het kwaad bezighielden en meenden dat het het gevolg was van een soort 'oerongeval' dat in een van de vroegste stadia van Gods zelfopenbaring had plaatsgevonden. Wie de kabbala letterlijk neemt zal haar een vrij verwarde leer vinden, maar haar mythologie bleek aan een psychologische behoefte tegemoet te komen. Toen de Spaanse joden in de vijftiende eeuw door rampen en onheil werden getroffen, diende de kabbalistische God hun tot steun om de diepere zin van hun lijden te ontdekken.

De geschriften van de Spaanse mysticus Abraham ben Samuel Abulafia (1240-na 1291) zijn een voorbeeld van de indringende psychologische kracht van de kabbala. Zijn meeste werken dateren ongeveer uit dezelfde tijd als de *Zohar*, maar Abulafia richtte zijn aandacht meer op de techniek om zich van God bewust te worden dan op de natuur van God zelf. Zijn methoden lijken op de technieken van hedendaagse psychoanalytici bij hun seculiere zoektocht naar verlichting. Zoals de soefi's God op dezelfde manier hadden willen ervaren als Mohammed, zo zocht Abulafia naar een methode om profetische inspiratie te krijgen. Hij ontwikkelde een joodse vorm van yoga waarbij hij uitging van de gebruikelijke concentratietechnieken als ademhaling, het reciteren van een mantra en het aannemen van een speciale houding om een alternatieve bewustzijnstoestand te bereiken. Abulafia was een ongebruikelijke kabbalist. Hij was een zeer erudiet man die de Tora, de Talmoed en de falsafa had bestudeerd voordat hij zich, na op zijn eenendertigste een overweldigende religieuze ervaring te hebben gehad, tot de mystiek wendde. Hij geloofde dat hij de Messias was, niet alleen voor de joden maar ook voor de christenen. Hij bereisde heel Spanje om volgelingen te maken en waagde zelfs de oversteek naar het Midden-Oosten. In 1280 bezocht hij de paus als joods afgezant. Hoewel Abulafia zijn kritiek op het christendom niet onder stoelen of banken stak, zag hij de overeenkomst tussen de kabbalistische God en de triniteitsleer. De drie hoogste sefierot doen ons denken aan de Logos en de Heilige Geest (Gods Inzicht en Wijsheid) die uit de Vader voortkomen, uit het Niets dat in een ongenaakbaar licht is gehuld. Abulafia zelf sprak graag in trinitarische termen over God.

Om deze God te vinden, zo leerde Abulafia, moest 'de ziel worden ontzegeld, de knopen waarmee ze vastzit worden losgemaakt'. De zinsnede 'de knopen losmaken' komen we ook in het Tibetaanse boeddhisme tegen, alweer een aanwijzing dat mystici over de hele wereld het in fundamenteel opzicht met elkaar eens zijn. Het proces dat Abulafia beschrijft kan misschien worden vergeleken met de manier waarop psychoanalytici proberen de psychische complexen boven tafel te krijgen die de geestelijke gezondheid van de patiënt bedreigen. Als kabbalist was Abulafia meer geïnteresseerd in de goddelijke energie die de hele schepping tot leven wekt, maar die niet door de ziel kan worden waargenomen. Zolang we onze geest vullen met ideeën die op zintuiglijke waarnemingen zijn gebaseerd, kunnen we de transcendente kant van het leven maar met moeite onderscheiden. Met zijn yogatechnieken leerde Abulafia zijn volgelingen om boven het normale bewustzijn uit te stijgen en een geheel nieuwe wereld te ontdekken. Een van die methoden was de *Chochma ha-Tseroef* (De leer van het combineren van letters), een meditatie op de naam van God. De kabbalist moest de letters van de goddelijke Naam op verschillende manieren met elkaar combineren om zo zijn geest te dwingen niet meer op een concrete manier waar te nemen maar op een abstracte. Deze techniek (die een buitenstaander niet erg veelbelovend in de oren klinkt) zou tot opmerkelijke resultaten hebben geleid. Abulafia zelf vergeleek haar met het beluisteren van muzikale harmonieën waarbij de letters van het alfabet in de plaats zijn gekomen van de noten in een toonladder. Hij paste ook een vorm van gedachtenassociatie toe die hij *dilloek* en *kefitsa* ('springen' of 'eroverheen springen') noemde en die duidelijk overeenkomst vertoonde met de moderne psychoanalytische techniek van de vrije associatie. Ook daarmee zou hij verrassende resultaten hebben bereikt. Deze methode, zo verklaarde Abulafia, brengt verborgen geestelijke processen aan het licht en verlost de kabbalist uit 'de kerker van de natuurlijke sferen en voert [hem] naar de grenzen van de goddelijke sfeer'.[57] Daardoor werden de 'zegels' van de ziel verbroken en ontdekte de ingewijde in zijn ziel bronnen van een bovennatuurlijke kracht die zijn geest verlichtte en de pijn in zijn hart verzachtte.

Zoals een patiënt die onder psychoanalytische behandeling is niet zonder de leiding van zijn therapeut kan, zo kon, aldus beklemtoonde Abulafia, de mystieke reis naar de diepe regionen van de geest niet worden ondernomen zonder de supervisie van een kabbalistische leermeester. Abulafia was zich scherp van de gevaren bewust, want hij had zelf in zijn jeugd een afschuwelijke religieuze ervaring gehad die hem bijna tot radeloosheid had gebracht. Tegenwoordig zullen patiënten vaak de persoon van hun therapeut internaliseren om zich de kracht en gezondheid die hij of zij vertegenwoordigt eigen te maken, en ook Abulafia noteerde dat de kabbalist de persoon van zijn geestelijk leider, die de 'beweger van zijn innerlijk wordt, [de man] die de gesloten deur in zijn binnenste openzet', vaak zou 'zien' en 'horen'. De kabbalist voelt nieuwe kracht in zich opkomen en de innerlijke transformatie die hij doormaakt is zo overweldigend, dat ze van goddelijke oorsprong lijkt te zijn. Een volgeling van Abulafia gaf de extase een nadere uitleg: de mysticus, zei hij, werd zijn eigen messias. In zijn extase kreeg hij een visioen van zijn eigen bevrijde en verlichte zelf:

> Weet dan dat het geheim der profetie hierin schuilt dat de profeet opeens de gedaante van zijn eigen zelf voor zich ziet en dat hij zijn zelf vergeet en dat het van hem wordt losgemaakt. (...) En over dit geheim zeiden onze leraren [in de Talmoed]: 'Groot is de kracht van de profeten die de vorm vergelijken met Hem die deze vormde' [dat wil zeggen, 'die mensen vergelijken met God'].[58]

Joodse mystici waren altijd terughoudend als het ging om beweringen dat ze met God verenigd waren geweest. Abulafia en zijn volgelingen zouden alleen zeggen dat de kabbalist, doordat hij zich met een geestelijk leermeester verenigd had gevoeld of een zekere persoonlijke bevrijding had bereikt, indirect door God was aangeraakt. De middeleeuwse mystiek en de moderne psychoanalyse verschillen duidelijk van elkaar, maar toch hebben beide disciplines soortgelijke technieken ontwikkeld om tot genezing en persoonlijke integratie te komen.

Bij de christenen in het Westen kwam de ontwikkeling van een mystieke traditie veel langzamer op gang. Ze liepen achter bij de monotheïsten in het Byzantijnse en islamitische rijk en waren wellicht nog niet rijp voor deze nieuwe ontwikkeling. Maar de veertiende eeuw was getuige van een ware explosie van mystieke religiositeit, vooral in Noord-Europa. Met name Duitsland bracht een stroom mystici voort: meester Eckhart (1260-1327), Johannes Tauler (1300-1361), Gertrudis de Grote (1256-1302) en Heinrich Suso (1295-1366). Ook Engeland leverde een belangrijke bijdrage aan deze westerse ontwikkeling en bracht vier belangrijke mystici voort die, niet alleen in eigen land maar ook in de rest van Europa, al spoedig een menigte volgelingen kregen: Richard Rolle van Hampole (1290-1349), de onbekende auteur van de *Cloud of Unknowing*, Walter Hilton (gest. 1395) en Juliana van Norwich (circa 1342-1416). Sommige mystici bereikten een hoger niveau dan andere. Zo schijnt Richard Rolle nooit verder te zijn gekomen dan tot het oproepen van bizarre sensaties en was zijn spiritualiteit soms niet vrij van enig egoïsme. Maar de grootste mystici wisten op eigen kracht tot veel inzichten te komen die de Griekse christenen, soefi's en kabbalisten zich al eerder hadden eigen gemaakt.

Meester Eckhart, die grote invloed had op Tauler en Suso, had op zijn beurt onder invloed gestaan van Pseudo-Dionysius de Areopagiet en Maimonides. Hij was een dominicaan en een briljant denker en hij doceerde aristotelische wijsbegeerte aan de universiteit van Parijs. In 1325 bracht zijn mystieke leer hem echter in conflict met zijn bisschop, de aartsbisschop van Keulen, die hem van ketterij beschuldigde: de aanklacht luidde dat hij Gods goedheid ontkende, dat hij beweerde dat God zelf in de ziel werd geboren en dat hij het eeuwige voortbestaan van de wereld predikte. Toch waren zelfs enkele van Eckharts scherpste critici van mening dat hij rechtgelovig was; men maakte alleen de fout zijn opmerkingen in sommige gevallen letterlijk uit te leggen in plaats van symbolisch, zoals Eckhart het had bedoeld. Eckhart was een dichter, en een groot liefhebber van paradox en metafoor. Hoewel hij vond dat het geloof in God niet strijdig was met de rede, ontkende hij dat de mens zich uitsluitend met de rede een adequate voorstelling van de goddelijke natuur kon vormen. 'Het bewijs van een kenbaar ding wordt hetzij door de zintuigen, hetzij door het verstand geleverd,' verklaarde hij, 'maar waar het godskennis betreft bestaat er geen bewijs, noch op grond van de zintuiglijke waarneming, aangezien Hij onstoffelijk is, noch op grond van het verstand, aangezien Hij geen van de ons bekende vormen bezit.'[59] God was geen zijnde wiens bestaan op dezelfde manier kon worden bewezen als een ander object van ons denken.

God, zo verklaarde Eckhart, was Niets.[60] Dat betekende niet dat Hij een illusie was, maar dat God een existentie bezat die rijker en voller was dan elke andere existentie die ons bekend is. Eckhart noemde God ook 'duisternis', niet zozeer om er de afwezigheid van licht mee aan te geven, als wel om te wijzen op de aanwezigheid van iets wat stralender was. Hij maakte ook onderscheid tussen de 'Godheid' die het best met negatieve termen kon worden beschreven, zoals 'woestenij', 'wildernis', 'duisternis' en 'niets', en de God die we als Vader, Zoon en Heilige Geest kennen.[61] Als westers christen bediende hij zich graag van Augustinus' analogie van de drieëenheid in de menselijke geest, hiermee implicerend dat het triniteitsdogma weliswaar niet door de rede kon worden doorgrond, maar dat God slechts door het verstand als drie personen kon worden bevat; zodra de mysticus vereniging met God had bereikt, zag hij of zij Hem als Eén. Deze gedachte zou de Griekse christenen niet hebben aangestaan, maar Eckhart zou het met hen eens zijn geweest dat de Drieëenheid in essentie een mystiek dogma was. Hij verkoos de uitspraak dat de Vader de Zoon in de ziel baarde boven die dat Maria Christus in haar schoot had ontvangen. Ook Roemi had de maagdelijke geboorte van de profeet Jezus beschouwd als het symbool van de geboorte van de ziel in het hart van de mysticus. Het was, zo verklaarde Eckhart, een allegorie voor de samenwerking tussen de ziel en God.

God kon alleen door de mystieke ervaring worden gekend. We konden beter, zoals Maimonides had gesuggereerd, in negatieve termen over Hem spreken. We moesten onze godsvoorstelling zuiveren, we moesten ons ontdoen van onze belachelijke vooropgezette meningen. We zouden zelfs de term 'God' moeten vermijden. Dat bedoelde Eckhart toen hij zei: 'Het laatste en hoogste afscheid van de mens komt eerst dan wanneer hij, omwille van God, afscheid neemt van God.'[62] Het zou een smartelijk proces zijn. Aangezien God Niets was, moesten we ons erop voorbereiden ook niet-iets te worden, opdat we ons met Hem konden verenigen. Het was een proces dat vergelijkbaar was met de fanā' die de soefi's beschreven; Eckhart sprak van 'onthechting aan het eigen ik' of 'scheiding' (*Abgeschiedenheit*).[63] Zoals een moslim de verering van een ander wezen dan God beschouwt als idolatrie (sjirk), zo moest, aldus Eckhart, de mysticus weigeren om slaaf te zijn van eindige denkbeelden over het goddelijke. Slechts dan zou hij vereniging met God bereiken, waarbij 'Gods existentie mijn existentie moet zijn en Gods Is-heid [*Isticheit*] mijn is-heid is'.[64] Omdat God de immanente zijnsgrond was, was het niet nodig Hem 'ergens daarginds' te zoeken, of zich voor te stellen dat we naar iets opklommen wat zich aan gene zijde van de ons bekende wereld bevond.

Al-Hallādj had de oelamā tegen zich in het harnas gejaagd door uit te roepen: 'Ik ben de Waarheid', en Eckharts mystieke leer schokte de Duitse bisschoppen: wat hield de uitspraak in dat een gewone man of vrouw één met God kon worden? In de veertiende eeuw vormde deze vraag de inzet van een fel dispuut onder Griekse theologen. God was wezenlijk ongenaakbaar, dus hoe kon Hij zich aan de mens kenbaar maken? Als er, zoals de kerkvaders hadden geleerd, een onderscheid bestond tussen Gods wezenheid en zijn 'werkingen' of 'energieën', was het dan niet godslasterlijk om de 'God' die een christen in het gebed ervoer, te vergelijken met God zelf? Gregorius Palamas, de aartsbisschop van Saloniki, leerde dat elke christen zich erin mocht verheugen dat hij die directe godskennis bezat, hoe paradoxaal het ook klonk. Het was waar dat Gods wezenheid ons bevattingsvermogen altijd te boven ging, maar Gods 'energieën' maakten net zo goed deel van Hem uit en moesten niet worden beschouwd als louter een goddelijke naglans. Een joodse mysticus zou het met hem eens zijn geweest: God Ēn Sof zou altijd in ondoordringbare duisternis gehuld blijven, maar zijn sefierot (die correspondeerden met de Griekse 'energieën') waren zelf ook goddelijk en emaneerden eeuwig uit het hart van de godheid. Soms konden mannen en vrouwen deze 'energieën' direct zien of ervaren, bijvoorbeeld waar de Bijbel zei dat Gods 'glorie' hun was verschenen. Niemand had Gods wezenheid ooit gezien, maar dat betekende nog niet dat een directe ervaring van God zelf onmogelijk was. Het paradoxale van deze uitspraak kon Palamas allerminst deren. De Griekse christenen waren het er al lang over eens dat elke uitspraak over God paradoxaal móest zijn. Alleen zo bleven mensen zich bewust van zijn mysterie en onzegbaarheid. Palamas zei het aldus:

Je ziet dus dat door de eerbiedwaardige theologen beide stellingen aan ons zijn overgeleverd: dat het zijn van God niet mededeelbaar is en dat het op enigerlei wijze wél mededeelbaar is en dat wij aan de goddelijke natuur deel hebben en er helemaal geen deel aan hebben. We moeten dus die twee [*tegenstrijdige*] dingen vasthouden en *ze beschouwen als regel van de vrome leer.*[65]

Palamas' leerstuk bevatte eigenlijk niets nieuws. In de elfde eeuw had Symeon de Nieuwe Theoloog in grote lijnen hetzelfde verklaard. Maar Palamas' uitspraak was uitgelokt door Barlaäm de Calabriër die in Italië had gestudeerd en sterk onder invloed was geraakt van het rationalistisch aristotelisme van Thomas van Aquino. Barlaäm verzette zich tegen het traditionele Grieks-orthodoxe onderscheid tussen Gods 'wezenheid' en zijn 'energieën' en beschuldigde Palamas ervan dat hij God in twee aparte delen splitste. Barlaäm stelde een definitie van God voor die teruggreep op de oude Griekse rationalisten en waarbij de nadruk op zijn absolute enkelvoudigheid lag. Griekse filosofen als Aristoteles die, zo verklaarde Barlaäm, door God speciaal waren verlicht, leerden dat God onkenbaar was en ver van de wereld af stond. Mannen en vrouwen konden God daarom onmogelijk 'zien'; de mens kon Gods invloed slechts indirect ervaren, via de Schrift of via de wonderen van de schepping. Barlaäm werd in 1341 door een concilie van de orthodoxe Kerken veroordeeld, maar hij kreeg steun van andere monniken die eveneens door Thomas beïnvloed waren. Op de keper beschouwd was dit dispuut uitgegroeid tot een conflict tussen de God van de mystici en de God van de filosofen. Barlaäm en zijn medestanders Gregorius Akindynos (die graag uit de Griekse vertaling van de *Summa Theologiae* citeerde), Nicephoros Gregoras en de thomist Prochorus Cydones hadden zich niet meer kunnen vinden in de apofatische theologie van Byzantium waar de nadruk lag op stilzwijgen, paradox en mysterie. Zij prefereerden de positievere theologie van West-Europa, waarin God werd gedefinieerd als een Zijnde en niet als Niets. Tegenover de geheimnisvolle godheid van Pseudo-Dionysius, Symeon en Palamas, stelden zij een God over wie wel uitspraken konden worden gedaan. De Griekse christenen hadden deze neiging in het westerse denken altijd gewantrouwd en Palamas had, met het oog op die infiltratie van rationalistische, Latijnse ideeën, de paradoxale theologie van de oosterse orthodoxie opnieuw bevestigd. God mocht niet worden teruggebracht tot een concept dat in een menselijk woord kon worden gevangen. Hij was het met Barlaäm eens dat God onkenbaar was, maar hij betoogde met nadruk dat Hij desalniettemin door mannen en vrouwen was ervaren. Het licht dat de menselijkheid van Jezus op de berg Tabor had getransfigureerd, was niet Gods wezenheid (die had geen mens ooit gezien), maar was op mysterieuze wijze God zelf. De liturgie waarin volgens de Griekse theologie de rechtgelovige leer was verankerd, verklaarde dat we op de berg Tabor 'de Vader hebben gezien als licht en de Heilige Geest als licht'. Het was een openbaring geweest 'van wat we eens waren en wat we eens zullen zijn' wanneer we, net als Christus, worden vergoddelijkt.[66] Maar ook nu weer was datgene wat we 'zagen' toen we God in dit leven schouwden, niet een substituut van God geweest, maar op een of andere manier God zelf. Natuurlijk was dit een contradictie, maar de christelijke God was nu eenmaal een paradox; de enige juiste houding die we tegenover het mysterie dat we 'God' noemden konden aannemen was antinomie en stilte – niet een filosofische hybris die de plooien trachtte glad te strijken.

Barlaäm had geprobeerd het godsbegrip veel te consistent te maken; in zijn ogen moest God óf worden vereenzelvigd met zijn wezenheid, óf niet. Hij had als het ware geprobeerd Gods bewegingsvrijheid te beperken tot zijn wezenheid en te verklaren dat het voor Hem onmogelijk was om daarbuiten, in zijn 'energieën', tegenwoordig te zijn. Maar in deze manier van denken werd God benaderd alsof Hij zomaar een fenomeen was en werd uitgegaan van puur menselijke noties van wat wel kon en wat niet. Palamas verklaarde dat het visioen van God een wederkerige extase was: mannen en vrouwen oversteigen zichzelf, maar ook God onderging een overstijgende extase doordat Hij buiten 'zichzelf' trad om zich aan zijn schepsels kenbaar te maken: 'Ook God treedt buiten zichzelf en acht het niet beneden zijn waardigheid zich met onze geest te verenigen.'[67] De zege van Palamas over het Grieks rationalisme van de veertiende eeuw, waardoor zijn theologie normatief bleef voor het orthodoxe christendom, staat voor de veelomvattender zege die de mystiek in alle drie monotheïstische religies behaalde. Sinds de elfde eeuw waren de islamitische filosofen tot de slotsom gekomen dat de rede – onmisbaar voor disciplines als medicijnen of de natuurwetenschappen – volstrekt inadequaat was wanneer het om de bestudering van God ging. Wie uitsluitend op de rede vertrouwde, kon net zo goed proberen soep met een vork te eten.

In de meeste delen van het islamitische rijk had de God van de soefi's de God van de filosofen verdrongen. In het volgende hoofdstuk zullen we zien dat de God van de kabbalisten de joodse spiritualiteit van de zestiende eeuw zou beheersen. Mystiek wist dieper tot de geest door te dringen dan de religieuze stromingen die cerebraler of wettischer waren. De God van de mystiek sprak basalere gevoelens aan, gevoelens van hoop, angst en vrees waar de verre God van de filosofen niets mee had kunnen doen. In de veertiende eeuw had het Westen een eigen mystieke religie ontwikkeld en er een veelbelovende start mee gemaakt. Maar mystiek zou zich in het westerse christendom nooit zo verbreiden als in de andere tradities. In landen als Engeland, Duitsland en de Nederlanden, die toonaangevende mystici voortgebracht hadden, werd deze onbijbelse spiritualiteit door de protestantse reformatoren van de zestiende eeuw openlijk veroordeeld. In de rooms-katholieke Kerk werden vooraanstaande mystici als Theresia van Ávila vaak door de inquisiteurs van de Contrareformatie bedreigd. Het gevolg van beide Reformaties was dat men in Europa God in een nog rationalistischer licht ging bezien.

8

Een God voor reformisten

De vijftiende en zestiende eeuw waren voor alle volkeren van de Ene God beslissend. Het was vooral een cruciale periode voor het christelijke Westen, dat er niet alleen in was geslaagd de andere culturen van de Oikoumenè in te halen, maar ook op het punt stond ze voorbij te streven. In deze periode kwam de Italiaanse Renaissance tot bloei en breidde zich snel naar Noord-Europa uit, werd de Nieuwe Wereld ontdekt en kwam de wetenschappelijke revolutie op gang die voor rest van de wereld beslissend zou zijn. Tegen het einde van de zestiende eeuw stond het Westen op de drempel van een volstrekt nieuwe culturele ontwikkeling. Het was daarom een overgangstijd en als zodanig werd hij zowel gekenmerkt door verontrusting als door vooruitgang. Dat manifesteerde zich duidelijk in de toenmalige westerse godsvoorstelling. Ondanks hun aardse successen hielden de volkeren van Europa zich meer dan ooit met godsdienst bezig. De leken waren vooral ontevreden over de middeleeuwse geloofsvormen die niet meer aansloten bij de religieuze behoeften die ze in deze fiere, nieuwe wereld hadden. Grote reformisten gaven die onrust een stem en ontdekten nieuwe benaderingen van God en verlossing. Europa werd in twee kampen verdeeld – een katholiek en een protestants –, die hun afkeer en wantrouwen jegens elkaar nooit helemaal zijn kwijtgeraakt. Tijdens de Reformatie en Contrareformatie spoorden katholieke en protestantse reformatoren de gelovigen aan zich te ontdoen van de perifere devotie die op heiligen en engelen was gericht en zich alleen op God te oriënteren. Europa leek inderdaad door God te zijn geobsedeerd. Toch kwam tegen het begin van de zeventiende eeuw bij enkele mensen de gedachte aan 'atheïsme' op. Kon hieruit worden afgeleid dat ze zich opmaakten om zich van God te ontdoen?

Ook voor Grieks-orthodoxen, joden en moslims was het een kritieke periode. In 1453 veroverden de Ottomaanse Turken de christelijke hoofdstad Constantinopel en maakten ze een einde aan het Byzantijnse rijk. Van nu af aan zouden de tradities en de spiritualiteit die de Grieks-orthodoxen hadden ontwikkeld, door de christenen van Rusland worden voortgezet. In januari 1492, het jaar dat Columbus de Nieuwe Wereld ontdekte, veroverden Ferdinand en Isabella het Spaanse Granada, het laatste islamitische bolwerk in Europa; kort daarop zouden de moslims uit het Iberische schiereiland worden verdreven, het land waar ze achthonderd jaar hadden gewoond. De verwoesting van Moors Spanje was voor de joden fataal. In maart 1492, een paar weken na de verovering van Granada, stelden de Katholieke Koningen de Spaanse joden voor de keus zich te laten dopen of te worden verbannen. Veel Spaanse joden waren zo aan hun vaderland verknocht, dat ze christen werden, al bleven sommigen hun geloof in het geheim belijden. Net als de *moriscos*, de islamitische bekeerlingen, werden deze joodse bekeerlingen door de Inquisitie opgejaagd omdat ze van ketterij werden verdacht. Ongeveer 150.000 joden weigerden zich echter te laten dopen en werden met harde hand uit Spanje gedeporteerd; ze vluchtten naar Turkije, de Balkan en Noord-Afrika. De moslims in Spanje hadden de joden het veiligste tehuis geboden dat ze ooit in de diaspora hadden gehad, zodat de uitroeiing van het Spaanse jodendom door joden over de hele wereld werd beweend als de grootste ramp die hun volk sinds de verwoesting van de tempel in 70 n.d.g.j. had getroffen. Het besef een balling te zijn boorde zich dieper dan ooit in het joods-religieuze bewustzijn. Het leidde tot een nieuwe vorm van kabbala en het ontstaan van een nieuwe godsvoorstelling.

Ook voor moslims in andere delen van de wereld waren het moeilijke jaren. De eeuwenlange Mongoolse hegemonie die op de Mongoolse invasies was gevolgd, had – wellicht onvermijdelijk – tot een nieuw conservatisme geleid aangezien men de verloren waarden trachtte te herwinnen. In de vijftiende eeuw verordonneerden de soennitische oelamā die aan de madrasa's of islamitische theologische hogescholen waren verbonden, dat de 'poorten van de *idjtihād* [de zelfstandige interpretatie van de bronnen] waren gesloten'. Voortaan moesten de moslims zich strikt houden aan de mening van de grote verlichte geesten uit het verleden (*taklīd*, letterlijk 'met gezag bekleden', dus navolging), vooral bij de bestudering van de sjarī'a, de heilige religieuze wet. De kans was klein dat in dit conservatieve klimaat innoverende ideeën over God, of over welk ander onderwerp ook, tot ontwikkeling zouden komen. Toch zou het onjuist zijn deze periode te kenschetsen als het begin van een islamitische neergang, zoals Westeuropeanen vaak hebben gesuggereerd. In zijn boek *The Venture of Islam. Conscience and History in a World Civilisation* wijst Marshall G.S. Hodgson erop dat we gewoon te weinig van deze periode afweten om zulke radicale generalisaties te kunnen maken. Zo zou het een onjuiste veronderstelling zijn dat de islamitische wetenschapsbeoefening in deze tijd in een dal zat, want we beschikken over onvoldoende bewijzen om dat te staven of te weerspreken.

Deze conservatieve gezindheid was in de veertiende eeuw vooral manifest geworden bij de grote pleitbezorgers van de sjarī'a, met name bij mannen als Ahmad ibn Taimijja van Damascus (gest. 1327) en zijn leerling Ibn Kajjim al-Djavzijja. Ibn Taimijja, die door het volk op handen werd gedragen, wilde de sjarī'a uitbreiden, opdat ze kon worden toegepast op alle situaties waar moslims in terecht zouden kunnen komen. Ibn Taimijja bedoelde dit niet als repressieve maatregel; hij wilde alleen een streep halen door alle regels die in onbruik waren geraakt, opdat de sjarī'a relevanter zou zijn voor de moeilijke tijden waar de moslims in verkeerden en hun benardheid zou verlichten. De sjarī'a moest een duidelijk en logisch antwoord op praktische religieuze problemen geven. Maar in zijn ijver om de sjarī'a te propageren viel Ibn Taimijja de kalaam, de falsafa en zelfs het asj'arisme aan. Zoals alle hervormers wilde hij terug naar de oorsprong – naar de Koran en de hadīth, waar de sjarī'a op was gebaseerd – en wilde hij alle latere aangroeisels wegsnijden. 'Ik heb alle theologische en wijsgerige methoden bestudeerd, maar bemerkt dat ze niet in staat zijn enige kwaal te genezen of enige dorst te lessen. De beste methode is mijns inziens die van de Koran.'[1] Zijn leerling al-Djavzijja voegde aan deze lijst van afkeurenswaardige innovaties het soefisme toe; hij pleitte voor een letterlijke interpretatie van de Schrift en veroordeelde de cultus van de soefische heiligen met een vuur dat niet onderdeed voor dat van de latere protestantse reformatoren in Europa. Net zo min als Luther en Calvijn werden Ibn Taimijja en al-Djavzijja door hun tijdgenoten voor conservatief versleten; ze werden veeleer beschouwd als progressieven, mannen die de last van hun volk trachtten te verlichten. Hodgson drukt ons op het hart het zogenaamde conservatisme van deze periode niet met 'stagnatie' af te doen. Hij wijst erop dat vooruitgang in de mate waarin wij die nu kennen, iets is wat geen enkele maatschappij vóór de onze zich kon permitteren of voorstellen.[2] Westerse wetenschappers hebben de moslims van de vijftiende en zestiende eeuw vaak nalatigheid verweten omdat ze niet met de Italiaanse Renaissance zijn meegegaan. Het is waar dat de Renaissance een van de belangrijkste culturele bloeiperioden van de geschiedenis was, maar ze overtrof noch onderscheidde zich veel van bijvoorbeeld de bloei van de Soengdynastie in China die in de twaalfde eeuw de inspiratiebron voor de moslims was geweest. De Renaissance was voor het Westen cruciaal, maar niemand had de geboorte van het moderne, technische tijdperk kunnen voorzien waar ze, achteraf beschouwd, de voorafschaduwing van was. Dat deze westerse Renaissance de moslims nogal koud liet, wees niet noodzakelijkerwijs op een onherstelbaar cultureel onvermogen. Het zal geen verwondering wekken dat de moslims zich in de vijftiende eeuw meer bezighielden met de niet geringe prestaties die ze zelf hadden behaald.

Feitelijk was de islam in deze periode nog steeds de belangrijkste wereldmacht en het Westen was zich er angstig van bewust dat hij nu aan de poorten van Europa zelf stond. In de vijftiende en zestiende eeuw werden drie nieuwe islamitische rijken gesticht: het Ottomaanse in Klein-Azië en Oost-Europa, het Safawidische in Iran en het Mogolse in India. Deze nieuwe wapenfeiten bewijzen dat de islamitische geest allerminst ter ziele was, maar dat hij de moslims nog steeds kon inspireren om, na catastrofes en desintegratie, op te krabbelen en nieuwe successen te behalen. Alle drie rijken maakten een opmerkelijke culturele bloei door, met specifieke, eigen kenmerken. De Safawidische renaissance in Iran en Centraal-Azië vertoonde interessante gelijkenis met de Italiaanse; beide drukten zich overwegend in de schilderkunst uit en keerden in creatief opzicht terug naar de heidense wortels van hun cultuur. Maar ondanks de macht en pracht van deze drie rijken bleef het zogenoemde conservatisme de boventoon voeren. Waren vroegere mystici en filosofen zoals al-Fārābī en Ibn Arabī zich ervan bewust geweest dat ze nieuwe terreinen verkenden, deze periode kenmerkte zich door een subtiele en delicate herformulering van oude thema's. Dit feit maakt het voor westerlingen eens zo moeilijk haar naar waarde te schatten, omdat onze eigen geleerden deze moderne islamitische wapenfeiten te lang hebben genegeerd en ook omdat de filosofen en dichters verwachtten dat de geest van hun lezers volgestopt zitten met de beelden en ideeën uit het verleden.

Toch waren er parallellen te trekken met contemporaine ontwikkelingen in het Westen. Onder het bewind van de Safawiden was in Iran een nieuwe vorm van Twaalver-sji'isme de staatsgodsdienst geworden en dit leidde tot een ongekende vijandschap tussen de sjī'a en de soenna. Tot dusver hadden de sji'ieten veel gemeen gehad met de intellectueler of mystieker georiënteerde soennieten. Maar in de zestiende eeuw ontbrandde tussen de twee stromingen een strijd die een trieste overeenkomst vertoonde met de godsdienstoorlogen in het toenmalige Europa. Sjah Ismā'īl, de grondlegger van de Safawidische dynastie, was in 1503 in Azarbaidjaan aan de macht gekomen en had zijn rijk naar West-Iran en Irak uitgebreid. Hij had het vaste voornemen het soennisme uit te roeien en dwong met ongekende meedogenloosheid de sjī'a aan zijn onderdanen op. Hij beschouwde zich als de imaam van zijn generatie. Zijn religieuze beweging vertoonde veel overeenkomsten met de protestantse Reformatie in Europa: beide hadden hun wortels in een verzetstraditie en beide waren tegen de aristocratie gekant en hadden verbindingen met het establishment van de koninklijke bestuurders. Met een vastberadenheid die aan de protestantse opheffing van de kloosters doet denken schaften de sji'itische reformisten de soefische tarīka's in hun gebied af. Het zal geen verwondering wekken dat dit de soennieten in het Ottomaanse rijk tot een soortgelijke onverzoenlijkheid aanzette en zij op hun beurt onderdrukten de sji'ieten die in hun gebieden woonden. Aangezien de Ottomanen de frontlinie vormden in de laatste heilige oorlog tegen de westerse kruisvaarders, legden ze tevens tegenover hun christelijke onderdanen een nooit eerder vertoonde onverzoenlijkheid aan de dag. Toch zou het onjuist zijn het hele Iraanse establishment het stempel 'fanatiek' op te drukken. De sji'itische oelamā van Iran sloegen deze nieuwlichterij in de sjī'a met wantrouwen gade; in tegenstelling tot hun soennitische tegenhangers weigerden ze 'de poorten van de idjtihād' te sluiten en hielden ze vast aan hun recht de islam onafhankelijk van de sjahs te interpreteren. Ze weigerden de Safawiden – en de latere Kadjaren – te beschouwen als de opvolgers van de imaams. In plaats van hun dynastie te aanvaarden sloten ze zich aan bij het volk dat tegen de heersers in verzet kwam en werden ze in Isfahaan en later in Teheran de helden van de oemma in de strijd tegen de koninklijke onderdrukkers. In de loop van de tijd groeiden ze uit tot de traditionele verdedigers van de rechten van kooplieden en armen tegen de inbreuken die de sjahs erop maakten en daardoor konden ze in 1979 het volk mobiliseren tegen het corrupte bewind van Reza Sjah Pahlavi.

De Iraanse sji'ieten ontwikkelden ook een eigen falsafa waarin de mystieke lijn van Soehrawardi werd doorgetrokken. Mīr Dāmād (gest. 1631), de grondlegger van deze sji'itische falsafa, was zowel wetenschapper als theoloog. Hij stelde het goddelijke Licht gelijk aan de verlichting die symbolische figuren als Mohammed en de imaams hadden ontvangen. Net als Soehrawardi legde hij de nadruk op de onbewuste, psychologische kant van de religieuze ervaring. Maar de belangrijkste exponent van deze Iraanse school was zijn leerling Sadr al-Dīn Sjīrāzi, beter bekend onder de naam *mollā* Sadrā (1571-1640). Veel hedendaagse moslims beschouwen hem als de diepzinnigste islamitische denker aller tijden en ze verklaren dat zijn werk optimaal recht doet aan de synthese van metafysica en spiritualiteit die het kenmerk van de islamitische wijsbegeerte was geworden. In het Westen begint hij echter pas sinds kort bekendheid te krijgen en tijdens het schrijven van dit boek is er van zijn vele traktaten slechts één (in het Engels) vertaald.

Net als Soehrawardi was *mollā* Sadrā van mening dat kennis niet simpelweg een kwestie van het vergaren van informatie was, maar een transformatieproces. De door Soehrawardi beschreven *ālam al-mithāl* stond in zijn denken centraal; zelf beschouwde hij dromen en visioenen als de hoogste vorm van waarheid. Niet de pure wetenschap en de metafysica, maar de mystiek bleef dus naar het oordeel van het Iraanse sji'isme het meest geschikte middel om God te ontdekken. Het doel van de wijsbegeerte was, zo leerde *mollā* Sadrā, de *imitatio dei*, de navolging van God, en deze kon niet tot één geloofsovertuiging of religie worden beperkt. Zoals Ibn Sīnā had aangetoond was God, de uiterste werkelijkheid, de enige die ware existentie (*woedjoed*) bezat, en deze enkelvoudige werkelijkheid bezielt de hele hiërarchie van zijnsvormen, vanaf het goddelijke rijk tot aan het stoffelijke. *Mollā*

Sadrā was geen pantheïst. Hij zag God simpelweg als de oorsprong van alles wat is; de zijnden die we zien en ervaren zijn slechts schalen die het goddelijke Licht in beperkte mate bevatten. Toch overstijgt God ook de aardse werkelijkheid. Het feit dat alle zijnden een eenheid vormen betekent echter niet dat alleen God bestaat, maar dat de eenheid te vergelijken is met die van de zon en de lichtbundels die ervan afstralen. Net als Ibn Arabī maakte *mollā* Sadrā onderscheid tussen Gods wezenheid of 'het Onzienlijke' en zijn verschillende manifestaties. In dat opzicht wijkt zijn visie niet af van die van de Griekse hesychasten en de kabbalisten. Hij zag de hele kosmos als een uitstraling van het goddelijke Onzienlijke waardoor zich een 'enkele edelsteen' met vele lagen vormde, corresponderend met de stadia waarin Gods zelfopenbaring zich in zijn attributen of 'tekenen' (*ājāt*) ontvouwde. De lagen stellen ook de stadia voor via welke het mensdom naar de oorsprong van al het zijn terugkeert.

Vereniging met God was niet gereserveerd voor het leven na de dood. Net als enkele hesychasten geloofde *mollā* Sadrā dat ze, langs de weg van de kennis, in dit leven kon worden verwezenlijkt. Overbodig te zeggen dat hij niet alleen op cerebrale, rationele kennis doelde; de mysticus moest in zijn opgang naar God een tocht door de ālam al-mithāl maken, het rijk van visioen en verbeelding. God is geen werkelijkheid die objectief kan worden gekend, maar moet worden gevonden in het beelden-scheppende vermogen van elke individuele moslim. Wanneer de Koran of de hadīth spreekt over paradijs, hel of de troon van God, verwijst hij niet naar een werkelijkheid die zich in een apart gebied bevindt, maar naar een innerlijke wereld die onder de sluiers van de waarneembare verschijnselen verborgen ligt:

> Alles waar de mens naar haakt, alles waar hij naar verlangt, is ogenblikkelijk voor hem aanwezig, of eigenlijk zou men moeten zeggen: het verbeelden van zijn verlangen ís op zichzelf al de werkelijke aanwezigheid van het object van zijn verlangen. Maar zoetheid en verrukking zijn dienstbaar aan al zijn verlangens. Paradijs en Hel, goed en kwaad, alles wat de mens kan bereiken en wat deel uitmaakt van zijn beloning in gindse wereld, komt uit geen andere bron voort dan uit het wezenlijke 'Ik' van de mens zelf, want dat wordt gevormd door zijn voornemens en plannen, zijn overpeinzingen, zijn intieme overtuigingen, zijn gedrag.[3]

Net als Ibn Arabī, die hij zeer vereerde, stelde *mollā* Sadrā zich God niet voor als een wezen dat in een ander rijk zetelde, in een buitenwereldse, objectieve hemel waar alle gelovigen zich na de dood in groten getale heen begeven. De hemel en de goddelijke sfeer moesten in het eigen hart worden ontdekt, in de persoonlijke ālam al-mithāl die het onvervreemdbare eigendom van elk mens was. Geen twee mensen zouden exact dezelfde hemel of dezelfde God hebben.

Mollā Sadrā, een man die niet alleen achting had voor de soennieten, de soefi's en de Griekse filosofen, maar ook voor de sji'itische imaams, is er het bewijs van dat het Iraanse sji'isme niet altijd onverdraagzaam en fanatiek was. En ook in India hadden talloze moslims even tolerant tegenover andere tradities gestaan. Hoewel het culturele klimaat in het India van de Mogols overwegend door de islam werd bepaald, boette het hindoeïsme niet aan levenskracht en creativiteit in, en enkele moslims en hindoes werkten op artistiek en intellectueel gebied met elkaar samen. Het subcontinent was lang gevrijwaard geweest van religieuze intolerantie en in de veertiende en vijftiende eeuw beklemtoonden de creatiefste stromingen binnen het hindoeïsme de eenheid van alle religieuze overtuigingen; alle paden waren geldig, vooropgesteld dat de nadruk lag op de innerlijke liefde voor de Ene God. Het was een gedachte die duidelijk in harmonie was met zowel het soefisme als de falsafa, de twee stromingen die in India de overhand hadden. Enkele moslims en hindoes vormden interreligieuze gemeenschappen, met als belangrijkste die van de sikhs, in de vijftiende eeuw gesticht door Goeroe Nānak. Deze nieuwe vorm van monotheïsme ging uit van de gedachte dat Allah identiek was aan de God van het hindoeïsme. Aan islamitische zijde onderwees de Iraanse geleerde Mīr Aboe al-Kāsim Findiriski (gest. 1641), een tijdgenoot van Mīr Dāmād en *mollā* Sadrā, de leer van Ibn Sīnā in Isfahaan, maar daarnaast verbleef hij ook langdurig in India, waar hij zich in het hindoeïsme en in yoga verdiepte. We zouden ons moeilijk kunnen voorstellen dat een rooms-katholieke deskundige op het gebied van Thomas van Aquino in deze tijd een zelfde geestdrift aan de dag zou leggen voor een religie die niet overeenkwam met de abrahamische overlevering.

Deze geest van tolerantie en samenwerking werd treffend uitgedragen door Akbar, de derde Mogolkeizer die van 1560 tot 1605 regeerde en alle religies eerbiedigde. Uit respect voor het hindoeïsme werd hij vegetariër, gaf hij het jagen op – een sport waar hij een groot liefhebber van was – en verbood hij het brengen van dierenoffers op zijn verjaardag of op plaatsen die voor hindoes heilig waren. In 1575 stichtte hij een Huis van Verering waar geleerden van alle religies bij elkaar konden komen om over God van gedachten te wisselen. Naar verluidt traden de jezuïtische missionarissen uit Europa daar het agressiefst op. Hij stichtte een eigen soefi-broederschap die gewijd was aan een 'goddelijk monotheïsme' (*tauhīd-e ilāhi*) en die de nadruk legde op het radicale geloof in de Ene God die zich in elke rechtgeleide religie kon openbaren. Het leven van Akbar zelf inspireerde Aboe 'l-Fadl Allāmī (1551-1602) tot het schrijven van een eulogie. In zijn *Akbar-Nāmah* ('Het boek van Akbar') trachtte hij de geschiedenis van de beschaving te toetsen aan de soefische principes. Allāmī beschouwde Akbar als de ideale exponent van de falsafa en als de Volmaakte Mens van zijn tijd. Beschaving kon universele vrede brengen wanneer een heerser als Akbar, die onverdraagzaamheid geen kans gaf, een grootmoedige, liberale maatschappij stichtte. Islam, in de oorspronkelijke betekenis van 'overgave aan God', kon in elk geloof worden bereikt; het geloof dat hij de 'religie van Mohammed' noemde, had niet het alleenrecht op God. Maar niet alle moslims namen hetzelfde standpunt in als Akbar en velen beschouwden hem als een gevaar voor het geloof. Zijn tolerante politiek kon slechts worden gehandhaafd zolang de Mogols het voor het zeggen hadden. Maar toen hun macht begon te tanen en allerlei groeperingen tegen de Mogolheersers opstonden, braken er godsdiensttwisten tussen moslims, hindoes en sikhs uit. Keizer Aurangzeb (1618-1707) meende wellicht dat hij de eenheid kon herstellen door in het islamitische kamp de teugels strakker aan te halen: hij vaardigde wetten uit die paal en perk stelden aan allerlei ingeslopen laksheden, zoals het drinken van wijn, hij maakte samenwerking met hindoes onmogelijk, zette het mes in het aantal hindoefeesten en verdubbelde de belasting die hindoekooplieden moesten betalen. De spectaculairste daad waarmee hij uitdrukking gaf aan zijn op het groepsbelang gerichte politiek was de grootscheepse verwoesting van hindoetempels. Deze politiek, die een radicale ommekeer van Akbars tolerante benadering was, werd weliswaar na Aurangzebs dood teruggedraaid, maar het Mogolrijk herstelde zich nooit meer van de destructieve onverdraagzaamheid die hij in naam van God had ontketend en gesanctioneerd.

Een van Akbars felste tegenstanders was de briljante geleerde *sjaikh* Ahmad Sirhindi (1563-1625), een man die ook een soefi was en, net als Akbar, door zijn volgelingen als de Volmaakte Mens werd vereerd. Sirhindi kwam in verzet tegen de mystieke traditie van Ibn Arabī wiens volgelingen God als de *enige* werkelijkheid beschouwden. Zoals we hebben gezien had onder anderen *mollā* Sadrā deze leer van de 'eenheid van het bestaan' (*wahdat al-woedjoed*) onderschreven. Het was een mystieke herformulering van de sjahāda: er bestaat geen andere werkelijkheid dan Allah. Net als de mystici in andere religies waren de soefi's van deze eenheid doordrongen en voelden ze zich één met alles wat bestond. Maar Sirhindi verwierp die opvatting en noemde haar een puur subjectieve ervaring. Terwijl de mysticus zich alleen op God concentreerde, vervaagden alle andere dingen uit zijn bewustzijn, maar dat had geen objectieve werkelijkheidswaarde. Het was een grote misvatting om te spreken van een eenheid of gelijkenis van God en de wereld. In feite was een directe godservaring onmogelijk, want God was voor de mens volstrekt onbereikbaar. 'Hij is de Heilige Ene, aan gene zijde van Gene Zijde, en nog eens aan gene zijde van Gene Zijde, en nog eens aan gene zijde van Gene Zijde.'[4] Er kon dus geen sprake zijn van een relatie tussen God en de wereld, behalve indirect, door schouwing van de 'tekenen' in de natuur. Sirhindi verklaarde dat hijzelf verder was gekomen dan de extase van mystici als Ibn Arabī en dat hij een hogere en meer ingetogen bewustzijnstoestand had bereikt. Met behulp van mystiek en religieuze ervaring kwam hij tot herbevestiging van zijn geloof in de verre God van de filosofen die een objectieve maar ongenaakbare werkelijkheid was. Zijn opvattingen werden door zijn volgelingen geestdriftig overgenomen, maar niet door het gros van de moslims; dat bleef de immanente, subjectieve God van de mystici trouw.

Terwijl moslims als Findiriski en Akbar ernaar streefden om volkeren met een ander geloof te begrijpen, had het christelijke Westen in 1492 bewezen dat het zelfs de nabijheid van de twee andere religies van Abraham niet kon velen. In de vijftiende eeuw was het antisemitisme in heel Europa opgelaaid en werden joden uit stad na stad, en uit streek na streek verdreven: in 1421 uit Linz en Wenen, in 1424 uit Keulen, in 1439 uit Augsburg, in 1442 (en nog eens in 1450) uit Beieren en in 1454 uit Moravië. In 1485 werden ze uit Perugia verjaagd, in 1486 uit Vicenza, in 1488 uit Parma, in 1489 uit Lucca en Milaan en in 1494 uit Toscane. De verdrijving van de sefardische joden uit Spanje staat dus niet los van deze omvangrijkere Europese trend. De Spaanse joden die zich in het Ottomaanse rijk hadden gevestigd, werden onophoudelijk door een gevoel van ontworteling bestookt, en dat voegde zich bij hun irrationele maar hardnekkige schuldcomplex dat zij de vervolgingen hadden overleefd. Het was een gevoel dat wellicht te vergelijken is met het schuldcomplex van de overlevenden van de nazistische holocaust en het is daarom veelzeggend dat momenteel sommige joden zich aangetrokken voelen tot de spiritualiteit die de sefardische joden in de zestiende eeuw hadden ontwikkeld om met hun ballingschap in het reine te komen.

Deze nieuwe vorm van kabbalistische mystiek ontstond mogelijkerwijs in de Balkanprovincies van het Ottomaanse rijk waar veel sefardiem gemeenschappen hadden gesticht. Kennelijk hadden de tragische gebeurtenissen van 1492 alom het verlangen gewekt naar de verlossing van Israël die de profeten hadden voorspeld. Onder aanvoering van Joseef Karo en Salomon Alkabetz emigreerden enkele joden van Griekenland naar Palestina, het land Israël. Ze zochten in hun spiritualiteit troost voor de vernedering die de joden en hun God door de verdrijving was aangedaan. Ze wilden, zo verklaarden ze, 'de Sjechina uit het stof opheffen'. Ze streefden echter geen politieke oplossing na en stelden zich evenmin een grootscheepse terugkeer van de joden naar het Beloofde Land ten doel. Ze vestigden zich in het Galilese Tsefat (of Safed) en legden daar de basis van een opmerkelijke opleving van de joodse mystiek waarbij aan hun ontheemding een diepere zin werd gegeven. Tot dusver had de kabbala alleen een elite aangesproken, maar na de rampzalige gebeurtenissen wendden joden over de hele wereld zich gretig tot een mystiekere spiritualiteit. De wijsbegeerte leek nu slechts oppervlakkige vertroosting te kunnen bieden; de woorden van Aristoteles klonken dor en droog en zijn God was ver en ontoegankelijk. Sterker nog, velen gaven de falsafa de schuld van de rampen en verklaarden dat dit denken debet was aan de verzwakking van het jodendom en de verwatering van het besef dat Israël een speciale roeping had. De universele termen waar de falsafa in was gegoten en de ruimte die ze niet-joodse wijsgerige ideeën bood, hadden te veel joden in verleiding gebracht zich te laten dopen. Vanaf die tijd zou de falsafa nooit meer een vorm van spiritualiteit zijn die een belangrijke rol in het jodendom speelde.

De mensen verlangden naar een godservaring die veel directer was. In Tsefat kreeg dit verlangen een bijna erotische intensiteit. Kabbalisten trokken door de heuvels van Palestina en legden zich neer op het graf van de grote talmoedisten, in een poging hun inzichten als het ware in hun eigen gekwelde leven op te slorpen. Als afgewezen minnaars die de slaap niet konden vatten brachten ze hele nachten wakend door, zongen God liefdesliederen toe en gaven Hem koosnamen. Ze merkten dat de kabbalistische mythologie en methoden hun muur van vertwijfeling slechtten en de pijn in hun ziel beroerden; metafysica of Talmoedstudie was daartoe niet meer in staat geweest. Maar aangezien hun situatie zo anders was dan die van Mozes de León, de schrijver van de *Zohar*, moesten de Spaanse ballingen zijn opvattingen aan hun specifieke omstandigheden aanpassen. Ze kwamen met een opmerkelijk imaginatieve oplossing die totale ontheemding gelijkstelde aan totale godsvrucht. De ballingschap van de joden symboliseerde de grote ontreddering die aan het hele bestaan ten grondslag ligt. Niet alleen was de hele schepping van haar plaats geraakt, ook God was een balling van zichzelf geworden. De nieuwe kabbala van Tsefat werd bijna van de ene dag op de andere enorm populair en groeide uit tot een massabeweging die niet alleen de inspiratiebron voor de sefardiem was, maar ook nieuwe hoop gaf aan de asjkenaziem in Europa die hadden gemerkt dat ze in geen enkele stad in de christelijke wereld een veilig onderkomen konden vinden. Dit uitzonderlijke succes is er het bewijs van dat de vreemde en – voor een buitenstaander – verbijsterende mythen van Tsefat op indringende wijze aansloten bij de situatie waar de joden in verkeerden. Het was de laatste joodse beweging waar vrijwel iedereen zich in zou vinden en ze bracht een ingrijpende verandering in het religieuze bewustzijn van het internationale jodendom teweeg. De speciale methoden van de kabbala waren slechts voor een ingewijde elite weggelegd, maar de achterliggende gedachten – en godsvoorstelling – werden het kader waarbinnen de joodse piëteit zich kon uitdrukken.

Willen we deze nieuwe kijk op God recht doen, dan moeten we ons vooral voor ogen houden dat de mythen niet waren bedoeld om letterlijk te worden opgevat. De kabbalisten van Tsefat waren zich ervan bewust dat de beeldspraak die ze gebruikten erg gewaagd was en ze kleedden haar dan ook voortdurend in met woorden als 'als het ware' of 'je zou je kunnen voorstellen dat'. Maar aan de andere kant bracht elk woord dat over God werd gesproken hoe dan ook problemen met zich mee, laat staan als het over het bijbelse leerstuk van de schepping van het universum ging. De kabbalisten hadden er net zoveel moeite mee als indertijd de falāsifa. Beiden gingen uit van de neoplatoonse metafoor van de emanatie die God verbond met de eeuwig uit Hem uitvloeiende wereld. Bij de profeten had de nadruk gelegen op Gods heiligheid en afgescheidenheid van de wereld, maar in de *Zohar* was gesuggereerd dat de wereld van Gods sefierot de hele werkelijkheid omvatte. De vraag was nu hoe Hij van de wereld gescheiden kon zijn als Hij tegelijkertijd alles-in-alles was. Mosje Cordovero van Tsefat (1522-1570) was zich van die paradox bewust en probeerde er een oplossing voor te vinden. In zijn theologie was God Ēn Sof niet meer de onbegrijpelijke godheid, maar de gedachte van de wereld; Hij was één met al het geschapene in hun ideale platoonse staat, maar gescheiden van hun bezoedelde belichaming hier op aarde. 'Alles wat bestaat, maakt deel uit van Gods bestaan, Hij omvat al het bestaande,' legde hij uit. 'Zijn wezenheid is in zijn sefierot tegenwoordig en Hijzelf is alles, en buiten Hem bestaat er niets.'[5] Hij stond hiermee heel dicht bij het monisme van Ibn Arabī en *mollā* Sadrā.

Maar Jitschak Loeria (1534-1572), de grote man en heilige van de kabbala van Tsefat, kwam bij zijn poging de paradox van Gods transcendentie en immanentie te verklaren tot een van de verbijsterendste gedachten die ooit over Hem zijn geformuleerd. De meeste joodse mystici waren heel terughoudend over hun godservaring. Het tegenstrijdige van dit soort spiritualiteit is immers dat mystici weliswaar verklaren dat hun ervaringen onzegbaar zijn, maar dat ze zich maar al te zeer bereid tonen ze op te schrijven. De kabbalisten waren er echter voorzichtig mee. Loeria was de eerste tsaddiek of rechtvaardige die volgelingen voor zijn mystieke leer wist te winnen door het charisma dat hijzelf had. Hij was geen schrijver en alles wat we van zijn kabbalistische leer weten is gebaseerd op de gesprekken die zijn opgetekend door zijn volgelingen Chajiem Vital (1553-1620), in diens verhandeling *Ets Chajiem* ('De boom des levens'), en Joseef ibn Taboel, wiens manuscript pas in 1921 werd gepubliceerd.

Loeria wierp zich op het vraagstuk waarover monotheïsten zich eeuwenlang het hoofd hadden gebroken: hoe kon een volmaakte en oneindige God een eindige wereld hebben geschapen die zo doordrenkt is van kwaad? Waar was het kwaad vandaan gekomen? Loeria meende het antwoord op deze vraag te hebben gevonden door zich voor te stellen wat er vóór de emanatie van de sefierot was gebeurd toen Ēn Sof in opperste introspectie tot zichzelf was ingekeerd. Om plaats te maken voor de wereld had Ēn Sof, zo leerde Loeria, als het ware een plek in zichzelf ontruimd. Door deze 'inschrompeling' of 'zelfterugtrekking' (*tsimtsoem*) had God een plaats vrijgemaakt die niet door Hem werd bezet, een lege ruimte die Hij door het gelijktijdige proces van zelfopenbaring en schepping kon vullen. Het was een gewaagde poging om het moeilijke leerstuk van de schepping uit niets te verduidelijken; de allereerste daad van Ēn Sof was een aan zichzelf opgelegde ballingschap uit een deel van hemzelf geweest. Hij was als het ware dieper in zijn eigen zijn afgedaald en had een grens aan zichzelf gesteld. Het was een gedachte die grote gelijkenis vertoonde met de oer-kenosis die christenen zich in de Drieëenheid hadden voorgesteld waarbij God zich in een act van zelfexpressie in zijn Zoon ledigde. Voor de zestiende-eeuwse kabbalisten was tsimtsoem in de eerste plaats een symbool van de ballingschap die aan alle geschapen zijnden ten grondslag ligt en die Ēn Sof zelf had moeten ondergaan.

De 'lege ruimte' die door Gods terugtrekking was ontstaan, stelde Loeria zich voor als een cirkel die aan alle kanten werd omgeven door Ēn Sof. Deze cirkel was het *tohoe wabohoe*, de vormeloze chaos waar Genesis van spreekt. Vóór de tsimtsoem of terugtrekking waren Gods verschillende 'krachten' (die later de sefierot zouden worden) harmonieus met elkaar verenigd. Ze onderscheidden zich niet van elkaar. Vooral Gods Chesed (Genade) en Dien (Streng Gericht) existeerden in volmaakte harmonie in Gods binnenste. Maar tijdens de tsimtsoem sneed Ēn Sof de verbinding tussen Dien en zijn andere attributen door en wierp hem in de lege ruimte die Hij had verlaten. Zo werd tsimtsoem niet alleen een act van zelfontledigende liefde, maar kon hij ook worden opgevat als een soort goddelijke reiniging. God had zijn Toorn of Gericht (in de *Zohar* als de wortel van het kwaad beschouwd) uit zijn diepste wezen verwijderd. Zijn allereerste daad was er dus een van hardheid en meedogenloosheid tegenover zichzelf. Nu Dien was gescheiden van Chesed en van de andere goddelijke attributen, was hij potentieel destructief geworden. Toch had Ēn Sof zich niet helemaal uit de lege ruimte teruggetrokken. Een 'streepje' goddelijk licht drong deze cirkel binnen en nam de vorm aan van wat in de *Zohar* Adam Kadmon werd genoemd, de oermens.

Daarna volgde de emanatie van de sefierot, zij het niet op dezelfde manier als in de *Zohar*. Loeria leerde dat de sefierot zich in Adam Kadmon hadden gevormd; de drie hoogste sefierot – Keter (de Kroon), Chochma (Wijsheid) en Bina (Inzicht) – straalden respectievelijk uit zijn 'neus', 'oren' en 'mond'. Maar toen gebeurde er een ongeluk dat Loeria het 'Breken van de vaten' (*Sjewirat ha-Keliem*) noemt. De sefierot zaten in speciale omhulsels of 'vaten' om ze uit elkaar te houden en ze van elkaar te scheiden, maar ook om te verhinderen dat ze weer zouden samenvloeien en dat hun oorspronkelijke eenheid werd hersteld. Deze 'vaten' of 'buizen' waren uiteraard niet stoffelijk, maar bestonden uit een dikker soort licht en fungeerden als 'schillen' (*kelipot*) die om het zuiverder licht van de sefierot heen zaten. Toen de drie hoogste sefierot uit Adam Kadmon straalden, hadden hun vaten nog goed gefunctioneerd. Maar toen de volgende zes sefierot uit zijn 'ogen' stroomden, waren hun vaten niet sterk genoeg geweest om het goddelijke licht vast te houden en waren ze stukgesprongen, met als gevolg dat het licht naar alle kanten werd verstrooid. Sommige deeltjes stegen op en keerden naar de godheid terug, maar andere goddelijke 'vonken' vielen in de lege ruimte en raakten voorgoed in de chaos gevangen. Vanaf dat moment lag niets meer op zijn plaats. Zelfs de drie hoogste sefierot waren door het ongeluk naar een lagere sfeer gevallen. De oorspronkelijke harmonie was verstoord en de goddelijke vonken waren in de vormeloze chaos van het tohoe wabohoe verloren geraakt, verbannen van de godheid.

Deze vreemde mythe doet denken aan de vroege gnostische mythen over de oerchaos. Het geeft de spanning aan waarmee het hele scheppingsproces gepaard ging en komt veel dichter bij de Big Bang die wetenschappers zich momenteel voorstellen dan bij de vreedzame, ordelijke opeenvolging van gebeurtenissen die in Genesis wordt beschreven. Het was voor het Ēn Sof niet gemakkelijk om uit zijn verborgenheid te voorschijn te treden; Het kon dat als het ware alleen maar met vallen en opstaan doen. In de Talmoed hadden de rabbijnen een zelfde gedachte uitgesproken. Ze hadden gezegd dat God aanvankelijk andere werelden had gemaakt, maar dat Hij ze had vernietigd voordat Hij deze schiep. Maar daarmee was alles niet verloren. Sommige kabbalisten vergeleken dit 'Breken' (*Sjewirat*) met de doorbraak van een geboorte, of met het openbarsten van een zaaddoos. De vernietiging was simpelweg de inleiding tot een nieuwe schepping. Hoewel alles door elkaar lag, zou Ēn Sof met behulp van het zogenaamde reïntegratieproces of *tikkoen* nieuw leven uit deze schijnbare chaos scheppen.

Na het ongeluk stroomde een nieuwe lichtbundel uit Ēn Sof en brak door het 'voorhoofd' van Adam Kadmon heen. Nu werden de sefierot in een nieuwe configuratie met elkaar gecombineerd; ze vertegenwoordigden nu niet meer de veralgemeende aspecten van God. Elke sefiera werd een 'Aangezicht' (*partsoef*) dat de hele persoonlijkheid van God weergaf, met, als het ware, onderscheiden trekken, ongeveer op dezelfde manier als bij de drie *personae* van de Drieëenheid. Loeria zocht op deze manier naar een nieuwe uitdrukkingsvorm voor het oude kabbalistische idee van de ondoorgrondelijke God die zichzelf als persoon ter wereld brengt. Bij de beschrijving van het tikkoen-proces maakte hij gebruik van de symboliek van conceptie, geboorte en ontwikkeling van een menselijk individu om er een soortgelijke evolutie in God mee aan te geven. Het proces zit vrij ingewikkeld in elkaar en kan misschien het beste in een schema worden weergegeven. Tijdens de tikkoen, de reïntegratie, herstelt God de orde door de tien sefierot op de volgende manier tot vijf 'Aangezichten' (*partsoefiem*) te hergroeperen:

1. Keter (de Kroon), de hoogste sefiera die in de *Zohar* 'Niets' werd genoemd, wordt de eerste partsoef, en krijgt de naam Ariech Anpien, de Verdraagzame.
2. Chochma (Wijsheid) wordt de tweede partsoef, en krijgt de naam Abba (Vader).
3. Bina (Inzicht) wordt de derde partsoef en krijgt de naam Imma (Moeder).
4. Dien (Streng Gericht), Chesed (Genade), Rachamiem (Erbarmen), Netsach (Overwinning), Hod (Majesteit), Jesod (Basis) worden de vierde partsoef en krijgen de naam Tse'ier Anpien, de Ongeduldige. Zijn echtgenote is:
5. de laatste sefiera die Malkoet (Koninkrijk) of de Sjechina wordt genoemd; deze wordt de laatste partsoef en krijgt de naam Noekba de-Tse'ier, de vrouw van Tse'ier.

De seksuele symboliek is een vrijmoedige verbeelding van de hereniging van de sefierot die, na het breken van de vaten, de breuk ongedaan maakt en de oorspronkelijke harmonie herstelt. De twee 'paren' – Abba en Imma, Tse'ier en Noekba – verenigen zich in *ziwoeg* (copulatie) en deze paring van de mannelijke en vrouwelijke elementen in Gods binnenste symboliseert de herstelde orde. De kabbalisten drukten hun lezers voortdurend op het hart dit niet letterlijk op te vatten. Het is fictie, bedoeld om in verhulde termen te verwijzen naar een integratieproces dat niet in duidelijke, rationele bewoordingen kan worden uitgedrukt, en om het dominerende mannelijke beeld van God te neutraliseren. De verlossing die de mystici voor ogen stond, was niet afhankelijk van historische gebeurtenissen zoals de komst van de Messias, maar een proces dat God zelf moest ondergaan. God was aanvankelijk van plan geweest met behulp van de mensheid de goddelijke vonken te verlossen die bij het Breken van de Vaten alle kanten op waren gespat en in de chaos opgesloten zaten. Maar Adam had in de hof van Eden gezondigd. Had hij dat niet gedaan, dan zou de oorspronkelijke harmonie zijn hersteld en was op de eerste sabbat een einde aan de goddelijke verbanning gekomen. Maar door Adams zondeval herhaalde het eerste ongeluk zich en braken de vaten opnieuw. De geschapen orde viel uit elkaar en het goddelijke licht in Adams ziel werd weggeslingerd en raakte in gebroken materie gevangen. God moest dus opnieuw een plan bedenken. Bij zijn strijd om de soevereiniteit en heerschappij had Hij Israël als helper uitgekozen. Hoewel Israël, net als de goddelijke vonken, is uitgestrooid over het wrede en godverlaten gebied van de diaspora, hebben joden een speciale missie. Zolang de goddelijke vonken van elkaar zijn gescheiden en in materie verloren zijn geraakt, is God incompleet. Maar door zich nauwlettend aan de Tora en de gebedsvoorschriften te houden kon elke jood meehelpen de vonken naar hun goddelijke oorsprong terug te voeren en de wereld te verlossen. In deze visie op de verlossing blikt God niet hooghartig op de mensheid neer, maar is Hij in feite, zoals de joden altijd al hadden betoogd, van de mensheid afhankelijk. De joden hebben het unieke voorrecht dat ze meehelpen om God te her-vormen en opnieuw te scheppen.

Loeria gaf het oorspronkelijke beeld van de ballingschap van de Sjechina nieuwe inhoud. De lezer zal zich herinneren dat de Sjechina, zoals de rabbijnen in de Talmoed hadden verklaard, na de verwoesting van de tempel vrijwillig met de joden in ballingschap was gegaan. In de *Zohar* was de Sjechina vereenzelvigd met de laatste sefiera en werd ze het vrouwelijke aspect van het goddelijke genoemd. In Loeria's mythe leidde het breken van de vaten tot de val van de Sjechina, samen met de andere sefierot. In de eerste fase van de tikkoen was ze Noekba geworden en werd ze, door haar paring met Tse'ier (de zes 'middelste' sefierot), bijna weer met de goddelijke wereld verenigd. Maar toen Adam zondigde viel de Sjechina opnieuw en ging ze ver van de rest van de godheid in ballingschap. Het is hoogst onwaarschijnlijk dat Loeria op de hoogte was van de geschriften van de christelijke gnostici die een vrijwel soortgelijke mythologie hadden ontwikkeld. Hij had spontaan de oude mythen van verbanning en zondeval gereproduceerd en daarin naar een verklaring gezocht voor de tragische gebeurtenissen van de zestiende eeuw. In de bijbelse tijd, toen de joden hun leer van de Ene God ontwikkelden, hadden ze verhalen over goddelijke copulatie en de verbannen godin ver van zich af geworpen, dus men zou verwachten dat de connectie van de Loeriaanse mythen met heidendom en idolatrie de sefardiem tegen de borst zou stuiten. Maar het tegendeel is waar. Joden over de hele wereld, van Perzië tot Engeland, van Duitsland tot Polen, van Italië tot Noord-Afrika, van Nederland tot Jemen, omarmden zijn mythologie. Nu de oude mythen in joodse bewoordingen waren gegoten, wisten ze een verborgen snaar te beroeren en de joden in deze tijden van nood nieuwe hoop te geven. Ze gaven hun het vertrouwen dat hun leven, ondanks de afgrijselijke omstandigheden waarin zovelen verkeerden, uiteindelijk toch zin en bedoeling had.

De joden konden een einde maken aan de ballingschap van de Sjechina. Ze konden hun God completeren door zich aan de mitswot te houden. Leggen we deze mythologie naast de protestantse theologie die Luther en Calvijn omstreeks dezelfde tijd in Europa ontwikkelden, dan levert het interessant vergelijkingsmateriaal op. Beide protestantse reformatoren predikten de absolute soevereiniteit van God; in hun theologie konden mannen en vrouwen, zoals we later zullen zien, absoluut niets aan hun verlossing bijdragen. Loeria daarentegen onderwees een leer van de daad; God had mensen nodig en zou zonder hun gebed en goede werken onvolledig blijven. Ondanks de rampspoed die de joden in Europa had getroffen, waren zij in staat om optimistischer over het lot van de mensheid te zijn dan de protestanten. Loeria beschouwde het tikkoen-proces als een contemplatieve missie. Terwijl de Europese christenen – katholieken zowel als protestanten – steeds meer dogma's formuleerden, blies Loeria de mystieke technieken van Abraham Abulafia nieuw leven in om de joden te helpen dit soort intellectuele bezigheden te overstijgen en zich op een intuïtievere manier van God bewust te worden. In Abulafia's spiritualiteit werd de kabbalist door het herschikken van de letters van de goddelijke Naam eraan herinnerd dat de menselijke taal niet in staat was de betekenis van 'God' adequaat over te brengen. In Loeria's mythologie symboliseerde deze methode ook de herschikking en her-vorming van het goddelijke. Chajiem Vital gaf een beschrijving van de ingrijpende emotionele uitwerking van Loeria's technieken; door zich af te sluiten van de normale, alledaagse ervaring – door te waken wanneer anderen sliepen, door te vasten wanneer anderen aten, door enige tijd in retraite te gaan – kon een kabbalist zich concentreren op de vreemde 'woorden' waarin elk verband met gewone taal ontbrak. Hij voelde dat hij in een andere wereld was, zou merken dat hij trilde en beefde alsof hij was bezeten door een kracht die van buiten hemzelf kwam.

Maar angst had hij niet. Loeria verklaarde dat de kabbalist geestelijke rust moest hebben gevonden voordat hij met zijn spirituele oefeningen begon. Blijheid en vreugde waren essentieel; de oefeningen mochten niet worden verstoord door zelfverwijten of wroeging, schuldgevoelens of angst. Vital zei nadrukkelijk dat de Sjechina niet in een huis van verdriet en pijn kan wonen – dat was een gedachte die, zoals we hebben gezien, op de Talmoed teruggaat. Verdriet is het produkt van de kwade machten op aarde, terwijl blijheid de kabbalist in staat stelt van God te houden en zich aan Hem te hechten. Het hart van de kabbalist mocht geen boosheid of agressie kennen, ongeacht op wie ze was gericht – zelfs al was het op de gojiem. Loeria stelde boosheid op één lijn met idolatrie, want wie boos is, wordt door een 'vreemde god' bezeten. Het is niet moeilijk om kritiek te leveren op de Loeriaanse mystiek. Gershom Scholem wijst erop dat het mysterie van God Ēn Sof, dat in de *Zohar* zo'n belangrijke rol speelde, gemakkelijk ten onder kan gaan in het geweld van tsimtsoem, het Breken van de Vaten en tikkoen.[6] In het volgende hoofdstuk zullen we zien dat de Loeriaanse mystiek mede debet was aan een desastreuze en beschamende episode in de geschiedenis van het jodendom. Toch stelde Loeria's godsvoorstelling de joden in staat om, in een tijd dat velen uit woede en schuldgevoelens aan wanhoop ten prooi hadden kunnen vallen en hun geloof in het leven helemaal hadden kunnen verliezen, in hun hart vreugde en vriendelijkheid te ontdekken en positief tegenover de mensheid te staan.

De christenen in Europa waren echter niet tot een dergelijke positieve spiritualiteit in staat. Ook zij hadden historische catastrofes te verduren gekregen waar de filosofische religie van de scholastici geen soelaas tegen had kunnen bieden. De Zwarte Dood van 1348, de val van Constantinopel in 1453 en de kerkelijke schandalen rond de Babylonische Gevangenschap in Avignon (1309-1377) en het Westerse Schisma (1378-1417) hadden een onbarmhartig licht op de onmacht van de mens geworpen en de Kerk in diskrediet gebracht. De mensheid leek niet in staat te zijn zich zonder Gods hulp uit haar benarde situatie te redden. In de veertiende en vijftiende eeuw beklemtoonden theologen als Johannes Duns Scotus van Oxford (1265-1308) (niet te verwarren met Johannes Scotus Eriugena) en de Franse theoloog Jean Gerson (1363-1429) de soevereiniteit van God, die de handel en wandel van de mens even streng bestuurde als een absoluut heerser. Mannen en vrouwen konden niets aan hun verlossing bijdragen; goede werken waren als zodanig niet verdienstelijk, maar waren het slechts omdat God genadiglijk had bepaald dat ze goed waren. Maar in de loop van deze eeuwen viel ook een accentverschuiving waar te nemen. Gerson zelf was een mysticus die de mening huldigde dat de contemplatieve manier die 'in de eerste plaats ernaar streeft van God te houden en van zijn goedheid te genieten zonder zich [in het waarom] te verdiepen' de voorkeur genoot boven de manier die 'naar de natuur van God speurt, om redenen die op waar geloof berusten'.[7] Zoals we hebben gezien werd Europa in de veertiende eeuw overspoeld door een golf van mystieke spiritualiteit en het volk begon te beseffen dat de rede niet in staat was het mysterie dat ze 'God' noemden adequaat te verklaren. Zo zei Thomas a Kempis in *De navolging van Christus*:

> Wat baat het u diepzinnig over de Drieëenheid te redetwisten als ge de nederigheid mist en daarom de Drieëenheid mishaagt? (...) Een diep berouw wil ik liever voelen dan de begripsbepaling ervan kennen. Al zoudt ge de hele bijbel van buiten kennen en de uitspraken van alle filosofen, wat zou u dat alles baten zonder de liefde Gods en zijn genade?[8]

De navolging van Christus, met zijn strenge, zwaarmoedige religiositeit, werd een van de meest gelezen spirituele klassiekers van het Westen. In die eeuwen concentreerde de piëteit zich steeds meer op de mens Jezus. De gewoonte om de staties van de kruisweg te maken spitste zich tot in details toe op Jezus' lichamelijke pijn en smart. In enkele veertiende-eeuwse meditaties, geschreven door een anonymus, wordt de lezer erop gewezen dat wanneer hij 's morgens wakker wordt na het grootste deel van de nacht te hebben gemediteerd over het Laatste Avondmaal en het Lijden in de hof van Getsemane, zijn ogen nog rood behoren te zien van het huilen. Onmiddellijk daarop moet hij mediteren over het proces tegen Jezus en moet hij diens weg naar Golgotha uur na uur volgen. De lezer wordt aangespoord zich voor te stellen dat hijzelf bij de autoriteiten voor het leven van Christus pleit, dat hij naast Hem in de gevangenis zit en zijn geboeide handen en voeten kust.[9] In dit sombere programma krijgt de opstanding weinig nadruk. Integendeel, het zwaartepunt ligt in de kwetsbare menselijkheid van Jezus. Dit soort beschrijvingen kenmerkt zich meestal door een hevige emotionaliteit en een, in de ogen van de moderne lezer, morbide nieuwsgierigheid. Zelfs de grote mystici, zoals Birgitta van Zweden en Juliana van Norwich, speculeerden in lugubere details over de lichamelijke staat waar Jezus in verkeerde:

> Ik zag zijn beminde gelaat, droog, bloedeloos en bleek door de schaduw des doods. Het werd steeds bleker, doodser en levenlozer. En toen, bij het intreden van de dood, kreeg het een blauwe kleur die geleidelijk, met het afsterven van het vlees, bruinachtig blauw werd. Voor mij persoonlijk sprak zijn lijden het duidelijkst uit zijn gezegende gelaat, met name uit zijn lippen. Ook daarop zag ik dezelfde vier kleuren, terwijl ik voordien nog had gezien dat ze fris, blozend en lieflijk waren geweest. Het was tragisch Hem in zijn toenemend sterven zo te zien veranderen. Ook zijn neusvleugels verschrompelden en verdroogden voor mijn ogen en zijn geliefde lichaam werd zwart en bruin toen het in de dood opdroogde.[10]

Dit doet ons denken aan de Duitse kruisigingen uit de veertiende eeuw met hun grotesk verwrongen ledematen en het opwellende bloed, uiteraard met als hoogtepunt het werk van Matthias Grünewald (1480-1528). Juliana was alleszins in staat om met inzicht over de natuur van God te spreken; zo beschrijft ze, als echte mysticus, de Drieëenheid als een tegenwoordigheid in de ziel van de mens en niet als een externe werkelijkheid 'ergens daarginds'. Maar kennelijk was de kracht waarmee het Westen zich op de menselijke Christus concentreerde zo groot dat ze die niet kon weerstaan. Meer en meer plaatste men in het Europa van de veertiende en vijftiende eeuw de mens, en niet God, in het middelpunt van het spirituele leven. Behalve de groeiende devotie voor de mens Jezus nam de middeleeuwse verering van Maria en van de heiligen hand over hand toe. Ook de vurige belangstelling voor relikwieën en heilige plaatsen leidde de aandacht van de westerse christenen af van het enige waar het werkelijk om ging. Het volk leek zich op alles te concentreren, behalve op God.

De donkere kant van de westerse geest manifesteerde zich zelfs tijdens de Renaissance. De filosofen en humanisten van de Renaissance stonden uiterst kritisch tegenover veel aspecten van de middeleeuwse piëteit. Ze gruwden van de scholastici, vonden dat deze lieden God in hun cryptische speculaties als een mensvreemd en saai wezen opvoerden. Ze wilden liever terugkeren naar de bronnen van het geloof, vooral naar Augustinus. De middeleeuwers hadden Augustinus weliswaar als theoloog vereerd, maar de humanisten herontdekten zijn *Belijdenissen* en zagen in hem een lotgenoot die op zoek was naar God. Het christendom, zo betoogden ze, was geen verzameling leerstellingen, maar een geloofservaring. Lorenzo Valla (1405-1459) wees op de nutteloosheid van het combineren van heilige dogma's met 'dialectische kunstgrepen' en 'metafysische haarkloverijen';[11] Paulus zelf had dit soort 'nutteloze bezigheden' al veroordeeld. Francesco Petrarca (1304-1374) had gesteld dat 'de theologie [in feite] poëzie over God' was, niet zozeer doeltreffend omdat ze iets 'bewees', als wel omdat ze tot het hart doordrong.[12] De humanisten hadden de waardigheid van de mens herontdekt, maar dat was voor hen nog geen reden God te verwerpen; integendeel, als ware mannen van hun tijd legden ze de nadruk op de menselijkheid van God die mens was geworden. Maar daarmee waren de oude onzekerheden niet weggenomen. De mannen van de Renaissance waren zich scherp bewust van de broosheid van hun godskennis en konden ook het acute zondebesef van Augustinus onderschrijven. Zo verzuchtte Petrarca:

> Hoe vaak [heb] ik mij in gedachten [niet] beziggehouden met mijn ellendige staat en met de dood, en met hoeveel tranen [heb] ik me [niet] ingespannen om mijn smetten weg te wassen. Helaas is dat – ik kan het niet met droge ogen zeggen – tot nu toe niet gelukt. (...) God is de volkomen goedheid, maar ik ben de absolute slechtheid.[13]

Om die reden gaapte er een enorme kloof tussen de mens en God. In de ogen van Coluccio Salutati (1331-1406) en Leonardo Bruni (1369-1444) was God volkomen transcendent en voor de menselijke geest ongenaakbaar.

Maar de Duitse filosoof en geestelijke Nicolaas van Cusa (1401-1464) had meer vertrouwen in ons vermogen om God te begrijpen. Hij was zeer geïnteresseerd in de nieuwe wetenschap, omdat die ons naar zijn mening kon helpen het mysterie van de Drieëenheid te begrijpen. De wiskunde bijvoorbeeld, die zich slechts met pure abstracties bezighield, kon ons de zekerheid verschaffen waar andere disciplines niet toe in staat waren. Zo waren de wiskundige begrippen 'maximum' en 'minimum' ogenschijnlijk elkaars tegendelen, maar in feite konden ze worden beschouwd als identieke grootheden. Dit 'samenvallen van tegendelen' zat in de hele godsidee besloten. Het begrip 'maximum' omvat alles; het impliceert eenheid en noodwendigheid, en dat zijn noties die rechtstreeks naar God verwijzen. Verder was de *maximale* lijn geen driehoek, cirkel of bol, maar de combinatie van de drie; ook de eenheid van tegendelen was een drieëenheid. Toch bezat deze knappe bewijsvoering van Nicolaas van Cusa weinig religieuze waarde. Het was of hij de hele godsidee reduceerde tot een woordraadsel dat met behulp van de logica kon worden opgelost. Maar met zijn uitspraak dat 'God alles omvat, ja zelfs tegenstellingen'[14] kwam hij dicht bij de Grieksorthodoxe zienswijze dat ware theologie paradoxaal moest zijn. Wanneer Nicolaas van Cusa echter als spiritueel leermeester schreef en niet als filosoof en wiskundige, was hij ervan doordrongen dat de christen bij zijn pogingen God te benaderen 'alles achter zich diende te laten, ja zelfs zijn verstand moest transcenderen'[15] door de grenzen van zin en rede te overschrijden. Gods aangezicht zal in geheime, mystieke stilte gehuld blijven.

De nieuwe denkbeelden van de Renaissance waren niet in staat de dieper liggende angsten weg te nemen die zich, net als God, aan de rede onttrokken. Kort na Van Cusa's dood raakte zijn vaderland Duitsland in de greep van een uiterst verderfelijke fobie die zich spoedig over heel Noord-Europa verspreidde. In 1484 vaardigde paus Innocentius VIII de bul *Summis Desiderantes Affectibus* uit, wat de ongekende heksenvervolgingen inluidde die in de zestiende en zeventiende eeuw op gezette momenten door heel Europa raasden en zowel protestantse als katholieke gemeenschappen troffen. Het legde de donkere onderkant van de westerse geest bloot. Duizenden mannen en vrouwen werden bij deze afschuwelijke vervolgingen aan wrede martelingen onderworpen en bekenden de meest verbijsterende misdaden. Ze beweerden seksuele gemeenschap met duivels te hebben gehad en duizenden kilometers door de lucht te hebben gevlogen om deel te nemen aan orgiën waar tijdens een obscene heksensabbat Satan werd aanbeden in plaats van God. We weten nu dat zij geen heksen waren, maar dat deze hysterie het gevolg was van een massale collectieve fantasie waaraan zowel de geleerde inquisiteurs als veel van hun slachtoffers een bijdrage leverden; de laatsten hadden deze dingen in hun dromen beleefd en konden er gemakkelijk van overtuigd worden dat ze echt waren gebeurd. In de fantasieën speelden antisemitische gevoelens en hevige seksuele angsten een rol. Als duistere tegenspeler van een onwaarschijnlijk goede en machtige God was Satan op het toneel verschenen. Andere theïstische religies hebben een dergelijke ontwikkeling nooit gekend. In de Koran wordt bijvoorbeeld duidelijk gesteld dat Satan op de Jongste Dag zal worden vergeven. Sommige soefi's verklaarden dat hij uit de gunst was geraakt omdat hij meer van God had gehouden dan de andere engelen. God had hem op de dag van de schepping bevolen voor Adam te buigen, maar Satan had geweigerd omdat hij vond dat een dergelijk eerbewijs alleen aan God was voorbehouden. In het Westen werd Satan evenwel de belichaming van het onbeheersbare kwaad. Steeds vaker werd hij voorgesteld als een reusachtig beest met een priapische seksuele honger en enorme geslachtsdelen. Norman Cohn heeft in zijn boek *Europe's Inner Demons* de gedachte geopperd dat dit beeld van Satan meer was dan louter de projectie van verdrongen angst en vrees. De heksenvervolgingen waren ook een onbewust maar dwangmatig verzet tegen een repressieve religie en een kennelijk onverbiddelijke God. In hun martelkamers schiepen inquisiteurs en 'heksen' samen een fantasie die een omkering van het christendom was. De heksensabbat werd een gruwelijke maar op een perverse manier bevredigende ceremonie waarbij de Duivel werd aanbeden in plaats van een God die in de ogen van de mensen meedogenloos en veel te angstwekkend was om iets met Hem te maken te willen hebben.[16]

Maarten Luther (1483-1546) geloofde heilig in heksen en beschouwde het leven van de christen als één lange strijd tegen Satan. We kunnen de Reformatie zien als een poging deze angst het hoofd te bieden, ook al kwamen de meeste reformatoren niet met een nieuwe voorstelling van God. Het is uiteraard veel te simplistisch om de enorme cyclus van religieuze veranderingen die Europa in de zestiende eeuw doormaakte 'de Reformatie' te noemen. De term suggereert een beweging die veel doelgerichter en eensgezinder was dan in werkelijkheid het geval is geweest. De verschillende reformatoren – zowel de katholieke als protestantse – probeerden allen een nieuw religieus besef te verwoorden waarvan ze weliswaar sterk waren doordrongen, maar dat ze nog niet in een vast concept hadden gegoten of bewust hadden doordacht. We weten niet precies waarom 'de Reformatie' plaatsvond. Moderne geleerden waarschuwen ons voor de verklaringen die de oude studies geven. De veranderingen waren niet uitsluitend te wijten aan de corruptie binnen de Kerk, zoals vaak wordt aangenomen, noch aan een teruggelopen belangstelling voor het geloof. Integendeel, het religieuze enthousiasme was in Europa zo groot, dat mensen kritiek begonnen te leveren op misstanden waar ze zich tot dusver gewoon bij hadden neergelegd. De concrete denkbeelden van de reformatoren sproten allemaal uit middeleeuwse, katholieke theologieën voort. Ook het groeiende nationalisme en de opkomst van de steden in Duitsland en Zwitserland leverden er een bijdrage aan, evenals de nieuwe piëteit en de theologische bewustwording van de leken in de zestiende eeuw. Bovendien nam in Europa het besef van de eigen individualiteit toe, en dat gaat altijd gepaard met een radicale herziening van bestaande houdingen tegenover religie. In plaats van hun geloof uitwendig en collectief te belijden begonnen de volkeren van Europa nu de innerlijke consequenties van hun religie te verkennen. Al deze factoren hadden invloed op de pijnlijke en vaak gewelddadige veranderingen die het Westen naar de moderne tijd stuwden.

Vóór zijn bekering had Luther zich bijna wanhopig afgevraagd of hij een God die hij was gaan verafschuwen, ooit nog welgevallig zou kunnen zijn:

> Nu was het met mij zo gesteld: al leefde ik als monnik nog zo onberispelijk, ik was me bewust dat ik een zondaar was voor God en kon geen rust vinden in mijn geweten. Ik durfde er niet op vertrouwen dat ik door mijn genoegdoening God zou kunnen verzoenen. Daarom had ik

die rechtvaardige God die zondaars straft, dan ook volstrekt niet lief, maar ik was, zoal niet met verborgen lastering, toch in ieder geval met vreselijk gemor tegen zulk een God in opstand. (...) Een vrome monnik ben ik geweest en zo nauwgezet heb ik de regels onderhouden dat ik gerust durf verklaren: Als er ooit een monnik door het monnikenleven in de hemel gekomen is, dan zou ik er ook gekomen zijn; dat zullen alle kloosterlingen getuigen die mij gekend hebben. (...) En toch schonk mijn geweten me geen zekerheid, maar ik twijfelde altijd en zei: 'Je hebt dat niet goed gedaan. Je was niet boetvaardig genoeg. Je hebt dat niet gebiecht.'[17]

Dit syndroom, waar de Reformatie niet helemaal mee heeft kunnen afrekenen, zullen veel tegenwoordige christenen – zowel protestantse als katholieke – herkennen. De God van Luther kenmerkte zich door zijn toorn. Geen enkele heilige, profeet of psalmist was in staat geweest die goddelijke woede te verduren. Het had geen zin om gewoon 'je best te doen'. Aangezien God eeuwig en almachtig was, 'is zijn furie of toorn jegens zelfvoldane zondaars ook onmetelijk groot en oneindig'.[18] Zijn wil ging ons bevattingsvermogen te boven. Verlossing konden we niet vinden in de naleving van Gods Wet of van de regel van een kloosterorde. Sterker nog, de Wet zou ons slechts in staat van beschuldiging stellen en ons met vrees vervullen, want ze maakte ons duidelijk hoezeer we te kort schoten. In plaats van ons een boodschap van hoop te brengen, toonde de Wet ons de 'toorn van God, zonde, dood, onze verdoemenis in Gods aangezicht en de hel'.[19]

Luthers persoonlijke doorbraak kwam toen hij zijn rechtvaardigingsleer formuleerde. De mens kon zichzelf niet verlossen. God verschafte alles wat voor 'rechtvaardiging' noodzakelijk was, voor het herstel van de relatie tussen de zondaar en God. God is actief en de mens slechts passief. Onze 'goede werken' en de naleving van de Wet zijn niet de *oorzaak* van onze rechtvaardiging, maar slechts het gevolg. Louter omdat God ons heeft verlost, zijn we in staat de godsdienstige geboden na te leven. Dit nu was wat Paulus bedoelde toen hij in zijn Romeinenbrief schreef: 'Want daarin openbaart zich Gods gerechtigheid die de mens rechtvaardigt door het geloof en het geloof alleen.' Op zichzelf was Luthers theologie niet nieuw; ze was sinds het begin van de veertiende eeuw in Europa in zwang geweest. Maar zodra hij de kern van de Paulustekst had begrepen en haar in zich had opgenomen, voelde hij al zijn angsten wegebben. Het kwam als een openbaring en 'het was mij of ik geheel herboren was en door open poorten binnengegaan in het paradijs zelf'.[20]

Toch bleef hij uiterst pessimistisch over de menselijke natuur. Tegen 1520 had hij zijn 'theologie van het kruis' ontwikkeld, zoals hij zijn leer noemde. Hij had deze zinsnede overgenomen van Paulus; de gekruisigde

Christus had aangetoond, zo had deze zijn bekeerlingen in Korinte voorgehouden, dat 'het dwaze van God wijzer is dan de mensen en het zwakke van God sterker is dan de mensen'.[21] 'Zondaars' die, gemeten naar zuiver menselijke maatstaven, slechts straf verdienden, werden door God gerechtvaardigd. Gods macht openbaarde zich in dingen die in de ogen van de mensen een zwakheid waren. Had Loeria zijn kabbalisten geleerd dat God alleen in vreugde en vrede kon worden gevonden, Luther verklaarde dat 'God slechts kan worden aangetroffen in lijden en het Kruis'.[22] Uitgaande van deze stelling polemiseerde hij tegen de scholastiek en maakte hij een onderscheid tussen de valse theoloog die met het menselijk verstand liep te geuren en de ware theoloog: 'Niet hij heet met recht een theoloog die het onzichtbare van God aanschouwt zoals in zijn scheppingswerken begrepen, maar hij die aanschouwt hetgeen van God en van zijn rugzijde zichtbaar is, zichtbaar door het lijden en het kruis.'[23] De dogma's van de Drieëenheid en de Menswording wekten achterdocht door de manier waarop de kerkvaders ze hadden geformuleerd; ze waren zo ingewikkeld gesteld dat het sterke vermoeden rees dat hier sprake was van de valse 'theologie van de heerlijkheid'.[24] Desondanks bleef Luther de orthodoxie van Nicea, Efeze en Chalcedon trouw. De goddelijkheid van Christus en zijn trinitaire status vormden zelfs de basis van zijn rechtvaardigingsleer. De traditionele dogma's over God lagen te diep verankerd in de christelijke geloofservaring om door Luther of Calvijn in twijfel getrokken te kunnen worden, maar Luther verwierp wel de cryptische formuleringen van de valse theologen. 'Wat maakt het me uit?' antwoordde hij toen de ingewikkelde christologische dogma's hem werden voorgehouden; het enige wat hij hoefde te weten, was dat Christus zijn verlosser was.[25]

Luther betwijfelde zelfs of bewezen kon worden dat God bestond. De enige 'God' die men met logische argumenten kon afleiden (argumenten zoals Thomas van Aquino had gebruikt) was de God van de heidense filosofen. Wanneer Luther stelde dat we door het *geloof* werden gerechtvaardigd, doelde hij daarmee niet op het aannemen van de correcte ideeën over God. 'Het geloof eist geen kennis, geleerdheid of zekerheid,' verkondigde hij in een van zijn preken, 'maar een vrije overgave en een vreugdevolle gok op zijn niet ondervonden, niet beproefde en niet gekende goedheid.'[26] Hij liep daarmee vooruit op de oplossing die Pascal en Kierkegaard voor het vraagstuk van het geloof zouden formuleren. Geloof betekende niet dat men simpelweg instemde met de artikelen van een geloofsbelijdenis en het betekende evenmin dat men klakkeloos in een orthodoxe opvatting 'geloofde'. Geloof was integendeel een sprong in het duister, de aanvaarding van een werkelijkheid die men blindelings moest vertrouwen. Het was een 'soort kennis en duisternis die niets kan zien'.[27] God, zo verklaarde Luther nadrukkelijk, verbood ten strengste elke speculatieve discussie over zijn natuur.

Een poging om Hem slechts met de rede te bereiken kon gevaarlijk zijn en tot radeloosheid leiden, want het enige wat we zouden ontdekken waren Gods macht, wijsheid en rechtvaardigheid, en dat kon verstokte zondaars alleen maar ontmoedigen. In plaats van zich bezig te houden met rationalistische discussies over God deden christenen er beter aan zich te verdiepen in de geopenbaarde waarheden van de Schrift en die in zich op te nemen. In de geloofsbelijdenis die Luther in zijn *Kleine Katechismus* neerlegde, liet hij zien hoe dat moest worden gedaan:

> Ik geloof dat Jezus Christus, die waarachtig God is, van de Vader in de eeuwigheid geboren, en ook waarachtig mens uit de maagd Maria geboren, mijn Heer is die *mij*, verloren en verdoemd mens, verworven, gewonnen en verlost heeft van alle zonden, van de dood en van de macht van de duivel; niet met goud of zilver, maar met zijn dierbaar bloed en met zijn onschuldig lijden en sterven, opdat *ik* van Hem ben en in zijn rijk onder Hem leef en Hem dien in eeuwige gerechtigheid, onschuld en zaligheid; zoals Hij verrezen is uit de dood; leeft en regeert in eeuwigheid.[28]

Luther was in de scholastieke theologie doorkneed, maar hij was teruggekeerd naar de eenvoudiger vormen van geloof en was in opstand gekomen tegen de dorre theologie van de veertiende eeuw die niet in staat was geweest zijn angsten weg te nemen. Toch kon hijzelf ook cryptisch zijn, bijvoorbeeld wanneer hij trachtte uit te leggen hoe we precies worden gerechtvaardigd. Augustinus, Luthers grote voorbeeld, had geleerd dat de gerechtigheid die de zondaar wordt gedaan, niet zijn eigen verdienste was, maar die van God. Luther gaf hier een subtiele wending aan. Augustinus had gezegd dat deze goddelijke gerechtigheid een deel van de mens werd. Luther stelde echter dat ze buiten de zondaar bleef, maar dat God haar beschouwde *alsof* ze van ons was. Ironisch genoeg zou de Reformatie tot grotere leerstellige verwarring leiden en tot de aanwas van nieuwe leerstukken waarvan het aantal net zo groot was als de banieren van de diverse sektarische bewegingen die even geëxalteerd en vaag waren als sommige die ze probeerden te vervangen.

Luther verklaarde dat hij zich herboren voelde toen hij zijn rechtvaardigingsleer had geformuleerd, maar eigenlijk zag het er niet naar uit dat al zijn angsten waren weggenomen. Hij bleef een gepijnigde, prikkelbare en gewelddadige man. De lakmoesproef van elke spiritualiteit is, zo verklaren alle belangrijke religieuze tradities, de mate waarin ze in het dagelijks leven wordt geïntegreerd. De Boeddha had gezegd dat men na zijn verlichting 'naar de marktplaats terug moest keren' en daadwerkelijk alle mensen barmhartigheid moest bewijzen. Vreedzaamheid, sereniteit en goedertierenheid zijn de kenmerken van alle ware religieuze inzichten. Luther echter was een rabiate antisemiet en vrouwenhater, walgde en gruwde van seksualiteit en vond dat alle opstandige boeren moesten worden gedood. Zijn leer van een toornige God had van hemzelf een zeer agressieve man gemaakt en men heeft wel eens opgemerkt dat zijn strijdlustige karakter de Reformatie veel kwaad heeft gedaan. In de eerste jaren dat hij als reformator optrad werden veel van zijn ideeën door orthodoxe katholieken onderschreven, en zij hadden de Kerk een nieuwe impuls kunnen geven. Maar door Luthers agressieve methoden werden ze met onnodige achterdocht opgenomen.[29]

Op de lange duur bleek Luther minder belangrijk te zijn dan Johannes Calvijn (1509-1564). Diens Zwitserse reformatie, die meer op de idealen van de Renaissance was geënt dan de reformatie van Luther, had enorme invloed op het opkomende westerse ethos. Tegen het einde van de zestiende eeuw had het calvinisme zich een plaats als een internationale godsdienst verworven, in staat om een maatschappij in goede of in kwade zin te transformeren en om mensen de overtuiging te geven dat ze alles konden bereiken wat ze wilden. Het calvinistische denken was in 1645 de aanzet tot de Puriteinse Revolutie in het Engeland van Oliver Cromwell en tot de kolonisatie van Nieuw-Engeland in de jaren twintig van diezelfde eeuw. Het gedachtengoed van Luther bleef na zijn dood voornamelijk tot Duitsland beperkt, maar dat van Calvijn was kennelijk progressiever. Zijn volgelingen werkten zijn leer verder uit en zetten de zogenaamde Nadere Reformatie in gang. De historicus Hugh Trevor-Roper heeft eens opgemerkt dat het calvinisme een geloof is dat gemakkelijker door zijn aanhangers kan worden afgelegd dan het katholicisme – vandaar de uitspraak: 'Eens katholiek, altijd katholiek.' Toch is het calvinisme in staat een eigen stempel op iemands leven te drukken; ook wanneer het als geloof is afgelegd, kan het zich op allerlei seculiere manieren manifesteren.[30] Dat hebben we vooral in de Verenigde Staten kunnen zien. Veel Amerikanen die niet meer in God geloven onderschrijven het puriteinse arbeidsethos en de calvinistische predestinatieleer en ze beschouwen zich als een 'uitverkoren natie' waarvan vlag en idealen een semi-goddelijk doel dienen. We hebben gezien dat de grote religies allemaal in zekere zin het produkt van de beschaving waren en, in het bijzonder, van de stad. Ze waren opgekomen toen de rijke koopmansklasse de overhand kreeg over het oude heidense establishment en zeggenschap over haar eigen toekomst wilde hebben. Calvijns versie van het christendom sprak vooral de burgerij van de opkomende Europese steden aan die de boeien van een repressieve standenmaatschappij wilde afschudden.

Net als zijn voorganger, de Zwitserse theoloog Huldrych Zwingli (1484-1531), was Calvijn niet erg geïnteresseerd in dogma's. Zijn aandacht richtte zich meer op de sociale, politieke en economische kanten van het geloof. Hij wilde terug naar een simpele, schriftuurlijke piëteit, maar desondanks hield hij vast aan het dogma van de Drieëenheid, ook al rustten de bewoordingen waarin het was gegoten niet op bijbelse basis. Zo schreef hij in zijn *Instituties, of onderwijzing in de christelijke godsdienst*: 'Maar ook met een ander bijzonder kenmerk duidt Hij zichzelf aan, waardoor Hij nog nader kan worden gekend. Want Hij verklaart dat Hij enig is op zodanige wijze dat Hij zich openbaart als te beschouwen onderscheidenlijk in drie Personen.'[31] In 1553 had hij er de hand in dat de Spaanse theoloog Michael Servet wegens het ontkennen van de Drieëenheid op de brandstapel kwam. Servet was uit het katholieke Spanje naar het Genève van Calvijn gevlucht; hij zei dat hij terugkeerde naar het geloof van de apostelen en de eerste kerkvaders, die nog nooit van dat uitzonderlijke dogma hadden gehoord. Hij betoogde, niet helemaal ten onrechte, dat er in het Nieuwe Testament niets was te vinden wat het strikte monotheïsme van de joodse Schrift weersprak. De triniteitsleer was een menselijke fabricatie die 'de geest van de mensen had vervreemd van de ware Christus en ons een driedelige God voorlegt'.[32] Zijn opvattingen werden gedeeld door twee Italiaanse hervormers – Giorgio Blandrata (1515-1590) en Faustus Socinus (1539-1604) – die allebei naar Genève waren gevlucht, maar hadden gemerkt dat hun theologie te radicaal was voor de Zwitserse reformatie; ze deelden zelfs de traditionele christelijke visie op de verzoening niet. Ze geloofden niet dat mannen en vrouwen simpelweg door hun 'geloof' of godsvertrouwen werden gerechtvaardigd. In zijn boek *Christus de Verlosser* wees Socinus de zogenaamde orthodoxie van Nicea af: de term 'Zoon van God' mocht niet worden beschouwd als een uitspraak over de goddelijke natuur van Jezus, maar betekende gewoon dat Hij door God speciaal werd liefgehad. Jezus was niet een mens die ter verzoening van onze zonden was gestorven, maar simpelweg een leermeester 'die door zijn onderricht de mens de weg naar de verlossing wees'. Wat het triniteitsdogma betrof, dat was gewoon een 'monstrum', een fantasie 'waar de rede van gruwde' en die in feite de gelovige aanspoorde in drie aparte goden te geloven.[33] Na de executie van Servet vluchtten Blandrata en Socinus met hun 'unitarische' religie naar Polen en Transsylvanië.

De opvattingen die Zwingli en Calvijn over God hadden waren aanmerkelijk conventioneler en net als Luther legden zij de nadruk op zijn absolute soevereiniteit. Het was niet simpelweg een op het verstand gebaseerde overtuiging, maar het directe gevolg van een zeer persoonlijke ervaring. In augustus 1519, kort nadat Zwingli in Zürich pastoor was geworden, brak daar een pestepidemie uit die uiteindelijk vijfentwintig procent van de inwoners het leven zou kosten. Zwingli raakte besmet, voelde zich volkomen machteloos en besefte dat hij zijn redding geheel uit handen moest geven. Maar in plaats van de heiligen aan te roepen, of de Kerk te vragen voor hem in de bres te springen, gaf hij zich over aan Gods genade en schreef het volgende korte gebed:

Doet wat Ge wilt;
mij valt niets zwaar.
Ik ben uw schaal.
Gij maakt of breekt.[34]

Het was een zelfde overgave als de *islām* die de Koran de gelovige als ideaal voorhield. Net als de joden en moslims in een vergelijkbare fase van hun ontwikkeling waren de westerse christenen niet langer bereid de tussenkomst van middelaars te aanvaarden, maar werden ze zich bewust van hun eigen onvervreemdbare verantwoordelijkheid tegenover God. Ook Calvijn bouwde zijn hervormde religie op Gods absolute heerschappij. Hij heeft ons geen volledig verslag van zijn bekering nagelaten. In zijn *Commentaar op de psalmen* zegt hij er alleen over dat ze geheel het werk van God was. Hij was volkomen in de ban geraakt van de institutionele Kerk en de 'bijgelovigheden rond het pausdom'. Hij was in staat noch bereid zich ervan los te maken en er was een daad Gods nodig geweest om hem op zijn schreden te doen keren: 'God wendde me evenwel met de geheime breidel van zijn voorzienigheid in een andere richting. (...) Door een plotselinge bekering temde Hij een geest die veel te koppig was voor zijn leeftijd en bracht hem tot meegaandheid.'[35] Alleen God had de teugels in handen en Calvijn was absoluut machteloos. Maar juist dit scherpe besef van zijn eigen tekortkomingen en onmachtigheid gaf hem het gevoel dat hij voor een speciale missie was uitverkozen.

Radicale bekeringen zijn sinds de dagen van Augustinus karakteristiek voor het westerse christendom geweest, en het protestantisme was een voortzetting van de traditie van het abrupt en hardhandig verbreken van de banden met het verleden; het was de overstap van de 'zieke zielen' naar een 'religie van de tweemaal-geborenen', zoals de Amerikaanse filosoof William James het uitdrukte.[36] Christenen werden in een nieuw godsgeloof 'wedergeboren' en verwierpen het leger van middelaars dat in de middeleeuwse Kerk tussen het goddelijke en hen had in gestaan. Calvijn zei dat de mensen de heiligen uit angst hadden vereerd; door gehoor te vinden bij de personen die het dichtst bij God stonden wilden ze een toornig opperwezen gunstig stemmen. Maar in hun verwerping van de heiligenverering verraadden protestanten vaak een zelfde soort angst. Toen ze hoorden dat de heiligen niets in de melk te brokkelen hadden, kwam een groot deel van de angst en vijandigheid die ze voor die onverzoenlijke God hadden gevoeld, in een heftige reactie tot uitbarsting. De Engelse humanist Thomas More merkte dat er vaak sprake was van persoonlijke haat in veel van de diatriben tegen de 'idolatrie' van heiligen.[37] Die gevoelens werden in de gewelddadigheid van de beeldenstorm geventileerd. Veel protestanten en puriteinen vatten de oudtestamentische veroordeling van gesneden beelden heel ernstig op en ze wierpen de beelden van de heiligen en de Maagd Maria aan stukken en smeten kalk over de fresco's in kerken en kathedralen. Uit die uitzinnige geloofsijver valt op te maken dat ze nu net zo bang waren om die lichtgeraakte en jaloerse God te kwetsen als indertijd toen ze zich in gebed tot de heiligen wendden in de hoop dat die een goed woordje voor hen zouden doen. Bovendien valt eruit op te maken dat die geloofsijver om slechts God te aanbidden niet voortsproot uit vreedzame overtuiging, maar uit dezelfde bange intolerantie die de oude Israëlieten ertoe had aangezet de opgerichte stenen voor Asjera omver te halen en de goden van hun naburen met schimpscheuten te overladen.

Als we aan Calvijn denken, denken we gewoonlijk aan zijn geloof in predestinatie, maar eigenlijk stond deze leer in zijn denken niet centraal; ze zou pas na zijn dood voor het 'calvinisme' cruciaal worden. Een antropomorfistische godsvoorstelling leidt onherroepelijk tot de vraag hoe Gods almacht en alwetendheid moeten worden verzoend met de vrije wil van de mens. We hebben gezien dat de moslims in de negende eeuw op dat zelfde probleem waren gestuit en er geen logische of rationele oplossing voor hadden gevonden; in plaats daarvan hadden ze gewezen op Gods geheimenis en ondoorgrondelijkheid. De Grieks-orthodoxe christenen, die van paradoxen hielden en deze als de bron van verlichting en inspiratie beschouwden, hadden zich er nooit het hoofd over gebroken, maar in het Westen, waar God overwegend als een persoon werd gezien, was het een twistpunt geweest. Mensen probeerden te spreken van 'Gods wil', net of Hij een menselijk wezen was dat aan dezelfde beperkingen was onderworpen als wij en in letterlijke zin de wereld als een aards heerser bestuurde. Toch had de katholieke Kerk de gedachte veroordeeld dat God de verdoemden tot in de eeuwigheid voor de hel had voorbeschikt. Augustinus had bijvoorbeeld de term 'predestinatie' gebruikt voor Gods beslissing om de zaligen te redden, maar hij had ontkend dat sommige verloren zielen tot eeuwige verdoemenis waren veroordeeld, al was dat wel de logische gevolgtrekking die uit zijn redenatie kon worden gemaakt. Calvijn ruimde in zijn *Instituties* weinig plaats in voor het predestinatievraagstuk. Wanneer we om ons heen kijken, zo erkende hij, ziet het er inderdaad naar uit dat God sommige mensen meer begunstigt dan anderen. Waarom namen sommigen het Evangelie wel aan en bleven anderen er onverschillig voor? Handelde God willekeurig of oneerlijk? Calvijn ontkende dat; de duidelijke keuze van de een en de afwijzing van de ander waren een bewijs van Gods mysterie.[38] Dit probleem, dat ogenschijnlijk impliceerde dat Gods liefde en rechtvaardigheid niet met elkaar waren te verzoenen, kon niet rationeel worden opgelost. Maar Calvijn kon het nauwelijks deren, omdat hij niet erg in dogmatische kwesties was geïnteresseerd.

Na zijn dood, toen de calvinisten zich moesten onderscheiden van enerzijds de lutheranen en anderzijds de rooms-katholieken, maakte Theodorus Beza (1519-1605), die in Genève Calvijns rechterhand was geweest en na diens dood de leiding op zich nam, de predestinatieleer tot het onderscheidende kenmerk van het calvinisme. Met onverbiddelijke logica streek hij de paradox glad. Omdat God almachtig was, volgde daaruit dat de mens niets aan zijn eigen verlossing kon bijdragen. God was niet aan verandering onderhevig en zijn decreten waren rechtvaardig en eeuwig; Hij had dus van alle eeuwigheid af beslist dat enkelen werden verlost, maar de rest had Hij tot eeuwige verdoemenis voorbeschikt. Sommige calvinisten gruwden van dit onaangename leerstuk. In de Nederlanden wees Jacobus Arminius erop dat het een voorbeeld van slechte theologie was, aangezien hierin over God werd gesproken alsof Hij louter een menselijk wezen was. Maar de calvinisten waren van mening dat God even objectief kon worden bediscussieerd als elk ander fenomeen. Net als andere protestanten en de katholieken kwamen ze met een nieuw aristotelisme waarin het belang van logica en metafysica werd onderstreept. Het was een ander aristotelisme dan dat van Thomas van Aquino, aangezien de nieuwe theologen minder waren geïnteresseerd in de inhoud van Aristoteles' denken dan in zijn rationele methode. Ze wilden het christendom presenteren als een coherent en rationeel systeem dat kon worden afgeleid uit syllogismen die op bekende premissen waren gebaseerd. Het ironische was uiteraard dat juist dit soort rationalistische discussies over God door alle reformatoren was verworpen. De latere calvinistische predestinatieleer toonde aan wat er kon gebeuren wanneer men de goddelijke paradox en geheimenis niet langer als poëzie beschouwde, maar ze met coherente maar gruwelijke logica ging interpreteren. Zodra men de Bijbel letterlijk interpreteert in plaats van allegorisch, wordt het onmogelijk om 'de God van de Bijbel' te aanvaarden. Het idee dat een godheid in letterlijke zin verantwoordelijk is voor alles wat op aarde gebeurt, brengt de onmogelijkste contradicties met zich mee. De 'God' van de Bijbel is dan geen symbool van een transcendente werkelijkheid meer, maar wordt een wrede, tirannieke despoot. De predestinatieleer brengt de beperkingen van zo'n verpersoonlijkte God duidelijk aan het licht.

De puriteinen baseerden hun religieuze beleving op de leer van Calvijn en vonden God duidelijk een worsteling; Hij kon hen noch met blijheid, noch met mededogen vervullen. Uit hun dagboeken en autobiografieën valt op te maken dat ze werden geobsedeerd door de predestinatie en door de angst dat ze niet verlost zouden worden. Bekering werd hun belangrijkste streven, was een martelende ervaring waarbij de 'zondaar' en zijn geestelijk leermeester om zijn ziel 'worstelden'. De boeteling moest veelvuldig diepe vernederingen ondergaan of werd blootgesteld aan situaties waarin hij werkelijk aan Gods genade wanhoopte, net zo lang tot hij inzag hoezeer hij van Hem afhankelijk was. Vaak was de bekering een psychologische abreactie, een ongezonde omslag van diepe ellende naar extatische vervoering. Velen raakten door de enorme nadruk op hel en verdoemenis en door het overmatige gewetensonderzoek in een klinische depressie; zelfmoord scheen veelvuldig voor te komen. De puriteinen schreven dit toe aan Satan die in hun leven net zo'n machtige aanwezigheid was als God.[39] Maar het puritanisme had ook zijn positieve kanten; het stelde de mensen in staat om vreugde in hun werk te scheppen. Wat voordien als slavernij was ervaren, werd nu als een 'roeping' gezien. En sommigen putten inspiratie uit de dringende, apocalyptische spiritualiteit van het puritanisme om de Nieuwe Wereld te koloniseren. Maar in het ongunstigste geval boezemde de puriteinse God angst in en wekte Hij harde intolerantie op jegens degenen die niet tot de verkorenen behoorden.

Katholieken en protestanten waren nu elkaars vijanden, maar in de grond van de zaak leken de godsvoorstelling en godservaring van de enen opvallend veel op die van de anderen. Na het concilie van Trente (1545-1563) kozen ook katholieke theologen voor de neo-aristotelische wijsbegeerte waarin de bestudering van God was gereduceerd tot een natuurwetenschap. Contrareformatoren als Ignatius van Loyola (1491-1556), de stichter van de Sociëteit van Jezus, deelden de protestantse nadruk op de persoonlijke godsbeleving en op de noodzaak zich open te stellen voor de goddelijke openbaring en haar als een strikt individuele beleving in zich op te nemen. Zijn *Exercitia Spiritualia* ('Geestelijke Oefeningen'), die hij voor zijn eerste jezuïtische gezellen opstelde, moesten tot een bekering leiden die zowel een martelende en pijnlijke ervaring als een uiterst vreugdevolle gebeurtenis kon zijn. De dertig dagen durende retraite, slechts in gezelschap van een leermeester waarbij de nadruk lag op gewetensonderzoek en persoonlijke beslissing, verschilde weinig van de puriteinse spiritualiteit. De *Exercitia* waren een systematische en zeer efficiënte spoedcursus in mystiek. Mystici hadden vaak methoden ontwikkeld die veel lijken op de technieken die psychoanalytici tegenwoordig gebruiken, en het is daarom een belangwekkende constatering dat de *Exercitia* momenteel ook door katholieken en anglicanen worden gebruikt als alternatieve vorm van therapie.

Ignatius was zich echter scherp bewust van de gevaren van valse mystiek. Net als Loeria wees hij op het belang van sereniteit en vreugde en in zijn 'Richtlijnen tot meer onderscheiding der geesten' waarschuwde hij zijn volgelingen tegen het soort emotionele pieken en dalen dat zulke fatale gevolgen voor enkele puriteinen had gehad. Hij verdeelt de emoties die de leerling tijdens zijn retraite zou kunnen ervaren in die welke mogelijkerwijs van God afkomstig zijn en die welke door de duivel zijn gezonden. God ervoer men als vrede, hoop en vreugde en als gedachten die 'op iets geheel goeds waren gericht', terwijl onrust, treurnis, onvruchtbare en afdwalende gedachten afkomstig waren van de 'slechte engel'. Ignatius zelf beleefde

God heel intens; vaak barstte hij in vreugdetranen uit en eens verklaarde hij dat hij daarzonder niet zou kunnen leven. Maar hij wantrouwde heftige stemmingswisselingen en wees op de noodzaak van zelfdiscipline bij de zoektocht naar een nieuw ik. Net als Calvijn beschouwde hij het christendom als een ontmoeting met Christus, en in zijn *Exercitia* stippelde hij de weg uit die naar dat doel leidde. Het hoogtepunt van zijn geestelijke oefeningen was de 'Beschouwing om liefde te verkrijgen'; daarin werd de leerling aangespoord om nauwlettend te beschouwen 'hoe God in de schepselen woont: in de elementen door hun het bestaan te geven; in de planten door te groeien, in de dieren door te voelen; in de mensen door hun het verstand te geven'.[40] Voor Ignatius was de hele wereld vervuld van God. In de stukken van zijn canonisatieproces treffen we een herinnering van een van zijn gezellen aan:

> Vaak zagen we dat de geringste dingen hem konden opstuwen naar God die zelfs in het kleinste de Grootste is. Bij het zien van een plantje, een blad, een bloem of een vrucht, een wormpje of een onbeduidend diertje kon Ignatius boven de hemelen uitwieken en tot de dingen doordringen die zich aan gene zijde der zinnen bevinden.[41]

Net als de puriteinen ervoeren de jezuïeten God als een dynamische kracht die hen zelfs met zelfvertrouwen en energie kon vervullen. Zoals de puriteinen de Atlantische Oceaan trotseerden en zich in Nieuw-Engeland vestigden, zo bereisden jezuïtische missionarissen de hele aardbol; Franciscus Xaverius (1506-1552) missioneerde in India en Japan, Matteo Ricci (1552-1610) bracht het evangelie naar China en Roberto de Nobili (1577-1656) verkondigde het in India. En net als de puriteinen waren de jezuïeten vaak enthousiaste wetenschappers, zodat men wel eens heeft opgemerkt dat het eerste wetenschappelijke genootschap niet de Londense Royal Society of de Accademia del Cimento was, maar de Sociëteit van Jezus.

Toch leken katholieken het leven een even grote kwelling te vinden als de puriteinen. Zo vond Ignatius zichzelf zo'n groot zondaar dat hij bad dat zijn lichaam na zijn dood op een vuilnisbelt zou worden geworpen, opdat het door vogels en honden zou worden verslonden. Zijn artsen waarschuwden hem dat hij zijn gezichtsvermogen zou verliezen als hij tijdens de mis zo bitter bleef huilen. Theresia van Ávila, die het kloosterleven voor vrouwen in de orde van de ongeschoeide karmelieten hervormde, kreeg een afgrijselijk visioen van de plek die in de hel voor haar gereserveerd was. De grote heiligen van deze periode schenen de wereld en God te beschouwen als onverenigbare tegenstellingen: om te worden verlost moest men de wereld en alle natuurlijke banden afzweren. Vincentius a Paulo, die zijn leven had gewijd aan barmhartigheid en goede werken, bad dat God zijn liefde voor zijn ouders zou wegnemen; Jeanne Françoise Fremyot de Chantal, die de orde der Visitatie stichtte, stapte over het lichaam van haar zoon heen toen ze zich op weg begaf naar haar kloosterorde; hij had zich op de drempel geworpen om haar het vertrek te beletten. Waar de Renaissance had getracht hemel en aarde met elkaar te verzoenen, probeerden de katholieke Contrareformatie ze weer van elkaar te scheiden. God mocht de christenen van de westerse reformatiebewegingen dan wel efficiënt en machtig hebben gemaakt, gelukkig maakte Hij hen niet. Voor beide partijen was de reformatieperiode een tijd van grote angst die werd gekenmerkt door scherpe afwijzing van het verleden, felle veroordelingen en anathema's, panische angst voor ketterijen en dogmatische afwijkingen, een overdreven zondebesef en een obsessionele gerichtheid op de hel. Zo verscheen in 1640 het controversiële boek *Augustinus* van de Nederlandse katholiek Cornelius Jansen waarin, net als in het nieuwe calvinisme, een angstwekkende God werd gepredikt die alle mensen tot eeuwige verdoemenis had voorbeschikt, met uitzondering van de verkorenen. De calvinisten waren uiteraard zeer over het boek te spreken, want 'hierin werd, in al haar juistheid en in overeenstemming met het leerstuk der reformatie, het leerstuk van de onweerstaanbare macht van de genade Gods onderwezen'.[42]

Hoe kunnen we die algemene angst en vrees in Europa verklaren? Het was een tijd van grote onrust; er kwam een nieuwe maatschappij op die op een basis van wetenschap en technologie rustte, en ze zou spoedig de hele wereld veroveren. Toch leek God niet in staat te zijn de angsten van de mensen weg te nemen en hun een zelfde vertroosting te bieden als bijvoorbeeld de mythen van Jitschak Loeria de sefardische joden. De christenen in het Westen hadden God altijd een zware belasting gevonden en de reformatoren, die hadden getracht die religieuze onrust weg te nemen, hadden de zaak er uiteindelijk alleen maar erger op gemaakt. De God van het Westen, die miljoenen mensen voorbeschikt zou hebben om tot in de eeuwigheid te worden verdoemd, was zelfs angstaanjagender geworden dan de hardvochtige godheid die Tertullianus of Augustinus zich op zijn zwartste momenten had voorgesteld. Zou een bewust imaginatieve godsvoorstelling die is gebaseerd op mythologie en mystiek de mensen uiteindelijk toch meer kracht geven om tragedie en onheil te overleven dan een God wiens mythen letterlijk worden geïnterpreteerd?

In elk geval vonden veel Europeanen tegen het einde van de zestiende eeuw dat de religie ernstig in diskrediet was geraakt. Ze walgden van de moorden op katholieken door protestanten en op protestanten door katholieken. Honderden hadden als martelaar het leven verloren, omdat ze er een zienswijze op na hielden die niemand kon bewijzen of weerspreken. Het aantal sekten dat een verwarrende diversiteit aan leerstellingen verkondigde die essentieel voor verlossing heetten te zijn, was alarmerend toegenomen.

Er waren nu te veel theologische opties; veel mensen waren verlamd en in verwarring geraakt door de verscheidendenheid aan religieuze interpretaties die hun werden aangeboden. Sommigen hadden wellicht het gevoel dat geloven moeilijker was dan ooit. Het was daarom tekenend dat men in deze fase van de geschiedenis van de westerse God overal 'atheïsten' meende te bespeuren, in even grote aantallen als 'heksen', de oude vijanden van God en de bondgenoten van de duivel. Men zei dat deze 'atheïsten' het bestaan van God hadden ontkend, bekeerlingen voor hun sekten maakten en de maatschappelijke structuur ondermijnden. Maar feitelijk was een volwassen atheïsme in onze betekenis van het woord in die tijd gewoon onmogelijk. Lucien Febvre heeft in zijn klassieke werk *Le problème de l'incroyance au 16ᵉ siècle: la religion de Rabelais* aangetoond dat de conceptuele problemen die in die periode aan een algehele ontkenning van het godsbestaan kleefden, te groot waren om overwonnen te worden. Het leven van elk mens werd vanaf zijn geboorte en doop tot aan zijn dood en begrafenis op het kerkhof door godsdienst beheerst. Al zijn dagelijkse werkzaamheden, die regelmatig door klokgelui werden onderbroken om de gelovigen tot het gebed op te roepen, waren doordrenkt met geloofsovertuigingen en geloofsregels. Thuis of op het werk, ze domineerden het hele leven – zelfs de gilden en universiteiten waren religieuze instellingen. God en religie, zo toont Febvre aan, waren zo alomtegenwoordig dat niemand in die periode er ooit aan zou denken om te zeggen: 'Ons leven, ons hele leven, is godsdienst, wordt beheerst door het christendom – hoe marginaal klein is het geseculariseerde deel van ons leven vergeleken met de rest die nog steeds door de godsdienst wordt beheerst, geregeld en bepaald.'[43] Zelfs als iemand in een uitzonderlijk geval de noodzakelijke objectiviteit zou hebben om een vraagteken te zetten achter het geloof en achter het bestaan van God, zou hij noch in de wijsbegeerte van zijn tijd, noch in de wetenschap steun hebben gevonden. Zolang er nog geen corpus van coherente premissen bestond die stuk voor stuk waren gebaseerd op een ander cluster van wetenschappelijke verificaties, kon niemand het bestaan van een God ontkennen wiens religie het morele, emotionele, esthetische en politieke leven van Europa bepaalde en domineerde. Zonder die steun was een dergelijke ontkenning louter een privégril of een opwelling van voorbijgaande aard, niet de moeite waard er serieus bij stil te staan. Zoals Febvre aantoonde miste de volkstaal, zoals in zijn geval het Frans, zowel het vocabulaire als de syntaxis om scepticisme uit te drukken. Woorden als 'absoluut', 'relatief', 'causaliteit', 'concept' of 'intuïtie' werden nog niet gebruikt.[44] Bovendien mogen we niet vergeten dat voorlopig nog geen enkele maatschappij ter wereld afstand had genomen van religie; het werd nog voor vanzelfsprekend gehouden dat ze een wezenlijk onderdeel van het leven was. Pas tegen het einde van de achttiende eeuw zou een handvol Europeanen in staat zijn het bestaan van God te ontkennen.

Maar wat bedoelden de mensen dan wanneer ze elkaar van 'atheïsme' beschuldigden? De Franse wetenschapper Marin Mersenne (1588-1648), die tevens tot een strenge franciscaner orde behoorde, verklaarde dat alleen al Parijs zo'n vijftigduizend atheïsten telde, maar de meeste 'atheïsten' die hij noemde geloofden in God. Zo had Pierre Carrin, de vriend van Michel de Montaigne, in zijn traktaat *Les trois vérités* (1589) het katholicisme verdedigd, maar in zijn hoofdwerk *De la sagesse* had hij de broosheid van de rede beklemtoond en verklaard dat de mens slechts door het geloof tot God kon komen. Mersenne was het hier niet mee eens en vond dat dit naar 'atheïsme' riekte. Een andere 'ongelovige' die hij hekelde was de Italiaanse rationalist Giordano Bruno (1548-1600), ook al geloofde Bruno in een soort stoïcijnse God die de ziel, de oorsprong en het einde van het universum was. Mersenne maakte beide mannen voor 'atheïst' uit, niet omdat ze het bestaan van een opperwezen ontkenden, maar omdat hij met hen van mening verschilde over God. Op dezelfde manier hadden de heidenen in het Romeinse Rijk joden en christenen voor 'atheïst' uitgemaakt omdat zij er een andere opvatting over de godheid op na hielden. In de zestiende en zeventiende eeuw behoorde het woord 'atheïst' nog exclusief tot de polemiek. Men kon zijn vijanden op dezelfde manier voor 'atheïst' uitmaken als waarop men hen later, in de laatste decennia van de negentiende eeuw en in het begin van de twintigste, tot 'anarchist' of 'communist' kon bestempelen.

Na de Reformatie en Contrareformatie hadden de mensen een nieuwe vorm gevonden waarin ze hun verontrusting over het christendom tot uitdrukking konden brengen. Net als 'de heks' (of, voor hetzelfde geld, 'de anarchist' of 'de communist') was ook 'de atheïst' de projectie van verborgen angsten. In de atheïst weerspiegelde zich een onderhuidse bezorgdheid om het geloof en men kon hem gebruiken als een boeman om de godvruchtigen bang te maken en hen aan te sporen een deugdzaam leven te leiden. De anglicaanse theoloog Richard Hooker (1554-1600) verklaarde in zijn *Of the Laws of Ecclesiastical Polity* dat er twee soorten atheïsten waren: een kleine groep die niet in God geloofde en een veel grotere die leefde alsof God niet bestond. Meestal verloor men dat onderscheid uit het oog en had men het alleen over de tweede soort, de mensen die atheïstisch leefden. Zo ontkende de imaginaire 'atheïst' in Thomas Beards *The Theatre of God's Judgements* (1597) de goddelijke voorzienigheid, de onsterfelijkheid van de ziel en het leven na de dood, maar klaarblijkelijk niet het bestaan van God. In zijn traktaat *Atheism Closed and Open Anatomized* (1634) verklaarde John Wingfield: 'De hypocriet is een atheïst; de losbandige zondaar is openlijk een atheïst; de zelfverzekerde, brutale en trotse wetsovertreder is een atheïst; de man die zich niet laat onderrichten of bekeren, is een atheïst'.[45] Voor de Welshe dichter William Vaughan (1577-1641), die betrokken was bij de kolonisatie van Newfoundland, waren de mensen die de huren verhoogden of de meenten afsloten, duidelijk atheïsten. De Engelse toneelschrijver Thomas Nashe (1567-1601) verklaarde dat de ambitieuzen, de hebzuchtigen, de veelvraten, de verwaanden en de prostituées allemaal atheïsten waren.

Het woord 'atheïst' was een belediging. Niemand zou het in zijn hoofd halen zich een 'atheïst' te noemen. Het was nog geen etiket dat men zichzelf trots opplakte. Maar in de zeventiende en achttiende eeuw zou de houding van bepaalde mensen in het Westen zo veranderen, dat de ontkenning van het godsbestaan daar niet alleen een plaats in kon krijgen, maar zelfs wenselijk werd. Ze zouden voor hun opvattingen steun vinden bij de wetenschap. Toch kon van de God van de reformatoren niet worden gezegd dat Hij onwelwillend tegenover de nieuwe wetenschap stond. Aangezien Luther en Calvijn in de absolute soevereiniteit van God geloofden, verwierpen ze allebei de aristotelische opvatting dat de natuur van zichzelf intrinsieke krachten bezat. Ze waren van mening dat de natuur net zo passief was als de christen, die slechts uit handen van God de gave van de verlossing kon ontvangen en zelf niets aan zijn heil kon bijdragen. Calvijn had de wetenschappelijke bestudering van de natuurlijke wereld waarin de onzichtbare God zich kenbaar had gemaakt, expliciet aanbevolen. De wetenschap en de Schrift konden niet met elkaar in conflict zijn; God had zich in de Bijbel aan onze menselijke beperkingen aangepast, net zoals een vaardige spreker zijn gedachten en taal aanpast aan het bevattingsvermogen van zijn gehoor. Het scheppingsverhaal waarin werd verteld dat God mond en handen had moest, zo meende Calvijn, worden gezien als een voorbeeld van *balbutire* of babytaal; op deze wijze werden complexe en mysterieuze processen aan het denken van simpele mensen aangepast, zodat iedereen in God kon geloven.[46] Het moest niet letterlijk worden opgevat.

De rooms-katholieke Kerk daarentegen had nieuwe ontwikkelingen niet altijd met open armen ontvangen. In 1530 had de Poolse astronoom Nicolaus Copernicus de laatste hand gelegd aan zijn traktaat *De revolutionibus orbium coelestium*, waarin hij verklaarde dat de zon het middelpunt van het heelal was. Het werd in 1543, vlak voor zijn dood, gepubliceerd en door de Kerk op de Index van Verboden Boeken geplaatst. In 1613 verklaarde de Pisaanse wiskundige Galileo Galilei dat de telescoop die hij had uitgevonden het bewijs leverde dat de copernicaanse wereldbeschouwing klopte. Zijn zaak werd een *cause célèbre*; Galilei moest voor de Inquisitie zijn wetenschappelijk credo herroepen en werd veroordeeld tot een gevangenisstraf van onbepaalde duur. Niet alle katholieken waren het met die beslissing eens, maar de rooms-katholieke Kerk had dezelfde instinctieve weerstand tegen veranderingen als elk ander instituut in deze periode waarin de conservatieve geest de overhand had. Het enige verschil tussen de Kerk en die andere instituten was echter dat zij de macht bezat om haar oppositie met harde hand door te zetten en dat ze een goedgeoliede machine was die op een afschuwelijk doeltreffende manier in staat was om intellectuele conformiteit op te leggen. De veroordeling van Galilei had onvermijdelijk een remmend effect op de wetenschappelijke ontwikkeling in katholieke landen, ook al bleven veel vooraanstaande wetenschappers uit die begintijd (mannen als Marin Mersenne, René Descartes en Blaise Pascal) hun katholiek geloof trouw. De zaak-Galilei zit vrij ingewikkeld in elkaar en ik zal niet op alle politieke bijkomstigheden ingaan. Eén feit dat voor ons verhaal belangrijk is, springt er echter uit: de rooms-katholieke Kerk veroordeelde Galilei's heliocentrische theorie niet omdat ze het geloof in de Schepper-God bedreigde, maar omdat ze in strijd was met Gods Woord in de Schrift.

Ook veel protestanten zaten ten tijde van Galilei's proces met die kwestie in hun maag. Noch Luther, noch Calvijn had Copernicus veroordeeld, maar Luthers medewerker Philip Melanchthon (1497-1560) verwierp de gedachte dat de aarde om de zon draaide, omdat het in strijd was met bepaalde bijbelpassages. Maar niet alleen protestanten tilden hier zwaar aan. Na het concilie van Trente had het enthousiasme van de katholieken voor hun eigen Schrift, de Vulgaat, de Latijnse bijbelvertaling van Hiëronymus, een nieuwe impuls gekregen. De Spaanse inquisiteur León de Castro verklaarde in 1576: 'Niets mag worden veranderd wat in strijd is met de Latijnse editie van de Vulgaat, al ware het een enkele punt, een enkele conclusie of een enkele bijzin, een enkel woord of gezegde, een enkele lettergreep of één iota.'[47] Zoals we eerder hebben gezien hadden in het verleden sommige rationalisten en mystici hun best gedaan de Bijbel en de Koran niet meer letterlijk te lezen, maar ze met opzet allegorisch te interpreteren. Maar nu hadden zowel protestanten als katholieken hun geloof gesteld in een volstrekt letterlijke lezing van de Bijbel. De wetenschappelijke ontdekkingen van Galilei en Copernicus mochten dan geen enkele isma'ieliet, soefi, kabbalist of hesychast enige reden voor verontrusting hebben gegeven, de katholieken en protestanten die hadden geopteerd voor de nieuwe, letterlijke uitleg van de Bijbel, raakten er wel degelijk door in gewetensnood. Hoe viel de theorie dat de aarde om de zon draaide, te rijmen met bijbelteksten als: 'Vast staat thans de wereld, onwrikbaar'; 'De zon komt op en de zon gaat onder, en haast zich dan weer naar de plaats waar haar loop begint'; 'De maan schiep Ge – getijden ontstonden, de zon weet wanneer zij moet dalen'?[48] De geestelijken waren door sommige gedachten van Galilei hevig verontrust geraakt. Als er, zoals hij zei, mogelijkerwijs leven op de maan was, hoe konden deze mensen dan van Adam afstammen en hoe waren ze uit de ark van Noach gekomen? Hoe kon de theorie dat de aarde bewoog in overeenstemming worden gebracht met de hemelvaart van Christus? De Schrift zei dat de hemel en de aarde voor de mens waren geschapen. Maar klopte dat wel, wanneer de aarde, zoals Galilei beweerde, gewoon een van de planeten was die om de zon draaiden? De mensen beschouwden de hemel en de hel als echte plaatsen, maar waar moesten ze in het copernicaanse systeem worden gesitueerd? Tot dusver werd algemeen aangenomen dat de hel in het middelpunt van de aarde lag, op de plaats waar Dante hem had neergezet. Kardinaal Robertus Bellarminus, de jezuïtische geleerde die door de pas opgerichte Congregatie voor de Voortplanting van het Geloof was geraadpleegd over de kwestie-Galilei, stelde zich vierkant achter de traditie: 'De hel is een onderaards gebied, gescheiden van de graven.' Zijn conclusie luidde dan ook dat de hel zich in het middelpunt van de aarde bevond en hij baseerde zijn eindbewijs op de 'natuurlijke rede':

> Tot slot is daar de natuurlijke rede. Er kan in alle rede niet aan worden getwijfeld dat het verblijf van duivelen en zondige verdoemden zich zo ver mogelijk van de plaats behoort te bevinden waar engelen en gelukzaligen tot in de eeuwigheid vertoeven. Het oord der gelukzaligen is, zoals onze tegenstanders zullen beamen, de hemel en geen enkele plaats is verder van de hemel verwijderd dan het middelpunt der aarde.[49]

De argumenten van Bellarminus klinken ons tegenwoordig vrij lachwekkend in de oren. Zelfs de meeste fervente letterkenners stellen zich de hel niet meer in het middelpunt van de aarde voor. Maar aan de andere kant zijn talloze christenen diep geschokt geweest door andere wetenschappelijke theorieën waarin wordt verklaard dat er in een complexe kosmologie 'geen plaats voor God' is.

In een tijd dat *mollā* Sadrā de moslims leerde dat hemel en hel zich in de imaginaire wereld in elk individuele mens bevonden, betoogden erudiete geestelijken als Bellarminus vurig dat ze letterlijk op een bepaalde geografische plaats waren gesitueerd. In een tijd dat kabbalisten het bijbelse scheppingsverhaal bewust symbolisch herinterpreteerden en hun volgelingen op het hart drukten deze mythologie niet letterlijk te nemen, wezen katholieken en protestanten er met nadruk op dat de Bijbel in elk detail factisch juist was. Dit zou de traditionele religieuze mythologie erg kwetsbaar maken voor de nieuwe, wetenschappelijke ontwikkelingen en ten slotte ertoe leiden dat velen het onmogelijk zouden vinden überhaupt in God te geloven. De theologen verzuimden het volk voor te bereiden op de uitdagingen van de nieuwe tijd. Sinds de beide Reformaties en de hernieuwde belangstelling onder protestanten en katholieken voor het aristotelisme, discussieerden ze over God alsof Hij gewoon een objectief feit was. Dat zou de nieuwe 'atheïsten' van het eind van de achttiende en het begin van de negentiende eeuw ten slotte de mogelijkheid bieden God helemaal los te laten.

In zijn traktaat *De voorzienigheid Gods* betuigde bijvoorbeeld Leonardus Lessius (1554-1623), de uiterst invloedrijke jezuïtische theoloog uit Leuven, zijn trouw aan de God van de filosofen. Het bestaan van deze God kan, net als alle andere feiten van het leven, wetenschappelijk worden aangetoond. Het ontwerp van het universum, dat niet bij toeval kon zijn ontstaan, wijst op het bestaan van een Eerste Beweger en Bestuurder. Maar de God van Lessius heeft niets wat specifiek christelijk kan worden genoemd; Hij is een wetenschappelijk feit dat elk rationeel denkend mens kan ontdekken. Lessius spreekt nauwelijks over Jezus. Hij doet het voorkomen dat de mens met behulp van het gezond verstand het bestaan van God kan afleiden uit de informatie die hij door gewone waarneming, wijsbegeerte, vergelijkende godsdienstwetenschappen en logisch denken verkreeg. God was gewoon een zijnde geworden, net als het grote aantal andere objecten dat westerse wetenschappers en filosofen begonnen te bestuderen. De falāsifa hadden nooit aan de geldigheid van hun godsbewijzen getwijfeld, maar hun medegelovigen waren ten slotte toch tot de slotsom gekomen dat die God van de filosofen weinig religieuze waarde had. Thomas van Aquino mag dan de indruk hebben gewekt dat God gewoon een van de elementen in de hiërarchie van zijnsvormen was (zij het dan de hoogste), persoonlijk was hij ervan overtuigd geweest dat die filosofische argumenten niets zeiden over de mystieke God die hij in het gebed had ervaren. Maar omstreeks het begin van de zeventiende eeuw betoogden theologen en geestelijken nog steeds op basis van strikt rationele argumenten dat God bestond, en velen zijn dat tot op de dag van vandaag blijven doen. Toen hun argumenten door de nieuwe wetenschap werden ontzenuwd, volgde de aanval op het godsbestaan zelf. In plaats van de godsidee te zien als een symbool van een werkelijkheid die niet in de gebruikelijke zin van het woord bestond, maar die slechts via de imaginatieve disciplines van gebed en contemplatie kon worden ontdekt, namen ze steeds vaker aan dat God gewoon een concreet feit was, net als alle andere. Een theoloog als Lessius is er het voorbeeld van dat het met name de theologen zelf waren die op het moment dat Europa de moderne tijd naderde, de latere atheïsten de munitie aanreikten voor hun verwerping van een God die weinig religieuze waarde had en die veel mensen met vrees vervulde in plaats van met hoop en geloof. Net als de filosofen en wetenschappers hadden de christenen na de Reformatie de imaginatieve God van de mystici de rug toegekeerd en verlichting gezocht bij de God van de rede.

9

Verlichting

Tegen het einde van de zestiende eeuw had het Westen de weg naar een technologische ontwikkeling ingeslagen die naar een radicaal andere maatschappij en een ander menselijk ideaal zou leiden. Het zou onvermijdelijk invloed hebben op de visie van de westerse mens op de rol en de natuur van God. De successen van het kortelings geïndustrialiseerde en efficiënte Westen veranderden bovendien de loop van de wereldgeschiedenis. De andere landen van de Oikoumenè merkten dat het steeds moeilijker werd het Westen op dezelfde manier te negeren als ze in het verleden hadden gedaan toen het continent nog bij de andere grote beschavingen achterliep, of om uit de voeten te kunnen met zijn groeiende macht. Aangezien geen andere maatschappij zich ooit eerder op een dergelijke manier had ontwikkeld, stelde het Westen de andere landen voor volstrekt nieuwe problemen waar ze heel moeilijk weg mee wisten. Zo was de islam tot aan de achttiende eeuw de dominerende wereldmacht in Afrika, het Midden-Oosten en het Middellandse-Zeegebied geweest. Weliswaar had het westerse christendom door de Renaissance van de vijftiende eeuw in sommige opzichten een voorsprong op de islam behaald, de diverse islamitische machten waren gemakkelijk in staat geweest de westerse uitdaging het hoofd te bieden. De Ottomanen hadden hun opmars naar Europa voortgezet en de islamieten hadden zich staande weten houden tegen de Portugese ontdekkingsreizigers en tegen de kooplieden die in hun kielzog waren gevolgd. Maar tegen het einde van de achttiende eeuw begon Europa de wereld te domineren en alleen al het karakter van de westerse successen maakte het voor de rest van de wereld onmogelijk het in te halen. Bovendien hadden de Engelsen de macht in India in handen gekregen en stond Europa op het punt zoveel mogelijk landen te koloniseren. De verwestersing was begonnen en daarmee de secularisatie die onafhankelijkheid van God propageerde.

Wat hield de moderne technologische maatschappij precies in? Alle voorafgaande beschavingen waren afhankelijk geweest van de landbouw. Zoals de naam al zegt was beschaving (civilisatie) een verworvenheid van de *cives* of burgers, de elite die in de steden woonde en van het agrarische surplus leefde dat de boerenstand had voortgebracht, en die over de tijd en middelen beschikte om de verschillende culturen tot ontwikkeling te brengen. Het geloof in de Ene God was in het Midden-Oosten en Europa in dezelfde periode opgekomen als de andere belangrijke religieuze ideologieën. Maar zulke agrarische maatschappijen waren kwetsbaar. Ze waren sterk afhankelijk van variabele factoren, zoals landbouwgewassen, oogstopbrengsten, klimaat en bodemerosie. Wanneer een imperium groeide en zijn verplichtingen en verantwoordelijkheden zag toenemen, liep het uiteindelijk altijd tegen de grens van zijn beperkte hulpbronnen op. Zodra het de apex van zijn macht had bereikt, zetten onvermijdelijk de neergang en het verval in. Het nieuwe Westen was echter niet van landbouw afhankelijk. Dank zij zijn technisch kunnen was het niet meer onderworpen aan lokale omstandigheden en externe schommelingen van tijdelijke aard. Het geaccumuleerde kapitaal zat in de economische hulpbronnen die – tot recente datum – onuitputtelijk leken. Het moderniseringsproces zette in het Westen een aantal ingrijpende veranderingen in gang: het leidde tot industrialisatie en, als gevolg daarvan, tot transformatie van de agrarische sector, het leidde tot een intellectuele 'verlichting' en tot politieke en sociale omwentelingen. Uiteraard hadden deze enorme veranderingen invloed op de manier waarop mannen en vrouwen tegen zichzelf aankeken en droegen ze ertoe bij dat de mensen hun verhouding tot de uiterste werkelijkheid die ze traditiegetrouw 'God' noemden, gingen herzien.

Specialisatie werd voor deze technische westerse maatschappij cruciaal. Alle innovaties op economisch, intellectueel en sociaal gebied vereisten een specifieke deskundigheid op een groot aantal verschillende terreinen. Zo waren wetenschappers afhankelijk van het toegenomen vakmanschap van instrumentmakers; de industrie vroeg om nieuwe machines en energiebronnen, maar ook om de theoretische input van de wetenschap. De verschillende specialisaties raakten met elkaar verweven en werden geleidelijk van elkaar afhankelijk; het ene specialisme was de stimulans voor het andere dat op een andersoortig en wellicht tot nu toe niet-verwant terrein lag. Het was een cumulatieproces. De successen van de ene specialisatie groeiden doordat de andere er gebruik van maakte en dit had op zijn beurt invloed op zijn eigen efficiency. Kapitaal werd systematisch geherinvesteerd en vermeerderde zich door het voortgezette hergebruik. Het tempo van de in elkaar grijpende veranderingen nam toe en leek onstuitbaar. Steeds meer mensen uit alle rangen en standen raakten bij een toenemend aantal deelgebieden van het moderniseringsproces betrokken. Beschaving en culturele verworvenheden moesten het niet langer hebben van een kleine elite, maar steunden op fabrieksarbeiders, mijnwerkers, drukkers en ambtenaren, niet alleen als werkkrachten, maar ook als kopers op de immer expanderende markt. Uiteindelijk zou het noodzakelijk worden dat deze lagere klassen leerden lezen en schrijven en – in zekere mate – in de rijkdom van de maatschappij deelden, wilde men aan de allesoverheersende behoefte aan efficiency kunnen voldoen. De enorme toename van de produktiviteit, de accumulatie van kapitaal en de groei van de massamarkten, maar ook de nieuwe intellectuele successen op wetenschappelijk gebied leidden tot een sociale revolutie: de macht van de landadel nam af en maakte plaats voor de financiële vuist van de burgerij. De nieuwe efficiency manifesteerde zich ook op het gebied van de sociale organisatie en geleidelijk tilde ze het Westen naar het niveau dat andere delen van de wereld, zoals China en het Ottomaanse rijk, reeds hadden bereikt, en vervolgens stelde ze het Westen in staat deze landen voorbij te streven. Omstreeks 1789, het jaar van de Franse Revolutie, werden openbare diensten beoordeeld naar hun efficiency en praktisch nut. De verschillende Europese regeringen vonden het noodzakelijk zich te reorganiseren en ze bleven hun wetten voortdurend herzien, opdat deze zouden beantwoorden aan de telkens veranderende eisen van de moderne tijd.

Onder het oude agrarische stelsel, waar de wet als een onveranderlijk en goddelijk dictaat werd beschouwd, zou dit ondenkbaar zijn geweest. Het tekent het nieuwe, autonome denken dat de westerse maatschappij zich door de technologische ontwikkeling eigen maakte. Mannen en vrouwen hadden het gevoel dat ze hun leven meer dan ooit zelf konden bepalen. We hebben eerder gezien hoe groot de angst was die vernieuwing en verandering hadden teweeggebracht in traditionele maatschappijen waar beschaving werd beschouwd als een broze verworvenheid en waar elke verstoring van de continuïteit met het verleden op weerstand stuitte. Maar de moderne technologische maatschappij die door het Westen werd geïntroduceerd, stoelde juist op de verwachting dat ontwikkeling en vooruitgang een constante progressie vertoonden. Verandering werd geïnstitutionaliseerd en vanzelfsprekend gevonden. Wetenschappelijke genootschappen zoals de Royal Society in Londen kregen zelfs de taak de nieuwe kennis te verzamelen en de oude te vervangen. Men spoorde specialisten uit de verschillende disciplines aan hun medewerking hieraan te geven en hun bevindingen te centraliseren. In plaats van hun ontdekkingen geheim te houden wilden de nieuwe wetenschappelijke genootschappen hun kennis verspreiden om zo gunstige condities te scheppen voor toekomstige groei op het eigen vakgebied en op dat van anderen. De oude conservatieve geest van de Oikoumenè had in het Westen plaats gemaakt voor een verlangen naar verandering en voor het vertrouwen dat continue ontwikkeling haalbaar was. In plaats van te vrezen dat de jonge generatie slechts ellende ten deel zou vallen, zoals vroeger werd gemeend, verwachtte de oude generatie nu dat hun kinderen het beter zouden hebben dan zij. De bestudering van de geschiedenis werd door een nieuwe mythe beheerst: die van de Vooruitgang. Ze heeft grootse successen op haar naam geschreven, maar nu we door de schade aan het milieu tot het inzicht zijn gekomen dat deze leefwijze net zo kwetsbaar is als de oude, beginnen we misschien te beseffen dat deze mythe net zo'n fictie is als de meeste andere waardoor de mens zich in de loop der eeuwen heeft laten bezielen.

Werden de mensen door het samenvoegen van hulpbronnen en wetenschappelijke ontdekkingen dichter bij elkaar gebracht, de noodzaak tot specialisatie daarentegen dreef hen in andere opzichten onvermijdelijk uit elkaar. Tot nu toe was het voor een intellectueel mogelijk geweest op alle fronten gelijke tred te houden met de ontwikkeling van kennis. De islamitische falāsifa waren bijvoorbeeld deskundig geweest op het gebied van de geneeskunde, de wijsbegeerte en de esthetica. Het systeem dat de falsafa haar aanhangers had aangeboden was een coherent en allesomvattend overzicht van wat men voor de totale werkelijkheid hield. Maar omstreeks de zeventiende eeuw dienden zich de eerste tekenen van het specialisatieproces aan dat zo kenmerkend voor de westerse maatschappij zou worden. De verschillende wetenschappelijke disciplines, zoals astronomie, scheikunde en wiskunde, werden onafhankelijk en autonoom en ten slotte zou het in onze eigen tijd onmogelijk worden dat een deskundige op het ene vakgebied enige competentie op het andere zou hebben. Het had als gevolg dat elke belangrijke intellectueel zich meer een pionier dan een bewaarder van de traditie voelde. Hij was een ontdekkingsreiziger, net als de zeevaarders die eens hun steven naar nieuwe delen van de aardbol richtten. Ter wille van zijn genootschap waagde hij zich in gebieden die nooit eerder in kaart waren gebracht. De innovator die zich met de kracht van zijn verbeelding een weg naar het onbekende baande en gaandeweg allerlei heilige huisjes uit oude tijden omverhaalde, werd de held van de culturele vooruitgang. Terwijl de mens steeds meer macht kreeg over de natuurlijke wereld waaraan hij eens onderworpen was geweest, vierde het optimisme over het menselijk kunnen hoogtij. Alom heerste de opvatting dat de menselijke geest door een betere scholing en een verbeterde wetgeving zou worden verrijkt. Dit nieuwe vertrouwen in de ingeschapen capaciteiten van de mens gaf velen de overtuiging dat ze op eigen kracht tot geestelijke verlichting konden komen. Ze vonden dat ze zich bij het zoeken naar de waarheid niet langer hoefden te verlaten op overgeërfde tradities, een instelling of een elite – of zelfs maar op een goddelijke openbaring.

Maar specialisatie betekende dat de personen die bij het specialisatieproces waren betrokken, steeds minder zicht op het geheel hadden. Het gevolg was dan ook dat innoverende wetenschappers en intellectuelen zich genoodzaakt voelden hun eigen theorieën over leven en religie van de grond af op te bouwen. Ze vonden dat hun toegenomen kennis en effectievere werkwijze hun de taak op de schouders hadden gelegd de traditionele christelijke verklaringen over de werkelijkheid opnieuw tegen het licht te houden en in overeenstemming te brengen met de eisen van de tijd. Het nieuwe wetenschappelijke denken was empirisch georiënteerd en ging uitsluitend uit van observatie en experiment. We hebben eerder gezien dat het eerste vertrekpunt van het oude rationalisme van de falsafa het geloof in een rationeel universum was geweest. De westerse wetenschappen wilden echter niets op deze manier voetstoots aannemen en de pioniers waren steeds vaker bereid een fout te riskeren, of een gevestigde autoriteit of instelling zoals de Bijbel, de Kerk en de christelijke overlevering van haar voetstuk te stoten. De oude 'godsbewijzen' konden nog maar ten dele bevredigen en de natuurwetenschappers en filosofen voelden zich in hun enthousiasme voor de empirische methode verplicht de objectieve werkelijkheid van God op dezelfde manier te verifiëren als waarop ze andere natuurverschijnselen proefondervindelijk hadden bewezen.

Atheïsme was nog steeds een vies woord. Zoals we zullen zien geloofden de meeste *philosophes* van de Verlichting impliciet in het bestaan van een God. Toch begon al een handjevol mensen aan te voeren dat zelfs het godsbestaan niet voor vanzelfsprekend mocht worden gehouden. Wellicht een van de eersten die zich van die opmerkingen bewust werden en het atheïsme serieus namen, was de Franse fysicus, wiskundige en theoloog Blaise Pascal (1623-1662). Hij was een ziekelijk, vroegrijp kind geweest dat, gescheiden van andere kinderen, door zijn vader was opgevoed. Deze, een man met grote wetenschappelijke belangstelling, ontdekte op een dag dat de elfjarige Blaise in zijn eentje en alleen voor zichzelf de eerste drieëntwintig stellingen van Euclides had uitgewerkt. Op zijn zestiende had hij zo'n knappe verhandeling over een wiskundig onderwerp geschreven dat wetenschappers als René Descartes niet konden geloven dat ze op papier was gezet door iemand die zo jong was. Later vond hij een rekenmachine, een barometer en een hydraulische pers uit. Het gezin Pascal was niet bepaald godvruchtig geweest, maar in 1646 hadden ze zich bekeerd tot het jansenisme. Jacqueline, de zuster van Blaise, trad toe tot het jansenistische klooster in Port-Royal, even ten zuidwesten van Parijs, en ze werd een van de vurigste pleitbezorgsters van deze katholieke sekte. In de nacht van 23 november 1654 kreeg Blaise zelf een religieuze ervaring die 'van ongeveer half elf 's avonds tot ongeveer half één 's nachts' duurde en hem duidelijk maakte dat zijn geloof veel te afstandelijk en academisch was geweest. Na zijn dood vond men zijn 'Mémorial' van deze openbaring in zijn wambuis genaaid:

VUUR

God van Abraham, God van Izaak, God van Jacob. Exodus 3:6, Matth. 22:32:
niet van de filosofen en geleerden;
zekerheid, zekerheid. Gevoel, Blijdschap, Vrede, God van Jezus Christus.
Mijn God en Uw God (Joh. 20:17).
'Uw God zal mijn God zijn' (Ruth 1:16).
Vergeten van de wereld en van alles behalve GOD.
Hij laat zich niet vinden dan langs de wegen die het Evangelie wijst.
(...)[1]

Deze, in wezen mystieke, ervaring bewijst dat de God van Pascal een heel andere was dan de God van de wetenschappers en filosofen met wie we ons in dit hoofdstuk zullen bezighouden. Hij was niet de God van de filosofen, maar de God van de Openbaring, en zo overweldigend was de bekering van Pascal geweest, dat hij besloot zich aan te sluiten bij de strijd van de jansenisten tegen hun aartsvijanden, de jezuïeten.

Was in de ogen van Ignatius van Loyola de wereld vervuld geweest van God en had hij de jezuïeten aangespoord zich bewust te zijn van de goddelijke alomtegenwoordigheid en almacht, in de ogen van Pascal en de jansenisten was de wereld somber en leeg, ontdaan van goddelijkheid. Hoewel Hij zich heeft geopenbaard blijft Pascals God 'een verborgen God' die niet via rationele bewijzen kan worden ontdekt. De *Pensées*, Pascals aantekeningen over religieuze zaken die in 1669 postuum werden uitgegeven, zijn doortrokken van een bitter pessimisme over de situatie waarin de mens verkeert. De 'voosheid' van de mens is een telkens terugkerend thema; zelfs Christus kon haar niet wegnemen, want op het enige moment dat Hij, in de hof van Getsemane, de mensen nodig had, lagen ze te slapen. 'Jezus zal in doodsnood verkeren tot aan het einde der wereld: gedurende die tijd moet men niet slapen.'[2] Dit besef van opperste verlatenheid en Gods beangstigende afwezigheid kenmerkt een groot deel van de spiritualiteit van het nieuwe Europa. De aanhoudende populariteit van de *Pensées* bewijst dat Pascals sombere spiritualiteit en zijn verborgen God een belangrijke snaar in het westerse religieuze bewustzijn beroerden.

Pascals wetenschappelijke successen konden hem daarom niet veel vertrouwen geven in de situatie waarin de mens verkeerde. Wanneer hij de onmetelijkheid van het universum aanschouwde greep de angst hem bij de keel:

Wanneer ik de verblinding en de ellende van de mens zie, het ganse zwijgende heelal aanschouw, en de mens, zonder enig licht, aan zijn lot overgelaten, als het ware verdwaald in deze uithoek, zonder te weten wie hem daar heeft neergezet, wat hij er komt doen en wat er na zijn dood van hem moet worden, onbekwaam tot enige kennis – dan overvalt de schrik mij, als iemand die men slapend op een afschuwelijk eenzaam eiland heeft neergezet en die nu wakker wordt, zonder te weten waar hij zich bevindt en zonder enige mogelijkheid om er af te komen. En dan sta ik versteld, dat men niet wanhopig wordt over een dergelijke toestand.[3]

Dit zijn nuttige woorden, want ze herinneren ons eraan dat we geen generaliserende uitspraken mogen doen over het blijmoedige optimisme van het wetenschappelijke tijdperk. Pascal zag voor zijn geestesoog de volstrekte gruwelijkheid van een wereld waaraan uiterste betekenis of bedoeling ontbrak. De angst om in een vreemde wereld wakker te worden, een angst die de mensheid altijd had achtervolgd, is zelden welsprekender onder woorden gebracht. Pascal was meedogenloos eerlijk tegen zichzelf; in tegenstelling tot zijn meeste tijdgenoten was hij ervan overtuigd dat men op geen enkele manier kon bewijzen dat God bestond. Toen hij zich voorstelde dat hij met iemand discussieerde die van nature niet in staat was te geloven, kon Pascal geen argumenten vinden om hem te overtuigen. Dit was een nieuwe ontwikkeling in de geschiedenis van het monotheïsme. Tot nu toe had niemand het godsbestaan ooit serieus in twijfel getrokken. Pascal was de eerste die toegaf dat in deze fiere, nieuwe wereld het geloof in God slechts een kwestie van persoonlijke keuze kon zijn. Wat dat betreft was hij de eerste moderne mens.

De manier waarop Pascal het probleem van het godsbestaan benadert, heeft revolutionaire implicaties, maar ze is nooit officieel door enige Kerk aanvaard. Over het algemeen hebben christelijke apologeten de voorkeur gegeven aan de rationalistische benadering van Leonardus Lessius die we aan het slot van het vorige hoofdstuk hebben besproken. Zo'n benadering kan echter slechts de weg naar de God van de filosofen wijzen, niet naar de God van de Openbaring die Pascal ervoer. Geloof, zo verklaarde hij nadrukkelijk, was geen rationele instemming die was gebaseerd op gezond verstand. Het was een gok. Er kon onmogelijk worden bewezen dat God bestond, maar het was voor de rede even onmogelijk om zijn bestaan te weerspreken. 'Laten we deze kwestie nader onder ogen zien en zeggen: "God bestaat, of hij bestaat niet." Maar naar welke kant hellen wijzelf over? De rede kan hier geen uitsluitsel geven: en een oneindige chaos scheidt ons van het doel. Aan het einde van deze oneindige afstand wordt er een spel van kruis of munt gespeeld. (...) Wat kiest ge dus.'[4] De gok is echter minder irrationeel dan het lijkt. Wie voor God kiest, kiest voor altijd-prijs. De keuze om in God te geloven, vervolgde Pascal, brengt een eindig risico met zich mee, maar ook oneindige winst. Naarmate de christen sterker gelooft, zal hij of zij zich meer bewust worden van een voortdurende verlichting, een besef van Gods tegenwoordigheid, en dat is een zeker teken van verlossing. Het had geen zin zich te verlaten op een externe autoriteit; elke christen stond op eigen benen.

Pascals pessimisme wordt in de *Pensées* geneutraliseerd door het groeiende besef dat de verborgen God zich aan een ieder die Hem zoekt zal openbaren zodra de gok eenmaal is gewaagd. Pascal laat God zeggen: 'Gij zoudt mij niet zoeken, indien gij mij niet reeds had gevonden.'[5] Het is waar dat de mensheid zich noch via argumenten en logica, noch door de aanvaarding van de leer van een geïnstitutionaliseerde Kerk, een weg naar God kan banen, maar als de gelovige persoonlijk het besluit neemt zich aan God over te geven zal hij worden getransformeerd, zal hij 'gelovig zijn, rechtschapen, deemoedig, dankbaar en weldadig, een oprecht en waarachtig vriend'.[6] De christen zou merken dat het leven zin en bedoeling had gekregen, omdat hij tot geloof was gekomen en zich van God bewust was geworden, ook al had hij te maken met betekenisloosheid en wanhoop. God was een werkelijkheid, want Hij was op een werkzame manier aanwezig. Het geloof was geen intellectueel weten, maar een sprong in het duister en een ervaring die zedelijke verlichting schenkt.

René Descartes (1596-1650), een andere nieuwe denker, had aanmerkelijk meer vertrouwen in het vermogen van de mens om God te ontdekken. Hij verklaarde dat het verstand alleen ons de zekerheid kon verschaffen die we zochten. Hij zou Pascals gok hebben afgekeurd, aangezien die op een puur subjectieve ervaring berustte, al volgde hij voor zijn eigen godsbewijs een even subjectieve, zij het ander soort redenering. Het ging hem er in de eerste plaats om het scepticisme van de Franse filosoof Michel de Montaigne (1533-1592) te weerleggen; deze schrijver van de *Essais* had ontkend dat ook maar iets zeker of zelfs maar aannemelijk was. Descartes, een wiskundige en een overtuigd katholiek, vond dat hij de missie had het nieuwe empirische rationalisme in stelling te brengen tegen dit soort scepticisme. Net als Lessius meende hij dat de rede alleen in staat was de mensheid over te halen de religieuze en zedelijke waarheden te aanvaarden die hij als het fundament van de beschaving beschouwde. Alles wat het geloof ons vertelde kon rationeel worden bewezen. Had immers Paulus dat niet zelf min of meer bevestigd in het eerste hoofdstuk van zijn Romeinenbrief? 'Want wat een mens van God kan weten, is in feite onder hen bekend; God zelf heeft het hun geopenbaard. Van de schepping der wereld af wordt zijn onzichtbaar wezen door de rede in zijn werken aanschouwd, zijn eeuwige macht namelijk en zijn goedheid.'[7] Descartes betoogde vervolgens dat God veel gemakkelijker en zekerder (*facilius et certius*) kon worden gekend dan alle andere dingen die bestonden. Deze opvatting was op haar eigen manier even revolutionair als Pascals gok, vooral omdat Descartes in zijn bewijsvoering niets wilde weten van de getuigenis van de natuurlijke wereld die door Paulus was opgevoerd ten behoeve van de reflectieve introspectie van de geest die zich in zichzelf keert.

Met behulp van de empirische methode die hij bij zijn wiskundige studies had gebruikt en waarbij hij eerst de eenvoudige beginselen isoleerde en vervolgens, uitgaande van deze basisprincipes, via logische redenering naar de complexere zaken overging, trachtte Descartes op dezelfde analytische manier te bewijzen dat God bestond. Maar in tegenstelling tot Aristoteles, Paulus en alle vroegere monotheïstische filosofen nam hij niet de kosmos als uitgangspunt, omdat daarin naar zijn mening niets van God aanwezig was. Aan de natuur lag geen goddelijk ontwerp ten grondslag. Het universum was feitelijk een chaos en miste elk bewijs van intelligente planning. Om die reden was het niet mogelijk om aan de natuur enige zekerheid over basisprincipes te ontlenen. Descartes had geen tijd voor vaagheden als 'waarschijnlijk' of 'mogelijkerwijs'; hem ging het om een zelfde soort harde zekerheden als de wiskunde hem verschafte. Zulke zekerheden konden ook worden gevonden in simpele en voor de hand liggende uitspraken als 'Wat gebeurd is, is gebeurd'; dat was een uitspraak waar geen speld tussen te krijgen was. Op analoge wijze kwam hij, terwijl hij naast een houtkachel zat te peinzen, tot zijn beroemde uitspraak *Cogito ergo sum* – ik denk, dus ik besta. Net als Augustinus zo'n twaalf eeuwen voor hem vond Descartes het bewijs van het godsbestaan in het menselijk bewustzijn; zelfs twijfel was het bewijs dat de twijfelaar bestond. In de natuurlijke wereld treffen we niets aan waar we honderd procent zeker van kunnen zijn, maar we kunnen wél zeker zijn van datgene wat we in onszelf ervaren. Descartes' argument is in feite een bewerking van Anselmus' ontologische bewijs. Wanneer we twijfelen, worden de beperkingen en de eindigheid van ons eigen ik blootgelegd. Maar we zouden ons geen voorstelling kunnen maken van het begrip 'onvolmaaktheid' als we voordien niet al een voorstelling van 'volmaaktheid' hadden gehad. Net als Anselmus kwam Descartes tot de conclusie dat een volmaaktheid die niet bestond een contradictio in terminis was. Onze twijfel bewijst ons daarom dat er een volmaakt hoogste wezen – God – moet bestaan.

Ongeveer op dezelfde manier als waarop hij zijn wiskundige stellingen had bewezen, deduceerde Descartes vervolgens uit dit 'godsbewijs' een aantal feiten over Gods natuur. 'De zekerheid dat God, die immers dat volmaakte wezen is, is of existeert, is dus even groot als die van enigerlei wiskundig bewijs,' zei hij in zijn *Discours de la méthode*.[8] Zoals de som van de hoeken van een euclidische driehoek gelijk moest zijn aan twee rechte hoeken, zo moest ook Descartes' volmaakte wezen bepaalde attributen hebben. Onze ervaring leert ons dat de wereld objectieve werkelijkheid heeft, en een volmaakte God die betrouwbaar moet zijn, zou ons niet bedriegen. In plaats van de wereld dus te gebruiken om het bestaan van God te bewijzen, had Descartes de godsidee gebruikt om hem het geloof in de werkelijkheid van de wereld te geven. Descartes voelde zich op zijn manier net zo vervreemd van de wereld als Pascal. Zijn geest strekte zich niet naar de wereld uit, maar trok zich in zichzelf terug. Hoewel de godsidee de mens zekerheid geeft over zijn eigen existentie en daarom essentieel is voor Descartes' epistemologie, doemt uit de cartesiaanse methode een beeld van geïsoleerdheid en autonomie op, dat een centrale plaats in het westerse mensbeeld van onze eigen eeuw zou innemen. Vervreemding van de wereld en trotse autarkie zouden voor veel mensen aanleiding zijn het hele idee van een God die de mens tot de status van een ondergeschikte reduceert te verwerpen.

Vanaf het allereerste moment was religie de mens behulpzaam geweest zijn houding tegenover de wereld te bepalen en er een eigen plek in te vinden. De cultus van de heilige plaatsen was alle andere bespiegelingen over de wereld voorafgegaan en had mannen en vrouwen geholpen om in een angstaanjagend universum een richtpunt te vinden. De vergoddelijking van de natuurelementen gaf uitdrukking aan de verwondering en het ontzag die altijd deel hadden uitgemaakt van de menselijke reactie op de wereld. Zelfs Augustinus had in weerwil van zijn gekwelde spiritualiteit de wereld een wonderschone plaats gevonden. Maar Descartes, wiens filosofie was gebaseerd op de augustinische introspectieve traditie, had geen tijd voor verwondering. Het idee dat de wereld een mysterie was, moest tot elke prijs worden vermeden, want dat was een primitieve instelling waaraan de beschaafde mens was ontgroeid. Begrijpelijk was het echter wel, zo legde hij uit in het voorwoord van zijn traktaat *Les météores*: 'Wij zijn natuurlijk meer verwonderd over de dingen die boven ons zijn dan over datgene dat gelijke hoogte heeft, of beneden ons gevonden wordt.'[9] Dat was de reden waarom dichters en schilders de wolken hadden afgebeeld als Gods troon, waarom ze zich hadden voorgesteld dat God dauw op de wolken sprenkelde, of eigenhandig bliksemstralen tegen de rotsen slingerde. Maar voor elk natuurverschijnsel bestond een verklaring:

> En dit doet mij hopen dat men, indien ik hier hun natuur verklaar, en dit zodanig dat men voortaan geen gelegenheid zal hebben om over iets van hetgeen dat men daar ziet, of dat van daar afkomt, verwonderd te zijn, dat men, zeg ik, lichtelijk geloven zal dat het mogelijk is op gelijke wijze de oorzaken van al hetgeen dat op de aarde wonderlijkst is, te vinden.

Descartes wilde de mensen uitleggen dat wolken, wind, dauw en bliksem louter natuurverschijnselen waren, zodat ze, zo zei hij, die fenomenen niet meer geheimzinnig zouden vinden: 'Want ik hoop dat degenen die alles dat in deze Verhandeling gezegd is begrepen hebben, voortaan niets in de wolken zullen zien van hetwelk zij niet lichtelijk de oorzaak zullen kunnen verstaan, en dat aan hen stof van verwondering zal geven.'[10] De God van Descartes was echter de God van de filosofen die geen nota nam van aardse gebeurtenissen. Hij openbaarde zich niet in de wonderen die in de Schrift werden beschreven, maar in de eeuwige wetten die Hij had afgekondigd. In *Les météores* legde Descartes ook uit dat het manna waar de oude Israëlieten zich in de woestijn mee hadden gevoed, een soort dauw was. Aldus werd het soort absurde apologeet geboren dat het waarheidsgehalte van de Bijbel trachtte te 'bewijzen' door de verschillende wonderen en mythen rationeel te verklaren. Zo luidde de uitleg van Jezus' wonderbaarlijke spijziging van de vijfduizend dat Hij de mensen die stiekem eten hadden meegenomen, zo in hun hemd zette dat ze dit met de andere aanwezigen deelden. Hoe goed dit soort argumenten ook is bedoeld, het gaat voorbij aan het feit dat symboliek voor het bijbelverhaal essentieel is.

Descartes zag er altijd nauwlettend op toe dat zijn uitspraken overeenstemden met de opvattingen van de rooms-katholieke Kerk en hij hield zichzelf dan ook voor een orthodox christen. Hij zag geen tegenstelling tussen geloof en rede. In zijn *Discours de la méthode* betoogde hij dat er een systeem was dat de mensheid in staat zou stellen *elke* waarheid te kennen. Niets lag buiten haar bereik. Het enige wat nodig was – en dat gold voor elke discipline – was het toepassen van *la méthode*, 'de methode', en dan zou het mogelijk zijn een betrouwbare schat aan kennis te vergaren waarmee een einde zou worden gemaakt aan alle verwarring en onwetendheid. Mysterie was een warboel geworden en de God die door de vroegere rationalisten zorgvuldig was gescheiden van andere verschijnselen, zat nu in het keurslijf van een menselijk denksysteem gevangen. Mystiek had eigenlijk te weinig tijd gehad om in Europa wortel te schieten voordat de dogmatische beroeringen van de beide Reformaties begonnen. Vandaar dan ook dat dit soort spiritualiteit, dat op een voedingsbodem van mysterie en mythologie moet gedijen en dat, zoals uit de naam al blijkt, er nauw mee verwant is, veel westerse christenen vreemd was. Zelfs de Kerk van Descartes telde weinig mystici en de enkeling die er wel was, werd met achterdocht bekeken. De God van de mystici, wiens bestaan afhankelijk was van de religieuze ervaring, was een man als Descartes vreemd, want voor hem was contemplatie een puur cerebrale bezigheid.

Ook de Engelse natuurkundige Isaac Newton (1642-1727), die God eveneens reduceerde tot een onderdeel van zijn mechanistisch systeem, was erop gebrand het christendom te ontdoen van elk mysterie. Zijn uitgangspunt was de mechanica en niet de wiskunde, want een wetenschapper moest eerst leren accuraat een cirkel te trekken voordat hij zich aan de wiskunde waagde. In tegenstelling tot Descartes, die het bewijs had geleverd voor het bestaan van (in deze volgorde) het eigen ik, God en de natuurlijke wereld, begon Newton bij het universum en zocht hij naar een verklaring voor het hemelse stelsel, met God als essentieel onderdeel ervan. In Newtons fysica was de natuur volkomen passief; God was de enige bron waar actie van uitging. Net als bij Aristoteles was God dus gewoon het verlengde van de natuurlijke, fysieke orde. In zijn belangrijke werk *Philosophiae naturalis principia mathematica* ('Wiskundige beginselen der natuurfilosofie', 1687) probeerde Newton de relatie tussen de diverse hemelse en aardse lichamen in wiskundige termen te beschrijven en een samenhangend en allesomvattend systeem te ontwerpen. De zwaartekracht, een begrip dat Newton introduceerde, hield de samenstellende delen van zijn stelsel bij elkaar. De gedachte dat er sprake kon zijn van zwaartekracht, wekte echter de verontwaardiging van enkele wetenschappers op en ze verweten Newton dat hij terugging naar de aristotelische notie van de aantrekkingskracht van materie. Deze opvatting strookte niet met de protestantse zienswijze dat God de absolute soeverein was. Newton wees de verwijten van de hand: God nam in zijn stelsel juist een centrale plaats in, want zonder een Goddelijke Mechanicus zou het niet bestaan.

Wanneer Newton het heelal aanschouwde was hij, in tegenstelling tot Pascal en Descartes, ervan overtuigd dat hiermee het bestaan van God werd bewezen. Hoe kwam het dat de inwendige zwaartekracht van de hemellichamen ze niet tot een reusachtige bal samenperste? Omdat ze zorgvuldig over een oneindige ruimte waren verspreid, met voldoende onderlinge afstand om dat te voorkomen. En dat zou, zo schreef hij zijn vriend Richard Bentley, de deken van St. Paul's Cathedral, zonder een intelligente, goddelijke Opziener onmogelijk zijn: 'Ik denk dat dit niet is te verklaren uit louter natuurlijke oorzaken en zie me derhalve genoodzaakt het toe te schrijven aan de wijsheid en het vernuft van een onafhankelijk handelend agens.'[11] Een maand later schreef hij Bentley opnieuw: 'Zwaartekracht mag dan de planeten in beweging brengen, zonder de goddelijke kracht zouden ze echter nooit in een dergelijke cirkelende beweging gebracht kunnen worden die ze nu rondom de Zon beschrijven, en derhalve, zowel om deze reden als om andere, ben ik gedwongen het geraamte van dit systeem toe te schrijven aan een intelligent, onafhankelijk handelend Agens.'[12] Als bijvoorbeeld de aarde met een snelheid van maar honderd mijl per uur om haar as zou draaien in plaats van met duizend, zou de nacht tien keer zo lang duren en zou het op aarde veel te koud zijn om enig leven mogelijk te maken; en tijdens de lange dag zouden alle gewassen door de hitte verschroeien. Het wezen dat dit allemaal zo volmaakt had uitgedacht, moest een uiterst intelligente Mechanicus zijn.

Behalve intelligent moest dat Agens ook sterk genoeg zijn om al die enorme massa's te hanteren. Newton kwam tot de conclusie dat de oerkracht die het oneindige en complexe systeem in beweging had gezet, *dominatio* was, de heerschappij die in haar eentje verantwoordelijk was voor het heelal en die God goddelijk maakte. Edward Pococke, de eerste hoogleraar Arabisch aan de universiteit van Oxford, had Newton verteld dat het Latijnse woord *deus* afkomstig was van het Arabische *du* (Heer). Gods essentiële eigenschap was dus die *dominatio* en niet de volmaaktheid die Descartes als uitgangspunt van zijn bespreking van God had genomen. In de 'Algemene Scholiën' waarmee Newton zijn *Principia* besluit, leidde hij alle traditionele attributen van God af uit diens intelligentie en kracht:

> Dit wonderschone stelsel van zon, planeten en kometen kon slechts ontspruiten aan de wijsheid en heerschappij van een intelligent en machtig Wezen. (...) Hij is eeuwig en oneindig, almachtig en alwetend, dat wil zeggen, zijn voortduur strekt zich uit van eeuwigheid tot eeuwigheid; zijn aanwezigheid van oneindigheid tot oneindigheid; hij bestuurt alle dingen en kent alle dingen die zijn gedaan of gedaan zullen worden. (...) We kennen hem slechts uit het wijze en excellente vernuft waarmee hij de dingen volvoert, en uit zijn finale beweegredenen; we bewonderen hem wegens zijn volmaaktheid; maar we vereren en aanbidden hem wegens zijn heerschappij: want we aanbidden hem als zijn dienaar; en een god zonder heerschappij, voorzienigheid en finale beweegredenen is niets anders dan Noodlot en Natuur. Blinde metafysische noodzaak, die ongetwijfeld overal en altijd dezelfde is, zou de veelvoudigheid der dingen niet kunnen voortbrengen. Die grote diversiteit aan natuurlijke dingen die zo goed zijn aangepast aan verschillende tijden en plaatsen, zou nergens anders uit kunnen voortkomen dan uit de gedachten en wil van een Wezen wiens existentie onomstotelijk vaststaat.[13]

Newton spreekt met geen woord over de Bijbel; uitsluitend door schouwing van de wereld leren we God kennen. Tot dusver was het leerstuk van de schepping de uitdrukking van een spirituele waarheid geweest; het had zowel in het jodendom als in het christendom laat een plaats gekregen en werd altijd vrij problematisch gevonden. Nu had de nieuwe wetenschap de schepping naar het voortoneel geschoven en bepaald dat een letterlijke en mechanistische uitleg van dit leerstuk cruciaal was voor de godsvoorstelling. Wanneer mensen tegenwoordig het bestaan van God ontkennen, verwerpen ze vaak de God van Newton, de oorsprong en bouwer van het heelal die wetenschappers niet meer in hun systeem kunnen onderbrengen.

Newton zelf had zijn toevlucht moeten nemen tot enkele verrassende kunstgrepen om in zijn systeem, dat wegens de geformuleerde uitgangspunten wel allesomvattend móest zijn, een plaats voor God in te ruimen. Als ruimte onveranderlijk en oneindig was (twee fundamentele kenmerken van zijn systeem), waar paste God dan in? Was ruimte zelf niet op een of andere manier goddelijk, aangezien ze immers de attributen eeuwigheid en oneindigheid bezat? Was ze een tweede goddelijke entiteit die vanaf de voortijd naast God had bestaan? Newton had zich altijd al met dit probleem beziggehouden. In *De gravitatione et aequipondio fluidorum*, een van zijn vroegste traktaten, had hij teruggegrepen op de oude, neoplatoonse emanatieleer. Aangezien God oneindig is, moet Hij overal aanwezig zijn. De ruimte is het gevolg van Gods existentie, een eeuwige uitvloeiing uit de goddelijke alomtegenwoordigheid. Ze was niet door een wilsact van God geschapen, maar bestond als noodzakelijke consequentie of extensie van zijn alomtegenwoordige zijn. Op analoge wijze is ook de tijd uit God geëmaneerd, omdat God eeuwig is. We kunnen daarom zeggen dat God is samengesteld uit de ruimte en tijd waarin we leven en ons voortbewegen en waar we ons bestaan aan ontlenen. De materie daarentegen had God wel op de dag van de schepping door een vrijwillige wilsact geschapen. Men zou misschien kunnen zeggen dat Hij had besloten bepaalde delen van de ruimte te bedelen met vorm, dichtheid, waarneembaarheid en beweging. Er was daarom niets mis met het christelijke dogma van de schepping uit niets, want God had uit een lege ruimte stoffelijke substantie voortgebracht; Hij had uit de leegte materie gemaakt.

Net als Descartes had Newton geen tijd voor mysterie – voor hem stond het gelijk aan onwetendheid en bijgeloof. Hij deed zijn uiterste best het christendom te zuiveren van het wonderbaarlijke, ook al kwam hij daardoor in conflict met cruciale leerstukken als de goddelijkheid van Christus. Tussen 1670 en 1680 begon hij aan een serieuze, theologische studie van het triniteitsdogma en dat bracht hem tot de conclusie dat het door Athanasius slinks de Kerk was binnengesmokkeld in een quasi oprechte poging om bekeerlingen uit heidense kring te winnen. Arius had gelijk gehad: Jezus Christus was zeker niet God geweest en de nieuwtestamentische passages waarvan men zich had bediend om het dogma van de Drieëenheid en de Menswording te 'bewijzen' waren niet echt. Athanasius en zijn collega's hadden ze vervalst en aan de canon van de Schrift toegevoegd; op die manier hadden ze de lage, primitieve fantasieën van de massa weten aan te spreken. 'Het behoort tot het gemoed van het snel ontvlambare en bijgelovige deel der mensheid om in kwesties van religie immer in verrukking te geraken over mysteriën, en deswege houden zij het meest van datgene waarvan zij het minst begrijpen.'[14] Het werd voor Newton bijna een obsessie deze abracadabra uit het christelijk geloof te verwijderen. In het begin van de jaren tachtig, vlak voor het verschijnen van de *Principia*, begon hij aan zijn traktaat *The Philosophical Origins of Gentile Theology*. Daarin betoogde hij dat Noach de oergodsdienst had gesticht en dat deze *gentile* of niet-joodse theologie geen bijgeloof had gekend en de rationele aanbidding van één God had bepleit. Het enige wat erin werd geboden waren liefde tot God en liefde tot de naaste. De mens kreeg bevel zich schouwend in de Natuur te verdiepen, want zij was de enige tempel van de machtige God. Maar latere generaties hadden deze zuivere religie bezoedeld met verhalen over mirakels en wonderen. Sommige waren weer tot idolatrie en bijgeloof vervallen. Desalniettemin had God een reeks profeten gestuurd om hen weer op het rechte pad te brengen. Pythagoras had van deze religie kennisgenomen en haar naar het Westen gebracht. Jezus was een van die profeten geweest die tot de mensheid waren gezonden om haar naar de waarheid terug te voeren, maar Athanasius en de zijnen hadden zijn zuivere religie bezoedeld. In het boek Openbaringen was de opkomst van de triniteitsleer geprofeteerd – 'die vreemde religie van het Westen', 'de cultus van drie gelijke Goden' – en was het de gruwel der ontheiliging genoemd.[15]

Westerse christenen hadden de Drieëenheid altijd een moeilijk dogma gevonden en de filosofen en wetenschappers van de Verlichting zouden in hun pas verworven rationaliteit erop gebrand zijn zich ervan te ontdoen. Het was duidelijk dat Newton geen begrip had voor de rol die mysterie in het godsdienstige leven speelde. De Griekse christenen hadden de Drieëenheid gebruikt om de geest in blijvende verwondering gevangen te houden en de mens in te prenten dat zijn verstand de natuur van God nooit kon begrijpen. Voor een wetenschapper als Newton was het echter bijzonder moeilijk deze houding aan te nemen. Bij de beoefening van wetenschap moest men immers bereid zijn om voor het zoeken naar de waarheid het verleden terzijde te schuiven en weer bij nul te beginnen. Maar net als kunst is religie vaak een dialoog met het verleden, opdat we zo een invalshoek vinden van waaruit we het heden kunnen overzien. De overlevering is de afzetbalk die mannen en vrouwen in staat stelt de sprong naar de eeuwige vragen over de uiterste zin van het leven te wagen. Bij religie en kunst gaat het daarom anders toe dan bij wetenschap. Maar in de achttiende eeuw pasten christenen de nieuwe wetenschappelijke methoden op het christelijk geloof toe en kwamen ze met dezelfde oplossingen als Newton. In Engeland waren radicale theologen als Matthew Tindal en John Toland erop gebrand naar de basis terug te keren, het christendom te zuiveren van zijn mysteries en tot een echt rationele religie te komen. In *Christianity not mysterious* (1696) betoogde Toland dat mysterie simpelweg tot 'tirannie en bijgeloof'[16] leidde. Het was schandelijk te menen dat God niet in staat was zich duidelijk uit te drukken. Religie moest rationeel zijn. In *Christianity as old as the Creation* (1730) hield Tindal net als Newton een pleidooi voor de oerreligie en trachtte hij haar te reinigen van latere aangroeisels. De toetssteen van elke waarachtige religie was rationaliteit: 'In het hart van elk van ons is vanaf het begin der schepping een religie van de natuur en de rede gegrift waaraan het gehele mensdom de waarheid van elke geïnstitutionaliseerde religie dient te toetsen.'[17] Een openbaring was dan ook niet nodig, omdat we de waarheid met ons eigen rationele zoeken konden vinden. Voor mysteries als de Drie-eenheid en de Menswording bestond een volstrekt rationele verklaring en ze behoorden niet te worden gebruikt als middel om de eenvoudige gelovige tot slaaf van bijgeloof en een geïnstitutionaliseerde Kerk te maken.

Terwijl deze radicale ideeën naar het Europese vasteland oversloegen stond een nieuw type historicus op, een man die zich objectief in de kerkgeschiedenis verdiepte. Zo publiceerde in 1699 Gottfried Arnold zijn *Unparteiische Kirchen- und Ketzerhistorie von Anfang des Neuen Testaments bis 1688*, waarin hij betoogde dat alles wat tot dusver als rechtgelovigheid was beschouwd, niet tot de eerste Kerk kon worden teruggevoerd. Johann Lorenz von Mosheim (1693-1755) bracht in zijn gezaghebbende *Institutiones Historiae Ecclesiasticae* (1726) bewust een scheiding aan tussen geschiedenis en theologie en gaf een schets van de dogmengeschiedenis zonder een lans te breken voor de waarheidsgetrouwheid ervan. Andere historici, zoals Johann Georg Walch, Giovanni But en Enrico Noris, verdiepten zich in de geschiedenis van moeilijke dogmatische controversen, zoals het arianisme, het filioque-dispuut en de diverse christologische debatten in de vierde en vijfde eeuw. De constatering dat fundamentele dogma's over de natuur van God en Christus die in de loop der eeuwen waren ontwikkeld, niet in het Nieuwe Testament voorkwamen, wekte bij veel gelovigen onrust; betekende dit dat ze vals waren? Anderen gingen nog een stap verder en pasten deze nieuwe objectieve benadering toe op het Nieuwe Testament zelf. Hermann Samuel Reimarus (1694-1768) waagde zich zelfs aan een kritische biografie van Jezus. Het vraagstuk van Christus' menselijkheid was niet langer een mystieke of doctrinaire kwestie, maar werd nu onder de wetenschappelijke loep van de rationalistische Verlichting gehouden. En toen dit eenmaal gebeurde was hiermee definitief het startschot voor het moderne tijdvak van het scepticisme gegeven. Reimarus betoogde dat Jezus gewoon een goddelijk rijk had willen stichten en dat hij, toen zijn messiaanse missie op een debâcle was uitgelopen, van wanhoop was gestorven. Hij wees erop dat Jezus in het Evangelie nooit had beweerd dat Hij op aarde was gekomen om de zonden van de mens te verzoenen. Die gedachte, die in het westerse christendom een centrale plaats had gekregen, kon slechts worden teruggevoerd tot Paulus, de echte stichter van het christendom. We moesten Jezus daarom niet aanbidden als God, maar als degene die een 'opmerkelijke, eenvoudige, vervoerende en praktische religie'[18] had onderwezen.

Deze objectieve studies stoelden op een letterlijke benadering van de Schrift en gingen voorbij aan het symbolische of metaforische karakter van het geloof. Men zou weliswaar kunnen aanvoeren dat dit soort kritiek net zo weinig relevant was als kritiek op kunst of poëzie, maar zodra de wetenschappelijke benadering voor veel mensen de norm was geworden, kostte het hun moeite het Evangelie op een andere manier te lezen. Westerse christenen zaten nu vast aan een letterlijke benadering van hun geloof en hadden zich onherroepelijk afgekeerd van mythe: een verhaal was hetzij feitelijk juist, hetzij een hersenschim. Vragen over de oorsprong van het geloof waren voor christenen altijd al belangrijker geweest dan bijvoorbeeld voor boeddhisten, omdat hun monotheïstische traditie altijd had verklaard dat God zich in historische gebeurtenissen openbaarde. Wilden christenen daarom in dit wetenschappelijke tijdperk hun integriteit behouden, dan móesten ze zich wel in deze vragen verdiepen. Sommige mensen die er conventionelere geloofsovertuigingen op na hielden dan Tindal of Reimarus, begonnen een vraagteken te zetten achter de traditionele westerse opvattingen over God. In zijn traktaat *Wittenbergs onschuld aan een dubbele moord* (1681) schreef de lutheraan Johann Friedrich Mayer dat het traditionele en door Anselmus opgestelde leerstuk over de verzoening waarin werd verklaard dat God de dood van zijn eigen Zoon had geëist, een onjuiste voorstelling van de goddelijkheid was. God werd opgevoerd als 'de richtende God, de vertoornde God' en 'de verbitterde God', en zijn verlangen naar strikte vergelding vervulde veel christenen met angst en leerde hen bang te zijn voor hun 'zondigheid'.[19] Een toenemend aantal christenen schaamde zich voor de vele wreedheden in de geschiedenis van het christendom, dat zich in de naam van die rechtvaardige God had bezondigd aan afschuwelijke kruistochten, inquisities en vervolgingen. Vooral het feit dat mensen werden gedwongen om in orthodoxe leerstukken te geloven, wekte weerstand op in een tijdperk waar men steeds grotere waarde hechtte aan onafhankelijkheid en gewetensvrijheid. Het bloedbad dat de reformatiebewegingen hadden ontketend en de daaruit voortvloeiende naweeën leken de laatste stuiptrekkingen te zijn geweest.

Rede leek het antwoord te zijn. Maar kon een God die men had beroofd van het mysterie op grond waarvan Hij in andere overleveringen eeuwenlang een doelmatige religieuze waarde was geweest, nu nog de christenen aanspreken die over meer verbeeldingskracht en inzicht beschikten? De puriteinse dichter John Milton (1608-1674) was vooral verontrust over de intolerante reputatie van de Kerk. Als echte man van zijn tijd had hij in zijn ongepubliceerde traktaat *On Christian Doctrine* getracht de Reformatie te hervormen en voor zichzelf een geloofsbelijdenis op te stellen die niet was gebaseerd op de religieuze overtuigingen en opvattingen van anderen. Bovendien twijfelde hij aan traditionele leerstukken als de Drieëenheid. Toch is het veelzeggend dat de echte hoofdpersoon van zijn meesterwerk *Paradise Lost* niet God is, wiens optreden Milton tegenover de mens probeerde te rechtvaardigen, maar Satan. Satan vertoont veel karaktertrekken van de nieuwe Europeaan: hij verzet zich tegen gezag, meet zijn krachten met het onbekende en wordt in zijn onversaagde tocht vanuit de Hel en via Chaos naar de pas geschapen aarde de eerste ontdekkingsreiziger. Miltons God daarentegen lijkt de absurditeit te verbeelden die inherent is aan de letterlijke bijbelbenadering van het Westen. Omdat in dit gedicht de Drieëenheid niet mystiek wordt begrepen, is de positie van de Zoon zeer tweeslachtig geworden. Het is volkomen onduidelijk of Hij nu een tweede goddelijk wezen is, of een zelfde soort schepsel als de engelen, maar dan met een hogere status. In elk geval zijn de Vader en Hij twee volstrekt gescheiden personen die zich aan lange en uiterst saaie conversaties overgeven om elkaars bedoelingen te achterhalen, ook al wordt erkend dat de Zoon het Woord en de Wijsheid van de Vader is.

Maar waar Miltons God vooral zo ongeloofwaardig door wordt, is de manier waarop de dichter diens voorkennis van aardse gebeurtenissen behandelt. Aangezien God noodzakelijkerwijs al weet dat Adam en Eva zullen vallen – zelfs voordat Satan de aarde heeft bereikt – moet Hij, voordat de gebeurtenis heeft plaatsgevonden, zijn toevlucht zoeken tot vrij dubieuze redeneringen om zijn optreden te rechtvaardigen. Hij zou, zo legt Hij de Zoon uit, geen vreugde kunnen putten uit afgedwongen gehoorzaamheid en dus had Hij Adam en Eva de mogelijkheid gegeven om Satan te weerstaan. Om die reden konden ze Hem geen verwijten maken, zo voert God ter verdediging aan, want beiden waren

> naar billijkheid geschapen, en niet billijk kunnen zij
> Beschuldigen hun Maker, of hun schepping,
> Of Noodlot, zeggende dat voorbeschikking
> Beheerst hun wil, bepaald door vast besluit of
> Hoge voorzienigheid. Zij zelf besloten
> Hun eigen opstand, en niet ik. Indien ik
> Voorzag, voorzienigheid had gans geen invloed
> Op hun vergrijp, dat even zeker waar'
> Gepleegd, al had ik het geenszins voorzien. (...)
> Want zo maakte ik hen vrij, wat zij ook blijven
> Tot zij zichzelf tot slaven maken; anders
> Moest ik hun aard verand'ren en herroepen
> 't Hoog, eeuwig, onveranderlijk besluit,
> Dat hun vrijheid gebood; zijzelf geboden
> Hun val.[20]

Niet alleen moeten we ons inhouden om deze warrige denkwijze zonder commentaar te laten passeren, deze God komt bovendien op ons af als een gevoelloos en zelfingenomen wezen dat volstrekt gespeend is van het mededogen waarvan zijn religie de inspiratie heet te zijn. Wanneer we God dwingen om op deze manier, als was Hij een van ons, te spreken en te denken wordt eens zo duidelijk aangetoond hoe groot de onvolkomenheden van zo'n antropomorfe en verpersoonlijkte godheid zijn. Aan zo'n God kleven zoveel contradicties, dat Hij noch eenduidig, noch onze verering waard kan zijn.

De letterlijke benadering van dogma's als de alwetendheid van God zal ons dus nergens brengen. Niet alleen is Miltons God koud en wettisch, Hij is ook nog uitgesproken incompetent. In de laatste twee boeken van *Paradise Lost* vaardigt God de aartsengel Michael af om Adam als troost voor zijn zonde te laten zien hoe zijn nazaten zullen worden verlost. De hele heilsgeschiedenis wordt in een reeks tableaus aan Adam onthuld en Michael geeft er commentaar bij. Adam ziet de moord op Abel door Kain, de zondvloed en de ark van Noach, de toren van Babel, de roep van Abraham, de uittocht uit Egypte en de wetgeving op de Sinaï. De ontoepasbaarheid van de Tora, het boek dat eeuwenlang zwaar op Gods ongelukkige uitverkoren volk drukte is, zo legt Michael uit, een list om het naar een spirituelere wet te laten verlangen. Terwijl dit relaas over de toekomstige redding van de wereld zich verder ontrolt – via de wapenfeiten van koning David, de Babylonische ballingschap, de geboorte van Christus, enzovoort, enzovoort – wordt de lezer door de gedachte bekropen dat er toch gemakkelijkere en directere wegen moeten zijn geweest om de mensheid te redden. Het feit dat dit kronkelige plan met de voortdurende debâcles en valse starts, *van tevoren* is bedacht, kan alleen maar ernstige twijfels oproepen aan de intelligentie van de Bedenker. Miltons God boezemt weinig vertrouwen in. Het moet al veelzeggend genoeg zijn dat na *Paradise Lost* geen andere grote, creatieve schrijver uit het Engelse taalgebied ooit nog zou proberen de bovennatuurlijke wereld te beschrijven. Er zouden geen Spencers of Miltons meer opkomen. Vanaf die tijd zouden het bovennatuurlijke en het spirituele tot het domein van marginalere schrijvers als George MacDonald en C.S. Lewis behoren. Desalniettemin roept een God die niet meer tot de verbeelding spreekt, grote moeilijkheden over zich af.

Aan het slot van *Paradise Lost* volgen Adam en Eva de eenzame weg die hen uit de hof van Eden naar de wereld voert. Ook in het Westen stonden de christenen op de drempel van een seculier tijdperk, al hielden ze nog steeds vast aan hun geloof in God. De nieuwe religie van de rede zou het 'deïsme' worden genoemd. Het had geen tijd voor imaginatieve stromingen als mystiek en mythologie. Het keerde zich af van de mythe van de openbaring en van traditionele 'mysteries' als de Drieëenheid, die de mensen zo lang tot slaaf van bijgeloof hadden gemaakt. Het zwoer trouw aan de onpersoonlijke 'Deus' die de mens op eigen kracht kon ontdekken. Voltaire, de belichaming van de beweging die later de Verlichting zou heten, gaf in zijn *Dictionnaire philosophique portatif* (1764) een definitie van de ideale godsdienst, of liever gezegd, van 'de minst slechte'. Zou dat niet de godsdienst zijn die in alle opzichten zo eenvoudig mogelijk was?

> Zou het niet de godsdienst zijn die veel moraal en maar heel weinig dogma's zou leren? Die erop gericht zou zijn de mensen rechtvaardig te maken zonder ze absurd te doen zijn? Die niet zou bevelen onmogelijke, tegenstrijdige dingen te geloven, dingen die beledigend voor de Godheid en schadelijk voor het mensdom zijn, en die ieder die gezond verstand heeft niet met eeuwige straffen zou durven bedreigen? Zou het niet die godsdienst zijn die haar geloof niet door middel van beulen zou verdedigen, en die niet de aarde in bloed zou drenken om onbegrijpelijke sofismen? (...) Die, welke slechts de aanbidding van een God, rechtvaardigheid, verdraagzaamheid en menslievendheid zou onderrichten?[21]

De kerken hadden dat openlijke verzet slechts aan zichzelf te wijten, aangezien ze de gelovigen eeuwenlang hadden opgescheept met een loodzware last van leerstukken. De reactie had niet kunnen uitblijven en kon zelfs een positief effect hebben.

De filosofen van de Verlichting verwierpen de godsidee echter niet. Wat ze wel verwierpen, was de wrede God van de orthodoxie die de mensheid met eeuwig vuur bedreigde. Ze verwierpen de mysterieuze leerstukken die over Hem waren opgesteld en een gruwel voor de rede waren. Maar hun geloof in een opperwezen bleef intact. Voltaire liet in Ferney een kapel bouwen, met in de lateibalk het opschrift 'Deo Erexit Voltaire', en hij ging zelfs zo ver dat hij verklaarde dat als God niet had bestaan, Hij uitgevonden had moeten worden. In zijn *Dictionnaire philosophique portatif* had hij betoogd dat het geloof in één God rationeler was en de mens meer ingeschapen dan het geloof in vele goden. Oorspronkelijk hadden de mensen die in geïsoleerde nederzettingen en gemeenschappen woonden, erkend dat hun lot door één enkele god werd bepaald; het polytheïsme was een ontwikkeling van latere datum. Wetenschap en rationele filosofie wezen beide op het bestaan van een opperwezen. 'Wat voor conclusie moeten we uit dit alles trekken?' vraagt hij zich af aan het slot van zijn verhandeling 'Atheïsme' in de *Dictionnaire*. Zijn antwoord luidt:

> Dat het atheïsme een zeer verderfelijk monster is in hen die regeren; dat het dat ook is bij de kamergeleerden, hoewel hun leven onschuldig is, want vanuit hun studeerkamer kunnen ze de hooggeplaatsten bereiken; dat, al is het dan niet zo funest als het fanatisme, het bijna altijd

fataal is voor de deugd. Laten we hier vooral nog aan toevoegen dat er tegenwoordig minder atheïsten zijn dan ooit, sinds de filosofen erkend hebben dat er geen enkel groeiend wezen zonder kiem is, geen enkele kiem zonder doel, et cetera, en dat het koren niet uit verrotting voortkomt.[22]

Voltaire stelde atheïsme op één lijn met bijgeloof en fanatisme, twee denkwijzen die de filosofen zo snel mogelijk wilden uitroeien. Zijn probleem was niet zozeer God, als wel de leerstukken die over Hem bestonden en die een belediging waren voor de heilige standaard van de rede.

Deze nieuwe ideeën hadden ook de Europese joden niet onberoerd gelaten. Baroech de Spinoza (1632-1677), een sefardische jood in Amsterdam, had geen bevrediging meer kunnen vinden in de Torastudie en was tot een kring van niet-joodse vrijdenkers toegetreden. Hij ontwikkelde een denksysteem dat aanzienlijk afweek van het conventionele jodendom en sterke invloeden vertoonde van wetenschappelijke denkers als Descartes en de christelijke scholastici. In 1656, op zijn vierentwintigste, werd hij officieel uit de joodse gemeente van Amsterdam gestoten. Terwijl de banvloek over hem werd uitgesproken werden de kaarsen in de synagoge geleidelijk gedoofd, totdat de ruimte in volslagen duisternis was gehuld en de gemeente aan den lijve ondervond hoe groot de duisternis van Spinoza's ziel in een godverlaten wereld was.

> Vervloekt zij hij bij dag, en vervloekt bij nacht, vervloekt in zijn liggen en vervloekt in zijn opstaan, vervloekt in zijn uitgaan en vervloekt in zijn ingaan; nimmer moge de Heer hem vergeven, en voortaan de woede des Heren en Zijn ijver op deze mens branden, en hem opleggen alle de vloeken, geschreven in het boek dezer wet. En de Heer zal zijn naam verdelgen van onder de Hemel en de Heer zal hem uitstoten ten verderve uit al de stammen Israëls, met al de verwensingen van het firmament, geschreven in het boek dezer wet.[23]

Vanaf die tijd behoorde Spinoza tot geen enkele religieuze gemeenschap van Europa. In dat opzicht werd hij het prototype van het autonome, seculiere denken dat in het Westen de overhand zou krijgen. In het begin van de twintigste eeuw zouden velen Spinoza vereren als de held van de moderne tijd en zouden ze zich verbonden voelen met zijn symbolische ballingschap, zijn vervreemding en zijn zoektocht naar seculiere verlossing.

Men heeft Spinoza veelvuldig als atheïst gebrandmerkt, maar in feite geloofde hij wel degelijk in een God, al was zijn God niet de God van de Bijbel. Net als de falāsifa sloeg hij de openbaringsreligie lager aan dan de wetenschappelijke godskennis van de filosoof. De mensen hadden het wezen van het religieuze geloof verkeerd begrepen, zo betoogde hij in zijn *Tractatus theologico-politicus*; het enige wat er nu van was overgebleven, was de uiterlijke eredienst en daarom was het niet verwonderlijk dat het 'thans niets anders is dan bijgeloof en vooroordeel. (…) Vroomheid en godsdienst bepalen zich (de onsterfelijke God zij mijn getuige) tot ongerijmde geheimenissen'.[24] Hij keek kritisch naar de bijbelse geschiedenis. De Israëlieten hadden elk fenomeen dat ze niet begrepen 'God' genoemd. Zo was over de profeten gezegd dat ze door Gods Geest waren geïnspireerd, simpelweg omdat ze uitzonderlijk intelligente en heilige mannen waren. Dit soort 'inspiratie' was echter niet slechts voor een elite weggelegd, maar kon dank zij de natuurlijke rede door iedereen worden bereikt. De riten en symbolen van het geloof waren slechts hulpmiddelen voor de massa die niet in staat was wetenschappelijk en rationeel te denken.

Net als Descartes keerde Spinoza terug naar het ontologische godsbewijs. De godsidee is op zich al een ratificatie van het godsbestaan, aangezien een volmaakt wezen dat niet bestaat een contradictio in terminis zou zijn. Het bestaan van God was noodzakelijk, omdat slechts dát ons de zekerheid en het vertrouwen kon verschaffen die noodzakelijk waren om andere gevolgtrekkingen over de werkelijkheid te kunnen maken. Onze wetenschappelijke kennis van de wereld leert ons dat ze door onveranderlijke wetten wordt bestuurd. Voor Spinoza is God simpelweg het hoogste wetsbeginsel, de totaliteit van alle bestaande eeuwige wetten. God is een stoffelijk zijnde, identiek met en gelijkwaardig aan de orde die het universum bestuurt. Net als Newton greep Spinoza terug op het oude filosofische idee van een emanatie. Aangezien God inherent en immanent in alle dingen aanwezig is – zowel stoffelijk als geestelijk – kan Hij worden gedefinieerd als de wet die hun bestaan beveelt. De term 'Gods werkingen op aarde' was eenvoudig een manier om de wiskundige en causale principes van het bestaan te beschrijven. Het had absoluut niets te maken met transcendentie.

Dat klinkt vrij somber, maar toch wist Spinoza's God hem met waarachtig mystiek ontzag te vervullen. God, als de som van alle bestaande wetten, was de hoogste volmaaktheid die alles tot een harmonieus geheel samensmeedde. Wanneer de mens zich op de manier die Descartes had voorgeschreven, verdiepte in de werking van zijn geest, stelde hij zich open voor het eeuwige en oneindige zijn van God dat in zijn ziel actief was. Net als Plato was Spinoza van mening dat intuïtieve en spontane kennis ons Gods tegenwoordigheid duidelijker kon openbaren dan het ijverig verwerven van feiten. De vreugde en blijheid die we uit kennis putten, zijn identiek aan de liefde voor God, het opperwezen dat niet een eeuwig kenobject van ons denken is, maar juist de oorzaak en grond van dat denken en dat met elke individuele mens een hechte eenheid vormt. Een openbaring of een goddelijke wet is niet nodig; deze God is voor de hele mensheid toegankelijk en de enige Tora is de eeuwige wet van de natuur. Spinoza bracht de oude metafysica op één lijn met de nieuwe wetenschap: zijn God was niet het onkenbare Ene van de neoplatonisten, maar kwam dichter bij het absolute Zijnde dat filosofen als Thomas van Aquino hadden beschreven. Maar Hij kwam ook dicht bij de mystieke God die orthodoxe monotheïsten in zichzelf ervoeren. Joden, christenen en filosofen beschouwden Spinoza over het algemeen als een atheïst; zijn God die niet van de rest van de werkelijkheid te scheiden was, had niets persoonlijks. Inderdaad had Spinoza het woord 'God' alleen om historische redenen gebruikt; hij was het met de atheïsten eens dat de werkelijkheid niet kon worden opgedeeld in een stuk dat 'God' was en een stuk dat niet-God was. Als God niet van de rest kan worden gescheiden, kan er onmogelijk van Hem worden gezegd dat 'Hij' in de normale zin van het woord bestaat. Wat Spinoza in feite zei was dat er geen God was die overeenkwam met de betekenis die wij normaliter aan dat woord hechten. Maar precies dat zelfde hadden mystici en filosofen al eeuwenlang gezegd. Sommigen hadden verklaard dat er, afgezien van de wereld die we kennen, 'Niets' was. Als het transcendente Ēn Sof niet in Spinoza's leer had ontbroken, zou zijn pantheïsme op de kabbala hebben geleken en zouden we een zekere overeenkomst tussen radicale mystiek en het opkomende atheïsme kunnen bespeuren.

De man die voor de joden de deur naar het moderne Europa openzette, was de Duitse filosoof Mozes Mendelssohn (1729-1786), al had hij aanvankelijk niet de bedoeling gehad een specifiek joodse filosofie te ontwikkelen. Zijn belangstelling ging zowel uit naar psychologie en esthetica als naar religie, en zijn eerste werken, *Phädon, oder über die Unsterblichkeit der Seele* en *Morgenstunden*, waren simpelweg geschriften die in het bredere kader van de Duitse Aufklärung pasten: ze trachtten het godsbestaan op rationele gronden aan te tonen en bezagen het vraagstuk niet vanuit een joodse invalshoek. De liberale denkbeelden van de Verlichting stelden de joden in landen als Frankrijk en Duitsland in staat zich te emanciperen en deel uit te maken van de maatschappij. Deze *maskiliem*, zoals de verlichte joden werden genoemd, hadden er geen probleem mee om de religieuze filosofie van de Duitse Verlichting aan te nemen. Anders dan het westerse christendom was het jodendom nooit hevig door dogma's geobsedeerd geweest. De fundamentele geloofspunten van deze religie kwamen praktisch overeen met de rationele religie van de Verlichting die, in Duitsland, nog steeds de leer van de wonderen en van Gods interventie in menselijke zaken aanvaardde. De filosofische God van Mendelssohns *Morgenstunden* was vrijwel identiek aan de God van de Bijbel. Het was een persoonlijke God, geen metafysische abstractie. Menselijke karaktertrekken, zoals wijsheid, goedheid, rechtvaardigheid, goedertierenheid en intelligentie, waren allemaal in hun meest verheven vorm op dit opperwezen van toepassing.

Maar hierdoor is Mendelssohns God vrijwel gelijk aan de mens. Mendelssohn beleed een geloof dat typisch bij de geest van de Verlichting paste: koel en afstandelijk en met voorbijgaan aan het paradoxale en dubbelzinnige karakter van de religieuze ervaring. Hij was een gelovig man, want een leven zonder God had in zijn ogen geen waarde, maar het was een geloof zonder hartstocht. Hij was volkomen tevreden met de godskennis die de rede hem bood. Zijn hele theologie draait om Gods goedheid. Als openbaring het enige was waar mensen zich op moesten verlaten, zou dat niet stroken met Gods goedheid, zo betoogde hij, want velen waren duidelijk uitgesloten van het goddelijke plan. Vandaar dat zijn filosofie geen beroep deed op de hoogstaande intellectuele vaardigheden die de falsafa verlangde – en die slechts voor een handvol mensen waren weggelegd – maar uitging van het gezond verstand en dus binnen ieders bereik lag. Maar aan deze benadering kleeft een gevaar, want het wordt ons zo al te gemakkelijk gemaakt om zo'n God aan te passen aan onze vooroordelen en ze te verabsoluteren.

Toen *Phädon* in 1767 werd gepubliceerd, werd de daarin uitgesproken filosofische verdediging van de onsterfelijkheid van de ziel positief, zij het soms neerbuigend, ontvangen door niet-joodse of christelijke kringen. Johann Kaspar Lavater, een jonge Zwitserse theoloog, schreef dat de auteur rijp was zich tot het christendom te bekeren en hij daagde Mendelssohn uit het jodendom in het openbaar te verdedigen. Min of meer tegen zijn zin raakte Mendelssohn daarop in een rationele verdediging van het jodendom verwikkeld, al stond hij volstrekt niet achter traditionele geloofspunten als dat van het uitverkoren volk of het beloofde land. Hij moest erg op zijn woorden passen: hij wilde niet dezelfde weg gaan als Spinoza, of de wraak van de christenen over zijn volk afroepen als zijn verdediging van het jodendom al te succesvol zou uitvallen. Net als andere deïsten betoogde hij dat openbaring slechts kon worden aanvaard als de daarin verkondigde waarheden met de rede konden worden bewezen. Het triniteitsdogma beantwoordde niet aan dat criterium. Het jodendom was niet een geopenbaarde religie, maar een geopenbaarde wet. De joodse godsvoorstelling was in essentie identiek aan de natuurlijke theologie die de gehele mensheid toebehoorde en die alleen met de rede, zonder hulp van iets anders, kon worden aangetoond. Mendelssohn greep terug op de oude kosmologische en ontologische bewijzen en betoogde dat de Mozaïsche wet tot taak had gehad de joden te helpen een correct godsbeeld te ontwikkelen en idolatrie te voorkomen. Hij besloot met een pleidooi voor tolerantie. De universele religie van de rede moest leiden tot respect voor andere benaderingswijzen van God, inclusief het jodendom, het geloof dat eeuwenlang door de kerken van Europa was vervolgd.

De invloed van Mendelssohn op joden was echter minder groot dan de filosofie van Immanuel Kant, wiens *Kritik der reinen Vernunft* (1781) in het laatste decennium van Mendelssohns leven werd gepubliceerd. Kant had de Aufklärung gedefinieerd als 'het uittreden van de mens uit de onmondigheid die hij aan zichzelf te wijten heeft',[25] of anders gezegd, het loslaten van het blinde vertrouwen op extern gezag. De enige weg die naar God leidde, liep door het autonome gebied van het morele geweten, door Kant de 'praktische rede' genoemd. Hij verwierp veel van het uiterlijke vertoon waar de religie mee was omhangen, zoals het dogmatische gezag van de kerken, het gebed en de rituelen, allemaal elementen die de mensen beletten op hun eigen krachten te vertrouwen en hen aanspoorden zich op een ander te verlaten. Maar hij was geen tegenstander van de godsidee op zich. Net als al-Ghazzāli eeuwen voor hem betoogde hij dat de traditionele godsbewijzen zinloos waren, omdat onze geest slechts die dingen kan begrijpen die in de ruimte of de tijd bestaan; ze is niet in staat om de werkelijkheden te beschouwen die buiten die categorieën vallen. Maar hij erkende dat de mens van nature de neiging had die grenzen te overschrijden en op zoek te gaan naar een verbindend principe dat hem zicht gaf op de werkelijkheid als een samenhangend geheel. Dat nu was de godsidee. Het was niet mogelijk het bestaan van God logisch te bewijzen, maar het was evenmin mogelijk het te weerspreken. De godsidee was voor ons essentieel; ze fungeerde als de ideële grens die ons in staat stelde tot een allesomvattend idee van de wereld te komen.

Voor Kant was God dus simpelweg iets waar we gemak van hadden, maar wat ook misbruikt kon worden. De notie van een wijze en almachtige Schepper kon fnuikend zijn voor wetenschappelijk onderzoek en leiden tot een lui blindvaren op een *deus ex machina*, op een god die de hiaten in onze kennis opvult. Ze kon ook de bron van onnodige mystificaties zijn en die resulteren op hun beurt in het soort bittere disputen die als een litteken door de geschiedenis van de kerken lopen. Kant zou hebben ontkend dat hij een atheïst was. Zijn tijdgenoten beschreven hem als een gelovig man die zich scherp bewust was van het menselijk vermogen om kwaad te doen. Om die reden was de godsidee essentieel voor hem. Om een zedelijk leven te leiden hadden mannen en vrouwen een opziener nodig die hun deugdzaamheid beloonde door hun geluk te schenken, zo betoogde hij in zijn *Kritik der praktischen Vernunft*. Vanuit dit perspectief was God gewoon een aanhangsel dat als een à propos aan zijn zedenleer was geplakt. Het middelpunt van de religie was niet meer het mysterie Gods, maar de mens zelf. God is een strategie geworden die ons in staat stelt om efficiënter en zedelijker te leven, maar die niet meer onze immanente zijnsgrond is. Het zou niet lang meer duren of iemand zou dit kantiaanse ideaal van de menselijke autonomie nog verder doortrekken en de banden met die enigszins vluchtige God helemaal verbreken. Kant is een van de eerste westerse filosofen geweest die de geldigheid van de traditionele godsbewijzen in twijfel trokken en aantoonden dat ze in feite niets bewezen. Sindsdien zouden ze nooit meer zo overtuigend klinken.

Sommige christenen beschouwden dit echter juist als een bevrijding; zij waren er heilig van overtuigd dat God de ene geloofsweg had afgesloten om de andere te openen. In zijn boek *A Plain Account of Genuine Christianity* schreef John Wesley (1703-1791):

> Soms ben ik bijna geneigd te geloven dat God, vooral de laatste jaren, in zijn wijsheid heeft toegestaan dat de uiterlijke bewijzen van christelijkheid min of meer dichtslibden en verstopt raakten, met geen ander doel dan dat mannen (vooral zij die tot bespiegeling bereid zijn) geen vrede zouden hebben met de situatie, doch gedwongen zouden zijn de blik naar binnen te richten en aandacht te schenken aan het licht dat in hun hart schijnt.[26]

Naast het rationalisme van de Verlichting kwam een nieuw soort piëteit op, vaak aangeduid met 'ervaringsreligie' of *Herzensreligion*. Hoewel ze in het hart zetelde en niet in het hoofd, deelde ze met het deïsme veel van dezelfde preoccupaties. Ze drong er bij mannen en vrouwen op aan zich af te keren van de veruitwendigingen van het geloofsleven en het kerkelijke gezag en op zoek te gaan naar de God die in hun eigen hart woonde en voor iedereen toegankelijk was. Zoals veel deïsten hadden de volgelingen van de gebroeders Wesley of van de Duitse piëtist graaf Nikolaus Ludwig von Zinzendorf (1700-1760) het gevoel dat ze de eeuwenoude aangroeisels van het geloof van zich afschudden en terugkeerden naar het 'eenvoudige' en 'authentieke' christendom van Christus en de eerste christenen.

John Wesley was altijd al een vurig christen geweest. Toen hij als jongeman aan het Lincoln College in Oxford studeerde, had hij met zijn broer Charles de zogenaamde 'Heilige Club' opgericht, een studentenvereniging die op religieuze leest was geschoeid. De leden trachtten hun vroomheidsleven naar strenge methoden in te richten en kregen de bijnaam methodisten. In 1735 zeilden John en Charles als zendeling naar de Amerikaanse kolonie Georgia, maar twee jaar later keerde John wanhopig terug. In zijn dagboek noteerde hij: 'Ik reisde naar Amerika teneinde de Indianen te bekeren, maar o, wie bekeert mij?'[27] Tijdens hun reis waren de gebroeders Wesley erg onder de indruk geraakt van enkele zendelingen van de Moravische Broeders, een sektarische beweging die niets van dogma's moest weten en verklaarde dat religie gewoon een zaak van het hart was. In 1738 kreeg John tijdens een Moravische kerkdienst in het Londense Aldersgate Street een bekeringservaring die hem de overtuiging gaf dat God hem rechtstreeks de missie had opgedragen dit nieuwe christendom in heel Engeland te verkondigen. Vanaf die tijd trokken zijn volgelingen en hij door het land en predikten ze op markten en akkers tot de arbeiders en boeren.

Cruciaal hierbij was het gevoel van 'wedergeboorte'. Het was 'absoluut noodzakelijk' dat de christen in zijn hart ervoer dat 'God *voortdurend* de mensenziel beademde' en hem vervulde met 'onafgebroken, dankbare liefde voor God'; die liefde werd bewust gevoeld en maakte het 'natuurlijk en in zekere zin noodzakelijk dat hij elk kind van God liefhad met vriendelijkheid, zachtaardigheid en langdurig lijden'.[28] Dogma's over God waren zinloos en konden schade berokkenen. Het beste bewijs voor de waarheid van een geloof was het psychologische effect dat de woorden van Christus op de gelovige hadden. Net als in het puritanisme was een emotionele geloofservaring het enige bewijs van waarachtig geloof en dus van verlossing. Maar aan deze mystiek-voor-iedereen kleefde gevaren. Mystici hadden altijd gewezen op de risico's van het spirituele pad en gewaarschuwd voor hysterie; het kenmerk van ware mystiek was vredigheid en innerlijke rust. Maar dit christendom der wedergeboorte kon tot uitzinnige gemoedsuitbarstingen leiden, zoals de wilde extases van de Quakers en Shakers. Het kon ook radeloosheid tot gevolg hebben. Zo verloor de dichter William Cowper (1731-1800) zijn verstand toen hij zich niet meer gered voelde en hij het ontbreken van dat gevoel opvatte als teken dat hij was verdoemd.

In de ervaringsreligie werden dogma's over God omgezet in gemoedstoestanden. Net als Wesley verklaarde graaf Von Zinzendorf, de beschermheer van verschillende religieuze gemeenschappen die op zijn landgoed in Saksen woonden, dat 'geloof niet in gedachten noch in het hoofd huisde, maar in het hart, het is een licht dat in het hart is ontstoken'.[29] Geleerden konden 'blijven zwetsen over het mysterie van de Drieëenheid', maar dit leerstuk ontleende zijn waarde niet aan de relatie tussen de drie Personen, maar aan 'de betekenis die dezen voor ons hadden'.[30] De Menswording gaf uitdrukking aan het mysterie van de hergeboorte van een individuele christen wanneer Christus 'de Koning van zijn hart' werd.

Ook in de rooms-katholieke Kerk had dit soort emotieve ervaringsspiritualiteit de kop opgestoken, met name in de Heilig-Hartdevotie die zich ondanks grote tegenstand van de jezuïeten en het establishment die de vaak weeïge sentimentaliteit van deze verering met achterdocht bekeken, een vaste plaats in het geloofsleven veroverde. Deze devotie heeft zich tot op de dag van vandaag kunnen handhaven: in veel rooms-katholieke kerken staat een beeld van Christus die zijn borst ontbloot en een gezwollen hart toont dat door een vlammende stralenkrans wordt omgeven. Op deze manier was Hij verschenen aan Margaretha Maria Alacoque (1647-1690) in haar klooster in het Franse Paray-le-Monial. Het is een Christus die niets gemeen heeft met de agressieve figuur uit de evangeliën. In zijn jammerende zelfmedelijden is Hij illustratief voor de gevaren van een overmatige nadruk op het hart ten koste van het hoofd. In 1682, zo vertelde Margaretha Maria Alacoque, was Jezus haar aan het begin van de Veertigdagentijd verschenen. Hij was

> bedekt met wonden en kwetsuren. Zijn aanbiddelijke Bloed stroomde van alle kanten langs zijn lichaam. 'Heeft niemand dan medelijden met Mij,' sprak hij op trieste, klaaglijke toon. 'Is niemand met Mij begaan en deelt mijn smart in deze meelijwekkende staat waarin zondaren mij juist nu hebben gebracht?'[31]

Margaretha Maria Alacoque, een zeer neurotische vrouw die toegaf dat alleen al de gedachte aan seks haar met walging vervulde, die een eetstoornis had en zich aan ongezonde masochistische praktijken overgaf om haar 'liefde' voor het Heilig Hart te bewijzen, is een voorbeeld van de aberraties waartoe een religie kan leiden die uitsluitend op het hart is georiënteerd. Haar Christus is vaak niet anders dan de vervulling van een heimelijke wens en zijn Heilig Hart de compensatie voor de liefde die ze nooit had gekend. 'Ge zult eeuwig de geliefde volgeling [van het Hart] zijn, het voorwerp van zijn genoegens en het slachtoffer van zijn wensen,' zegt Jezus tot haar. 'Het zal de enige bevrediging van uw verlangens zijn. Het zal uw tekortkomingen herstellen en wegnemen en namens u aan uw verplichtingen voldoen.'[32] Een dergelijke piëteit, die zich uitsluitend richt op de mens Jezus, is simpelweg een projectie en zal de christen in een neurotisch egoïsme gevangen houden.

Het zal duidelijk zijn dat we hiermee mijlenver zijn verwijderd van het koele rationalisme van de Verlichting, maar toch waren er overeenkomsten aan te wijzen tussen de positieve kanten van deze ervaringsreligie en het deïsme. Immanuel Kant had bijvoorbeeld in Koningsbergen een opvoeding genoten die was gebaseerd op de beginselen van het piëtisme, de lutherse sekte waarin ook de wortels van Von Zinzendorf lagen. Kants voorstellen om tot een religie te komen die een plaats had binnen de zelfstandig opererende rede, zijn verwant aan de piëtistische aandrang om tot een religie te komen die 'haar basis heeft in de constitutie van de ziel zelf'[33] en niet in een openbaring die verankerd ligt in de leerstukken van een autoritaire Kerk. Toen Kant door zijn radicale kijk op religie bekendheid begon te krijgen zou hij, zo gaat het verhaal, ter geruststelling tot zijn piëtistische bediende hebben gezegd dat hij niets anders had gedaan dan 'dogma's neerhalen om plaats te maken voor geloof'.[34] John Wesley werd door de Verlichting gefascineerd en stond vooral welwillend tegenover haar vrijheidsstreven. Hij had belangstelling voor wetenschap en techniek, deed in zijn vrije tijd elektrische proeven en deelde de optimistische kijk van de Verlichting op de menselijke natuur en de mogelijkheden om vooruit te komen. De Amerikaanse geleerde Albert C. Outler wijst erop dat de nieuwe ervaringsreligie en het rationalisme van de Verlichting beide gekant waren tegen de gevestigde orde en wantrouwend stonden tegenover het externe gezag; beide kozen de zijde van de modernisten in hun strijd tegen de oude garde en beide haatten onmenselijkheid en bejubelden filantropie. Sterker nog, het heeft er alle schijn van dat deze radicale piëteit de voedingsbodem was waarin de idealen van de Verlichting zowel onder joden als onder christenen wortel konden schieten. Sommige van deze extreme bewegingen vertoonden opmerkelijke overeenkomsten. Veel sekten reageerden op de enorme veranderingen die zich in deze periode voltrokken door religieuze taboes te schenden. Sommige zochten het in godslasteringen; andere werden voor atheïstisch versleten en weer andere hadden leiders die verklaarden dat ze de incarnatie van God waren. Veel sekten hingen een messiaanse leer aan en verkondigden dat de komst van een nieuwe wereld nabij was.

Tijdens de puriteinse regering van Oliver Cromwell had zich een apocalyptische vervoering van veel Engelsen meester gemaakt, vooral na de executie van koning Karel I in 1649. De puriteinse autoriteiten hadden de grootste moeite gehad deze geloofsijver in bedwang te houden; het leger en het gewone volk was erdoor aangestoken en velen meenden dat de Dag des Heren ophanden was. God zou, zoals de Bijbel had beloofd, zijn Heilige Geest over zijn hele volk uitstorten en dan zijn Koninkrijk definitief in Engeland vestigen. Ook Cromwell schijnt die zelfde hoop te hebben gekoesterd, evenals de puriteinen die zich in de jaren twintig van de zeventiende eeuw in Amerika hadden gevestigd en Nieuw-Engeland hadden gesticht. In 1649 had Gerard Winstanley in de buurt van Cobham in Surrey zijn 'Diggers'-gemeenschap opgericht, met het voornemen de mensheid terug te voeren naar haar oorspronkelijke staat toen Adam in de hof van Eden vertoefde. In deze nieuwe maatschappij zouden particulier bezit, klasseverschillen en menselijk gezag verdwijnen. De eerste Quakers – George Fox en James Nayler en hun volgelingen – predikten dat alle mannen en vrouwen God rechtstreeks konden benaderen. Elk mens droeg een Innerlijk Licht in zich en zodra hij dat had gevonden en brandende had gehouden zou hij, ongeacht rang of stand, hier op aarde verlossing bereiken. Fox zelf predikte voor zijn Society of Friends een leer waarin de nadruk lag op pacifisme, geweldloosheid en een radicaal egalitarisme. Het ideaal van vrijheid, gelijkheid en broederschap was in Engeland zo'n honderdveertig jaar eerder opgekomen dan in Frankrijk toen het volk van Parijs de Bastille bestormde.

De extremere vormen van deze nieuwe religiositeit hadden veel gemeen met de zogeheten Broeders van de Vrije Geest, een ketterse beweging uit de late middeleeuwen. De Engelse historicus Norman Cohn vertelt in zijn boek *The Pursuit of the Millennium. Revolutionary Millenarians and Mystical Anarchists of the Middle Ages* dat de Broeders door hun vijanden werden beschuldigd van pantheïsme. Ze 'aarzelden niet om te zeggen: "Alles wat er is, is God", "God is even gewis aanwezig in elke steen en elk lidmaat van het menselijk lichaam als in het brood der eucharistie". "Elk geschapen ding is goddelijk." '[35] Het was een herinterpretatie van de zienswijze van Plotinus. De eeuwige wezenheid van alle dingen die uit het Ene waren geëmaneerd, was goddelijk. Alles wat bestaat verlangde terug te keren naar zijn goddelijke oorsprong en zou ten slotte opnieuw in God worden geabsorbeerd. Zelfs de drie Personen van de Triniteit zouden uiteindelijk in de oer-Eenheid opgaan. Verlossing werd bereikt wanneer de mens hier op aarde zijn goddelijke natuur erkende. In een traktaat van de hand van een van de Broeders, gevonden in een heremietcel bij de Rijn, werd verklaard: 'De goddelijke wezenheid is mijn wezenheid, en mijn wezenheid is de goddelijke wezenheid.' De Broeders verzekerden herhaaldelijk: 'Elk rationeel schepsel is in zijn natuur gezegend.'[36] Het was niet zozeer een filosofisch credo als wel een hartstochtelijk verlangen naar overschrijding van de grenzen van het menszijn. De Broeders, aldus de bisschop van Straatsburg, 'zeggen dat ze, krachtens hun natuur, zonder enig onderscheid God zijn. Ze geloven dat ze alle volmaaktheden Gods in zich herbergen en dat ze eeuwig zijn en tot in de eeuwigheid bestaan.'[37]

Cohn stelt dat de extremere christelijke sekten in Cromwells Engeland, zoals de Quakers, de Levellers en de Ranters, een voortzetting waren van de Broeders van de Vrije Geest, de ketters uit de veertiende eeuw. Het was uiteraard geen bewuste voortzetting, maar het is opvallend dat deze zeventiende-eeuwse extatici uit zichzelf een pantheïstische leer hadden ontwikkeld waarin we moeilijk iets anders kunnen zien dan een populaire versie van het filosofisch pantheïsme dat Spinoza spoedig zou uitdragen. Winstanley geloofde waarschijnlijk helemaal niet in een transcendente God, al aarzelde hij om – net als andere radicalen – zijn geloof in een conceptuele vorm te gieten. Deze revolutionaire sektaristen geloofden geen van allen werkelijk dat ze hun verlossing dankten aan de verzoening die de historische Jezus had bewerkstelligd. De Christus die belangrijk voor hen was, was een tegenwoordigheid waarmee alle leden van de gemeente waren doordrenkt en die praktisch niet van de Heilige Geest verschilde. Allen deelden de mening dat profetie nog steeds de belangrijkste weg tot God was en dat directe inspiratie door de Heilige Geest hoger stond dan de leer van de gevestigde religies. Fox leerde zijn Quakers om Gods komst in stilzwijgende afwachting te verbeiden, en dat doet ons denken aan het Griekse hesychasme of de *via negativa* van de middeleeuwse filosofen. Het oude denkbeeld van een trinitarische God begon te verbrokkelen; deze immanente goddelijke tegenwoordigheid kon niet in drie personen worden opgedeeld. God kenmerkte zich door enkelvoudigheid en dat weerspiegelde zich in de eenheid en het egalitarisme van de verschillende gemeenten. Net als de

Broeders van de Vrije Geest beschouwden enkele Ranters zich als goddelijk. Sommigen beweerden dat ze Christus of een nieuwe incarnatie van God waren. Als messias predikten ze een revolutionaire leer en een nieuwe wereldorde. Hun presbyteriaanse criticus Thomas Edwards vatte in zijn polemische traktaat *Gangraena or a Catalogue and Discovery of Many of the Errours, Heresies, Blasphemies and pernicious Practices of the Sectarians of this time* (1640) de geloofsleer van de Ranters aldus samen:

> In de eerste scheppingsstate was elk schepsel God en elk schepsel is God, elk schepsel dat leven en adem heeft is een uitvloeiing van God en zal wederom tot God wederkeren, zal in Hem worden opgeslorpt gelijk een druppel door de zee. (...) Een man die gedoopt is in de Heilige Geest, heeft weet van alle zaken, gelijk God weet heeft van alle dingen, hetgeen een groot mysterie is. (...) Indien een man weet dat hij zich dank zij de Geest in een staat van genade bevindt, zal God geen zonde in hem zien, ook al beging hij een moord of gaf hij zich over aan dronkenschap. (...) De gehele aarde behoort de Heiligen toe en er dient gemeenschappelijkheid van goederen te zijn, en de Heiligen behoren te delen in de heerlijkheden en bezittingen van de aristocratie en soortgelijke lieden.[38]

Net als Spinoza werden de Ranters van atheïsme beschuldigd. Met hun libertijnse geloofsuitingen schonden ze opzettelijk christelijke taboes en verklaarden ze blasfemisch dat er geen onderscheid tussen God en mens bestond. Het abstracte, wetenschappelijke denken van een Kant of een Spinoza was niet voor iedereen weggelegd, maar in de exaltatie van de Ranters of in het Innerlijke Licht van de Quakers kunnen we een aspiratie ontwaren die niet verschilt van die van de Franse revolutionairen die een eeuw later in het Panthéon de godin van de Rede kroonden.

Verscheidene Ranters beweerden dat ze de messias waren, een reïncarnatie van God die het nieuwe Koninkrijk kwam vestigen. De verhalen die we over hun leven bezitten, doen in sommige gevallen een geestelijke stoornis vermoeden, maar desondanks trokken deze mannen een grote schare volgelingen en kwamen ze kennelijk tegemoet aan een spirituele en maatschappelijke behoefte die in het toenmalige Engeland bestond. Zo werd William Franklin, een respectabele huisvader, in 1646 geestesziek toen zijn gezin door de pest werd getroffen. Tot ontsteltenis van zijn medechristenen verklaarde hij dat hij God en Christus was, maar later nam hij dat terug en vroeg om vergiffenis. Hij maakte de indruk in het volle bezit van zijn verstand te zijn, maar toch verliet hij zijn gezin, sliep met andere vrouwen en leidde kennelijk een schandelijk bedelaarsleven. Mary Gadbury, een van die vrouwen, kreeg visioenen en hoorde stemmen en ze profeteerde een nieuwe maatschappij waarin elk klassenonderscheid zou worden afgeschaft. Ze drukte Franklin als haar Heer en Christus aan het hart. Naar het schijnt had het tweetal een grote groep aanhangers, maar in 1650 werden ze gearresteerd, gegeseld en in Bridewell gevangengezet. Ongeveer in die zelfde tijd werd ook een zekere John Robbins als God vereerd. Hij beweerde dat hij God de Vader was en geloofde dat zijn vrouw spoedig het leven zou schenken aan de Verlosser van de wereld.

Enkele historici ontkennen dat mannen als Robbins en Franklin tot de Ranters behoorden en ze merken op dat het enige wat we van hen weten, afkomstig is van hun vijanden, die hun geloofsopvattingen wellicht om polemische redenen hebben verdraaid. Maar er zijn ook geschriften bewaard gebleven van bekende Ranters zelf, zoals Jacob Bauthumely, Richard Coppin en Laurence Clarkson, en daarin treffen we dezelfde gedachten aan: ook zij verkondigden revolutionaire maatschappelijke geloofsovertuigingen. In zijn traktaat *The Light and Dark Sides of God* (1650) benadert Bauthumely God op een manier die ons doet denken aan de soefische opvatting dat God het oog, het oor en de hand van de mens was die zich tot Hem wendt. 'O God, wie zal ik zeggen dat Ge zijt?' vraagt hij. 'Want als ik zeg dat ik U zie, is het niets anders dan uw eigen zien van uzelf. Want niets in mij is in staat U te zien, behoudens uzelf. Als ik zeg dat ik U ken, is het niets anders dan uw eigen kennis van uzelf.'[39] Net als de rationalisten verwerpt Bauthumely het triniteitsdogma en, wederom als een soefi, kenschetst hij zijn geloof in de goddelijkheid van Christus met de woorden dat Christus weliswaar goddelijk was, maar dat God zich niet uitsluitend in één mens kon openbaren: 'Hij huist even zekerlijk en wezenlijk in het vlees van andere mensen en schepselen als in de mens Christus.'[40] De aanbidding van één onderscheiden, plaatsgebonden God is idolatrie; de hemel beperkt zich niet tot één bepaalde locatie, maar is de spirituele aanwezigheid van Christus. De bijbelse godsidee klopte niet, zei Bauthumely; zonde is geen handeling, maar een toestand, een achterblijven bij onze goddelijke natuur. Toch was God op mysterieuze wijze in de zonde aanwezig, want de zonde was simpelweg 'de donkere zijde van God, was louter het ontbreken van licht'.[41] Bauthumely werd door zijn vijanden voor atheïst uitgemaakt, maar de geest van zijn boek verschilt niet veel van de opvattingen van Fox, Wesley en Von Zinzenburg, al drukt hij zijn gedachten aanmerkelijk onbehouwener uit. Net als de latere piëtisten en methodisten zocht hij naar de verinnerlijking van een God die te ver weg was geraakt en onmenselijk objectief was geworden en trachtte hij de traditionele leerstukken om te zetten in religieuze beleving. Met de latere filosofen van de Verlichting en de aanhangers van een ervaringsreligie deelde hij bovendien de afwijzing van gezag en de wezenlijk optimistische kijk op de mens.

Bauthumely stond niet afwijzend tegenover het uiterst verleidelijke en gezagsondermijnende leerstuk van de heiligheid van de zonde. Als God alles was, was zonde niets – een opvatting waarin ook Ranters als Laurence Clarkson en Alastair Coppe zich konden vinden en die ze aanschouwelijk trachtten te maken door de heersende seksuele moraal met voeten te treden, of door in het openbaar te vloeken en te schelden. Coppe was met name berucht om zijn veelvuldige dronkenschap en zijn liefde voor tabak. Toen hij Ranter was geworden had hij kennelijk de kans te baat genomen een lang onderdrukt verlangen om te vloeken en te schelden de vrije hand te geven. Zo vernemen we dat hij eens een uur lang op een kansel van een Londense kerk stond te vloeken en zo verschrikkelijk tekeerging tegen de waardin van een herberg dat ze uren later nog over al haar leden beefde. Het zou een reactie kunnen zijn op de repressieve puriteinse moraal met haar ongezonde nadruk op de zondigheid van de mens. Fox en zijn Quakers wezen erop dat zonde allerminst onvermijdelijk was. Hij moedigde zijn Friends echter niet aan om te zondigen en verafschuwde de losbandigheid van de Ranters, maar trachtte juist een optimistischer mensbeeld te verkondigen en het evenwicht te herstellen. Laurence Clarkson betoogde in zijn traktaat *A Single Eye* dat God alle dingen goed had gemaakt en dat 'zonde' daarom slechts in de verbeelding van de mens bestond. Had God immers niet zelf in de Bijbel verklaard dat Hij licht in de duisternis zou brengen? Monotheïsten hadden er altijd moeite mee gehad zich bij de realiteit van de zonde neer te leggen, al hadden mystici getracht er holistischer tegen aan te kijken. Zo had Juliana van Norwich gemeend dat zonde 'betamelijk' en in zekere zin noodzakelijk was; en de kabbalisten hadden gesuggereerd dat de wortels van de zonde op mysterieuze wijze in God zelf lagen. Het extreme libertijnse gedrag van Ranters als Coppe en Clarkson kunnen we beschouwen als een onbehouwen poging om af te rekenen met een repressief christendom dat de gelovigen had geterroriseerd met een leerstuk van een wraakgierige en toornige God. Ook rationalisten en 'verlichte' christenen probeerden zich te bevrijden van een religie die God als een wrede, autoritaire figuur had voorgesteld, en ze trachtten een mildere godheid te vinden.

Sociaal-historici hebben vastgesteld dat het westerse christendom, in vergelijking met de andere wereldreligies, uniek is in zijn heftige afwisseling van repressieve en toegeeflijke perioden. Ze hebben bovendien vastgesteld dat de repressieve fase gewoonlijk samenvalt met een religieus reveil. Het ontspannen zedelijke klimaat van de Verlichting zou in veel westerse landen worden gevolgd door de onderdrukking van het Victoriaanse tijdperk die gepaard ging met een golf van fundamentalistische vroomheid. In onze eigen tijd hebben we er getuige van kunnen zijn dat de toegeeflijke maatschappij van de jaren zestig plaats maakte voor de puriteinse moraal van de jaren tachtig en dat ook deze ontwikkeling samenviel met de opkomst van het christelijk fundamentalisme in het Westen. Het is een complex verschijnsel waar ongetwijfeld meer dan slechts één oorzaak voor kan worden aangewezen, maar de verleiding is groot het in verband te brengen met de problematische godsidee die de westerling erop na houdt. De theologen en mystici van de middeleeuwen mochten dan wel een God van liefde hebben gepredikt, de angstaanjagende schilderingen van het Laatste Oordeel waarop de martelingen van de verdoemden stonden afgebeeld, vertelden een heel ander verhaal. Zoals we hebben gezien zijn in het Westen duisternis en strijd altijd de kenmerken van het godsbesef geweest. Op hetzelfde moment dat de heksenwaan door verschillende Europese landen raasde, schonden Ranters als Clarkson en Coppe christelijke taboes en verklaarden ze de zonde heilig. Ook de radicale christenen van Cromwells Engeland rebelleerden tegen een God en een religie die te veeleisend en angstwekkend waren.

Het nieuwe christendom der wedergeboorte dat in de zeventiende en achttiende eeuw in het Westen begon op te komen, vertoonde veelvuldig een ongezonde religiositeit en kenmerkte zich door hevige en soms gevaarlijke emotionele pieken en dalen. Dat zien we bijvoorbeeld in de 'Great Awakening' of Grote Opwekking, de golf van overspannen geloofsijver die in de jaren dertig van de achttiende eeuw door de Amerikaanse kolonie Nieuw-Engeland trok. De aanzet tot de beweging werd gegeven door de opwekkingspredikingen van George Whitefield, een volgeling en collega van de gebroeders Wesley, en door de hel-en-verdoemispreken van Jonathan Edwards (1703-1758), een filosoof en prediker die aan de universiteit van Yale had gestudeerd. In zijn essay 'A Faithful Narrative of the Surprising Work of God in Northampton, Connecticut' geeft Edwards een verslag van deze Grote Opwekking. Hij typeert daarin zijn gemeenteleden als doodgewone mensen met wie niets bijzonders aan de hand was: het waren nuchtere, ordentelijke en oppassende personen, maar niet bepaald godvruchtig. Ze onderscheidden zich in geen enkel opzicht van de mannen en vrouwen in de andere Amerikaanse koloniën. Maar in 1734 overleden twee jonge mensen volslagen onverwachts en de schok van hun dood (aangewakkerd door, zo heeft het er alle schijn van, enkele angstige woorden van Edwards zelf) deed de stad in heilig geloofsvuur ontbranden. De mensen spraken nergens anders meer over dan over godsdienst; ze lieten hun werk liggen en zaten de hele dag de Bijbel te lezen. In een half jaar tijd kwamen ongeveer driehonderd wedergeboren christenen uit alle rangen en standen tot bekering; soms waren het er wel vijf per dag. Edwards beschouwde deze vroomheidsrage als het directe werk van God persoonlijk; hij bedoelde dat letterlijk en niet louter als een vrome manier van zeggen. Herhaaldelijk zei hij dat God in Nieuw-Engeland 'van zijn gebruikelijke pad afgeweken leek te zijn' en de mensen op wonderbaarlijke en miraculeuze wijze beroerde. We moeten hier echter bij aantekenen dat de Heilige Geest zich soms op vrij hysterische manieren openbaarde. Soms, aldus Edwards, werden de mensen door de vreze Gods 'aangegrepen' en 'verzonken ze in een diepe afgrond en gingen ze dermate gebukt onder schuldgevoelens dat ze meenden van Gods genade te zijn verstoken'. Dit werd gevolgd door een even extreme jubelstemming wanneer ze zich opeens gered voelden. Dan 'barsten ze in lachen uit, vaak stromen tegelijkertijd de tranen als een waterval over hun wangen, en onderwijl wenen ze luid. Soms kunnen ze zich niet weerhouden om luid te jubelen en aldus lucht te geven aan grote bewondering'.[42] Het zal duidelijk zijn dat we hiermee mijlenver verwijderd zijn van de beheerste kalmte die volgens mystici van alle belangrijke religieuze tradities het kenmerk van ware geestelijke verlichting is.

Deze hevige stemmingswisselingen zijn het kenmerk van alle religieuze revivals in Amerika gebleven. Het was een hergeboorte die gepaard ging met hevige spiertrekkingen, pijn en inspanning, een nieuwe versie van de westerse worsteling met God. De Great Awakening verspreidde zich als een besmettelijke ziekte over omliggende steden en dorpen, precies zoals dat een eeuw later ook zou gebeuren toen de staat New York de bijnaam 'the Burned-Over District' zou krijgen omdat dit gebied zo vaak door de vlammen van het religieuze vuur werd verschroeid. Zolang Edwards bekeerlingen zich in deze geëxalteerde staat bevonden hadden ze, zo noteerde hij, het gevoel dat de hele wereld een paradijs was. Ze konden zich niet van hun Bijbel losmaken en vergaten zelfs te eten. Maar het zal wellicht niemand verbazen dat hun opwinding op zeker moment doofde, en twee jaar later noteerde Edwards dat 'het zeer aannemelijk begon te worden dat de Geest Gods zich geleidelijk terugtrok'. Ook nu weer bedoelde hij het niet overdrachtelijk; waar het religieuze zaken betrof was Edwards een echte, westerse letterkenner. Hij was ervan overtuigd dat de Great Awakening een directe openbaring van God in hun midden was geweest, de tastbare werkzaamheid van de Heilige Geest, net als op het eerste Pinksterfeest. Toen God zich even abrupt had teruggetrokken als Hij was verschenen, werd zijn plaats – ook nu weer letterlijk – door Satan ingenomen. Geestvervoering werd gevolgd door suïcidale wanhoop. Eerst benam een arme ziel zich het leven door zijn keel door te snijden en 'daarna leken velen in deze en andere steden sterke influisteringen en hevige aansporingen te ontvangen om zulks te doen als die ene. Velen werden dringend aangemoedigd, als had iemand tot hen gezegd: "Snijd uw keel door, dit is uw kans. Doe het nu!" ' Twee mensen kregen 'vreemde, jubelende wanen'[43] en werden krankzinnig. Er vonden geen bekeringen meer plaats, maar de mensen die het voorval hadden overleefd waren rustiger en blijer dan ze voor de Great Awakening waren geweest, althans volgens Edwards. Het was duidelijk dat de God van Jonathan Edwards en zijn bekeerlingen die zich zo abnormaal en smartelijk openbaarde, in zijn omgang met mensen even angstaanjagend en willekeurig was als altijd. De hevige stemmingswisselingen, de manische geestvervoeringen en de diepe wanhoop wijzen erop dat veel minderbedeelden in Amerika er moeite mee hadden om in hun omgang met 'God' het juiste midden te vinden. Het wijst bovendien op een overtuiging die we ook in de wetenschappelijke religie van Newton aantreffen: dat God rechtstreeks verantwoordelijk is voor alle dingen die op aarde gebeuren, hoe bizar ze ook lijken.

Het zal niet eenvoudig zijn deze bezielde en irrationele religiositeit te associëren met de ingetogen kalmte van de Founding Fathers. Edwards had veel tegenstanders die zeer kritisch tegenover de Great Awakening stonden. God zou zich slechts rationeel uitdrukken, zo verklaarden de liberalen, en nooit via heftige eruptieve ingrepen in het menselijk bedrijf. Maar in zijn boek *Religion and the American Mind. From the Great Awakening to the Revolution* noemt Alan Heimart de Great Awakening de evangelische versie van het Verlichtingsideaal dat op de nastreving van geluk gericht was. Het was een 'existentiële bevrijding uit een wereld waarin "alles hevige vrees opwekt" '.[44] De Great Awakening ontstond in de arme koloniën waar de mensen, ondanks het optimisme van de intellectuele Verlichting, weinig hoop hadden hier op aarde gelukkig te worden. Het gevoel van wedergeboren te zijn, zo had Edwards verklaard, gaf hun vreugde en een open oog voor schoonheid zoals geen enkele natuurlijke prikkel hun kon geven. De godservaring van de Great Awakening had de Verlichting van de Nieuwe Wereld dus binnen bereik van een groter aantal mensen gebracht dan het handjevol dat in de koloniën succes had. Bovendien mogen we niet vergeten dat de filosofische Verlichting ook werd beschouwd als een quasi-religieuze bevrijding. De termen *Éclairissement* en *Aufklärung* hebben een duidelijk religieuze connotatie. De God van Jonathan Edwards droeg bovendien bij aan het revolutionaire enthousiasme van 1775. In de ogen van de revivalisten had Engeland het nieuwe licht verloren dat tijdens de Puriteinse Revolutie zo stralend had geschenen en was het nu in verval geraakt en op zijn retour. Het waren met name Edwards en zijn collega's die Amerikanen uit de lagere klassen voorgingen op het pad van de revolutie. In Edwards' religie speelde de messiaanse heilsverwachting een belangrijke rol; de komst van het koninkrijk Gods, dat in de Nieuwe Wereld kon worden verwerkelijkt en ophanden was, kon door menselijke inspanning worden versneld. Ondanks de tragische afloop van de Great Awakening gaf deze beweging de mensen het gevoel dat de Verlossing waar de Bijbel over sprak al was begonnen. God deed zijn heilig woord gestand. Edwards gaf het trinitarische leerstuk een politieke uitleg: de Zoon was 'de godheid die door Gods begrijpen was voortgebracht' en dus de blauwdruk van het Nieuwe Gemenebest; de Geest, 'de godheid die inherent was aan de daad', was de kracht die dit meesterplan te zijner tijd ten uitvoer zou brengen.[45] In de Nieuwe

Wereld van Amerika zou God dus zijn eigen volmaaktheden op aarde kunnen schouwen. De maatschappij zou de uitdrukking zijn van de 'uitmuntendheden' van God zelf. Nieuw-Engeland zou een 'stad op de heuvel' zijn, een licht voor de heidenen, 'stralend van de weerglans van Jehova's glorie die erboven uitrijst en allen zal aanlokken en betoveren'.[46] De God van Jonathan Edwards zou daarom in het Nieuwe Gemenebest gestalte aannemen; de mensen zouden Christus belichaamd zien in een rechtvaardige maatschappij.

Andere calvinisten stonden in de eerste linies van de vooruitgang; ze voerden in het Amerikaanse lesprogramma scheikunde in en Timothy Dwight, Edwards kleinzoon, zag wetenschappelijke kennis als het voorportaal van de definitieve vervolmaking van het mensdom. Hun God betekende dus niet automatisch obscurantisme, zoals Amerikaanse liberalen soms meenden. De calvinisten moesten niets hebben van Newtons kosmologie die God weinig te doen gaf zodra Hij de zaak eenmaal in gang had gezet. We hebben gezien dat ze de voorkeur gaven aan een God die zich, letterlijk, actief met de wereld inliet. Zoals uit hun predestinatieleer blijkt was God in hun ogen daadwerkelijk verantwoordelijk voor alles wat hier beneden gebeurde, in goede of in kwade zin. Dat betekende dat de wetenschap ons slechts de God kon onthullen die kon worden waargenomen in alle activiteiten van zijn schepselen – de natuurlijke, burgerlijke, lichamelijke en geestelijke –, zelfs in de activiteiten die ons toevallig voorkwamen. In sommige opzichten durfden de calvinisten avontuurlijker te denken dan de liberalen die tegen het *revivalism* gekant waren en een eenvoudig geloof prefereerden boven de 'speculatieve, onthutsende denkbeelden' die hen in de predikingen van revivalisten als Whitefield en Edwards zo verontrustten. Alan Heimart stelt dat de oorsprong van het anti-intellectualisme in de Amerikaanse maatschappij wellicht niet bij de calvinisten en de opwekkingspredikers moet worden gezocht, maar bij de rationele Bostoniërs zoals Charles Chauncey of Samuel Quincey, mannen die de voorkeur gaven aan godsideeën die 'simpeler en duidelijker'[47] waren.

In het jodendom hadden enkele opvallend gelijksoortige ontwikkelingen plaatsgevonden die eveneens de weg zouden bereiden voor de verspreiding van rationalistische idealen onder de joden en die velen de mogelijkheid zouden bieden zich te assimileren met de niet-joodse volkeren van Europa. In het apocalyptische jaar 1666 verklaarde een joodse messias dat de verlossing der joden nabij was en hij werd door geloofsgenoten over de hele wereld op uitzinnige wijze als redder aanvaard. Sjabtai Tsevi was in 1626 in het Kleinaziatische Smyrna geboren, op de sabbat van de negende Aw, de herdenkingsdag van de verwoesting van de tempel. Hij was de zoon van een rijke sefardische familie en begon in zijn jeugd vreemde stemmingswisselingen te vertonen die we nu wellicht als de symptomen van een manische depressie zouden aanmerken. Hij kende perioden van diepe wanhoop waarin hij het huis van zijn ouders verliet en zich afzonderde. Ze werden gevolgd door een geestvervoering die naar extase neigde. Tijdens zijn 'manische' perioden overtrad hij soms met opzet en ongegeneerd de Mozaïsche wet: hij at in het openbaar onrein voedsel, sprak de heilige Godsnaam uit en verklaarde dat hij door een speciale openbaring tot deze daden was aangezet. Hij geloofde dat hij de langverwachte messias was. Uiteindelijk konden de rabbijnen het niet langer over hun kant laten gaan en in 1656 zetten ze hem de stad uit. Hij leidde een zwervend bestaan dat hem langs de joodse gemeenschappen in het Ottomaanse rijk voerde. Toen hij eens in Istanboel een manische aanval had, verkondigde hij dat de Tora definitief was afgeschaft en riep hij luid: 'Gezegend zijt gij, o Heer onze God, die toestaat wat verboden is.' In Caïro veroorzaakte hij een schandaal door met een jonge vrouw te trouwen die in 1648 de bloedige pogroms in Polen was ontvlucht en als prostituée leefde. In 1662 vertrok Sjabtai Tsevi naar Jeruzalem; hij bevond zich op dat moment in een depressieve periode en geloofde dat hij door demonen was bezeten. In Palestina hoorde hij spreken over een zeker Nathan, een jonge, geleerde rabbijn die een bedreven geestenbezweerder was, en hij bezocht hem in zijn huis in Gaza.

Net als Sjabtai Tsevi had Nathan de kabbala van Jitschak Loeria bestudeerd. Toen hij de ongeruste jood uit Smyrna ontving, vertelde hij hem dat hij niet was bezeten. Zijn uitzichtloze wanhoop was het bewijs dat hij inderdaad de messias was. Wanneer hij naar die diepten afdaalde, vocht hij tegen de boze machten van de Andere Zijde en bevrijdde hij de goddelijke vonken die zich in het rijk van de *kelipot* bevonden en slechts door de messias zelf verlost konden worden. Sjabtai Tsevi had de opdracht gekregen om eerst naar de hel af te dalen voordat hij de definitieve verlossing van Israël kon bewerkstelligen. Aanvankelijk geloofde Sjabtai Tsevi hier niets van, maar uiteindelijk liet hij zich door Nathans woordenvloed overtuigen. Op 31 mei 1665 werd hij opeens door een manische jubelstemming overvallen en verkondigde hij, aangemoedigd door Nathan, dat hij de messias was en een missie had. Vooraanstaande rabbijnen veegden dit als gevaarlijke nonsens van tafel, maar veel joden van Palestina stroomden naar Sjabtai Tsevi toe; hij koos twaalf discipelen uit en benoemde hen tot richter over de stammen van Israël die spoedig herenigd zouden worden. Nathan schreef brieven aan de joodse gemeenschappen in Italië, de Nederlanden, Duitsland en Polen en ook naar de steden in het Ottomaanse rijk om het goede nieuws te verkondigen, en de messiaanse opwinding verspreidde zich als een uitslaande brand over de hele joodse wereld. Eeuwen van vervolging en sociale verstoting hadden de Europese joden vervreemd van de hoofdstroom van het westerse denken en velen waren door deze ongezonde situatie zo geconditioneerd geraakt, dat ze meenden dat de toekomst van de wereld uitsluitend van de joden afhing. De sefardiem, de nakomelingen van de verbannen Spaanse joden, hadden de kabbala van Loeria in hun hart gesloten en velen waren van mening dat het einde der tijden ophanden was. Al deze factoren droegen bij tot de verering van Sjabtai Tsevi. De joodse geschiedenis had veel mannen gekend die beweerden dat ze de messias waren, maar niemand had zo'n massale aanhang getrokken als hij. Het werd voor joden die hun bedenkingen tegen Sjabtai Tsevi hadden gevaarlijk het hardop te zeggen. Zijn aanhangers kwamen uit alle lagen van de joodse gemeenschap: arm en rijk, geleerd en ongeschoold. Pamfletten en vlugschriften verspreidden de blijde tijding in het Engels, Nederlands, Duits en Italiaans. In Polen en Litouwen werden optochten ter ere van hem gehouden. In het Ottomaanse rijk trokken profeten door de straten en vertelden over visioenen waarin ze Sjabtai Tsevi op een troon hadden zien zitten. De hele handel viel stil; het was veelzeggend dat de joden in Turkije de naam van de sultan uit hun sabbatgebeden weglieten en die van Sjabtai Tsevi ervoor in de plaats zeiden. Toen Sjabtai Tsevi ten slotte in januari 1666 in Istanboel aankwam, werd hij als opstandeling in hechtenis genomen en in de gevangenis van Gallipoli gezet.

Na eeuwen van vervolging, ballingschap en vernedering gloorde er hoop. Joden over de hele wereld hadden zich innerlijk vrij en bevrijd gevoeld, en deze ervaring deed niet onder voor de extase waarin de kabbalisten zich gedurende enkele ogenblikken hadden bevonden wanneer ze de mysterieuze wereld van de sefierot schouwden. Niet langer was deze verlossingservaring het voorrecht van een uitverkoren enkeling; ze was nu algemeen bezit. Voor het eerst hadden de joden het gevoel dat hun leven waarde had; verlossing was niet langer een vage toekomstverwachting, maar een realiteit die in het hier en nu betekenis had. De redding was gekomen! Deze plotselinge ommekeer maakte een onuitwisbare indruk. De ogen van de hele joodse wereld waren gericht op Gallipoli, waar Sjabtai Tsevi zelfs indruk had gemaakt op de autoriteiten die hem gevangen hadden gezet. De Turkse vizier liet hem met aanzienlijk comfort omringen. Sjabtai Tsevi begon zijn brieven te ondertekenen met: 'Ik ben de Heer uw God, Sjabtai Tsevi.' Maar toen hij voor de terechtzitting weer naar Istanboel werd gebracht, bevond hij zich opnieuw in een depressie. De sultan stelde hem voor de keuze zich tot de islam te bekeren of gedood te worden. Sjabtai Tsevi koos voor de islam en werd direct in vrijheid gesteld. Hij kreeg een vorstelijke toelage en stierf op 17 september 1676 als een kennelijk loyale moslim.

Het spreekt vanzelf dat dit verschrikkelijke nieuws een geweldige schok voor zijn aanhangers was en velen keerden zich ogenblikkelijk van hem af. De rabbijnen trachtten elke herinnering aan Sjabtai Tsevi radicaal uit te wissen. Ze vernietigden alle brieven, pamfletten en traktaten die ze over hem konden vinden. Tot op de dag van vandaag generen veel joden zich over dit messiaanse debâcle en kost het hun moeite ermee in het reine te komen. Zowel rabbijnen als rationalisten hebben de draagwijdte van het voorval gebagatelliseerd, maar de laatste tijd trachten geleerden, naar het voorbeeld van wijlen Gershom Scholem, de betekenis van deze vreemde episode en de aanmerkelijk belangrijkere nasleep ervan te begrijpen.[48] Hoe verbijsterend het namelijk ook is, veel joden bleven hun messias ondanks het schandaal van zijn apostasie trouw. Ze hadden de verlossing zo intens ervaren, dat ze zich niet konden voorstellen dat God had toegestaan dat ze werden misleid. Het is een van de sprekendste voorbeelden van een religieuze verlossingservaring waar louter feiten en gezond verstand machteloos tegenover staan. Gesteld voor de keuze tussen het opgeven van hun pas verworven hoop op verlossing en het aanvaarden van een afvallige messias, weigerde een verrassend groot aantal joden uit alle rangen en standen zich neer te leggen bij de harde historische feiten. Nathan van Gaza bleef de rest van zijn leven over het mysterie van Sjabtai Tsevi prediken en zei dat deze, door zich tot de islam te bekeren, zijn levenslange strijd tegen de kwade machten had voortgezet. Opnieuw was hij immers genoodzaakt geweest de heiligste voorschriften van zijn volk te overtreden om in het rijk van de duisternis af te dalen en de goddelijke vonken te bevrijden. Hij had de last van zijn tragische missie aanvaard en was naar de diepste diepten afgedaald om de wereld der godverlatenheid van binnenuit te veroveren. Ongeveer tweehonderd families in Turkije en Griekenland bleven Sjabtai Tsevi trouw. Na zijn dood besloten ze het voorbeeld van zijn onafgebroken strijd tegen het kwaad te volgen en in 1683 bekeerden ze zich *en masse* tot de islam. Ze bleven het jodendom echter in het geheim trouw, onderhielden nauwe banden met de rabbijnen en kwamen bijeen in clandestiene synagogen in elkaars huis. In 1689 maakte hun leider, Jacob Querido, de haddj naar Mekka en de weduwe van de messias verklaarde dat hij de reïncarnatie van Sjabtai Tsevi was. Nog steeds bevindt zich in Turkije een kleine groep *dönme*, joodse apostaten die zich tot de islam hebben bekeerd; voor de buitenwereld leiden ze een onberispelijk islamitische leven, maar in het geheim houden ze verbeten aan hun joods geloof vast.

Andere sabbatianen gingen niet zo ver, maar bleven én hun messias, én de synagoge trouw. Het schijnt dat er meer crypto-sabbatianen zijn geweest dan men vroeger aannam. In de negentiende eeuw vonden veel joden, die zich hadden geassimileerd of tot een liberale vorm van jodendom waren toegetreden, het beschamend dat ze sabbatiaanse voorouders hadden gehad, maar het ziet er niettemin naar uit dat in de achttiende eeuw veel vooraanstaande rabbijnen echt geloofden dat Sjabtai Tsevi de messias was geweest. Scholem merkt op dat het aantal aanhangers van dit messianisme niet moet worden onderschat, ook al groeide het in het jodendom nooit tot een massabeweging uit. Het sprak vooral de marranen aan, de joden die door de Spanjaarden gedwongen waren geweest zich tot het christendom te bekeren, maar die uiteindelijk naar het jodendom terugkeerden. De notie van een apostasie-als-mysterie nam veel van hun schuldgevoelens en verdriet weg. Het sabbatianisme floreerde in de sefardische gemeenschappen in Marokko, de Balkan, Italië en Litouwen. Sommige sabbatianen, zoals Benjamin Kohn van Reggio en Abraham Rovigo van Modena, waren uitmuntende kabbalisten die hun contact met de beweging geheimhielden. Van de Balkan verspreidde de messiaanse sekte zich naar de asjkenazische joden in Polen, die gedemoraliseerd en murw waren door het escalerende antisemitisme in Oost-Europa. In 1759 volgden de aanhangers van de vreemde en sinistere profeet Jakob Frank het voorbeeld van hun messias en bekeerden ze zich *en masse* tot het christendom, al bleven ze in het geheim het joods geloof trouw.

Scholem wijst op een verhelderende parallel met het christendom. Zo'n zestienhonderd jaar eerder was er eveneens een Messias geweest die een schandaal had veroorzaakt door als een doodgewone misdadiger in Jeruzalem te sterven en was een andere groep joden evenmin in staat geweest de hoop die ze in Hem hadden gesteld te laten varen. Wat Paulus het 'aanstotelijke van het kruis' had genoemd, was in alle opzichten net zo schokkend als het schandaal van een messias die een apostaat was geworden. In beide gevallen verkondigden hun volgelingen de geboorte van een nieuw jodendom dat de plaats van het oude had ingenomen; ze hingen een paradoxale geloofsovertuiging aan. De christelijke opvatting dat de nederlaag van het Kruis een nieuw leven betekende, was hetzelfde als de sabbatiaanse overtuiging dat apostasie een heilig mysterie was. Beide groeperingen geloofden dat het graan eerst in de grond moest rotten voordat het vrucht kon dragen. Ze geloofden dat de oude Tora dood was en door de nieuwe wet van de Geest was vervangen. Beide kwamen met een godsvoorstelling waar Triniteit en Incarnatie een rol in speelden.

Net als veel christenen in de zeventiende en achttiende eeuw geloofden de sabbatianen dat ze op de drempel van een nieuwe wereld stonden. De kabbalisten had herhaalde malen betoogd dat op de Jongste Dag de ware mysteries van God, die tijdens de ballingschap verborgen waren gebleven, onthuld zouden worden. Sabbatianen die geloofden dat ze in het messiaanse tijdperk leefden, voelden zich niet bezwaard om traditionele godsvoorstellingen los te laten, zelfs als dat de aanvaarding van een kennelijk godslasterlijke theologie impliceerde. Zo geloofde Abraham Miguel Cardozo (1626-1706), een jood die als marraan was geboren en in eerste instantie christelijke theologie had gestudeerd, dat alle joden wegens hun zonden voorbeschikt waren geweest om apostaat te worden. Dat had hun straf moeten zijn. Maar God had zijn volk dit vreselijke lot bespaard door de messias toe te staan in hun plaats het hoogste offer te brengen. Cardozo kwam tot de beangstigende slotsom dat de joden tijdens hun eeuwenlange ballingschap alle ware godskennis hadden verloren.

Net als de christenen en deïsten van de Verlichting probeerde Cardozo de in zijn ogen niet-authentieke aangroeisels van het geloof te verwijderen en terug te keren naar het zuivere geloof van de Bijbel. De lezer zal zich herinneren dat in de tweede eeuw sommige christelijke gnostici een soort metafysisch antisemitisme hadden ontwikkeld door een onderscheid te maken tussen de verborgen God van Jezus Christus en de wrede God van de joden die verantwoordelijk was voor de schepping van de wereld. Cardozo blies deze oude gedachte nu onbewust nieuw leven in, maar hij keerde haar honderdtachtig graden om. Hij leerde ook dat er twee goden waren: de ene was de God die zich aan Israël had geopenbaard, en de andere was de God die algemeen bekend was. In elke beschaving waren mensen met het bewijs gekomen dat er een Eerste Oorzaak bestond; dit was de god van Aristoteles die door de hele heidense wereld was aanbeden. Deze god had geen religieuze betekenis. Hij had de wereld niet geschapen en had totaal geen belangstelling voor de mensheid; hij had zich daarom niet in de Bijbel geopenbaard en werd daar nergens genoemd. De tweede God die zich aan Abraham, Mozes en de profeten had geopenbaard was heel anders. Hij had de wereld uit niets geschapen, had Israël verlost en was zijn God. Tijdens de ballingschap echter waren filosofen als Sa'adja Ga'on en Maimonides omringd geweest door gojiem en ze hadden enkele van hun ideeën overgenomen. Daardoor hadden ze de twee goden met elkaar verward en de joden geleerd dat ze een en dezelfde waren. Het gevolg was dat de joden de God van de filosofen gingen aanbidden als was Hij de God van hun vaderen.

Hoe verhielden de twee goden zich tot elkaar? Cardozo kwam met een trinitarische theologie om deze additionele god te verantwoorden zonder dat hij het joods monotheïsme hoefde los te laten. Er was een Hoogste Godheid die uit drie hypostasen of *partsoefiem* (aangezichten) bestond; de eerste heette *atika kadisja*, de Heilige Oeroude; dit was de Eerste Oorzaak. De tweede partsoef, die uit de eerste emaneerde, heette *malka kadisja*; Hij was de God van Israël. De derde partsoef was de Sjechina die, zoals Jitschak Loeria had geschreven, ver van de Godheid in ballingschap vertoefde. Deze 'drie knopen des geloofs' waren geen goden die volstrekt van elkaar waren gescheiden, zei Cardozo, maar ze vormden op mysterieuze wijze een eenheid, aangezien ze alle drie manifestaties van dezelfde Godheid waren. Cardozo was geen blind aanhanger van het sabbatianisme. Hij meende niet dat het zijn plicht was apostaat te worden, want Sjabtai Tsevi had die pijnlijke taak al voor hem op zijn schouders genomen. Maar door een Drieëenheid te suggereren doorbrak hij wel een taboe. In de loop der eeuwen hadden de joden een aversie tegen de triniteitsleer gekregen, omdat ze haar godslasterlijk en idolatrisch vonden. Maar desondanks voelde een verrassend groot aantal joden zich nu tot deze verboden opvatting aangetrokken. Toen de jaren verstreken en er niets op aarde veranderde, zagen de sabbatianen zich genoodzaakt hun messiaanse verwachtingen bij te stellen. Sabbatianen als Nehemia Chajon, Samuel Primo en Jonathan Eybeschütz kwamen tot de slotsom dat het 'mysterie van de Godheid' (*Sod ha-Elohoet*) in 1666 niet volledig was onthuld. Weliswaar begon de Sjechina, zoals Loeria had voorspeld, 'uit de stof te herrijzen', maar ze was nog niet tot de Godheid teruggekeerd. Verlossing zou een geleidelijk proces worden en in de tussentijd was het toegestaan zich nog aan de Oude Wet te houden en in de synagoge te bidden, en tegelijkertijd in het geheim de messiaanse leer aan te hangen. Dit bijgestelde sabbatianisme is er de verklaring van dat veel rabbijnen, die geloofden dat Sjabtai Tsevi de messias was geweest, in de achttiende eeuw hun gemeente konden blijven leiden.

De extreme sabbatianen die wel apostaseerden, hingen ook nog een incarnatietheologie aan en doorbraken daarmee een ander joods taboe. Ze meenden dat Sjabtai Tsevi niet alleen de messias was geweest, maar ook een incarnatie van God. Net als in het christendom ontwikkelde deze geloofsopvatting zich geleidelijk. Abraham Cardozo verkondigde nog een leerstuk dat grote gelijkenis vertoonde met de opvatting van Paulus over de verheffing van Jezus na zijn opstanding: na de apostasie van Sjabtai Tsevi en het inzetten van de verlossing was hij tot de Drieëenheid van de partsoefiem verheven: 'de Heilige God [malka kadisja], gezegend zij Hij, verplaatste zich naar een hogere hemel en Sjabtai Tsevi steeg op om in zijn plaats God te worden'.[49] Hij was dus tot een goddelijke staat verheven en had de plaats ingenomen van de God van Israël, de tweede partsoef. De dönme, de joden die zich tot de islam hadden bekeerd, werkten deze gedachte verder uit en stelden dat de God van Israël was neergedaald om in Sjabtai Tsevi gestalte aan te nemen. Omdat ze bovendien geloofden dat elk van hun leiders een reïncarnatie van de messias was, werden ook dezen avatara's, ongeveer op dezelfde manier wellicht als de sji'itische imaams. Elke generatie van apostaten had daarom een leider die een incarnatie van het goddelijke was.

Jakob Frank (1726-1791), die in 1759 zijn asjkenazische volgelingen in het christendom voorging, had al in een heel vroeg stadium laten doorschemeren dat hij de vleesgeworden God was. Volgens de verhalen was hij de meest angstaanjagende figuur uit de hele geschiedenis van het jodendom. Hij had geen opleiding genoten en was er trots op bovendien, maar hij wist wel een geheimzinnige mythologie te ontwikkelen die een grote aantrekkingskracht uitoefende op veel joden die hun geloof nietszeggend en onbevredigend hadden gevonden. Frank verkondigde dat de oude Mozaïsche wet was opgeheven. Sterker nog, alle godsdiensten moesten worden ontmanteld, zodat Gods licht helderder kon schijnen. In zijn *Slowa Pánskie* ('De woorden van de Heer') voerde hij het sabbatianisme naar nihilistische hoogten. Alles moest worden afgebroken: 'Overal waar Adam zijn voet zette werd een stad gebouwd, maar overal waar ik mijn voet zet, daar zal alles worden verwoest, want ik ben slechts op deze aarde gekomen om te vernietigen en teniet te doen.'[50] Deze woorden lijken verontrustend veel op enkele uitspraken van Christus, die immers ook had verklaard dat Hij niet was gekomen om vrede te brengen, maar het zwaard. Maar anders dan Jezus en Paulus stelde Frank voor om niets voor die oude, heilige regels in de plaats te stellen. Zijn nihilistische credo week wellicht weinig af van dat van zijn jongere tijdgenoot Marquis de Sade. Slechts door af te dalen in de diepste diepten van de verwording kon de mens opklimmen en de Goede God vinden. Dit hield niet alleen de verwerping van alle religies in, maar ook de bezondiging aan 'vreemde praktijken' die tot een vrijwillige zedelijke verlaging en verregaande schaamteloosheid leidden.

Frank was geen kabbalist, maar predikte een primitieve versie van Cardozo's theologie. Hij geloofde dat de drie partsoefiem van de sabbatiaanse Drieëenheid zich elk in een andere messias op aarde zouden openbaren. Sjabtai Tsevi, die Frank gewoonlijk 'de Eerste' noemt, was de incarnatie van de 'Goede God' geweest, degene die Cardozo de *atika kadisja* of de Heilige Oeroude had genoemd. Hijzelf was de incarnatie van de tweede partsoef, de God van Israël. De derde messias, die de incarnatie van de Sjechina was, zou een vrouw zijn en Frank noemde haar 'de Maagd'. De wereld was nu echter nog in de macht van het kwade. Ze zou pas worden verlost wanneer de mensen de nihilistische boodschap van Frank hadden aangenomen. De ladder van Jakob had de vorm van een v: om naar God op te klimmen moest men, net als Jezus en Sjabtai Tsevi, eerst naar de diepten afdalen. 'Dit zeg ik u,' verklaarde Frank. 'Zoals ge weet zei Christus dat Hij was gekomen om de wereld te verlossen van de macht van de duivel, maar ik ben gekomen om haar te verlossen van alle wetten en gebruiken die ooit hebben bestaan. Het is mijn taak ze alle teniet te doen, zodat de Goede God zich kan openbaren.'[51] Wie God wenste te vinden en zich wilde bevrijden van de kwade machten, moest zijn leider stap voor stap naar de peilloze afgrond volgen en alle wetten overtreden die hij het heiligst achtte. 'Ik zeg u dat allen die strijders wensen te zijn, geen religie behoren te hebben, dat wil zeggen, ze dienen zich op eigen kracht vrijheid te verwerven.'[52]

In de laatste woorden beluisteren we de overeenkomst tussen Franks sombere visie en het rationalistische denken van de Verlichting. De Poolse joden die zijn leer hadden aanvaard, hadden duidelijk het gevoel gehad dat hun geloof hen in een wereld die voor joden onveilig was, niet had kunnen helpen om zich aan de afschuwelijke omstandigheden aan te passen. Na Franks dood verloor het frankisme zijn meeste anarchistische trekken; wat overbleef waren slechts de vaste overtuiging dat Frank de vleesgeworden God was en een, zoals Scholem het noemt, 'intens, stralend gevoel van verlossing'.[53] Ze hadden de Franse Revolutie beschouwd als een teken van God dat voor hén was gezonden; ze verruilden hun antinomisme voor politieke actie en droomden van een revolutie die de wereld zou veranderen. Op analoge wijze zouden veel dönme in het begin van de twintigste eeuw actieve Jong-Turken worden en geheel opgaan in het seculiere Turkije van Kemal Atatürk. De weerzin van alle sabbatianen tegen veruitwendiging van het geloofsleven was in zekere zin een verzet tegen de omstandigheden in het getto. Het sabbatianisme, dat zo'n achterlijke en obscurantistische godsdienst had geleken, had hen geholpen zich te bevrijden van hun oude leefwijze en hen ontvankelijk gemaakt voor nieuwe ideeën. De gematigde sabbatianen, die naar buiten toe het jodendom trouw waren gebleven, waren vaak pioniers in de joodse Verlichting (*haskala*), en in de negentiende eeuw waren ze ook actief betrokken bij de oprichting van het Reform jodendom. Vaak waren de ideeën van deze hervormingsgezinde maskiliem een vreemd amalgaam van oud en nieuw. Zo zei Jonas Wehle van Praag, die omstreeks 1800 zijn werken publiceerde, dat Mozes Mendelssohn, Immanuel Kant, Sjabtai Tsevi en Jitschak Loeria zijn grote voorbeelden waren. Niet iedereen kon langs de moeilijke weg van de wetenschap en de wijsbegeerte de moderne tijd binnentreden; de mystieke geloofsovertuigingen van radicale christenen en joden spraken echter de dieper gelegen en basalere delen van de geest aan en verschaften hun nu de mogelijkheid hun schreden te richten naar een secularisatie die ze eens een gruwel zouden hebben gevonden. Sommigen namen godsideeën aan die nieuw en blasfemisch waren en die hun kinderen in staat zouden stellen God ten slotte geheel los te laten.

In dezelfde periode dat Jakob Frank zijn nihilistische leer verkondigde, hadden andere Poolse joden een geheel andere messias gevonden. Sinds de pogroms van 1648 had het Poolse jodendom moeten leven met het trauma van ontheemding en demoralisatie en dat had even diepe wonden geslagen als de verbanning van de sefardiem uit Spanje. De ontwikkelde en intellectuele Pools-joodse families waren in veel gevallen gedood of naar de betrekkelijke veiligheid van West-Europa geëmigreerd. Tienduizenden joden waren van huis en haard verdreven en velen leidden een zwervend bestaan; aangezien ze zich nergens permanent mochten vestigen, trokken ze van stad naar stad. De achtergebleven rabbijnen waren doorgaans van laag kaliber en hadden het leerhuis laten verworden tot een schild tegen de harde realiteit van de buitenwereld. Rondtrekkende kabbalisten spraken over de duisternis van het demonische rijk aan de Andere Zijde, de *sitra akra* of het rijk van de boze machten dat van God was gescheiden. Ook het debâcle van Sjabtai Tsevi had aan de algemene desillusie en anomie bijgedragen. Enkele joden in de Oekraïne waren onder invloed geraakt van de christelijk-piëtistische bewegingen die ook in de Russisch-orthodoxe Kerk de kop hadden opgestoken. In het jodendom was een soortgelijke charismatische religie ontstaan. Er deden verhalen de ronde over joden die tijdens het gebed in extatische vervoering raakten, in gezang uitbarstten en in hun handen klapten. In de jaren dertig van de achttiende eeuw werd een van die extatici de onbetwiste leider van deze joodse ervaringsreligie en hij stichtte de school die onder de naam 'het chassidisme' bekendheid zou krijgen.

Jisra'eel ben Eliëzer was geen geleerde. Liever dan de Talmoed te bestuderen trok hij de bossen in waar hij liederen zong en kinderen verhalen vertelde. Zijn vrouw en hij leefden in bittere armoede in een hut in de Zuidpoolse Karpaten. Een tijdlang dolf hij ongebluste kalk die hij in het nabijgelegen stadje verkocht. Toen werden zijn vrouw en hij herbergier. Op zijn zesendertigste verklaarde hij dat hij gebedsgenezer en duivelbezweerder was geworden. Hij trok langs de Poolse dorpen en genas de zieke boeren en dorpelingen met kruiden, amuletten en gebeden. Er waren in die tijd veel genezers die beweerden dat ze de zieken in naam van de Heer genazen. Jisra'eel was nu een Baäl Sjem Tov geworden, een 'heer van de Goede Naam'. Hoewel hij nooit tot rabbijn was geordineerd, noemden zijn volgelingen hem toch rabbi Jisra'eel Baäl Sjem Tov, of, kortweg, de Besjt. De meeste genezers hielden het bij magie, maar de Besjt was ook mysticus. De gebeurtenissen rond Sjabtai Tsevi hadden hem overtuigd van de gevaren van de combinatie mystiek met messianisme en hij besloot terug te keren naar een vroege vorm van kabbala, maar dan wel een vorm die niet uitsluitend voor de elite was bestemd, maar voor iedereen. In plaats van de val van de goddelijke vonken op aarde te beschouwen als een rampzalige gebeurtenis, leerde de Besjt zijn chassidiem de gebeurtenis positief te benaderen. De vonken zaten nu gevangen in alle geschapen dingen en dat betekende dat de hele wereld was vervuld van Gods tegenwoordigheid. Een vrome jood kon God ervaren in de kleinste handelingen van het dagelijks leven – terwijl hij at, dronk of met zijn vrouw naar bed ging –, want de goddelijke vonken waren overal. Mannen en vrouwen werden daarom niet omgeven door een leger van demonen, maar door een God die in elke windvlaag of grashalm aanwezig was; Hij wilde dat de joden Hem met vertrouwen en vreugde tegemoet traden.

De verheven manieren waarop in Loeria's denken de redding van de wereld zou worden bewerkstelligd, liet de Besjt los. Elke chassied was simpelweg verantwoordelijk voor de hereniging van de vonken die in de verschillende elementen van zijn *eigen*, persoonlijke wereld gevangen zaten – in zijn vrouw, zijn bedienden, zijn meubels, zijn voedsel. De chassied, zo verklaarde Hillel Zeitlin, een van de volgelingen van de Besjt, is uitsluitend verantwoordelijk voor zijn eigen omgeving en slechts hij kan die taak vervullen: 'Elk mens is een verlosser van een wereld die geheel de zijne is. Hij neemt slechts waar wat hij, en alleen hij, behoort waar te nemen, en hij voelt slechts wat hij persoonlijk heeft verkozen te voelen.'[54] De kabbalisten hadden een speciale concentratietechniek ontwikkeld om tot vereniging met God (*dewekoet*) te komen, en deze techniek hielp mystici om zich overal waarheen ze hun blik wendden, bewust te worden van Gods tegenwoordigheid. Net als de zeventiende-eeuwse kabbalisten van Tsefat moesten de mystici zich afzonderen, hun Torastudie onderbreken en 'zich een voorstelling maken van het licht van de Sjechina boven hun hoofd, als zweefde het om hen heen en zaten zij temidden van licht'.[55] Dit besef van Gods tegenwoordigheid riep een extatische vreugde bij hen op. Deze extase, zo leerde de Besjt zijn volgelingen, was niet voorbehouden aan de bevoorrechte mystieke elite; elke jood had de opdracht naar dewekoet te streven en zich bewust te worden van de allesdoordrenkende tegenwoordigheid van God. Sterker nog, als dewekoet niet werd bereikt was dat idolatrie, een ontkenning van het feit dat buiten God niets kon bestaan. Zijn leer bracht de Besjt in conflict met het establishment, dat bang was dat joden de Torastudie zouden verruilen voor die potentieel gevaarlijke en excentrieke devotie.

Het chassidisme verspreidde zich echter snel, want het bracht de joden die van hun godsdienst waren vervreemd een hoopvolle boodschap; naar het schijnt waren veel bekeerlingen voordien sabbatianen geweest. De Besjt wilde evenwel niet dat zijn aanhangers de Tora loslieten, maar hij gaf de Wet juist een nieuwe mystieke interpretatie: het woord mitswa (gebod) impliceerde een verbond. Wanneer een chassied zich bij het streven naar dewekoet aan een van de geboden van de Wet hield, ging hij een verbond aan met God, de immanente zijnsgrond van al wat is, en tegelijkertijd verenigde hij de godheid met de goddelijke vonken die in de persoon of het voorwerp zaten waar hij op dat moment mee te maken had. De Tora had de joden altijd al aangespoord de wereld te heiligen door hun leven naar de mitswot in te richten en de Besjt gaf deze opdracht simpelweg een mystieke interpretatie. Soms gingen de chassidiem wel erg ver in hun streven naar redding van de wereld: velen begonnen heel veel te roken om de vonken in hun tabak te redden. Baroech van Medzjibozj (1757-1810), een van de kleinzonen van de Besjt, had een prachtig hof met fraaie meubels en tapijten, en hij rechtvaardigde dat met het argument dat het hem slechts ging om de vonken in die luisterrijke aankleding. Abraham Jehosjoe'a Heschel van Apta (gest. 1825) verorberde enorme maaltijden om de goddelijke vonken in zijn voedsel te redden.[56] Toch kunnen we de chassidische beweging beschouwen als een poging om enige zin en bedoeling in een wrede en gevaarlijke wereld te ontdekken. De dewekoet-technieken waren een imaginatieve poging de wereld te ontdoen van haar vertrouwde sluier en haar verborgen glorie te ontwaren. Dit verschilde weinig van de imaginatieve visie van de toenmalige Engelse romantici William Wordsworth (1770-1850) en Samuel Taylor Coleridge (1772-1834), die zich bewust waren van het Ene Leven dat in alles wat ze zagen aanwezig was en dat de hele werkelijkheid tot een eenheid samensmeedde. Ook de chassidiem werden zich bewust van wat ze als een goddelijke energie beschouwden, een aanwezigheid die door de hele geschapen wereld waarde en haar transformeerde tot een glorierijke plaats, ondanks de smarten van een leven in ballingschap en de vervolging waaraan ze blootgesteld stonden. Geleidelijk zou de stoffelijke wereld tot een onbelangrijke werkelijkheid vervagen en alles zou een epifanie worden. Mosje Teitelbaum van Ujhely (1759-1841) zei dat Mozes, toen hij de brandende braamstruik zag, gewoon de goddelijke tegenwoordigheid had gezien die in elke afzonderlijke struik brandt en ervoor zorgt dat deze bestaat.[57] In de ogen van de chassidiem was de hele wereld in hemels licht gehuld en in hun extase jubelden ze van vreugde, klapten in hun handen en barstten in zingen uit. Sommigen maakten zelfs een radslag om aan te geven dat de luister van hun visioen de hele wereld op haar kop zette.

In tegenstelling tot Spinoza en enkele radicale christenen bedoelde de Besjt hier niet mee te zeggen dat alles God was, maar dat alle zijnsvormen, die hun worden en existeren van God hadden ontvangen, alleen in Hem bestonden. God was de levenskracht waardoor alles bestond. De Besjt geloofde niet dat de chassidiem door dewekoet goddelijk zouden worden of zelfs maar een eenheid met God zouden bereiken – dat was een vermetele gedachte die alle joodse mystici te ver ging. De chassidiem zouden alleen dichter bij God komen en zich bewust worden van zijn tegenwoordigheid. De meesten waren eenvoudige lieden die geen opleiding hadden genoten en zich vaak in extravagante bewoordingen uitdrukten, maar ze waren zich ervan bewust dat hun mythologie niet letterlijk moest worden opgevat. Ze gaven de voorkeur aan verhalen boven wijsgerige of talmoedische discussies, want ze beschouwden fictie als het beste voertuig voor het overbrengen van een godservaring die weinig met feiten en de rede te maken had. Hun denken was een imaginatieve poging de onderlinge afhankelijkheid van God en mens te beschrijven. God was geen objectieve werkelijkheid die zich buiten de wereld bevond; integendeel, de chassidiem meenden dat ze Hem in zekere zin zelf schiepen door Hem na zijn desintegratie opnieuw op te bouwen. Door zich bewust te worden van de goddelijke vonk in hun binnenste zouden ze vollediger mens worden. Ook nu weer goten ze deze gedachte in de mythologische vorm van de kabbala. Dow Bär, de opvolger van de Besjt, zei dat God en mens een eenheid vormden; een mens kon alleen de adām worden die God zich op de dag van de schepping had voorgesteld wanneer hij niet meer het gevoel had dat hij van de rest van de schepping was gescheiden en wanneer hij werd getransformeerd tot de 'kosmische figuur van de oermens wiens gelijkenis Ezechiël op de troon aanschouwde'.[58] Het was een duidelijk joodse verwoording van het Grieks-orthodoxe en het boeddhistische geloof in de geestelijke verlichting die maakt dat mensen zich van hun transcendente dimensie bewust worden.

De Grieks-orthodoxe christenen hadden deze opvatting neergelegd in hun leerstuk van de incarnatie en vergoddelijking van Christus. De chassidiem kwamen met een eigen versie van de incarnatiegedachte. De tsaddiek, de chassidische rabbijn, werd de avatara van zijn generatie, de schakel tussen hemel en aarde en de representant van de goddelijke tegenwoordigheid. Rabbi Menachem Nahoem van Tsjernobyl (1730-1797) schreef dat de tsaddiek 'waarachtig een deel van God is en als het ware een plaats aan zijn zijde heeft'.[59] Zoals de christen het voorbeeld van Jezus navolgde om dichter bij God te komen, zo volgde de chassied het voorbeeld van zijn tsaddiek na die de opgang naar God had gemaakt en volmaakte dewekoet had bereikt. Hij was er het levende bewijs van dat deze verlichting mogelijk was. Aangezien de tsaddiek dicht bij God stond, konden de chassidiem via hem tot de Bestuurder van hemel en aarde komen. Ze verdrongen zich om hun tsaddiek, hingen aan zijn lippen wanneer hij hun een verhaal over de Besjt vertelde of een Tora-vers verklaarde. Net als de extatische christelijke sekten was het chassidisme geen solitair geloof, maar werd het juist in intense gemeenschappelijkheid beleden. De chassidiem trachtten als groep, samen met hun leermeester, hun tsaddiek te volgen in zijn opgang naar de uiterste werkelijkheid. Het was daarom niet verwonderlijk dat de orthodoxe Poolse rabbijnen gruwden van deze persoonsgerichte cultus waarin volstrekt geen plaats was ingeruimd voor de geleerde rabbijnen die lange tijd waren beschouwd als de incarnatie van de Tora. De oppositie werd geleid door rabbi Elia ben Solomon Zalman (1720-1797), de Ga'on of het hoofd van het leerhuis van Wilna. Na het debâcle van Sjabtai Tsevi stonden enige joden uiterst vijandig tegenover mystiek en de Ga'on van Wilna wordt vaak beschouwd als de grote voorvechter van een rationeler geöriënteerde religie. Toch was hij niet alleen een groot talmoedist, maar ook een hartstochtelijk kabbalist. Zijn beste leerling, rabbi Chajiem ben Isaak van Wolostzyn, prees zijn 'volledige en indrukwekkende beheersing van de *Zohar* (...), welke hij bestudeerde met liefdevol vuur en vrees voor de goddelijke majesteit, met heiligheid en zuiverheid en wonderbaarlijke dewekoet'.[60] Wanneer de Ga'on over Jitschak Loeria sprak, beefde hij over zijn hele lichaam. Hij had prachtige dromen en openbaringen, maar toch verklaarde hij nadrukkelijk dat Torastudie de belangrijkste weg was die hem naar God leidde. Hij gaf echter blijk van een opmerkelijk begrip voor het vermogen van dromen om ingevingen vanuit het onbewuste naar boven te halen. 'Hij zei altijd,' vervolgt rabbi Chajiem, 'dat God de slaap slechts heeft geschapen, opdat de mens tot inzichten komt waartoe hij anders, wanneer de ziel nog met het lichaam is verenigd, niet zou komen, zelfs niet met de grootste inspanning en moeite, aangezien het lichaam een scheidingswand is.'[61]

De kloof tussen mystiek en rationalisme is minder groot dan we vaak menen. De opmerking die de Ga'on van Wilna over de slaap maakte, getuigt van groot inzicht in de rol van het onbewuste. We hebben allemaal wel eens iemand aangeraden ergens 'een nachtje over te slapen', in de hoop dat hij dan de oplossing van een probleem zal vinden waar hij, wakend, niet is opgekomen. Wanneer onze geest receptief en ontspannen is, stijgen ideeën uit de lagere regionen van onze geest naar omhoog. Dat zelfde hebben ook wetenschappers als Archimedes ervaren; de laatste ontdekte in het bad zijn befaamde wet. Net als de mysticus moet de creatieve filosoof of wetenschapper de duistere wereld van de ongeschapen werkelijkheid en de wolk van het niet-weten tegemoet treden, in de hoop dat hij erin kan doordringen. Zolang ze nog met logica en concepten worstelen, zitten ze noodzakelijkerwijs vast aan ideeën of gedachtenlijnen die al eerder zijn geformuleerd. Vaak lijken hun ontdekkingen hun van buitenaf te zijn 'geschonken'. Ze gebruiken dan woorden als visioen en inspiratie. Zo kreeg Edward Gibbon (1737-1794), een man die religieuze dweperigheid verafschuwde, een visionaire flits toen hij tussen de ruïnes van het Capitool zat te mijmeren, en dat inspireerde hem tot het schrijven van zijn boek *The Decline and Fall of the Roman Empire*. In zijn commentaar op die ervaring noemde de twintigste-eeuwse historicus Arnold Toynbee haar een 'belevingsverbondenheid': 'Hij was zich rechtstreeks bewust van het verglijden van de Historie die langzaam, als een machtige stroom, door hem heen trok en van zijn eigen leven dat als een golfslag opwelde in de stroming van een immens tij.' Een dergelijk moment van inspiratie, besluit Toynbee, is verwant aan het zogenaamde 'Gelukzalige Visioen, zoals dat wordt beschreven door zielen aan wie dit genadiglijk is toegekend'.[62] Ook Albert Einstein verklaarde dat het mysterieuze het mooiste is wat we kunnen ervaren en dat het 'aan de basis staat van de ware kunst en wetenschap':

> Het besef dat er dingen bestaan die voor ons niet te doorgronden zijn, dat de hoogste rede en de zuiverste schoonheid zich manifesteren op een manier die hen voor ons verstand maar in zeer beperkte mate toegankelijk maakt – dat besef en dat gevoel zijn het wezen van de ware religiositeit. In deze zin, en in geen andere, behoor ik tot de diep religieuze mensen.[63]

In die zin was de religieuze verlichting die mystici als de Besjt hadden ontdekt, verwant aan de andere verworvenheden van de rationalistische Verlichting. Ze bood eenvoudige mannen en vrouwen de kans om de imaginatieve stap naar de nieuwe wereld van de moderne tijd te zetten.

In de jaren tachtig van de achttiende eeuw verkondigde rabbi Sjneoer Zalman van Ladi (1745-1813) dat de emotionele uitbundigheid van het chassidisme niet haaks stond op de rationele zoektocht naar de uiterste waarheid. Hij richtte een nieuwe chassidische school op die naar een synthese zocht tussen mystiek en rationele contemplatie. Het zou de naam chabad-chassidisme krijgen, een acrostichon van de drie attributen van God: Chochma (Wijsheid), Bina (Inzicht) en Da'at (Kennis). Net als de eerdere mystici die wijsbegeerte en spiritualiteit met elkaar hadden versmolten, was Sjneoer Zalman van mening dat metafysische speculatie een wezenlijke voorbereiding van het gebed was, omdat ze de beperkingen van het verstand aan het licht bracht. Zijn methode ging uit van de fundamentele chassidische opvatting dat God in alle dingen aanwezig was en bracht de mysticus via een dialectisch proces tot het besef dat er geen andere werkelijkheid bestond dan Hij. 'Vanuit het oogpunt van de Oneindige, gezegend zij Hij, zijn alle werelden letterlijk niets,' legde Sjneoer Zalman uit.[64] De geschapen wereld bestaat slechts bij God, want Hij is haar levenskracht. Slechts doordat onze perceptie zo beperkt is, komt de wereld ons als een zelfstandige entiteit voor, maar dat is een illusie. God is daarom geen transcendent wezen dat zich in een alternatieve werkelijkheidssfeer bevindt; Hij huist niet op een plaats buiten de wereld. Sterker nog, het dogma van Gods transcendentie is ook al zo'n illusie van een geest die vrijwel niet in staat is zijn zintuiglijke indrukken te overstijgen. Met behulp van de mystieke techniek van het chabad-chassidisme zouden de joden boven hun zintuiglijke waarnemingen uitstijgen en de dingen zien vanuit het standpunt van God. Voor een oog dat niet geestelijk is verlicht, lijkt de wereld godloos; door schouwing van de kabbala zullen de rationele begrenzingen worden afgebroken en zullen wij de God te vinden die zich in de omringende wereld bevindt.

Het chabad-chassidisme deelde met de Verlichting het vertrouwen in het vermogen van de menselijke geest om God te bereiken, maar het deed dat met behulp van de beproefde methode van de paradox en de mystieke concentratie. Net als de Besjt was Sjneoer Zalman ervan overtuigd dat *iedereen* een visioen van God kon krijgen; het chabad-chassidisme was niet bedoeld voor een selecte groep mystici. Zelfs mensen die geen aanleg voor mystiek hadden, konden tot geestelijke verlichting komen. Maar er moest wel hard voor worden gewerkt. Rabbi Dow Bär van Loebawitsj (1773-1827), de zoon van Sjneoer Zalman, legde in zijn *Verhandeling over de extase* uit dat men tot in het diepst van zijn ziel doordrongen moest zijn van zijn eigen ontoereikendheid. Uitsluitend cerebrale contemplatie was niet genoeg; ze moest gepaard gaan met zelfonderzoek, Torastudie en gebed. Het zou ons veel moeite kosten onze beredeneerde en gefantaseerde vooroordelen over de wereld op te geven en het gros van de mensen zou een ingenomen standpunt slechts met grote tegenzin loslaten. Maar had de chassied zijn egoïsme eenmaal overwonnen, dan zou hij beseffen dat er geen andere werkelijkheid bestond dan God. Zoals de soefi fanā' bereikte, zou de chassied extase bereiken. Dow Bär legde uit dat hij buiten zichzelf zou treden: 'Zijn hele wezen wordt zo geabsorbeerd dat er niets van overblijft en hij zich totaal niet meer van zichzelf bewust is.'⁶⁵ Het chabad-chassidisme gebruikte kabbala als instrument voor psychologische analyse en zelfkennis en leerde de chassied om, sfeer na sfeer, steeds dieper in zijn innerlijke wereld af te dalen, totdat hij de kern van zijn eigen ik had bereikt. Daar ontdekte hij dan de God die de enige ware werkelijkheid was. Door gebruik te maken van de rede en de verbeelding zou de geest God ontdekken, maar het zou niet de objectieve God van de *philosophes* en van geleerden als Newton zijn, maar een uiterst subjectieve werkelijkheid die niet van het eigen ik kon worden gescheiden.

De zeventiende en achttiende eeuw waren een periode van pijnlijke uitersten en onrust geweest en, als zodanig, een afspiegeling van de revolutionaire woelingen op politiek en sociaal gebied. In de islamitische wereld daarentegen had in die zelfde tijd niets vergelijkbaars plaatsgevonden, al kan een westerling dat moeilijk met zekerheid vaststellen aangezien het islamitische denken van de achttiende eeuw niet intensief is bestudeerd. Westerse geleerden hebben dit tijdperk doorgaans al te vlot afgedaan als oninteressant en de mening gehuldigd dat de islam in de periode dat Europa zijn Verlichting had, door een dal ging. Maar de laatste tijd wordt deze opvatting veel te simplistisch genoemd. Ook al hadden de Engelsen in 1767 de zeggenschap over India in handen gekregen, de islamitische wereld was zich gewoon nog niet ten volle bewust van het soort uitdaging waar het Westen haar voor het eerst in de geschiedenis voor stelde. De Indiase soefi sjah Walī Allāh van Delhi (1703-1762) was wellicht de eerste die besefte dat er een nieuwe geest door het Westen waarde. Hij was een indrukwekkend denker die culturele gelijkvormigheid wantrouwde, maar toch van mening was dat de moslims zich zouden moeten verenigen om hun erfgoed te bewaren. Hoewel hij weinig van de sjī'a moest hebben, vond hij dat de soennieten en sji'ieten een gemeenschappelijke basis moesten zien te vinden. Hij trachtte de sjarī'a te hervormen om haar meer in overeenstemming te brengen met de nieuwe omstandigheden in India. Het was alsof Walī Allāh een voorgevoel had van de gevolgen die het kolonialisme zou hebben; zijn zoon zou een djihād tegen de Engelsen voeren. In religieus opzicht was hij echter conservatiever en leunde hij zwaar op Ibn Arabī: zonder God kan de mens nooit tot volle ontplooiing van zijn vermogens komen. De moslims konden in religieuze aangelegenheden nog steeds putten uit de rijkdommen van hun verleden en Walī Allāh is een voorbeeld van de kracht die het soefisme nog bij hen kon opwekken. Maar in veel delen van de wereld was het soefisme enigszins in verval geraakt en een nieuwe hervormingsbeweging in Arabië was er de voorbode van dat men zich van mystiek zou afkeren; het was een ontwikkeling die bepalend zou zijn voor de islamitische godsvoorstelling in de negentiende eeuw en voor het islamitische antwoord op de westerse uitdaging.

Net als de christelijke reformatoren van de zestiende eeuw wilde Mohammed ibn Abd al-Wahhāb (1703-1787), een jurist uit Nadjd op het Arabische schiereiland, de islam herstellen in zijn zuivere vorm van de beginperiode en latere aangroeisels wegsnijden. Hij stond vooral vijandig tegenover mystiek en veroordeelde alles wat maar enigszins naar een incarnatieleer riekte, inclusief de verering van de soefi-heiligen en de sji'itische imaams. Hij was zelfs een tegenstander van de cultus van de tombe van de profeet in Medina; geen enkel mens, hoe illuster ook, mocht de aandacht die op God was gericht afleiden. Het lukte Ibn Abd al-Wahhāb om Mohammed ibn Sa'oed, de heerser over een klein vorstendom in Midden-Arabië, op zijn hand te krijgen en samen begonnen ze een hervormingsbeweging die de eerste oemma van de profeet en zijn metgezellen in ere trachtte te herstellen. In scherpe bewoordingen hekelden ze de onderdrukking van de armen, de onverschilligheid over het lot van de weduwen en wezen, de zedeloosheid en idolatrie. Ook begonnen ze een djihād tegen de Ottomanen, hun keizerlijke heersers, omdat ze zich op het standpunt stelden dat de islamitische volkeren geleid hoorden te worden door Arabieren en niet door Turken. Ze wisten een aanzienlijk deel van de Hidjaaz aan het Ottomaanse gezag te onttrekken en pas in 1818 zou het de Turken lukken dit gebied weer in handen te krijgen. Maar de nieuwe sekte had tot de verbeelding van veel mensen in de islamitische wereld gesproken. Pelgrims naar Mekka waren onder de indruk geraakt van deze nieuwe piëteit, die hun frisser en strijdbaarder voorkwam dan het toenmalige soefisme. In de negentiende eeuw zou het wahhabisme de dominerende islamitische beweging worden; het soefisme zou nog verder worden teruggedrongen en daardoor steeds meer bizarre en bijgelovige trekken vertonen. Net als de joden en de christenen keerden de moslims zich van de mystiek af en kozen ze voor een rationele piëteit.

In Europa tekende zich bij enkelen het begin van een trend af om zich zelfs van God af te keren. Jean Meslier, een plattelandspriester die een voorbeeldig leven had geleid, stierf in 1729 als atheïst. Hij liet een manuscript na dat door Voltaire werd uitgegeven en verspreid. Hierin getuigde hij van zijn weerzin tegen de mensheid en van zijn onvermogen in God te geloven. Newtons oneindige ruimte was, zo meende Meslier, de enige externe werkelijkheid; alleen materie bestond, voor de rest niets. Religie was een bedenksel waar de rijken zich van bedienden om de armen te onderdrukken en weerloos te maken. Vooral het christendom onderscheidde zich van andere religies door zijn bespottelijke leerstukken, zoals de Drieëenheid en de Menswording. Mesliers ontkenning van God ging de *philosophes* echter te ver. Voltaire schrapte de specifiek atheïstische passages en maakte van de abbé een deïst. Maar tegen het einde van de eeuw begonnen enkele filosofen zich met trots atheïst te noemen, ook al bleven ze een minderheid vormen. Het was een heel nieuwe ontwikkeling. Tot nu toe was 'atheïst' een scheldwoord geweest, een uiterst negatieve verdachtmaking die men zijn tegenstanders toebeet. Maar nu begon men het voor het eerst als geuzennaam te dragen. De Schotse filosoof David Hume (1711-1776) had het nieuwe empirisme naar zijn onvermijdelijke conclusie gevoerd: het was niet nodig om voor de werkelijkheid een andere verklaring te zoeken dan een wetenschappelijke en er was geen enkele filosofische reden om iets te geloven wat buiten onze zintuiglijke waarneming viel. In zijn *Dialogues concerning Natural Religion* maakte Hume korte metten met het godsbewijs op basis van ontwerp; het was gebaseerd op analoge argumenten die geen hout sneden, zo betoogde hij. Men zou kunnen betogen dat de orde die we in de natuurlijke wereld ontwaren op een intelligente opziener zou wijzen, maar hoe moesten we dan het kwaad en de duidelijk aanwezige chaos verklaren? Er was geen logisch antwoord op deze vraag en Hume, die zijn *Dialogues* omstreeks 1750 had geschreven, liet ze wijselijk ongepubliceerd. Een jaar voordien was de Franse filosoof Denis Diderot (1713-1784) in hechtenis genomen omdat hij dezelfde vraag had gesteld in zijn *Lettre sur les aveugles, à l'usage de ceux qui voient*, een essay waarin voor het eerst een volwaardig atheïsme onder de aandacht van het grote publiek werd gebracht.

Diderot zelf ontkende dat hij atheïst was. Hij zei simpelweg dat het hem niets kon schelen of God bestond of niet. Toen Voltaire bezwaar maakte tegen zijn essay, antwoordde hij: 'Ik geloof in God, al voel ik me onder de atheïsten zeer wel thuis. (...) Het is (...) uitermate belangrijk om kervel niet voor peterselie te houden, maar in het geheel niet om wél of niet in God te geloven.' Met feilloze nauwkeurigheid had Diderot de vinger op de zere plek gelegd. Zodra 'God' ophoudt een hartstochtelijk beleden, subjectieve ervaring te zijn, houdt 'Hij' ook op te bestaan. Het was, zo verklaarde Diderot in dezelfde brief, zinloos om te geloven in de God van de filosofen die zich nooit met de zaken van de wereld inlaat. De Verborgen God was een *deus otiosus* geworden: 'Of God nu bestaat of niet, Hij neemt in ieder geval een plaats tussen de meest verheven en nutteloze waarheden in.'[66] Diderot was tot een tegenovergestelde conclusie gekomen dan Pascal, in wiens ogen immers het wagen van de gok van het grootste gewicht was en onmogelijk kon worden genegeerd. In zijn *Pensées Philosophiques* van 1746 had Diderot de geloofsbeleving van Pascal te subjectief gevonden en van de hand gewezen: zowel de jezuïeten als hij waren verwoed met God bezig geweest, maar ze hadden over Hem heel afwijkende meningen erop na gehouden. Wie moest je dus kiezen? Zo'n God was niets anders dan *tempérament*. In dit stadium, zo'n drie jaar voor de publikatie van zijn *Lettre*, geloofde Diderot nog dat de wetenschap – en alleen de wetenschap – het atheïsme kon weerleggen. Hij kwam met een indrukwekkende nieuwe invulling van het bewijs op basis van ontwerp. In plaats van de enorme beweging van het heelal te bestuderen moest de mens, zo betoogde hij, zich in de onderliggende structuur van de natuur verdiepen. De organisatie van een zaadje, een vlinder of een insekt zat veel te ingewikkeld in elkaar om een toevalligheid te zijn. In zijn *Pensées* geloofde Diderot nog steeds dat met de rede kon worden bewezen dat God bestond. Newton had een einde gemaakt aan de bijgelovigheden en dwaasheden van religie; een God die wonderen deed behoorde in dezelfde categorie thuis als de kaboutertjes waar we onze kinderen bang mee maken.

Drie jaar later had Diderot echter grote twijfels aan Newtons denkbeelden en was hij er niet langer van overtuigd dat aan de externe wereld enig bewijs voor God kon worden ontleend. Hij zag duidelijk dat de nieuwe wetenschap niets over God kon vertellen. Maar hij kon deze revolutionaire en opruiende gedachte alleen maar in fictionele vorm gieten. In zijn *Lettre* geeft Diderot een imaginaire discussie weer tussen een aanhanger van Newton die hij 'meneer Holmes' noemt en Nicholas Saunderson (1682-1739), de inmiddels overleden wiskundige uit Cambridge die als baby blind was geworden. Diderot laat Saunderson aan Holmes vragen hoe het godsbewijs op basis van ontwerp viel te rijmen met 'monsters' en ongelukken als hijzelf, een man die het bewijs was van een allesbehalve intelligente en welwillende planning:

> Wat is deze wereld anders dan een samenstel, meneer Holmes, onderworpen aan cyclische veranderingen die alle wijzen op een voortdurende hang naar destructie; een snelle successie van wezens die op elkander volgen, tot wasdom komen en dan verdwijnen; een vergankelijke symmetrie; een tijdelijke orde.[67]

De God van Newton, ja zelfs de God van veel conventionele christenen die letterlijk verantwoordelijk heette te zijn voor alles wat er gebeurt, was niet alleen een absurditeit, maar zelfs een gruwelijke gedachte. Het opvoeren van 'God' ter verklaring van dingen die we momenteel niet kunnen verklaren, was mislukte nederigheid. 'Mijn waarde Holmes,' concludeert Diderots Saunderson, 'geef uw onwetendheid toe.'

Naar Diderots mening was er geen Schepper nodig. Materie was niet de passieve, verachtelijke stof zoals Newton en de protestanten zich voorstelden, maar iets wat zijn eigen dynamiek had en aan zijn eigen wetten gehoorzaamde. Het is deze wet van de materie – en niet een Goddelijke Mechanicus – die verantwoordelijk is voor het ogenschijnlijke ontwerp dat we om ons heen menen te zien. Niets bestaat, alleen materie. Diderot had hiermee de grenzen van Spinoza's systeem nog verder verlegd. In plaats van te stellen dat er geen andere God was dan de natuur, verklaarde Diderot dat er alleen de natuur was en helemaal geen God. Hij stond hierin niet alleen. Wetenschappers als Abraham Trembley en John Turberville Needham waren met de theorie van de spontane generatie gekomen en deze begon nu in de biologie, microscopie, zoölogie, natuurlijke historie en geologie als hypothese een plaats te krijgen. Maar slechts een enkeling was bereid definitief met God te breken. Zelfs de filosofen die regelmatige bezoekers waren van de salon van Paul-Henry Thiery, baron d'Holbach (1723-1789), omarmden het atheïsme niet publiekelijk, al voerden ze er graag openhartige en vrijmoedige discussies over. Uit deze discussies ontstond Holbachs boek *Système de la nature, ou des lois du monde physique et du monde moral* (1770), dat de bijbel van het materialistisch atheïsme zou worden. De natuur was, zo stelde Holbach, 'een immense, ononderbroken keten van oorzaak en gevolg'[68] waar geen bovennatuurlijk alternatief voor was. Het was oneervol om in een God te geloven en het was een ontkenning van wat we werkelijk ervaren. Bovendien was het een wanhoopsdaad. Religie schiep goden, omdat de mensen geen andere verklaring konden vinden waaraan ze troost konden ontlenen voor de rampspoeden van het leven hier op aarde. Ze wendden zich tot de imaginaire vertroosting van religie en wijsbegeerte, in een poging daarin het illusoire gevoel te vinden dat ze de zaak onder controle hadden, en ze trachtten, om bedreiging en onheil af te wenden, een 'werkzame kracht' gunstig te stemmen die in hun fantasie op de achtergrond op de loer lag. Aristoteles had geen gelijk gehad. Wijsbegeerte was niet het resultaat van een nobel verlangen naar kennis, maar van de abjecte hunkering naar het vermijden van pijn. De bakermat van religie was daarom onwetendheid en angst, en een rijp en verlicht mens moest zich ervan losmaken.

Holbach waagde zich aan een eigen geschiedenis van God. Oorspronkelijk hadden de mensen de natuurkrachten aanbeden. Tegen dat primitieve animisme bestond geen enkel bezwaar, want het had niet getracht verder te kijken dan de wereld zelf. De rot was er pas in gekomen toen mensen de zon, de wind en de zee begonnen te personifiëren om goden naar hun eigen beeld en gelijkenis te maken. Ten slotte hadden ze al deze godheidjes samengevoegd tot één grote god, maar die was niets anders dan een projectie van henzelf geweest en een massa tegenstrijdigheden. Dichters en theologen hadden in de loop der eeuwen niets anders gedaan dan een supermens maken:

> In feite ziet de mens in zijn god nooit iets anders dan een mens en zal hij er ook nooit iets anders in zien; hoe hij zijn best ook doet diens macht en volmaaktheden te verfijnen, hoe hij zijn best ook doet ze uit te breiden, hij zal nooit iets anders van hem kunnen maken dan een gigantisch en overdreven mens, die hij chimerieke dimensies geeft door hem op te tassen met onverenigbare kwaliteiten; hij zal in God nooit iets anders zien dan een wezen van de menselijke soort waarvan

hij de proporties net zo lang zal pogen op te blazen totdat hij een wezen heeft gemaakt dat elke voorstelling te boven gaat.[69]

Uit de geschiedenis blijkt dat het onmogelijk is de zogenaamde goedheid van God te verzoenen met zijn almacht. Aangezien de godsidee een gebrek aan coherentie vertoont, is ze tot ontbinding gedoemd. De filosofen en wetenschappers hebben hun best gedaan haar te redden, maar ze hebben het er niet beter afgebracht dan de dichters en theologen. De '*hautes perfections*' die Descartes beweerde bewezen te hebben, waren simpelweg aan zijn fantasie ontsproten. Zelfs de grote Newton was 'een slaaf van de vooroordelen van zijn jeugd'. Hij had de absolute ruimte ontdekt en uit de leegte een God geschapen die gewoon '*un homme puissant*' was, een goddelijke despoot die zijn menselijke scheppers terroriseerde en tot slaven maakte.[70]

Gelukkig zal de Verlichting de mensheid in staat stellen deze kinderlijke gedachten van zich af te schudden. De wetenschap zal de religie vervangen. 'Zo onwetendheid over de natuur de goden in het leven mocht hebben geroepen, zo zal kennis van de natuur zich ten doel stellen hen te vernietigen.'[71] Er bestaan geen hogere waarheden of onderliggende patronen, er bestaat geen luisterrijk ontwerp. Het enige wat bestaat is de natuur zelf.

> De natuur is geen werkstuk; ze heeft immer vanuit zichzelf bestaan; en in haar boezem wordt alles vervaardigd; ze is een reusachtige werkplaats die voorzien is van materialen en die de gereedschappen vervaardigt waarvan ze zich voor haar handelen bedient. Al haar werkstukken zijn voortbrengsels van haar energie, en van de werkzame krachten of oorzaken die ze zelf maakt, die ze in zichzelf herbergt, die ze in werking stelt.[72]

Niet alleen was God niet nodig, Hij was ook uiterst schadelijk. Tegen het einde van die zelfde eeuw had Pierre Simon, markies de Laplace (1749-1827) God uit de natuurkunde geworpen. Het planetaire stelsel was een lichtende uitloper van de zon geworden die geleidelijk afkoelde. Toen Napoleon hem vroeg: 'Maar wie is daar dan de auteur van?', antwoordde Laplace simpelweg: '*Je n'avais pas besoin de cette hypothèse-là.*'

Eeuwenlang hadden monotheïsten van elke theïstische signatuur betoogd dat God niet louter kon worden beschouwd als gewoon een ander zijnde. Hij bestond niet op dezelfde manier als de andere verschijnselen waar we mee te maken hebben. In het Westen echter waren christelijke theologen steeds vaker gewoon geworden om wel over Hem te spreken als was Hij een van die andere, bestaande dingen. Ze hadden de nieuwe wetenschap aangegrepen om de objectieve werkelijkheid van God te bewijzen, alsof Hij op dezelfde manier kon worden getest en geanalyseerd als al het andere. Diderot, Holbach en Laplace hadden deze poging honderdtachtig graden omgekeerd en waren tot dezelfde slotsom gekomen als de extreemste mystici: daarginds was niets. Het zou niet lang meer duren of wetenschappers en filosofen zouden triomfantelijk verklaren dat God dood was.

10

De dood van God?

Tegen het begin van de negentiende eeuw prijkte het atheïsme definitief op de agenda. De wetenschappelijke en technologische successen schiepen een nieuwe geest van autonomie en onafhankelijkheid, voor sommigen de aansporing zich onafhankelijk van God te verklaren. Het was de eeuw van Ludwig Feuerbach, Karl Marx, Charles Darwin, Friedrich Nietzsche en Sigmund Freud, mannen die wijsgerige systemen en wetenschappelijke interpretaties van de werkelijkheid ontwikkelden waar God geen plaats in had. Tegen het einde van de eeuw had een aanzienlijk aantal personen zelfs het gevoel dat als God nog niet dood was, het de taak van rationele, geëmancipeerde mensen was Hem om het leven te brengen. De godsidee die eeuwenlang in het christelijke Westen was gekoesterd, leek nu rampzalige ondeugdelijkheden te vertonen en het zag ernaar uit dat het tijdperk van de rede over eeuwen van bijgeloof en bigotterie had gezegevierd. Of niet? Het Westen had nu het initiatief in handen genomen en de activiteiten die het ontplooide zouden fatale gevolgen hebben voor joden en moslims die gedwongen zouden zijn zich op hun eigen positie te beraden. Veel ideologieën waarin de godsidee werd verworpen, sneden zonder twijfel hout. De antropomorfe en persoonlijke God van het westerse christendom was kwetsbaar. In zijn naam waren de gruwelijkste misdaden begaan. Toch werd zijn verscheiden niet als een vreugdevolle bevrijding ervaren; integendeel, het ging met twijfel en angst en in sommige gevallen met kwellende gewetensnood gepaard. Anderen trachtten God te redden door met nieuwe theologieën te komen die Hem moesten bevrijden uit de knellende banden van de empirische denksystemen, maar het atheïsme was niet meer terug te dringen.

De verering van de rede lokte ook een reactie uit. De dichters, schrijvers en filosofen van de Romantiek wezen erop dat een extreem rationalisme fnuikend was, omdat het voorbijging aan de imaginatieve en intuïtieve krachten van de menselijke geest. Sommigen probeerden christelijke dogma's en mysteriën een seculiere herinterpretatie te geven. In deze geherformuleerde theologie werden de oude thema's van hemel en hel, wedergeboorte en verlossing in een idioom gegoten dat ze intellectueel aanvaardbaar maakte voor de post-Verlichting en dat ze ontkoppelde van hun associatie met een bovennatuurlijke werkelijkheid 'ergens daarginds'. Een van de thema's van dit 'natuurlijk bovennatuurlijke', zoals de Amerikaanse literatuurcriticus M.R. Abrams het heeft genoemd,[1] was de scheppende verbeelding. Ze werd gezien als het menselijk vermogen de externe werkelijkheid zodanig tegemoet te treden, dat er als het ware een nieuwe waarheid werd geschapen. De Engelse dichter John Keats (1798-1821) gaf het kort en bondig weer: 'De verbeelding is als Adams droom – hij ontwaakte en bemerkte dat deze werkelijkheid geworden was.' Hij doelde daarmee op de schepping van Eva in Miltons *Paradise Lost*, toen Adam wakker was geworden uit een droom over een vooralsnog ongeschapen werkelijkheid en zijn droom uitgekomen zag in de vrouw tegenover hem. In dezelfde brief had Keats de verbeelding beschreven als een sacraal vermogen: 'Ik ben nergens zeker van, behoudens van de heiligheid der harteroerselen en van de waarheid der verbeelding – alles wat de verbeelding als schoonheid ervaart, moet de waarheid zijn – ongeacht de vraag of ze reeds eerder bestond of niet.'[2] De rede speelde in dit creatieve proces slechts een ondergeschikte rol. Keats beschreef ook een gemoedstoestand waaraan hij de naam 'Negatieve Ontvankelijkheid' (*Negative Capability*) gaf, de toestand 'wanneer een mens in staat is om in onzekerheid, mysterie en twijfel te verkeren, zonder op ergerlijke wijze naar feiten en rede te reiken'.[3] Net als de mysticus moest de dichter de rede overstijgen en een houding van stille afwachting aannemen.

Middeleeuwse mystici hadden de godservaring min of meer op dezelfde wijze beschreven. Ibn Arabī had het zelfs gehad over de verbeelding die in de diepten van het eigen ik haar persoonlijke beleving van Gods ongeschapen werkelijkheid schiep. Ondanks Keats' kritische houding tegenover William Wordsworth (1770-1850), de man die samen met Samuel Taylor Coleridge (1772-1834) de pionier van de Engelse Romantiek was geweest, hadden ze dezelfde opvatting over de verbeelding. Wordsworth's beste gedichten bezongen het bondgenootschap tussen de menselijke geest en de natuurlijke wereld dat door een proces van actie en reactie tot inzicht en zingeving leidde.[4] Wordsworth zelf was een mysticus voor wie de beleving van de natuur gelijkstond aan de beleving van God. In zijn 'Lines composed a few miles above Tintern Abbey' beschreef hij de receptieve geestestoestand die tot een extatisch visioen van de werkelijkheid leidde:

(...) dat licht gevoel,
waarin de last van het geheimenis,
waarin het zware, drukkende gewicht
van deze onbegrijpelijke wereld

> verhelderd wordt: – dat rein en schoon gevoel,
> waarin genegenheid ons zachtjes leidt, –
> totdat, – de adem van dit aards gestel,
> het stromen van dit menselijke bloed,
> welhaast gestild, – ons lichaam wordt gelegd
> in zoete slaap, dan leven we in de ziel,
> en zien wij, met een oog dat door de macht
> der harmonie verhelderd is, en diep verheugd,
> in 't hart des levens zelf.[5]

Dit visioen welde uit het hart op en niet uit het – zoals Wordsworth het noemde – 'bemoeizuchtige verstand' dat met zijn puur analytische vermogen dit soort intuïtieve inspiraties slechts in de kiem kon smoren. Mensen hadden geen geleerde boeken en theorieën nodig. Het enige wat werd verlangd, was 'wijze passiviteit' en 'een hart dat aanschouwt en ontvangt'.[6] Inzicht begon met een subjectieve ervaring, zij het dat die 'wijs' moest zijn, en niet slecht geïnformeerd en op eigen bevrediging uit. Een waarheid was pas echt waar wanneer ze, zoals Keats zou zeggen, op de pols werd gevoeld en door de passie levend naar het hart werd gedragen.

Wordsworth had een 'geest' ontwaard die op een en hetzelfde ogenblik in de natuurverschijnselen immanent was en er tegelijkertijd los van stond:

> (…) een aanwezigheid
> heb ik gevoeld, die mij verwart van vreugde,
> hoge gedachten, een verheven zin
> van diepe, donkere verbondenheid,
> die woont in 't licht van ondergaande zonnen,
> de ronde oceaan, de lucht die leeft,
> het hemelsblauw, en in des mensen hart;
> een geest, een aandrift, die bewegen doet
> alles wat leeft en denkt, wat wordt gedacht,
> die gaat door alles heen.[7]

Filosofen als Hegel zouden zo'n geest in de historische gebeurtenissen aanwezig zien. Wordsworth waakte er zorgvuldig voor deze ervaring een conventioneel religieuze uitleg te geven, al voelde hij zich bij andere gelegenheden niet in het minst bezwaard het woord 'God' in de mond te nemen, vooral niet in een morele context.[8] Engelse protestanten waren niet erg vertrouwd met de God van de mystici die de reformatoren toch al nooit hoog hadden aangeslagen. God sprak via het geweten, in zijn aansporingen tot de mens om zijn plicht te doen; Hij corrigeerde de verlangens van het hart, maar leek weinig gemeen te hebben met de 'aanwezigheid' die Wordsworth in de Natuur had gevoeld. Wordsworth, die er altijd naar streefde zich nauwgezet uit te drukken, zou haar slechts 'iets' noemen, een woord dat wel vaker wordt gebruikt ter vervanging van een exacte omschrijving. Wordsworth gebruikte het om de geest aan te geven die hij, als echte mystieke agnosticus, weigerde te benoemen, omdat deze in geen enkele categorie die hij kende kon worden ondergebracht.

Een andere mystieke dichter uit deze periode koos voor een meer apocalyptische toon en verkondigde dat God dood was. In zijn vroege gedichten had William Blake (1757-1827) een dialectische methode gevolgd: woorden als 'onschuld' en 'ervaring', die schijnbaar diametraal tegenover elkaar stonden, bleken bij nadere beschouwing elk de halve waarheid van een complexere werkelijkheid te zijn. Blake had de uitgebalanceerde antithese die tijdens het rationalistische tijdperk in Engeland het kenmerk van de rijmende, tweeregelige strofen was geweest, omgesmeed tot een vorm waarin hij een persoonlijke en subjectieve visie kon geven. In zijn *Songs of Innocence and of Experience* blijken twee 'tegengestelde staten van de menselijke ziel' slechts dan volwaardigheid te bereiken wanneer ze tot een geheel zijn samengevoegd: onschuld moet ervaring worden en ervaring moet op haar beurt naar de diepste diepten vallen om onschuld te herwinnen. De dichter is een profeet geworden die in de tijd kan zien en naar het Heilige Woord luistert dat in de oertijd tot de mensheid werd gesproken:

> Hoor de stem van de Bard!
> Die Heden en Verleden en de Toekomst ziet;
> Wiens oor heeft gehoord
> Het Heilige Woord
> Dat door de oude bomen liep,
>
> Al roepend tot de verdoolde ziel
> En schreiend in de avondval;
> Dat het licht misschien
> Dat viel en viel
> Met de sterrenpool weerbrengen zal![9]

Net als de gnostici en de kabbalisten stelde Blake zich de mens in een staat van absolute gevallenheid voor. Er kon pas sprake zijn van waarachtig inzicht wanneer hij ervan was doordrongen in welke verdoling hij verkeerde. Net als die eerste mystici gebruikte Blake de zondeval als symbool voor een proces dat zich voortdurend in de ons omringende aardse werkelijkheid voltrekt.

Blake was in opstand gekomen tegen de opvattingen van de Verlichting, die de waarheid had trachten te systematiseren. Hij was bovendien in opstand gekomen tegen de God van het christendom die men had gebruikt om mannen en vrouwen van hun menselijkheid te vervreemden. Deze God had men onnatuurlijke wetten laten afkondigen die seksualiteit, vrijheid en spontane vreugde onderdrukten. In 'De tijger' fulmineerde Blake tegen het 'gruw'lijk evenwicht' van deze onmenselijke God die zo onuitsprekelijk ver van de wereld was verwijderd: 'Tot wat afstand, diep of hoog,/gloeit de hitte van uw oog?' Maar de geheel andere God, de Schepper van de wereld, ondergaat in zijn gedichten een verandering. God zelf moet naar de aarde vallen en in de persoon van Jezus de dood vinden.[10] Hij wordt zelfs Satan, de vijand van het mensdom. Net als de gnostici, de kabbalisten en de eerste trinitariërs stelde Blake zich een kenosis voor, een zelfontlediging in de godheid die uit zijn solitaire hemel valt en op aarde gestalte aanneemt. Niet langer is er sprake van een autonome godheid in een eigen wereld die van mannen en vrouwen eist dat ze zich onderwerpen aan een externe, heteronome wet. Geen menselijke handeling is God meer vreemd; zelfs de seksualiteit die door de Kerk wordt onderdrukt, is in het lijden van Jezus zelf manifest. God is vrijwillig in Jezus gestorven en de transcendente, vervreemdende God is niet meer. Wanneer de dood van God voleindigd is, zal de God met het Menselijke Gelaat verschijnen:

> Jezus zei: 'Zoudt gij dan hem beminnen die nimmer stierf
> Voor u, of ooit voor iemand sterven die niet stierf voor u?
> Als God niet voor de Mens sterft & zich niet zelve geeft
> Voor eeuwig aan de Mens, dan kan geen Mens bestaan; de Mens
>   immers is Liefde
> Zo ook God Liefde is: elke goedheid naar een ander is een kleine Dood
> In het Goddelijke Beeld, noch kan de Mens bestaan dan slechts door
>   broederschap.[11]

Kwam Blake in opstand tegen de geïnstitutionaliseerde Kerk, sommige theologen trachtten de romantische zienswijze juist in het officiële christendom onder te brengen. Ook zij vonden het denkbeeld van een verre, transcendente God zowel weerzinwekkend als irrelevant en onderstreepten liever het belang van de subjectieve religieuze ervaring. In 1799, een jaar nadat in Engeland de *Lyrical Ballads* van Wordsworth en Coleridge waren verschenen, publiceerde Friedrich Schleiermacher (1768-1834) in Duitsland zijn *Über die Religion: Reden an die Gebildeten unter ihren Verächtern*, zijn eigen romantisch manifest. Christelijke leerstellingen waren geen goddelijke feiten, maar simpelweg 'de weergave van christelijk-godsdienstige gevoelens, in woorden vervat'.[12] Geloof mocht niet worden beperkt tot artikelen van een geloofsbelijdenis; geloof impliceerde emotionele aanvaarding en innerlijke overgave. Verstand en rede speelden er weliswaar een rol bij, maar konden ons slechts tot aan een bepaalde grens brengen. Hadden we de grens van de rede bereikt, dan zou het gevoel de reis naar het Absolute voleindigen. Wanneer Schleiermacher het over 'gevoel' had bedoelde hij niet een weeïge sentimentaliteit, maar een intuïtie die mannen en vrouwen naar het oneindige stuwde. Gevoel was niet tegengesteld aan de menselijke rede, maar was een imaginatieve sprong die ons over het specifieke heen tilt en meevoert naar het begrijpen van het geheel. Het godsbesef dat we ons zo verwierven, rees op uit de diepten van elk individu en niet uit een botsing met een objectief feit.

Sinds Thomas van Aquino had de westerse theologie de neiging gehad rationaliteit overmatig te beklemtonen en die neiging was na de Reformatie en Contrareformatie nog sterker geworden. Schleiermachers romantische theologie was een poging het evenwicht te herstellen. Hij wees erop dat gevoel geen doel op zich was en geen afdoende verklaring voor religie kon verschaffen. Rede en gevoel wezen allebei naar een onbeschrijfbare werkelijkheid aan gene zijde van hun eigen gebied. Schleiermacher definieerde de essentie van religie als het 'gevoel van volstrekte afhankelijkheid' van het Absolute.[13] We zullen later zien dat dit een houding was die in de negentiende eeuw een anathema voor progressieve denkers zou worden, maar Schleiermacher bedoelde er geen abjecte onderdanigheid aan God mee. In haar context geplaatst heeft deze zinsnede betrekking op het gevoel van eerbied dat we voelen opkomen wanneer we ons in het mysterie van het leven verdiepen. Dat ontzag ontsproot aan de universele menselijke beleving van het numineuze. De profeten van Israël hadden het ervaren als een enorme schok wanneer ze hun visioenen van heiligheid kregen. Romantici als Wordsworth hadden een soortgelijke eerbied en afhankelijkheid gevoeld voor de geest die ze in de natuur ontwaarden. Schleiermachers beroemde leerling Rudolph Otto zou zich in zijn belangwekkende boek *Das Heilige* in deze ervaring verdiepen en laten zien dat mensen, wanneer ze met dat transcendente worden geconfronteerd, niet meer het idee hebben dat ze de alfa en omega van het bestaan zijn.

In de laatste jaren van zijn leven vroeg Schleiermacher zich af of hij het belang van gevoel en subjectiviteit niet te veel had onderstreept. Hij was zich ervan bewust dat het christendom een achterhaalde geloofsopvatting leek te worden; enkele christelijke leerstukken waren misleidend en maakten deze godsdienst kwetsbaar voor aanvallen van het nieuwe scepticisme. Het triniteitsdogma wekte bijvoorbeeld de indruk dat er drie goden waren. Schleiermachers leerling Albrecht Ritschl (1822-1889) vond dit leerstuk een schandalig voorbeeld van hellenisatie. De christelijke boodschap was erdoor bezoedeld, doordat ze werd overdekt met een uitheemse 'laag van metafysische concepten die aan de natuurfilosofie der Grieken waren ontleend' en niets met de oorspronkelijke christelijke geloofservaring uitstaande hadden.¹⁴ Maar het was Schleiermacher en Ritschl ontgaan dat iedere generatie haar eigen imaginatieve godsvoorstelling moest scheppen, net zoals de dichter van de Romantiek de waarheid op zijn pols moest voelen. De Griekse kerkvaders hadden simpelweg getracht de Semitische godsvoorstelling voor henzelf werkbaar te maken door haar in het idioom van hun eigen cultuur te gieten. Toen het Westen het moderne, technologische tijdperk binnenging, bleken de vroegere godsideeën niet meer te werken. Toch bleef Schleiermacher tot zijn laatste uur beklemtonen dat religieuze emotie niet haaks stond op de rede. Op zijn doodsbed zei hij: 'Ik moet de diepzinnigste speculaties maken, maar ze zijn voor mij volstrekt één met de intiemste religieuze gevoelens.'¹⁵ Voorstellingen van God waren zinloos zolang ze niet door gevoel en persoonlijke religieuze beleving verbeeldingsvol waren getransformeerd.

In de loop van de negentiende eeuw betwistte de ene na de andere belangrijke filosoof de traditionele kijk op God, althans de 'God' die in het Westen de overhand had. Ze namen vooral aanstoot aan de notie van de bovennatuurlijke godheid 'ergens daarginds' die in objectieve zin bestond. We hebben eerder gezien dat in het Westen het idee van God als het opperwezen grote opgang had gemaakt, maar dat andere monotheïstische tradities hun uiterste best hadden gedaan zich van dat soort theologieën te ontdoen. Joden, moslims en orthodoxe christenen hadden allen op hun eigen manier beklemtoond dat onze menselijke voorstelling van God niet overeenkwam met de onzegbare werkelijkheid waar Hij louter een symbool van was. Allen hadden vroeger of later gesuggereerd dat het beter was God te beschrijven als 'Niets' dan als het opperwezen, aangezien 'Hij' niet op een door ons te bevatten manier bestond. In de loop der eeuwen had het Westen deze imaginatieve godsvoorstelling echter geleidelijk uit het zicht verloren. Katholieken en protestanten waren 'Hem' gaan beschouwen als een wezen dat een andere werkelijkheid was, toegevoegd aan de wereld die we kennen, en dat als een hemelse Big Brother toezicht hield op ons handelen. Het zal niemand verbazen dat velen in de postrevolutionaire wereld dit godsbeeld volstrekt onaanvaardbaar vonden, omdat het de mens veroordeelde tot eerloze onderdanigheid en verachtelijke afhankelijkheid, en dat strookte niet met de menselijke waardigheid. De atheïstische filosofen van de negentiende eeuw kwamen terecht tegen deze God in opstand. Hun kritiek zette veel tijdgenoten ertoe hetzelfde te doen. Ze leken volstrekt nieuwe gedachten te formuleren, maar wanneer ze zich over de godsvraag bogen, herhaalden ze vaak onbewust de oude inzichten van monotheïsten uit het verleden.

Zo kwam Georg Wilhelm Hegel (1770-1831) met een wijsgerig systeem dat in sommige opzichten verrassend veel op de kabbala leek. Het ironische was dat hij het jodendom een onwaardige religie vond, verantwoordelijk voor de primitieve godsvoorstelling die zoveel kwaad had aangericht. In

Hegels ogen was de joodse God een tiran die onvoorwaardelijke onderworpenheid aan een intolerante Wet eiste. Jezus had de mens van deze minderwaardige onderdanigheid trachten te bevrijden, maar de christenen waren in dezelfde val getrapt als de joden en propageerden het concept van een goddelijke despoot. Nu was echter het moment aangebroken zich van deze barbaarse godheid te ontdoèn en een verlicht standpunt over de menselijke existentie in te nemen. Deze volslagen onjuiste visie van Hegel op het jodendom, gebaseerd op de nieuwtestamentische polemiek, was een nieuwe variant van het metafysisch antisemitisme. Net als Kant projecteerde Hegel alles wat in zijn ogen verkeerd was aan religie op het jodendom. In zijn *Phänomenologie des Geistes* (1807) verving hij de conventionele godheid door het concept van een Geest die de levenskracht van de wereld was. Maar net als in de kabbala was de Geest bereid zichzelf begrenzingen en ballingschap op te leggen om waarachtige spiritualiteit en zelfbesef te bereiken. Bovendien was de Geest, ook nu weer zoals in de kabbala, afhankelijk van de wereld en de mensen om tot zelfvervulling te komen. Hegel had zo de oude monotheïstische, en ook voor het christendom en de islam kenmerkende, opvatting bekrachtigd dat 'God' niet los stond van de aardse werkelijkheid, dat Hij geen optioneel extra in een eigen wereld was, maar onlosmakelijk met de mensheid was verbonden. Net als Blake drukte hij dit inzicht dialectisch uit door de mensheid en de Geest, eindig en oneindig, te beschouwen als twee helften van één enkele waarheid die van elkaar afhankelijk waren en in hetzelfde proces van zelfverwerkelijking waren gewikkeld. In plaats van een verre godheid gunstig te stemmen door ons aan een mensvreemde en ongewenste Wet te houden, moesten we inzien, zo verklaarde Hegel in feite, dat het goddelijke een dimensie van onze menselijkheid was. Hegels opvatting over de kenosis van de Geest die zich ontledigt om in de wereld immanent te worden en gestalte aan te nemen, heeft veel gemeen met de incarnatietheologieën die in alle drie religies zijn ontwikkeld.

Hegel was echter niet alleen een zoon van de Romantiek, maar ook van de Verlichting, en daarom sloeg hij de rede hoger aan dan de verbeelding. Maar ook hierin zei hij onwillekeurig de inzichten na die al in het verleden waren geformuleerd. Net als de falāsifa stelde hij rede en wijsbegeerte boven religie, omdat de laatste in een voorstellende manier van denken was blijven steken. En zijn conclusies over het Absolute baseerde hij, wederom zoals de falāsifa, op de werking van de individuele geest die naar zijn mening gevangen zat in een dialectisch proces dat een afspiegeling van het geheel was.

Arthur Schopenhauer (1788-1860) die, om Hegel dwars te zitten, in 1819, het jaar waarin hij zijn *Die Welt als Wille und Vorstellung* publiceerde, zijn colleges in Berlijn op hetzelfde tijdstip had gegeven als Hegel de zijne, vond diens filosofie belachelijk optimistisch. Er was noch een Absolute, noch een Rede, noch een God, noch een Geest op aarde werkzaam, zo meende Schopenhauer; er was niets, behalve de brute, instinctieve levensdrift, de wil tot voortbestaan. Deze sombere visie sprak de zwaarmoedige romantici sterk aan. Toch verwierp Schopenhauer niet alle religieuze inzichten. Hij geloofde dat het hindoeïsme en het boeddhisme (en de christenen die hadden gesteld dat alles ijdelheid was) tot een juiste voorstelling van de werkelijkheid waren gekomen toen ze verklaarden dat alles op aarde een illusie was. Aangezien er geen 'God' bestond die ons redde, konden alleen kunst, muziek en een leven van ascese en mededogen ons een zekere sereniteit verschaffen. Schopenhauer had geen tijd om zich bezig te houden met het jodendom en de islam, twee religies waarvan de kijk op de geschiedenis in zijn ogen absurd simplistisch en pragmatisch was. Wat dat laatste betreft had hij een vooruitziende blik; we zullen zien dat de joden en moslims in onze eigen eeuw tot de slotsom zijn gekomen dat hun oude opvatting over de geschiedenis als theofanie niet meer onverkort kan worden gehandhaafd. Velen kunnen de gedachte van een God als Heer van de Geschiedenis niet langer onderschrijven. Maar Schopenhauers opvatting over verlossing kwam desalniettemin dicht bij het joodse en islamitische standpunt dat het individu zelf tot een besef van de uiterste zin van het leven moet komen. Ze had daarentegen niets gemeen met de protestantse opvatting over de absolute soevereiniteit van God; die hield in feite in dat mannen en vrouwen niets aan hun verlossing konden bijdragen, maar volkomen afhankelijk waren van een godheid die los van hen stond.

Deze oude dogma's over God werden steeds vaker om hun tekortkomingen en onvolkomenheden verworpen. De Deense filosoof Søren Kierkegaard (1813-1855) betoogde dat de oude geloofsopvattingen en leerstukken idolen waren geworden, doelen op zich en substituten voor Gods onzegbare werkelijkheid. Waarachtig christelijk geloof was een sprong uit de wereld naar het onbekende, weg van die versteende menselijke geloofsopvattingen en achterhaalde instellingen. Anderen daarentegen wilden het mensdom juist hecht in de wereld verankeren en afrekenen met de notie van een Machtig Alternatief. De Duitse filosoof Ludwig Andreas Feuerbach (1804-1872) betoogde in zijn invloedrijke boek *Das Wesen des Christentums* (1841) dat God simpelweg een menselijke projectie was. De godsidee had ons vervreemd van onze natuur door een onmogelijke volmaaktheid tegenover onze menselijke zwakheid te stellen: God was oneindig, de mens eindig; God was almachtig, de mens zwak; God was heilig, de mens zondig. Feuerbach had de vinger gelegd op een zwakke plek in de westerse traditie, die in het monotheïsme altijd al als een gevaar was beschouwd. Dergelijke projecties die God hoog boven ons menszijn verheffen, kunnen ertoe leiden dat we een idool van Hem maken. Andere tradities hadden op allerlei manieren dit gevaar het hoofd weten te bieden, maar het was helaas maar al te waar dat in het Westen de godsidee steeds meer was geëxternaliseerd en dat ze had bijgedragen tot het ontstaan van een zeer negatieve voorstelling van de menselijke natuur. Sinds Augustinus had men in het Westen de nadruk gelegd op zonde en schuld, op strijd en inspanning bij de verering van God, iets wat bijvoorbeeld de Grieks-orthodoxe theologie vreemd was. Het was daarom niet verwonderlijk dat filosofen als Feuerbach of Auguste Comte (1798-1857), die een positievere kijk op de mens had, zich wilden ontdoen van deze god die in het verleden de oorzaak van zo'n wijdverbreid gebrek aan zelfvertrouwen geweest was.

Atheïsme was altijd de verwerping van een gangbare godsvoorstelling geweest. Joden en christenen waren voor 'atheïst' uitgemaakt omdat ze de heidense godsvoorstellingen afwezen, ook al geloofden ze wel degelijk in een God. De nieuwe atheïsten van de negentiende eeuw vielen de specifieke godsvoorstelling aan die op dat moment in het Westen in zwang was, en niet andere opvattingen over het goddelijke. Zo was in de ogen van Karl Marx (1818-1883) religie 'het gejammer van de verdrukte creatuur (...) het opium van het volk'[16] dat zijn lijden draaglijk maakte. Hoewel Marx een messiaanse visie op de geschiedenis had die zwaar op de joods-christelijke traditie leunde, schoof hij God als irrelevant van tafel. Buiten het historische proces had niets enige diepere zin, waarde of bedoeling en daarom kon de godsidee geen steun voor de mensheid zijn. Ook het atheïsme, de ontkenning van God, was zonde van de tijd. Toch stond 'God' aan marxistische kritiek bloot, omdat Hij vaak door het establishment was gebruikt om een klasse-indeling te sanctioneren waarbij de rijke in zijn paleis zetelde, terwijl de arme aan zijn poort zat. Maar dat kon niet worden gezegd van de monotheïstische religie als geheel. De God die sociale onrechtvaardigheid door de vingers zag, zou een gruwel zijn geweest voor Amos, Jesaja of Mohammed, mannen die de godsidee hadden gebruikt voor doeleinden die heel dicht bij het marxistische ideaal kwamen.

Op dezelfde manier werd het geloof van veel christenen die geneigd waren God en de Schrift letterlijk te nemen, hevig aan het wankelen gebracht door de wetenschappelijke ontdekkingen van deze periode. Charles Lyells *Principles of Geology* (1830-1833), waarin de enorme mogelijkheden van geologische tijd werden beschreven, en Charles Darwins *The Origin of Species* (1859), waarin de evolutietheorie naar voren werd gebracht, leken het bijbelse scheppingsverhaal in Genesis te weerspreken. Sinds Newton was de schepping een essentieel dogma voor het westerse godsbegrijpen geweest, maar mensen hadden uit het oog verloren dat dit bijbelverhaal nooit was bedoeld als een letterlijk verslag van het fysieke ontstaan van het universum. Het leerstuk van de schepping ex nihilo was altijd al een problematisch dogma geweest en had vrij laat een plaats in het jodendom en christendom gekregen. In de islam wordt het feit dat Allah de wereld heeft geschapen voor vanzelfsprekend gehouden, maar er is nooit diepgaand gediscussieerd over de vraag hoe dat nu precies in zijn werk is gegaan. Net als andere koranteksten over God is het scheppingsverhaal slechts een 'allegorie', een teken of een symbool. Monotheïsten van alle drie religies hadden de schepping als een mythe beschouwd, in de positiefste zin van het woord. Het was een symbolisch verhaal, een hulpmiddel voor mannen en vrouwen om tot een bepaalde religieuze houding te komen. Sommige joden en moslims hadden het scheppingsverhaal met opzet een imaginatieve interpretatie gegeven waarin elke letterlijke benadering radicaal werd losgelaten. Maar het Westen had de neiging gehad de Bijbel te benaderen als een boek waarvan elk detail feitelijk juist was. Velen gingen God beschouwen als degene die letterlijk en fysiek verantwoordelijk was voor alles wat op aarde gebeurde, ongeveer op dezelfde manier als waarop wijzelf dingen doen of gebeurtenissen in gang zetten.

Een aanzienlijk aantal christenen zag echter direct dat Darwins ontdekkingen geenszins fataal waren voor de godsidee. In het algemeen is het christendom in staat geweest zich aan de evolutietheorie aan te passen, en wat de joden en moslims betreft, de nieuwe wetenschappelijke ontdekkingen over het ontstaan van het leven hebben hen nooit ernstig verontrust. Hun bekommernissen over God hadden, zoals we zullen zien, over het algemeen een heel andere reden. Het is echter wel waar dat een toenemende verspreiding van de westerse secularisatie onvermijdelijk invloed zal hebben op aanhangers van andere religies. De letterlijke benadering van God heeft nog steeds de overhand en veel westerse volkeren – van alle gezindten – gaan er voetstoots van uit dat de moderne kosmologie de godsidee een fatale klap heeft toegebracht.

Door de hele geschiedenis heen hebben mensen een bepaald godsbeeld afgedankt zodra het niet meer voor hen werkte. Soms nam dit de vorm van een gewelddadige beeldenstorm aan, bijvoorbeeld toen de Israëlieten de schrijnen van de Kanaänieten neerhaalden, of toen de profeten tegen de goden van hun heidense naburen van leer trokken. In 1882 bediende Friedrich Nietzsche zich van dezelfde agressieve methode toen hij verklaarde dat God dood was. Hij verkondigde dit cataclysme in de parabel van de 'dolle mens' die op een morgen het marktplein opholde en uitriep: 'Ik zoek God! Ik zoek God!' Toen de omstanders hem hooghartig vroegen waar hij dan dacht dat God heen was – was Hij misschien verdwaald als een kind? Was Hij naar het buitenland vertrokken? – doorboorde de dolle mens hen met zijn blikken. 'Waar God heen is?' riep hij uit. 'Dat zal ik jullie zeggen. *We hebben hem gedood* – jullie en ik! Wij allen zijn zijn moordenaars!' De mensheid was door een onvoorstelbaar maar onomkeerbaar voorval van haar ankers geslagen, de aarde was op drift geraakt en dreef stuurloos in de richting van het ongebaande universum. Alles wat de mensheid voordien als baken had gediend, was weggevaagd. De dood van God zou tot ongekende wanhoop en paniek leiden. 'Is er nog wel een boven en beneden?' riep de dolle mens gekweld uit. 'Dolen wij niet als door een oneindig niets?'[17]

Nietzsche had zich gerealiseerd dat er in het westerse bewustzijn een radicale verschuiving had plaatsgevonden, waardoor het voor de mensen steeds moeilijker werd om in het fenomeen te geloven dat de meesten 'God' noemden. Niet alleen had onze wetenschap afgerekend met noties als het letterlijk begrijpen van de schepping, ook het idee van een goddelijke opziener was door onze grotere zeggenschap en macht onaanvaardbaar geworden. Mensen hadden het gevoel dat ze getuige waren van een nieuwe dageraad. Nietzsche's dolle mens betoogde dat de dood van God een nieuwe, hogere fase in de geschiedenis van de mens zou inluiden. Om hun godsmoord waardig te zijn zouden de mensen zelf God moeten worden. In *Also sprach Zarathustra* (1883) kondigde Nietzsche de komst van de Übermensch aan die de plaats van God zou innemen, de nieuwe, verlichte mens die tegen de oude christelijke waarden ten strijde zou trekken, die de verachtelijke mores van het gepeupel zou vertrappen en een nieuw, machtig mensdom zou aankondigen dat niets zou moeten hebben van die slappe christelijke waarden als liefde en medelijden. Nietzsche greep ook terug op de oude mythe van de eeuwige wederkeer en hergeboorte die we in religies als het boeddhisme aantreffen. Nu God dood was, kon deze wereld diens plaats als de hoogste waarde innemen. Alles wat gaat, zal terugkeren; alles wat sterft, zal weer tot bloei komen; alles wat breekt, zal weer heel worden. Onze wereld kon als iets eeuwigs en goddelijks worden vereerd, twee attributen die eens van toepassing waren geweest op de verre, transcendente God.

De christelijke God was beklagenswaardig en absurd, zo leerde Nietzsche, Hij was 'gedegenereerd tot tegenspraak van het leven'.[18] Hij had mensen aangespoord om bang te zijn voor hun lichaam, hun hartstochten en hun seksualiteit en Hij had een zedenleer van dreinend mededogen gepropageerd die ons zwak had gemaakt. Er bestond geen hogere bedoeling of waarde, en mensen hadden niet het recht om in de persoon van 'God' een toegeeflijk alternatief aan te bieden. Ook nu weer moet worden opgemerkt dat de westerse God dit soort kritiek zelf had uitgelokt. Hij was gebruikt om mensen te vervreemden van hun menselijkheid en, via een leven-ontkennende ascese, van hun seksuele hartstochten. Bovendien was van Hem een handige panacee en een alternatief voor het leven hier op aarde gemaakt.

Sigmund Freud (1856-1939) was zeer zeker van mening dat het geloof in God een illusie was en door volwassenen afgelegd hoorde te worden. De godsidee was als zodanig geen leugen, maar ze was een kunstgreep van het onbewuste en moest psychologisch worden gedecodeerd. Een persoonlijke god was niets anders dan een verheven vaderfiguur; het verlangen naar zo'n god kwam voort uit een kinderlijke hunkering naar een sterke, beschermende vader, naar rechtvaardigheid en eerlijkheid en naar een leven dat eeuwig zou duren. God is simpelweg de projectie van deze verlangens en Hij wordt door mensen gevreesd en aanbeden uit een blijvend gevoel van hulpeloosheid. Religie behoorde tot de kindertijd van het mensdom; ze was een noodzakelijke fase in de overgang van kindertijd naar volwassenheid. Ze had zedelijke waarden verkondigd die voor de gemeenschap essentieel waren geweest, maar nu de mensheid volwassen was geworden, zou ze de religie eigenlijk achter zich moeten laten. De wetenschap, de nieuwe logos, kon Gods plaats innemen. Zij kon ons een nieuwe zedelijke basis verschaffen en ons helpen onze angsten onder ogen te zien. Freud sprak zo resoluut over zijn geloof in de wetenschap dat het bijna op religieus vuur leek: 'Neen, onze wetenschap is geen illusie. Een illusie zou het zijn te geloven dat wij ergens anders vandaan betrekken kunnen wat zij ons niet geven kan.'[19]

Niet alle psychoanalytici waren het met Freuds visie op God eens. Alfred Adler (1870-1937) gaf weliswaar toe dat God een projectie was, maar hij geloofde tevens dat de mens veel baat bij Hem had gehad; God was een imposant en effectief symbool van voortreffelijkheid geweest. De God van C.G. Jung (1875-1961) leek op de God van de mystici, een psychologische waarheid die elk individu subjectief ervaart. Toen John Freeman hem in het beroemde *Face tot Face*-interview vroeg of hij in God geloofde, antwoordde Jung resoluut: 'Ik hoef niet te geloven. Ik *weet* het.' Het feit dat Jungs geloof ongeschokt is gebleven doet vermoeden dat een subjectieve God, die op geheimzinnige wijze wordt vereenzelvigd met de immanente zijnsgrond in de diepste diepten van het eigen ik, in staat is de psychoanalytische wetenschap te weerstaan, iets wat een persoonlijke en antropomorfe god die inderdaad tot eeuwige onvolwassenheid kan leiden, wellicht niet vermag.

Zoals veel westerlingen scheen Freud zich niet bewust te zijn van deze geïnternaliseerde, subjectieve God. Toch maakte hij een belangrijke en scherpzinnige opmerking toen hij betoogde dat het gevaarlijk kon zijn religie af te schaffen. Mensen moesten God op hun eigen tijd ontgroeien; als ze, voordat ze er klaar voor waren, met dwang in de richting van atheïsme of secularisatie werden gedreven, kon dat ongezonde ontkenning en verdringing tot gevolg hebben. We hebben gezien dat iconoclasme in sommige gevallen kan worden herleid tot verdrongen vrees en tot projectie van onze eigen angsten op 'de andere'. Het is zeker waar dat sommige atheïsten die God wilden afschaffen, tekenen van geestelijke overspannenheid vertoonden. Schopenhauer kon bijvoorbeeld niet met mensen opschieten, ondanks zijn pleidooi voor een ethische religie, en hij werd een kluizenaar die alleen met zijn poedel Atman communiceerde. Nietzsche was een zachtaardige, eenzame man die door een slechte gezondheid werd geplaagd en heel anders was dan zijn Übermensch. Ten slotte zou hij krankzinnig worden. In tegenstelling tot wat we op grond van de geëxalteerde toon van zijn proza zouden vermoeden keerde hij zich niet vreugdevol van God af. In *Also sprach Zarathustra* laat hij Zarathoestra een jammerende, oude man ontmoeten die 'na veel sidderen, schokken en zich ineenkronkelen' vertelt over zijn worsteling met God en Hem ten slotte smeekt terug te keren:

> Neen! Kom terug,
> Met al uw martelingen!
> Tot de laatste aller eenzamen
> O kom terug!
> Al mijn tranenbeken nemen
> Tot u hun loop!
> En mijne laatste hartevlam –
> Zij gloeit voor *u*!
> O kom terug,
> Mijn onbekende god! Mijn pijn! Mijn laatst – geluk![20]

Net als de theorieën van Hegel werden die van Nietzsche door een latere generatie Duitsers gebruikt om de politiek van het nationaal-socialisme te rechtvaardigen, een waarschuwing dat een atheïstische ideologie tot een even wrede kruisvaardersethiek kan leiden als de idee van 'God'.

In het Westen had men God altijd als een worsteling ervaren. Ook zijn verscheiden ging gepaard met spanning, onttreddering en radeloosheid. In zijn 'In Memoriam A.H.H.', het prachtige Victoriaanse gedicht over de twijfel, deinsde Alfred Lord Tennyson vol afgrijzen terug voor het vooruitzicht dat ons een zinloze, onverschillige natuur met bloedrode tanden en klauwen wacht. In dit gedicht, dat in 1850 verscheen, negen jaar voor de publikatie van *The Origin of Species*, lezen we dat Tennyson reeds toen het gevoel had dat zijn geloof verkruimelde en dat hijzelf werd gereduceerd tot

> Een kindje schreiend in de nacht
> Een kindje schreiend om het licht
> En met geen taal dan slecht een schrei.[21]

In 'Dover Beach' had Matthew Arnold de onverbiddelijke terugtrekking van de zee van het geloof bejammerd, waardoor de mensheid zwervend over een nachtelijke vlakte aan haar lot werd overgelaten. De twijfel en radeloosheid waren ook overgeslagen naar de wereld van de Oosters-orthodoxe kerken, al had de ontkenning van God daar niet dezelfde karakteristieken als de westerse twijfel, maar ging ze meer in de richting van een ontkenning van een diepere zin. Fjodor Dostojewski, wiens roman *De gebroeders Karamazow* (1880) kan worden gezien als de beschrijving van de dood van God, brengt zijn eigen conflict tussen geloof en geloven onder woorden in een brief die hij in maart 1854 aan een vriend schreef:

> Wat mij betreft, ik zie mezelf als een kind van mijn tijd, een ongelovig en twijfelend kind; waarschijnlijk, of neen, ik weet het wel zeker, blijf ik zo tot aan de dag van mijn dood. Ik heb er pijnlijk naar verlangd om te geloven – en dat doe ik eigenlijk zelfs nu nog; en hoe sterker ik ernaar hunker, des te overtuigender worden de onoverkomelijkheden van het verstand die in de weg staan...[22]

Zijn roman is net zo ambivalent. Iwan, die door de andere personages een atheïst wordt genoemd (en aan wie ze de inmiddels beroemde uitspraak 'Als God niet bestaat is alles geoorloofd' toeschrijven), verklaart ondubbelzinnig dat hij wel in God gelooft. Toch vindt hij deze God onacceptabel, omdat Hij er niet in slaagt een diepere zin aan de tragiek van het leven te geven. Wat Iwan bezwaart is niet zozeer de evolutietheorie als wel het lijden van de mensheid in de geschiedenis: de dood van één kind is een te hoge prijs voor de religieuze opvatting dat het allemaal goed komt. We zullen later in dit hoofdstuk zien dat de joden tot dezelfde conclusie zouden komen. Tegenover Iwan staat de vrome Aljosja, die erkent dat hij niet in God gelooft – een erkenning die hij zich op een onbewaakt ogenblik laat ontvallen en die uit een ongekarteerd gebied van zijn onbewuste lijkt te ontsnappen. Ambivalentie en een somber besef van verval zijn de spoken die door de twintigste-eeuwse literatuur met haar beelden van braakland en een tevergeefs op een Godot wachtende mensheid zijn blijven rondwaren.

Ook de islamitische wereld maakte een soortgelijke periode van malaise en onrust door, zij het dat de oorzaak een andere was. Tegen het einde van de negentiende eeuw was de *mission civilisatrice* van Europa al heel ver gevorderd. In 1830 hadden de Fransen Algerije gekoloniseerd en in 1839 koloniseerden de Engelsen Aden. Getweeën maakten ze zich vervolgens meester van Tunesië (1881), Egypte (1882), de Soedan (1898) en Libië en Marokko (1912). In 1920 deelden Engeland en Frankrijk het Midden-Oosten in protectoraten en mandaatgebieden op en eigenden ze zich elk een stuk toe. Deze kolonisering was echter slechts de officiële saus over een stiller proces van verwestersing dat al enige tijd aan de gang was, want de Europeanen waren in de naam van modernisering al sinds de negentiende eeuw bezig hun culturele en economische hegemonie te vestigen. Het vertechniseerde Europa was de leidende grootmacht geworden en nam de wereld in bezit. In Turkije en het Midden-Oosten waren handelsposten en consulaten gevestigd die de traditionele structuur van deze maatschappijen hadden ondermijnd al lang voor de westerse overheersing een feit was. Het was een volkomen nieuwe vorm van kolonisatie. Toen de Mogols India hadden veroverd, hadden de autochtone hindoes veel elementen uit de islam in hun eigen cultuur geabsorbeerd, maar uiteindelijk was de inheemse cultuur weer in volle glorie teruggekeerd. De nieuwe koloniale orde daarentegen veranderde het leven van de onderworpen volkeren voorgoed en vestigde een staat die door afhankelijkheid werd gekenmerkt.

De gekoloniseerde landen konden de opgelopen achterstand onmogelijk inlopen. Oude sociale instituten waren onherstelbaar beschadigd en de islamitische maatschappij zelf was verdeeld in degenen die 'verwesterd' waren en de 'rest'. Sommige moslims legden zich erbij neer dat ze door de Europeanen als 'oosterling' werden aangemerkt en klakkeloos met hindoes en Chinezen op één hoop werden gegooid. Anderen keken op hun traditioneler ingestelde landgenoten neer. In Iran verklaarde sjah Nāsīr ad-Dīn (1831-1896) dat hij zijn onderdanen minachtte. Wat eens een vitale beschaving met een eigen identiteit en integriteit was geweest, werd geleidelijk getransformeerd in een groep afhankelijke staten die gebrekkige kopieën waren van een wereld die hun vreemd was. In Europa en Amerika was innovatie het wezen van het moderniseringsproces geweest; het kon niet via imitatie worden bereikt. Antropologen die momenteel een studie maken van de gemoderniseerde landen of steden in de Arabische wereld, zoals Caïro, wijzen erop dat we in de architectuur en planning van de stad eerder overheersing dan vooruitgang weerspiegeld zien.[23]

Van hun kant waren de Europeanen ervan overtuigd geraakt dat hun cultuur niet alleen op dat moment superieur was aan de andere, maar dat ze altijd al in de frontlinie van de vooruitgang had gestaan. Vaak gaven ze blijk van een onmetelijk gebrek aan geschiedkundige kennis. Indiërs, Egyptenaren en Syriërs moesten voor hun eigen bestwil worden verwesterd. Deze koloniale houding werd verwoord door Evelyn Baring (Lord Cromer), de man die van 1883 tot 1907 de consul-generaal van Egypte was:

> Sir Arthur Lyall zei eens tegen me: 'De oosterse geest is wars van accuratesse. Elke Anglo-Indiër moet die stelregel voor ogen houden.' Het gebrek aan accuratesse dat gemakkelijk ontaardt in onbetrouwbaarheid, is feitelijk het belangrijkste kenmerk van de oosterse geest.
> De Europeaan is een strikte redeneerder; zijn weergave van feiten is verstoken van ambiguïteit; hij denkt van nature logisch, ook al heeft hij wellicht nooit logica gestudeerd; hij is van nature een scepticus en verlangt bewijzen alvorens de waarheid ener propositie te aanvaarden; zijn getrainde intelligentie functioneert als een mechaniek. De geest van de oosterling daarentegen kenmerkt zich, gelijk zijn pittoreske straten, door een groot gebrek aan symmetrie. Zijn redeneertrant is het toppunt van onzorgvuldigheid. Hoewel de vroegere Arabieren

zich de wetenschap der dialectiek in enige mate hebben eigen gemaakt, vertonen hun nazaten een opmerkelijk gebrek aan logisch vermogen. Ze zijn vaak niet in staat uit simpele premissen de meest voor de hand liggende conclusies te trekken waaraan ze wellicht de waarheid kunnen ontlenen.[24]

Een van de 'problemen' die overwonnen moesten worden was de islam. Ten tijde van de kruistochten was in het christendom een negatief beeld van de profeet Mohammed en zijn religie ontstaan en dit was in Europa, naast het antisemitisme, onveranderd gebleven. In de koloniale tijd werd de islam beschouwd als een fatalistische godsdienst die blijvend tegen vooruitgang was gekant. Lord Cromer liet zich bijvoorbeeld laatdunkend uit over de inspanningen van de Egyptische reformist Mohammed Abdoeh, met als argument dat het voor de 'islam' onmogelijk was zich te hervormen.

De moslims hadden weinig tijd of energie om hun godsbesef op de traditionele manier te ontwikkelen. Ze zaten midden in hun worsteling om hun achterstand op het Westen in te lopen. Sommigen beschouwden de westerse secularisatie als de enige oplossing, maar een ontwikkeling die voor Europa een positieve stimulans was, kon voor de islamitische wereld slechts onvertrouwd en uitheems zijn, aangezien ze niet vanuit de eigen traditie, op haar eigen tijd en langs natuurlijke weg tot ontwikkeling was gekomen. Werd in het Westen 'God' gezien als de stem van de vervreemding, in de islamitische wereld was dat het koloniale proces. Mensen die van hun culturele wortels waren afgesneden, voelden zich gedesoriënteerd en verloren. Sommige islamitische reformisten trachtten de vooruitgang te bespoedigen door de islam met dwang een ondergeschikte rol op te leggen. De resultaten bleven echter ver bij hun verwachtingen achter. In het nieuwe Turkije dat na de val van het Ottomaanse rijk in 1917 was ontstaan, poogde Moestafa Kemal Pasja (1881-1938), later bekend onder de naam Kemal Atatürk, zijn land om te vormen tot een westerse natie. Hij ontnam de islam zijn officiële status en maakte van godsdienst een puur persoonlijke aangelegenheid. Soefi-broederschappen werden afgeschaft en gingen ondergronds; de madrasa's werden gesloten en de oelamā werden niet meer van overheidswege opgeleid. Het symbool van deze secularisatiepolitiek was het verbod op het dragen van de fez waardoor de geestelijken minder in het oog liepen, maar het was tevens een psychologische poging de mensen in een westers keurslijf te dwingen. De term 'de hoed dragen' (in plaats van de fez) werd de uitdrukking voor 'Europees worden'. Reza Chān, die van 1925 tot 1941 de sjah van Iran was, was een bewonderaar van Atatürk en trachtte een zelfde politiek te voeren. De sluier werd afgeschaft; de *mollā's* of godsdienstleraren moesten zich scheren en, in plaats van de traditionele tulband, de kepi dragen; de traditionele feesten ter ere van de sji'itische imaam en martelaar Hoesain werden verboden.

Freud had ingezien dat gedwongen repressie van het geloof slechts destructief kon zijn. Religie is, net als seksualiteit, een menselijke behoefte waarvan de invloed zich tot alle aspecten van het leven uitstrekt. Wordt ze onderdrukt, dan zijn de gevolgen net zo explosief en destructief als ernstige repressie van de seksualiteit. De moslims sloegen het nieuwe Turkije en Iran achterdochtig en gefascineerd gade. In Iran bestond reeds lang de traditie dat de *mollā's* zich in naam van het volk tegen de sjahs verzetten. Soms waren ze er uitzonderlijk succesvol in. Toen de sjah in 1872 het monopolie van de produktie, verkoop en export van tabak aan de Engelsen verkocht, waardoor Iraanse fabrieken noodgedwongen hun poorten moesten sluiten, kwamen de *mollā's* met een *fatwā* (een gezaghebbende uitspraak in een kwestie van islamitisch recht) die de Iraniërs verbood te roken. De sjah zag zich genoodzaakt zijn concessies in te trekken. De heilige stad Koem werd het alternatief van het despotische en steeds draconischer regime in Teheran. Repressie van religieuze gevoelens kan de voedingsbodem van fundamentalisme zijn, net zoals ondeugdelijke vormen van theïsme tot een verwerping van God kunnen leiden. In Turkije resulteerde de sluiting van de madrasa's onvermijdelijk in de afkalving van de autoriteit van de oelamā. Dat betekende dat het ontwikkelde, ingetogen en verantwoordelijke deel van de islam een zieltogend bestaan leidde, terwijl de enige religieuze stromingen die nog overbleven de extravagante vormen van ondergronds soefisme waren.

Andere reformisten waren er echter van overtuigd dat gedwongen repressie niet de oplossing was. De islam had altijd gedijd op het contact met andere beschavingen en zij geloofden dat religie essentieel was voor een ingrijpende en blijvende hervorming van hun maatschappij. Een heleboel zaken waren dringend aan verandering toe; te vaak werd op het verleden teruggeblikt; bijgeloof en onkunde waren schering en inslag. Toch was de islam de mensen ook tot steun geweest bij het begrijpen van de zin van het leven; als men dit liet verwateren, zou het geestelijk welzijn van moslims over de hele wereld eronder lijden. De islamitische reformisten stonden niet vijandig tegenover het Westen. De meesten konden zich goed vinden in het westerse ideaal van vrijheid, gelijkheid en broederschap, want de islam deelde de joods-christelijke waarden die in Europa en Amerika zoveel invloed hadden gehad. De modernisering van de westerse maatschappij had in sommige opzichten een nieuw soort gelijkheid geschapen en de reformisten hielden hun volk voor dat deze christenen een beter islamitisch leven leidden dan de moslims zelf. Dit nieuwe contact met Europa werd met grote geestdrift en opwinding begroet. De rijke moslims kregen hun opleiding in Europa, namen de Europese filosofie, literatuur en idealen in zich op en keerden naar hun land terug met het verlangen om alles wat ze hadden geleerd met hun volk te delen. Omstreeks het begin van de twintigste eeuw was vrijwel elke islamitische intellectueel een vurig bewonderaar van het Westen.

Hoewel alle reformisten een sterk verstandelijke inslag hadden, voelden vrijwel allen zich ook verbonden met deze of gene vorm van islamitische mystiek. Bij voorgaande crises hadden de moslims steun gevonden bij de imaginatieve en intellectuele stromingen binnen het soefisme en de isjrāk-mystiek en nu keerden ze ernaar terug. De godservaring werd niet als een beletsel beschouwd, maar als een kracht die tot transformatie op diep niveau leidde en de overgang naar de moderne tijd bespoedigde. Zo was de Iraanse reformist Djamāl al-Dīn al-Afghānī (1839-1897) zowel een vurig pleitbezorger van modernisering als een ingewijde in de isjrāk-mystiek van Soehrawardi. Terwijl hij door Iran, Afghanistan, Egypte en India reisde, trachtte al-Afghānī de tegenstellingen tussen de diverse islamitische groeperingen te overbruggen door zijn identiteit aan te passen aan zijn gesprekspartners. Aan de soennieten presenteerde hij zich als soenniet, aan de sji'ieten als een sji'itische martelaar, een revolutionair, een godsdienstfilosoof en een parlementariër. De mystieke disciplines van de isjrāk-leer hielpen de moslims zich één te voelen met de hen omringende wereld en zich te bevrijden van de knellende banden van hun eigen ik. Men heeft wel eens de gedachte geopperd dat al-Afghānī's roekeloosheid en het aannemen van verschillende rollen hem zijn ingegeven door die mystieke methoden, waar immers de nadruk ligt op verbreding van het eigen zelf.[25] Religie bleef essentieel, ook al was reformisme noodzakelijk. Al-Afghānī was een overtuigd, ja zelfs een vurig theïst, ook al spreekt hij in *De weerlegging der materialisten*, het enige boek dat hij heeft geschreven, vrijwel niet over God. Aangezien hij wist dat het Westen de rede hoog aansloeg en de islam en de oosterling als irrationeel beschouwde, trachtte hij de islam te presenteren als een geloof dat door een strenge verering van de rede werd gekenmerkt. Maar zelfs rationalisten als de moe'tazilieten zouden van deze typering van hun religie hebben opgekeken. Al-Afghānī was meer activist dan filosoof en daarom doen we er goed aan zijn loopbaan en overtuigingen niet te beoordelen naar zijn enige literaire poging. Maar dat hij de islam beschreef op een manier die in zijn ogen aansloot bij wat hij als een westers ideaal beschouwde, tekent toch het gebrek aan zelfvertrouwen dat de islamitische wereld nu kenmerkte en dat spoedig zeer fatale gevolgen zou hebben.

Mohammed Abdoeh (1849-1905), de Egyptische leerling van al-Afghānī, had een andere benadering. Hij besloot zijn activiteiten alleen tot Egypte te beperken en zich te concentreren op het intellectuele onderricht aan de moslims in zijn eigen vaderland. Hij had een traditionele islamitische opleiding genoten en was onder invloed geraakt van de soefi-*sjaikh* Darwīsj, die hem had geleerd dat wetenschap en wijsbegeerte de twee zekerste wegen naar godskennis waren. Toen Abdoeh dan ook aan de prestigieuze al-Azhar moskee in Caïro studeerde, raakte hij al snel teleurgesteld in het verouderde lesprogramma. Hij voelde zich meer aangetrokken tot al-Afghānī en deze onderwees hem in de logica, theologie, astronomie, natuurkunde en mystiek. Sommige westerse christenen vonden dat wetenschap de vijand van het geloof was, maar islamitische mystici hadden bij hun contemplatie vaak gebruik gemaakt van wiskunde en natuurwetenschappen. Tegenwoordig bestaat onder sommige radicale mystieke sekten van de sjī'a, zoals bij de droezen of de alawieten, grote belangstelling voor moderne wetenschappen. De islamitische wereld mag dan zeer gereserveerd staan tegenover de westerse politiek, slechts weinigen vinden het een bezwaar hun geloof te verzoenen met de westerse wetenschap.

Abdoeh was zeer enthousiast over zijn contact met de westerse cultuur en vooral Comte, Tolstoj en Herbert Spencer (met wie hij was bevriend) hadden invloed op hem. Hij nam de westerse levenswijze nooit helemaal over, maar reisde graag naar Europa om zich intellectueel op te laden. Dat betekende niet dat hij de islam de rug toekeerde. Integendeel; net als elke reformist wilde Abdoeh terugkeren naar de wortels van zijn geloof. Hij bepleitte daarom een terugkeer naar de geest van de Profeet en de eerste vier rechtgeleide kaliefen (*ar-rāsjidoen*). Dit hield evenwel geen fundamentalistische afwijzing van moderniteiten in. Abdoeh verklaarde nadrukkelijk dat de moslims zich moesten verdiepen in wetenschappen, techniek en seculiere filosofie om hun plaats in de moderne wereld in te nemen. De sjarī'a moest worden hervormd om moslims in staat te stellen de intellectuele vrijheid te krijgen die ze nodig hadden. Net als al-Afghānī probeerde ook hij de islam als een rationeel geloof te presenteren en hij betoogde dat in de Koran rede en religie voor het eerst in de geschiedenis van de mens hand in hand waren gegaan. Vóór de komst van de Profeet was de openbaring verpakt geweest in wonderen, legenden en irrationele retoriek, maar de Koran had niet zijn toevlucht tot deze primitieve hulpmiddelen genomen. Dit boek had juist 'bewijs en demonstratie gestimuleerd, de standpunten van de ongelovigen toegelicht en deze rationeel aan de kaak gesteld'.[26] De aanval die al-Ghazzāli op de falāsifa had geopend, was buitensporig fel geweest. Het had geleid tot een scheiding tussen piëteit en rationalisme en dat had gevolgen gehad voor het intellectuele niveau van de oelamā. Dat bleek wel uit het achterhaalde lesprogramma van de al-Azhar. Moslims moesten daarom terugkeren naar de receptieve en rationele geest van de Koran. Toch waakte Abdoeh ervoor om alles uitsluitend rationalistisch te benaderen. Vaak citeerde hij de hadīth: 'Verdiept u in Gods schepping en niet in zijn natuur, anders zult ge ten onder gaan.' Rede kan het wezenlijke zijn van God nooit bevatten, omdat het altijd in geheimenis gehuld zal blijven. Het enige wat we kunnen vaststellen is dat God niet aan een ander zijnde gelijk is. Alle andere vragen waarmee theologen zich bezighouden, zijn gewoon nutteloos tijdverdrijf en worden door de Koran als *zann* afgedaan.

De toonaangevende reformist in India was sir Mohammed Ikbāl (1876-1938), de man die voor de moslims in India hetzelfde zou betekenen als Gandhi voor de hindoes. Ikbāl was eigenlijk een contemplatief – een soefi en een dichter in het Oerdoe – maar hij had ook een westerse opleiding genoten en was doctor in de wijsbegeerte. Hij was een groot bewonderaar van Bergson, Nietzsche en A.N. Whitehead en trachtte de falsafa in het licht van hun denkbeelden nieuw leven in te blazen, waarbij hij zichzelf als de brug tussen Oost en West zag. Hij was ontzet over de ontwikkeling in India en beschouwde haar als het verval van de islam. Sinds de teloorgang van het Mogolrijk in de achttiende eeuw hadden de moslims in India het gevoel dat ze zich in een hachelijke positie bevonden. Ze misten het zelfvertrouwen van hun broeders in het Midden-Oosten, het thuisland van de islam. Daardoor voelden ze zich tegenover de Engelsen des te meer in de verdediging gedrongen en onzeker. Ikbāl trachtte de verwarring onder zijn landgenoten weg te nemen door de islamitische grondregels met behulp van dichtkunst en wijsbegeerte een creatieve impuls te geven.

Ikbāl had van westerse filosofen als Nietzsche het belang van individualisme overgenomen. Het hele heelal was de uitbeelding van een Absolute dat de hoogste vorm van individuatie was en door mensen 'God' was genoemd. Om hun eigen unieke natuur te verwerkelijken moesten alle mensen als God worden. Dat hield in dat elk mens individueler en creatiever moest worden en deze creativiteit in daden moest omzetten. Indiase moslims moesten hun passiviteit en lafhartige neiging om zich weg te cijferen (wat Ikbāl aan Perzische invloeden toeschreef) van zich afzetten. De *idjtihād* (de zelfstandige interpretatie van de bronnen) zou hen moeten stimuleren zich voor nieuwe ideeën open te stellen. De Koran eiste immers zelf constante herbezinning en zelfonderzoek. Net als al-Afghānī en Abdoeh trachtte Ikbāl aan te tonen dat de empirische instelling, de sleutel van vooruitgang, van oorsprong islamitisch was en tijdens de middeleeuwen via islamitische wetenschappen en wiskunde aan het Westen was doorgegeven. Voordat in de Spiltijd de grote belijdingsreligies opkwamen, had de mensheid zich slechts op goed geluk ontwikkeld, omdat vooruitgang nauw verbonden was met begaafde en geïnspireerde individuen. Mohammeds profetie was het culminatiepunt van deze intuïtieve inspanningen en had verdere openbaringen overbodig gemaakt. Vanaf die tijd kon men zich op rede en wetenschap verlaten.

Helaas was in het Westen individualisme een nieuwe vorm van idolatrie geworden, omdat het nu een doel op zich was. De mens was vergeten dat ware individualiteit van God kwam. De genialiteit van het individu kon voor gevaarlijke doeleinden worden aangewend indien er de vrije hand aan werd gegeven. Een ras van Übermenschen die zich, zoals Nietzsche dat voor ogen had gestaan, als God beschouwden, was een angstaanjagend vooruitzicht; mensen konden niet buiten de uitdaging van een norm die boven de luimen en grillen van het moment uitging. De islam nu had de taak het wezen van waarachtig individualisme tegenover de westerse corrumpering van dit ideaal te stellen. De moslims konden bogen op hun soefische ideaal van de Volmaakte Mens, het eindpunt van de schepping en het doel van haar bestaan. In tegenstelling tot de Übermensch, die zich superieur achtte en op het gepeupel neerkeek, kenmerkte de Volmaakte Mens zich door zijn totale ontvankelijkheid voor het Absolute en zou hij de massa met zich meevoeren bij zijn opgang naar God. Uit de huidige toestand van de wereld viel op te maken dat vooruitgang afhing van de talenten van een elite die het vermogen bezat om verder te kijken dan het heden en die de mensheid naar de toekomst kon dragen. Uiteindelijk zou iedereen in God volmaakte individualiteit bereiken. Ikbāls opvatting over de rol van de islam was weliswaar bevooroordeeld, maar in elk geval doordachter dan menige toenmalige westerse poging om het christendom, ten koste van de islam, in de hoogte te steken. Dat zijn twijfels aan het ideaal van de Übermensch gerechtvaardigd waren werd maar al te zeer bevestigd door de gebeurtenissen die in de laatste jaren van zijn leven in Duitsland plaatsvonden.

Tegen die tijd waren de Arabische moslims in het Midden-Oosten er niet meer zo zeker van dat ze in staat waren de westerse dreiging te weerstaan. 1920, het jaar waarin Engeland en Frankrijk het Midden-Oosten binnenrukten, kreeg de naam *ām al-nachba*, het Jaar van de Rampspoed, een woord dat connotaties van een kosmische catastrofe heeft. Na de val van het Ottomaanse rijk hadden de Arabieren gehoopt dat ze onafhankelijk zouden worden, maar deze nieuwe overheersing maakte het niet waarschijnlijk dat ze hun toekomst ooit zelf zouden kunnen bepalen. Het gerucht ging zelfs dat de Engelsen Palestina aan de zionisten zouden overdragen, alsof het land gewoon geen Arabische inwoners had. Het gevoel van schaamte en vernedering was groot. De Canadese geleerde Wilfred Cantwell Smith wijst erop dat dit nog werd versterkt door de herinnering aan hun glorierijke verleden: 'Wat zeer bepalend is geweest voor de kloof tussen [het moderne Arabië] en bijvoorbeeld het moderne Amerika is precies dat aanzienlijke verschil tussen een maatschappij die zich haar glorierijke verleden herinnert en een maatschappij die zich van haar glorierijke heden bewust is.'[27] Dit had zeer belangrijke religieuze implicaties. Het christendom is in hoge mate een religie van lijden en tegenwind en het heeft zich, althans in het Westen, in tijden van moeilijkheden aanwijsbaar het authentiekst betoond; het is immers niet eenvoudig om aardse glorie te verzoenen met het beeld van de gekruisigde Christus. De islam daarentegen is een religie van het succes. De Koran leert dat een maatschappij die Gods wil volgt (die rechtvaardigheid, gelijkheid en een eerlijke verdeling van de welvaart in praktijk brengt) altijd de goede weg bewandelt. De geschiedenis van de islam leek daar een bevestiging van geweest te zijn. Anders dan Christus was Mohammed niet een duidelijk debâcle geweest, maar juist een overdonderend succes. Alles wat hij had weten te bereiken werd nog eens extra onderstreept door de fenomenale groei van het islamitische rijk in de zevende en achtste eeuw. Uiteraard had dit een bekrachtiging van het islamitische geloof in God geleken; Allah had bewezen dat Hij uiterst effectief was en Hij had in het strijdperk van de geschiedenis zijn woord gestand gedaan. De islam had zijn succesvolle opmars voortgezet. Hij was zelfs catastrofale gebeurtenissen als de invallen van de Mongolen te boven gekomen. In de loop der eeuwen had de oemma een bijna sacramentele waarde gekregen en was hij de verwijzing naar Gods tegenwoordigheid geworden. Nu leek er echter met de islam iets radicaal mis te zijn gegaan en dat had onvermijdelijk een weerslag op het godsbeeld. Voortaan zouden veel moslims proberen de islamitische geschiedenis weer in ere te herstellen en hier op aarde de koranische visie te verwezenlijken.

Hun schaamte werd extra vergroot wanneer ze uit nauwere contacten met Europa merkten hoe hartgrondig het Westen de Profeet en zijn godsdienst minachtte. De islamitische intelligentsia richtte zich steeds meer op apologieën, of op dagdromen over successen die in het verleden waren behaald – wat een gevaarlijke combinatie is. God stond niet langer centraal. Wilfred Cantwell Smith heeft dit proces gevolgd aan de hand van een gedetailleerde studie van de Egyptische krant *Al-Azhar* tijdens de periode 1930-1948. In die tijd had de krant twee hoofdredacteuren. Van 1930 tot 1933 werd ze geleid door al-Chidr Hoesain, een traditionalist in de goede zin des woords die zijn godsdienst beschouwde als een transcendente gedachte en niet als een politieke en historische entiteit. Islam was een imperatief, een oproep voor toekomstige actie, en niet een werkelijkheid die al was bereikt. Omdat Hoesain besefte dat het altijd moeilijk is, of zelfs wel onmogelijk, om het goddelijke ideaal in het menselijke leven gestalte te geven, liet hij zich niet uit het veld slaan door de fouten die de oemma in het verleden of het heden had gemaakt. Hij had voldoende vertrouwen in de moslims om hun gedrag te kritiseren en de woorden 'behoren' en 'zou moeten' kwamen tijdens zijn hoofdredacteurschap veelvuldig in alle nummers van zijn krant voor. Het blijkt ook dat Hoesain zich geen voorstelling kon maken van de gewetensnood van iemand die wel wilde geloven, maar merkte dat hij het niet kon; de werkelijkheid van Allah was een vanzelfsprekendheid. In een van de eerste nummers van de krant had een artikel van een zeker Joesoef al-Didjnī gestaan waarin over het oude, teleologische bewijs voor het godsbestaan werd gesproken. Smith noteert dat het op uiterst eerbiedige toon was geschreven en dat er intense en warme dankbaarheid uit sprak voor de schoonheid en sublimiteit van de Natuur, de openbaring van de goddelijke tegenwoordigheid. Al-Didjnī twijfelde er niet aan dat God bestond. Zijn artikel is meer een meditatie dan een logisch godsbewijs en het interesseerde hem in het geheel niet dat westerse wetenschappers dat bewuste 'bewijs' allang hadden ontkracht. Toch was het een houding die uit de tijd was. De oplage van de krant daalde.

Toen Farid Wadjdi haar in 1933 overnam, verdubbelde het lezersaantal zich. Wadjdi's eerste zorg was zijn lezers ervan te overtuigen dat de islam 'oké' was. Het zou nooit bij Hoesain zijn opgekomen dat de islam, per slot van rekening een transcendente gedachte in het hoofd van God, nu en dan een steun in de rug nodig zou kunnen hebben, maar in de ogen van Wadjdi was de islam een menselijk instituut dat onder vuur lag. Het eerste wat moest gebeuren, was hem bekrachtigen, bewonderen en bejubelen. Wilfred Cantwell Smith wijst erop dat het werk van Wadjdi is doortrokken van grote areligiositeit. Net als zijn voorgangers betoogde hij voortdurend dat het Westen slechts onderrichtte wat de islam eeuwen eerder had ontdekt, maar in tegenstelling tot zijn voorgangers verwees hij zelden naar God. Zijn voornaamste zorg was de menselijke werkelijkheid van de 'islam' en deze aardse waarde had in zekere zin de plaats van de transcendente God ingenomen. Smith besluit:

> Een waar moslim is niet de man die in de islam gelooft – vooral niet in de islam van de geschiedenis – maar de man die in God gelooft en is toegewijd aan zijn openbaring via diens Profeet. Deze laatste wordt daarbij ruimschoots bewonderd. Maar de toewijding ontbreekt. En God komt in deze pagina's opvallend weinig voor.[28]

We treffen daarentegen onstabiliteit en een gebrek aan eigenwaarde aan; de mening van het Westen had veel te veel gewicht gekregen. Mensen als Hoesain twijfelden niet aan het belang van religie en de centrale plaats van God, maar ze hadden het contact met de moderne wereld verloren. En de mensen die wel in contact stonden met de moderne tijd, hadden hun godsbesef verloren. Uit deze onstabiliteit zou het politieke activisme groeien dat het moderne fundamentalisme kenmerkt, een beweging die eveneens een afkering van God is.

Ook de Europese joden hadden bijtende kritiek op hun geloof moeten verduren. In Duitsland ontwikkelden joodse filosofen een wijsgerig systeem dat ze de *Wissenschaft des Judentums* noemden en waarin ze de geschiedenis van het jodendom in hegeliaanse termen herschreven ter weerlegging van de beschuldiging dat het jodendom een serviel geloof was dat de mens van zichzelf vervreemdde. De eerste die de geschiedenis van Israël op deze manier trachtte te herinterpreteren was Solomon Formstecher (1808-1889). In zijn boek *Die Religion des Geistes* (1841) beschreef hij God als een wereldziel die in alle dingen immanent was. Deze Geest was echter niet afhankelijk van de wereld, zoals Hegel had betoogd. Formstecher stelde dat de Geest niet door de rede kon worden bevat en daarmee keerde hij terug naar het oude onderscheid tussen Gods wezenheid en werkingen. Waar Hegel zich geringschattend had uitgelaten over het gebruik van voorstellende taal in de religie, betoogde Formstecher dat symboliek het enige adequate middel was om over God te spreken, aangezien Hij niet in wijsgerige concepten kon worden uitgedrukt. Toch was het jodendom de eerste religie geweest die tot een geavanceerde godsvoorstelling was gekomen en spoedig zou het de hele wereld tonen dat het een waarachtig spirituele religie was.

Het primitieve heidendom had God vereenzelvigd met de natuur, zo betoogde Formstecher. Deze periode die zich kenmerkte door spontaneïteit en niet door reflectie, was de kindertijd van het mensdom geweest. Maar zodra de mens zich bewuster van zichzelf was geworden, kon hij de volgende stap zetten en tot overwogener denkbeelden van het goddelijke komen. Hij begon te beseffen dat deze 'God' of 'Geest' zich niet in de natuur bevond, maar zijn existentie er ver boven en ver buiten had. De profeten die tot deze nieuwe voorstelling van het goddelijke waren gekomen, predikten een ethische religie. Aanvankelijk hadden ze gemeend dat hun openbaringen afkomstig waren van een kracht buiten henzelf, maar langzamerhand begrepen ze dat ze niet afhankelijk waren van een volstrekt externe God, maar dat hun inspiratie hun werd ingegeven door hun eigen innerlijk dat van Gods Geest was vervuld. De joden waren de eersten geweest die deze ethische godsvoorstelling hadden ontwikkeld. Door hun jarenlange ballingschap en het verlies van de tempel hadden ze geleerd het zonder geloofsrekwisieten en externe gezagdragers te stellen. Zo hadden ze een hoger religieus bewustzijn bereikt en dat stelde hen in staat God onbelemmerd te benaderen. Ze waren niet afhankelijk van priesterlijke middelaars, noch waren ze, zoals Hegel en Kant hadden beweerd, onderworpen aan een mensvreemde Wet. Integendeel, ze hadden geleerd om God via hun geest en individualiteit te bereiken. Het christendom en de islam hadden getracht het jodendom te imiteren, maar ze waren niet zo succesvol geweest. Zo had het christendom in zijn afschildering van God veel heidense elementen behouden. Nu de joden geëmancipeerd waren, zou hun spoedig volledige bevrijding wachten; ze moesten zich daarom op deze eindfase van hun ontwikkeling voorbereiden door afstand te doen van de ceremoniële wetten die overblijfsels waren van een vroegere en minder geavanceerde fase van hun geschiedenis.

Net als de islamitische reformisten waren de exponenten van de *Wissen-*

schaft des Judentums erop gebrand hun religie als een volstrekt rationeel geloof te presenteren. Ze wilden zich vooral van de kabbala ontdoen, want die had hen sinds het debâcle van Sjabtai Tsevi en de opkomst van het chassidisme in verlegenheid gebracht. Vandaar dat Samuel Hirsch in zijn boek *Die Religionsphilosophie der Juden* (1842) een geschiedenis van Israël schreef waarin hij de mystieke kant van het jodendom negeerde en met een ethische, rationele godsgeschiedenis kwam waarin de nadruk op de vrijheidsgedachte lag. Een mens onderscheidde zich van andere schepsels door zijn vermogen om 'Ik' te zeggen. Dit zelfbesef stond voor een gevoel van onvervreemdbare persoonlijke vrijheid. Het heidendom was niet in staat geweest deze autonomie bij de mens aan te kweken, omdat in de vroegste fasen van de menselijke ontwikkeling de gave van het zelfbesef van boven leek te komen. Heidenen hadden hun persoonlijke vrijheid aan de natuur toegeschreven en gemeend dat enkele van hun ondeugden niet vermeden konden worden. Maar Abraham had zich niet bij dit heidense fatalisme en deze afhankelijkheid willen neerleggen. Hij had in zijn eentje tegenover de goddelijke aanwezigheid gestaan en was zichzelf volkomen meester geweest. Zo'n man zal God in alle aspecten van het leven ontwaren. God, de Bestuurder van hemel en aarde, heeft de wereld op een bepaalde manier ingericht om ons te helpen die innerlijke vrijheid te verwerven, en elk individu wordt door niemand minder dan door God zelf opgevoed om dat doel te bereiken. Het jodendom was niet het serviele geloof dat niet-joden zich voorstelden. Het was altijd een geavanceerder geloof geweest dan bijvoorbeeld het christendom, dat zich van zijn joodse wortels had afgewend en was teruggekeerd tot de irrationaliteit en het bijgeloof van het heidendom.

Nachman Krochmal (1785-1840) wiens in het Hebreeuws geschreven *More Newoeche ha-Zeman* ('Gids voor de verdoolden van deze tijd') in 1851 postuum werd gepubliceerd, deinsde echter in tegenstelling tot zijn tijdgenoten niet voor mystiek terug. Net als de kabbalisten noemde hij 'God' of de 'Geest' bij voorkeur 'Niets' en hij gebruikte de kabbalistische metafoor van de emanatie om Gods ontvouwende zelfopenbaring te beschrijven. Hij betoogde dat de dingen die de joden hadden bereikt, niet het gevolg waren van een abjecte afhankelijkheid van God, maar van de werking van het collectief bewustzijn. In de loop der eeuwen hadden de joden hun godsvoorstelling verfijnd. In de tijd van de uittocht had God zijn tegenwoordigheid nog in wonderen moeten openbaren, maar tegen de tijd dat de joden uit Babylon terugkeerden hadden ze zich een hoger ontwikkelde godsvoorstelling eigen gemaakt en waren tekenen en wonderen niet meer nodig geweest. De godsverering was volgens de joodse opvatting niet de slaafse afhankelijkheid die de gojiem meenden, maar kwam bijna exact overeen met het wijsgerige ideaal. Het enige verschil tussen religie en wijsbegeerte was dat de laatste zich uitdrukte in concepten, terwijl religie, zoals Hegel had opgemerkt, zich bediende van een voorstellend idioom. Toch voldoet een dergelijke symbolische taal heel goed, omdat God al onze ideeën over Hem overstijgt. We kunnen zelfs niet zeggen dat Hij bestaat, aangezien wij 'bestaan' zo partieel en beperkt ervaren.

Het nieuwe zelfvertrouwen dat de joden door hun emancipatie hadden gekregen, werd echter in 1881 een zware slag toegebracht toen onder het bewind van tsaar Nicolaas II een golf van gewelddadig antisemitisme over Rusland en Oost-Europa spoelde en zich vervolgens naar de rest van Europa uitbreidde. In Frankrijk, het eerste land waar de joden waren geëmancipeerd, brak een antisemitische hetze uit toen in 1895 de joodse officier Alfred Dreyfus ten onrechte wegens hoogverraad werd veroordeeld. In dat zelfde jaar werd Karl Lüger, een notoire antisemiet, burgemeester van Wenen. Maar in Duitsland dachten joden vóór de machtsovername van Adolf Hitler nog steeds dat ze veilig waren. Zo leek Hermann Cohen (1842-1918) nog steeds in beslag te worden genomen door het metafysisch antisemitisme van Kant en Hegel. Cohen, die zich vooral aangesproken voelde door de beschuldiging dat het jodendom een serviel geloof was, ontkende dat God een externe werkelijkheid was die van bovenaf gehoorzaamheid oplegde. God was simpelweg een idee dat de menselijke geest had gevormd, een symbool van het ethische ideaal. In een bespreking van het bijbelverhaal van de brandende braamstruik waar God zich aan Mozes kenbaar had gemaakt als 'Ik ben: "Ik ben" ' betoogde Cohen dat dit een primitieve verwoording was van het feit dat degene die wij 'God' noemen gewoon het zijn-zelf is. Dat zijn is volstrekt anders dan de loutere zijnden die wij om ons heen ervaren en die slechts in dat wezenlijke zijn kunnen participeren. In zijn boek *Die Religion der Vernuft aus den Quellen des Judentums* (dat in 1919 postuum verscheen) betoogde Cohen nog steeds dat God gewoon een menselijk idee was. Toch had hij inmiddels ook oog gekregen voor de emotionele rol die religie in het menselijk leven speelde. Een louter ethisch denkbeeld – zoals God – kan ons geen troost bieden. Religie leert ons onze naaste lief te hebben, dus kunnen we zeggen dat de God van de religie – tegenover de God van de ethiek en de wijsbegeerte – inderdaad die affectieve liefde was.

Franz Rosenzweig (1886-1929) werkte deze gedachten dusdanig uit dat ze niet meer terug te kennen waren en hij ontwikkelde een concept van het jodendom dat volstrekt anders was en hem scherp van zijn tijdgenoten onderscheidde. Niet alleen was hij een van de eerste existentialisten, hij formuleerde ook ideeën die dicht bij de oosterse religies kwamen. Zijn onafhankelijkheid laat zich wellicht verklaren uit het feit dat hij als jongeman uit het jodendom was gestapt, agnosticus was geworden, daarop met de gedachte had gespeeld zich tot het christendom te bekeren en toen naar het orthodoxe jodendom was teruggegaan. Hij ontkende heftig dat het naleven van de Tora aanzette tot slaafse en abjecte onafhankelijkheid van een tirannieke God. Bij religie ging het niet simpelweg om zedelijkheid, maar in wezen om een ontmoeting met het goddelijke. Hoe was het mogelijk dat gewone mensen de transcendente God konden ontmoeten? Rosenzweig vertelt ons niet hoe die ontmoeting was – dat is een zwakte van zijn filosofie. Hij wantrouwde Hegels poging de Geest te versmelten met de mens en de natuur; beschouwen we ons menselijk zelfbesef gewoon als een aspect van de wereldziel, dan kunnen we niet meer zeggen dat we werkelijk individuen zijn. Als echte existentialist onderstreepte Rosenzweig het absolute isolement van elk mens. Ieder van ons is alleen, staat verloren en bang in de enorme massa's van het mensdom. Pas wanneer God zich tot ons wendt, worden we verlost van die anonimiteit en angst. God reduceert onze individualiteit daarom niet, maar stelt ons in staat ons volledig van onszelf bewust te worden.

Het is uitgesloten dat we God op een antropomorfe manier kunnen ontmoeten. God is de immanente zijnsgrond, Hij is zo nauw met onze existentie verbonden dat we onmogelijk *tot* Hem kunnen spreken alsof Hij simpelweg een persoon is zoals wijzelf. Er zijn geen woorden of ideeën waarmee God kan worden beschreven. Maar de kloof tussen Hem en de mens wordt overbrugd door de geboden van de Tora. Het zijn niet zomaar verbodsbepalingen, zoals de gojiem dachten; het zijn sacramenten, symbolische gebaren die over hun eigen grenzen heen wijzen en de joden bij de goddelijke dimensie brengen die aan ons aller zijn ten grondslag ligt. Net als de rabbijnen betoogde Rosenzweig dat de geboden zo duidelijk symbolisch zijn – want op zichzelf hebben ze vaak geen betekenis –, dat ze ons over de beperkingen van onze woorden en concepten heen tillen en naar het onzegbare Wezen zelf voeren. Ze helpen ons een wachtende, luisterende houding aan te nemen, zodat we, alert en oplettend, gericht blijven op de zijnsgrond van alles wat is. De mitswot werken dan ook niet automatisch. Elk individu moet ze zich eigen maken, zodat elke mitswa geen opgelegd bevel meer is, maar de uitdrukking wordt van míjn innerlijke houding, míjn innerlijke 'moeten'. Maar hoewel de Tora een specifiek joods-religieuze praktijk was, beperkte de openbaring zich niet tot het volk Israël. Hij, Rosenzweig, zou God ontmoeten in de symbolische gebaren die traditioneel joods waren, maar een christen zou zich van andere symbolen bedienen. De leerstukken over God waren niet in de eerste plaats confessionele uitspraken, maar symboliseerden een innerlijke houding. De leerstukken over schepping en openbaring waren bijvoorbeeld geen letterlijke weergave van ware gebeurtenissen in het leven van God en de wereld. In de openbaringsmythen werd onze persoonlijke godservaring tot uitdrukking gebracht. In de scheppingsmythen werd de absolute contingentie van ons menselijk bestaan gesymboliseerd, het verpletterende besef dat we volkomen afhankelijk waren van de immanente zijnsgrond die dat bestaan mogelijk maakte. Als Schepper houdt God zich pas met zijn schepselen bezig wanneer Hij zich aan elk van hen openbaart, maar als Hij niet de Schepper was, dat wil zeggen, niet de immanente zijnsgrond, zou de religieuze ervaring geen betekenis hebben voor de mensheid als geheel. Dan zou ze een reeks bizarre verschijnselen blijven. Door zijn universele visie op godsdienst stond Rosenzweig wantrouwend tegenover het nieuwe politieke jodendom dat als reactie op de nieuwe uitbarsting van antisemitisme opkwam. Israël, zo betoogde hij, was in Egypte een volk geworden en niet in het Beloofde Land, en het zou zijn bestemming als eeuwig volk slechts bereiken als het de banden met de aardse wereld verbrak en zich niet inliet met politiek.

Maar joden die het slachtoffer van het escalerende antisemitisme waren geworden, vonden dat ze het zich niet konden veroorloven zich van politiek afzijdig te houden. Ze konden niet werkeloos afwachten tot de Messias of God hen kwam redden, maar moesten hun volk zelf verlossen. In 1882, een jaar na de eerste pogroms in Rusland, verliet een groepje joden Oost-Europa en vestigde zich in Palestina. Ze waren ervan overtuigd dat de joden altijd onvolledig mens en van zichzelf vervreemd zouden blijven zolang ze geen eigen land hadden. Het verlangen naar de terugkeer naar Zion (de oude naam voor Jeruzalem) begon als een uitdagend seculiere beweging, omdat de zionisten door de onbestendigheid van de geschiedenis ervan overtuigd waren geraakt dat hun religie en hun God niet meer werkten. In Rusland en Oost-Europa was het zionisme een zijtak van het revolutionaire socialisme dat de theorieën van Karl Marx in praktijk bracht. De joodse revolutionairen waren zich er echter van bewust geworden dat hun kameraden net zo antisemitisch waren als de tsaar en ze vreesden dat er onder een communistisch regime geen verbetering in hun lot zou komen; de geschiedenis zou hun gelijk geven. Enkele vurige, jonge socialisten, zoals David ben Goerion (1886-1973), pakten daarop hun koffers en gingen scheep naar Palestina, vastbesloten daar een modelmaatschappij te stichten die een licht voor de niet-joden zou zijn en het socialistische millennium zou inluiden. Anderen hadden geen tijd voor die marxistische dagdromen. De charismatische Oostenrijker Theodor Herzl (1860-1904) plaatste deze nieuwe joodse onderneming in een koloniaal kader: onder de vleugels van een van de Europese imperiale machten zou de joodse staat een speerpunt van vooruitgang in de islamitische woestenij zijn.

Hoewel het zionisme openlijk voor secularisatie koos, drukte het zich instinctief in conventionele religieuze termen uit en was het in wezen een religie zonder God. Het was doordrenkt van extatische en mythische toekomstverwachtingen en greep terug op de oude thema's van verlossing, bedevaart en hergeboorte. De zionisten namen zelfs de gewoonte aan elkaar als teken van bevrijding een nieuwe naam te geven. Zo noemde Asjer

Ginsberg, een propagandist van het eerste uur, zich Achad ha-Am (Een van het Volk). Hij was nu zijn eigen heer en meester, want hij had zich vereenzelvigd met de nieuwe nationale geest, al dacht hij niet dat in Palestina een joodse staat een haalbare kaart zou zijn. Hij wilde daar gewoon een 'spiritueel centrum' vestigen dat de plaats van God zou innemen als het enige oriëntatiepunt van het volk Israël. Het zou een 'richtsnoer voor alle dingen des levens' worden, het zou 'naar de diepten des harten' reiken en 'alle menselijke gevoelens beroeren'. De zionisten hadden de oude religieuze oriëntatie honderdtachtig graden omgedraaid. In plaats van gericht te zijn op een transcendente God, trachtten joden hier op aarde vervulling te bereiken. Het Hebreeuwse woord *hagsjama* (letterlijk 'het concreet maken') was in de middeleeuwse joodse filosofie een negatieve term geweest en betekende dat aan God menselijke eigenschappen of lichamelijke kenmerken werden toegekend. In het zionisme ging 'hagsjama' echter 'verwezenlijking' of 'vervulling' betekenen, de concretisering van Israëls verwachtingen op deze aardse wereld. Heiligheid woonde niet langer in de hemel; Palestina was nu een 'heilig' land, in de ware zin van het woord.

Hoe heilig precies kunnen we zien in de geschriften van Aäron D. Gordon (1856-1922), een van de eerste pioniers en tot zijn zevenenveertigste, toen hij tot het zionisme overging, een orthodoxe jood en kabbalist. Gordon, een zwakke en ziekelijke man met een grijze haardos en baard, werkte op het land aan de zijde van jonge kolonisten, danste 's avonds extatisch met hen in het rond en riep: 'Blij!... Blij!' In vroeger tijden, zo schreef hij, zou men de vereniging met het land Israël een openbaring van de Sjechina hebben genoemd. Het Heilige Land had sacrale waarde gekregen; het bezat spirituele kracht die slechts toegankelijk was voor de joden die de unieke joodse geest hadden geschapen. Wanneer Gordon deze heiligheid beschreef, gebruikte hij kabbalistische termen die eens voor het geheimnisvolle rijk van God werden gebezigd:

> De ziel van de jood is de vrucht van de natuurlijke omgeving van het land Israël. *Klaarheid*, de oneindigheid van een onmetelijk heldere hemel, een helder vergezicht, *nevels van zuiverheid*. Zelfs het goddelijk onbekende lijkt in deze klaarheid te verdwijnen, glijdt van het *beperkt zichtbare licht* naar het *eindeloos verborgen licht*. Het volk van deze aarde begrijpt noch dit heldere vergezicht, noch dit stralend onbekende in de joodse ziel.[29]

Aanvankelijk was dit mediterrane land zó anders geweest dan zijn vaderland Rusland, dat Gordon het angstig en onvertrouwd had gevonden. Maar toen besefte hij dat hij het door arbeid of *avoda*, een woord dat ook op een religieus ritueel betrekking heeft, tot zijn eigen land kon maken. Door het land te bewerken (het land dat de Arabieren, volgens de zionisten, hadden verwaarloosd) zouden de joden het voor henzelf veroveren en tegelijkertijd de vervreemding van hun ballingschap van zich afschudden.

De socialistische zionisten noemden hun kolonisatiewerk de Verovering van Arbeid (*kiboesj ha-avoda*); hun kiboetsiem werden seculiere kloosters waar ze in communeverband leefden en hun verlossing bewerkstelligden. Het bewerken van het land gaf hun een mystieke ervaring van hergeboorte en universele liefde. Gordon zei hierover:

> Hoe meer mijn handen aan de arbeid gewend raakten, hoe meer mijn ogen en oren leerden om te zien en te horen en mijn hart om te begrijpen wat erin omging, des te meer leerde ook mijn ziel om over de heuvels te springen, om op te stijgen, om hemelwaarts te wieken – om zich uit te strekken naar verten die ze nooit had gekend, om al het omringende land te omarmen, de wereld en alles wat erin is, en om te bemerken dat ze zelf in de omarming van het hele universum lag.[30]

Hun werk was een seculier gebed. Omstreeks 1927 schreef de jonge pionier en geleerde Avraham Schlonsky (1900-1973), die als wegenbouwer werkte, het volgende gedicht op het land Israël:

> Hul mij, goede moeder, in een stralend, kleurig kleed,
> En leid me tot mijn taak bij het krieken van de dag.
> Mijn land is gehuld in licht, een gebedskleed gelijk.
> Fier rijden de huizen op, als huisjes aan een gebedsriem;
> De rotsen, handmatig bestraat, stromen als schouwdraden neer.
> Hier zegt de lieflijke stad haar ochtendgebed tot haar schepper.
> En een van die scheppers is Avraham uw zoon,
> Een wegenbouwende bard in Israël.[31]

De zionist had geen God meer nodig; hij was zelf de schepper.

Andere zionisten hielden echter een conventioneler geloof hoog. De kabbalist Abraham Isaak Kuk (1865-1935), de eerste opperrabijn van de joodse gemeenschap in Palestina, had voor zijn komst in het land Israël weinig contact gehad met de niet-joodse wereld. Hij verklaarde dat zolang het dienen van God werd gezien als het dienen van een specifiek wezen zonder dat de idealen en plichten van een religie daar een rol bij speelden, het niet 'vrij zou zijn van de onvolwassen zienswijze die altijd al gericht is op specifieke wezens'.[32] Maar God was niet zomaar een wezen; Ēn Sof oversteeg elk menselijk concept, zoals persoonlijkheid. Wie God beschouwde als een specifiek wezen, maakte zich schuldig aan idolatrie en gaf blijk van een primitieve instelling. Kuk was doorkneed in de joodse overlevering, maar toch vervulde de zionistische ideologie hem niet met ontzetting. Toegegeven, de aanhangers van de 'Verovering van Arbeid'-beweging meenden dat ze religie van zich hadden afgeschud, maar dat atheïstische zionisme was slechts een fase. God was in deze pioniers werkzaam; de goddelijke 'vonken' zaten in deze 'schillen' van duisternis gevangen en wachtten op verlossing. Joden konden denken wat ze wilden, in hun ziel waren ze niet van God te scheiden en waren ze zonder het zelf te beseffen vervuld van het goddelijke plan. Tijdens de Babylonische ballingschap had de Heilige Geest zijn volk verlaten. De joden hadden de Sjechina in synagogen en leerhuizen weggeborgen, maar spoedig zou Israël het spirituele centrum van de wereld worden en de niet-joden laten zien welke godsvoorstelling de ware was.

Maar aan dat soort spiritualiteit kleefden gevaren. Uit de toewijding aan het Heilige Land zou in onze eigen tijd de idolatrie van het joods fundamentalisme groeien. De toewijding aan de historische 'islam' heeft bijgedragen aan het ontstaan van een soortgelijk fundamentalisme in de islamitische wereld. Zowel joden als moslims zochten moeizaam naar zin en bedoeling in een donkere wereld. Ze hadden het gevoel dat de God van de geschiedenis hen in de steek had gelaten. De zionisten waren terecht bang geweest voor de definitieve uitroeiing van hun volk. Voor veel joden zou het na de holocaust onmogelijk worden in de traditionele God te geloven. Toen de Nobelprijswinnaar Elie Wiesel als kind in Roemenië opgroeide, leefde hij alleen voor zijn God; zijn leven werd door de Talmoed gevormd en hij hoopte dat hij eens in de geheimen van de kabbala zou worden ingewijd. Als jongen werd hij naar Auschwitz en later naar Buchenwald gedeporteerd. Toen hij de eerste avond in het dodenkamp naar de zwarte rook keek die uit het crematorium opkringelde waarin het lijk van zijn moeder en zuster waren geworpen, wist hij dat zijn geloof voor eeuwig door de vlammen was verteerd. Hij bevond zich in een wereld die het objectieve correlaat van de godverlaten wereld was die Nietzsche zich had voorgesteld. 'Nooit zal ik die nachtelijke stilte vergeten die mij voor eeuwig van het verlangen om te leven heeft beroofd,' schreef hij jaren later. 'Nooit zal ik die ogenblikken vergeten die mijn God en mijn ziel vermoordden en mijn dromen, die het aanzien van de woestijn kregen.'[33]

Op een dag hing de Gestapo een kind op. Zelfs de ss-ers voelden zich niet op hun gemak bij het vooruitzicht dat ze voor het front van duizenden toeschouwers een jongen moesten ophangen. Het kind dat in Wiesels herinnering het gezicht van een 'engel met bedroefde ogen' had, zei geen woord, was doodsbleek, bijna kalm toen hij het schavot beklom. 'Waar is de Goede God, waar is Hij?' hoorde Wiesel een van de gevangenen achter hem vragen. Het duurde een half uur voordat het kind stierf en in die tijd moesten de gevangenen toekijken. 'Waar is God toch?' vroeg dezelfde man weer. En

Wiesel hoorde een stem in zijn binnenste antwoord geven: 'Waar is Hij? Hier – Hij is hier opgehangen – aan deze galg.'[34]

Dostojewski had gezegd dat God door de dood van één enkel kind onaanvaardbaar kon worden, maar zelfs hij, toch niet onbekend met onmenselijkheden, had zich nooit de dood van een kind onder deze omstandigheden voorgesteld. De verschrikkingen van Auschwitz zetten veel conventionele ideeën over God op losse schroeven. De verre God van de filosofen die zich in transcendente *apatheia* verliest, wordt een ondraaglijk wezen. Veel joden kunnen het bijbelse concept van een God die zich in de geschiedenis openbaart en die, zeggen ze met Wiesel, in Auschwitz is gestorven, niet meer onderschrijven. Het idee van een persoonlijke God die net zo is als wij, maar dan met hoofdletters geschreven, is doortrokken van problemen. Als deze God almachtig is, had Hij de holocaust kunnen voorkomen. Als Hij niet in staat was hem tegen te houden, is Hij onmachtig en nutteloos; als Hij hem wel had kunnen tegenhouden, maar verkoos het niet te doen, is Hij een monster. De joden zijn niet de enigen die geloven dat de holocaust het einde van de conventionele theologie is geweest.

Maar aan de andere kant is het ook waar dat sommige joden zelfs in Auschwitz de Talmoed bleven bestuderen en de traditionele feestdagen in ere hielden, niet omdat ze hoopten dat God hen zou redden, maar omdat het in hun ogen zinvol was. Het verhaal gaat dat een groepje joden in Auschwitz God op een dag voor het gerecht daagde. De aanklacht luidde wreedheid en verraad. Net als Job konden ze geen troost putten uit de gebruikelijke antwoorden op het vraagstuk van het kwaad en het lijden in de barbaarse wereld van dat moment. Ze konden geen excuus voor God aanvoeren, geen verzachtende omstandigheden, dus ze verklaarden dat Hij schuldig was en waarschijnlijk de doodstraf verdiende. De rabbijn sprak het vonnis uit. Toen keek hij op en zei dat de terechtzitting was afgelopen; het was tijd voor het avondgebed.

11

Heeft God toekomst?

We naderen het einde van het tweede millennium van onze jaartelling en het ziet ernaar uit dat de wereld die we kennen haar langste tijd heeft gehad. Jarenlang leven we al met de wetenschap dat we wapens hebben ontwikkeld die het menselijk leven op aarde kunnen vernietigen. De Koude Oorlog mag dan afgelopen zijn, de nieuwe wereldorde doet qua angstwekkendheid niet voor de oude onder. We staan voor een mogelijke ecologische ramp. Aids dreigt een ziekte van onbeheersbare omvang te worden. De wereldbevolking zal binnen twee à drie generaties zo zijn gegroeid, dat de planeet haar niet meer kan voeden. Duizenden mensen sterven van honger en dorst. Voorgaande generaties hebben het gevoel gehad dat het einde van de wereld ophanden was en nu ziet het er inderdaad naar uit dat we op de drempel van een toekomst staan die elke voorstelling te boven gaat. Hoe zal de godsidee door de komende jaren heen komen? Vierduizend jaar lang is ze telkens aan de eisen van de tijd aangepast, maar nu, in onze eigen eeuw, komen steeds meer mensen tot de slotsom dat ze niet meer voldoet; en wanneer religieuze ideeën hun effectiviteit verliezen, raken ze in de vergetelheid. Misschien is God inderdaad wel een idee dat tot het verleden behoort. De Amerikaanse geleerde Peter Berger merkt op dat we vaak een dubbele maatstaf erop na houden wanneer we het verleden vergelijken met onze eigen tijd. Het verleden wordt geanalyseerd en gerelativeerd, maar het heden blijft hiervan gevrijwaard en onze eigen situatie wordt verabsoluteerd: 'De schrijvers van het Nieuwe Testament worden, met andere woorden, beschouwd als besmet met een vals bewustzijn dat geworteld is in hun tijd, maar de hedendaagse analyticus vat het bewustzijn van *zijn* tijd op als een onverdeelde intellectuele zege.'[1] De secularisten van de negentiende eeuw en het begin van de twintigste beschouwden atheïsme als de onomkeerbare *condition humaine* van het wetenschappelijke tijdperk.

Er zijn veel ontwikkelingen die deze zienswijze staven. In Europa lopen de kerken leeg; het atheïsme is geen moeizaam verworven ideologie van een handvol intellectuele pioniers meer, maar een algemene geesteshouding. In het verleden was het nog altijd het bijprodukt van een bepaalde godsidee geweest, maar nu lijkt het deze ingebouwde relatie met het theïsme te zijn kwijtgeraakt en is het een automatische reactie op de leefsituatie in een geseculariseerde maatschappij geworden. Net als de geamuseerde menigte die Nietzsche's 'dolle mens' omringde, zijn velen niet onder de indruk van het vooruitzicht dat hun een leven zonder God wacht. Anderen vinden zijn afwezigheid een opluchting. Degenen die in het verleden problemen met het geloof hebben gehad, vinden het een bevrijding om verlost te zijn van de God die hun jeugd terroriseerde. Het is een heerlijk gevoel om niet ineen te hoeven krimpen voor een wraakzuchtige godheid die ons met eeuwige verdoemenis bedreigt als we ons niet aan zijn regels houden. We hebben een nieuwe intellectuele vrijheid verworven en kunnen ons onverschrokken door onze eigen ideeën laten leiden zonder omzichtig tussen moeilijke geloofsartikelen te hoeven doorlaveren en ondertussen het gevoel te hebben dat onze integriteit steeds verder afkalft. We beelden ons in dat de afschuwelijke godheid die we hebben meegemaakt, de authentieke God van joden, christenen en moslims is en realiseren ons niet altijd dat het maar een onfortuinlijke aberratie was.

Maar er is ook sprake van een intens gevoel van verlatenheid. Jean-Paul Sartre (1905-1980) had het over het God-vormige gat in het menselijk bewustzijn op de plaats die God altijd had bezet. Desondanks betoogde hij dat zelfs als God bestond, het toch nog noodzakelijk was Hem te verwerpen omdat de godsidee de ontkenning van onze vrijheid is. De traditionele religie houdt ons immers voor dat we, om volledig mens te worden, ons moeten conformeren aan Gods idee van menselijkheid. Maar dat is onjuist; we moeten de mens juist beschouwen als de vleesgeworden vrijheid. Sartre's atheïsme was geen geloofsopvatting waar men troost uit kon putten, maar andere existentialisten beschouwden de afwezigheid van God juist wel als een positieve bevrijding. Maurice Merleau-Ponty (1908-1961) betoogde dat God ons gevoel van verwondering eerder wegneemt dan vergroot. Aangezien God het voorbeeld van absolute volmaaktheid is, blijft er voor ons niets meer te streven of te bereiken over. Albert Camus (1913-1960) verkondigde een heroïsch atheïsme. We moesten God fier verwerpen, opdat we al onze liefde en zorg op de mensheid konden richten. Zoals altijd zit er een kern van waarheid in de opmerkingen van de atheïsten. Het klopt inderdaad dat men God in het verleden had gebruikt om creativiteit te beknotten; als Hij wordt getransformeerd tot een stoplap voor alle mogelijke problemen en toevallige gebeurtenissen, kan Hij onze verwondering of daadkracht in de kiem smoren. Een vurig beleden en geëngageerd atheïsme kan religieuzer zijn dan een uitgeblust of inadequaat theïsme.

In de jaren vijftig van deze eeuw vroegen logisch-positivisten zoals A.J.

Ayer (1910-1989) zich af of het zinvol was om in God te geloven. De natuurwetenschappen waren de enige betrouwbare bron van kennis, omdat deze empirisch konden worden getoetst. Het ging Ayer er niet om of God al dan niet bestond, maar om de vraag of het begrip 'God' betekenis had. Een bewering is betekenisloos, zo betoogde hij, wanneer het ons volstrekt niet duidelijk is hoe we haar kunnen verifiëren, of wanneer we niet kunnen aantonen dat ze onwaar is. De uitspraak 'Er is leven op Mars' is geen betekenisloze bewering, aangezien we, als we over de noodzakelijke technologie zouden beschikken, haar zouden kunnen verifiëren. Op analoge wijze doet een eenvoudige ziel die simpelweg in de traditionele 'Lieve Heer in de Hemel' gelooft, geen betekenisloze bewering wanneer hij zegt: 'Ik geloof in God', omdat we na de dood erachter zouden kunnen komen of ze waar is of niet. Problemen zijn er juist voor de gelovige die nadenkt en zegt: 'God bestaat niet in een zin die we kunnen begrijpen', of: 'God is niet goed in de menselijke zin van het woord'. Deze beweringen zijn te vaag; het is volstrekt onduidelijk hoe we ze zouden moeten toetsen en daarom zijn ze betekenisloos. 'Theïsme is zo verwarrend,' aldus Ayer, 'en de uitspraken waarin "God" voorkomt zijn zo incoherent en zo volstrekt onverifieerbaar of onfalsificeerbaar, dat we op logische gronden onmogelijk kunnen spreken van geloven of niet geloven, godsgeloof of geen godsgeloof.'[2] Atheïsme is net zo onbegrijpelijk en betekenisloos als theïsme. Het concept 'God' bevat niets wat te ontkennen of te betwijfelen is.

Net als Freud beschouwden de positivisten het geloof als een onvolwassen fase waar we met behulp van de wetenschap doorheen zouden komen. Sinds de jaren vijftig hebben linguïstische filosofen kritiek geleverd op het logisch-positivisme en erop gewezen dat Ayers verificatieprincipe net zo min kon worden geverifieerd. Tegenwoordig zijn we minder geneigd tot optimisme over de wetenschap, aangezien ze immers alleen de wereld van de fysieke werkelijkheid kan verklaren. Wilfred Cantwell Smith wees erop dat de logisch-positivisten zich als wetenschappers profileerden in een tijd waarin de wetenschap voor het eerst in de geschiedenis de natuurlijke wereld als strikt gescheiden van de mens beschouwde.[3] Het soort uitspraken waar Ayer op doelde, gaat goed op wanneer het de objectieve wetenschappelijke feiten betreft, maar is ongeschikt voor de minder eenduidige menselijke ervaringen. Net als poëzie en muziek leent religie zich niet voor dit soort logische redeneringen en verificaties. Recentelijk hebben linguïstische filosofen als Antony Flew betoogd dat het rationeler is om naar een natuurlijke verklaring te zoeken dan naar een religieuze. De oude 'bewijzen' voldoen niet; het argument op basis van ontwerp is niet houdbaar omdat we uit het systeem zouden moeten stappen om te zien of natuurverschijnselen worden aangedreven door hun eigen wetmatigheden of door Iets van buiten. Het argument dat we 'contingente' of 'defectieve' wezens zijn bewijst niets omdat er altijd wel een verklaring kan worden gevonden die het finale antwoord is, en desondanks niet bovennatuurlijk. Flew is niet zo'n optimist als Feuerbach, Marx of de existentialisten. Bij hem treffen we geen kwellende, geen heroïsche opstandigheid aan, maar eenvoudig de nuchtere toewijding aan de rede en de wetenschap als de enige weg die ons verder voert.

We hebben echter gezien dat niet alle gelovigen zich voor een verklaring van het heelal tot God wendden. Velen hebben de godsbewijzen als een afleidingsmanoeuvre beschouwd. De wetenschap werd alleen door díe westerse christenen als een bedreiging ervaren die gewoon waren geworden de Schrift letterlijk te lezen en de leerstukken te interpreteren alsof ze harde feiten waren. De wetenschappers en filosofen die God niet in hun systeem kunnen onderbrengen, hebben het gewoonlijk over 'God als Eerste Oorzaak', een notie die joden, moslims en Grieks-orthodoxe christenen ten slotte in de middeleeuwen loslieten. De subjectievere 'God' naar wie zij zochten, kon niet worden bewezen, als was Hij een objectief feit dat voor iedereen hetzelfde was. Hem kon net zo min als het boeddhistische nirwana een plaats binnen een fysiek systeem van het universum worden toebedeeld.

Nog resoluter dan de linguïstische filosofen waren de radicale theologen van de jaren zestig die geestdriftig in de voetsporen van Nietzsche traden en verkondigden dat God dood was. In *The Gospel of Christian Atheism* (1966) verklaarde Thomas J.J. Altizer dat het 'goede nieuws' van Gods dood ons had bevrijd van de slaafse toewijding aan een tirannieke, transcendente godheid. 'Alleen door de dood van God in onze ervaring te aanvaarden en zelfs te willen, kunnen we bevrijd worden van een transcendent hiernamaals, een vreemd hiernamaals dat ontledigd en verduisterd is door Gods zelfvernietiging in Christus.'[4] In mystieke bewoordingen sprak Altizer over de donkere nacht van de ziel en de pijn van de verlating. De dood van God was de noodzakelijke stilte voordat God weer zinvol kon worden. Al onze oude concepten van de goddelijkheid moesten sterven voordat de theologie kon worden herboren. We waren nu in afwachting van een taal en een stijl waarin opnieuw plaats voor God kon zijn. Altizers theologie was een hartstochtelijke dialectische aanval op de donkere, godloze wereld, in de hoop dat ze haar geheim zou prijsgeven. Paul Van Buren was exacter en logischer. In zijn boek *The Secular Meaning of the Gospel, based on an Analysis of its Language* (1963) verklaarde hij dat het niet langer mogelijk was om te spreken van een God die op aarde werkzaam was. Wetenschap en technologie hadden de oude mythe van haar geldigheid beroofd. Het was duidelijk dat men niet meer uit de voeten kon met het simpele geloof in de 'Lieve Heer in de Hemel', maar hetzelfde gold voor het intellectuele geloof van de theologen. We moeten het zonder God stellen en ons vasthouden aan Jezus van Nazaret. Het Evangelie was 'het goede nieuws van een vrij mens die andere mensen heeft bevrijd'. Jezus van Nazaret was de bevrijder, de man 'die (...) definieerde wat het betekent mens te zijn'.[5]

In zijn boek *Radical Theology and the Death of God* (1966) merkte William Hamilton op dat dit soort theologisch denken in Amerika was ontstaan, een land dat altijd al utopisch was ingesteld en geen eigen belangrijke, theologische traditie had. Als beeldspraak stond de dood van God voor de anomie en zedelijke verruwing van het technologische tijdperk die er debet aan waren dat de mens niet meer op de oude manier in de bijbelse God kon geloven. Voor Hamilton zelf was deze theologische houding de enige manier om in de twintigste eeuw protestant te zijn. Luther had zijn klooster verlaten en was de wereld in getrokken. Op analoge wijze waren Hamilton en de andere christelijke radicalen seculiere gelovigen in hart en ziel geworden. Ze hadden de heilige plaats waar God eens vertoefde de rug toe gekeerd en waren de wereld van techniek, macht, seks, geld en stadsrumoer in getrokken om in hun naaste de mens Jezus te vinden. De moderne seculiere mens had God niet nodig. Hamilton had geen last van een God-vormig gat; hij zou hier op aarde zijn eigen oplossing vinden.

Er zit in dat bruisende optimisme van de jaren zestig zeker iets wat aanspreekt. De radicalen hadden ontegenzeglijk gelijk dat het voor velen onmogelijk was geworden op de oude manier over God te spreken, maar in de jaren negentig is er helaas weinig reden om het gevoel te hebben dat bevrijding en een nieuwe dageraad ophanden zijn. Zelfs in hun eigen tijd stonden de 'God is dood'-theologen bloot aan kritiek omdat hun invalshoek die van de gefortuneerde, blanke Amerikaan uit de middenklasse was. Zwarte theologen als James H. Cone vroegen zich af op welke gronden de blanken het recht meenden te hebben zich door de dood van God vrij te noemen wanneer ze notabene zelf in naam van God mensen tot slaaf hadden gemaakt. De joodse theoloog Richard Rubenstein kon zich niet voorstellen dat zij, zo kort na de nazistische holocaust, nog positief tegenover een godloze mensheid konden staan. Zelf was hij ervan overtuigd dat de godheid die men als de God van de Geschiedenis had opgevat, in Auschwitz voorgoed de dood had gevonden. Toch vond Rubenstein niet dat de joden het geloof overboord moesten zetten. Juist omdat de uitroeiing van het Europese jodendom bijna een feit was geweest, moesten ze de banden met het verleden niet doorsnijden. Maar de vriendelijke, ethische God van het liberale jodendom was de oplossing niet; Hij was veel te steriel; Hij sloot zijn ogen voor de tragische kanten van het leven en ging ervan uit dat de wereld zich zou verbeteren. Rubenstein zelf gaf de voorkeur aan de God van de joodse mystici. Hij voelde zich sterk aangetrokken tot Jitschak Loeria's leerstuk van de *tsimtsoem*, Gods vrijwillige vervreemding van zichzelf die de geschapen wereld tot aanzien had geroepen. Alle mystici hadden God beschouwd als het Niets waar wij vandaan komen en waarnaar we zullen terugkeren. Rubenstein was het met Sartre eens dat het leven leeg was; hij beschouwde de God van de mystici als de imaginatieve weg die naar deze menselijke beleving van het niets leidde.[6]

Ook andere joodse theologen hebben troost geput uit de Loeriaanse kabbala. Hans Jonas is van mening dat we na Auschwitz niet langer kunnen geloven in Gods almacht. Toen God de wereld schiep, legde Hij zich vrijwillig beperkingen op en deelde Hij de zwakheid van de mens. Hij kon nu niets meer voor ons doen en de mensen moesten trachten om door gebed en Torastudie de heelheid van de godheid en de wereld weer te herstellen. De Engelse theoloog Louis Jacobs moest echter niets van deze opvatting weten en vond het denkbeeld van de tsimtsoem platvloers en antropomorfistisch; het moedigde ons aan om een al te letterlijk antwoord te verlangen op de vraag *hoe* God de wereld had geschapen. God legt zichzelf geen beperkingen op, maar houdt als het ware even de adem in alvorens weer uit te ademen. Een onmachtige God is een nutteloos wezen en kan nooit de diepere zin van het menselijk bestaan zijn. We doen er beter aan om terug te keren naar de klassieke uitleg dat God groter is dan de mens en dat zijn gedachten en wegen anders zijn dan de onze. God mag misschien onbegrijpelijk zijn, mensen hebben de optie deze onzegbare God te vertrouwen en *enige* zin aan Hem te ontlenen, zelfs al worden ze door zinloosheid omringd. De rooms-katholieke theoloog Hans Küng is het met Jacobs eens; hij prefereert een rationele verklaring van tragische gebeurtenissen boven de fantasievolle mythe van de tsimtsoem. Hij merkt op dat mensen niet in een zwakke God kunnen geloven, maar alleen in de levende God die sommigen sterk genoeg maakte om in Auschwitz te bidden.

Sommigen vinden het evenwel nog steeds mogelijk om in de godsidee een diepere zin te ontdekken. De Zwitserse theoloog Karl Barth (1886-1968) verzette zich tegen het liberale protestantisme van Schleiermacher waarin de nadruk op de religieuze ervaring lag. Maar hij was ook een toonaangevende opponent van de natuurlijke theologie. Het was, zo vond hij, volstrekt verkeerd om te trachten God in rationele termen te verklaren, niet alleen omdat de menselijke geest beperkt was, maar ook omdat de mensheid door de zondeval was verdorven. Elk natuurlijk idee dat we ons over God vormen, kan daarom niet anders dan fout zijn, en het was idolatrie om zo'n God te vereren. De enige geldige bron van godskennis was de Bijbel. Volgens zijn visie trekken we dus kennelijk in alle opzichten aan het kortste eind; de godservaring is uit den boze; de natuurlijke rede is uit den boze; de menselijke geest is verdorven en onbetrouwbaar; en van andere godsdiensten kunnen we niets leren omdat de Bijbel de enige geldige openbaring is. Men kan zich afvragen of het wel zo gezond is om zo'n radicale twijfel aan de macht van de geest te combineren met zo'n kritiekloze aanvaarding van de bijbelse waarheden.

Paul Tillich (1868-1965) was de overtuiging toegedaan dat de persoonlijke God van het traditionele Westen moest verdwijnen, maar hij vond ook dat religie voor de mensheid noodzakelijk was. Een van de elementen die onlosmakelijk bij het menselijk existeren horen is een diepgeworteld gevoel van angst; het is geen neurotische angst, want hij is niet uit te bannen en kan door geen enkele therapie worden verholpen. Terwijl we ons lichaam geleidelijk maar onontkoombaar in verval zien raken, worden we voortdurend bestookt door de angst voor verlies en het schrikbeeld van uitroeiing. Tillich was het met Nietzsche eens dat de persoonlijke God een schadelijk idee was en verdiende te sterven:

> Het concept van een 'Persoonlijke God' die zich met natuurlijke gebeurtenissen inlaat of die 'een onafhankelijke oorzaak van natuurlijke gebeurtenissen' is, maakt van God een natuurlijk object naast andere objecten, een object tussen andere objecten, een zijnde tussen zijnden, zij het misschien dan het hoogste zijnde maar desalniettemin *een* zijnde. En dat betekent uiteraard niet alleen het einde van het fysieke systeem, maar méér nog het einde van elke zinvolle godsidee.[7]

Een God die aan het universum bleef sleutelen, was absurd; een God die zich met menselijke vrijheid en creativiteit bemoeide, was een tiran. Als God wordt beschouwd als een ik in zijn eigen wereld, als een ego dat overeenkomt met een gij, als een oorzaak die losstaat van haar effect, wordt 'hij' gewoon *een* zijnde, niet het zijn-zelf. Een almachtige, alwetende tiran verschilt weinig van aardse dictators die alles en iedereen degraderen tot raderen van de machine die zij bedienen. Een atheïst die zo'n God verwerpt, heeft het grootste gelijk van de wereld.

Daarom moeten we een 'God' boven deze persoonlijke God zoeken. Op zichzelf was deze gedachte niet nieuw. Sinds bijbelse tijden waren theïsten zich al bewust geweest van de paradoxale natuur van de God tot wie ze baden, waren ze zich ervan bewust dat, als tegenwicht tegen de gepersonifieerde God, de wezenlijk bovenpersoonlijke goddelijkheid stond. Elk gebed was een contradictie, aangezien het tot Iemand trachtte te spreken voor wie taal onmogelijk was; het vroeg gunsten aan Iemand die deze, vóór Hem erom was gevraagd, reeds al dan niet had verleend; het zei 'U' tot een God die, als het zijn-zelf, dichter bij het 'ik' stond dan ons eigen ego. Tillich definieerde God liever als de 'ground of being', de immanente zijnsgrond van alles wat is. Participatie in zo'n 'God boven God' vervreemdt ons niet van de wereld, maar dompelt ons onder in de werkelijkheid. Ze voert ons tot onszelf terug. Wanneer mensen over het zijn-zelf spreken, moeten ze zich bedienen van symbolen; het is nauwkeurig noch correct om er in letterlijke of realistische termen over te spreken. Eeuwenlang hebben de symbolen 'God', 'voorzienigheid' en 'onsterfelijkheid' de mensen in staat gesteld om de verschrikkingen van het leven en de angst voor de dood het hoofd te bieden, maar wanneer deze symbolen hun kracht verliezen dienen vrees en twijfel zich aan. Mensen die door die ontzetting en angst worden overmand, zouden op zoek moeten gaan naar de God bóven de in diskrediet geraakte 'God' van een theïsme dat zijn symbolische macht heeft verloren.

Wanneer Tillich tot leken sprak, verving hij de technische term *ground of being* ('immanente zijnsgrond') liever door *man's ultimate concern*, het 'oneindige en allesomvattende waarin de mens participeert en door die participatie existeert'.[8] Nadrukkelijk verklaarde hij dat de menselijke ervaring van deze 'God boven God' niet een bepaalde gemoedstoestand was die kon worden onderscheiden van de andere gemoedstoestanden die deel uitmaakten van onze emotionele of intellectuele beleving. We konden niet zeggen: 'Ik heb nu een speciale "religieuze" ervaring', aangezien God het zijn-zelf is en aan al onze gevoelens van moed, hoop en wanhoop ten grondslag ligt. Het was geen aparte gemoedstoestand met een eigen naam, maar het doordrenkte al onze menselijke belevingen. Een eeuw eerder had Feuerbach dat zelfde verklaard toen hij zei dat God onlosmakelijk was verbonden met de gewone menselijke psyche. Dat atheïsme was nu dus omgezet in een nieuw theïsme.

Liberale theologen zochten naar de mogelijkheid om te geloven en tegelijkertijd tot de moderne, verstandelijke wereld te behoren. Bij de formulering van hun nieuwe godsvoorstelling deden ze een beroep op andere disciplines: de natuurwetenschappen, de psychologie, de sociologie en de andere religies. Ook deze poging was niet nieuw. In de derde eeuw waren Origenes en Clemens van Alexandrië in deze zin liberale christenen geweest toen ze het platonisme integreerden in het Semitische jahwisme. Nu was het de jezuïet Pierre Teilhard de Chardin (1881-1955) die zijn geloof in God met de moderne wetenschappen combineerde. Hij was paleontoloog, met speciale belangstelling voor het prehistorische leven, en hij putte uit zijn kennis van de evolutie om een nieuwe theologie te ontwikkelen. Hij vatte de hele evolutionaire worsteling op als een goddelijke kracht die het universum voortstuwde van materie naar geest, van geest naar persoonlijkheid, en ten slotte, voorbij persoonlijkheid, naar God. God was in de wereld geïncarneerd en immanent, zodat de wereld een sacrament van zijn tegenwoordigheid was geworden. De Chardin stelde christenen voor om zich niet te concentreren op de mens Jezus, maar liever op het kosmische beeld van Christus dat in de brieven van Paulus aan de Kolossenzen en Efeziërs werd geschetst; hierin werd Christus gezien als het 'punt omega' van het universum, het hoogtepunt van het evolutionaire proces wanneer God alles-in-alles wordt. De Schrift vertelt ons dat God liefde is en de wetenschap laat ons zien dat de natuurlijke wereld zich ontwikkelt naar steeds complexere vormen, én naar een grotere eenheid binnen die diversiteit. Deze eenheid-in-differentiatie was een andere manier om de liefde te beschouwen die de hele schepping bezielt. Men heeft De Chardin verweten dat hij God zo volkomen met de wereld vereenzelvigde, dat de betekenis van Gods transcendentie verloren was geraakt, maar toch was zijn theologie, die zich op de wereld oriënteerde, een welkome verandering van de *contemptus mundi* die de katholieke spiritualiteit zo vaak had gekenmerkt.

In Amerika ontwikkelde Daniel Day Williams (geb. 1910) in de jaren zestig de zogenaamde procestheologie, waarin eveneens de eenheid van God en de wereld werd beklemtoond. Williams was sterk beïnvloed door de Engelse filosoof A.N. Whitehead (1861-1947), in wiens ogen God onlosmakelijk was verbonden met het wereldproces. Whitehead had geen zin kunnen ontlenen aan het beeld van God als een ander wezen dat zich onaangedaan op een afstand houdt, en was met een twintigste-eeuwse versie van het profetische concept van de goddelijke pathos gekomen:

> Ik bevestig dat God deel heeft aan de continue levensstroom van het aardse zijn en dat Hij meelijdt. Hij deelt het lijden van de wereld, en dat is het optimale voorbeeld van het feit dat het lijden dat op aarde voorkomt wordt gekend, aanvaard en in liefde omgezet. Ik bevestig dat de goddelijke sensitiviteit bestaat. Daarzonder kan ik geen zin ontlenen aan het zijn van God.[9]

Hij omschreef God als 'de goede kameraad, de vriend die meelijdt en begrijpt'.[10] Whiteheads definitie sprak Williams erg aan; hij noemde God bij voorkeur het 'gedrag' van de wereld, of een 'gebeurtenis'. Het was onjuist om de bovennatuurlijke orde tegenover en boven de natuurlijke wereld van onze ervaring te stellen. Er bestond slechts één zijnsorde. Dat betekende evenwel geen verenging. Integendeel, we moesten in ons concept van het natuurlijke álle aspiraties, vaardigheden en ingeboren mogelijkheden opnemen die ons eens wonderbaarlijk waren voorgekomen. Daartoe behoorden ook, zoals de boeddhisten altijd al hadden verklaard, onze 'religieuze ervaringen'. Wanneer men Williams vroeg of God zijns inziens los stond van de natuur, antwoordde hij altijd dat hij het niet wist. Hij verafschuwde het oude Griekse idee van de *apatheia*. Hij had dat altijd godslasterlijk gevonden; God werd daarin voorgesteld als een wezen dat ver van de mens afstond en onzorgzaam en egoïstisch was. Hij ontkende dat hij voor het pantheïsme pleitte. Zijn theologie was simpelweg een poging om het verstoorde evenwicht te herstellen waarvan een vervreemdende God die we na Auschwitz en Hiroshima onmogelijk nog konden aanvaarden, het gevolg was geweest.

Anderen konden minder optimisme ontlenen aan de successen van de moderne wereld en wilden vasthouden aan de notie van Gods transcendentie als uitdaging voor de mens. De jezuïet Karl Rahner formuleerde een transcendente theologie waarin God werd gezien als het hoogste mysterie en Jezus als de beslissende manifestatie van wat de mens kon worden. Ook Bernard Lonergan onderstreepte het belang van transcendentie en wees op de tegenstelling tussen het verstand en de ervaring. Het verstand alleen kan het godsvisioen dat het nastreeft nooit bereiken; het loopt voortdurend op tegen de grenzen die aan het begrijpen zijn gesteld en waarvoor een verandering van houding van ons wordt verlangd. In alle culturen hebben de mensen zich door dezelfde imperatieven laten leiden: ze moeten verstandig, verantwoordelijk, redelijk en liefhebbend zijn, en ze moeten, indien nodig, veranderen. Het ligt daarom in de aard van de mens zelf om zichzelf en zijn actuele inzichten te overstijgen, en dat beginsel wijst op de aanwezigheid van iets wat men het goddelijke element in de serieuze menselijke speurtocht heeft genoemd. De Zwitserse theoloog Hans Urs von Balthasar was daarentegen van mening dat we er beter aan doen om God in de kunst te zoeken in plaats van in logica en abstracties; de katholieke openbaring is sterk op incarnatie gericht geweest. In zijn briljante studies van Dante en Bonaventura toont Von Balthasar aan dat katholieken God in menselijke gestalte hebben 'gezien'. De nadruk op schoonheid, zoals we die aantreffen in de rituele gebaren en presentatie en bij de grote katholieke kunstenaars, wijst erop dat de weg naar God via de zintuigen moet lopen en niet simpelweg via de cerebrale en abstracte delen van de menselijke persoon.

Ook moslims en joden hebben zich naar het verleden gewend om daar opvattingen over God te vinden die bij het heden pasten. Aboe-l-Kalām Azād (1888-1958), een vooraanstaand Pakistaanse theoloog, richtte zijn aandacht op de Koran bij zijn zoeken naar een visie op God waarin Hij niet zo transcendent werd voorgesteld dat Hij een zinloos begrip werd, noch zo persoonlijk dat Hij een idool werd. Azād vestigde de aandacht op het symbolische karakter van de koranische teksten en wees op het evenwicht tussen enerzijds de metaforische, figuurlijke en antropomorfistische beschrijvingen en anderzijds de voortdurend terugkerende waarschuwing dat God met niets en niemand te vergelijken is. Anderen zochten in het soefisme naar inzicht in de relatie tussen God en de wereld. De Zwitserse soefi Frithjof Schuon blies Ibn-Arabī's leerstuk van de 'eenheid van het bestaan' (*wahdat al-woedjoed*) nieuw leven in om aan te tonen dat God de *enige* werkelijkheid was en dat er daarom niets anders bestond dan Hij en dat de wereld zelf in de ware zin goddelijk was. Hij zwakt deze uitspraak af door de mensen voor te houden dat dit een esoterische waarheid is die alleen kan worden begrepen in de context van de mystieke soefische disciplines.

Anderen maakten God voor de mensen toegankelijker en relevant voor de politieke veranderingen van de tijd. In de jaren voorafgaande aan de Iraanse revolutie wist de jonge lekenfilosoof dr. Alī Sjarī'ati een enorme menigte aanhangers uit de ontwikkelde middenklasse te trekken. Hij was in belangrijke mate verantwoordelijk voor hun verzet tegen de sjah, ook al waren de mollā's, de godsdienstleraren, het in veel opzichten niet eens met zijn religieuze boodschap. Tijdens demonstraties droeg de massa zijn portret naast die van de ajatolla Khomeini mee, al kan men zich afvragen hoe het hem gevaren zou zijn in het Iran van Khomeini. Sharī'ati was de overtuiging toegedaan dat de moslims door de verwestersing waren vervreemd van hun culturele wortels en dat een herinterpretatie van de oude religieuze symbolen noodzakelijk was om deze ontregeling ongedaan te maken. Mohammed had hetzelfde gedaan toen hij de oude, heidense rituelen van de haddj een monotheïstische relevantie gaf. In zijn boek *Haddj* voerde Sjarī'ati zijn lezers door de bedevaart naar Mekka en ontwikkelde hij geleidelijk een dynamisch concept van God dat elke pelgrim zich in zijn verbeelding moest scheppen. Aldus zouden de pelgrims bij hun aankomst bij de Ka'ba beseffen hoe terecht het was dat zich niets in de schrijn bevond: 'Dit is uw eindbestemming niet; de Ka'ba is een teken dat de weg niet verloren is; ze wijst u slechts de richting.'[11] De Ka'ba gaf aan hoe belangrijk het was om alle menselijke uitdrukkingsvormen van het goddelijke te overstijgen en geen doel op zich te laten worden. Waarom is de Ka'ba een eenvoudige kubus zonder decoraties of ornamenten? Omdat ze staat voor 'het geheim van God in het universum'; 'God is vormloos, kleurloos, zonder een gelijke; welke vorm of omstandigheid de mens ook kiest, ziet of zich voorstelt, het zal nooit God zijn.'[12] De haddj zelf was de antithese van de vervreemding die veel Iraniërs in de postkoloniale tijd voelden. Hij staat voor de existentiële koers die elk mens vaart wanneer hij het roer van zijn leven omgooit en zijn steven naar de onzegbare God wendt. Sjarī'ati's activistische geloof bracht echter gevaren met zich mee: de geheime politie van de sjah martelde en deporteerde hem en was in 1975 misschien zelfs verantwoordelijk voor zijn dood in Londen.

Martin Buber (1878-1965) had een zelfde dynamische visie op het jodendom, dat hij beschouwde als een spiritueel proces en een streven naar elementaire eenheid. Religie was geheel en al een ontmoeting met een persoonlijke God, en die kwam bijna altijd tot stand in onze omgang met andere mensen. Er konden twee sferen worden onderscheiden: de eerste was het gebied van ruimte en tijd waar we ons als subject en object, als Ik-Het, tot de ander verhouden. In het tweede gebied gaan we met de ander om zoals hij echt is en zien we hem als een doel op zich. Dit is het 'Ik-Jij'-(*Ich-Du-*)gebied waar Gods tegenwoordigheid zich in openbaart. Het leven is een eindeloze dialoog met God; Hij vormt geen bedreiging voor onze vrijheid of creativiteit omdat Hij ons nooit vertelt wát Hij precies van ons verlangt. We ervaren Hem simpelweg als een tegenwoordigheid en een imperatief, en we moeten voor onszelf de zin ervan vaststellen. Dit strookte in veel opzichten niet met de joodse traditie en Bubers exegese van traditionele teksten maakt soms een geforceerde indruk. Als echte kantiaan had Buber geen tijd voor de Tora; hij vond dat God erdoor van de mens werd vervreemd: God was immers geen wetgever. De Ik-Jij-ontmoeting impliceerde vrijheid en spontaneïteit, niet de last van een vervlogen traditie. Maar de mitswot nemen in de joodse spiritualiteit een centrale plaats in en dit verklaart misschien waarom Buber een grotere populariteit geniet onder christenen dan onder joden.

Buber was zich ervan bewust dat het woord 'God' besmeurd en bezoedeld was, maar hij weigerde het los te laten. 'Waar zou ik een woord kunnen vinden dat hierop gelijkt om het hoogste aan te duiden?' Het woord heeft een betekenis die te belangrijk en te complex is, het heeft te veel heilige associaties. Maar men moet degenen die het woord 'God' wel verwerpen niet zwaar vallen, want in zijn naam zijn veel gruwelijke dingen begaan:

> Hoe goed is het te begrijpen dat velen voorstellen een tijdlang over de 'laatste dingen' te zwijgen, opdat de misbruikte woorden verlost zullen worden! Maar zó zijn ze niet te verlossen. Wij kunnen het woord 'God' niet schoonwassen en wij kunnen het niet heelmaken. Maar wij kunnen het, zo bevlekt en gehavend als het is, van de grond opnemen en het boven een ure van grote benauwenis opheffen.[13]

In tegenstelling tot de andere rationalisten was Buber niet gekant tegen mythologie. Hij vond dat de Loeriaanse mythe van de goddelijke vonken die in de wereld gevangen waren geraakt, een belangrijke symbolische betekenis had. De scheiding tussen de vonken en de godheid gaf het menselijke gevoel van vervreemding weer. Door met anderen om te gaan herstellen we de oereenheid en neemt de vervreemding die we op aarde ervaren af.

Wendde Buber zich tot de Bijbel en het chassidisme, Abraham Jehosjoe'a Heschel keerde terug naar de geest van de rabbijnen en de Talmoed. In tegenstelling tot Buber was hij van mening dat de joden bij de mitswot steun konden vinden om de ontmenselijking van de moderne tijd het hoofd te bieden. De mitswot waren handelingen die niet zozeer de behoeften van de mens vervulden, als wel die van God. Het moderne leven werd gekenmerkt door depersonalisatie en uitbuiting; zelfs God werd gereduceerd tot een ding dat kon worden gemanipuleerd en in ons eigen voordeel aangewend. Het gevolg was dat er geen inspiratie en stimulans meer van religie uitging; wat we nodig hadden, was een 'dieptetheologie' om onder de fundamenten van de bestaande structuren door te graven en opnieuw het ontzag, het mysterie en de verwondering te vinden die er eens waren geweest. Het had geen zin om te trachten op logische gronden te bewijzen dat God bestond. Het geloof in God sproot voort uit een onmiddellijk bevatten en had niets met concepten en rationaliteit te maken. Net als een gedicht moest de Bijbel metaforisch worden gelezen, opdat hij dat besef van het heilige zou prijsgeven. Ook de mitswot moesten worden gezien als symbolische handelingen die ons trainden om in Gods tegenwoordigheid te leven. Elke mitswa is een ontmoetingsplaats, tot in de kleine details van het aardse leven, en de wereld van de mitswot kent net als een kunstwerk haar eigen logica en dynamiek. Vóór alles moeten we ons ervan bewust zijn dat God de mensen nodig heeft. Hij is niet de verre God van de filosofen, maar de God van de pathos, zoals de profeten Hem beschreven.

In de tweede helft van de twintigste eeuw verdiepten ook enkele atheïstische filosofen zich in de godsidee. In *Sein und Zeit* (1927) sprak Martin Heidegger (1899-1976) ongeveer op dezelfde manier over het zijn als Tillich, al zou hij hebben ontkend dat dit concept 'God' in de christelijke zin was. Dit zijn moest worden onderscheiden van de specifieke zij*nden* en viel volstrekt buiten de normale denkcategorieën. Sommige christenen hebben uit Heideggers werk inspiratie geput, ook al is de morele waarde ervan in twijfel getrokken wegens zijn banden met het nazi-regime. In *Was ist Metaphysik?*, de inaugurele rede die hij in 1929 in Freiburg uitsprak, ontwikkelde Heidegger een aantal gedachten die al in het werk van Plotinus, Pseudo-Dionysius en Eriugena naar voren waren gekomen. Aangezien het zijn het 'Gans Andere' is, is het in feite Niets – niet een iets, niet een object, niet een specifiek zijnde. Toch is het dit zijn dat alle andere existenties mogelijk maakt. De oude filosofen hadden verklaard dat uit het niets niets voortkomt (*Ex nihilo nihil fit*), maar Heidegger draaide deze uitspraak om: *Ex nihilo omne ens qua ens fit* ('Uit het niets wordt elk zijnde als zijnde'). Hij besloot zijn voordracht met de vraag die Leibniz al had gesteld: 'Waarom is er eigenlijk zijnde en niet veeleer Niets?'[14] Het is met name deze vraag die de schok van verrassing en verwondering teweegbrengt die als een rode draad door de menselijke reactie op de wereld loopt: waarom is er überhaupt leven? Het is dezelfde vraag waar Heidegger zijn *Einführung in die Metaphysik* (1935) mee begint. Theologie meende hier het antwoord op te bezitten en herleidde alles op Iets Anders, op God. Maar deze God was gewoon een ander zijnde, en niet iets wat geheel anders was. Heideggers opvatting over de God van de religie is vrij beperkend (al werd ze door veel gelovigen gedeeld), maar over het zijn liet hij zich vaak in mystieke termen uit. Hij noemt het een grote paradox, omschrijft het denkproces als een wachten op of een luisteren naar het zijn en lijkt een terugkeer en een terugtrekking van het zijn te ervaren, ongeveer op dezelfde manier als waarop mystici Gods tegenwoordigheid voelen. De mensen kunnen niets ondernemen om het zijn tot existentie te denken. Sinds de Grieken heeft het Westen de neiging gehad het zijn te vergeten en zich te richten op de afzonderlijke zijn*den*, en dat heeft geleid tot het succes van zijn moderne technologie. In een interview dat *Der Spiegel* hem tegen het einde van zijn leven afnam en dat onder de kop 'Nur noch ein Gott kann uns retten' postuum werd gepubliceerd,[15] opperde Heidegger de gedachte dat het besef dat God in onze tijd afwezig is ons zou kunnen bevrijden van onze preoccupatie met de afzonderlijke zijnden. Maar we konden niets ondernemen om het zijn naar het heden terug te voeren. We konden alleen maar hopen op een nieuwe terugkeer in de toekomst.

In de ogen van de marxistische filosoof Ernst Bloch (1885-1977) was de godsidee de mens ingeschapen. Het hele menselijke leven was georiënteerd op de toekomst; we ervaren ons leven als onvolledig en onvoltooid. Anders dan dieren zijn wij nooit tevreden, maar willen we altijd meer. Dat heeft ons gedwongen om te denken en ons te ontwikkelen, aangezien we in elk stadium van ons leven onszelf moeten overstijgen en naar de volgende fase moeten overgaan; de baby moet kleuter worden, de kleuter moet zijn onvermogen op allerlei terreinen overwinnen en kind worden, enzovoort. Al onze dromen en aspiraties zijn gericht op wat komen zal. Zelfs de wijsbegeerte begint met de verwondering, met de ervaring van het niet-weten, het nog-niet-bereikt-hebben. Ook het socialisme blikt naar een utopia vooruit, maar ondanks de marxistische verwerping van het geloof was Bloch van mening dat hoop en religie hand in hand gingen. Net als Feuerbach beschouwde hij God als het ideaal dat de mens zich voor ogen stelt maar nog niet had bereikt, maar in plaats van de godsidee vervreemdend te vinden, noemde hij haar essentieel voor de menselijke existentie.

Ook de socialist Max Horkheimer (1895-1973), de Duitse theoreticus van de Frankfurter Schule, stelde zo nadrukkelijk dat 'God' een belangrijk ideaal was, dat we onwillekeurig aan de profeten moeten denken. Of God nu bestaat of niet, of we 'in Hem geloven' of niet, het doet er niet toe. Zonder de godsidee kan er geen hoogste zin, waarheid of zedelijkheid zijn; ethiek zou dan gewoon een kwestie van smaak zijn, een luim of een gril. De politiek en moraliteit zullen pragmatisch blijven en eerder door slimheid dan door wijsheid worden geleid als de 'gods'-idee er niet op enigerlei wijze in wordt geïntegreerd. Als er geen Absolute bestaat, is er geen enkele reden om niet te haten, of om vrede hoger aan te slaan dan oorlog. Religie is in wezen het besef dat er echt een God bestaat. Een van onze vroegste dromen betreft het verlangen naar rechtvaardigheid (hoe vaak horen we kinderen niet protesteren: 'Dat is niet eerlijk!'). De religie boekstaaft de verlangens en aanklachten van talloze mensen die met lijden en onrecht worden geconfronteerd. Ze maakt ons bewust van onze eindige natuur; we hopen allemaal dat de onrechtvaardigheid die we op aarde aantreffen niet het laatste woord zal hebben.

Het feit dat mensen zonder een conventionele geloofsovertuiging telkens terugkeren naar de centrale thema's die we in de geschiedenis van God hebben gevonden, bewijst dat de godsidee de mens niet zo vreemd is als velen menen. Toch constateren we in de tweede helft van de twintigste eeuw de neiging om zich af te keren van het idee van een persoonlijke God die zich gedraagt als een vergrote uitgave van onszelf. Op zichzelf is dat niet nieuw. Zoals we hebben gezien komen we in de joodse Schrift (die de christenen hun 'Oude' Testament noemen) een soortgelijk proces tegen; de Koran daarentegen heeft Allah van meet af aan in minder persoonlijke termen beschreven dan de joods-christelijke traditie. Weliswaar werd in leerstukken zoals dat van de Drieëenheid en in de mythologie en symboliek van de mystieke stromingen ernaar gestreefd de mensen duidelijk te maken dat God boven persoonskenmerken was verheven, veel gelovigen lijken daar niet van doordrongen te zijn geweest. Toen John Robinson, de bisschop van Woolwich, in 1963 zijn *Honest to God* schreef, waarin hij verklaarde dat hij het oude idee van de persoonlijke God 'ergens daarginds' niet meer kon onderschrijven, steeg in Engeland een storm van verontwaardiging op. Diverse opmerkingen van David Jenkins, de bisschop van Durham, hebben soortgelijke reacties ontketend, ook al waren zijn gedachten in wetenschappelijke kringen gemeengoed. Don Cupitt, de *dean* van het Emmanuel College in Cambridge, heeft bovendien nog het stempel 'de atheïstische priester' opgedrukt gekregen: hij vindt de traditionele, realistische God van het theïsme onaanvaardbaar en stelt een soort christelijk boeddhisme voor waarin de religieuze ervaring boven de theologie wordt gesteld. Net als Robinson is Cupitt langs verstandelijke weg tot een inzicht gekomen dat mystici in alle drie geloven zich intuïtief hebben eigen gemaakt. Toch is de gedachte dat God niet echt bestaat en dat zich daarginds Niets bevindt allerminst nieuw.

De weerstand tegen inadequate voorstellingen van het Absolute groeit. Het is een gezond iconoclasme, aangezien de godsidee in het verleden vaak voor rampzalige doeleinden is gebruikt. Een van de meest typerende nieuwe ontwikkelingen die we sinds de jaren zeventig in de meeste belangrijke wereldgodsdiensten, waaronder de drie monotheïstische, kunnen signaleren is een soort religiositeit dat we gewoonlijk 'het fundamentalisme' noemen. Het is een politiek zeer geëngageerde spiritualiteit die een letterlijke benadering van de Schrift voorstaat en intolerante standpunten inneemt. In Amerika, waar men altijd al gemakkelijk in vervoering raakt van extremistische en apocalyptische bewegingen, heeft het christelijk fundamentalisme zich met Nieuw Rechts gelieerd. Fundamentalisten voeren actie voor de afschaffing van legale abortus en een hard optreden tegen zedelijk en sociaal verval. De 'Moral Majority' van Jerry Falwell ontwikkelde zich in de periode-Reagan tot een verbijsterend machtige politieke beweging. Andere evangelisten zoals Maurice Cerullo, die de woorden van Jezus letterlijk nemen, geloven dat wonderen een essentieel kenmerk van waarachtig geloof zijn. God zal de gelovige alles schenken waar hij in zijn gebeden om vraagt. In Engeland hebben fundamentalisten als Colin Urquhart hetzelfde beweerd. Christelijke fundamentalisten lijken weinig respect te hebben voor de liefde en barmhartigheid die Christus predikte. Ze zijn snel met het veroordelen van iedereen die ze als een 'vijand van God' beschouwen. De meesten zijn van mening dat joden en moslims voorbestemd zijn om in de hel te branden en Urquhart heeft eens verklaard dat alle oosterse religies door de duivel zijn geïnspireerd.

In de islamitische wereld hebben zich soortgelijke ontwikkelingen voorgedaan en de westerse pers heeft er uitgebreid aandacht aan besteed. Islamitische fundamentalisten hebben regeringen omvergeworpen en de vijanden van de islam hetzij vermoord, hetzij met de dood bedreigd. Zo ook hebben joodse fundamentalisten zich gevestigd in de bezette gebieden op de westelijke Jordaanoever en in de Gazastrook, met het vaste voornemen de Arabische inwoners zo nodig met geweld te verdrijven. Ze geloven dat ze de weg bereiden voor de ophanden zijnde komst van de Messias. In welke vorm het fundamentalisme zich ook manifesteert, in alle gevallen is het een beweging die het geloof zeer verengend benadert. Zo verklaarde wijlen rabbi Meir Kahane, die het extreemste lid van Israëls uiterst rechts was en in 1990 in New York werd vermoord:

> Het jodendom kent geen verschillende boodschappen. Er is er maar één. En die boodschap luidt dat we moeten doen wat God wil. Soms wil God dat wij oorlog voeren, soms wil Hij dat we in vrede leven. (...) Maar er is maar één boodschap: God wilde dat we naar dit land kwamen en er een joodse staat stichtten.[16]

Zo worden eeuwen van joodse ontwikkeling met één klap ongedaan gemaakt en keren we terug naar het deuteronomistische standpunt van het boek Jozua. Geen wonder dat mensen bij het horen van dergelijke profaniteiten waarin 'God' wordt gereduceerd tot een wezen dat geen oog heeft voor de rechten van andere mensen, Hem liever kwijt dan rijk willen zijn.

We hebben evenwel in het vorige hoofdstuk gezien dat dit soort religiositeit in feite een afwending van God is. Als menselijke, historische fenomenen, zoals christelijke 'gezinswaarden', 'islam' of 'het Heilige Land', tot het oriëntatiepunt van de religieuze devotie worden gemaakt is dat in feite idolatrie in een nieuw jasje. Dit soort oorlogszuchtige rechtschapenheid is in de lange geschiedenis van God een voortdurende bron van verlokking voor monotheïsten geweest. Het is echter niet authentiek en moet daarom worden verworpen. De God van joden, christenen en moslims heeft een ongelukkige start gehad omdat de tribale godheid Jahweh meedogenloos partij trok voor zijn eigen volk. Hedendaagse kruisvaarders die op dit primitieve ethos terugvallen, kennen de waarden van de stam een onaanvaardbaar belang toe en vervangen de transcendente werkelijkheid die onze vooroordelen aan de kaak zou moeten stellen door idealen die door de mens zelf zijn gemaakt. Bovendien gaan ze voorbij aan een cruciaal thema in het monotheïsme. Sinds de profeten van Israël de oude, heidense cultus van Jahweh omvormden, heeft de God van de monotheïsten het barmhartigheidsideaal uitgedragen.

We hebben gezien dat barmhartigheid het kenmerk was van de meeste ideologieën die in de Spiltijd ontstonden. Het barmhartigheidsideaal was zelfs voor de boeddhisten aanleiding om hun religieuze oriëntatie ingrijpend te veranderen toen ze in hun leer plaats maakten voor de devote toewijding (bhakti) aan de Boeddha en de bodhisattwa's. De profeten verklaarden nadrukkelijk dat cultus en verering zinloos waren zolang de maatschappij als geheel niet rechtvaardiger en barmhartiger was geworden. Deze inzichten werden door Jezus, Paulus en de rabbijnen nader uitgewerkt, mannen die allen deze joodse idealen deelden en ingrijpende veranderingen in het jodendom voorstelden om ze te verwezenlijken. De Koran verhief de vorming van een barmhartige en rechtvaardige maatschappij tot de kern van de hervormde religie van Allah. Barmhartigheid is een bijzonder moeilijke deugd. Ze verlangt van ons dat we over de grenzen van onze zelfzucht, onzekerheid en overgeërfde vooroordelen heen stappen. Het zal niemand verbazen dat er tijden zijn geweest dat alle drie theïstische religies er niet in slaagden aan die hoge maatstaven te voldoen. In de achttiende eeuw verwierpen de deïsten het traditionele westerse christendom voornamelijk omdat het zo opvallend wreed en intolerant was geworden. Dat zelfde kan ook nu worden gezegd. Al te vaak zijn conventionele gelovigen die zelf geen fundamentalisten zijn, toch behept met dezelfde agressieve rechtschapenheid. Ze schrijven hun liefde en haat aan God zelf toe, maar in feite gebruiken ze 'God' om die gevoelens te stutten. Joden, christenen en moslim, die plichtsgetrouwe kerkgangers zijn maar desalniettemin afgeven op mensen die tot een ander etnisch of ideologisch kamp behoren, gaan voorbij aan een van de grondwaarheden van hun geloof. En het is even laakbaar als mensen die zich jood, christen of moslim noemen, een onrechtvaardig sociaal systeem vergoelijken. De God van het historisch monotheïsme verlangt mededogen, en geen offerande, barmhartigheid, en geen fatsoenlijke liturgie.

Men heeft vaak onderscheid gemaakt tussen de mensen die een cultisch geloof belijden en de mensen die zich hebben opengesteld voor de God der barmhartigheid. De profeten trokken fel van leer tegen tijdgenoten die meenden dat ze konden volstaan met verering in de tempel. Zowel Jezus als Paulus had onomwonden te kennen gegeven dat uiterlijke geloofsbelijding geen waarde had als ze niet gepaard ging met naastenliefde; anders was ze nauwelijks meer dan een galmend bekken of een schelle cimbaal. Mohammed kwam in conflict met de Arabieren die, tijdens de traditionele riten, naast Allah ook de heidense godinnen wilden aanbidden zonder dat ze het barmhartigheidsethos dat God als voorwaarde voor alle ware religies had gesteld in hun leven integreerden. Een soortgelijke tweespalt had zich ook in de heidense wereld van Rome voorgedaan: de oude cultische religie verheerlijkte de status-quo, terwijl de christenen een boodschap verkondigden die huns inziens de wereld zou veranderen. Misschien heeft uiteindelijk maar een minderheid de barmhartigheidsreligie van de Ene God beleden; de meeste mensen hebben grote moeite gehad met de verregaande consequenties van een godservaring die strenge morele eisen aan hen stelt. Sinds Mozes met de stenen tafelen van de berg Sinaï afdaalde, heeft de meerderheid de voorkeur gegeven aan de aanbidding van een gouden kalf, een traditionele, niet-bedreigende beeltenis van een zelfgemaakte godheid met troostgevende, eeuwenoude rituelen. De hogepriester Aäron zag op de vervaardiging van het gouden afgodsbeeld toe. Het religieuze establishment is vaak zelf doof voor de goddelijke inspiratie van profeten en mystici die het woord van een aanmerkelijk veeleisender God verkondigen.

God kan ook worden gebruikt als een bedenkelijke panacee, als een alternatief voor dit leven op aarde en als het object van fantasieën die slechts op de bevrediging van de eigen behoeften uit zijn. De godsidee is vaak gebruikt als opium van het volk. Dat is vooral gevaarlijk wanneer God wordt voorgesteld als een ander wezen – net als wij, maar dan groter en beter –, zetelend in een eigen hemel die op zijn beurt wordt voorgesteld als een paradijs van aardse geneugten. Maar oorspronkelijk diende 'God' de mensen tot steun om zich op deze wereld te richten en de harde werkelijkheid onder ogen te zien. Zelfs de heidense verering van Jahweh legde ondanks haar manifeste feilen de nadruk op Gods betrokkenheid bij de actuele gebeurtenissen van de profane tijd, tegenover de heilige tijd van rite en mythe. De profeten van Israël drukten het volk hardhandig met de neus op de sociale misstanden waaraan ze zelf schuldig waren en op het naderende politieke onheil, en ze spraken uit naam van de God die zich in deze historische gebeurtenissen openbaarde. Het christelijke incarnatiedogma beklemtoonde de goddelijke immanentie in de wereld van vlees en bloed. Zorg om het hier en nu stond vooral in de islam centraal; Mohammed was een man die met beide benen op de grond stond en die zowel op politiek als op spiritueel gebied geniaal was. We hebben gezien dat latere generaties moslims zijn streven deelden om de goddelijke wil in de menselijke geschiedenis te verwezenlijken door een rechtvaardige en eerlijke maatschappij te stichten. Van meet af aan werd God ervaren als een imperatief om in actie te komen. Vanaf het moment dat God – hetzij als Eel, hetzij als Jahweh – Abraham wegriep van zijn familie in

Haran, impliceerde zijn verering concrete actie op deze wereld en een veelal pijnlijke breuk met oude geloofsovertuigingen.

Deze ontwrichting vergde bovendien het uiterste van de mens. De Heilige God, die de Gans Andere was, openbaarde zich aan de profeten als een schok die hen tot in het diepst van hun wezen trof. En Hij eiste van zijn volk een zelfde besef van heiligheid en afstand. Toen Hij op de berg Sinaï tot Mozes had gesproken, hadden de Israëlieten de voet van de berg niet mogen naderen. De mensheid en de goddelijkheid waren opeens door een geheel nieuwe kloof van elkaar gescheiden en de holistische visie van het heidendom was aan stukken geslagen. Vandaar het potentiële gevaar dat een wereld waarin het dagende besef van de onvervreemdbare autonomie van het individu zich al begon af te tekenen, van God zou vervreemden. Het is dan ook geen toeval dat het monotheïsme uiteindelijk vaste voet aan de grond kreeg tijdens de Babylonische ballingschap, toen de Israëlieten ook het idee van de persoonlijke verantwoordelijkheid ontwikkelden dat zowel in het jodendom als in de islam een cruciale rol heeft gespeeld.[17] We hebben gezien dat de rabbijnen de notie van de immanente God gebruikten om de joden bewust te maken van de heilige rechten die ze als mens hadden. Desondanks is in alle drie religies het gevaar van vervreemding aanwezig gebleven. In het Westen ging de godservaring voortdurend gepaard met schuldgevoelens en een pessimistisch mensbeeld. En het lijdt geen twijfel dat in het jodendom en de islam de naleving van de Tora en de sjarī'a soms werd beschouwd als een heteronieme onderwerping aan een externe wet, ook al was dit, zoals we hebben gezien, in de verste verte niet de bedoeling geweest van de mannen die deze voorschriften hadden opgesteld.

De atheïsten die bepleitten dat de mens zich losmaakte van een God die zulke serviele gehoorzaamheid van hen eiste, protesteerden tegen een inadequaat, maar helaas al te vertrouwd godsbeeld. Opnieuw moet worden opgemerkt dat dit beeld was gebaseerd op een veel te personalistische voorstelling van de goddelijkheid. De voorstelling die de Bijbel van Gods oordeel gaf, werd veel te letterlijk opgevat en er werd van uitgegaan dat God een soort Big Brother in de hemel was. Dit beeld van een goddelijke tiran die zijn tegenstribbelende dienaren een mensvreemde wet oplegt, moet radicaal verdwijnen. Om een volk met dreigementen en terreur gehoorzaamheid op te leggen, is niet meer acceptabel of zelfs maar haalbaar, zoals wel is gebleken uit de dramatische val van de communistische regimes in het najaar van 1989. Het antropomorfistische concept van God als Wetgever en Heerser past niet bij de geest van de postmoderne tijd. Toch hadden de atheïsten die klaagden dat de godsidee onnatuurlijk was, niet helemaal gelijk. We hebben gezien dat joden, christenen en moslims tot opmerkelijk gelijksoortige ideeën over God zijn gekomen, en dat die ideeën bovendien op andere voorstellingen van het Absolute lijken. Het laat zich dus aanzien dat mensen, als ze proberen een diepere zin en bedoeling in het leven te ontdekken, altijd in een bepaalde richting denken. Ze worden er niet toe gedwongen; het schijnt de mens ingeschapen te zijn.

Willen we echter voorkomen dat onze gevoelens degenereren tot onmatige, agressieve of ongezonde emotionaliteit, dan moeten we ze met het kritische verstand bijsturen. De godservaring moet in de pas lopen met andere actuele zaken waarover wij (én onze geest) in vervoering raken. Het experiment met falsafa als denksysteem was een poging om tot een synthese te komen tussen het godsgeloof en de nieuwe verering van het rationalisme onder moslims, joden en, later, Europese christenen. Uiteindelijk zouden moslims en joden zich van wijsbegeerte afkeren. Het rationalisme, zo concludeerden ze, had zijn voordelen, vooral op het gebied van de empirische disciplines zoals natuurwetenschappen, medicijnen en wiskunde, maar het was volstrekt ongeschikt voor een discussie over een God die boven menselijke concepten was verheven. De Grieks-orthodoxe christenen hadden dat altijd al gevonden en zij stonden reeds in een vroeg stadium wantrouwend tegenover de metafysica van hun eigen voorvaderen. Een van de bezwaren tegen een filosofische discussie over God was het feit dat men kon doen voorkomen alsof het opperwezen simpelweg een ander zijnde was, weliswaar het hoogste van alle bestaande zijnden, maar geen werkelijkheid van een volstrekt andere orde. Toch was de falsafa als wijsgerig systeem niet onbelangrijk, want ze toonde de noodzaak aan om God te relateren aan andere ervaringen – al was het alleen om te zien in hoeverre dat mogelijk was. Het is immers ongezond en onnatuurlijk om God intellectueel te isoleren en in een eigen heilig getto onder te brengen. Het kan voor de mensen reden zijn om te menen dat het niet meer nodig is om gedragingen, die zogenaamd door 'God' zijn ingegeven, te toetsen aan de normale maatstaven van fatsoen en rationaliteit.

Van meet af aan was de falsafa in één adem genoemd met wetenschappen. Met name de aanvankelijke geestdrift van de eerste islamitische falāsifa voor medicijnen, astronomie en wiskunde had hen ertoe aangezet in metafysische termen over God te discussiëren. Hun wetenschappelijke belangstelling had hun wereldbeschouwing ingrijpend veranderd en ze waren van mening dat ze niet meer op dezelfde manier over God konden denken als hun islamitische geloofsgenoten. Hun filosofische godsvoorstelling week aanzienlijk af van de koranische, maar desondanks herstelden de falāsifa enkele inzichten die in de toenmalige oemma verloren dreigden te gaan. Zo stond de Koran zeer positief tegenover andere religieuze tradities; Mohammed had geen moment gevonden dat hij een nieuwe, unieke religie stichtte en stelde zich op het standpunt dat elk rechtgeleid geloof afkomstig was van de Ene God. Maar tegen de negende eeuw verloren de oelamā dat uit het oog en riepen ze de islamitische godsverering uit tot de enige ware. De falāsifa keerden naar de oude, universalistische benadering terug, zij het langs een andere weg. Een zelfde mogelijkheid wordt ons ook nu geboden. In dit wetenschappelijke tijdperk kunnen we niet meer op dezelfde manier over God denken als onze voorouders, maar de wetenschap zou ons kunnen helpen om positief tegenover enkele oude waarheden te staan.

We hebben gezien dat Albert Einstein positief tegenover de mystieke religie stond. Ondanks zijn befaamde uitspraak dat God niet dobbelt, vond hij niet dat zijn relativiteitstheorie een gevaar voor de godsvoorstelling hoefde te zijn. Toen Einstein in 1921 in Engeland was, vroeg de aartsbisschop van Canterbury hem wat voor implicaties zijn theorie voor de theologie had. Hij antwoordde: 'Geen enkele. Relativiteit is een puur wetenschappelijke aangelegenheid en heeft niets met religie te maken.'[18] Wanneer christenen ontzet zijn over wetenschappers als Stephen Hawking (die in zijn kosmologie geen plaats voor God kan vinden), denken ze misschien nog steeds in antropomorfistische termen over God en zien ze Hem als een wezen dat de wereld op dezelfde manier schiep als waarop wij het zouden doen. Maar oorspronkelijk heeft men de schepping nooit zo letterlijk opgevat. Het jodendom kreeg pas tijdens de Babylonische ballingschap belangstelling voor Jahweh als Schepper. Het was een concept dat de Grieks-christelijke wereld vreemd was; de schepping ex nihilo werd pas met het concilie van Nicea in 341 een officieel leerstuk van het christendom. In de Koran neemt de schepping weliswaar een centrale plaats in, maar net als over alle andere uitspraken die hij over God doet wordt ervan gezegd dat ze een 'parabel' of een 'teken' (āja) van een onzegbare waarheid is. De joodse en islamitische rationalisten vonden het een moeilijk en problematisch leerstuk en velen verwierpen het. Zowel de soefi's als de kabbalisten gaven de voorkeur aan de Griekse metafoor van de emanatie. In elk geval was de kosmologie geen wetenschappelijke beschrijving van het ontstaan van de aarde, maar oorspronkelijk een symbolische uitdrukkingsvorm van een spirituele en psychologische waarheid. Bijgevolg is de islamitische wereld nauwelijks in beroering geraakt over de nieuwe wetenschap; zoals we hebben gezien zijn de recente historische gebeurtenissen een grotere bedreiging voor hun traditionele godsvoorstelling geweest dan de wetenschap. In het Westen daarentegen heeft een letterlijker benadering van de Schrift lange tijd de overhand gehad. Wanneer sommige westerse christenen het gevoel hebben dat hun geloof in God wordt ondermijnd door de nieuwe wetenschap, stellen ze zich God mogelijk voor als de grote Mechanicus van Newton. Maar dat is een personalistisch godsbeeld dat wellicht zowel op religieuze als op wetenschappelijke gronden verworpen zou moeten worden. De wetenschap zou de Kerken misschien met een schok wakker kunnen schudden, zodat ze een frisse kijk krijgen op het symbolische karakter van het schriftuurlijke verhaal.

Het ziet ernaar uit dat de notie van een persoonlijke God tegenwoordig om allerlei redenen – morele, intellectuele, wetenschappelijke, spirituele – steeds onaanvaardbaarder wordt. Ook feministen hebben een weerstand tegen een persoonlijke godheid die, wegens 'zijn' geslacht, sinds zijn tribale, heidense dagen als een man wordt voorgesteld. Maar om te spreken over een 'Zij' – anders dan in dialectische zin – is net zo beperkend, aangezien hiermee de onbegrensbare God tot een puur menselijke categorie wordt beperkt. Ook de oude, metafysische notie waarin God als het opperwezen werd voorgesteld en die lang in het Westen in zwang is geweest, kan niet bevredigen. De God van de filosofen is het produkt van een inmiddels achterhaald rationalisme, dus de traditionele 'godsbewijzen' voldoen niet meer. We kunnen de algemene aanvaarding van de God van de filosofen door de deïsten van de Verlichting beschouwen als de eerste stap naar het huidige atheïsme. Net als de oude hemelgod staat deze godheid zo ver van de mensheid en de aardse wereld af, dat hij gemakkelijk een *deus otiosus* kan worden en uit onze gedachten kan verdwijnen.

De God van de mystici zou een mogelijk alternatief kunnen zijn. De mystici hebben lang beklemtoond dat God niet een ander wezen is. Ze hebben verklaard dat Hij niet echt bestaat en dat het daarom beter is Hem Niets te noemen. Deze God sluit aan bij de atheïstische geest van onze seculiere maatschappij die inadequate voorstellingen van het Absolute wantrouwt. In plaats van God te zien als een objectief feit dat met wetenschappelijke bewijzen kan worden aangetoond, hebben de mystici betoogd dat Hij een subjectieve ervaring is die op mysterieuze wijze in het diepst van ons eigen zijn wordt ervaren. Deze God moet langs imaginatieve weg worden benaderd en kan worden beschouwd als een vorm van kunst, verwant aan de andere prachtige kunstsymbolen die de onzegbare geheimenis, schoonheid en waarde van het leven tot uitdrukking brengen. Mystici hebben zich bediend van muziek, dans, poëzie, proza, verhalen, schilderkunst, beeldhouwkunst en architectuur om deze alle concepten overstijgende werkelijkheid uit te drukken. Maar net als elke kunstvorm vereist mystiek intelligentie, discipline en zelfkritiek om de mens te beschermen tegen onmatige emotionaliteit en projectie. De God van de mystici zou zelfs de feministen kunnen aanspreken omdat zowel de soefi's als de kabbalisten lang hebben getracht een vrouwelijk element in de goddelijkheid te introduceren.

Deze godsvoorstelling heeft echter ook haar schaduwzijde. Na het debâcle van Sjabtai Tsevi en het verval van het huidige soefisme staan veel joden en moslims enigszins wantrouwend tegenover mystiek. In het Westen is het nooit een wijdverbreide religieuze beweging geweest. De protestantse en katholieke reformatoren hebben haar of buitenspel gezet, of naar de achtergrond gedrongen, en de wetenschappelijk ingestelde Verlichting heeft deze visie op de goddelijkheid nooit aangemoedigd. Sinds de jaren zestig van deze eeuw neemt de belangstelling voor mystiek echter weer toe, getuige het enthousiasme voor yoga, meditatie en het boeddhisme, maar het is geen godsbenadering die zich moeiteloos met onze objectiverende, empirische mentaliteit laat verenigen. De God van de mystici laat zich niet gemakkelijk eigen maken. Daar is lange training onder leiding van een deskundige en een aanzienlijke investering in tijd voor nodig. De mysticus moet hard werken om zich bewust te worden van de werkelijkheid die men God noemt (en waaraan velen weigeren een naam te hechten). Mystici verklaren vaak dat mensen dit godsbesef doelbewust bij zichzelf moeten creëren en er met evenveel zorg en aandacht aan moeten werken als degene die een kunstwerk schept. Het is geen godsbenadering die in een maatschappij die gewend is geraakt aan snelle behoeftebevrediging, *fast food* en *instant* communicatie, grote kans maakt een breed publiek aan te spreken. De God van de mystici wordt niet kant-en-klaar en voorverpakt aangeleverd. Hij kan niet net zo snel worden ervaren als de *instant* extase tijdens een opwekkingsdienst waar de evangelist erin slaagt om een hele kerk in een mum van tijd in de handen te laten klappen en in tongen te laten spreken.

Wel kunnen we ons enkele grondhoudingen van de mystici eigen maken. Zelfs als we niet in staat zijn om de hogere bewustzijnstoestanden van een mysticus te bereiken, kunnen we bijvoorbeeld toch leren dat God niet in simplistische zin bestaat, of dat alleen al het woord 'God' niets anders is dan een symbool van een werkelijkheid die dit woord op onzegbare wijze overstijgt. Met behulp van het mystieke agnosticisme zouden we ons een zekere terughoudendheid kunnen aanleren, zodat we ervan worden weerhouden om ons met dogmatische zekerheid op deze complexe problemen te werpen. Maar als we deze inzichten niet 'op de pols' voelen en ze ons zelfstandig eigen maken, is de kans groot dat ze ons als zinloze abstracties voorkomen. Tweedehandse mystiek zou dan net zo onbevredigend blijken te zijn als het lezen van de verklaring van een gedicht, geschreven door een criticus, in plaats van het origineel zelf. We hebben gezien dat mystiek vaak werd beschouwd als een esoterische discipline, niet omdat de mystici het plebs wilden buitensluiten, maar omdat deze waarheden slechts na intensieve training door het intuïtieve deel van de geest konden worden ontwaard. Worden deze waarheden benaderd langs die speciale weg die niet voor onze logische, rationalistische vermogens begaanbaar is, dan krijgen ze een andere betekenis.

Sinds de profeten van Israël hun persoonlijke gevoelens en spirituele ervaringen aan God toeschreven, hebben monotheïsten in zekere zin een God voor zichzelf geschapen. God is zelden opgevat als een vanzelfsprekend feit dat men overal kan aantreffen, zoals elk objectief zijnde. Tegenwoordig lijken veel mensen de wil te hebben verloren zich deze imaginatieve inspanning te getroosten. Dat hoeft geen ramp te zijn. Wanneer religieuze denkbeelden geen geldigheid meer hebben, verdwijnen ze meestal geruisloos van het toneel; als in dit empirische tijdperk het menselijke idee van God niet meer voldoet, zal het terzijde worden geschoven. Maar in het verleden heeft de mens dan altijd nieuwe symbolen gecreëerd die als richtpunt van zijn spiritualiteit dienden. De mens heeft altijd een geloof gecreëerd om zijn verwondering voor en zijn besef van de onzegbare zin van het leven in stand te houden. De leegheid, de vervreemding, de anomie en de gewelddadigheid die ons moderne leven in veel opzichten kenmerken, doen vermoeden dat een heleboel mensen, nu ze niet meer doelbewust een geloof in 'God' of in iets anders (het doet er weinig toe wat) creëren, aan wanhoop ten prooi vallen.

We hebben gezien dat negenennegentig procent van de Amerikanen beweert in God te geloven, maar de populariteit van fundamentalistische en apocalyptische bewegingen en van *instant*-vormen van charismatische religiositeit in Amerika kan allesbehalve geruststellend worden genoemd. Het toenemende aantal misdaden en drugsverslaafden en de herleving van de doodstraf wijzen niet op een geestelijk gezonde maatschappij. In Europa wordt de plaats die God eens in het menselijk bewustzijn bezette, steeds meer een leeg gat. Een van de eersten die deze dorre verlatenheid – die zo verschilt van het heroïsche atheïsme van Nietzsche – onder woorden hebben gebracht was Thomas Hardy. In 'The Darkling Thrush', geschreven op 30 december 1900, op de drempel van de twintigste eeuw, sprak hij over het sterven van de geest die niet langer in staat is om enig geloof in de zin van het leven bij ons op te wekken:

> Ik leunde op een hek in het woud
> Toen Vorst daar spookgrijs lag.
> Des Winters droesem kleurde koud
> Het luiken van de dag.
> De twijgen striemden langs de lucht
> Als een snaar-gesprongen lier,
> En huiswaarts reeds was weggevlucht
> Al wie verwijld had hier.
>
> Het land leek in zijn barre lijn
> Het lijk van deze Eeuw,
> De hemel kon haar tombe zijn,
> De wind haar stervensschreeuw.
> Haar hartslag oud van kiem en zaad
> Was hard verkalkt en dik,
> En heel de aarde leek desolaat
> En uitgedoofd als ik.

Ineens steeg daar een stem vanuit
De dorheid boven mij:
Een avondzang weerklonk voluit
Zo grenzeloos en blij;
Een oude lijster, teer en schriel,
Zijn veren windverward,
Bestookte zo met heel zijn ziel
Het naderende zwart.

Zó weinig grond voor Kyrie
Voor zulk een jubellied
Bracht deze wereld met zich mee,
Nabij of in 't verschiet,
Dat ik wel denken moest: misschien
Deed deze hymne kond
Van nieuwe Hoop die hij kon zien
Maar die ik niet verstond.[19]

De mens is niet tegen leegheid en verlatenheid bestand; hij zal dit vacuüm altijd opvullen door een nieuw zinvol richtpunt te scheppen. De idolen van het fundamentalisme zijn geen goede substituten voor God. Als we inderdaad een nieuw, levend geloof voor de eenentwintigste eeuw gaan creëren, zouden we wellicht aan de geschiedenis van God enige lessen en waarschuwingen moeten ontlenen.

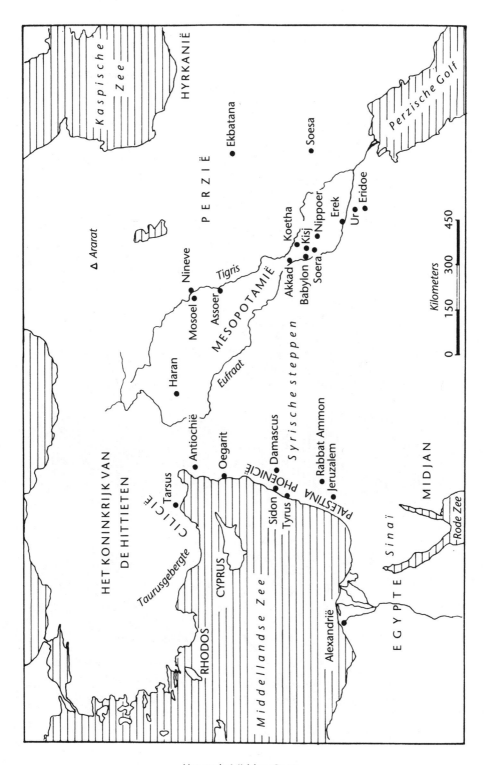

Het oude Midden-Oosten

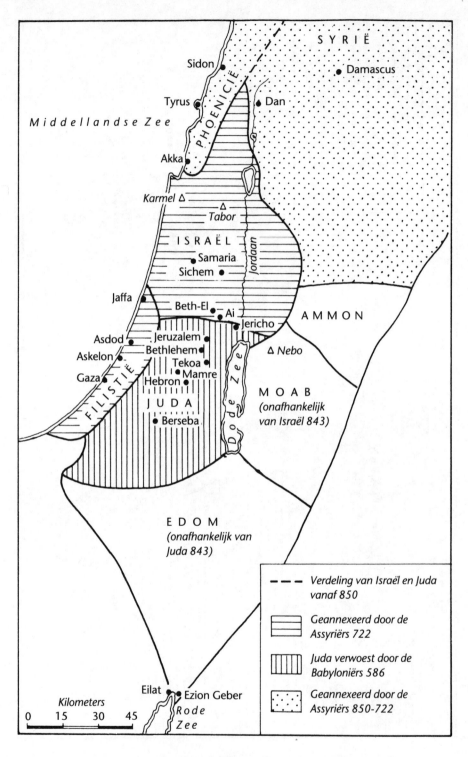

Het koninkrijk van Israël en Juda 722-586 v.d.g.j.

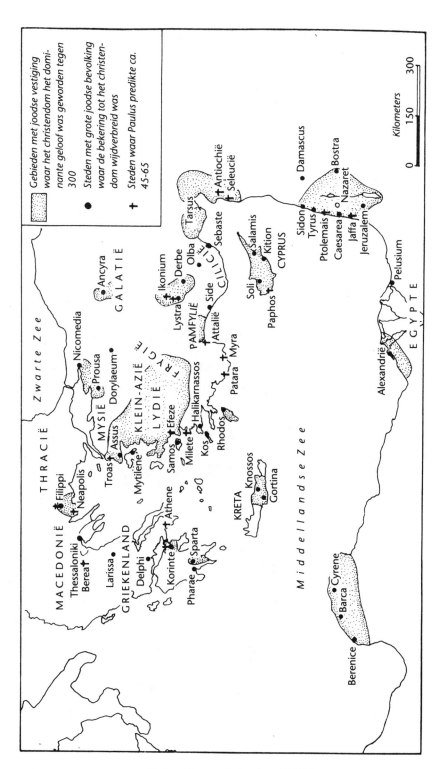

Christendom en jodendom 50-300

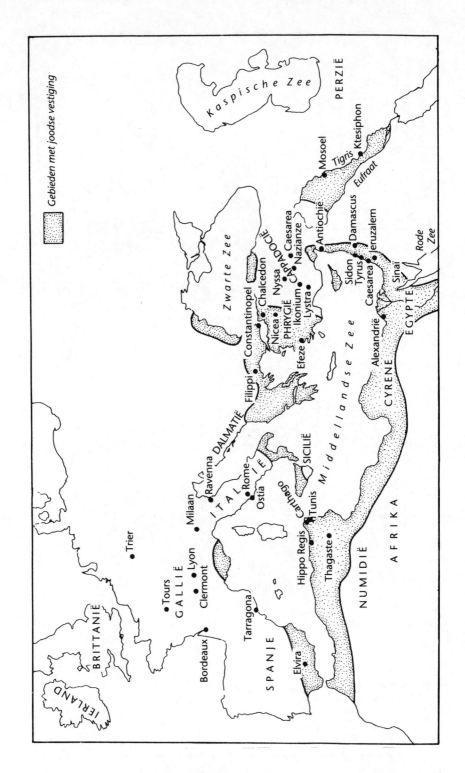

De wereld van de kerkvaders

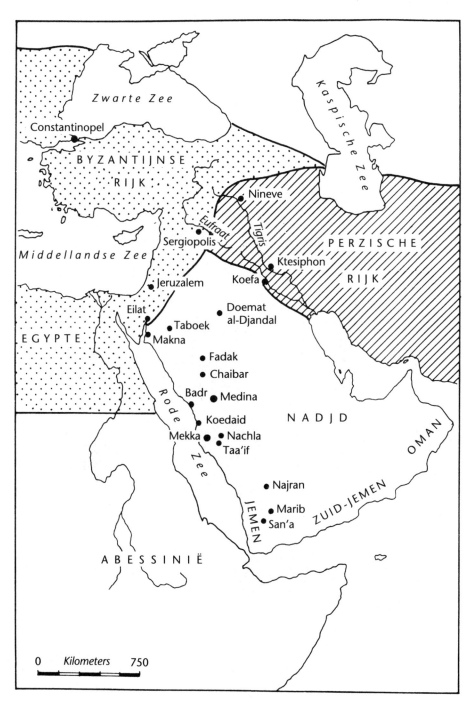

Arabië en omgeving ten tijde van de profeet Mohammed (570-632)

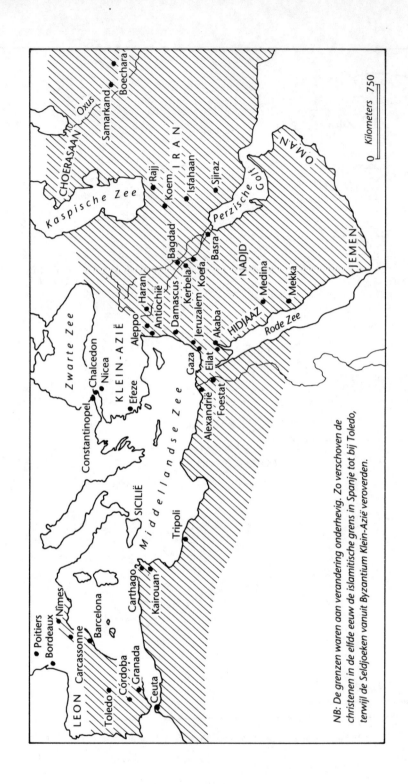

Het islamitische rijk tegen 750

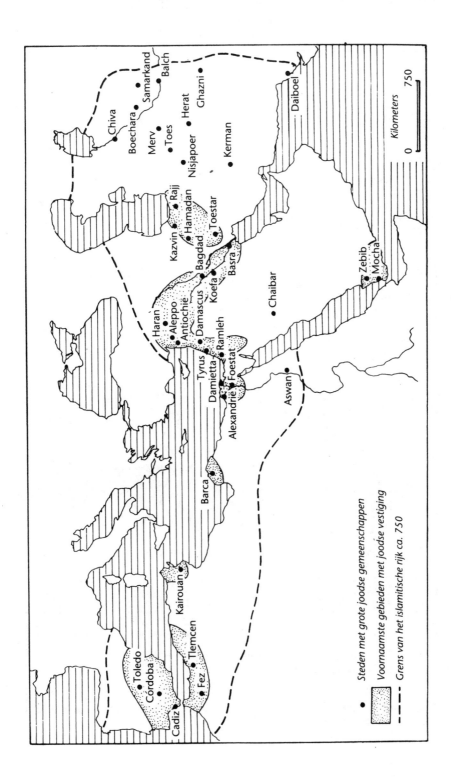

De joden van de islam ca. 750

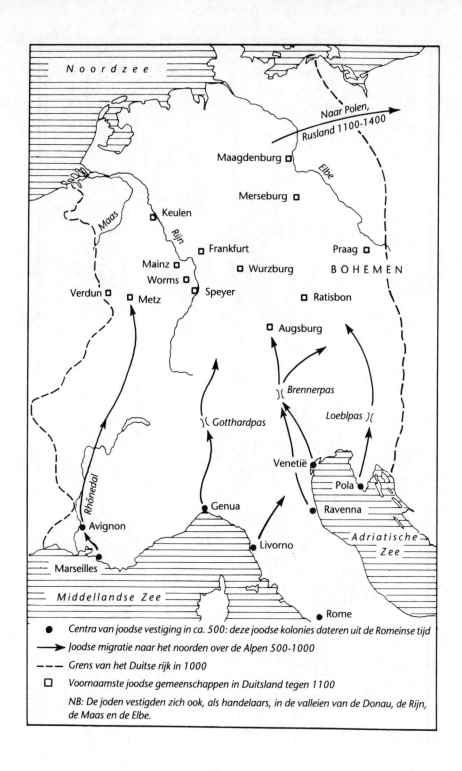

De joden vestigen zich in Oost-Frankrijk en Duitsland 500-1100

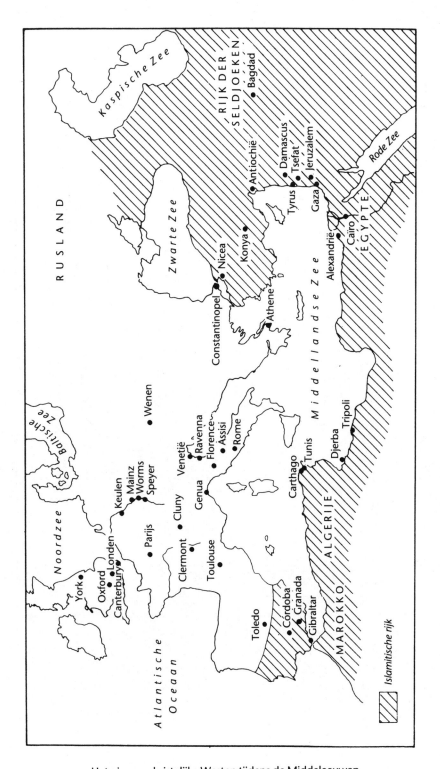

Het nieuwe christelijke Westen tijdens de Middeleeuwen

Woordenlijst

Aartsvaders (Grieks: patriarchès) – Abraham, Isaak en Jakob, de voorvaders van de Israëlieten.
Āja (mv. **ājāt**) (Arabisch) – vers in de Koran; lett. 'teken', 'wonder'. In de Koran zijn de *ājāt* ook de vormen waarin God zich in de wereld manifesteert.
Ālam al-mithāl (Arabisch) – de wereld van de zuivere beelden; de archetypische wereld van de verbeelding via welke de islamitische mysticus en contemplatieve filosoof God bereikt.
Ālim (mv. **oelamā**) (Arabisch) – islamitische godgeleerde (lett. degene die **ilm**, godskennis, bezit).
Apatheia (Grieks) – onbewogenheid, sereniteit en onkwetsbaarheid. Deze eigenschappen van de god der Griekse filosofen kregen in de christelijke godsvoorstelling een belangrijke plaats, omdat men ervan uitging dat God niet bevattelijk was voor lijden en verandering.
Apofatisch (Grieks) – stil, zwijgend. De Grieks-orthodoxe christenen waren van mening dat elke theologie een element van stilzwijgen, paradox en beheersing moest bevatten om de onzegbaarheid en geheimenis van God te onderstrepen.
Archetype – het oorspronkelijke patroon of prototype dat als model voor onze wereld diende en in het antieke denken tot het rijk van de goden behoorde. In de heidense tijd werd alles op aarde beschouwd als een replica of kopie van een werkelijkheid die zich in het hemelrijk bevond. Zie ook **ālam al-mithāl**, **getīk** en **menōk**.
Asjkenaziem (Hebreeuws, verbastering van 'Allemagne') – joden uit Midden- en Oost-Europa. Zie ook **Sefardiem**.
Ātma (Sanskriet) – levensadem of heilige kracht van **Brahman** (s.v.) die elk individu bij zichzelf kan ervaren.
Avatara – in de hindoeïstische mythologie de neerdaling van een godheid op aarde in menselijke gestalte. In algemene zin, de incarnatie of vleeswording van een godheid.

Bakā' (Arabisch) – herleving, duurzaamheid. De terugkeer van de soefi-mysticus naar een verheven en vervolmaakte zijnsstaat nadat hij extatisch in God is opgegaan (**fanā'**, s.v.).
Banāt Allāh (Arabisch) – de dochters van God; in de Koran de drie heidense godinnen al-Lāt, al-Oezza en Manāt.
Bātin (Arabisch) – innerlijke, geestelijke betekenis van het geloof. Een *batiniet* is een moslim die zijn geloof esoterisch en mystiek tracht te beleven.

Bhakti (Sanskriet) – devote toewijding, gericht op de persoon van de **Boeddha** (s.v.), of op de hindoegoden die in een mens gestalte hadden aangenomen.
Bodhisattwa (Sanskriet) – iemand die op weg is een boeddha te worden, maar zijn **nirwana** (s.v.) heeft uitgesteld om de lijdende, nog niet verlichte mensheid te redden door haar het juiste pad te wijzen.
Boeddha (Sanskriet) – Verlichte; algemene term voor de talloze mannen en vrouwen die het **nirwana** (s.v.) hebben bereikt, maar in het bijzonder voor Siddhārta Gautama, de grondlegger van het boeddhisme.
Brahman (Sanskriet) – de heilige kracht die al het geschapene draagt en ondersteunt; de innerlijke zin van het bestaan.
Breken van de vaten – term uit de kabbala van Jitschak Loeria; heeft betrekking op het oerongeluk toen de goddelijke vonken op aarde vielen en in de materie gevangen raakten.

Djāhilijja (Arabisch) – heidendom, lett. 'tijd van onwetendheid'; door moslims gebruikte term voor de pre-islamitische tijd in Arabië.
Dogma – bij de Grieks-orthodoxe christenen: de verborgen, geheime overleveringen van de Kerk die slechts op een mystieke en symbolische manier kunnen worden begrepen. In het Westen: een door het gezag van de Kerk beslissende uitspraak over het geloof en de geloofsinhoud.
Dunameis (Grieks) – de 'krachten' van God. Met *dunameis* doelden de Grieks-orthodoxe christenen op Gods werkingen op aarde die duidelijk onderscheiden dienden te worden van zijn ongenaakbare wezenheid.
Dzikr (Arabisch) – het denken aan God, zoals de Koran voorschrijft. Bij de soefi's neemt *dzikr* de vorm aan van een recitatie van de naam van God als mantra.

Eel – de oude **Oppergod** (s.v.) van Kanaän die ook de God van de aartsvaders Abraham, Isaak en Jakob geweest schijnt te zijn.
Emanatie – de uitvloeiing van de verschillende zijnsvormen uit de ene oerbron die de monotheïsten vereenzelvigden met God. Sommige joden, christenen en moslims gaven bij hun beschrijving van het ontstaan van het leven de voorkeur aan deze antieke metafoor boven het conventionele bijbelverhaal van Gods schepping ex nihilo.
Energeiai (Grieks) – Gods 'werkingen' op aarde die ons in staat stellen een glimp van Hem op te vangen. Net als **dunameis** (s.v.) bedoelt deze term een onderscheid te maken tussen de menselijke voorstelling van God en de onzegbare en onbevattelijke werkelijkheid zelf.
Enoema Elisj – het Babylonische epische gedicht dat de schepping van de wereld beschrijft en tijdens het nieuwjaarsfeest werd gereciteerd.
Ēn Sof (Hebreeuws) – lett. 'het Oneindige'; de ondoorgrondelijke, ongenaakbare en onkenbare wezenheid van God, zoals beschreven in de **kabbala** (s.v.), de mystieke joodse leer.
Epifanie – de verschijning van een god of godin op aarde, in de gestalte van een mens. Zie ook **theofanie**. Soms maken wetenschappers een onderscheid tussen een *epifanie* en een *theofanie*: in het eerste verschijnt de god om te handelen, in het tweede om te spreken.
Extase (Grieks) – lett. 'buiten zichzelf treden'. Indien toegepast op God is *extase* de **kenosis** (s.v.) van de verborgen God die zijn zelfschouwing transcendeert en zich aan de mensheid kenbaar maakt.

Failasoef (mv. **falāsifa**) (Arabisch) – filosoof; aanduiding voor de moslims en joden in de islamitische wereld die de rationalistische en wetenschappelijke idealen van de **falsafa** (s.v.) nastreefden.

Falsafa (Arabisch) – het filosofische denksysteem dat de islam in termen van het antieke Griekse rationalisme trachtte te interpreteren.
Fanā' (Arabisch) – lett. 'ondergang'; ontwording van de eigen ik. Het extatische opgaan in God van de soefi-mysticus waarbij de grenzen van de eigen persoon vervagen.

Getīg (Perzisch) – de zichtbare, aardse wereld waarin we leven en die we met onze zintuigen ervaren.
Godheid – de ongenaakbare en verborgen oorsprong van de werkelijkheid die we als 'God' kennen.
Goj (mv. **gojiem**) (Hebreeuws) – niet-joden of heidenen.

Haddj (Arabisch) – de islamitische bedevaart naar Mekka.
Hadīth (Arabisch) – woorden, daden en gedragingen van de profeet Mohammed zoals door de geschreven overlevering doorgegeven; vormen samen de **soenna** (s.v.): de te volgen traditie.
Heilige Geest – term van de rabbijnen voor Gods tegenwoordigheid op aarde; *Heilige Heest* en **Sjechina** (s.v.) worden vaak door elkaar gebruikt; een manier om de God die we ervaren en kennen, te onderscheiden van het transcendente wezen dat ons begrijpen altijd te boven gaat. In het christendom is de *Heilige Geest* de derde 'persoon' van de Drieëenheid.
Heiligheid – in het Hebreeuws *kadosj*; de volstrekte andersheid van God; datgene wat de godheid scheidt van de profane wereld.
Hemelgod, zie **Oppergod**.
Hesychasme, hesychast – van het Griekse *hèsuchia*: innerlijke stilte, rust. De zwijgende contemplatie van de Grieks-orthodoxe christenen waarbij woorden en concepten worden vermeden.
Hidjra (Arabisch) – de emigratie van de eerste moslims van Mekka naar Medina in 622; het begin van de islamitische jaartelling.
Homo-ousios (Grieks) – lett. 'vervaardigd van dezelfde substantie'; controversiële term, gebruikt door Athanasius en zijn aanhangers om aan te geven dat Jezus één in wezen (*ousia*) was met God de Vader en Hem daarom gelijk.
Hypostase (Grieks) – de uitwendige expressie van iemands innerlijke gesteldheid, te onderscheiden van **ousia** (s.v.), datgene wat iemand of iets maakt wat hij/het *in* zichzelf is; een persoon of object zoals hij/het van buitenaf wordt waargenomen. De term *hypostase* gebruikten de Grieks-orthodoxe christenen voor de drie manifestaties van de verborgen wezenheid van God: als Vader, als Zoon en als Heilige Geest.

Idjtihād (Arabisch) – zelfstandige en vrije interpretatie van de bronnen van de heilige islamitische wet of **sjarī'a** (s.v.).
Idolatrie – aanbidding of verering van een menselijk wezen of van een door de mens geschapen werkelijkheid in plaats van de transcendente God.
Ilm (Arabisch) – geheime godskennis die volgens de sji'ietische moslims alleen de **imaams** (s.v.) bezaten.
Imaam (Arabisch) – bij de **sji'a** (s.v.): de afstammeling van Alī, Mohammeds schoonzoon; imaams worden beschouwd als een **avatara** (s.v.) van de goddelijkheid en als zodanig vereerd. Bij de soennitische moslims is de imaam degene die in de moskee in de gebeden voorgaat.
Incarnatie – het aannemen van een menselijke gestalte door een godheid.
Isjrāk (Arabisch) – geestelijke verlichting; ook de aanduiding voor de filosofische en spirituele school die door Soehrawardi werd gesticht.

Islām (Arabisch) – overgave (aan God).

Jahweh – de heilige Godsnaam in Israël; oorspronkelijk wellicht de god van een ander volk die door Mozes ten behoeve van de Israëlieten werd overgenomen. In de derde en tweede eeuw v.d.g.j. werd deze Godsnaam, die tegen die tijd werd geschreven als JHWH, niet meer uitgesproken.

Ka'ba (Arabisch) – kubusvormig, granieten gebouw in het centrum van het heiligdom te Mekka, gewijd aan Allah.
Kabbala (Hebreeuws) – lett. 'overlevering'; mystieke leer in het jodendom die na de twaalfde eeuw grote invloed had op de joodse spiritualiteit.
Kalaam (Arabisch) – verhandeling, theologie; de poging om de Koran rationeel uit te leggen.
Kenosis (Grieks) – zelfontledigende extase van God uit liefde voor de mensheid; in de mystiek: het afleggen of het verlies van het eigen ik.
Kerygma (Grieks) – bij de Grieks-orthodoxe christenen de openbare leer van de Kerk die in duidelijke bewoordingen kan worden vervat, in tegenstelling tot **dogma** (s.v.) waar dat niet mogelijk is.

Logos (Grieks) – woord, definitie, grondplan; de Grieks-orthodoxe theologen stelden Gods 'Logos' gelijk aan de **Wijsheid** (s.v.) van God waarover in de joodse Schrift wordt gesproken, of aan het Woord dat in de voorrede van het Johannesevangelie wordt genoemd.

Madrasa (Arabisch) – islamitische theologische hogeschool.
Mana – term, oorspronkelijk afkomstig van de eilanden in de Stille Oceaan, voor de onzichtbare krachten in de natuur die als heilig of goddelijk werden ervaren.
Menōk (Perzisch) – het hemelse, archetypische rijk.
Merkawa-mystiek – vroege vorm van joodse mystiek die zich, uitgaande van de troonwagen (*merkawa*) die de profeet Ezechiël had gezien, richtte op de imaginaire tocht door de hemelse zalen (*hechalot*) van Gods paleis naar zijn troon.
Misjna (Hebreeuws) – lett. 'iets wat herhaald, geleerd wordt'; de schriftelijk vastgelegde wetsinterpretaties van de zogenaamde **tanna'iem** (s.v.). Deze codificatie bestaat uit zes delen, elk onderverdeeld in ongeveer tien traktaten, en vormt samen met de bijbehorende commentaren de **Talmoed** (s.v.).
Mitswa (mv. **mitswot**) (Hebreeuws) – religieus gebod of verbod; ook: een goede daad jegens een medemens.
Moeslim (Arabisch) – hij of zij die zich aan God onderwerpt.
Moe'tazila (Arabisch) – de islamitische stroming die de Koran rationeel trachtte te verklaren.

Nirwana (Sanskriet) – lett. 'alkoelen', of 'als een vlam uitgaan'; 'doven'; door boeddhisten gehanteerde term voor de uiterste werkelijkheid; is, net als God, het doel van de monotheïstische zoektocht en kan niet in rationele termen worden beschreven, maar behoort tot een andere ervaringscategorie.
Numineus – van het Latijnse *numen*, godheid; het sacrale en transcendente en de **heiligheid** (s.v.) van de uiterste werkelijkheid; het goddelijke dat altijd ontzag, verwondering en vrees heeft ingeboezemd.

Oelamā, zie **ālim**.

Oemma (Arabisch) – de islamitische geloofsgemeenschap.
Oepanisjaden – wijsgerige, mythische geschriften die deel uitmaken van de heilige boeken der hindoes, geschreven in de **Spiltijd** (s.v.) tussen de achtste en de tweede eeuw v.d.g.j.
Oikoumenè (Grieks) – de geciviliseerde wereld.
Oppergod – de god die door veel volkeren werd aanbeden als de enige god, de schepper van de wereld. Hij zou ten slotte worden verdrongen door een pantheon van andere goden en godinnen die in de ogen van de mensen toegankelijker en aansprekender waren; wordt ook *hemelgod* genoemd.
Orthodox, orthodoxie – lett. 'rechtgelovigheid'; door de Griekse christenen gebruikte term om onderscheid te maken tussen degenen wier geestelijke gezindheid in overeenstemming was met de kerkleer, en ketters zoals de arianen en nestorianen. In het traditionele jodendom: de strikte naleving van de Wet.
Ousia (Grieks) – wezenheid, natuur; datgene wat maakt dat iets of iemand is wat het of hij is; een persoon of object bij zichzelf beschouwd. Indien toegepast op God is *ousia* zijn goddelijke wezenheid die het menselijke bevatten en begrijpen te boven gaat.

Partsoef (mv. **partsoefiem**) (Hebreeuws) – aangezicht; te vergelijken met de **personae** (s.v.) van de Drieëenheid. Sommige richtingen binnen de **kabbala** (s.v.) meenden dat de onkenbare God zich aan de mensheid openbaarde in een aantal 'aangezichten', elk met zijn eigen trekken.
Patriarchen, zie **aartsvaders**.
Persona (mv. **personae**) (Latijn) – eig. het masker dat een toneelspeler droeg om het publiek duidelijk te maken welk personage hij verbeeldde en om zijn stem in het theater ver te laten dragen. De term werd in het westerse christendom gebruikt voor de drie **hypostasen** (s.v.) van de Drieëenheid, te weten de Vader, de Zoon en de Heilige Geest.
Pīr (Arabisch) – de geestelijk leermeester van de islamitische mystici.
Profeet – degene die namens God spreekt.

Rigveda – verzameling heilige geschriften van de Arya's, daterend uit de periode 1500-900 v.d.g.j. Dit volk drong de Indusvallei binnen en legde zijn geloof op aan de inheemse bevolking van het Indiase subcontinent.

Sefardiem – joden afkomstig van het Iberische schiereiland en uit de andere landen rond de Middellandse Zee. Zie ook **Asjkenaziem**.
Sefiera (mv. **sefierot**) (Hebreeuws) – 'numerieke wezens'. De tien stadia van Gods zelfontvouwing zoals in de **kabbala** (s.v.) beschreven. De tien *sefierot* zijn:
1. Keter eljon: Hoogste Kroon.
2. Chochma: Wijsheid.
3. Bina: Inzicht.
4. Chesed: Liefde of Genade.
5. Dien: Macht; Streng Gericht.
6. Tiferet: Schoonheid.
7. Netsach: Overwinning.
8. Hod: Majesteit.
9. Jesod: Basis.
10. Malkoet: Koninkrijk; ook wel **Sjechina** (s.v.) genoemd.

Sjahāda – de islamitische geloofsbelijdenis: 'Ik getuig dat er geen godheid is dan God en dat Mohammed zijn afgezant is.'
Sjarī'a – de islamitische heilige wet, gebaseerd op de Koran en de **hadīth** (s.v.).

Sjechina – van het Hebreeuwse *sjachan*, 'in een tent wonen'; de rabbijnse term voor Gods tegenwoordigheid op aarde zoals door de jood beleefd, ter onderscheiding van de onzegbare werkelijkheid zelf. In de **kabbala** is de *Sjechina* de laatste **sefiera** (s.v.).
Sjema – de joodse geloofsbelijdenis: 'Hoor (*sjema*), Jisraël, de Eeuwige is onze God, de Eeuwige is één.' (Deut. 6:4.)
Sjī'a – religieuze stroming binnen de islam (de zogenaamde sji'ieten); eig. de partij van Alī. De sji'ieten zijn van mening dat Alī ibn Abī Tālib (schoonzoon en neef van de profeet Mohammed) en zijn nakomelingen, de **imaams** (s.v.), de islamitische gemeenschap behoren te leiden.
Sji'oer Koma (Hebreeuws) – 'Meting van de hoegrootheid van het lichaam'; een controversiële mystieke tekst uit de vijfde eeuw waarin de gestalte wordt beschreven die Ezechiël op de hemelse troonwagen zag.
Soefi's, soefisme – de mystici en de mystieke stroming binnen de islam. Het woord is waarschijnlijk afgeleid van het Arabische SWF, 'wol': de eerste soefi's en asceten hulden zich in een wollen kleed, het kledingstuk dat Mohammed en zijn volgelingen zouden hebben gedragen.
Soenna (Arabisch): eig. gewoonte, traditie. De door de overlevering gesanctioneerde en voor de gelovige te volgen leefregels die een navolging van de gedragingen en het optreden van de profeet Mohammed beoogden.
Soenna, soennieten – de *ahl as-soena*, de grootste religieuze stroming binnen de islam die bij haar overgave aan God (*islām*) uitging van de Koran, de **hadīth** en de **soenna** (s.v.) en van de **sjarī'a** (s.v.), en niet, zoals de **sjī'a** (s.v.), van de verering van de **imaams** (s.v.).
Spiltijd – term voor de periode 800-200 v.d.g.j. toen in de beschaafde wereld de belangrijkste godsdiensten opkwamen.

Takwā (Arabisch) – besef van God; vreze Gods.
Talmoed (Hebreeuws) – lett. 'studie' of 'lering'; de schriftelijke samenvatting van de klassieke rabbijnse discussies over de praktische toepassing van de Mozaïsche wetten. Zie ook **misjna**.
Tanna'iem (Hebreeuws) – de eerste generatie rabbijnse geleerden en wetschrijvers die de mondeling overgeleverde, joodse wetten verzamelden en redigeerden; dit verzamelde werk wordt de **misjna** (s.v.) genoemd.
Tarīka (Arabisch) – broederschap of orde van de **soefi's** (s.v.).
Tauhīd (Arabisch) – (belijdenis van) Gods eenheid; heeft tevens betrekking op de innerlijke integratie die van elke moslim wordt verlangd wil hij zich volledig aan God overgeven.
Ta'wīl (Arabisch) – allegorische, mystieke interpretatie van de Koran, zoals bepleit door esoterische sekten als de isma'ielieten.
Tefillien (Hebreeuws) – de gebedsriemen met de zwarte doosjes waarin zich onder meer de tekst van het **Sjema** (s.v.) bevindt; ze worden voor het ochtendgebed door joodse mannen en door jongens die de kerkelijke volwassenheid hebben bereikt, op het voorhoofd en de linkerarm aangelegd, zoals onder andere voorgeschreven in Deut. 6:8.
Theofanie – godsverschijning; een openbaring van God aan de mens. Zie ook **epifanie**.
Theoria (Grieks) – schouwing.
Tikkoen (Hebreeuws) – reïntegratie; het verlossingsproces zoals beschreven in de kabbala van Jitschak Loeria waarbij de goddelijke vonken die door het **Breken van de vaten** (s.v.) waren verspreid, weer in God worden verenigd.
Tora (Hebreeuws) – de eerste vijf boeken van Mozes, te weten Genesis, Exodus, Leviticus, Numeri en Deuteronomium; ook specifiek de wet van Mozes.

Traditionalisten – de *ahl al-hadīth*, het volk van de *hadīth*, dat wil zeggen de moslims die de Koran en de **hadīth** (s.v.) letterlijk uitlegden om zich te verweren tegen de rationalistische interpretatie van de **moe'tazilieten** (s.v.).
Troonmystiek, zie **Merkawa-mystiek**.
Tsimtsoem (Hebreeuws) – in de mystieke leer van Loeria Gods zelfterugtrekking om in zichzelf ruimte te maken voor zijn schepping; *tsimtsoem* kan daarom worden gezien als een daad van **kenosis** (s.v.) en zelfbeperking.

Veda, zie **Rigveda**.

Wijsheid – in het Hebreeuws *Chochma*, in het Grieks *Sophia*. De personificatie van het goddelijke plan waar de Schrift over spreekt; aanduiding voor Gods werkzaamheid op aarde die de mens kan ervaren, in tegenstelling tot de ongenaakbare werkelijkheid zelf.

Yoga – concentratietechniek oorspronkelijk ontwikkeld door de volkeren in India om de krachten van de geest te sturen. Door deze techniek bereikte de yogi een intense en verheven beleving van de werkelijkheid, wat hem een gevoel van vrede, gelukzaligheid en rust schonk.

Zann (Arabisch) – speculatie; de term wordt in de Koran gebruikt voor zinloze, theologische gissingen.
Zikkoerat – tempeltoren van de Soemeriërs, gebouwd in een vorm die ook in veel andere delen van de wereld zijn gevonden. Een *zikkoerat* bestond uit reusachtige stenen trappen die de mens beklom om zijn goden te ontmoeten.

Noten

De Bijbelcitaten zijn, tenzij anders aangegeven, afkomstig uit de Willibrordvertaling, Katholieke Bijbelstichting Boxtel, 1987. De Korancitaten zijn afkomstig uit *De Koran*, Agon Amsterdam, 1992[15], vertaling J.H. Kramers, in de bewerking van Asad Jaber en Johannes J.G. Jansen.

1. In den beginne...

1. Mircea Eliade, *De mythe van de eeuwige terugkeer*, De Boer Hilversum, 1964, vert. Anton Monshouwer (vert. van *Le mythe de l'éternel retour*, Gallimard Parijs, 1949).
2. *Enoema Elisj* I:1, aangehaald in: prof.dr. M.A. Beek, *Aan Babylons stromen*, Kosmos Amsterdam, 1951, p. 160.
3. Citaat uit: 'The Babylonian Creation' in: N.K. Sandars (vert.), *Poems of Heaven and Hell from Ancient Mesopotamia*, Londen, 1971, p. 99.
4. Pindarus, *Zesde Nemeïsche Ode*, 1-5, vertaling S.L. Radt (zie ook: Pindarus, *Oden*, Styx Groningen, 1992, vert. S.L. Radt).
5. Anat-Baal Teksten 49:11:5, aangehaald in: E.O. James, *The Ancient Gods*, Londen, 1960, p. 88.
6. Genesis 2:5-7.
7. Genesis 4:26; Exodus 6:3.
8. Genesis 31:42; 49:24.
9. Genesis 17:1.
10. Ilias XXIV, Athenaeum-Polak & Van Gennep Amsterdam, 1981, vert. M.A. Schwarz, p. 624 e.v.
11. Handelingen der Apostelen 14:11-18.
12. Genesis 28:15.
13. Genesis 28:16-17. E heeft aan dit relaas elementen van J toegevoegd, vandaar het gebruik van de naam Jahweh.
14. Genesis 32:30-31.
15. George E. Mendenhall, 'The Hebrew Conquest of Palestine', in: *The Biblical Archeologist* 25, 1962; M. Weippert, *The Settlement of the Israelite Tribes in Palestine*, Londen, 1971.
16. Deuteronomium 26:5-10.
17. L.E. Bihu, 'Midianite Elements in Hebrew Religion', in: *Jewish Theological Studies*,

31; Salo Wittmeyer Baron, *A Social and Religious History of the Jews*, 10 delen, 2e druk, New York, 1952-1967, I, p. 46.
18. Exodus 3:5-6.
19. Exodus 3:14 (Canisius-vertaling).
20. Exodus 19:16-18.
21. Exodus 20:3.
22. Jozua 24:14-15.
23. Jozua 24:23.
24. James, *The Ancient Gods*, p. 152; Psalmen 29, 89, 93. Deze psalmen dateren echter uit de tijd na de verbanning.
25. I Koningen 18:20-40.
26. I Koningen 19:11-13.
27. *Rigveda* 1.129, in: H. Bakker (inl., vert. en ann.), *De leer van de wind, Een natuurfilosofie uit de Upanisaden*, Kok Agora Kampen, 1989, p. 15.
28. Chāndogya-Upanishad, 14, in: *Tien Upanishads*, De Driehoek Amsterdam, z.j., p. 85.
29. Kena-Upanishad, 1, in: *Tien Upanishads*, pp. 16-17.
30. Kena-Oepanisjad, 11-14, in: J.A. Blok, *Oepanisjads*, A.E. Kluwer Deventer, 1926, pp. 53-54.
31. Samyutta-Nikaya, deel II: Nidana Vagga, vert. en red. Leon Feer, Londen, 1888, p. 106.
32. Edward Conze, *Het Boeddhisme*, Spectrum Utrecht, 1970, vert. C.T. van Boetzelaer-v.d. Klashorst, p. 42 (vert. van *Buddhism; its Essence and Development*, Oxford, 1959).
33. Udana 8.13, aangehaald in: Richard H. Drummond, *Gautama de Boeddha*, Ambo Baarn, 1976, vert. F. v.d. Heijden, pp. 117-118 (vert. van *Gautama the Buddha*, Grand Rapids, 1974).
34. Plato, *Symposium*, Athenaeum-Polak & Van Gennep Amsterdam, 1990, vert. Gerard Koolschijn, p. 57.
35. Aristoteles, *Over de filosofie*, fr. 15 Ross, vert. S.L. Radt.
36. Aristoteles, *Poetica* IX, 51a36, Athenaeum-Polak & Van Gennep Amsterdam, 1988, vert., inl. en ann. N. van der Ben en J.M. Bremer, p. 44.

2. Eén God

1. Jesaja 6:3.
2. Rudolph Otto, *Das Heilige. Über das Irrationale in der Idee des Göttlichen und sein Verhältnis zum Rational*, Biederstein München, 1947^{28}.
3. Jesaja 6:5.
4. Exodus 4:10.
5. Psalmen 29, 89, 93. Dagon was de god van de Filistijnen.
6. Jesaja 6:9.
7. Matteüs 13:14-15.
8. Inscriptie op een kleitablet; aangehaald in: Chaim Potok, *Omzwervingen. De geschiedenis van het joodse volk*, Bzztôh Den Haag, 1989, vert. Jeanette Bos, pp. 160-161 (vert. van *Wanderings. History of the Jews*, New York, 1978).
9. Jesaja 6:13.
10. Jesaja 6:12.
11. Jesaja 10:5-6.
12. Jesaja 1:3.

13. Jesaja 1:11-15.
14. Jesaja 1:15-17.
15. Amos 7:15-17.
16. Amos 3:8.
17. Amos 8:7.
18. Amos 5:18.
19. Amos 3:1-2.
20. Hosea 8:5.
21. Hosea 6:6.
22. Genesis 4:1 (Statenvertaling).
23. Hosea 2:23-24.
24. Hosea 2:18-19.
25. Hosea 1:2.
26. Hosea 1:9.
27. Hosea 13:2.
28. Jeremia10; Psalmen 31:7; 115:4-8; 135:15-18.
29. Psalm 82:1-7 (NBG-vertaling).
30. Zie Genesis 14:20.
31. II Koningen 22:3-12; II Kronieken 34:14-19.
32. Dewariem [Deuteronomium] 6:4-6 (Pentateuchvertaling van J. Dasberg, Van Gennep Amsterdam, 1970).
33. Deuteronomium 7:2.
34. Deuteronomium 7:5-6.
35. Deuteronomium 28:64-68.
36. II Kronieken 34:5-7.
37. Exodus 23:33.
38. Jozua 11:21-22.
39. Jeremia 25:8-9.
40. Jeremia 13:15-17.
41. Jeremia 1:6-10.
42. Jeremia 23:9.
43. Jeremia 20:7, 9.
44. Het taoïsme en confucianisme in China werden beschouwd als twee aspecten van één spiritualiteit die de innerlijke en uiterlijke mens betroffen. Het hindoeïsme en boeddhisme zijn aan elkaar verwant en kunnen worden beschouwd als een hervormd heidendom.
45. Jeremia 2:31, 32; 12:7-11; 14:7-9; 6:11.
46. Jeremia 32:15.
47. Jeremia 44:15-19.
48. Jeremia 31:33.
49. Ezechiël 1:4-25.
50. Ezechiël 3:14-15.
51. Ezechiël 8:12.
52. Psalm 137.
53. Jesaja 11:15, 16.
54. Jesaja 46:1.
55. Jesaja 45:21.
56. Jesaja 43:10, 11.
57. Jesaja 51:9-10 (NBG-vertaling). Dit zou een voortdurend terugkerend thema zijn. Zie ook Psalmen 65:7; 74:13-14; 77:16; Job 3:8; 7:12.

58. Jesaja 55:8-9.
59. Jesaja 19:24, 25.
60. Exodus 33:20.
61. Exodus 33:18.
62. Exodus 34:29-35.
63. Exodus 40:34, 35; Ezechiël 9:3.
64. Cf. Psalmen 74 en 104.
65. Exodus 25:8-9.
66. Exodus 25:3-5.
67. Exodus 39:32, 43; 40:33; 40:2, 17; 31:3, 13.
68. Deuteronomium 5:12-15.
69. Deuteronomium 14:1-21.
70. Spreuken 8:22-23, 30-31.
71. Wijsheid van Jezus Sirach 24:3-6.
72. Wijsheid 7:25-26.
73. Philo van Alexandrië, *De Specialibus Legibus* 1:44, vert. drs. A.C. Geljon.
74. Philo van Alexandrië, *Quod Deus Immutabilis Sit*, 62; *De Vita Mosis*, 1:75.
75. Philo van Alexandrië, *De Abrahamo*, 123, vert. drs. A.C. Geljon.
76. Philo van Alexandrië, *De Migratione Abrahami*, 36, vert. drs. A.C. Geljon.
77. Sjabbat 31a.
78. Awot de-Rabbi Nathan, 6.
79. Louis Jacobs, *Faith*, Londen, 1968, p. 7.
80. Wajikra [Leviticus] Rabba 8:2; Sota 9b.
81. Sjemot [Exodus] Rabba 34:1; Chagiega 13b; Mechilta op Exodus 15:3.
82. Baba Metsia 59b.
83. Midrasj Psalm 25:6; Psalm 139:1; Tanchoema 3:80.
84. Commentaar op Job 11:7; Midrasj Psalm 25:6.
85. Aldus rabbi Jochanan ben Nappacha: 'Hij die God te overdadig lofprijst, zal met wortel en al uit de wereld worden verwijderd.'
86. bBeresjiet [Genesis] Rabba 68:9.
87. bBerachot 10a; Wajikra [Leviticus] Rabba 4:8; Jalkoet op Psalm 90:1.
88. bMegilla 29a.
89. Sjier hasjieriem [Hooglied] Rabba 2; Jeroesjalmie Soeka 4.
90. Bamidbar [Numeri] Rabba 11:2; Dewariem [Deuteronomium] Rabba 7:2 gebaseerd op Spreuken 8:34.
91. Mechilta de-Rabbi Sjimon op Exodus 19:6. Cf. Handelingen der Apostelen 4:32.
92. Sjier hasjieriem [Hooglied] Rabba 8:12.
93. Jalkoet op Hooglied 1:2.
94. Sifree op Deuteronomium 36.
95. A. Marmorstein, *The Old Rabbinic Doctrine of God*, 2 delen, *The Names and Attributes of God*, Londen en Oxford, 1927, pp. 171-174.
96. Nidda 31b.
97. Jalkoet op II Samuel 22; bJoma 22b; Jalkoet op Ester 5:2.
98. Jacob E. Neusner, 'Varieties of Judaism in the Formative Age', in: Arthur Green (red.), *Jewish Spirituality*, 2 delen, Londen, 1986, 1988, I, pp. 172-173.
99. Sifra op Leviticus 19:8.
100. Mechilta op Exodus 20:13.
101. Pirke Awot 6:6; Horajot 13a.
102. Sanhedrien 4:5.
103. Baba Metsia 58b.

104. Arachien 15b.

3. Een licht voor de heidenen

1. Marcus 1:10-11.
2. Marcus 1:15. Dit wordt vaak vertaald met: 'Het Rijk Gods is nabij', maar het Grieks is sterker.
3. Zie: Geza Vermes, *Jesus the Jew*, Londen, 1973; Paul Johnson, *A History of the Jews*, Londen 1987.
4. Matteüs 5:17-19.
5. Matteüs 7:12.
6. Matteüs 23.
7. Massechet Soferiem 13:2.
8. Matteüs 17:2.
9. Matteüs 17:5.
10. Matteüs 17:20; Marcus 11:22-23.
11. Astasahasrika 15:293, aangehaald in: Edward Conze, *Het Boeddhisme*, Spectrum Utrecht, 1970, vert. C.T. van Boetzelaer-v.d. Klashorst, pp. 133-134 (vert. van *Buddhism; its Essence and Development*, Oxford, 1959).
12. *De Bhagavad-Gītā*, XI:15, N. Kluwer Deventer, 1971, vert. dra. C. Keuls, pp. 82-83.
13. Ibidem, XI:22, p. 84.
14. Ibidem, XI:18, p. 83.
15. Galaten 1:11.
16. Zie bijvoorbeeld: Romeinen 12:5; I Korintiërs 4:15; II Korintiërs 2:17; 5:17.
17. I Korintiërs 1:24.
18. Deze woorden zijn waarschijnlijk van Epimanides en werden, aldus de schrijver van de Handelingen, door Paulus aangehaald tijdens zijn redevoering op de Areopagus (Handelingen der Apostelen 17:22).
19. I Korintiërs 15:3.
20. Romeinen 6:4; Galaten 5:16-25; II Korintiërs 5:17; Efeziërs 2:15.
21. Kolossenzen 1:24; Efeziërs 3:1-13; I Korintiërs 1:13.
22. Romeinen 15:12-18.
23. Filippenzen 2-6:11.
24. Johannes 1:3.
25. I Johannes 1:1.
26. Handelingen der Apostelen 2:2.
27. Ibidem, 2:9, 10.
28. Joël 3:1-5.
29. Handelingen der Apostelen 2:22-36.
30. Ibidem, 7:48.
31. Aangehaald in: A.D. Nock, *Conversion. The Old and the New in Religion from Alexander the Great to Augustine of Hippo*, Oxford, 1933, p. 207.
32. *Ad Baptizandos*, Homilie 13:14, aangehaald in: Wilfred Cantwell Smith, *Faith and Belief*, Princeton, 1979, p. 259.
33. De meeste geschriften van de eerste 'ketters' zijn verlorengegaan; wat we van hen weten is via het werk van hun rechtgelovige bestrijders tot ons gekomen. De onderhavige passage wordt aangehaald in Irenaeus, *Weerlegging en afwending der valselijk dusgenaamde wetenschap* I:1, 1, Sijthoff Leiden, 1918, in de serie 'Oud-Chris-

telijke geschriften in Nederlandse vertaling', red. en bew. dr. H.U. Meyboom, dl. XXVI, p. 110 (vert. van *Adversus haereses*).
34. Hippolytus, *Weerlegging van alle ketterijen*, VII:21, 4, Sijthoff Leiden, 1917, serie 'Oud-Christelijke geschriften in Nederlandse vertaling', red. en bew. dr. H.U. Meyboom, dl. XXIV, p. 80 (vert. van *Refutatio omnium haeresium*)
35. Irenaeus, op.cit., I:5, 3, pp. 27-28.
36. Hippolytus, op.cit., VIII:15, 1-2, pp. 127-128.
37. Lucas 6:43.
38. Irenaeus, op.cit., I:27, 2, p. 110.
39. Tertullianus, *Ter bestrijding van Marcion*, I:6, Sijthoff Leiden, 1926, serie 'Oud-Christelijke geschriften in Nederlandse vertaling', red. en bew. dr. H.U. Meyboom, dl. XL, p. 11 (vert. van *Adversus Marcionem*).
40. Origenes, *Verweerschrift tegen Celsus*, IV:23, Sijthoff Leiden, 1924, serie 'Oud-Christelijke geschriften in Nederlandse vertaling', red. en bew. dr. H.U. Meyboom, dl. XXXV, p. 108 (vert. van *Contra Celsum*).
41. Clemens van Alexandrië, *Aanmaning aan de Grieken*, IV:59, 2, Sijthoff Leiden, 1913, serie 'Oud-Christelijke geschriften in Nederlandse vertaling', red. en bew. dr. H.U. Meyboom, dl. VIII, p. 78 (vert. van *Protreptikos*).
42. Ibidem, X:106, 5, op.cit., p. 123.
43. Clemens van Alexandrië, *De Paedagoog*, II, III, 38:1 Sijthoff Leiden, 1913, serie 'Oud-Christelijke geschriften in Nederlandse vertaling', red. en bew. dr. H.U. Meyboom, dl. X, p. 40 (vert. van *Paidagogos*).
44. Clemens van Alexandrië, *Aanmaning*, I:8, 4, dl. VIII, p. 17.
45. Plotinus, *Enneaden*, V.5, 6, Ambo Baarn/Athenaeum-Polak & Van Gennep Amsterdam, 1984, vert. en inl. dr. Rein Ferwerda, p. 584.
46. Ibidem, V.3, 11, p. 564.
47. Ibidem, VI.7, 32, p. 825.
48. Ibidem, V.2, 1, p. 547.
49. Ibidem, VI.9, 8, p. 878.
50. Ibidem, VI.9, 9, p. 880.
51. Ibidem, VI.9, 4, p. 871.
52. Jaroslav Pelikan, *The Christian Tradition: A History of the Development of Doctrine*, 5 delen, I, *The Emergence of the Catholic Tradition*, Chicago en Londen, 1971, p. 103.

4. Drieëenheid: de christelijke God

1. We ontlenen dit aan Gregorius van Nyssa.
2. In een brief aan Eusebius, zijn medestander, en in de Thalia; aangehaald in: Robert C. Gregg en Dennis E. Groh, *Early Arianism. A View of Salvation*, Londen, 1981, p. 66.
3. Arius, *Brief aan Alexander*, 2.
4. Spreuken 8:22-23, 30-31, aangehaald op pp. 85-86.
5. Johannes 1:3.
6. Johannes 1:1.
7. Filippenzen 2:6-11, aangehaald op pp. 108-109.
8. Arius, *Brief aan Alexander*, 6.2.

9. Athanasius, *Oratio contra gentes*, 41.
10. Athanasius, *De menswording des Woords*, 54, Uitg. Holland Amsterdam, 1949, inl. en vert. dr. H. Berkhof, p. 143 (vert. van *De incarnatione Verbi*).
11. Deze tekst wijkt af van het doctrinaire manifest dat doorgaans de geloofsbelijdenis van Nicea wordt genoemd, maar dat in werkelijkheid is opgesteld tijdens het concilie van Constantinopel in 381.
12. Athanasius, *De synodis Arimini et Seleuciae*, 41:1.
13. Athanasius, *Vita S. Antonii*, 67.
14. Basilius, *Over de Heilige Geest*, XXVII: 66, Abdij Bethlehem Bonheiden, 1983, inl. en vert. G. Tilleman, p. 161 (vert. van *De Spiritu Sancto*).
15. Ibidem.
16. Gregorius van Nyssa, *Contra Eunomium*, III.
17. Gregorius van Nyssa, *Contra Eunomium*, XII, Migne, PG45, 942A.
18. Gregorius van Nyssa, *Over het leven van Mozes de Wetgever*, II:163, Abdij Bethlehem Bonheiden, 1992, vert. Benedictinessen van Bonheiden, p. 102 (vert. van *De vita Moysis*).
19. Basilius, *Epist.* 234.
20. Gregorius van Nazianze, *Oratio*, XXXI:5.
21. Gregorius van Nyssa, *Ad Ablabium, Quod non sint tres dii*, Migne, PL45, 126C.
22. G.L. Prestige, *God in Patristic Thought*, Londen, 1952, p. 300.
23. Gregorius van Nyssa, *Ad Ablabium*, PL45, 126C.
24. Gregorius van Nazianze, *Oratio*, XL:41.
25. Ibidem, XXIX:6-10.
26. Basilius, *Epist.* 38:4.
27. Augustinus, *De Trinitate*, VII, IV:7.
28. Augustinus, *Belijdenissen*, 1:1, Meinema Delft, 1932², vert. dr. A. Sizoo, p. 21 (vert. van *Confessiones*).
29. Ibidem, 8:VII, p. 191.
30. Ibidem, 8:XII, p. 199-200.
31. Ibidem, 8:XII, p. 201. De aanhaling is uit Romeinen 13:13-14 (NBG-vertaling).
32. Ibidem, 10:XVII, p. 249.
33. Ibidem, 10:XXVIII, p. 259.
34. Ibidem.
35. Augustinus, *De Trinitate*, VIII, II:3.
36. Ibidem.
37. Ibidem, X, X:14.
38. Ibidem, X, XI:18.
39. Ibidem.
40. Andrew Louth, *The Origins of the Christian Mystical Tradition from Plato to Denys*, Oxford, 1981, p. 79.
41. Augustinus, *Enchiridion, handleiding voor Laurentius over de deugden van geloof, hoop en liefde*, 26, 27, J.J. Romein & Zonen Roermond, 1930, bew. Carel Bloemen, pp. 49-50.
42. Tertullianus, *De vrouwelijke tooi*, I:2, Wereldbibliotheek Amsterdam-Antwerpen, 1955, inl. en vert. A. Gerlo, p. 23-24 (vert. van *De cultu feminarum*).
43. Augustinus, *Epist.* 243:10.
44. Augustinus, *De Genesi ad litteram imperfectus liber*, IX, V:9.

45. Pseudo-Dionysius de Areopagiet, *Epist.* IX:1.
46. Ibidem.
47. Pseudo-Dionysius de Areopagiet, *De coelesti hierarchia*, I:4.
48. Pseudo-Dionysius de Areopagiet, *De Divinis nominibus*, II:7.
49. Ibidem, XIII:3.
50. Ibidem.
51. Ibidem, VII:3.
52. Ibidem, I:4.
53. Pseudo-Dionysius de Areopagiet, *Over mystieke theologie*, III, Kok-Agora Kampen, 1990, vert. en essay Ben Schomakers, p. 19 (vert. van *De mystica theologica*).
54. Pseudo-Dionysius de Areopagiet, *De Divinis nominibus*, IV:13, zoals aangehaald in: *Over mystieke theologie*, pp. 75-76.
55. Maximus Confessor, *Ambiguorum liber*, Migne, PG91, 1088C.

5. Eenheid: de God van de islam

1. Mohammed ibn Ishāk, *Sīra* 145, vertaald door A. Guillaume als *The Life of Muhammad*, Londen, 1955, p. 100. (Een Nederlandse bloemlezing uit dit werk is verschenen onder de titel *Het leven van Mohammed*, Meulenhoff Amsterdam, 1980, serie 'De Oosterse Biblotheek', deel 15, vert. en toel. Wim Raven).
2. Koran 96:1.
3. Mohammed ibn Ishāk, *Sīra* 153, op.cit., p. 106 (in de bloemlezing p. 47).
4. Ibidem (in de bloemlezing p. 48).
5. Djalāl ad-Dīn as-Soejoeti, *al-itkān fī oeloem al-koer'ān*, zoals aangehaald in: Maxime Rodinson, *Mohammed*, Wereldvenster Bussum, 1982, vert. Vreni Obrecht en Fred Leemhuis, p. 75 (vert. van *Mahomet*, Parijs, 1961).
6. Bukhāri, Hadīth 1.3. Aangehaald in: Martin Lings, *Muhammad. His Life Based On the Earliest Sources*, Londen, 1983, pp. 44-45.
7. Wordsworth, 'Expostulation and Reply'.
8. Koran 75:17-19.
9. Koran 42:7.
10. Koran 88:21-22.
11. Koran 29:61-63.
12. Koran 96:6-8.
13. Koran 80:17-32. (Tussen de teksthaken staan de verklarende noten van de bewerkers van de geciteerde Nederlandse Koranvertaling.)
14. Koran 92:18; 9:103; 63:9; 102:1.
15. Koran 24:1, 45.
16. Koran 2:164.
17. Koran 20:113-114.
18. Ibn Ishāk, *Sīra* 227, op.cit., p. 157 (in de bloemlezing p. 76).
19. Ibidem, *Sīra* 228, p. 158.
20. George Steiner, *Het verbroken contract*, Bert Bakker Amsterdam, 1990, vert. Herman Hendriks, p. 150-151 (vert. van *Real Presences: Is there anything in what we say?*, Londen, 1989).

21. Koran 53:19-20, 23.
22. Karen Armstrong, *Muhammad. A Western Attempt to Understand Islam*, Londen, 1991 en San Francisco, 1992, pp. 108-117.
23. Koran 109:2-6.
24. Koran 112.
25. Aangehaald in: Seyyed Hossein Nasr, 'God', in: S.H. Nasr (red.), *Islamic Spirituality*, 2 delen, I, *Foundations*, Londen en New York, 1987, p. 321.
26. Koran 2:115.
27. Koran 55:26-27.
28. Koran 24:35.
29. Armstrong, *Muhammad*, p. 21-44; 86-88.
30. Koran 29:46.
31. Ibn Ishāk, *Sīra* 362, op.cit., p. 246 (in de bloemlezing p. 120).
32. Koran 2:135-136.
33. Alī Sharī'ati, *Hajj* (vert. Laleh Bakhtiar), Teheran, 1988, pp. 54-56.
34. Koran 33:35.
35. Aangehaald in: Seyyed Hossein Nasr, 'The Significance of the *Sunnah* and *Hadith*', in: Nasr (red.), op.cit., pp. 107-108.
36. I Johannes 1:1.
37. Koran 13:11.
38. W. Montgomery Watt, *Free Will and Predestination in Early Islam*, Londen, 1948, p. 139.
39. Aboe 'l-Hasan ibn Ismā'īl al Asj'ari, *Makālāt* 1.197, aangehaald in: A.J. Wensinck, *The Muslim Creed. Its Genesis and Historical Development*, Cambridge, 1932, 67-68.

6. De God van de filosofen

1. Naar de Engelse vertaling van R. Walzer, 'Islamic Philosophy', zoals aangehaald in: S.H. Nasr, 'Theology, Philosophy and Spirituality' in: S.H. Nasr (red.), *Islamic Spirituality*, 2 delen, II, *Manifestations*, Londen en New York, 1991, p. 411.
2. Omdat ze allebei uit het Iraanse Rajj kwamen.
3. Aangehaald in: Azim Nanji, 'Ismailism' in: S.H. Nasr (red.), *Islamic Spirituality*, 2 delen, I, *Foundations*, Londen en New York, 1987, pp. 195-196.
4. Zie: Henri Corbin, *Terre céleste et corps de résurrection de l'Iran Mazdéen à l'Iran shî'te*, Parijs, 1960, p. 102 e.v.
5. Ibidem, p. 102-103.
6. Rasā'il I, 76, aangehaald in: Majid Fakhry, *A History of Islamic Philosophy*, New York en Londen, 1970, p. 193.
7. Rasā'il IV, 42, in ibidem, p. 187.
8. Aristoteles, *Metaphysica Lambda*, 1074b, 32, Ambo Baarn, 1989, vert. en inl. Cornelis Verhoeven, p. 43.
9. Al-Ghazzāli, *De redder uit de dwaling* (Al-Moenkidz min ad-Dalāl), II, De Arbeiderspers Amsterdam, 1951, vert. prof.dr. J.H. Kramers, p. 8.
10. Ibidem, p. 9.

11. Toen westerse geleerden zijn werk lazen, dachten ze dat Al-Ghazzāli zelf een failasoef was.
12. Al-Ghazzāli, op.cit., XX, p. 51.
13. John Bowker, *The Religious Imagination and the Sense of God*, Oxford, 1978, pp. 222-226.
14. Koran 24:35, aangehaald op pp. 175-176.
15. Al-Ghazzāli, *Misjkāt al-anwār*, aangehaald in: Fakhry, *A History of Islamic Philosophy*, p. 278.
16. Jehoeda Halevi, *Al-Choezari*, boek II:14, De Arbeiderspers Amsterdam, 1954, vert. en toegel. door prof.dr. J.H. Hospers, p. 56.
17. Koran 3:7.
18. Zoals aangehaald in: Fakhry, *A History of Islamic Philosophy*, pp. 313-314.
19. Zoals aangehaald in: dr. J. Soetendorp, *Ontmoetingen in ballingschap*, 2 delen, De Haan Zeist/Van Loghum Slaterus Arnhem, 1963, I, pp. 189-190.
20. Aangehaald in: J. Abelson, *The Immanence of God in Rabbinical Literature*, Londen, 1912, p. 245.
21. Zie voor de houding van de eerste kruisvaarders: Karen Armstrong, *Holy War. The Crusades and their Impact on Today's World*, New York, 1991, Londen, 1992, pp. 49-75.
22. Johannes Scotus Eriugena, *Expositiones super Ierarchiam Caelestem*, 2.1.
23. Eriugena, *De divisione naturae*, Migne, PL122, 426C-D.
24. Ibidem, 487B.
25. Ibidem, 680D-681A.
26. Ibidem.
27. Vladimir Lossky, *The Mystical Theology of the Eastern Church*, Londen, 1957, pp. 57-65.
28. Anselmus van Canterbury, *Monologion* I.
29. Anselmus van Canterbury, *Proslogion, gevolgd door de discussie met Gaunilo*, I, overdenking bij Jesaja 7:9, Wereldvenster Baarn, 1981, inl., vert. en ann. dr. Carlos Steel, p. 47.
30. Ibidem, II, p. 49.
31. John Macquarrie, *In Search of Deity; An Essay in Dialectical Theism*, Londen, 1984, pp. 201-202.
32. Bernardus van Clairvaux, *Epist.* 191:1.
33. Zoals aangehaald in: Henry Adams, *Mont Saint-Michel and Chartres*, Londen, 1986, p. 296.
34. Armstrong, *Holy War*, pp. 199-234.
35. Thomas van Aquino, *De potentia*, q.7, a.5, ad. 14.
36. Thomas van Aquino, *Theologische Summa van de H. Thomas van Aquino*, IA, q13, a11, uitgegeven door een groep dominicanen, Antwerpen, 1927, I, p. 354.
37. Ibidem, pp. 354-355.
38. Bonaventura, *Itinerarium mentis in Deum*, VI:2.
39. Ibidem, III:1.
40. Ibidem, I:7.

7. **De God van de mystici**

1. John Macquarrie, *Thinking about God*, Londen, 1975, p. 34.
2. Chagiga 14b, met aanhalingen uit Psalm 101:17, Psalm 116:15 en Spreuken 25:16.
3. Aangehaald in: Louis Jacobs (red.), *The Jewish Mystics*, Jeruzalem, 1976, en Londen, 1990, p. 23.
4. II Korintiërs 12:2-4.
5. Hooglied 5:10-15.
6. Aangehaald in: T. Carmi (red. en vert.), *The Penguin Book of Hebrew Verse*, Londen, 1981, p. 199.
7. Koran 53:13-18.
8. Augustinus, *Belijdenissen*, 9:x, Meinema Delft, 1932², vert. en inl. dr. A. Sizoo, p. 221 (vert. van *Confessiones*)
9. Joseph Campbell (met Bill Moyers), *The Power of Myth*, New York, 1988, p. 85.
10. Annemarie Schimmel, *And Muhammad is His Messenger: The Veneration of the Prophet in Islamic Piety*, Chapel Hill en Londen, 1985, pp. 161-175.
11. Augustinus, op.cit., 9:x, p. 221.
12. Ibidem, p. 222.
13. Ibidem.
14. Gregorius de Grote, *Moralia in Job* V.xxxvi:66, Migne, PL75, 726A.
15. Gregorius de Grote, ibidem, XXIV:11.
16. Gregorius de Grote, *Homiliae in Ezechielem* II.II:1, Migne, PL76, 949B.
17. Gregorius van Nyssa, *In Canticum Canticorum*, 6.
18. Basilius, *Epist.* 234.
19. Evagrius Ponticus, *Over het gebed*, 67, in: Evagrius van Pontus, *Geestelijke Geschriften*, Abdij Bethlehem Bonheiden, 1987, Monastieke Cahiers nr. 34, vert. Ch. Wagenaar OCSO, p. 160.
20. Evagrius Ponticus, op.cit. 71, in: ibidem, p. 164.
21. Maximus Confessor, *Ambiguorum liber*, Migne, PG91, 1088C.
22. Peter Brown met Sabine MacCormack, 'Artifices of Eternity', in: Brown, *Society and the Holy in Late Antiquity*, Londen, 1982, p. 212.
23. Nicephorus, *Apologeticus pro sacris imaginibus*, Migne, PG100, 774B.
24. Symeon, *Biblos toon theologikoon* I:1, r. 1-5, SCI22, p. 98.
25. Symeon, *Biblos toon èthikoon* 1:3, r. 100-105, SCI22, p. 97.
26. Symeon, *Oratio* XXVI, Migne, PG120, 451A.
27. Symeon, *thikoon* V, r. 313-316, SCI29, p. 103.
28. Symeon, *Hymnen* 28, Patmos Kapellen, 1987, vert. zr. Marcella Troosters OCSO, pp. 161, 162.
29. Zie: *Encyclopaedia of Islam*, Leiden, 1913¹, onder lemma 'Tasawwuf'.
30. Aangehaald in: A.J. Arberry, *Sufism. An Account of the Mystics of Islam*, Londen, 1950, p. 43.
31. Aangehaald in: R. Fitzmaurice OP, 'De soefi's: moslimse mystici' (vert. A.M.C. Gramberg van der Hoeven), in P. Reesink, *Islam, een nieuw geloof in Nederland*, Ambo Baarn, 1991, p. 76.
32. Aangehaald in: Marshall G.S. Hodgson, *The Venture of Islam. Conscience and History in a World Civilisation*, 3 delen, Chicago en Londen, 1975, I, p. 404.
33. Aangehaald in: Arberry, *Sufism*, p. 59.
34. Aangehaald in: R. Fitzmaurice OP, 'De soefi's: moslimse mystici', op.cit., p. 78.
35. Aangehaald in: Arberry, *Sufism*, p. 60.
36. Koran 2:32.

37. Soehrawardi, *Hikmat al-isjrāk*, zoals aangehaald in: Henri Corbin, *Terre céleste et corps de résurrection de l'Iran Mazdéen à l'Iran shî'te*, Parijs, 1960, p. 190.
38. Mircea Eliade, *Shamanism. Archaic Techniques of Ecstasy*, New York, 1964, vert. W.R. Trask, p. 9 508 (vert. van *Le Chamanisme et les techniques archaïques de l'extase*, Parijs, 1951).
39. Jean-Paul Sartre, *Het imaginaire – fenomenologische psychologie van de verbeelding*, Boom Meppel, 1969, passim, vert. drs. J.H. Mulder-van Haaster en A.J. Kerkhof (vert. van *L'imaginaire: psychologie phénoménologique de l'imagination*, Parijs, 1940).
40. Ibn Arabī, *al-Futuhāt al-Makkiyyah* II, 326, aangehaald in: Henri Corbin, *L'imagination créatrice dans le soufisme d'Ibn Arabî*, Parijs, 1958, p. 255, noot 105.
41. Ibn Arabī, *Dīwān*, in ibidem, p. 111.
42. Dante, *Vita nuova II*, Kwadraat Utrecht, 1988, vert. en inl. Frans van Dooren, pp. 15-16.
43. Dante, *De goddelijke komedie*, 'Louteringsberg' XVII, 13-18, Ambo Baarn, 1987, inl. en vert. Frans van Dooren, p. 236.
44. William Chittick, 'Ibn al-Arabi and His School', in: Seyyed Hossein Nasr (red.), *Islamic Spirituality*, 2 delen, II, *Manifestations*, New York en Londen, 1991, p. 61.
45. Koran 18:68.
46. Vermeld in: Corbin, *L'imagination créatrice*, p. 92.
47. Chittick, 'Ibn al-Arabi and His School', in: Nasr (red.), *Islamic Spirituality*, p. 58.
48. Majid Fakhry, *A History of Islamic Philosophy*, New York en Londen, 1970, p. 282.
49. Aangehaald in: R.A. Nicholson, *The Mystics of Islam*, p. 105.
50. Aangehaald in: R.A. Nicholson (red.), *Eastern Poetry and Prose*, Cambridge, 1922, p. 148.
51. Djalāl ad-Dīn Roemi, *Mathnawī-i ma'nawī* I, 1, aangehaald in: Hodgson, *The Venture of Islam*, II, p. 250.
52. Aangehaald in: *This Longing. Teaching Stories and Selected Letters of Rumi* (vert. en red. Coleman Banks en John Moyne), Putney, 1988, p. 20.
53. 'Song of Unity', aangehaald in: Gershom Scholem, *Major Trends in Jewish Mysticism*, Londen, 1955^2, p. 108.
54. Ibidem, p. 11.
55. Gershom Scholem, *De Zohar*, Uitg. Schors Amsterdam, 1982, vert. J.P. Schoone, p. 19.(Deze vertaling is een bloemlezing uit Gershom Scholem [red. en vert.], *The Zohar. The Book of Splendour*, New York, 1949.)
56. Ibidem.
57. Scholem, *Major Trends in Jewish Mysticism*, p. 136.
58. Ibidem, p. 142.
59. Aangehaald in: J.C. Clark, *Meister Eckhart. An Introduction to the Study of his Work with an Anthology of his Sermons*, Londen, 1957, p. 28.
60. Simon Tugwell, 'Dominican Spirituality', in: Louis Dupre en Don. E. Saliers (red.), *Christian Spirituality III*, New York en Londen, 1989, p. 28.
61. Aangehaald in: Clark, *Meister Eckhart*, p. 40.
62. Sermoen 'Qui Audit Me Non Confundetur' in: R.B. Blakeney (vert.), *Meister Eckhart. A New Translation*, New York, 1957, p. 204.
63. Ibidem, p. 288.
64. 'On Detachment' in: Edmund Coledge en Bernard McGinn (red. en vert.), *Meister Eckhart, the Essential Sermons, Commentaries, Treatises and Defence*, Londen, 1981, p. 87.
65. Gregorius Palamas, *Theofanes*, Migne, PG150, 932D (cursivering van mij).
66. Gregorius Palamas, *Homilie 16*, Migne, PG151, 220.

67. Gregorius Palamas, *Triaden* 1.3.47.

8. **Een God voor reformisten**

1. Achmad ibn Taimijja, *Majma'at al-Rasā'il*, zoals aangehaald in: Majid Fakhry, *A History of Islamic Philosophy*, New York en Londen, 1970, p. 351.
2. Marshall G.S. Hodgson, *The Venture of Islam, Conscience and History in a World Civilisation*, 3 delen, Chicago 1974, II, pp. 334-390.
3. Mollā Sadrā, *Kitāb al-Hikmat al-arsjija*, zoals aangehaald in: Henri Corbin, *Terre céleste et corps de résurrection de l'Iran Mazdéen à l'Iran shî'te*, Parijs, 1960, p. 259.
4. Zoals aangehaald in: M.S. Raschid, *Iqbal's Concept of God*, Londen, 1981, pp. 103-104.
5. Zoals aangehaald in: Gershom Scholem, *Major Trends in Jewish Mysticism*, Londen, 1955^2, p. 253.
6. Ibidem, p. 271. Voor Loeriaanse kabbala, zie ook: Scholem, *The Messianic Idea in Judaism and Other Essays in Jewish Spirituality*, New York, 1971, pp. 43-48; R.J. Zwi Weblosky, 'The Safed Revival and its Aftermath', in: Arthur Green (red.), *Jewish Spirituality*, 2 delen, Londen, 1986, 1988, II; Jacob Katz, 'Halakah and Kabbalah as Competing Disciplines of Study' in ibidem; Laurence Fine, 'The Contemplative Practice of Yehudim in Lurianic Kabbalah' in ibidem; Louis Jacobs, 'The Uplifting of the Sparks in later Jewish Mysticism' in ibidem.
7. Jean Gerson, *La montaigne de contemplation*, 4, Oeuvres Complètes, Desclée, Parijs, 1966, deel VII, p. 18.
8. Thomas a Kempis, *De navolging van Christus*, I, 1:7, 9-10, Ambo Baarn, 1973, vert. en inl. Bernard Naaijkens m.s.c., pp. 17-18 (vert. van *De imitatione Christi*).
9. Richard Kieckhafer, 'Major Currents in Late Medieval Devotion', in: Jill Raitt (red.), *Christian Spirituality: High Middle Ages and Reformation*, New York en Londen, 1989, p. 87.
10. Juliana van Norwich, *Revelations of Divine Love*, 15, vert. Clifton Wolters, Londen, 1981, pp. 87-88.
11. Lorenzo Valla, *Encomium Sancti Thomae Aquinatis*, aangehaald in: William J. Bouwsma, 'The Spirituality of Renaissance Humanism', in: Raitt, *Christian Spirituality*, p. 244.
12. Petrarca, 'Brief aan zijn broer Gherardo' II:1, 2 december 1349, in: *Het leven in eenzaamheid & Brieven aan zijn broer*, Ambo Baarn, 1993, vert. en inl. Chris Tazelaar. p. 198.
13. Petrarca, *Het Geheim*, Eerste Gesprek, resp. *Godgewijde ledigheid*, Boek I, in: *De top van de Ventoux – Het Geheim – Godgewijde Ledigheid*, Ambo Baarn, 1990, vert. en inl. Chris Tazelaar, pp. 39-40, resp. 208.
14. Nicolaas van Cusa, *De docta ignorantia*, I:22, 67, Felix Meiner Verlag Hamburg, 1973, Philosophische Bibliothek Band 264a, p. 88.
15. Nicolaas van Cusa, *Trialogus de possest*, 17.19, Felix Meiner Verlag Hamburg, 1973, Philosophische Bibliothek Band 285, p. 20.
16. Norman Cohn, *Europe's Inner Demons*, Londen, 1976.
17. Luther, 'Voorrede bij zijn verzameld werk', WA, 54:185 e.v., zoals aangehaald in: dr. W.J. Kooiman, *Luther en de Bijbel*, Bosch & Keuning Baarn, z.j., p. 40, en in: H.J.J. Wachters, *Luther, leven – persoon – leer*, De R.K. Boekcentrale Amsterdam, 1930, p. 21.
18. Luther, *Commentaar op Psalm 90:2*, WA, 40-III:513.

19. Luther, *Commentaar op Galaten (1531) 3:19*, WA, 40-I:485.
20. Zoals aangehaald in: Kooiman, *Luther*, p. 40.
21. I Korintiërs 1:25 (NBG-vertaling).
22. Luther, *Heidelbergse disputatie* XXI, WA, 1, 362:28-29.
23. Ibidem, XIX en XX.
24. Ibidem, XX.
25. Zoals aangehaald in: Jaroslav Pelikan, *The Christian Tradition: A History of the Development of Doctrine*, 5 delen, IV, *Reformation of Church and Dogma*, Chicago en Londen, 1984, p. 156.
26. Luther, *Prediking 40*, (25 juli 1522), WA, 10-III:239.
27. Luther, *Commentaar op Galaten (1535) 2:16*, WA, 40-I:229.
28. Luther, *Kleine Katechismus*, II, art. 2 (cursivering van mij).
29. Alister E. McGrath, *A Life of John Calvin: A Study in the Shaping of Western Culture*, Oxford, 1990, p. 7.
30. Aangehaald in: ibidem, p. 251.
31. Calvijn, *Instituties, of onderwijzing in de christelijke godsdienst*, I.XIII:2, Meinema Delft, z.j., vert. dr. A. Sizoo, 3 delen, I, pp. 98-99 (vert. van *Institutio religionis christianae*).
32. Aangehaald in: Pelikan, *Reformation of Church and Dogma*, p. 327.
33. Aangehaald in: ibidem, p. 326.
34. 'Thū, wie du wilt/mich nüt befilt/Din haf bin ich/Mach gantz ald brich' in: Zwinglis Sämtliche Werke, Berlijn, 1905, I, p. 67.
35. Calvijn, *In librum psalmorum commentarius*, Calvini Opera (Corpus Reformatorum), LIX, p. 22.
36. William James, *Varianten van religieuze beleving: een onderzoek naar de menselijke aard*, De Haan Zeist, 1963, vert. J. Dutric, hoofdstukken 4 en 5p (vert. van *The Varieties of Religious Experience*, Gifford-lezingen 1901-1902, New York, 1958).
37. John Bossy, *Christianity in the West, 1400-1700*, Oxford en New York, 1985, p. 96.
38. McGrath, *A Life of John Calvin*, pp. 209-245.
39. R.C. Lovelace, 'Puritan Spirituality: the Search for a Rightly Reformed Church', in: Louis Dupre en Don E. Saliers (red.), *Christian Spirituality: Post Reformation and Modern*, New York en Londen, 1989, p. 313.
40. Ignatius van Loyola, *Geestelijke oefeningen 235*, Lannoo Tielt en Den Haag, 1968, inl. en vert. dr. Piet Penning de Vries, p. 88.
41. Aangehaald in: Hugo Rahner, *Ignatius von Loyola, als Mensch und Theologe*, Freiburg im Breisgau, 1964, p. 229.
42. Aangehaald in: Jaroslav Pelikan, *Christian Tradition: A History of the Development of Doctrine*, 5 delen, V, *Christian Doctrine and Modern Culture (Since 1700)*, Chicago en Londen 1989, p. 39.
43. Lucien Febvre, *Le problème de l'incroyance au 16ᵉ siècle: la religion de Rabelais*, Parijs, 1942K, p. 323.
44. Ibidem, pp. 328-329.
45. Aangehaald in: J.C. Davis, *Fear, Myth and History, the Ranters and the Historians*, Cambridge, 1986, p. 114.
46. McGrath, *A Life of John Calvin*, p. 131.
47. Aangehaald in: Robert S. Westman, 'The Copernicans and the Churches', in: David C. Lindberg en Ronald L. Numbers (red.), *God and Nature; Historical Essays on the Encounter Between Christianity and Science*, Berkeley, Los Angeles en Londen, 1986, p. 87.
48. Psalm 93:1; Prediker 1:5; Psalm 104:19.

49. William R. Shea, 'Galileo and the Church', in: Lindberg and Numbers (red.), *God and Nature*, p. 125.

9. Verlichting

1. Tekst van Pascals *Mémorial*, zoals aangehaald in: ds H. Mondt, 'Pascal – Pensées', in: dr. J. Haantjes en dr. A. v.d. Hoeven (red.), *Kerkelijke Klassieken*, Veenman & Zonen Wageningen, 1949, p. 337.
2. Blaise Pascal, *Gedachten*, 553, Erven J. Bijleveld Utrecht, 1951, vert. Rob van Limburg, p. 264.
3. Ibidem, 693, p. 347.
4. Ibidem, 233, p. 132.
5. Ibidem, 553, p. 266.
6. Ibidem, 233, p. 136.
7. Romeinen 1:19-20.
8. René Descartes, *Over de methode* IV, Boom Meppel, 1987, vert. en inl. Th. Verbeek, p. 74 (vert. van *Discours de la méthode*).
9. René Descartes, Voorwoord bij *Verhevelingen*, in: *Proeven der Wijsbegeerte: of Redenering van de Middel om de Rede wel te beleiden, en de waarheid in de wetenschappen te zoeken*, door J.H. Glazemaker vertaalt. T'Amsterdam, gedrukt bij Tymon Houthaak, voor Jan Rieuwertsz, Boekverkoper in Dirk van Assensteeg, in 't Martelaars Boek, 1659, p. 197.
10. Ibidem, p. 314.
11. Aangehaald in: A.R. Hall en L. Tilling (red.), *The Correspondence of Isaac Newton*, 3 delen, Cambridge, 1959-1977, 10 december 1692. III, pp. 234-235.
12. 17 januari 1693, in ibidem, p. 240.
13. Isaac Newton, *Philosophiae naturalis principia mathematica*, vert. Andrew Motte, red. Florian Cajavi, Berkeley, 1934, pp. 344-346.
14. 'Corruptions of Scripture', aangehaald in: Richard S. Westfall, 'The Rise of Science and Decline of Orthodox Christianity. A Study of Kepler, Descartes and Newton', in: David C. Lindberg en Ronald L. Numbers (red.), *God and Nature; Historical Essays on the Encounter between Christianity and Science*, Berkeley, Los Angeles en Londen, 1986, p. 231.
15. Ibidem, pp. 231-232.
16. Aangehaald in: Jaroslav Pelikan, *The Christian Tradition: A History of the Development of Doctrine*, 5 delen, V, *Christian Doctrine and Modern Culture (Since 1700)*, Chicago en Londen, 1989, p. 66.
17. Ibidem, p. 105.
18. Ibidem, p. 101.
19. Ibidem, p. 103.
20. John Milton, *Het paradijs verloren*, III, 113-119, 124-128, Wereldbibliotheek Amsterdam, 1910, vert. Alex Gutteling, pp. 68-69 (vert. van *Paradise Lost*).
21. Voltaire, *Filosofisch woordenboek*, De Arbeiderspers Amsterdam, 1975, keuze, vert. en nawoord Jean A. Schalekamp, p. 67 (vert. van *Dictionnaire philosophique portatif*).
22. Ibidem, pp. 18-19.

23. Vertaling naar Meinsma in 'Spinoza en zijn kring', p. 92, zoals aangehaald in: dr. J Meyer, *Encyclopaedia Sefardica Neerlandica*, Portugees-Israëlietische Gemeente Amsterdam, 5709, p. 61.
24. Spinoza, *Godgeleerd-staatkundig Vertoog*, Uitg. S.L. van Looy/H. Gerlings Amsterdam, 1894, vert. W. Meijer, p. 43 (vert. van *Tractatus theologico-politicus*).
25. Immanuel Kant, *Beantwoording van de vraag: wat is Verlichting?*, Kok Agora Kampen, 1988, inl., vert. en ann. prof.dr. B. Delfgaauw, p. 59 (vert. van *Beantwortung der Frage: was ist Aufklärung?*).
26. Pelikan, op.cit., p. 110.
27. Aangehaald in: Sherwood Eliot Wirt (red.), *Spiritual Awakening: Classic Writings of the eighteenth century devotions to inspire and help the twentieth century reader*, Tring, 1988, p. 9.
28. Albert C. Outler (red.), *John Wesley: Writings*, 2 delen, Oxford en New York, 1964, pp. 194-196.
29. Pelikan, op.cit., p. 125.
30. Ibidem, p. 126.
31. Aangehaald in: George Tickel SJ, *The Life of Blessed Margaret Mary*, Londen, 1890, p. 258.
32. Ibidem, p. 221.
33. Samuel Shaw, *Communion with God*, aangehaald in: Albert C. Outler, 'Pietism and Enlightenment: Alternatives to Tradition', in: Louis Dupre and Don E. Saliers (red.), *Christian Spirituality: Post Reformation and Modern*, New York en Londen, 1989, p. 245.
34. Ibidem, 248.
35. Norman Cohn, *The Pursuit of the Millennium. Revolutionary Millenarians and Mystical Anarchists of the Middle Ages*, Londen, 2^e herziene druk, 1970, p. 172.
36. Ibidem, p. 173.
37. Ibidem, p. 174.
38. Ibidem, p. 290.
39. Ibidem, p. 303.
40. Ibidem, p. 304.
41. Ibidem, p. 305.
42. Aangehaald in: Wirt (red.), *Spiritual Awakening*, p. 110.
43. Aangehaald in: ibidem, p. 113.
44. Alan Heimart, *Religion and the American Mind: From the Great Awakening to the Revolution*, Cambridge, Mass., 1968, p. 43.
45. 'An Essay on the Trinity', aangehaald in: ibidem, pp. 62-63.
46. Aangehaald in: ibidem, p. 101.
47. Opmerking van Alexander Gordon en Samuel Quincey, zoals aangehaald in: ibidem, p. 167.
48. Gershom Scholem, *Sabbatai Sevi*, Princeton, 1973.
49. Aangehaald in: Gershom Scholem, 'Redemption through Sin', in: *The Messianic Idea in Judaism and Other Essays on Jewish Spirituality*, New York, 1971, p. 124.
50. Ibidem, p. 130.
51. Ibidem.
52. Ibidem.

53. Ibidem, p. 136.
54. Aangehaald in: Scholem, 'Neutralisation of Messianism in Early Hasidism', in: ibidem, p. 190.
55. Scholem, 'Devekut or Communion with God', in: ibidem, p. 207.
56. Louis Jacobs, 'The Uplifting of the Sparks', in: Arthur Green (red.), *Jewish Spirituality*, 2 delen, Londen, 1986, 1988, II, pp. 118-121.
57. Ibidem, 125.
58. Scholem, 'Devekut', in: *The Messianic Idea in Judaism*, pp. 226-227.
59. Arthur Green, 'Typologies of leadership and the Hasidic Zaddick', in: *Jewish Spirituality*, II, p. 132.
60. *Sifra de-Zeniuta*, vert. R.J.Za. Werblowsky, in: Louis Jacobs (red.), *The Jewish Mystics*, Jeruzalem, 1976, en Londen, 1990, p. 171.
61. Ibidem, p. 174.
62. Arnold H. Toynbee, *A Study in History*, 12 delen, Oxford, 1934-1961, X, p. 128.
63. Albert Einstein, 'Hoe ik de wereld zie', in: *Einstein, mijn kijk op het leven*, Annex Amsterdam, 1990, vert. Hanneke Beneden en Ab Bertholet, p. 16 (vert. van *Mein Weltbild*).
64. Aangehaald in: Rachel Elin, 'HaBaD: the Contemplative Ascent to God', in Green (red.), *Jewish Spirituality*, II, p. 161.
65. Ibidem, p. 196.
66. Denis Diderot, brief aan Voltaire 11 juni 1749.
67. Denis Diderot, *Une Lettre sur les aveugles*, in: *Oeuvres Philosophiques de Diderot*, bezorgd door Paul Vernière, Parijs 1956, p. 123.
68. Paul-Henry Th., baron d'Holbach, *Système de la nature, ou des lois du monde physique et du monde moral*, 2 delen, Hildesheim, 1966 (repro. van uitgave Parijs, 1821), I, p. 12.
69. Ibidem, I, p. 485.
70. Ibidem, II, pp. 103-104.
71. Ibidem, I, p. 468.
72. Ibidem, II, p. 118.

10. De dood van God?

1. M.H. Abrams, *Natural Supernaturalism: Tradition and Revolution in Romantic Literature*, New York, 1971, p. 66.
2. Brief 22 november 1817, in: *The Letters of John Keats*, red. H.E. Rollins, 2 delen, Cambridge, Mass., 1958, pp. 184-185.
3. Brief aan George en Thomas Keats, 21 (27?) december 1817, in: ibidem, p. 191.
4. William Wordsworth, *The Prelude*, II, 256-264.
5. William Wordsworth, 'Regels gedicht een paar mijl boven Tintern Abbey', vert. J.W. Schulte Nordholt, in: *Ontmoeting* VII, 1960-1961, p. 202.
6. William Wordsworth, 'Expostulation and Reply'; 'The Tables Turned'.
7. William Wordsworth, 'Tintern Abbey', ibidem, p. 203.
8. William Wordsworth, 'Ode to Duty'; *The Prelude*, XII, 6-10.
9. William Blake, 'Inleiding' bij *Songs of Experience*, 6-20, vert. drs. D. Cohen.

10. William Blake, 'De tijger', vert. H.W.J.M. Keuls, in: *Maatstaf* X, 1962-1963, p. 443; *Jeruzalem*, 33:1-24.
11. William Blake, *Jeruzalem*, 96:23-28, vert. drs. D. Cohen.
12. Friedrich Schleiermacher, *Der christliche Glaube nach den Grundsäßen der evangelischen Kirche*, Berlijn, 1861, 2 delen, I, §15, p. 99.
13. Ibidem, I, §4, p. 15.
14. Albrecht Ritschl, *Theologie und Metaphysik*, Bonn, 1929², p. 29.
15. Aangehaald in: John Macquarrie, *Thinking about God*, Londen, 1978, p. 162.
16. Karl Marx, *Kritiek der Hegeliaanse Rechtsfilosofie*, in: *Karl Marx – Klassieke Teksten*, Boucher Den Haag, 1968, vert. J. de Reus en Herman Gorter, p. 11 (vert. van *Zur Kritik der Hegelschen Rechtsphilosophie*).
17. Friedrich Nietzsche, *De vrolijke wetenschap*, 125, De Arbeiderspers Amsterdam, 1992⁴, vert. Pé Hawinkels, p. 130 (vert. van *Die fröhliche Wissenschaft*).
18. Friedrich Nietzsche, *De Antichrist* 18, De Arbeiderspers Amsterdam, 1989⁸, vert. Pé Hawinkels, p. 27 (vert. van *Der Antichrist*).
19. Sigmund Freud, *De toekomst ener illusie*, Amsterdam 1929, vert. Jos van Veen, p. 101 (vert. van *Die Zukunft einer Illusion*).
20. Friedrich Nietzsche, *Aldus sprak Zarathoestra*, Wereldbibliotheek Amsterdam, 1976¹⁰, vert. dr. P. Endt en H. Marsman, p. 196 (vert. van *Also sprach Zarathustra*).
21. Alfred, lord Tennyson, 'In Memoriam A.H.H.' LIV, 18-20.
22. Aangehaald door William Hamilton in 'Het nieuwe optimisme – Van Prufrock to Ringo' in: Thomas J.J. Altizer en William Hamilton (red.), *Radicale theologie en de dood van God*, Ambo Utrecht, 1966, vert. J. Phaff, p. 195 (vert. van *Radical Theology and the Death of God*, New York en Londen, 1966).
23. Michael Gilsenan, *Recognizing Islam. Religion and Society in the Modern Middle East*, Londen en New York, 1985, p. 38.
24. Evelyn Baring, lord Cromer, *Modern Egypt*, 2 delen, New York, 1908, II, p. 146.
25. Roy Mottahedeh, *The Mantle of the Prophet. Religion and Politics in Iran*, Londen, 1985, pp. 183-184.
26. *Risālat at-Tauhīd*, aangehaald in: Majid Fakhry, *A History of Islamic Philosophy*, New York en Londen, 1971, p. 378.
27. Wilfred Cantwell Smith, *Islam in Modern History*, Princeton en Londen, 1957, p. 95.
28. Ibidem, p. 146; zie ook pp. 123-160 voor zijn analyse van de al-Azhar.
29. Aangehaald in: Eliezer Schweid, *The Land of Israel: National Home or Land of Destiny*, vert. Deborah Greniman, New York, 1985, p. 158. Kabbalistische termen cursief.
30. Ibidem, p. 143.
31. 'Avodah', 1-8, T. Carmi (red. en vert.), *The Penguin Book of Hebrew Verse*, Londen, 1981, p. 534.
32. 'The Service of God', aangehaald in: Ben Zion Bokser (red. en vert.), *The Essential Writings of Abraham Isaac Kook*, Warwick N.Y., 1988, p. 50.
33. Elie Wiesel, *De nacht*, Gooi en Sticht Hilversum, 1986, vert. Nini Brunt, p. 39 (vert. van *La nuit*, Parijs, 1958).
34. Ibidem, pp. 65-66.

11. **Heeft God toekomst?**

1. Peter L. Berger, *Er zijn nog altijd engelen*, Ambo Utrecht, 1969, vert. drs. W. Veugelers, p. 55 (vert. van *A Rumour of Angels*, Londen, 1969).
2. A.J. Ayer, *Language, Truth and Logic*, Harmondsworth, 1974, p. 152.
3. Wilfred Cantwell Smith, *Belief and History*, Charlottesville, 1985, p. 10.
4. Thomas J.J. Altizer, *Het evangelie van Gods dood*, Ambo Utrecht, 1967, vert. drs. J. van de Geijn, p. 153 (vert. van *The Gospel of Christian Atheism*, Londen, 1966).
5. Paul van Buren, *De 'profane' betekenis van het evangelie; een onderzoek met behulp van de taalanalyse*, Bijleveld Utrecht, 1968, vert. drs. L. de Liefde, met medewerking van dr. J.M. de Jong, p. 133 (vert. van *The Secular Meaning of the Gospel*, Londen, 1963).
6. Richard L. Rubenstein, *De God van de Joden na Auschwitz*, Ambo Utrecht, 1968, vert. P. Telder, passim (vert. van *After Auschwitz. Radical Theology and Contemporary Judaism*, Indianapolis, 1966).
7. Paul Tillich, *Theology of Culture*, New York en Oxford, 1964, p. 129.
8. De omschrijving is van prof.dr. C. de Deugd. Zie: Cornelis de Deugd, *Paul Tillich en Spinoza*, Mededelingen vanwege het Spinozahuis 62, Eburon Delft, 1962, pp. 7-8. Deze publikatie bevat een uiterst nuttige toelichting op Tillichs filosofisch-theologische terminologie.
9. A.N. Whitehead, 'Suffering and Being', in: *Adventures of Ideas*, Harmondsworth, 1942, pp. 191-192.
10. A.N. Whitehead, *Process and Reality*, Cambridge, 1929, p. 497.
11. Alī Sjarī'ati, *Hajj*, vert. Laleh Bakhtiar, Teheran, 1988, p. 46.
12. Ibidem, p. 48.
13. Martin Buber, *Godsverduistering*, Bijleveld Utrecht, 1966³, vert. ds. K.H. Kroon, pp. 14, 15 (vert. van *Gottesfinsternis*).
14. Martin Heidegger, *Wat is metafysica?*, Lannoo Tielt/Utrecht, 1970, vert. drs. M.S.G.K. van Nierop, p. 44 (vert. van *Was ist Metaphysik?*)
15. 'Nur noch ein Gott kann uns retten', *Der Spiegel*, 30, nr. 23, 23 mei 1976.
16. Aangehaald in: Raphael Mergui en Philippe Simonnot, *Meir Kahane: le rabbin qui fait peur aux juifs*, Lausanne, 1985, p. 43.
17. Persoonlijke verantwoordelijkheid is uiteraard ook in het christendom belangrijk, maar omdat het jodendom en de islam geen priesterlijke middelaars kenden kreeg ze bij deze religies grote nadruk; hetzelfde is door de protestantse reformatoren bepleit.
18. Philipp Frank, *Einstein: His Life and Times*, New York, 1947, pp. 189-190.
19. Thomas Hardy, 'The Darkling Thrush', vert. drs. D. Cohen.

Aanbevolen literatuur

Algemeen

BAILLIE, John, *The Sense of the Presence of God*, Londen, 1962.
BERGER, Peter, *Er zijn altijd engelen*, Ambo Utrecht, 1969 (vert. van *A Rumour of Angels*, Londen, 1969); (red.), *The Other Side of God, A Polarity in World Religions*, New York, 1981. Een aantal verhelderende essays over het conflict tussen een innerlijke en uiterlijke God.
BOWKER, John, *The Religious Imagination and the Sense of God*, Oxford, 1978; *Problems of Suffering in Religions of the World*, Cambridge, 1970. Twee erudiete, maar uiterst leesbare werken over de wereldgodsdiensten.
CAMPBELL, Joseph, *De held met de duizend gezichten*, Kosmo-Z&K Utrecht, 1990, vert. A.J. van Braam (vert. van *The Hero with a Thousand Faces*, Princeton, 1949); (met Bill Moyers), *The Power of Myth*, New York, 1988. De tekst van de populaire televisieserie over de plaats die mythologie inneemt in traditionele gemeenschappen en de voornaamste godsdiensten.
CUPITT, Don, *Taking Leave of God*, Londen, 1980. Een aansprekend en vurig pleidooi voor een 'christelijk boeddhisme', een spiritualiteit zonder een externe werkelijkheid.
ELIADE, Mircea. Een van de grootste deskundigen op het gebied van vergelijkende godsdienstwetenschappen; onmisbaar.
De mythe van de eeuwige terugkeer, De Boer Hilversum, 1964, vert. Anton Monshouwer (vert. van *Le mythe de l'éternel retour*, Gallimard Parijs, 1949);
Het gewijde en het profane, De Boer Hilversum, 1962, vert. Hans Andreus (vert. van *Das Heilige und das Profane*, Hamburg, 1957);
La nostalgie des origines: méthodologie et histoire des religions, Parijs, 1972.
JAMES, William, *Varianten van religieuze beleving: een onderzoek naar de menselijke aard*, De Haan Zeist, 1963, vert. J. Dutric (vert. van *The Varieties of Religious Experience*, New York en Harmondsworth, 1902). Een klassiek werk, nog steeds relevant en boeiend.
KATZ, Steven T. (red.), *Mysticism and Religious Traditions*, Oxford, 1983. Nuttige essays over de verhouding tussen dogma en mystiek in de wereldgodsdiensten.
LOUTH, Andrew, *Discerning the Mystery. An Essay on the Nature of Theology*, Oxford 1983. Zeer aanbevolen; een bescheiden boekwerk dat echter tot de kern doordringt.
MACQUARRIE, John, *Thinking about God*, Londen, 1975;
In Search of Deity. An Essay in Dialectical Theism. Twee uitmuntende boeken over de

betekenis van de christelijke God en over de grenzen en mogelijkheden van de rede bij het zoeken naar de religieuze waarheid.

OTTO, Rudolf, *Das Heilige. Über das Irrationale in der Idee des Göttlichen und sein Verhältnis zum Rational*, Biederstein München, 1947[28]. Een klassiek en onontbeerlijk standaardwerk.

SMART, Ninian, *The Philosophy of Religion*, Londen, 1979. Deskundige en waardevolle essays.

The Religious Experience of Mankind, New York, 1969, Glasgow, 1971. Een bijzonder nuttig onderzoek.

SMITH, Wilfred Cantwell. Drie uitmuntende en boeiende werken van een vooraanstaande Canadese deskundige:
Belief and History, Charlottesville, 1977;
Faith and Belief, Princeton, 1979;
Towards a World Theology, Londen, 1981.

WARD, Keith, *The Concept of God*, Oxford, 1974. Een nuttig overzicht van enkele opvattingen van het westerse christendom.

WOODS, Richard (red.), *Understanding Mysticism*, Londen en New York, 1980.

ZAEHNER, R.H., *Mystiek: sacraal en profaan*, De Bezige Bij Amsterdam, 1969, vert. E. Giphart (vert. van *Mysticism – Sacred and Profane*, Londen, 1952).

De Bijbel

ALBRIGHT, W.F., *Yahweh and the Gods of Canaan*, Londen, 1968.

ALTER, Robert en KERMODE, Frank (red.), *The Literary Guide to the Bible*, Londen, 1987. Bevat enkele boeiende bijdragen van vooraanstaande deskundigen over zowel de joodse als de christelijke schriften.

BARTLETT, John R., *The Bible, Faith and Evidence*, Londen, 1990. Een uitmuntende, erudiete en leesbare inleiding.

CHARPENTIER, Etienne, *Wegwijs in het Oude Testament*, Ten Have Baarn, 1987 (vert. van *Pour lire l'Ancien Testament*, Parijs 1980).

CHILDS, Brevard S., *Myth and Reality in the Old Testament*, Londen, 1959.

DRIVER, G.R., *Canaanite Myths and Legends*, Edinburg, 1956.

FISHBANE, Michael, *Text and Texture. Close Readings of Selected Biblical Texts*, New York 1979. Zeer aanbevolen.

FOHRER, G., *Geschichte der israelitischen Religion*, Berlijn, 1969.

FOX, Robin Lane, *De bijbel: waarheid en verdichting*, Agon Amsterdam, 1991, vert. Tinke Davids (vert. van *The Unauthorised Version. Truth and Fiction in the Bible*, Londen, 1991). Een leesbare, erudiete en uiterst amusante visie op de Bijbel vanuit een historische invalshoek.

FRANKFORT, H., *The Intellectual Adventure of Ancient Man*, Chicago, 1946.

GASTER, T.H., *Thespis – Ritual and Drama in the Ancient Near East*, New York, 1950.

HESCHEL, Abraham J., *The Prophets*, 2 delen, New York, 1962. Een klassiek werk; belangrijk en aansprekend.

HOOKE, S.H., *Middle Eastern Mythology. From the Assyrians to the Hebrews*, Londen, 1963. Een heel dienstige samenvatting voor een breed publiek.

JOSIPOVICI, Gabriel, *The Book of God. A Response to the Bible*, New Haven en Londen, 1988. Een overwogen en originele visie op de Bijbel vanuit een literaire invalshoek.

KAUFMANN, Yehezkel, *The Religion of Israel. From the Beginning to the Babylonian Exile*, vert. en bew. Moshe Greenberg, Chicago en Londen, 1961. Een toegankelijke heruitgave van een klassiek standaardwerk.

NICHOLSON, E.W., *God and His People*, Londen, 1986. Uitmuntend.
PEDERSON, J., *Israel: its Life and Culture*, vert. H. Milford, Kopenhagen en Londen, 1926. Een baanbrekend werk.
SMITH, Mark S., *The Early History of God; Yahweh and the Other Deities in Ancient Israel*, San Francisco, 1990. Een gedetailleerde studie.

Het Nieuwe Testament

BORNKAMM, Günther. Twee belangrijke en invloedrijke werken:
Jezus van Nazareth, de Haan Zeist, 1963 (vert. van *Jesus von Nazareth*, Stuttgart, 1963);
Paul, Stuttgart, 1969.
BOWKER, John, *Jesus and the Pharisees*, Cambridge, 1983. Een voortreffelijke studie van een belangwekkende deskundige.
BULTMANN, Rudolf, *Jezus Christus en de mythe*, Ten Have Baarn, 1967, vert. L. de Liefde (vert. van *Jesus Christ and Mythology*, Londen, 1960).
DAVIES, W.D., *Paul and Rabbinic Judaism*, Londen, 1948.
HICK, J. (red.), *The Myth of God Incarnate*, Londen, 1977. Controversiële, maar belangwekkende essays van vooraanstaande Engelse deskundigen.
KASEMANN, Ernst, *Perspectives on Paul*, Londen, 1971.
MOULE, C.F.D., *The Origin of Christology*, Cambridge, 1977.
SANDERS, E.P. Twee belangrijke wetenschappelijke werken:
Paul and Palestinian Judaism, Londen, 1977;
Jesus and Judaism, Londen, 1989.
THEISSEN, Gerd, *Soziologie der Jesusbewegung: ein Beitrag zur Entstehungsgeschichte des Urchristentums*, München, 1977.
VERMES, Geza, *Jesus the Jew*, Londen, 1973. Een zeer waardevolle studie.
WILSON, R. Mc L., *Gnosis and the New Testament*, Oxford, 1968.

De rabbijnen

ABELSON, J., *The Immanence of God in Rabbinical Literature*, Londen, 1912. Een zeer verhelderende kennismaking met de Talmoed.
BELKIN, Samuel, *In His Image. The Jewish Philosophy of Man as expressed in Rabbinic Tradition*, Londen, 1961. Een voortreffelijk boek waarin de relevantie van de rabbijnen voor de huidige wereld wordt belicht.
FINKELSTEIN, L., *Akiba. Scholar, Saint and Martyr*, Cleveland, 1962.
KADDUSHIN, Max, *The Rabbinic Mind*, New York, 1962^2.
MARMORSTEIN, A., *The Old Rabbinic Doctrine of God*, 2 delen, I, *The Names and Attributes of God*, Londen en Oxford, 1927;
Studies in Jewish Theology, J. Rabinowits en M.S. Law (red.), Oxford, 1950.
MONTEFIORE, C.G., en LOEWE, H. (red.), *A Rabbinic Anthology*, New York, 1974.
MOORE, George F., *Judaism in the First Centuries of the Christian Era*, 3 delen, Oxford, 1927-1930.
NEUSNER, Jacob, *Life of Yohannan ben Zakkai*, Leiden, 1962.
SCHECHTER, Solomon, *Some aspects of Rabbinic Theology*, New York, 1909.

Het vroege christendom

CHADWICK, Henry, *The Early Church*, Londen, 1967;
early Christian Thought and the Classical Tradition, Oxford, 1966.
FOX, Robin Lane, *De droom van Constantijn: heidenen en christenen in het Romeinse Rijk, 150 n.C.-350 n.C.*, Agon Amsterdam, 1991², vert. Ankie Klootwijk (vert. van *Pagans and Christians in the Mediterranean world from the second century AD to the conversion of Constantine*, Londen, 1986). Onmisbaar.
FREND, W.H.C., *Martyrdom and Persecution in the Early Church. A Study of the Conflict from the Maccabees to Donatus*, Oxford, 1965. Een fascinerend werk over de vervolgingen; bevat tevens belangrijke algemene informatie.
GEFFCKEN, J., *Der Ausgang der griechisch-römischen Heidentums*, Heidelberg, 1920. Uitmuntend.
GRANT, R.M., *Gnosticism and Early Christianity*, Oxford en New York, 1959.
JONG, dr. Otto de, *Geschiedenis der Kerk*, G.F. Callenbach Nijkerk, 1980.
KELLY, J.N.D., *Early Christian Creeds*, Londen, 1950;
Early Christian Doctrines, Londen, 1958.
LIEBESCHUETZ, J.H.W.G., *Continuity and Change in Roman Religion*, Oxford, 1979. Wellicht het beste boek over dit onderwerp.
LILLA, Salvatore R.C., *Clement of Alexandria. A Study in Christian Platonism and Gnosticism*, Oxford, 1971.
NOCK, A.D., *Early Christianity and its Hellenistic Background*, Oxford, 1904;
Conversion. The Old and the New in Religion from Alexander the Great to Augustine of Hippo, Oxford, 1933. Een klassiek en inzichtelijk werk.
PAGELS, E. *De gnostische evangeliën*, Servire Katwijk, 1992, vert. E. Verseput (vert. van *The Gnostic Gospels*, Londen, 1970);
Adam, Eva en de slang, Servire Katwijk, 1989, vert. Vivian Franken (vert. van *Adam, Eve and the Serpent*, Londen, 1988).
PAYNE, Robert, *The Holy Fire: the Story of the Fathers of the Eastern Church*, New York, 1957.

De kerkvaders en de Drieëenheid

BROWN, Peter. Erudiete, goedgeschreven studies van een van de belangwekkendste deskundigen van deze tijd: onmisbaar.
Augustinus van Hippo: een biografie, Agon Amsterdam, 1992, vert. Carla Verheijen en Karin van Dorsselaar (vert. van *Augustine of Hippo: A Biography*, Londen, 1967);
Religion and Society in the Age of St. Augustine, Chicago en Londen, 1972;
The Making of Late Antiquity, Cambridge Mass. en Londen, 1978;
Society and the Holy in Late Antiquity, Londen, 1982.
CHESNUT, R.C., *Three Monophysite Christologies*, Oxford, 1976. Zeer aanbevolen.
DANIÉLOU, Jean, *Les origines du christianisme latin*, Parijs, 1978.
GREGG, Robert C. en GROH, Dennis E., *Early Arianism. A View of Salvation*, Londen, 1981.
GRILLMEIER, Aloys, *Jesus der Christus im Glauben der Kirche: das Konzil von Chalcedon*, Freiburg, 1986.
LACUGNA, Catherine Mowry, *God For Us. The Trinity and Christian Life*, Chicago en San Francisco, 1973, 1991.
LOUTH, Andrew, *The Origins of the Christian Mystical Tradition from Plato to Denys*,

Oxford, 1981. Een uitmuntend werk waarin wordt aangetoond hoe de dogma's in de religieuze ervaring zijn geworteld;
Denys the Areopagite, Londen, 1989.
MCGINN, Bernard en MEYENDORFF, John (red.), *Christian Spirituality: Origins to the Twelfth Century*, Londen, 1985. Bevat voortreffelijke essays van vooraanstaande deskundigen over de hele periode, maar vooral verhelderende bijdragen over de Drieëenheid.
MEYENDORFF, John, *Byzantine Theology. Historical Trends and Doctrinal Themes*, New York en Londen, 1975. Een voortreffelijk algemeen overzicht, maar vooral interessant over de trinitarische en christologische strijdpunten;
Christ in Eastern Christian Thought, New York, 1975.
MURRAY, Robert, *Symbols of Church and Kingdom. A Study in Early Syriac Tradition*, Cambridge, 1975.
PANNIKKAR, Raimundo, *The Trinity and the Religious Experience of Man*. Briljant; legt een verbinding tussen trinitarische theologie en andere religieuze overleveringen.
PARONETTO, Vera, *Augustinus. De boodschap van het leven*, Altiora Averbode/Helmond, 1991 (vert. van *Agostino. Messaggio di una vita*, Rome, 1981).
PELIKAN, Jaroslav, *The Christian Tradition: A History of the Development of Doctrine*, 5 delen. Een onmisbare serie. Voor deze periode:
I, *The Emergence of the Catholic Tradition (100-600)*, Chicago en Londen, 1971;
II, *The Spirit of the Eastern Christendom (600-1700)*, Chicago en Londen, 1974. Voor informatie over Maximus Confessor;
III, *The Growth of Medieval Theology (600-1300)*, Chicago en Londen, 1978. Voor informatie over Anselmus van Canterbury en de Latijnse interpretatie van de Drieëenheid en christologie.
PRESTIGE, G.L., *God in Patristic Thought*, Londen, 1952. Vooral waardevol voor de religieuze terminologie van de Grieks-orthodoxe Kerk.
WILLIAMS, Rowan, *Arius; Heresy and Tradition*, Londen, 1987.

De profeet Mohammed en de islam

ANDRAE, Tor, *Mohammed, the Man and his Faith*, vert. Theophil Menzel, Londen, 1936. Hier en daar gedateerd, maar bevat nuttige informatie.
ARMSTRONG, Karen, *Muhammad. A Western Attempt to Understand Islam*, Londen, 1991 en San Francisco, 1992.
GIMARET, Daniel, *Les Noms Divins en Islam: Exégèse Lexicographique et Théologique*, Parijs, 1988.
GRUNEBAUM, G.E. von, *Der Islam in seiner klassichen Epoche, 622-1258*, Zürich, 1966.
HODGSON, Marshall G.S., *The Venture of Islam. Conscience and History in a World Civilisation*, 3 delen, Chicago en Londen, 1975. Meer dan een geschiedschrijving van de islam; Hodgson plaatst de ontwikkeling van deze religie in een algemeen kader. Onmisbaar.
JAFRI, H.M., *Origins and Early Development of Shia Islam*, Londen, 1981.
KHAN, Muhammad Zafrulla, *Islam, Its Meaning for Modern Man*, Londen, 1962.
LINGS, Martin, *Muhammad. His Life Based on the Earliest Sources*, Londen, 1983.
NASR, Seyyed Hossein. Een belangwekkende Iraanse deskundige. Zeer aanbevolen.
Ideals and Realities of Islam, Londen, 1971;
(red.) *Islamic Spirituality*, 2 delen, I, *Foundations*, Londen en New York, 1987; II, *Manifestations*, Londen en New York, 1991.
RAHMAN, Fazlur, *Islam*, Chicago, 1979. Wellicht het beste eendelige boek over dit onderwerp.

RUTHVEN, Malise, *Islam and the World*, Londen, 1984.
RODINSON, Maxime, *Mohammed*, Wereldvenster Bussum, 1982, vert. Vreni Obrecht en Fred Leemhuis (vert. van *Mahomet*, Parijs, 1961). Een secularistische interpretatie van de hand van een marxistische wetenschapper.
WAARDENBURG, Jacques (red.), *Islam. Norm, ideaal en werkelijkheid*, Het Wereldvenster Weesp/Standaard Uitgeverij Antwerpen, 1984.
WATT, W. Montgomery. Nuttige boeken van een veelzijdig auteur:
Muhammad at Mecca, Oxford, 1953;
Muhammad at Medina, Oxford, 1956;
Islam and the Integration of Society, Londen, 1961;
Muhammad's Mecca: History and the Qur'an, Edinburg, 1988.
WENSINCK, A.J., *The Muslim Creed. Its Genesis and Historical Development*, Cambridge, 1932. Een voorbeeld van fascinerend wetenschappelijk onderzoek.

Falsafa, kalaam en theologie in de middeleeuwen

AL-FARABI, *Philosophy of Plato and Aristotle*, vert. en inl. Muhsin Mahdi, Glencoe, Ill., 1962. Een uitmuntend werk over de falāsifa.
CORBIN, Henri, *Histoire de la philosophie islamique*, Parijs, 1964.
FAKHRY, Majid, *A History of Islamic Philosophy*, New York en Londen, 1970. Een gedegen en leesbare geschiedschrijving tot aan de moderne tijd; belicht tevens theologische ontwikkelingen.
GILSON, Étienne, *L'esprit de la philosophie médiévale*, Parijs, 1948.
GRUNEBAUM, G.E. von, *Der Islam im Mittelalter*, Zürich, 1963.
GUTTMANN, Julius, *Philosophies of Judaism; The History of Jewish Philosophy from Biblical Times to Franz Rosenzweig*, Londen en New York, 1964. Onmisbaar.
HUSIK, I., *A History of Medieval Jewish Philosophy*, Philadelphia, 1940.
LEAMAN, Oliver, *An Introduction to medieval Islamic philosophy*, Cambridge, 1985.
MCCARTHY, Richard, *The Theology of al-Ashari*, Beiroet, 1953.
MEYENDORFF, John, *Gregory Palamas and Orthodox Spirituality*, New York, 1974.
MOREWEDGE, P. (red.), *Islamic Philosophical Theology*, New York, 1979;
(red.), *Islamic Philosophy and Mysticism*, New York, 1981;
The Metaphysics of Avicenna, Londen, 1973.
NETTON, I.R., *Muslim Neoplatonists. An Introduction to the Thought of the Brethren of Purity*, Edinburg, 1991.
PEGIS, Anton C., *At the Origins of the Thomistic Notion of Man*, New York, 1963. Een briljant boek over de augustinische wortels van de westerse scholastiek.
PELIKAN, Jaroslav, *The Christian Tradition: A History of the Development of Doctrine*, 5 delen.
II, *The Spirit of Eastern Christendom (600-1700)*, Chicago en Londen, 1974;
III, *The Growth of Medieval Theology (600-1300)*, Chicago en Londen, 1978.
ROSENTHAL, F., *Knowledge Triumphant. The Concept of Knowledge in Medieval Islam*, Leiden, 1970.
SHARIF, M.M., *A History of Muslim Philosophy*, Wiesbaden, 1963. Onevenwichtig, maar goed over ar-Rāzi en al-Fārābi.
WATT, W. Montgomery, *The Formative Period of Islamic Thought*, Edinburg, 1973;
Free Will and Predestination in Early Islam, Londen, 1948;
Muslim Intellectual: The Struggle and Achievement of Al-Ghazzali, Edinburg, 1963.

Mystiek

AFFIFI, A.E., *The Mystical Philosophy of Ibn 'l-Arabi*, Cambridge, 1938.
ARBERRY, A.J., *Sufism. An Account of the Mystics of Islam*, Londen, 1950.
BAKHTIAR, L., *Sufi: Expression of the Mystic Quest*, Londen, 1976.
BENOÎT, Jacques, *Lusthof der liefde. Soefisme: de mystiek van de islam*, Ankh-Hermes Deventer, 1973.
BENSION, Ariel, *The Zohar in Muslim and Christian Spain*, Londen, 1932.
BLUMENTHAL, David, *Understanding Jewish Mysticism*, New York, 1978.
BUTLER, Dom Cuthbert, *Western Mysticism. The Teaching of Saints Augustine, Gregory and Bernard on Contemplation and the Comtemplative Life. Neglected Chapters in the History of Religion*, Londen, 1927².
CHITTICK, William C., *The Sufi Path of Love: The Spiritual Teachings of Rumi*, Albany, 1983.
CORBIN, Henri. Drie boeken die ik zeer aanbeveel.
Avicenna et le récit visionaire, Parijs, 1954;
L'imagination créatrice dans le soufisme d'Ibn Arabî, Parijs 1958;
Terre céleste et corps de résurrection de l'Iran Mazdéen à l'Iran shî'te, Parijs, 1960. Uitmuntend over de ālam al-mithāl.
GREEN, Arthur, *Jewish Spirituality*, deel I, Londen, 1986.
GRUENWALD, Ithamar, *Apocalyptic and Merkavah Mysticism*, Leiden, 1980.
JACOBS, Louis (red.), *The Jewish Mystics*, Jeruzalem, 1976, en Londen, 1990.
LECLERCQ, J. (red.), *La spiritualité du Moyen Age*, Parijs, 1961.
LOSSKY, Vladimir, *Essai sur la théologie mystique de l'église d'Orient*, Parijs, 1944. Onmisbaar.
MARCUS, Ivan G., *Piety and Society: the Jewish Pietists of Medieval Germany*, Leiden, 1981.
MASSIGNON, Louis, *La passion d'al-Hosayn ibn Mansour Al-Hallāj*, 2 delen, Parijs, 1922. Een klassiek werk.
MOMMAERS, Paul, *Wat is mystiek?*, B. Gottmer Nijmegen/Emmaüs Brugge, 1977.
NASR, Seyyed Hossein (red.), *Islamic Spirituality*, 2 delen:
I, *Foundations*, Londen en New York, 1987;
II, *Manifestations*, Londen en New York, 1991.
NICHOLSON, Reynold A., *The Mystics of Islam*, Londen, 1914. Een nuttige inleiding.
SCHAYA, Leo, *L'homme et l'absolu selon la kabbala*, Parijs, 1958.
SCHIMMEL, Annemarie, *Mystical Dimensions of Islam*, Chapel Hill, 1975;
The Triumphal Sun: A Study of Mawlana Jalaladdīn Rumi's Work, Londen en Den Haag, 1978.
SCHOLEM, Gershom G. De grote autoriteit op dit gebied; onontbeerlijk.
Major Trends in Jewish Mysticism, Londen, 1955²;
(red.), *The Zohar. The Book of Splendour*, New York, 1949;
On the Kabbalah and Its Symbolism, New York, 1965;
Jewish Gnosticism, Merkabah Mysticism and Talmudic Tradition, New York, 1960.
SMITH, Margaret, *Rabia the Mystic and her Fellow Saints in Islam*, Londen, 1928.
TEMPLE, Richard, *Icons and the Mystical Origins of Christianity*, Shaftesbury, 1990.
VALIUDDIN, Mir, *Contemplative Disciples in Sufism*, Londen, 1980.

De Reformatie

BOSSY, John, *Christianity in the West, 1400-1700*, Oxford en New York, 1985. Een korte, maar uitmuntende studie.
BOUWSMA, W.J., *Johannes Calvijn. De man en zijn tijd*, Balans Amsterdam, 1991 (vert. van *John Calvin. A Sixteenth Century Portrait*, New York/Oxford, 1988).
COLLINSON, P., *The Religion of Protestants*, Londen, 1982.
CREW, P. Mack, *Calvinist Preaching and Iconoclasm in the Netherlands*, Cambridge, 1978. Goed over de beeldenstorm.
DELUMEAU, Jean, *Le catholicisme entre Luther et Voltaire*, Parijs, 1985³. Onevenwichtig, maar bevat nuttige informatie.
EVENNETT, H.O., *The Spirit of the Counter-Reformation*, Cambridge, 1968.
FEBVRE, Lucien, *Le problème de l'incroyance au 16ᵉ siècle: la religion de Rabelais*, Parijs, 1942.
GREEN, Arthur (red.), *Jewish Spirituality*, deel I, Londen, 1988. Enkele uitmuntende artikelen over de kabbala van Loeria.
MCGRATH, Alister E., *The Intellectual Origins of the European Reformation*, Oxford en New York, 1987;
Reformation Thought, An Introduction, Oxford en New York, 1988;
A Life of John Calvin: A Study in the Shaping of Western Culture, Oxford, 1990.
NUTTALL, G.F., *The Holy Spirit in Puritan Faith and Experience*, Oxford, 1946.
PELIKAN, Jaroslav, *The Christian Tradition: A History of the Development of Doctrine*, 5 delen.
IV, *Reformation of Church and Dogma*, Chicago en Londen, 1984.
POTTER, G., *Zwingli*, Cambridge, 1976.
RAITT, Jill (red.), in samenwerking met MCGINN, Bernard en MEYENDORFF, John, *Christian Spirituality: High Middle Ages and Reformation*, New York, 1988, en Londen, 1989.
TRINKAUS, Charles, *In Our Image and Likeness: Humanity and Divinity in Italian and Humanist Thought*, 2 delen, Londen, 1970;
met OBERMAN, H. (red.), *The Pursuit of Holiness in Late Medieval and Renaissance Religion*, Leiden, 1974.
WILLIAMS, G.H., *The Radical Reformation*, Philadelphia, 1962.
WRIGHT, A.D., *The Counter-Reformation, Catholic Europe and the Non-Christian World*, Londen, 1982.

De Verlichting

ALTMANN, Alexander, *Essays in Jewish Intellectual History*, Hanover NY, 1981;
Moses Mendelssohn: A Biographical Study, Alabama, 1973.
BUBER, Martin, *De chassidische boodschap*, Servire Wassenaar, 1968, vert. R. Boeke en C. Verhulst (vert. van *Schriften zur Chassidismus*);
De legende van de Baalsjem, Ankh-Hermes, 1982⁵, vert. R. Colaço Osario-Swaab (vert. van *Die Legende der Baalschem*, Manesse Verlag Zürich).
BUCKLEY, Michael J., *At the Origins of Modern Atheism*, New Haven en Londen, 1987. Een diepgaande studie over atheïsme en orthodoxie in het achttiende-eeuwse christelijke Westen.
CASSIRER, Ernst, *Die Philosophie der Aufklärung*, Tübingen, 1932.
COHN, Norman, *The Pursuit of the Millennium. Revolutionary Millenarians and Mystical Anarchists of the Middle Ages*, Londen, 2ᵉ herziene druk, 1957; met een sectie over de Ranters en incarnatisten in het puriteinse Engeland.

CRAGG, Gerald G., *The Church in the Age of Reason 1648-1789*, Harmondsworth en New York, 1960;
Reason and Authority in the Eighteenth Century, Cambridge, 1964.
DUPRE, Louis en SALIERS, Don E. (red.), *Christian Spirituality: Post Reformation and Modern*, New York en Londen, 1989.
GAY, Peter, *The Enlightment: An Interpretation*, 2 delen, New York, 1966.
GUARDINI, Romano, *Christliches Bewußtsein – Versuche über Pascal*, Leipzig, 1935.
HALLER, William, *The Rise of Puritanism*, New York, 1938.
HEIMERT, Alan, *Religion and the American Mind: From the Great Awakening to the Revolution*, Cambridge, Mass., 1968.
LINDBERG, David C. and NUMBERS, Ronald L. (red.), *God and Nature; Historical Essays on the Encounter between Christianity and Science*, Berkeley, Los Angeles en Londen, 1986.
OUTLER, Albert C., *John Wesley*, Oxford en New York, 1964.
OZMENT, S.E., *Mysticism and Dissent*, New Haven en Londen, 1973.
PELIKAN, Jaroslav, *The Christian Tradition: A History of the Development of Doctrine*, 5 delen:
V, *Christian Doctrine and Modern Culture (Since 1700)*, Chicago en Londen, 1989.
SCHOLEM, Gershom G., *The Messianic Idea in Judaism and Other Essays on Jewish Spirituality*, New York, 1971. Essays over het sabbatianisme en het chassidisme;
Sabbatai Sevi, Princeton, 1973.

God in de moderne tijd

AHMED, Akbar S., *Postmodernism and Islam, Predicament and Promise*, Londen en New York, 1992.
ALTIZER, Thomas J.J. en HAMILTON, William (red.), *Radicale theologie en de dood van God*, Ambo Utrecht, 1966, vert. Johan Phaff (vert. van *Radical Theology and the Death of God*, New York en Londen, 1966).
BAECK, Leo, *Das Wesen des Judentums*, Wiesbaden, 1979 (oorspr. uitg. 1906)
BARTH, Karl, *Gotteserkenntnis und Gottesdienst nach reformatorischer Lehre*, Gifford-lectures, 1938.
BALTHASAR, Hans Urs von, *Herrlichkeit, eine theologische Ästhetik*, 3 delen, Freiburg, 1961-1967;
Geloofwaardig is alleen de liefde, Brand Hilversum, 1963, vert. Hans Wagemans (vert. van *Glaubhaft ist nur Liebe*, Freiburg, 1963).
CHARDIN, Pierre Teilhard de, *Het goddelijke milieu*, Spectrum Utrecht, 1962, vert. M. Mok (vert. van *Le milieu divin*);
Het verschijnsel Mens, Spectrum Utrecht, 1958, vert. Daniël de Lange (vert. van *Le phénomène humain*).
CHADWICK, Owen, *The Secularization of the European Mind in the 19th Century*, Cambridge, 1975.
CONE, James H., *Black Theology and Black Power*, New York, 1969.
D'ANTONIO, Michael, *Fall from Grace; the Failed Crusade of the Christian Right*, Londen, 1990.
HESCHEL, Abraham J., *Onzekerheid in vrijheid*, De Haan Houten, 1989, vert. H. de Bie (vert. van *The Insecurity of Freedom*, New York, 1966);
God zoekt de mens: een filosofie van het jodendom, De Haan Houten, 1986, vert. H. de Bie (vert. van *God in Search of Man*, Philadelphia, 1959).
HUSSAIN, Asaf, *Islamic Iran. Revolution and Counter-Revolution*, Londen, 1985.

IQBAL, Mohammed, *Six Lectures on the Reconstruction of Religious Thought in Islam*, Lahore, 1930.
KEDDIE, Nikki R. (red.), *Religion and Politics in Iran, Shi'ism from Quietism to Revolution*, New Haven en Londen, 1983.
KOOK, Abraham Isaac, *The Essential Writings of Abraham Isaac Kook*, uitg. en vert. door Ben Zion Bokser, Warwick NY, 1988.
KÜNG, Hans, *Bestaat God? Antwoord op de vraag naar God in deze tijd*, Gooi en Sticht Hilversum, 1978, vert. Ton van der Stap (vert. van *Existiert Gott?*, München, 1978).
MALIK, Hafeez, *Iqbal, Poet-Philosopher of Pakistan*, New York, 1971.
MASTERSON, Patrick, *Atheism and Alienation, A Study of the Philosophic Sources of Contemporary Atheism*, Dublin, 1971.
MERGUI, Raphael and SIMONNOT, Philippe, *Meir Kahane: le rabbin qui fait peur aux juifs*, Lausanne, 1985.
MOTTAHEDEH, Roy, *The Mantle of the Prophet. Religion and Politics in Iran*, Londen, 1985. Zeer aanbevolen.
O'DONOVAN, Leo (red.), *A World of Grace, An Introduction to the Themes and Foundation of Karl Rahner's Theology*, New York, 1978.
RICHES, John (red.), *The Analogy of Beauty: the Theology of Hans Urs von Balthasar*, Edinburg. 1986.
ROBINSON, J.A.T., *Eerlijk voor God*, Ten Have Baarn, 1963 (vert. van *Honest to God*, Londen, 1963);
Exploration into God, Londen, 1967.
ROSENZWEIG, Franz, *Der Stern der Erlösung*, Frankfurt, 1921.
RUBENSTEIN, Richard L., *De God van de Joden na Auschwitz*, Ambo Utrecht, 1968 (vert. van *After Auschwitz. Radical Theology and Contemporary Judaism*, Indianapolis, 1966).
SCHLEIERMACHER, Friedrich E.D., *Over de religie: redevoeringen tot de ontwikkelden onder haar verachters*, Meinema Den Haag, 1990, vert., inl. en ann. A.A. Willems (vert. van *Über die Religion: Reden an die Gebildeten unter ihren Verächtern*, Berlijn, 1799);
Der christliche Glaube nach den Grundsäßen der evangelischen Kirche, Berlijn, 1861.
SCHWEID, Eliezer, *The Land of Israel: National Home or Land of Destiny*, vert. Deborah Greniman, New York, 1985.
SMITH, Wilfred Cantwell, *Islam in Modern History*, Princeton en Londen, 1957. Een briljant boek met een vooruitziende blik.
STEINER, George, *Het verbroken contract*, Bert Bakker Amsterdam, 1990, vert. Herman Hendriks (vert. van *Real Presences. Is there anything* in *what we say?*, Londen, 1989).
TILLICH, Paul, *De moed om te zijn*, Bijleveld Utrecht, 1969[3] (vert. van *The Courage to Be*, Londen, 1962).
TRACY, David, *The Achievement of Bernard Lonergan*, New York, 1971.
WHITEHEAD, A.N., *Process and Reality*, Cambridge, 1929;
De dynamiek in de religie, Kok Kampen, 1988, vert. Jan van Veken (vert. van *Religion in the Making*, Cambridge, 1926).

Register

(De Arabische eigennamen en zelfstandige naamwoorden die beginnen met het lidwoord *al-*, *as-*, en andere varianten staan gealfabetiseerd naar het hoofdwoord. De vetgedrukte cijfers verwijzen naar de woordenlijst.)

Aanwezigheid in de natuur (Wordsworth) 386
Aäron, hogepriester 59, 434
Aartsvaders **453**
Abaelardus, Petrus 230-231
Abba (Vader) 301
Abbasidendynastie 183, 184, 195, 197
Abdoeh, Mohammed 400, 402-403, 404
Abgeschiedenheit (onthechting aan het eigen ik) 284
Abiroe (Apiroe, Chabiroe) (volk) 26
Aboe Bakr 183
Abraham 26, 28-30, 137, 179, 409, 434; epifanieën 29, 30, 88; in islam 177, 193, 245; en Jahweh/Eel 32, 33, 37; ware religie voor Arabieren 160, 179
Abrams, M.R. 385
Absolute 404, 431; en Spinoza 346, 348; in hindoeïsme 105, 106, 108, 154
Abulafia, Abraham ben Samuel 280-282, 303
Achab, koning van Israël 41-42
Achaz, koning van Juda 57
Achnaton, farao 38
Achsenzeit (Karl Jaspers) *zie* Spiltijd
Actieve religies 238-239
Adām 28, 97, 108, 258, 279, 301, 307; *zie ook* Erfzonde
Adam Kadmon 299-300
Adamah 28
Adler, Alfred 396

al-Afghānī, Djamāl al-Dīn 402, 403, 404
Afhankelijkheid van God, een noodzaak 389
Afrikaanse stammen; primitieve godsideeën 17
Agrarische maatschappij 326-327
Ahl al-hadīth (traditionalisten) 186-187, 189, 190, 191
Ahl al-kitāb 184
Aids 417
Āja (vers in de Koran, lett. teken, wonder) 166, 168, 174, 293, **453**
Ajien (Niets) 278
al-Akbar, asj-sjaikh *zie* Ibn Arabī
Akbar, derde Mogolkeizer 294-295
Akiwa, rabbi 92, 97, 240, 241-242, 243
Akkadiërs 20
Alacoque, Margaretha Maria 352-353
Ālam al-malakoet (wereld van de platoonse intelligenties) 216
Ālam al-mithāl (wereld van de zuivere beelden) 261, 262, 292, **453**
Ālam al-moelk w-al-sjahādah (zichtbare wereld) 216
Alawieten, sekte 403
Albert de Grote 219
Alexander de Grote 84, 113
Alexander, bisschop 129-130, 131
Alexandrië 86, 89, 90
Alī ibn Abī Tālib (vierde kalief) 183, 187, 202, 204
Alkabetz, Salomon 296

Allah (God) 15, 159, 165, 171, 174, 264, 295; attributen 174-175, 190, 191; effectiviteit 406; onderworpen aan rationalisme 196; vergeleken met Jahweh 167
Allāhoe akbar (God is groter) 174
Allāmī, Aboe 'l-Fadl 294
Alles, God als 226
Almoraviden (jodenvervolgingen) 221
Altizer, Thomas J.J. 420
Alypius 142-143
Ām al-nachba (het Jaar van de Rampspoed) 405
al-Amā (de Onzienlijke) 267
Amasja, priester 62
Ambrosius, bisschop van Milaan 142, 146
Amerika; kolonisatie 289, 312, 317, 354; revivalism 359-362; Wesley's bezoek 351
Amon, koning van Juda 69
Ammonius Saccas 122
Amora'iem (geleerden) 92
Amorieten 20
Amos, profeet 62-63
Ana'l-Hakk ('Ik ben de Waarheid') 257-258
Anat (godin) 19, 25, 28, 29, 38, 67, 86
Animisme 381
Anoe (godheid) 22
Anoebhawa (beleving, directe bewustwording) 47
Anselmus, aartsbisschop van Canterbury 153, 229-230, 235, 334, 342
Ansjar (godheid) 22
Anti-intellectualisme, Amerikaans 362
Antiochus Epiphanes 85
Antisemitisme *zie* Joden: vervolgingen
Antonius, woestijnvader 135
Antropomorfe God *zie* God: door mens bedacht
Apatheia (onbewogenheid) 119, 120, 135, 148, 266, 273, 425, **453**
Aphrodite 19
Apocalyptische bewegingen 354-362, 440
Apofatische uitspraak over God 225, **453**
Apollinaris 148

Apologetische poging de Bijbel rationeel te bewijzen 336
Apsoe (godheid) 22, 24
Aquino *zie* Thomas van Aquino
Arabieren 156-160; aangevallen in Israël 432; eerste monotheïsme 160; geloof in djinn 18; en joden 160, 210-219; krijgen Griekse teksten 195; en het moderne Westen 405-406; politieke beweging in islam 180
Arabisch, schoonheid van het – in de Koran 169
Arabische godinnen 171
Aranjaka's 45
Archetype 144, 204, 261, **453**
Archimedes 375
Ardjoena, prins 106
Ariech Anpien (de Verdraagzame) 301
Ārif (mysticus) 269
Aristoteles 43, 53-55, 113, 136; aangevallen 381; en godsidee 54, 87, 196, 197, 199, 201, 207, 209, 222, 234, 285, 367; en mystiek 259; en Thomas van Aquino 233; werk verkrijgbaar in Westen 229, 232
Aristotelisme en Reformatie 316, 317, 324
Arius van Alexandrië 129-132, 133, 134, 140, 154, 339
Ark des Verbonds 40, 82
Arkān (zuilen van de islam) 167
Arminius, Jacobus 316
Arnold, Matthew 397
Arnold, Gottfried 341
Arya's 43
Ascese, van Noordafrikaanse christenen 126-127
Ascetische moslims 254; *zie ook* Soefi's
al-Asj'ari, Aboe 'l-Hasan ibn Ismā'īl 191-193
Asj'arisme 193-194, 197, 290
Asjera (godin) 25, 38, 41, 66, 67, 69, 71
Asjkenaziem 272, 297, 368, **453**; messiaanse sympathieën 366, 368
Assyriërs 20, 60; en Jahweh 80
Astrologie, arabische 206
Astronomie, veroordeeld door katholieke Kerk 322-324
Athanasius 129-130, 132-134, 145, 155, 191, 253; door Newton gekritiseerd

339; geloofsbelijdenis 133, 137; *Leven van H. Antonius* 135
Atheïsme 13, 288, 320-322, 378-379; 18e eeuw 330, 345; 19e eeuw 384, 393, 417, 435; christelijk 420; nu 417-418, 429-430; en Ranters 356, 357; van zionisten 414-415
Athene, sluiting filosofenschool 148
Atika kadisja (Heilige Oeroude) 367, 369
Ātma (levensadem, heilige kracht) 46, 47, 59, 74, 154, **453**
Atomisme (occasionalisme) 193
Aufklärung (Verlichting) 361
Augustinus 143, 144, 335; *Belijdenissen* 142-143; en Drieëenheid 141-142, 144-145, 227, 231, 283; en erfzonde 146-147; en het gebed 250; en predestinatie 315; terugkeer naar – tijdens Renaissance 306, 311; visioen 245-247; zelfkennis 206
AUM (heilig woord van hindoes) 205
Aurangzeb, keizer van India 295
Auschwitz 415-416, 421
Avatara (incarnatie van een godheid) **453**; imaams geëerd als 188; Jezus de enige 155
Averroës *zie* Ibn Roesjd
Avicenna *zie* Ibn Sīnā
Avignon (Babylonische Gevangenschap) 304
Avoda (arbeid, religieus ritueel) 413
Ayer, A.J. 418-419
Azād, Aboe-l-Kalām 426
al-Azhar (krant) 406-407
al-Azhar (moskee Caïro) 202, 403

Baäl (godheid) 25, 28, 29, 34, 38, 41, 59, 64, 65, 79, 126; tweekamp met God 41-42, 67
Baäl Sjem Tov *zie* de Besjt
Bab-ili (Poort van de Goden) 31
Babel, toren van 28
Babylon; en de joden 75, 77-78, 80
Babyloniërs; mythologie 20-24, 79; tegen Israëlieten 73, 74, 75; tegen Perzen 80; *zie ook* Isjtar
Bagdad, soennitisch kalifaat 202, 269
Bahier 279
Bakā' (herleving, duurzaamheid) 256, **453**

al-Bākillāni, Aboe Bakr 193, 194
Balbutire (babytaal) 322
Balthasar, Hans Urs von 426
Banāt Allāh (dochters van God) 172, 175, **453**
Bar nasja (Zoon des Mensen) 102
Barbaarse invallen 145
Barlaäm de Calabriër 285-286
Barmhartigheid 61, 63-64, 127, 433
Barnabas, voor Hermes gehouden 30
Baroech van Medzjibozj 372
Barth, Karl 422-423
Basilides 115-116
Basilius, bisschop van Caesarea 135-137, 140, 249
al-Basrī, Hasan 254
Bat kol (Dochter van de Stem) 102
Bātin (innerlijke betekenis) 204, 205, 206, **453**
Batinieten 205, 206, 210, 219, 453
Bauthumely, John 357
Beard, Thomas 321
Beatrice *zie* Dante
Bedevaart 224
Bedoeïenen 26, 156-157, 160
Bekering; van Calvijn 314; en puriteinen 316; en rooms-katholieken 317; tot islam 176, 180, 184; van Wesley 351
Bellarminus, kardinaal, Robertus 324
Benedictijnen tegen islam 224
Bentley, Richard 337
Beresjiet (Genesis) 278
Berger, Peter 417
Bergson, Henri 123, 404
Bernardus van Clairvaux 231-232
Besaleël 82
Besjt, de (rabbi Jisra'eel ben Eliëzer, Baäl Sjem Tov) 371-372, 373, 375
Bet-Eel (Betel) 31, 62, 78
Bevrijdingstheologie 421
Bewijzen *zie* God: godsbewijzen
Beza, Theodorus 316
Bhakti (devote toewijding) 104-106, 154, 433, **454**
Bijbel; bronnen 27; door Newton genegeerd 338; letterlijk geïnterpreteerd 316, 323, 324, 394; metaforisch 429; nadruk op belangrijkheid 422; rationeel bewezen 336; Septuaginta 84; Vulgaat 323

Bina (Inzicht) 275, 276, 277, 278, 299, 301, 376
Birgitta van Zweden 305
al-Bistāmi, Aboe Jazīd 255, 256, 257, 259
Blake, William 387-388
Blandrata, Giorgio 313
Bloch, Ernst 430
Bodhisattwa 104-105, 106, 108, 243, 433, **454**
al-Boechārī, Mohammed ibn Ismā'īl 185
Boeddha 48-50, 71, 104, 137, 153, 154, 203, 243, 250, **452**; aangehaald 311
Boeddhisme 13, 43, 104-105, 281; barmhartigheid 433; in de mode 240, 439; middelaars 108; verlichting 153, 262; visioenen 243, 247, 250
Boejieden-dynastie 207
Boek der Wet 69
Bonaventura 235
Bowker, John 215
Brahman (heilige kracht) 45-47, 59, 105, 106, 154, 190, 238, **454**
Breken van de Vaten **454**; *zie voornamelijk* Sjewirat ha-Kaliem
Broeders der Reinheid *zie* Ichwān al-Safā'
Broeders van de Vrije Geest 354-356
Brown, Peter 122, 251
Bruid en haar geliefde, visioen 243
Bruni, Leonardo 306
Bruno, Giordano 321
Buber, Martin 427-428
Burgerij, opkomst van 328
But, Giovanni 341
Byzantijnse religieuze kunst 251-252
Byzantijnse rijk vernietigd 288
Byzantijnse theologie 152, 224, 225, 285

Calvijn, Johannes 290, 302, 312-313, 314-315, 322
Calvinisten 312, 362; predestinatie 315-317; Uitverkoren Volk 73, 312
Campbell, Joseph 15, 240, 246
Camus, Albert 418
Cappadociërs 135-138, 145, 148
Cardozo, Abraham Miguel 366-367, 368, 369
Carrin, Pierre 321
Castratie 122

Celibaat, en Augustinus 142
Celsus 118, 122
Cerullo, Maurice 432
Chabad-chassidisme 376-377
Chadīdja, vrouw van Mohammed 162, 177, 182
Chajiem ben Isaak van Wolostzyn 374
Chajon, Nehemia 368
Chalk al-Hakk fi'l-itikād (de Waarheid die in het geloven wordt geschapen) 268
Chāndoga-oepanisjad 46
Chaos, oer- 130, 300
Charismatische religie 370, 440
Chassidisme 371-375
Chauncey, Charles 362
Chesed (Liefde, Barmhartigheid) 64, 275, 276, 277, 280, 299, 301
al-Chidr 266
Chilkia, hogepriester 69-70
Chinese religies 43
Chochma (Wijsheid) 86, 275, 276, 277, 278, 299, 301, 376
Chochma ha-Tseroef (De leer van het combineren van letters) 281
Choena, rabbi 93
Christelijk platonisme (Origenes) 121, 135, 148
Christelijk boeddhisme 431
Christendom; eerste godsbegrip 110; huidige problemen 384-398; in West-Europa en Noord-Afrika 127; kritiek op godsbegrip 117-118; en latere messiaanse bewegingen 366; moeizame weg naar een theologie 114-115, 122; en mystiek 246-247, 248-253, 282-287, 304; na Jezus' dood 107, 110; oosters 127; en platonisme 126; Reconquista 223; Renaissance en Reformatie 303-325; en Romeinen 111-114, 127; tegen de joden 111, 296
Christus 107; komst voorspeld 115; *zie voornamelijk* Jezus Christus
Chulda, profetes 70
Cisterciënzerorde 231
Clarkson, Laurence 357, 358, 359
Clemens van Alexandrië 119, 120, 130, 135, 424
Cloud of Unknowing 282
Cogito ergo sum (Ik denk, dus ik besta) 334

Cohen, Hermann 410
Cohn, Norman 307, 354-355
Coleridge, Samuel Taylor 372, 385
Collectief onbewuste (Jung) 262
Columbus 289
Communisme, val 435
Comte, Auguste 393, 403
Concentratiekampen 415-416
Concupiscentia (zinnelijke begeerte) 146-147
Cone, James H. 421
Confucianisme 43
Constantijn, keizer 127, 129, 133
Constantinopel 228, 288, 304
Contemplatio 145
Conze, Edward 49
Copernicus, Nicolaus 322, 323
Coppe, Alastair 358, 359
Coppin, Richard 357
Copulatie *zie* Ziwoeg
Corbin, Henry 205
Cordovero, Mosje 298
Cowper, William 352
Creatieve (scheppende) verbeelding *zie* Verbeelding
Creativiteit; goddelijkheid van scheppende – 25
Credo ut intelligam (ik geloof om in te zien) 229
Cromer, Evelyn Baring, Lord 399-400
Cromwell, Oliver 312, 354, 359
Cultische feesten, Israëlitische 61, 64
Cupitt, Don 431
Cusa, Nicolaas van 306-307
Cyrillus, bisschop van Alexandrië 148
Cyrus, koning van Perzië, *zie* Kores

D 27, 35
Da'at (Kennis) 64, 376
Dagon 59
Dahr (tijd, lot) 157
Dā'ī (geestelijk leermeester) 203
Daniël 84
Dansende derwisjen *zie* Mevlevi-orde
Dante Alighieri 235, 264, 324
Darius III, koning van Perzië 84
Darwin, Charles 384, 393, 394
Darwīsj, soefi-sjaich 403
David, koning van Israël 40, 41, 93
Debora 68

Deïsme (religie van de rede) 344-351, 353, 433, 438
Demetrius (heilige) 224
Demiourgos (schepper) 117, 199
Denken, bij Plato 53
Derwisjen *zie* Mevlevi-orde
Descartes, René 144, 323, 330, 339, 382; en God 333-336; en Spinoza 346, 347
Deus (God) 338, 344
Deus otiosus (overbodige God) 379, 438
Deutero-Jesaja 78-80
Deuteronomium 70-72, 73, 74, 83
Dewekoet (vereniging met God) 371, 372, 373, 374
Dharma 48, 51
al-Dhāt (wezenheid van God) 15, 174, 218, 267
Diadochus, bisschop van Photice 250
Diderot, Denis 379-380
al-Didjnī, Joesoef 406-407
Dien (Macht) 275, 276, 277, 280, 299, 301
Dieptetheologie 428
Diggers 354
Dilectio 145
Dilloek (springen) 281
Dionysus 85
Diotima 52
Dja'far al-Sādik (zesde imaam) 202, 206
Djāhilijja (tijd van onwetendheid) 158, 161, 182, **454**
Djihād (strijd) 271; tegen Engelsen 377; tegen Ottomanen 378
Djinn (geesten) 18, 162
Djoenaid van Bagdad 256-257
al-Djoewaini 213
Doehkha (lijden) 48
Doeppi Tasjed 39
Dogma (verborgen overlevering) 136, 140, 149, 155, 202, **454**; gekritiseerd 388, 392
Dominatio (heerschappij) 338
Dönme (joodse apostaten) 365, 368, 370
Doop 100
Dostojewski, Fjodor 397-398, 416
Dow Bär 373, 376
Dreyfus, Alfred 410
Drie in Eén *zie* Drieëenheid
Drieëenheid; en apocalyptische bewegingen 355; en Augustinus 141-

145; en Calvijn 313; en Cappadociërs 135-141; Cardozo's theologie 367; en ervaringsreligie 352; in het Westen verkeerd geïnterpreteerd 154, 340; en joden 154; en kenosis 299; en Luther 310; en Milton 342-343; en moslims 154; en Newton 339-340; onenigheid tussen Oosten en Westen 227-228; en Plotinus' triade 124; probleem in 19e eeuw 389; en Renaissance 306; Russisch-orthodoxe Kerk 140; vergeleken met sefierot 280; visie van Abaelardus 230
Droezen, sekte 403
Duitse chassidiem (joodse piëtisten) 272-273
Dunameis (Gods krachten) 87, 102, 108, **454**
Duns Scotus van Oxford, Johannes 304
Dwight, Timothy 362
Dzikr (denken aan God) 185, 269, **454**
Dzimmi (beschermde minderheid) 184

E 27, 30, 35, 44, 72, 81, 83
Ea (godheid) 22
Eckhart, meester 282-284
Éclairissement (Verlichting) 361
Economische invloed op religie 42
Edwards, Jonathan 359-362
Edwards, Thomas 356
Eel (Kanaänitische oppergod) 25, 29, 30, 31, 32, 38, 68-69, 434, **454**
Eel Eljon 29, 69
Eel Sjaddai (Jahweh) 29, 36
Eerbied voor God 389
Eerste Oorzaak 367, 420
Eerste Beweger 199, 233, 325
Egalitarisme; islam 181-182; Quakers 354
Egypte; en Jahweh 80; modern 402-403; uittocht uit 34
Egyptenaren, en Israëlieten 26; *zie ook* Isis
Einstein, Albert 375, 437
Eleazar ben Jehoeda van Worms (Kalonymos) 272, 273
Eli-Jah (Elia), profeet 41-42, 102
Elia ben Solomon Zalman, ga'on van Wilna 374
Eliade, Mircea 262

Eliliem (nullen, niksjes) 66
Eliot, T.S. 123
Elohiem (God) 27, 31, 39, 67, 69
Emanatie van goden 22, 152; kabbalistische 298, 437; Plato en Plotinus 124, 130, 260, 339
Emanaties uit het Ene 201, 202, 204, 206, 210, 212, 223, 347, 437, **454**
Emigratie (van eerste moslims) *zie* Hidjra
Emotie *zie* Intuïtie
Ene, het; en Arabieren 209, 210; en mystiek 240; en Plato 113; en Plotinus 123-125, 247
Ene Leven, bij Engelse romantici 372
Energeiai (Gods werkingen) 87, 137, 138, 149, 249, **454**
Engelen 30, 31
Engelenleer *zie* Ibn Sīnā
Engelse kolonisatie 398, 405; van India 326, 377
Enkelvoudigheid, bij apocalyptische sekten 355
Enoema Elisj 21-23, 27, 81, 82, 116, 124, **454**
Ēn Sof (God) 274-278, 284, 298-299, 300, 414, **454**
Epictetus 113
Epifanieën 29-32, 247, **454**; Feest van de Transfiguratie 250; Franciscus van Assisi als 235
Erfzonde 108, 146-147
Eriugena, Johannes Scotus 224-227
Ervaringsreligie (religie van het hart) 351-354
Esoterische traditie 219
Essenen, sekte 90, 100
Ester 68
Ethische godsvoorstelling, joodse 408
Ets Chajiem ('De boom des levens') 298
Eucharistie, aard van de 228
Europa; dominant 326, 405; houding tegenover 'de oosterling' 399, 406; *zie ook* Kolonialisme
Eutyches 148, 154
Evagrius Ponticus 249
Evolutietheorie 393, 394
Exercitia Spiritualia 317
Existentialisme 418, 420; en Rosenzweig 410

Exodus, bijbelboek 27
Extase **454**; en chabad-chassidisme 376; en Pseudo-Dionysius de Areopagiet 151-152; van God 151; *zie ook* Fanā'
Eybeschütz, Jonathan 368
Ezechiël, priester, visioenen 75-77, 241, 243

Falāsifa (filosofen) 195-210, 213, 214, 231, 236, 325, 329, 391, 436-437, **454**; door al-Ghazzāli aangevallen 403; joodse 223
Falsafa (filosofie) 195-196, 197-198, 201-202, 207-208, 219-220, 221, 329, 349, 404, 436, **455**; aangevallen 290, 297; aangevallen door al-Ghazzāli 214-219; en Ibn Roesjd 219-220; inspiratie voor joden 210-212, 223; en mystiek 259, 260, 264, 275; sji'itische 292-294, 295; en westerse christenen 229, 235
Falwell, Jerry 431
Fanā' (ontwording van het eigen ik) 255, 256, 258, 270, 284, 376, **455**
al-Fārābi, Aboe Nasr 200-202, 204, 207, 214, 291
Farizeeën, sekte 90-91, 101
Fātima, vrouw van Alī 204
Fatimiden *zie* Isma'ielieten
Febvre, Lucien 320
Feest van de Transfiguratie 250
Feministen, en de mannelijke God 15, 438
Feuerbach, Ludwig Andreas 384, 392, 420, 424, 430
Filioque-clausule 227
Filosofie; als palliatief 381; en God 194; en Romeinen 112, 113; weg naar God (Eriugena) 225; *zie ook* Falsafa
Findiriski, Mīr Aboe al-Kāsim 294, 296
Flew, Antony 419-420
Formstecher, Solomon 408
Fox, George 354, 355, 358
Franciscus van Assisi 235, 272
Frank, Jakob 366, 368-370
Frankisme 369
Franklin, William 356-357
Frankrijk; antisemitisme 410; kolonialisme 398, 405
Franse revolutie van 1789 369
Freeman, John 396

Fréjus, synode van 227
Freud, Sigmund 240, 384, 401, 419; en God 395-396; separatie 256
Freymot de Chantal, Jeanne Françoise 319
Fundamentalisme 12, 431-432, 440; christelijk 358, 431-432; islamitisch 407, 415, 432; joods 415, 432

Gabriël, engel 162, 163, 172, 210, 245, 261
Gadbury, Mary 356-357
Galilei 322, 323
Gamaliël, rabbi 99, 101
Ga'on van Wilna (rabbi Elia ben Solomon Zalman) 374
Gautama, Siddhārta 47; *zie voornamelijk* Boeddha
Gebed; 'wordt altijd verhoord' 432; als psychosomatische oefening 250
Geboden; 613 – (mitswot) 83; tien – 37-38, 83
Gebroeders Karamazow, De 397-398
Geest Gods, revivalism 359-360
Geest (levenskracht bij Hegel) 391
Geloof 32, 102; rechtvaardiging door het 309, 310
Geloofsbelijdenis; christelijke 114; wordt idool 392; van Luther 311
Geloofsbelijdenis van Nicea 133, 227
Geneefs calvinisme 312-313
Genesis, bijbelboek 26-27, 30, 81, 277, 393
Gersjom, Levi ben 223
Gerson, Jean 304
Gertrudis de Grote 282
Geschiedschrijving; en dichtkunst 54, 196; toegepast op kerk en Bijbel 341-342
Geslacht; en God 125, 238, 266, 438; en de vroege Kerk 122, 127; *zie ook* Vrouw
Geslachtsgemeenschap, rituele – bij Kanaänieten 25, 64
Getallen *zie* Wiskunde
Getīg (zichtbare wereld) 20, 204, 205, 261, **455**
Gevoel *zie* Intuïtie
al-Ghazzāli, Aboe Hāmid 213-217, 219, 229, 231, 258, 259, 350, 403

Gibbon, Edward 134, 375
Ginsberg, Asjer (Achad ha-Am) 412-413
Glorie Gods *zie* Kawod; *zie ook* Wijsheid
Gnosis (kennis) 121
Gnostici 115-117, 367
God (*zie ook amdere namen voor God*);
afmetingen 243; afwezig 331-333; als
Alles 226; almachtig *zie* God:
soeverein; apofatische uitspraken 225;
bedroefd 267, 274; beknot creativiteit
418; bestaan: 'Als God niet bestaat is
alles geoorloofd' 398; en
concentratiekampen 415-416; dood
van 25-26, 383, 384-416, 420-421;
door mens bedacht (antropomorf)
212, 234, 237, 381, 384, 434;
Drieëenheid 120, 140-141; *zie ook*
Drieëenheid; als Eén 120, 209;
enigheid 174-175; en evolutionaire
proces 424; geheimnisvol *zie* God:
ondoorgrondelijk; en geslacht 125,
238, 266, 438; gevallen 388;
gewelddadig 126; Goddelijke
Mechanicus 337, 380, 437;
godsbewijzen 208, 230, 233, 235, 310,
325, 351; godservaring, joodse
terughoudendheid over 298; Griekse
god identiek aan Allah 195; Heer van
de Geschiedenis 392; iconen 252;
innerlijke 12, 355-357; irrelevant 379,
393, 395; en het kwaad 279-280, 298-
300; licht, als het – *zie* Licht, Het; en
markteconomie 43; meditatie op de
letters van de Naam 281, 303;
menselijkheid 306, 394, 413, 431;
menslievend 151; Miltons benadering
342-344; namen van – in islam 174-
175; neoplatonisme 151; als Niets
150, 154, 225, 226, 230, 283, 284, 390,
409, 429, 431, 438; als oerkracht 338;
onbereikbaar 306; onbewogen 148;
ondoorgrondelijk, onbevattelijk,
onzegbaar 150, 152, 222, 244, 249,
296, 315; onkenbaar 227-228, 274;
onmenselijk 388, 393; ontkenning
320-321; *zie ook* Atheïsme; onzienlijk
293; overleving *zie* God: toekomst;
palliatief (opium van het volk) 434;
persoonlijke 154, 189-190, 237-238,
268-269, 427-429, 438; en

predestinatie 189, 316; problemen
van schrijfster met 9-12; produkt van
de verbeelding 262; relatie tot de
mens 130; soeverein, opperwezen
304, 315, 390; stoïcijns 321; tien
Namen 274; *zie ook* Sefierot;
toekomst 417-441; toornig,
wraakzuchtig 309, 358, 418, 419, 435;
transcendent 14, 186; vaderfiguur van
het onbewuste 396; van revolutie 35;
verborgen God (gnostici) 367;
verdwenen 18; vereniging met 153,
256-258, 282, 284; *zie ook* Mystiek;
verschijningen *zie* Epifanie;
verschillende betekenissen 12; als
vervulling 218; visioen van –
zeldzaam, zelfs voor mystici 247;
voor de mens noodzakelijk 350; als
Vriend 273; in het wereldproces 425;
werkelijkheid van 14, 81, 193-194,
217, 385; wezenheid 190, 285-286,
355; zijnsgrond 423
'God is dood' 140, 384-416
Goddelijke immanentie in Jezus 107
Goddelijke komedie, De 265
Goddelijke Mechanicus (Newton) 337,
380, 437
Goddelijke vonken 117, 301, 365, 371-
373, 428
Goden; en mythologie 19-20; in
vedische religie 44-45; jurisdictie 31;
onderling verwisselbaar 36;
schepping van – in Babylonische
mythologie 21
Godheid **455**; bestaande uit drie delen
367; bij de gnostici 115-116
Godinnen, door Israëlieten ontbeerd 67-
68
Godsbesef 12
Godsvrucht, ontheemding als 297
Godvrezenden 110, 111
Goerion, David ben 412
Gojiem (niet-joden) 63, 66, 70, 78, **455**;
delen in God 103
Gomer, vrouw van Hosea 65
Gordon, Aäron D. 413-414
Gouden kalf 434
Great Awakening, Nieuw-Engeland
359-362
Gregorius Akindynos 285

Gregorius de Grote (paus) 247-248, 250
Gregorius Palamas, aartsbisschop 284-286
Gregorius van Nazianze 135, 137, 139-140
Gregorius van Nyssa 135, 137, 138-139, 145, 151, 247, 248
Grieken 84-85; en Aphrodite 19; belangstelling voor Jahweh 85; cultuur voor breder publiek beschikbaar 195, 198, 232; en epifanieën 30; filosofisch rationalisme 51-55, 436; relatie goden/mensen 24; vrouwen 67
Grieks-orthodoxe Kerk 137, 224; en Augustinus 141; en Christus 152; en Drieëenheid 140, 141, 227, 228; en God 152, 315; mystieke technieken 250; en Palamas 285-286; religieuze kunst 251
Griekse kerkvaders 390
Grot, Plato's mythe 51
Grote Verzoendag 40, 178
Grünewald, Matthias 305

Haddj (bedevaart) 159, 181-182, 427, **455**
Hadīth (overlevering) 174, 185, 191, 267, 290, **455**
Hadīth koedsī (heilige overlevering) 186, 258, 267
Hagar 179
Hagsjama (verwezenlijking, vervulling) 413
Hai Ga'on 242
Halevi, Jehoeda 218-219
al-Hallādj (Hoesain ibn Mansoer) 257-259, 284
Hallucinatie 243
Hamilton, William 421
Handelingen der Apostelen 30, 110
Hanīfijjah (sekte) 160, 179
Haran 28
Hardy, Thomas 440
Haskala (joodse Verlichting) 370
Hawking, Stephen 437
Hebreeën in Kanaän 26-27
Hebron 78
Hechalot (hemelse zalen) 242
Hegel, Georg Wilhelm 386, 390-391, 408, 409, 411; invloed op Wetenschap van het Jodendom 408
Heidegger, Martin 429-430
Heidendom; en Israëlieten 40; God is de Natuur 408, 409; tolerantie tegenover andere goden 66, 80
Heidenen; Arabische uitnodiging aan moslims 177; bekering tot christendom 111, 119; Israëlieten als 29
Heidense goden 31, 36; moslims verboden hen te aanbidden 171, 172
Heilig-Hartdevotie 352-353
Heilige, Das 19, 58, 389
Heilige Geest 92, 227-228, **455**; in islam 162; en de Cappadociërs 137-139; Pinksteren 110
Heilige Geest van de Openbaring (Gabriël) 210
Heilige Graal 231
Heilige Land, en kruistochten 224, 232; *zie ook* Palestina
Heiligen; relikwieën 305; verering 305, 314; vreemd gedrag van mystici 241
'Heiligen' bij apocalyptische bewegingen 356
Heiligheid (*kadosj*) 58, 162, **455**
Heilsgeschiedenis 204
Heimart, Alan 361, 362
Heksensabbat 307-308
Heksenvervolgingen 307, 359
Hel 324; en Koran 293; en mystici 262, 265, 324; en puriteinen 317
Hellenistische cultuur *zie* Grieken
Hemel, voor mystici 262, 324
Hemelgod (oppergod) 17-19, **455**
Hemelvaart 245-247
Henoch, profeet 84, 259
Hergeboorte (bij Nietzsche) 395
Hermes 30, 259
Herzensreligion (religie van het hart) *zie* Ervaringsreligie
Herzl, Theodor 412
Heschel, Abraham Jehosjoe'a 372, 428
Hesuchia (rust, innerlijke stilte) 248, 455
Hesychasten 249-251, 293, 355, **455**
Het, God als 274
Hidjaaz 378
Hidjra (emigratie naar Media) 178, 180, **455**

Hiërarchie van zijnsvormen; bij
    Augustinus 246; bij al-Fārābi 201; bij
    Thomas van Aquino 325
Hiëronymus 138, 147; vertaling van de
    Vulgaat 323
Hikma al-masjrikijjah (Wijsbegeerte van
    het Oosten) 210
Hikmat al-isjrāk (De wijsheid der
    verlichting) 260-261
Hillel de Oudere, rabbi 91, 101
Hilton, Walter 282
Hindoeïsme 43, 45; aangevallen 295;
    heilige woord AUM 205; en moslims
    294, 295, 399; mystiek 245;
    toewijding aan hoogstaande wezens
    104, 105-106; visie op Brahmā 59
Hira, berg 161, 168
Hirsch, Samuel 409
Hitler, Adolf 410
Hod (Majesteit) 275, 276, 277, 301
Hodgson, Marshall G.S. 289, 290
Hoebal (godheid) 159
Hoed 177
Hoeddja 188
Hoesain, al-Chidr 406, 407
Hoesain ibn Alī 184, 187, 188, 401
Holbach, Paul-Henry d' 381-383
Holistische visie; in vedische religie 46;
    op de schepping van de mens 24, 30,
    435
Holocaust 415-416, 421
Homo-ousios (één in wezen) 133, **455**
Homoi-ousios (gelijk van wezen) 134
Hooglied 243
Hooker, Richard 321
Hoop 441
Horkheimer, Max 430
Hosea, profeet 64-66
Humanisme, liberaal 11
Humanisten (Renaissance) 305
Hume, David 379
Hypostase (verzelfstandigd begrip als
    persoon) 138-139, 140, 227, 367, **455**

Iao (Jahweh) 85
Ibn Abd al-Wahhāb, Mohammed 378
Ibn Arabī, Moehjī al-Dīn 221, 259, 263-
    269, 270, 274, 385, 426; invloed 291,
    293, 295, 377
Ibn Atā, Wāsil 254

Ibn Gabirol, Salomo 212
Ibn al-Hakam, Hisjām 192
Ibn Hanbal, Ahmad 190-191, 192
Ibn Ishāk, Mohammed 160, 172
Ibn Kajjim al-Djavzijja 290
Ibn Mansoer, Hoesain *zie* al-Hallādj
Ibn Pakoeda, Bachja 212
Ibn Roesjd, Aboe al-Walīd ibn Ahmad
    (Averroës) 219-221, 232, 263
Ibn Sa'oed, Mohammed 378
Ibn Sīnā, Aboe Alī (Avicenna) 207-210,
    214, 217, 222, 231, 234, 294; mystiek
    210, 258, 262, 292
Ibn Taboel, Joseef 298
Ibn Taimijja, Ahmad 290
Ibn Thābit, Hassan 162
Ibn Tsaddik, Joseef 217
Ichwān al-Safā' (Broeders der Reinheid)
    206
Iconen 251-252
Iconoclasten 251-252, 431; in Engeland
    314
Ideeënleer, van Plato 51-53
Idjtihād (zelfstandige interpretatie van de
    bronnen) 289, 292, 404, **455**
Idolatrie **455**; geneutraliseerd door de
    menswording 154; en islam (*sjirk*)
    172-173; en jodendom 66, 67, 69
Idrīs, profeet (Hermes) 259
Ignatius van Loyola 317-318, 331
Ik, verlies van het eigen – 250, 255
Ikbal, sir Mohammed 404
Ilāh (godheid) 267
Ilias, epifanieën in 30
Illusie, alles is een 392
Ilm (geheime godskennis) 187, 202, **455**
Imaams en hun verering 188, 200, 202-
    203, 204, 214, 260, 261, **455**
Imaginativa (verbeelding) 265
Imma (Moeder) 301
Inanna 19, 25
Incarnatie **455**; *zie ook* Menswording
India; en Engeland 326, 377; in moderne
    tijd 404; Mogols 291, 294-296;
    religies 43-50
Individualisme 308, 404; in islam 404-
    405
Individuele verantwoordelijkheid voor
    zingeving 392
Industriële Revolutie 327-329

Innerlijk Licht, in elk mens 354
Innocentius VIII 307
Inquisitie; en wetenschap 322; en heksen 307; en mystici 287; tegen joodse bekeerlingen 289
al-Insān al-kāmil (Volmaakte Mens) 268
Integritas 146
Intelligentie/verstand *zie* Rede
Intelligenties, tien zuivere 210
Intolerantie; door monotheïsten 66; van de kerken 342; *zie ook* Vervolging
Introspectie *zie* Zelfkennis
Intuïtie 389
Iran 20, 43; in moderne tijd 400-401; Safawiden 291-294
Irenaeus, bisschop van Lyon 119
Isaak 29, 30, 33
Isfahaan 292
Isis 19, 25, 86, 112
Isjrāk (verlichting) 210, **455**
al-Isjrāk, sjaikh (Soehrawardi); *zie ook* Soehrawardi;
Isjrāk-mystiek 260-261, 402
Isjtar (godin) 19, 25, 67, 75, 86
Islam 407; aanpassingen 185; christelijke oorlogen tegen 223; en de joden 178-179; en persoonlijke God 238; religie van het succes 406; uniek 436; en de Verlichting 377, 378; verspreiding 184; *zie ook* Moslims
Islām (overgave aan God) 166-167, **456**
Isma'ielieten (Zevener-sji'ieten) 188, 202-206, 214, 222, 266
Ismā'īl, sjah 291
Ismaël, zoon van Abraham 29, 179
Isra-Eel 29
Israël (Jakob) *zie* Jakob
Israël (staat) 413-414
Israël (volk) 26, 296
Israëlieten 27, 80; en God 27-30, 367, 368; en andere goden 38
Isticheit ('is-heid') 284
Istighnā (onafhankelijkheid, onverschilligheid) 157
Italos, Johannes 229
Izebel, koningin van Israël 41

J 27, 28, 30, 31, 32, 35, 44, 64, 72, 81, 83, 88
Jabbok 32

Jacobs, Louis 422
Jada (weten) 64
Jahweh (God) 27, 28, **456**; JHWH 93, 94, 109, 238, 274; Allah, in vergelijking met 167; en andere goden 38; een andere dan Eel 36; enig God 70, 78, 79; Ezechiëls visioen 75-77; en Griekse god 87, 119; als Heilige Geest 92; en innerlijk individuele wezen 94; en Jakob 31-32; Jeremia's visioen 73-75; Jesaja's visioen 57-61; Jozua's visie 40; liefde, geen offergaven 64; mannelijke god 67; en Mozes 36-38; natuur van 28-30; onzichtbaarheid 81; partijdig 433; Philo's Godsbeeld 87-89; en schepping 27; strijd om suprematie 68-69; strijd met godinnen 67; transcendente werkelijkheid 58, 74, 92-93; tweekamp met Baäl 41-42; verschillend ervaren 92; vertoornd op Israëlieten 60-64, 77; in de wereld 434; en wreedheid 34
Jahweh Sebaot 34, 57, 75
Jakīn (zekerheid) 215
Jakob (Israël) 26, 29; epifanieën 31-32, 248
Jakobus, apostel 102
Jam (oerzee) 40
Jam-Nahar (godheid) 25, 81
James, William 314
Jansen, Cornelius 319
Jansenisme 330, 331
Jaspers, Karl 42
Jathrib 177, 178; *zie ook* Medina
Javne 91
Jazied (kalief) 184
Jehoeda ha-Chassied (Kalonymos), rabbi 272
Jemen 159, 160
Jenkins, David (bisschop van Durham) 431
Jeremia, profeet 73-75
Jerobeam I, koning van Israël 64
Jerobeam II, koning van Israël 57
Jeruzalem; en de Romeinen 90; verwoesting 73, 75, 224; *zie ook* Tempel
Jesaja 58-60; visioen van God 57-62, 65
Jesaja, Tweede –, *zie* Deutero-Jesaja

Jesod (Basis) 275, 276, 277, 279, 301
Jezuïeten 294, 317, 318, 331
Jezus ben Sirach 86
Jezus Christus; biografie 341; boodschap 60; daalt af naar de diepste der diepten 369; doop 100; en Farizeeën 101; en God de Vader 102, 129-131; goddelijkheid *zie* onderverdeling God, resp. Zoon van God; Grieks concept 153; Grieks-orthodoxe Kerk 152-153; als Heilige Geest (apocalyptische sekten) 355; incarnatie 101, 103, 107, 108, 119, 121, 153; en kruisvaarders 224; Latijns concept 153, 155; leenheer 224; leven 99-101; als Logos 119; maagdelijke geboorte 121; menselijkheid 305; missie 100; naastenliefde 101, 433; nadruk (in late middeleeuwen) 304; niet God 194, 257, 339, 341; op berg Tabor 153, 203, 249, 250, 285-286; profeet in de islam 177, 245, 254; transfiguratie 102; *zie ook* Tabor; verboden af te beelden 251; Verlosser 130; en verzoening 341; voortgebracht of geschapen? 130-132; zonder God 421; Zoon van God 100, 101, 103, 120, 153, 313; Zoon des Mensen 102, 153
JHWH *zie* Jahweh
Jisma'eel, rabbi 92, 240
Jizreël 65
Jisra'eel ben Eliëzer *zie* de Besjt
Job 84
Jochanan ben Zakkai, rabbi 91, 92, 102, 240-241
Joden; aangevallen in de Koran 179; en Arabieren 160, 210-219; 'bekering' tot islam (dönme) 365, 368; 'bekering' tot het christendom 365; charismatische stroming 370; christenen tegen 111, 296; concentratiekampen 415-416; Duitse chassidiem 272-273; filosofie in het Arabisch 211; en Godsnaam 14; in verwarring over Drieëenheid 154; en islam 178; in Jathrib 178; en mystiek 240-244, 273-282, 371-374, 409; opstand in Palestina tegen Rome 90; pogroms in Rusland 410, 412;

pogroms in Griekse wereld 89; problemen nu 407-416; en Romeinen 89-90; in Spanje 289; stammen in Arabië 160; verdrijvingen 296; en de Verlichting 346-349; vervolgingen 221, 223, 224, 272, 289, 410, 412; visioenen 241, 243-244; *zie ook* Israëlieten
Jodendom; en al-Ghazzāli 217; Hegels kritiek 391; hervormd door Paulus 110; Maimonides' geloofsbelijdenis 222; nu 407-410; ontstaan 79; en persoonlijke God 237; en Romeinse Rijk 89; en de Verlichting 348, 349; en wedergeboorte-beweging 362-377; *Wissenschaft des Judentums* 407-409
Johannes, apostel 102
Johannes, evangelie 109, 131
Johannes de Doper 100
Johannes Damascenus 251
Jojakim, koning van Juda 73
Jonas, Hans 422
Jong-Turken 370
Joodse opstandelingen tegen Rome (zeloten) 90
Joris (heilige) 224
Josia, koning van Juda 69-71
Jotser Beresjiet (Vormer van de Schepping) 243
Jozua 39; bijbelboek 72, 432; en het verbond 39
Juda, veroverd door Assyrië 60
Judith 68
Juliana van Norwich 282, 305, 358
Jung, Carl G. 240, 262, 396
Justinianus, keizer 148
Justinus Martyr 114-115

Ka'ba 159, 166, 170, 179, 181, 427, **456**
Kabbala 154, 223, 240, 241, 273-282, 376, 377, **456**; joden in verlegenheid gebracht 409; en het kwaad 226; troost uit 422
Kabbalisten 202, 286; en messiaanse beweging 366, 371-373; en mysteries van God 366; en het vrouwelijke 438; en zonde 358
Kabbalistische mystiek, nieuwe vorm bij sefardiem 296-303
Kadosj (heiligheid) 58, 162, 455

Kahane, rabbi Meir 432
Kāhin (orakelpriester) 161
Kalaam (verhandeling, theologie) 193, 194, 197, 213, 219, **456**; aangevallen 290; inspiratie voor joden 210, 212
Kalonymos-familie 272
Kanaän 20, 26-28; vruchtbaarheidsriten 25, 64
Kanaänieten 19, 20, 38; Israëlieten tegen hun goden 70, 72; mythologie 24-25
Kant, Immanuel 350, 353, 370, 391, 408
Kapitalistische maatschappij 327
al-Karābīsī, Al-Hoesajn 190
Karel de Grote, keizer 227
Karīboe 76
Karma 44, 49
Karmel, berg 41
Karo, Joseef 296
Katharsis (reiniging) 54, 123
Kawod (heerlijkheid) 76, 81, 94, 249, 273
Kawwana (mystieke concentratie) 273
Keats, John 385, 386
Kebar 75
Kefitsa (eroverheen springen) 281
Kelipot (schillen) 300, 363
Kemal Atatürk 370, 400
Kenosis (ontledigende extase) 154, 299, 388, **456**
Kerygma (heilsboodschap, apostolische leer) 110, 136, 137, 140, 141, 149, 151, 155, 202, **456**
Keter eljon (Hoogste Kroon) 275, 276, 277, 278, 299, 301
Khomeini, ajatolla 427
Kibla (gebedsrichting) 179
Kiboetsiem 414
Kierkegaard, Sren 310, 392
Kijās (redenering op basis van analogie) 192
al-Kindi, Jakoeb ibn Ishāk 198-199
Kingoe (godheid) 24
al-Kirmānī, Hamīd al-Dīn 206
Kisjar (godheid) 22
Kiāb al-Isjārāt ('Het boek der waarschuwingen') 210
Klein, Melanie (separatie) 256
Koeraisj (Mohammeds stam) 156-157, 160, 165, 166, 170, 171, 172, 173, 177, 178, 180

Koesari 218
Koetb (pool, spirituele leider) 260, 261
Kohn, Benjamin 366
Kolonialisme 398-399, 405-406
Koningen, bijbelboek 72
Koninklijke kracht 88
Koran 161, 163-165, 166, 220; aanval op joden 179; aard van de 168-171; als eeuwige werkelijkheid 187, 190, 192; bron van het geloof 290; en falāsifa 198, 199; en heidense goden 172; inspiratie voor onze tijd 426; optimisme van 406; en tolerantie 176
Kores (Cyrus), koning van Perzië 80
Kosmologie 437
Kosmos, zonder ontwerp, godloos 334
Krisjna 106
Krochmal, Nachman 409
Kruis, Luthers theologie van het 309
Kruistochten 224, 228, 231, 232
Kuk, Abraham Isaac 414
Küng, Hans 422
Kunst 19, 426, 438; religieuze 251-252
Kwaad; door God geschapen 298-300; in de *Zohar* 279-280; probleem van het 226
Kyrios (Heer) 109, 132

Laatste Oordeel; afbeeldingen van 359; voor mystici 262
Lachama (godheid) 22
Lachmoe (godheid) 22
Laplace, Pierre Simon de 382
al-Lāt (godin) 171
Latijnse Kerk en de Drieëenheid 227
Lavater, Johann Kaspar 349
Leegte *zie* Niets
Leerstukken, reactie tegen 345-346
Leibniz, Gottfried Wilhelm 429
León de Castro 323
Lessius, Leonardus 324-325, 332, 333
Levellers 355
Levensdrift (wil tot voortbestaan bij Schopenhauer) 392
Leviathan (Lotan) 25, 79, 81
Leviticus, bijbelboek 81, 83
Lewis, C.S. 344
Liberalen, Amerikaanse 362
Licht, Het; christendom 253; islam (*isjrāk*) 175-176, 210, 216, 259-261,

455; kabbala 299, 300; *zie ook*
   Goddelijke vonken
Lichtvers, koranische 216
Liefde (in christendom centraal) 239
Lijdensvraagstuk 84, 212
Liturgie, voor Dionysius belangrijk 149
Lo-Ammi 65
Lo-Ruchama 65
Loeria, Jitschak 298-303, 310, 317, 319,
   363, 364, 367, 370, 371, 374, 421
Logikoi (geestelijke wezens) 121
Logisch-positivisme 418-419
Logos (woord, grondplan) 109, 239,
   267, **456**; bij gnostici 117; Jezus als
   incarnatie van 115, 131-132, 133-134,
   153, 187; Philo 88; *zie ook* Wijsheid
Lonergan, Bernard 426
Loofhuttenfeest 40
Lotan (godheid, Leviathan) 25, 79, 81
Lotusboom 245
Louteringsberg 265
Lucas, apostel, over Jezus 100
Lüger, Karl 410
Luther, Maarten 290, 302, 308-312, 322
Luz 31
Lyall, Sir Alfred 399
Lyell, Charles 393

Maagd de, incarnatie van de Sjechina 369
Maagdelijke geboorte 121, 283
Ma'asee Merkawa ('Het werk van de
   troonwagen') 241
MacDonald, George 344
Macquarrie, John 230
Madrasa (islamitische theologische
   hogeschool) 289, **456**
Magi, zoroastrische 259
Maimonides (Mosje ben Maimon) 219,
   221-223, 277, 282, 283, 367; en
   mystiek 223
Malka kadisja (God van Israël) 367, 368
Malkoet (Koninkrijk) 275, 276, 301
al-Ma'moen, kalief 190, 198
Mana (onzichtbare krachten) 18, 28, 33,
   38, 130, 149, **456**; van Jahweh 29, 32
Manasse, koning van Juda 69
Manicheïsme 142
Mantra, islamitische techniek 255, 269
Marcellus, bisschop van Ancyra 133-134
Marcion (godsvoorstellingen) 118

Marcus, evangelie 99, 100
Mardoek (zonnegod) 23-24, 28, 29, 31,
   34, 40, 59, 66, 78, 79, 80, 82
Maria, moeder van Jezus 148; als visioen
   243; verering 305
Marranen 365
Martelaarschap (enige weg naar God)
   126
Martelaren, van Reformatie 319
Marx, Karl 384, 393, 412, 420
Maskiliem (verlichte joden) 348, 370
Massignon, Louis 254
Materialistisch atheïsme 381
Materie en materialisme 380-381
Mathnawī (soefibijbel) 270, 271
Matteüs, apostel, over Jezus 101
Maulana (Djalal ad-Dīn Roemi) 270-
   271, 283
Maximilla 126
Maximum en minimum 306
Maximus Confessor 152-153, 155, 250,
   253
Mayer, Johann Friedrich 342
Medina (Jathrib) 177-178, 180
Meditatie, huidige belangstelling voor
   439
Mekka 156, 157, 159, 165, 171, 177, 179
Melanchthon, Philip 323
Memoria (het onbewuste) 143
Memra 109
Mendelssohn, Mozes 348-349, 370
Menōk (hemelse rijk) 20, 204, 205, 261-
   262, **456**
Mens, schepping van de; Babyloniërs
   24; Genesis 82; Israëlieten 27
Mensheid, vergoddelijkt 253; *zie ook*
   Mens
Menstruatie, rabbijns voorschrift inzake
   96
Menswording 140, 142, 310, 434; bij de
   chassidiem 374; door islam
   verworpen 378; Sjabtai Tsevi als de
   incarnatie van God 368
Mercurius (heilige) 224
Merkawa (troonwagen) 456
Merkawa-mystiek 240-242, 245, 262,
   272, 274, **456**
Merleau-Ponty, Maurice 418
Mersenne, Marin 321, 323
Meslier, Jean 378

Mesopotamië, spiritualiteit 20-21; *zie ook* Babylon
Messiaanse sekten 356
Messiaanse bewegingen, joodse 363-371
Messias; Abulafia als de 280; Jakob Frank als de 368-369; Jezus als de 99-100, 107, 110; Ranters aanspraak erop 356-357; Sjabtai Tsevi als de 362-365, 368
Metafysica, Griekse – voor Arabieren 195
Metaphysica 53, 234
Methodisten 351
Mevlevi-orde (soefi-broederschap) 270
Mezoeza 95
Mi'rādj (mystieke hemelvaart in visioenen) 245-247
Midjanitische theorie 36
Milton, John 342-344, 385
Mīr Dāmād 292, 294
Mis, als extase 152
Misjkāt al-Anwār 216
Misjna 92, **456**
Mitswot (religieuze geboden en verboden) 83, 87, 91, 95, 101, 111, 211, 218, 302, 372, 411, 428, 429, **456**
Moedergodin, paleolithische 19
Moemmoe (godheid) 22
Moeroewah (mannelijkheid, stamideologie) 157-158
Moersilis, Hettitische koning 39
Moesa, zoon van Dja'far al-Sādik 202
Moeslim ibn al-Haddjāj al-Koesjajrī 185
Moeslim 166, **456**
Moe'tazila, sekte 189, 190-191, 192, 193, 194, 197, 402, **456**
Mogols in India 291, 294-296, 399
Mohammed ibn Abdallah (de Profeet) 156-157, 159, 165, 194, 200, 202, 207, 210; afscheidsbedevaart 181; barmhartigheid van 434; dood 182; in profetische hemelsfeer 204; invloed familie 187; en *islām* 166-167; en Jathrib 178-179; en de joden 178-179; en de Koran 170-171; mystiek 253, 255; mystieke nachtreis 245, 246, 262; onafhankelijkheid 180-181; openbaring 161-164; en polytheïsme 173; problemen 171-173; de Profeet 175; realisme van 434; verzet tegen cultus van zijn tombe 378; volmaakte mens 268; als voorbeeld 185-186
Mollā Sadrā (Sadr al-Dīn Sjīrazi) 292-294, 295, 324
Mollā's, machtig in Iran 401
Mondelinge wet 179
Mongolen (plunderingen) 269, 406
Monica 143, 246
Monisme, van Ibn Arabī en Mollā Sadrā 298
Monnikendom; boeddhistisch 104; christelijk 135
Monotheïsme; en Allah 173-174; en godsbegrip 14; en Israëlieten 29; primitief 17
Montaigne, Michel de 321, 333
Montanus 126
Moord, veroordeling van 97
Moral Majority 431
Moravische Broeders 351
More, Thomas 314
Morgenstunden 348
Moriscos 289
Mosheim, Johann Lorenz von 341
Moslims; en God, huidige tijd 426-427; en hindoes 294-295; in verwarring over Drieëenheid 154; en Jezus' incarnatie 103; en joden in Jathrib 178; migratie naar Jathrib 177; mystiek 245, 254-272; mystieke technieken 255; nieuw conservatisme in 15e eeuw 289-290; problemen 19e eeuw 398-407; redding vereist geloof in waarheden 220; reformisten, 20e eeuw 401-402; verbod om heidense goden te aanbidden 171-172; verbod om God af te beelden 14; verdreven uit Spanje 289; wereldmacht in 15e eeuw 290-296, 326
Mot (godheid) 25
Mozes 26, 28-29, 58, 59, 69, 70, 82, 373; epifanieën 29; Gregorius' *Leven van* 137; en Jahweh 36-37, 39, 81, 93, 151, 247, 434, 435; met Jezus 102; profeet in islam 177, 245, 266; en Pseudo-Dionysius 151; en de schaapherder en God 271; en stenen tafelen 37-38; en uittocht 34
Mozes de León 277, 297

Muoo (de ogen of de mond sluiten) 239
Muziek, als mystieke ervaring 252
Mysterie (etymologisch) 239
Mysterieculten 112
Mystici; als filosofen 235; en emanatie 202; persoonlijke, unieke openbaring 268-271, 275
Mystiek 438-439; aard en variaties 374-375; en Avicenna 210, 258, 262, 292; en William Blake 387-388; chassidisme 371-374; christelijke 246-247, 248-253, 282-287, 304, 317; concentratie noodzakelijk 249; en Descartes 336; en falsafa 259, 260, 264, 275; gevaren 241, 257, 281; in hindoeïsme 245; en islam 245, 254-272, 292, 293, 295, 378, 402; joodse 240-245, 273-282, 371-374, 409; en mythe 240; en Newton 339; en Plato 53, 88, 113, 259; problemen van Engelsen met 386; soefi's 254-258, 266, 269; en Spinoza 347; talent voor 216, 218, 238; technieken 250, 269, 280
Mystieke traditie 238-239; ervaringen 240-248, 252-253; herontdekt 239-240
Mythe (etymologisch) 239
Mythologie; antieke goden 19-20; Babyloniërs 20-24, 79; van de chassidiem 373; herleefde belangstelling 15, 240; Kanaänitische 24-26; profeten ertegen 239

Naastenliefde, Jezus' boodschap 101, 434; *zie ook* Barmhartigheid
Nabopolassar, koning van Babylon 71
Nadere Reformatie 312
Nafs ar-Rahmān (zucht Gods) 267
Nagārdjoena 105
Nahoem, rabbi Menachem 374
Nānak, goeroe 294
Nashe, Thomas 322
Nāsīr ad-Dīn, sjah van Iran 399
Nāsir-i Choesrau 203
Nathan van Gaza 363, 365
Nationaal-socialisme (nazisme) 397, 415-416
Nationalisme 308
Natuur 380, 382; en de romantici 387; tempel van God 340
Natuurlijk bovennatuurlijke 385
Natuurlijke theologie 422

Navolging van Christus, De 304
Nayler, James 354
Nebukadnessar, koning van Babylon 73
Needham, John Turberville 380
Negatieve Ontvankelijkheid (*Negative Capability* bij Keats) 385
Neoplatonisme (Arabisch) *zie* Falsāfa
Neoplatonisme *zie* Plotinus
Nestorius en nestorianisme 148, 154, 203, 251
Netsach (Overwinning) 275, 276, 277, 301
New York, de 'Burned-Over District' 360
Newton, Isaac 336-340, 347, 380, 382, 437; oneindige ruimte 378
Nicea, concilie van 130, 132-133, 140, 141, 313, 437
Nicephoros Gregoras 285
Nicephorus 252
Nicolaas II, tsaar van Rusland 410
Niet-joden *zie* Gojiem
Niets, God als 150, 154, 225, 226, 230, 283, 284, 390, 409, 429, 431, 438
Niets, het 116, 422
Nietzsche, Friedrich 384, 394-395, 396-397, 404, 405, 415, 418, 420, 440
Nieuw-Engeland, Great Awakening 359-362
Nieuwe theologie, tegen definiëring van God 252, 253
Nieuwe Gemenebest *zie* Apocalyptische bewegingen
Nihilisme, en Jakob Frank 368, 369
Nirwana (uiterste werkelijkheid) 48-50, 104, 238, 247, **456**; en de leegte 105
Nizām, als visioen van Sophia 264
Noach 177, 340
Nobili, Roberto de 318
Noekba de-Tse'ier (de vrouw van Tse'ier) 301, 302
al-Noer (het Licht) 175-176
al-Noer al-Moehammadijjah (het Licht van Mohammed) 202
Noodzakelijk Zijnde, van falāsifa 208, 234, 260
Noris, Enrico 341
Nous (geest) 124-125
Numen (besef van het heilige) 18, 456
Numeri, bijbelboek 81

Oedipus 240
Oefeningen, voor mystici 242
Oelamā (islamitische godgeleerden) 201, 219, 254, 257, 258, 259, 269, 289, 401, 436, 456
Oemajjaden 184, 189
Oemar ibn al-Chattāb 169-170, 183
Oemma (stam- en geloofsgemeenschap) 159, 178, 180, 182, 184, 187, 254, 292, 406, **457**
Oepanisjaden 45-46, 105, **457**
Oerchaos 22, 79, 81, 130, 300
Oethmān ibn Affān 183
al-Oezza (godin) 171
Offer; in vedische religie 44; Isaak 33; zie ook Verzoening
Oikoumenè 20, 42, 67, **457**
Onbewogen Beweger 54-55, 65, 118, 199, 208
Onbewuste 242, 395
Onrechtvaardigheid, door moslims afgekeurd 176
Ontheemding, door joden gesublimeerd 296-297
Ontkenningen (via negativa) om God te beschrijven 205, 209, 222, 230, 355
Ontologisch godsbewijs 230, 235, 334, 347
Onzichtbare, primitief besef van het 18
Oorsprong, de (Plotinus) 124
'Oosterling', westerse visie op de 399
Oosters-orthodoxe kerken; Feest van de Transfiguratie 250; zie ook Grieks-orthodoxe Kerk
Oosterse wortels van islamitische mystiek 259
Oosterse culten, en Romeinen 112
Openbaring; mythen 411; noodzakelijk om God te kennen (joden) 87; van God (joodse Verlichting) 349
Oppergod (hemelgod) 17, **457**
Opperwezen (oppergod, hemelgod) 17, 196, 438
Origenes 120-122, 130, 135, 424
Orthodoxie, de joden vreemd 222, **457**
Orthopraxie 222
Otto, Rudolph 19, 58, 389
Ottomaanse rijk, en joden 296
Ottomaanse Turken 288, 291, 292, 326
Ousia (wezenheid van God) 87-88, 133, 138, 249, **457**

Outler, Albert C. 353
Over goddelijke namen 150

P 27, 28, 80-83, 130
Paleolithicum, en moedergodin 19
Palestina; Israël 412-415; joodse opstandelingen 90; migraties naar 296, 412; modern 405
Pantheïsme; en apocalyptische sekten 355
Pantheon, vervanging van oppergod 17
Paradijs; bij Dante 265; in Koran 293
Paradise Lost 342-344, 385
Parousia (tegenwoordigheid) 126
Partsoefiem (aangezichten) 300-301, 367, 368, 369, **457**
Pascal, Blaise 310, 323, 330-333, 379
Pater, Walter 252
Patriarchen zie Aartsvaders
Patrick (heilige) 226
Paulus 101, 103, 116, 306, 424; en God 333, 334; over de Heilige Geest 138; hervormd jodendom 110; en mystiek 242; en naastenliefde 433; rechtvaardiging door het geloof 309; en verzoening 341; visie op Jezus 107, 108-109, 132; visioen 247; voor Zeus gehouden 30
Paulus van Samosata 120
Peilloze diepte (leegte, bodemloze afgrond) zie Oerchaos
Pentateuch 27, 72, 81, 83
Persona (masker) 120, 141, **457**
Perzen tegen de Babyloniërs 80
Pessimisme zie Pascal, Blaise
Petrarca, Francesco 306
Petrus, apostel 102, 110
Phädon 348, 349
Philo van Alexandrië 87-88, 137, 154
Phronesis 55
Piëtisten (lutherse sekte) 353, 370
Pindarus, over relatie goden en mensen 24
Pinksteren 110
Pīr (soefi-leermeester) 256, 257, 270, **457**
Plagen, de tien 34
Plato 43, 51-53, 200, 201, 347; één God 115; gekritiseerd door Aristoteles 53; geliefd bij Romeinen 113; gelijkgesteld met Mozes 119;

goddelijke vormen 88, 204;
herontdekt door Westen 229, 232;
invloed op Augustinus 142, 143;
mystiek van 53, 88, 113, 259; over
filosofie en mythologie 136; Plotinus,
invloed op 123, 124; *zie ook*
Neoplatonisme; Theoria
Platonisme, en de Romeinen 113, 114
Pleroma (de godenwereld) 116, 117, 130
Plotinus 122-126, 152, 154, 196, 201,
207, 355; invloed op Augustinus 142;
en visioenen 247
Pocock, Edward 338
Polygamie, bij Arabieren 182
Pradjnaparamita Soetra's 104
Predestinatie; en calvinisme 315-316,
362; en de Koran 189; en Milton 343
Priamus 30
Primo, Samuel 368
Priscilla 126
Procestheologie 425
Prochorus Cydones 285
Proclus 148, 149
Profeet, De *zie* Mohammed ibn
Abdallah
Profeten **457**; islamitische 177;
Hebreeuwse visie op God 14
Profetie, en Ibn Sīnā 210
Profetische geest 216, 217
Profetische wijsbegeerte van falāsifa 198
Prosopon (kracht) 138
Protestanten 288; en wetenschap 323
Psalmen 68, 96, 247
Pseudo-Dionysius de Areopagiet 148-
152, 154, 191, 201, 247, 248, 252;
beschikbaar in het Latijn 225; invloed
282
Psuchè (ziel) 124-125
Psychoanalyse 240; en God 396;
overeenkomsten met kabbala 281-
282; technieken 317
Psychologie; religieuze – bij Arabieren
206, 210
Ptolemeïsche hemelsferen 201, 204, 210,
260
Puriteinse Revolutie 312, 316-317, 354
Pythagoras 51, 113, 259, 340

Quakers (*Society of Friends*) 352, 354,
355, 358

Querido, Jacob 365
Qui plus quam esse est (God 'die meer is
dan zijn') 226
Quincey, Samuel 362
Qumran, sekte van 90

Rabbijnse idealen 90-98, 240
Rābi'a 254-255
Rachamiem (Erbarmen) 275, 301
Radicale theologie 420-421
Rahab (godheid) 79, 81
Rāhat al-Akl ('Balsem voor het
Verstand') 206
Rahner, Karl 426
Ranters 355-358, 359
Rasā'il ('Epistels') 206
ar-Rāsjidoen (vier rechtgeleide kaliefen)
185, 403
Rationalisme; bezwaren 436; en falāsifa
195-197; en Ibn Roesjd 219; en
Maimonides 221-223
Rationalisme, filosofisch 43, 51-54; en
islam 194; en joden 84
Rationaliteit, en de Verlichting 341
ar-Rāzi, Aboe Bakr Mohammed ibn
Zakarija 199, 204
Rechtvaardige oorlog van islam 180
Rechtvaardigheid, en rechtvaardige
maatschappij, bij islam 176, 184, 189,
254
Rechtvaardiging door het geloof
(Luther) 309, 310
Recitatie; bij hindoes 205; bij moslims
255
Redding 153; en joden (kabbala) 301-
302; hoe ging het in zijn werk? 228;
noodzaak van aanvaarden van
waarheden 220, 221
Redding van de mens 132
Rede; bij Anselmus 230; door moslims
hoog aangeslagen 168; door Luther
gevreesd 311; leidt misschien tot God
211, 380; leidt niet tot God 217; leidt
tot God 208, 213, 348, 349; reactie op
384-386, 388-389; verbeelding erbij
nodig 262
Reform-jodendom 370
Reformatie 228, 308-317
Reformatoren 287, 302, 319
Reimarus, Hermann Samuel 341, 342

Relativiteitstheorie 437
Religie; afwisseling van repressieve en tolerante perioden 358; alomtegenwoordig, in 16e en 17e eeuw 320; huidige functie 112; noodzakelijk voor de mens 11; oorsprong 17; palliatief (opium van het volk) 378, 381, 393; pragmatisme van 13; uit de tijd (Freud) 396; zoals door Voltaire gedefinieerd 345
Religieuze kunst, in Oosten en Westen 251-252
Religieuze revivals in Amerika 359-360
Religieuze devotie, als idolatrie 432
Renaissance, Italiaanse 288, 290; duistere kant 305
Renan, Ernest 219
Repressie 358
Retinere (vasthouden van de waarheid) 145
Revivalism (opwekkingsbeweging) 439
Reza Chan (sjah van Iran) 400
Reza Sjāh Pahlavi, Mohammed (sjah van Iran) 292, 427
Ricci, Matteo 318
Richteren, bijbelboek 72
Rigveda 43, **457**
Ritschl, Albrecht 389-390
Rituelen, functie 112
Robbins, John 357
Robinson, John (bisschop van Woolwich) 431
Roeach elohiem (Geest Gods) 82
Roemi, Djalal ad-Dīn *zie* Maulana
Rolle, Richard 282
Romantiek; reactie op rede 384-390
Rome, val van 146
Romeinen; en christendom 111-114, 434; ethos 111; geloof in numina 18; goden 112; en Griekse cultuur 89; en joden 89-90
Rooms-katholieke Kerk 288, 312; Contrareformatie 317-319; ervaringsreligie (religie van het hart) 352; en predestinatie 315; en wetenschap 322-324
Rosenzweig, Franz 410-412
Rovigo, Abraham 366
Rubenstein, Richard 421-422
Rushdie, Salman 171

Rusland, tegen joden 410, 412
Russisch-orthodoxe Kerk 289, 370; en Drieëenheid 140

Sa'adja ben Joseef (Sa'adja Ga'on) 211-212, 272, 277, 367
Sa'adja Ga'on *zie* Sa'adja ben Joseef
Sabbat 82-83
Sabbatianen (joodse) 365-370
Sabellius 120
Sade, markies de 369
Sadr al-Dīn Sjīrāzi *zie* Mollā Sadrā
Safan 69-70
Safawidische heerschappij in Iran 291-294
Safed *zie* Tsefat
Safsata (twijfel) 217
Salāh (ritueel gebed) 166, 167, 174
Salih 177
Salomo 40
Salutati, Coluccio 306
as-Samad (Onveroorzaakte Oorzaak van al het Zijn) 174
Samuel, bijbelboek 72
Samuel ha-Chassied, rabbi 272
Sanherib, koning van Assyrië 60
Sara, vrouw van Abraham 26, 33
Sargon II, koning van Assyrië 57, 60
Sartre, Jean-Paul 263, 418, 422
Satan 307; aanbeden 307-308; in christendom 280; in islam (*sjaitān*) 173, 307; en Milton 343; en puriteinen 317; volgt op God in religieuze reveils 360
Satanische verzen 171-173
Saunderson, Nicholas 380
Scheiding; Freud en Klein 256; in Genesis, over de schepping 81
Scheppende kracht 88
Schepping; Aristoteles' visie 55; en Arya's 43-44; en Calvijn 322; en Darwin 393; in Genesis 181-82; kabbala 277, 324; en mythe 394, 411; uit niets (*ex nihilo*) 122, 130, 199, 211, 223, 393, 437
Scheppingsmythen; Babylonische 22, 79; Israëlitische 27, 79
Schisma's 227, 304
Schleiermacher, Friedrich 388-390, 422
Schlonsky, Avraham 414
Schmidt, Wilhelm 17

Scholastiek, door Luther aangevallen 310; *zie ook* Thomas van Aquino, Duns Scotus, Abaelardus
Scholem, Gershom 303, 365, 366, 369
School der Leegte 105
Schoonheid, Plato's visie op 52
Schopenhauer, Arthur 391-392, 396
Schouwing 135, 250
Schuld, nadruk op 393
Schuon, Frithjof 426
Secularisatie 11, 326
Sefardiem 296, 297, 364, 366, 370, **457**
Sefer ha-Chassidiem ('Het boek der vromen') 272
Sefer Jetsira ('Het boek van de schepping') 244-245
Sefierot (numerieke wezens) 274-278, 284, 298, 299-300, **457**; kabbalistische boom van 276; seksuele symboliek 301
Seksualiteit; afkeer van 67, 122; en christendom 147-148, 388, 395; rabbijnse wetten 96; bij Ranters 356, 358
Seksuele symboliek, van *sefierot* 301
Semele 112
Sens, concilie van 231
Septuaginta 84
Servet, Michael 313
Shakers 352
al-Sidjistāni, Aboe Jakoeb 205
Sikhs 294, 295
Sinaï, berg; en Elia 42; en Mozes 37, 58, 81, 82, 151, 434, 435
Sirhindi, *sjaikh* Ahmad 295-296
Sitra akra (het rijk van het kwaad aan de Andere Zijde) 370
Sjabtai Tsevi 362-364, 365, 367, 368, 369, 370, 371, 374, 409
Sjachan (in een tent wonen) 82, 94
Sjahāda (islamitische geloofsbelijdenis) 175, 254, 255, 258, 264, 295, **457**
Sjaikh al-Isjrāk (Soehrawardi) 259; *zie ook* Soehrawardi
Sjamanen, trances 246
Sjammai de Oudere 91, 101
Sjams al-Dīn Tabrīzī 270-271
Sjarī'a (islamitische heilige wet) 185, 289, 290, 377, 403, 435, **457**
Sjarī'ati, Alī 181, 427

Sjechina (Gods tegenwoordigheid) 94, 109, 273, 275, 276, 277, 301, 303, 367, 369, 372, 415, **458**; ballingschap 302; vrouwelijkheid van 279
Sjema ('Hoor') 70, 95, **458**
Sjewirat ha-Keliem (Het breken van de vaten) 299, 300, 301, 303
Sjī'a, sekte (sji'ieten) 183, 187, 188, 192, 200, 201, 202, 205, **458**; in Iran 291-294; mystiek van 292-294; niet fundamentalistisch 188
Sjī'at Alī 184
Sjimon bar Jochai 277
Sji'oer Koma ('Meting van de hoegrootheid van het lichaam') 243-244, **458**
Sjirk (idolatrie) 173, 284
Sjiwa 105-106
Slaap, rol 374
Smith, Wilfred Cantwell 405-407, 419
Sociale rechtvaardigheid 35; *zie ook* Barmhartigheid; Rechtvaardigheid
Sociale verandering 327, 328
Sociale vooruitgang in Amerika 362
Sociale waarden, islamitische 167
Sociëteit van Jezus *zie* Jezuïeten
Society of Friends (Quakers) 352, 354, 355, 358
Socinus, Faustus 313
Socrates 51, 53, 113
Sod ha-Elohoet ('Mysterie van de Godheid') 368
Soefisme en soefi's 154, 201, 206, 210, 213, 215, 219, 286, 377, **458**; aangevallen 290; broederschap (tarīka's) 269-270; huidige inspiratie 426; mystiek 254-258, 266, 269; soefi-bijbel *zie* Mathnawī; soefi-broederschap van Akbar 294; in Turkije 400, 401; en het vrouwelijke 438
al-Soehrawardi, Sjihāb al-Dīn Jahjā 210, 221, 259-263, 292, 402
Soemeriërs 19, 20
Soengdynastie 290
Soenna (te volgen leefregels) 185, **458**
Soenna, sekte (soennieten) 183, 202, **458**; in Iran 291
Soera (hoofdstuk van de Koran) 164
Sophia (wijsheid) 55; als Sjechina 279; bij

de gnostici 116-117; Fātima als 205;
  Nizām als 264-266; *zie ook* Wijsheid
Sozomenus 160
Spanje, verdrijvingen uit; moslims 289;
  sefardiem 296
Specialisatie 327-329
Spencer, Herbert 403
Spiegelbeeld 145
Spiltijd 42, 55, 58, 60, 98, 404, **458**
Spinoza, Baroech de 346-348, 355, 373, 380
Spreuken, bijbelboek 85, 131
Stamwaarden, Arabische 158, 159
Staties van de kruisweg 304
Statische wereld (Grieks standpunt) 52
Stefanus, martelaar 110
Steiner, George 170
Stille Oceaan, eilanden in – en mana 18
Stilzwijgen 123, 124, 194; bij Quakers
  355; bij visioenen 248; *zie ook* Theoria
Stoïcijnen, en de Logos 115, 132
Suetonius, Gaius 113
Summa Theologiae 232, 234
Suso, Heinrich 282
Symbolen 263
Symeon, de Nieuwe Theoloog 252-253, 285
Symposium 52
Synagogen, en de klassieke wereld 85, 90

at-Tabari, Aboe Jafar 172
Tabor (Jezus' transfiguratie) 102, 153,
  203, 249, 250, 285-286
Taklīd (navolging) 289
Takwā (besef van God) 174, 185, **458**
Talmoed 92, 95, 279, 428, **458**
Tammoez (godheid) 77
Tanna'iem (geleerden) 91, 110, 240, **458**
Tanniem (krokodil) 79
Taoïsme 43
Targoemiem 109
Tarīka (soefi-broederschap) 269-270, 291, **458**
Tauhīd (belijdenis van) Gods eenheid
  193, 257, **458**
Tauhīd-e ilāhi (goddelijk monotheïsme) 294
Tauler, Johannes 282
Ta'wīl (terugvoeren) 205, 206, **458**
Technologische ontwikkeling 326-329, 384

Tefillien (gebedsriemen) 95, **458**
Teheran 292
Tehōm (Grote Diepte) 79, 81
Teilhard de Chardin, Pierre 424-425
Teitelbaum, Mosje 373
Tel Aviv 75, 76
Tempel, Jeruzalem 33, 40, 57, 58, 69, 71,
  81, 82; gekritiseerd 110-111; verwoest
  door Romeinen 90, 91
Tennyson, Alfred, Lord 397
Terach, Abrahams vader 28
Tertullianus 118, 126, 147
Theodorus, bisschop van Mopsuestia 114
Theodorus van Studion 251
Theofanie (goddelijke verschijning) 226,
  392, **458**
Theologia 228
Theologie van de genade 228
Theologie van het gezin 228
Theologie van het Kruis 309
Theologie, verwant aan poëzie 225
Theoria (schouwing) 52, 55, 88, 121, 123,
  136, 140, 141, 228, 251, **458**
Theosis 150
Theresia van Ávila 287, 318
Theürgie (God) 149, 151
Thomas a Kempis 304
Thomas van Aquino 219, 232-235, 285,
  310, 316, 325, 348
Tiamat (godheid) 22, 23, 24, 78, 81
Tiferet (Schoonheid) 275, 276, 277
Tiglatpileser III, koning van Assyrië 57
Tikkoen (reïntegratie) 300, 302, 303, **458**
Tillich, Paul 423-424, 429; God als
  'ultimate reality' 9
Tindal, Matthew 340, 342
Toegeeflijkheid 358
Tohoe wabohoe 299, 300
Toland, John 340
Tolerantie, islamitische 176
Tolstoj, Lew 403
Tongen van vuur 110
Tora 83, 85, 90, 91, 95, 107, 163, 279, 374,
  411, 428, 435, **458**; lezen van de 169;
  weigering ernaar te leven 111
Toynbee, Arnold 375
Traditionalisten **459**; *zie ook* Ahl al-hadīth
Trances *zie* Visioenen

Transcendente werkelijkheid; Jahweh als 58
Transfiguratie van Jezus *zie* Tabor
Trembley, Abraham 380
Trente, concilie van 317, 323
Trevor-Roper, Hugh 312
Triniteitsleer 235, 340; voor joden een gruwel 367
Trojanen, en epifanieën 30
Troon van God, en mystici 241, 242, 293
Troonmystiek *zie* Merkawa-mystiek
Troonwagen (Ezechiëls visioen) 241
Tsaddiek (rechtvaardige) 298, 374
Tse'ier Anpien (de Ongeduldige) 301, 302
Tsefat, kabbalistische mystiek van 297-298
Tsietsiet (schouwdraden aan gebedsmantel) 95
Tsimtsoem (zelfterugtrekking) 299, 303, 421, 422, **459**
Tunis, sji'itisch kalifaat 202
Turkije, transformatie 400-401
Twaalver-sji'ieten 188, 202, 291
Tweede Jesaja *zie* Deutero-Jesaja

Übermensch 395, 405
Uittocht 34, 39, 62, 72, 78, 81
Uitverkiezing, theologie van de 35, 72, 312
Uitverkoren volk *zie* Uitverkiezing
Unitarische religie 313
Ur 26, 28
Urbanus II (paus) 224
Urquhart, Colin 432
Uzzia, koning van Juda 57

Vader, Zoon en Heilige Geest 120, 129, 134, 138; in het Westen verkeerd geïnterpreteerd 154; *zie ook* Drieëenheid
Valentinus 115, 117
Valla, Lorenzo 306
Valse goden *zie* Idolatrie
Van Buren, Paul 420-421
Vasten, als islamitische techniek 255
Vaughan, William 321
Veda's 44-46, 459
Vedānta 45
Vendetta bij Arabische stammen 158

Verbeelding; en visioenen 247, 261-263, 438; in joodse mystiek 274; scheppende 12, 385-386; zoals door Sartre gedefinieerd 263; *zie ook* Intelligenties, tien zuivere
Verbond; Ark des Verbonds 40, 82; tussen Jahweh en de Israëlieten 38-40, 63, 64
Verdoeming, en puriteinen 317
Vergoddelijking van onze eigen natuur 150, 256
Verlichting, De 326-382; afkeer van mysterie 239
Verlichting, boeddhistische 153, 262; *zie ook* Wedergeboren christenen
Verlossing 130, 153; in 1666 voor de joden ophanden 362; Miltons opvatting 344; voorbehouden aan de Schepper 174
Verovering van Arbeid (kolonisatiebeweging in Israël) 414, 415
Vervolging; van andersdenkenden, door christenen 202; van joden *zie onder* Joden; vervolgingen
Vervreemding van God 435
Verzoening 108, 153, 230, 341, 342
Vespasianus, keizer 90
Via negativa zie Ontkenningen
Vincentius a Paulo 318
Visioenen van mystici 240-248, 252-253, 262; gepaard met pijn en moeite 248; voorbereidende ontspanning 250
Vital, Chajiem 298, 303
Vloeken, bij Ranters 358
Volmaakte Mens 268, 270, 295, 405
Voltaire 344, 378, 379
Vooruitgang 327-329, 353, 362; zoals gezien door Romeinen 111
Voorzienigheid Gods, De 324
Vormen (Plato's ideeënleer) 51-53
Vrije wil, en islam 189
Vrije Geest, Broeders van de 354-355
Vrijheid (verlost van God) 418
Vrouw; aantrekkingskracht van christendom 127; gemarginaliseerd in oude beschavingen 67; God mensgeworden in 15; en de islam 182-183; in kerkelijke bediening 147; uitgesloten uit rabbijnse wetten 95;

als verleidster 147
Vrouwelijk en vrouwelijkheid *zie* Geslacht; Godinnen; Vrouw
Vrouwonvriendelijk *zie* Seksualiteit; Vrouw
Vruchtbaarheidsculten in Kanaän 64
Vulgaat 323

Waarheid; esoterische en exoterische 136, 149; 'Ik ben de Waarheid' 257-258
Wadjd (extase van de soefi's) 215
Wadjdi, Farid 407
Wadjh Allāh (aangezicht van God) 174-175
Wahdat al-woedjoed (eenheid van het bestaan) 295, 426
Wahhabisme 378
Walch, Johann Georg 341
Walī Allāh, sjah 377
Waraka ibn Naufal 161, 163, 176
Wedergeboren christenen 352, 359-362
Wehle, Jonas 370
Wereldbevolking, huidige groei 417
Werkelijkheid; en Aristoteles 53; als God 14, 81, 193-194, 217, 385; van God (islam) 175-176
Wesley, John 351, 353
Wesley, Charles 351
Wetenschappen 437; en atheïsme 379-380; en het godsbestaan 322, 340; groei in 18e en 19e eeuw 327-330, 362, 384; in de evolutionaire worsteling 424-425; en islam 168, 195-197, 204, 206, 289, 403, 436; en jezuïeten 318; en logisch-positivisme 419-420; nieuwe logos 396; Renaissance 306; en Wesley 353; zal religie vervangen 382
Whitefield, George 359, 362
Whitehead, A.N. 404, 425
Wiesel, Elie 415-416
Wijsheid, apocrief bijbelboek 86-87
Wijsheid 85-87, 109, 116, 131, **459**
Wijsheidsliteratuur 85
Williams, Daniel Day 425
Wingfield, John 321
Winstanley, Gerard 354, 355
Wisjnoe 105-106
Wiskunde; Arabieren 204, 206; en het godsbestaan 334, 347; Renaissance 306
Wissenschaft des Judentums 407-409
Woedjoed (existentie) 215, 217, 292
Woestijnvaders 135
Wonderen, waarheid van 432
Woord *zie* Logos
Wordsworth, William 163, 372, 385-387, 389

Xaverius, Franciscus 318

Yoga 44, 46, 48, 240, 242, 439, **459**; christelijke 249; joodse 280
Yogi 47

Zakāh (het geven van aalmoezen) 167
Zalman, rabbi Sjneoer 375-376
Zamzam (heilige bron) 179
Zann (onzinnige specularties en gissingen) 167, **459**
Zaratoestra (Zoroaster) en Zoroastrisme 43, 204, 259
Zeitlin, Hillel 371
Zelfkennis; bij Arabieren 206; bij Augustinus 145, 235; bij chabad-chassidisme 377; bij Plato 235
Zen 241, 242
Zeus 85; Paulus voor – gehouden 30
Zevener-sji'ieten *zie* Isma'ielieten
Ziel; en God 121; Pythagoras' visie 51
Zijn; bij Heidegger 429-430
Zijnde; Anselmus' God 230; bij falāsifa 199
Zikkoerat 20, 23, **459**
Zinzendorf, graaf Nikolaus Ludwig von 351, 352, 353
Zionisten 405, 412-415, 432
Ziwoeg (copulatie) 301, 302
Zohar 277-280, 297, 299, 301, 303, 374
Zon, aanbidding van de –, 77
Zonde; heiligheid van 358, 359; nadruk op 393; en verzoening 153
Zondebok 21, 40
Zondeval, Blake's visie 387
Zondvloed, mythe van de 28
Zwaartekracht, Newtons wet 337
Zwarte Dood 304
Zwingli, Huldrych 312, 313-314